사회 정의란 무엇인가

현대 정의 이론과 공동선 탐구

사회 정의란 무엇인가

현대 정의 이론과 공동선 탐구

이종은 지음

책세상

어머님께

차례

약어

ASU   Nozick(1974), *Anarchy, State and Utopia*.

BSS   Rawls(1977), "The Basic Structure as Subject".

CP   Freeman(1999), *Collected Papers*.

FG   Rawls(1975), "Fairness to Goodness".

JF   Rawls(1958), "Justice as Fairness".

JFR   Rawls(2001), *Justice as Fairness; A Restatement*.

JFPM Rawls(1985), "Justice as Fairness: Political not Metaphysical".

KCE   Rawls(1975), "A Kantian Conception of Equality".

LP   Rawls(1999), *The Law of Peoples*.

NE   Aristotle, *Nicomachean Ethics*.

PE   Rousseau(1973), *A Discourse in Political Economy.* in Rousseau(1973), 127~168.

PL   Rawls(1993), *Political Liberalism*.

RTJ   Rawls(1999), *A Theory of Justice*, 2nd rev. edn.

SC   Rousseau(1973), "Social Contract," in Rousseau(1973), 179~309.

ST   Locke(1980), *Second Treatise of Government*.

TJ   Rawls(1971), *A Theory of Justice*.

UT   Mill, "Utilitarianism", Jeremy Bentham·John Stuart Mill(1961), 399~472.

테오도르 제리코, 〈메두사호의 뗏목〉(1819)

1816년 프랑스 전함 메두사호가 풍랑으로 난파되었을 때 149명의 선원이 급조한 뗏목을 타고 표류한다. 구조를 기다리는 동안 뗏목에서는 생존을 위한 사투가 벌어지고, 살인마저 자행된다. 마침내 구조되었을 때 살아남은 사람은 15명이었다.

앞서 출간한 《정치와 윤리》(2010), 《평등, 자유, 권리》(2011), 《정의에 대하여》(2014), 그리고 이 책 《사회 정의란 무엇인가》는 정의의 문제와 관련하여 줄곧 '풍랑 만난 배'의 예를 다룬다. 이런 상황을 가정해보자. 10명이 탄 배가 항해 중에 격심한 풍랑을 만났다. 한 사람이 내려야만 나머지 9명이 살아남을 수 있는 상황에서 선장은 어차피 희생이 필요하다면 처자식이 없는 스님이 내리는 것이 가장 합리적이라고 판단했다. 이 결정은 도덕적으로 정당화될 수 있을까? 개인의 권리와 전체의 행복이 갈등을 일으킬 때 어떻게 해결해야 하는가? 침해될 수 없는 인간의 자유와 권리를 어떻게 보장할 것인가? '풍랑 만난 배'의 예는 도덕적 선의 본질, 정의의 원칙, 법과 정치의 간극 등 사회 정의와 관련한 다양한 문제들을 두루 성찰하게 한다.

들어가는 말

이 책은 정의를 다룬 개설서인 《정의에 대하여》(책세상, 2014)라는 책의 완결본이다. 정의 또는 사회 정의를 두 권의 책으로 논해야 하는 이유는 그만큼 중요하기 때문이다. 일상생활을 하는 데는 정의 이론이 없어도 살 수 있을 것 같다. 상식에 의거하여 타인과의 관계에서 생기는 문제를 원만하게 해결할 수 있을 것 같기 때문이다. 그러나 사회가 복잡다단해질수록 상식으로만 해결할 수 없는 일이 많아지고, 사안에 대하여 의견의 일치를 보지 못하거나 어떠한 원칙으로 사안을 해결해야 하는지가 불확실한 경우가 더욱 많아진다. 사안이 다르면, 필요의 원칙에 따라 배분할 것인지 아니면 응분의 원칙에 따라 배분할 것인지가 불명확해진다. 그래서 정의가 없으면, 사회생활이 어려워진다.

정의에 대한 정의(定義)는 다양하고 정의 이론도 많이 있지만, 다양한 관념에 공통되는 것은 정의가 '상호 이익mutual advantage'이 된다는 점이다(Barry 1989).[1] 일찍이 아리스토텔레스는 도시공동체가 유지되려면 물질적으로 자급자족을 하고 정의가 있어야 한다고 주장했다. 더구나 분업에 의한 사회적 협업에 의존해야만 하는 현대 사회에서 사회와 국가가 유지되려면, 정의는 더욱 긴요하지 않을 수가 없다.

오늘날에는 정의라고 하면 일반적으로 사회 정의를 뜻하는 것으로 알고 있다. 그런데 이 책의 바탕이 된《정의에 대하여》에서 정의라는 관념의 역사에 대해 살펴본 바와 같이, 인류 역사에서 사회 정의라는 개념이 부각된 것은 근자의 일이다. 정의는 원래 응보를 주로 의미했다. 어느 정도의 복수(復讐)가 정당한가, 즉 응보라는 문제를 두고 정의를 논해온 것이다.

사회 정의라는 개념은 정의라는 더 넓은 개념에 포함될 수는 있다. 그런데 정의는 사람들 사이의 관계와 연관된 것이기 때문에 정의라고 하면 사람들 사이의 일, 즉 사회적인 일이라고 생각하게 마련이다. 그래서 정의는 사회 정의를 의미한다고 여겨지게 되었다. 그렇지만 사회 정의는 그러한 의미에서 정의를 가리키지 않는다. 사회 정의라는 개념에는 사람들 사이의 일이라는 것 이상의 의미가 있다. 사회 정의라는 개념이 생성된 후에 정의라는 관념은 그전의 관념과 크게 달라졌으며, 정의 이론의 내용 또한 변모하게 되었다. 그래서 이 책의 제목을《사회 정의란 무엇인가》라고 했다.

흔히 빈부 격차를 줄이는 것을 목적으로 삼는 배분적 정의가 사회 정의의 전부인 것으로 생각한다. 그러나 사회 정의가 소득과 부의 배분만을 다루는 것은 아니다. 사회 정의는 다른 이상, 즉 개인의 자유와 평등과

---

1   정의를 '불편부당impartiality'이라고 보는 관점도 있다.

권리, 나아서는 자기 존중과 사회적인 유대까지 다룬다. 그런데 소득과 부의 배분을 다루는 데서 사회 정의를 추구하는 것은 환상이라는 견해를 취하는 이들도 있다. 그들의 시각에서 볼 때 소득과 부의 평등한 배분을 주장하는 이들에게서 사회 정의가 의미하는 바는 명확하지 않다. 보기에 따라 사회 정의라는 용어는 때로 수사(修辭)에 불과하며 어떠한 정책이나 제안에 빛을 보태줄 뿐이다. 모든 사람들이 사회 정의와 관련해 추상적으로는 언질을 주지만, 구체적인 사안으로 들어가면 의견의 일치를 보기가 어렵다. 그래서 사회 정의라는 용어는 기껏해야 정동적(情動的)인 힘은 있지만 그 이상의 실제적인 의미는 없다는 의혹을 품게 하기도 한다. 어떠한 정책을 두고 그 정책이 사회 정의를 증진시킨다고 말하면, 그 정책이 자신에게 호의적이기 때문에 지지한다는 의미를 띠는 경우가 많다(Miller 1999, ix).

그렇다면 사회 정의에 대하여 과연 명확한 의미를 부여할 수 있는가? 그렇게 함으로써 사회 정의를 통해 우리의 삶을 개선하고 풍족하게 할 수 있는가? 그렇지 않으면 사회 정의를 추구한다는 것이 정치적으로 오도하는 것은 아닌가? 그렇지 않다 하더라도 사회 정의를 두고 실제로는 의견의 일치를 보지 못한다는 사실을 부인해서는 안 된다. 그렇다면 의견의 차이는 어디에서 연유하며, 그 차이는 어느 정도로 심각한가? 차이를 완화하여 조화를 이룰 수는 없는가? 이 책에서 다루고자 하는 문제는 이러한 것들이다.

사회 정의라는 말은 정확하게 무엇을 뜻하는가? 개략적으로 말하면, 살아가는 데서 좋은 것과 나쁜 것, 또는 옳은 것과 그른 것을 구성원들 사이에 어떻게 배분할 것인가라는 문제를 논하는 것이라고 말할 수 있다. 좋은 것과 나쁜 것은 무엇이며 이익과 부담은 무엇인가? 옳은 것과 그른 것은 무엇인가? 옳은 것과 그른 것이 좋은 것과 나쁜 것과는 어떤 관계가 있는가? 이러한 것들을 할당하는 문제에 사회 정의가 관여해야 하는가?

현대의 정치철학자들은 사회 정의를 배분적 정의의 한 가지 양상으로 간주하며 존 롤스처럼 정의, 사회 정의, 그리고 배분적 정의라는 용어들을 혼용하기도 한다(Miller 1999, 2). 그러나 사회 정의라는 개념이 정의라는 관념의 역사 중에서도 나중에 생성된 것을 감안한다면, 정의와 사회 정의는 구분될 수 있다. 아리스토텔레스가 사용한 배분적 정의라는 용어의 의미를 고려한다면, 사회 정의는 배분적 정의가 더욱 광범한 영역에까지 확대된 것이라고 간주해도 된다. 게다가 사회 정의는 그 이전 정의의 주요한 관념이었던 응보적 정의와는 구분된다(Miller 1999, 2).

사회 정의라고 하면, 자식들에게 케이크를 잘라 나누어주는 아버지와 같은 배분의 주체가 있다고 생각하기 쉽다. 하이에크가 지적하듯이 시장경제에서 배분의 주체를 항상 상정할 수 있는 것은 아니다. 그리고 사회경제라는 용어 자체가 배분의 주체와 객체를 명확하게 가려내 개인들 사이의 정의로 환치시킬 수 없게 된 상황에서 사회적 협업은 더욱 긴요해졌으며, 정의를 개인 사이의 정의로만 논할 수 없게 되었기 때문에 생겼다. 게다가 배분의 대상이 되는 케이크, 즉 사회적 자원—비단 물질적인 것만이 아니라—이 한 종류만 있는 것도 아니며 게다가 그 자원의 양도 고정되어 있지 않고 항상 변동한다. 더욱이 다양한 주체들이 생산을 하고 거래를 자발적으로 함으로써 배분이 이루어진다. 배분하는 인격적인 주체를 상정하는 것이 어렵지만 제도와 '관행/실행practice'이 구현하는 규칙에 따라 배분할 수 있으며, 다양한 자원은 다양한 정의의 원칙에 따라 배분할 수 있다. 그래서 사회 정의에 대한 원칙을 논하지 않을 수가 없게 된 것이다.

정의라고 하면 사회 정의를 생각하게 되고, 사회 정의는 주로 물질적인 재화의 배분에만 관여하는 것으로 생각하기 쉽다. 그러나 정의는 재화의 배분만을 다루지 않는다. 법 앞의 평등, 사법과 행정의 불편부당함, 자유주의적 인권과 국민 주권, 그리고 권력분립 등은 재화의 궁핍과 관계가 없다. 아리스토텔레스는 일찍이 평등을 통해 정의를 이루겠다는 주장의 이면에는 시기와 질투가 도사리고 있다는 것을 간파하였다. 그렇다면 정의는 시기와 질투라는 정서를 인정받는 것을 둘러싼 갈등과도 관계가 있다. 카인이 아벨을 죽인 이유는 물질적인 재화가 부족해서가 아니라, 하느님이 아벨과 그의 재물만 쳐다보고 카인과 그의 재물은 쳐다보지 않았기 때문이다. "정의는 인간 관계의 전체 영역에서, 즉 협동과 경쟁 관계의 영역에서 상반되는 이익 관계에 따른 요구와 의무들이 상충할 때 문제가 된다"(회페 2004, 37).

《정의에 대하여》에서는 정의에 대한 다른 관념과 이 관념의 변천의 역사, 그리고 정의의 세 가지 구성요소와 세 가지 원칙을 다루었다. 그렇다면 이상의 구성요소와 원칙에 따라 롤스의 정의의 두 원칙을 어떻게 파악할 수 있는가? 이 책의 제1부에서 다루고자 하는 가장 큰 문제가 이것이다. 먼저 1장과 2장에서는 정의의 두 원칙의 내용을 파악하고 어떠한 절차와 상황에서 정의의 두 원칙을 선택하게 되는지를 각기 다룬다. 어떠한 절차와 상황에서 도출된 원칙이 왜 정당한지를 독자에게 설득하는 것이 정치이론가의 임무이기도 하다. 그래서 3장에서는 롤스가 자신의 이론을 어떻게 정당화하는지 살펴보고자 한다. 4장에서는 롤스의 《정의론》 가운데 앞에서 다루지 못한 제2부와 제3부의 내용을 간략하게 살핀다. 그 내용을 알아야만 《정의론》에 대한 비판에 롤스가 어떻게 대응했는지 알 수 있기 때문이다. 5장에서는 롤스가 어떠한 전제와 이유에서 자신의 이론을 구성하는지, 즉 이론 구성의 방법을 논하게 된다. 롤스의 정의 이론도 정의의 세 가지 구성요소와 세 가지 원칙을 감안하지 않을 수 없다. 그래서 6장에서는 그가 세 가지 구성요소를 어떻게 파악했는지를 다룬다. 그리고 7장에서는 세 가지 구성요소를 바탕으로 권리, 응분, 그리고 필요라는 정의의 세 가지 원칙을 어떻게 엮었는지 살펴본다.

그러므로 이 책의 목적은 롤스의 공정으로서의 정의의 내용이 무엇인지를 밝히는 데에만 있는 것이 아니라, 왜 롤스가 그와 같은 정의 이론을 그렇게 구축하지 않을 수 없었는지를 밝히는 데에도 있다. 다시 말하면 롤스가 정의의 세 가지 구성요소(즉 자유, 평등, 효율)와 정의의 세 가지 원칙(즉 권리, 응분, 필요)을 감안하여 어떻게 정의의 두 원칙이 구현되는 집을 지었는지를 6장과 7장에서 살핀다. 8장에서는 롤스가 구축한 정의라는 집을 구성한 과정이나 쓰임새에 어떠한 비판이 제기됐으며 그러한 비판에 그가 어떻게 대응했는지를 다룬다.

역사적으로 정의에 대한 관념은 많은 변천을 겪었으며 롤스의 정의 이론이 지고지순한 것도 아니다. 현대에도 평등주의적 이론, 공리주의 이론, 자유주의 이론, 공동체주의 이론, 여성주의 이론, 사회주의 이론 등 다양한 정의 이론이 있다. 그 내용이 무엇이며 이들 사이의 차이가 무엇인지를 제2부에서 고찰함으로써 개략적이지만 롤스의 정의 이론과 대비해보고자 한다.

사회에 정의가 갖추어진다고 해서 그 사회가 참으로 바람직한 사회가 되는 것은 아니다. 그러나 정의가 없으면, 그 사회는 사람이 타인과 더불어 살기가 어려워진다. 그래서 정의는 사회의 존속에 필수불가결하며, 그렇기 때문에 줄곧 정의를 논해온 것이다. 그러나 이제까지 '선(善)the good' '정의(正義)justice' '올바름the right'이라는 용어를 사용해오긴 했지만, 이들 사이의 관계를 명확하게 정의하지는 않았다. 어떻게 보면, 정의(定義)를 내리고 서로의 관계를 밝히는 것은 지극히 어려운 일일지 모른다. 이러한 작업을 더욱 어렵게 하는 것이 공동선이라는 용어이다. 따라서 이 용어들 사이의 관계를 밝히거나 설정하는 것이 정치이론의 궁극적인 과제였고, 또 과제일는지 모른다.

공동선을 논의하는 것이 아무리 어렵다 해도 그에 대한 논의를 빠뜨릴수는 없다. 그래서 결론으로 제3부에서 '공동선'을 다루게 되었다. 14장에서는 공동선이라는 관념이 어떻게 변천했는지, 15장에서는 권리와 공동선은 어떤 관계가 있는지, 16장에서는 공동선을 추구하는 방식과 그내용이 무엇인지를 다룬다. 그런 다음 17장에서는 공정, 정의, 그리고 공동선 등에 연관된 개념들의 관계를 개략적으로 밝히고자 한다. 끝으로 18장에서는 롤스의 정의 이론에서 다루는 선, 올바름, 정의, 그리고 공동선을 살핀다.

이렇게 하여 《정치와 윤리》에서 시작해 《평등, 자유, 권리》와 《정의에 대하여》를 거친 긴 여정을 이 책에서 끝내고자 한다. 이 책은 사회 정의라는 주제를 다루는 만큼 사회생활과 연관되는 학문, 예를 들면 정치학, 정치이론, 도덕철학, 윤리학, 법철학, 법률학, 행정학, 경제학, 사회학 등에 관심이 있는 이들의 사고를 깊게 할 것이다.

존 롤스는 《정의론》에서 공리주의적인 정의보다 더 나은 정의 이론을 제시하고자 했다. 이제까지 공리주의적인 정의 이론이 가장 유력한 정의 이론으로 통용되어왔지만, 거기에 결점이 있다고 여겼기 때문이다. 다른한편, 플라톤은 《국가론》에서 소크라테스의 입을 빌려 케팔로스, 폴레마르쿠스, 트라시마코스, 그리고 글라우콘 등이 제시하는, 일상적으로 수용되는 정의에 대한 관념에 반대하여 형상의 세계에 가장 근접한다고 생각되는 정의의 관념을 제시한다. 일상적인 정의의 관념에 대항하여 다른 관념을 제시하겠다는 점에서 볼 때《정의론》은《국가론》과 같은 시각을 취한다고 하겠다.

롤스가 사회 정의에 관한 이론을 제시한다는 것은 사회 정의와 관련한 새로운 정치이론을 만들어낸다는 것을 뜻한다. 정치적 개념들이 일관성 있게 결합되어야만 정치이론이라고 일컬을 수 있다. 사회주의이든 자유주의이든, 정치이론은 그저 정치적 개념의 집합이 아니라 정치적 개념들을 해석하는 체계가 되어야 한다. 그렇게 되려면 개념들 사이에 어떠한 질서가 부여되고 일관성이 있어야 한다. 일관성 있는 개념의 체계가 정치이론이라면, 정치적 개념들이 서로 연관되어 사회 정의의 새로운 모습을 제시할 수 있어야 한다. 그렇게 되려면 자유, 평등, 권리, 의무, 권위, 권력, 인간의 본성 등과 같은 정치적 개념들이 사회 정의라는 개념과 결합해야 하며, 그것도 정합성(整合性)을 갖추면서 결합해야 한다.

그런데 정의, 나아가 사회 정의라는 개념 자체만 해도 그 개념을 구성하는 요소들이 많다. 그래서 정의와 연관된 다양한 관념이 역사적으로 존재했던 셈이다. 사회 정의라는 개념 하나를 수정하고자 해도 그 개념을 구성하는 주요 요소와의 관계를 새롭게 정립해야 한다. 더욱이 사회 정의의 새로운 관념을 제시하려면, 개념들이 서로 얽혀 있기 때문에 '인접cognate' 개념들과 새로운 관계가 정립되어야 한다. 이를 위해서는 인접 개념들도 수정하지 않을 수 없다. 말하자면 정치이론 전체, 즉 특정한 방식으로 조직된 정치적 개념의 조합을 수정해야 한다. 롤스가 하고자 하는 것이 바로 이러한 일이다. 그렇기 때문에 모든 사람들이 받아들일 수 있는 정의에 대한 새로운 이론을 제시하기란 쉽지가 않다.

그런데 이렇게 해서 정립된 새로운 정치이론은 정당성을 확보해야 한다. 그 이론이 사실과 부합하고 이론을 구성하는 개념들 사이에 논리적 일관성이 있을 때 사람들은 수긍하게 된다. 그렇다면 롤스는 그의 정의 이론에 논리적인 일관성이 있다는 것을 독자가 깨닫게 해야 한다. 논리적 일관성을 띠고 정치적 관념을 정합성 있게 엮음으로써 자신의 이론을 수용할 만한 이유가 충분히 있다는 것을 보여주어야 한다. 즉 일단 '정당화justification'해야 한다. 요컨대 정치이론이 행동의 지침으로 지지받게 되려면, 그럴듯해야 한다. 롤스의 처지에서는 그럴듯하게 보여지기 위해서라도 정치이론을 내적으로 일관성 있게 만들어야 한다(Gaus 2000, 38). 그렇기 때문에 새로운 이론을 제시하는 롤스는 사람들이 수긍할 수 있는 이론을 만들려고 하며, 비판자들은 수긍하지 못하는 점을 부각하게 마련이다.

그렇다면 롤스는 왜 새로운 정의 이론을 제시하는가? 자신의 이론이 공리주의 이론보다 더욱 정치(精緻)하다는 좋은 평가를 받기 위해서인가? 그것만은 아니다. 그는 공정으로서의 정의라는 정의에 대한 자신의 관념에 동조하는 이들에게 그러한 정의가 실천되는 사회를 만들도록 권유한다. 정치적 용어나 개념, 나아가서는 정치이론은 세상이 어떠하다거나 어떠해야 한다는 것을 서술할 뿐만 아니라 바람직한 세상을 만들기 위해 어떤 행동을 하는 것을 권유하기도 한다. 언어는 서술만이 아니라 행동을 위해서도 쓰인다. 권유를 하게 되면, 정치이론은 이론으로 그치는 것이 아니라 이데올로기적인 성격을 띠게 된다.

원래 정치적 개념은 '본질적으로 경쟁적이었으며 경쟁적일 수 있는 개념essentially contested and contestable concept'이다. 경쟁적인 이유는 정치적 개념이 사실에 근거를 둘 뿐만 아니라 평가적인 측면이 있기 때문이다

(Gallie 1962). 힘의 안배를 고려해서 다양한 개념들을 쌓아올려 만든 정치이론도 마찬가지로 본질적으로는 경쟁적이다. 더구나 사회 정의와 같은 개념은 다양한 측면이 있기 때문에 사회 정의와 관련해 우리는 서로 다르고 본질적으로 경쟁적인 관념들을 가지고 있다. 그래서 개념 그 자체로도 정치적 분쟁이 야기된다(Gaus 2000, 33). 롤스의 정의 이론을 두고 많은 논란이 야기된 이유도 이론 자체가 현실의 정치적 행동에 함의를 지니는 분쟁을 야기할 여지가 있기 때문이다.

그런데 이데올로기는 이성과 감성, 그리고 역사와 문화의 복합체라고 볼 수 있다. 말하자면, 이성만이 이데올로기를 조직하는 유일한 원칙은 아니다(Gaus 2000, 35~6). 정치이론이 이데올로기가 되려면, 개념의 체계로서의 정치이론은 이성, 가치, 그리고 사회에 대한 주장을 해야 할 뿐만 아니라 감정적이며 문화적인 호소력에 의해 얽혀 있어야 한다. 말하자면 이성적으로 구성된 정치이론은 감성적으로도 수용할 만한 것이 되어야 한다.

롤스는 일단 정당화하기 위해 이성에 호소한다. 그러나 그의 이론은 감성으로도 납득할 수 있는 이론이 되도록 하기 위해 적어도 자신의 이론의 틀 내에서 노력하고 있다(TJ, 475~6 · 490~1 · 494). 일단 제시된 정치이론이 사람들에게 정치생활을 할 수 있게 하는 새로운 개념적 지도(地圖)가 되어 많은 사람들이 수용할 만한 이상적인 정치질서를 담고 있다고 여기고 받아들이면, 하나의 이데올로기가 될 수도 있다. 이것은 마르크스의 이론이 사회주의라는 이데올로기의 하나가 되는 것에 견줄 수 있다. 개념 체계인 정치이론에서 나타나는 개념들은 사람들로 하여금 어떤 일을 하게 하기 때문이다. 그렇기 때문에 정치적 개념과 이론은 정치적 분쟁을 야기한다.

정치적 분쟁을 야기할 정도로 본질적으로 경쟁적이기 때문에 어느 개념이나 이론이 정확하다고 주장하기도 어렵다(Gaus 2000, 36). 2부에서 정의를 둘러싼 현대의 다양한 이론을 소개하는 이유는 정의라는 복합적인 개념들 중에서 다른 양상을 강조하면, 정의에 대한 다양한 관념이 생길 수 있기 때문이다. 《정의에 대하여》의 제12장에서 정의라는 관념의 다양성은 살펴보 내시로 일 수 있듯이 정의라는 개념은 본질적으로 경쟁적인 개념이다. 마찬가지로 오늘날 정의를 다룬 다양한 관념이 있다는 것은 정의라는 개념이 앞으로도 경쟁적일 수 있는 개념이라는 것을 뜻한다.

정치이론에서 이용되는 정치적 개념들 사이에는 공통적으로 본질적인 어떠한 것이 있는 것이 아니라 유사성이 있을 뿐이다. 자유 지상주의, 자유주의, 공동체주의, 사회주의, 여성주의 등은 정치적 개념들에 대한 이해들이 서로 연관되어 구축된 이데올로기라고 볼 수 있다. 그렇기 때문에 얼핏 봐서는 어느 쪽이 더 낫다고 확정지을 방법이 없다. 마찬가지로 롤스의 정의 이론이 지고지순한 이론이라고 단정 지을 수도 없다. 그래서 이론가들은 자신의 이론을 정당화하려고 하는 것이다.

바로 이러한 이유에서도 이미 지구화와 다문화주의에 접어든 21세기는 정의의 구성요소와 원칙과 이에 연관되는 문제를 좀 더 광범위하고 세밀하게 고려할 필요가 있다(Miller 1999, 12장). 오늘날에는 같은 지구의 공기를 마시면서 하나밖에 없는 지구를 가꾸어가는 협업의 동반자라는 것을 더욱 절실하게 느끼지 않을 수 없기 때문이다. 그렇다면 개인과 개별 집단의 구성원으로서의 지구인들의 평등과 자유뿐 아니라 권리, 필요, 응분을 인정하지 않을 수 없게 된다.

그런데 우리는 대한민국이라는 국민국가 내에서의 정의라는 당면한 문제부터 해결하지 않으면 안 된다. 해방 이후 우리의 역사를 돌이켜보건대, 자유주의라고 하면 반공사상·독재와 연관이 되었으며, 자유민주주의라는 이념은 본래 의도한 바대로 실제 정치에서 구현되지도 않았다. 게다가 자유는 재산권을 옹호하는 이념으로만 인식되고, 이에 따라 자유주의는 기득권을 옹호하는 사상이라고 왜곡됨으로써 기득권층의 이념으로 격하되었다. 빈부 격차는 심화되어 자유주의의 진정한 의미가 체득되기 전에 자유주의는 불식되어야 하는 사상으로 간주되고 폄하된 나머지 자유민주주의 대신 대중민주주의 또는 인민민주주의가 기림을 받게 되었다. 그리하여 해방 이후의 체제가 과연 수호할 만한 가치가 있는가라는 의문을 던지게 했다(김윤상 1997, viii). 이렇게 해서 대한민국이라는 국가가 내걸고 지켜야 할 원칙이 과연 무엇인지를 재고해야만 하는 상황이 되었다.

원래 국가에 대한 충성심이라든가 공공 정신 또는 공동선이라는 관념은 우리에게서 찾아보기가 힘들었다고 볼 수 있다. 가족이나 문중(門中)에 대한 애착은 있었겠지만 전체를 아우르는 국가에 대한 충성은 원래 미약했는데, 겨우 형성되어가는 과정에서 이념의 동서 대결로 치닫게 되었다. 기존의 남북대결은 한국인을 씨줄로 분열시켰으며, 이념의 동서대결은 분열을 날줄로도 가중시켰다. 씨줄로 분열되어 폭력을 교환할 수도 있는 휴전상태라는 것에 무감각하다 보니 동서의 분열은 당연지사로 받아들이는 듯하다. 그리하여 폭력과 사기가 날줄과 씨줄 사이에 교직(交織)하여 한국인의 삶을 짜깁어나가고 있다.

마침내 각기 다른 지역을 권력 기반으로 하는 정당들이 한반도를 분할·지배하게 되었다. 이념이 다르다는 것은 올바르다고 생각하는 정의에 대한 관념이 서로 다르다는 것을 묵시적으로 의미한다. 그리고 21세기에 지역정당이 그 존재의 정당성을 인정받는다는 것은 아직까지 대한민국의 구성원 전체가 전근대성을 벗어나지 않고 있음을 뜻한다고 해도 지나치지 않을 것이다. 롤스의 표현을 빌리면, 사람들이 공통적으로 어떠한 정의의 관념을 수용하는 '공적인 정치문화public political culture'가 한반도에는 형성되지 않은 셈이다. 이러한 남·북 갈등과 동·서의 갈등을 당연시하는 상시류와 속 매기는 남이 성공이 곧 자신의 성공이라는 생각을 하기가 어렵다.

외국인들은 아프리카나 아시아에서 정치가들이 아직도 국민들 위에 군림하는 것으로 여기고 있다. 게다가 한국은 아프리카의 나미비아와 별 다르지 않게 계층 간의 괴리감이 심하고 정치인들은 권력 잡기에 혈안이 되어 있다고 비쳐진다(최연혁 2012, 172). 나아가 권력을 잡은 후에 추구하고자 하는 목적을 어떠한 원칙에 따라 달성할 것인지도 명확하지 않은 것 같다. 이러한 판국에 정의라는 원칙의 확립이라든가 국익 또는 공동선의 추구라는 것은 먼 나라의 이야기일 뿐이다. 그런데 모든 사람들에게 군림해야 하는 것은 지도자가 아니라 정의에 대해 합의된 관념이어야 한다.

그럼에도 대한민국이라고 일컬어지는 국민국가가 지금까지 존속될 수 있었던 것은 천만다행한 일이라고 하겠다. 대한민국의 헌법이 지향하는 민주공화국에 대한 이해가 미흡하고 한국인들이 선호하는 이념이 서로 다르다는 것은 헌법에 내재하는 정치적 원칙에 대한 합의가 없다는 것을 뜻한다. 엄밀한 의미에서 보면, 정치적 원칙에 대한 합의가 없이는 같은 '국민nation'이 될 수 없다. 따라서 앞으로 필요하다면, 새로운 도덕적·정치적 원칙을 바탕으로 하는 새로운 헌법에 대한 합의가 이루어져야 한다.

그렇다면 어떠한 방법으로 사회 정의를 찾아야 하며 어떠한 내용의 사회 정의를 공유하는 것이 합당한가? 기원전 494년, 로마의 평민들은 놀고먹기만 한다고 여겨지는 귀족들에게 협조하기를 거부하고 산에 들어가서 총파업을 했다. 이에 메네니우스Agrippa Menenius는 평민들을 다음과 같이 설득했다. 사람의 몸 중에서 팔다리와 입과 치아(평민을 비유) 등은 열심히 일해서 결국은 위장(귀족을 비유)만 배부르게 하는 것 같았다. 그래서 팔다리 등은 일을 하지 않고 파업을 해 위장을 굶겼다. 팔다리는 놀고 배불리 먹기만 하던 위장이 배고파하는 꼴을 보고 비웃었다. 그러나 위장이 피를 통해 양분을 공급하지 않으니 사람, 즉 몸 전체(국가를 비유)는 결국 굶어서 죽게 되었다. 따라서 팔다리도 죽게 되었다. 이와 같이 설득하는 말을 듣고 평민들은 하산했다. 그 대신 앞으로는 위장이 팔다리를 무시하는 일이 없도록 하기 위하여 '호민관tribune'이라는 제도를 두었다.

　　이처럼 국가나 사회 전체가 존속하고 번영하려면 각 부분, 즉 동과 서, 그리고 남과 북이 협조해야 한다. 문제는 쌍방이 받아들일 수 있는 공정한 협업의 조건이 무엇인가 하는 점이다. 네 측이 각각 한반도를 파멸시킬 수 있을 정도의 거부권을 가지고 있다고 가정해보자. 그렇다면 어느 누구도 거부권을 행사하려는 마음을 먹지 않게 하는 방식으로 사회 정의에 대해 합의하는 방법을 모색하고 사회 정의의 내용을 확정하여 협업의 체제를 구축해야 한다. 일찍이 헤시오도스는 "정의에서 한 치도 벗어나지 않는 사람들이 사는 도시는 번창할 것이고, 또한 그곳에 사는 사람들도 번영을 누릴 것이다"라고 갈파했다(김원익 2003, 132).

　　사회 정의를 다루는 이유가 바로 여기에 있다. 그런데 사회 정의라는 집을 짓는 데서 모든 이가 같은 수준의 전문가가 될 수는 없다. 그러나 모든 이들이 정의에 대한 어느 정도의 감각은 지니고 있을 것이며 어떤 벽돌로 어떻게 쌓아올리고 힘을 어떻게 안배하여 정의라는 집을 세워나가야 하는지 윤곽은 파악할 수 있다.

"법의 과제는 공동생활의 기본 구조를 규정하는 것이고 정의의 과제는 기본 구조가 인륜(윤리)의 원리와 기준에 합당하도록 규정하는 것이다"(회페 2004, 204). 이렇게 보면 정의는 헌법이라는 규칙의 원칙 중에 내재하는 도덕적이며 정치적인 근본 원칙이라고 할 수 있다. 이 책에서 사회정의의 본질과 사회 정의를 둘러싼 다양한 이론, 그리고 나아가서 공동선을 논하는 이유는 우리가 지켜야 할 정치적 원칙으로 삼아야 하는 정의 이론이 무엇인지를 차제에 다시 생각해보자는 데 있다. 원칙을 도출하는 과정에서도 어느 누구의 억압과 지배 없이 정의의 원칙을 도출해야 공정하다고 할 수 있다. 어느 원칙이 우리에게 적합한지를 가려내는 사고 실험을 우리 스스로가 해보아야 한다. 그렇게 해서 도출된 원칙에 따라 사회 정의를 이룩하는 데에 어느 누구도 이의를 제기하지 않고 합의에 도달할 때 비로소 우리는 진정한 의미에서 국민이 될 수 있을 것이며, 올바르게 된 국민국가라고 일컬을 수 있을 것이다.

자신이 생각한 바를 공적인 것으로 만드는 것, 즉 '책으로 내는 것publication'은 저자의 책임이지만, 그 후의 '책의 운명은 독자가 이해하기에 달려 있다Pro captu lectoris habentu sua fata libelli'. 따라서 한국 사회가 정의로워질지 아닐지는 독자 여러분이 이해하고 실천하기에 달려 있다고 하겠다.

《정치와 윤리》, 《평등, 자유, 권리》, 그리고 《정의에 대하여》에 이어지는 이 책 《사회 정의란 무엇인가》는 이러한 의도에서 쓰여졌다. 이 책들을 토대로 모두가 정치적 원칙을 같이 생각하고 모색할 수 있는 계기가 마련되기를 바란다. 방대한 작업을 하다 보니 모자라거나 넘치는 점도 있을 것이다. 독자 여러분의 양해를 바란다.

투병하시다가 끝내 이 책의 출간을 못 보시고 세상을 떠나신 어머님께 이 책을 바친다. 끝으로, 코흘리개 학동들에게 헌신적으로 글을 가르쳐주셨던 명덕초등학교 정종환 선생님, 필자의 건강을 돌봐주신 금사(錦史) 선생님, 이 책이 나올 때까지 이끌어주고 도반(道伴)이 되어주신 모든 분들, 그리고 두 학기 동안 정의를 더불어 논했던 대학원생들에게 감사한다.

2015년 5월

이종은

제1부

존 롤스의 정의 이론

지금까지 우리는 정의가 평등, 자유, 효율이라는 세 가지 요소로 구성되어 있으며 권리와 공리라는 개념이 도덕적 틀에서 주요한 역할을 한다는 것을 살펴보았다(MacIntyre 1981, 227). 또한 정치권력을 행사하는 데에는 도덕적 근거가 있어야 하며, 도덕적 근거를 제시하는 공리주의와 의무론은 갈등을 일으키며 양자의 조화가 필요하다는 결론을 내렸다.

그러므로 정의로운 사회를 만들려면 정의를 구성하는 자유, 평등, 효율이라는 세 가지 구성요소를 감안하여 정의를 달성하는 데 필요한 권리, 응분, 필요라는 세 가지 원칙으로써 정의에 대한 원칙 또는 이론을 확립해야 한다. 따라서 적어도 정의에 대한 이론은 사람들이 수긍할 수 있는 도덕적 근거를 제시하면서도 자유, 평등, 효율을 꾀하면서 정의의 기초가 되는 권리, 응분, 필요라는 세 가지 원칙에 부합해야 한다. 이 점은 《정의에 대하여》 13장과 14장에서 살펴보았다.

세 가지 원칙도 역사적인 과정을 거쳐서 생성된 개념에 기반을 둔 것이라고 하겠다. 우리는《정의에 대하여》14장에서 응분이라는 원칙과 필요라는 원칙이 대치되며, 필요라는 원칙은 상호 대등성이라는 관념을 배제한다는 것을 고찰해보았다. 그 맥락에 이어서 존 롤스John Bordley Rawls(1921~2002)는 정의에 대한 새로운 관념을 제시하면서 자신의 정의 이론을 구축하고, 자신의 이론을 '공정으로서의 정의justice as fairness'라고 일컬었다. 그는 응분과 필요의 원칙 사이에서 빚어지는 갈등을 알고 있지만 그가 극복하고자 하는 주 대상으로 삼은 것은 공리주의였다. 공리주의가 비판의 대상이 될 여지가 있다는 점에 대해서는《정치와 윤리》에서 이미 논한 바 있다.

그의《정의론A Theory of Justice》(1971)은 20세기의 사회철학뿐 아니라 정치학, 경제학, 사회학, 교육학, 법률학 등에도 많은 영향을 끼쳤다. 여기서는 롤스의 정의에 대한 이론을 개관하고자 한다. 그럼으로써 궁극적으로는 ① 정의에 대한 이론은 권력 행사의 윤리적인 근거를 제시하는 것인 만큼 롤스의《정의론》이 어떠한 윤리적인 바탕에 근거를 두는지 밝히고, ② 정의에 대한 그의 이론이 정의의 세 가지 원칙을 적용하여 자유, 평등, 효율이 달성된 정의로운 사회를 어떻게 제시하고자 했는지 고찰하고자 한다.

롤스의 목표

롤스는 두 가지 기본적인 목표가 있다고 밝힌다.

첫째는 정의에 대한 일반적인 원칙을 명료하게 하는 것이다. 특정한 경우에 우리는 다양한 숙고된 도덕적 판단을 내리게 되며, 이 판단을 설명하는 것이 이 원칙이다. '숙고된 도덕적 판단considered moral judgments'

이란 우리가 특정한 행동, 법, 정책, 그
리고 제도적인 관행 등에 내리는 일련
의 도덕적 평가이다. 그러므로 숙고된
도덕적 판단은 순간적인 기분에 의한
것이 아니라 '반성적으로(숙고하여)re-
flectively' 내리는 도덕적 평가이다. 이러
한 평가는 공평성과 일관성이 유지되는
상황에서 우리가 내리는 도덕적 판단이

존 롤스

다. 예를 들어 인종차별이 정의롭지 않다는 판단은 가장 기본적이고 굳
건하게 지켜온 도덕적 판단으로 정의와 관련한 숙고된 도덕적 판단의 좋
은 예이다.

둘째 목표는 공리주의보다 더 나은 사회 정의에 대한 이론을 전개하
는 것이다. 우선 공리주의에 대해 롤스가 어떠한 불만을 갖고 있는지 살
펴보자. 그는 공리주의가 개인주의적인 것으로 여겨졌던 것이 관례이며,
그렇게 생각할 만한 이유도 분명히 있다고 보았다. 공리주의자는 자유와
사상의 자유를 강력하게 옹호했으며 개인들이 향유하는 '이점advantage'
에 따라 사회의 선이 이루어진다고 주장했다. 그러나 공리주의는 개인주
의적이지 않은 측면이 있다. 개인이 선택하는 원칙을 사회에 적용함으로
써 모든 욕구의 체계를 섞는다는 점에서 공리주의는 개인주의적인 것이
아니다(TJ, 28).

공리주의에서 주장하는 최대 다수의 최대 행복이라는 원칙은 전반적
인 효용을 극대화하는 것이다. 그런데 총효용의 극대화가 평등한 분배를
정당화해주는 것은 한계효용 체감의 법칙이 유용한 경우이다. 예컨대 모
든 사람들에게 한계효용 체감이 동등하다고 가정한다면, 완전한 자원의

평등이 이루어진다. 그런데《정의에 대하여》10장에서 복지권의 근거를 논하면서 살펴본 것처럼, 한계효용은 한계효용이 적은 사람(부자)에게서 한계효용이 많은 사람(빈자)에게 자원을 이전할 때 전반적인 양이 증대된다. 이렇게 해서 평등해지는 것은 우연이 개재되며 드문 경우이다.

있는 자원을 최대의 효용으로 바꾸는 최고의 능력을 가진 이를 쾌락의 마법사라고 해보자. 그 마법사는 평등은 잊어버리고 가용한 모든 자원을 효용을 최대화하는 데에 투입할 것이다. 그러면 오히려 효용의 평등이 나타나지 않을 것이다(스위프트 2012, 175~6).《정치와 윤리》에서 논한 것처럼 효용의 평등이 나타나지 않은 상태에서 최대의 효용을 증진시키려다 보면, 다른 가치와 갈등을 일으키게 마련이다.

그래서 다음과 같은 공리주의의 결점이 지적된다. 첫째, 공리주의는 자유를 적절하게 보호하지 않는다. 풍랑을 만난 배의 비유를 다시 한 번 살펴보자. 선장을 포함한 열 사람이 항해 도중 격심한 풍랑을 만났다. 선장은 배가 전복되지 않도록 모든 조치를 취했지만 풍랑은 더욱 심해져서, 한 사람이 배에서 내려야만 나머지 아홉 명이 살아남을 수 있다는 판단에 이르게 되었다. 마침 스님이 배에 타고 있었는데, 선장은 이왕 한 사람의 희생이 필요하다면 처자식이 없는 스님이 배에서 내리는 것이 가장 합리적이라고 생각했다. 그래서 선장의 주도에 따라 아홉 사람이 스님을 강제로 배에서 내리게 했다.

이러한 일은 가상의 세계에서만 일어나는 게 아니라 흔히 일어날 수 있는 일이다. 2차 세계대전 후 연합국은 전후 처리를 다음과 같이 했다. 영국은 러시아와 우크라이나의 전쟁 포로를 억류하고 있었다. 포로들 중에는 독일을 위해 전쟁을 치른 이들도 있었다. 스탈린은 포로를 소련에 양도하라고 요구했다. 그러면 그들이 처형당하리라는 것은 뻔한 일이었다. 그런데 미국은 2차 세계대전 후의 세계 평화를 위해서는 소련을 적으로 돌려서는 안 된다고 생각했기 때문에 영국에 압력을 가하여 포로를 소련에 양도하게 했고, 결국 그들은 처형당했다(Gaus 2000, 21~2). 영국과 미국은 세계 평화라는 이익과 포로를 처형하지 않는 것이 정의라는 요구 사이의 갈등에서 전자를 택한 셈이다.

이러한 경우들을 고려한다면, 최대의 행복을 증진하기 위해 개인의 자유와 권리를 침해하는 것은 부적절하다는 점을 알 수 있다. 롤스는 흑인을 노예로 삼았던 수치스럽고 정의롭지 않은 미국의 역사를 익히 알고 있었다.

둘째, 공리주의는 선에 대한 단일한 관념에 기초를 두고 있다. 인간은 다양한 이익을 취하며 다양한 목적을 추구하는데, 이때 행복이라는 것은 단지 하나의 목표에 불과할 수 있다. 예를 들면 인간은 공리 대신에 지식과 문화, 또는 우의나 예술적인 성취를 목적으로 삼을 수 있는 것이다. 그럼에도 공리주의는 인간의 안녕의 궁극적인 척도로서 행복만을 제시한다(Johnston 2011, 197).

그러나 예컨대 어떤 사람은 행복한 삶을 최선의 삶이라고 보겠지만, 행복을 좀 희생하더라도 성실이라는 덕성에 따른 삶을 영위하는 것이 최선이라고 보는 사람도 있을 수 있다. 그렇다면 인간으로 하여금 다양한 이익과 목적을 추구하게 하고 이를 위해 행복보다는 자유를 정의에 대한 사상에 초점을 두어야 한다. 이것은 칸트의 주장에 비근하는 셈이다.

그런데 공리주의는 인간의 목적, 요컨대 선에 대한 인간의 관념이 다양하다는 것을 고려하지 않는다(Johnston 2011, 198). 물론 모든 공리주의를 이런 식으로 비판하는 것은 정당하지 않을 수도 있다. 그렇기 때문에 롤스는 이 점을 인식하여 벤담, 밀, 시지윅Henry Sidgwick과 같은 고전적 공리주의로 그 비판을 한정시킨다. 그리하여 다른 공리주의자들은 이 비판에서 어느 정도 벗어날 수 있겠지만, 롤스의 비판은 타당한 점이 있다(Johnston 2011, 198).

셋째, 좀 더 일반적으로 공리주의는 정의에서 중심이 되는 배분의 문제를 다루지 않는다. 일반적으로 공리주의는 정의가 아니라 '집합적/총체적aggregate' 인간의 안녕에 초점을 둔다. 그래서 공리주의는 집합적 공리에 대한 주장에서 정의가 도출되거나 종속된다고 본다. 여기에서 문제가 생긴다. 설사 공리주의를 채택한다 해도 사람들 사이에서 행복의 배분을 둘러싼 논쟁을 해결하기가 쉽지 않아서 사회적 안정을 기대하기는 어렵기 때문이다(Pogge 2007, 54).

이에 견주어 롤스는 사회 제도에서 가장 중요한 문제는 정의에 관한 문제라고 주장한다(Johnston 2011, 198). 《정의론》 첫머리에서 롤스는 "정의는 사회 제도의 첫 번째 덕성이며 …… 법과 제도가 아무리 효율적으로, 그리고 잘 배열되었다 해도 정의롭지 못하면, 개선되거나 폐기되어야 한다"고 주장한다(TJ, 3). 이어서 그는 "정의에 의해 확보된 권리는 사회적 이익에 대한 계산에 복속되지 않는다"고 주장한다(TJ, 4).

여기서 '효율적'이라든가 '잘 배열되었다'는 표현은 공리주의적 가치, 즉 결과론적인 가치를 인정한다는 것을 암시한다(Pogge 2007, 47). 그러나 공리주의에서 중심적인 개념은 선이라는 개념이며, 이 개념에서 올바름이라는 개념이 도출된다. 반면 공정으로서의 정의에서는 올바름이 선에 우선한다고 롤스는 지적한다(TJ, 31). 이렇게 함으로써 그는 자신의 공정으로서의 정의를 공리주의와 차별화한다.

롤스가 공리주의를 비판의 주 대상으로 삼지만, 그는 〈규칙의 두 가지 개념Two Concepts of Rules〉(1955)이라는 초기 논문에서 제한적이나마 공리주의를 옹호한다. 앞서 살펴본 것처럼 공리주의는 범법자를 처벌하는 것을 정당화하는 논지를 무고한 사람을 처벌하는 것을 정당화하는 데에도 이용한다. 두 경우 모두 공리를 증진시킬 수 있기 때문이다. 이러한 점을 들어서 일반적으로 공리주의를 비판해왔다.

　그런데 롤스의 주장에 따르면, 이 비판은 대상을 잘못 선정한 것이다. 그렇게 보는 이유가 무엇인가? 위 논문에 따르면, 어떠한 관행을 정당화하는 것과 그 관행 내에서 행동을 정당화하는 것은 별개의 문제이다. 말하자면, 처벌이라는 관행을 정당화하는 것과 그 관행 내에서 행동을 정당화하는 것은 다르다. 처벌이라는 관행은 최대의 행복이라는 원칙에 호소하여 정당화될 수 있다. 그러나 그 관행 내에서의 행동은 최대 행복이라는 원칙이 아니라 관행을 구성하게 하는 규칙에 직접 호소함으로써만 정당화될 수 있다. 공리주의 규칙이 직접적으로 처벌이라는 관행을 구성하는 것이 아니라 '응보적 규칙retributive rule'이 그 관행을 구성한다(Johnston 2011, 199). 그러므로 공리주의가 무고한 사람의 처벌을 정당화할 수 있다는 비판을 받아야 할 이유가 없다. 응보적인 규칙에 따라 적용되어야 하기 때문이다(Johnston 2011, 200).

　이상과 같이 롤스가 공리주의를 제한적으로나마 옹호한 것이 전적으로 설득력이 있지는 않지만 두 가지 점에서는 고려해볼 만하다. 첫째, 롤스는 공리주의를 자신의 이론에 필적할 만하다고 보지만 응보주의는 그렇지 않다고 본다는 점이다. 공리주의는 처벌이라는 관행을 정당화할 수 있는 근거를 제시하지만 응보주의적 논지는 그 관행 내에서의 행동을 정당화하기 때문이다. 예를 들어 입법가는 처벌이라는 관행을 구성하는 규칙을 채택하는 데서 공리주의를 고려할 수 있지만, 이 규칙을 적용하게 되는 재판관은 응보적 관점에 호소한다. 말하자면 공리주의는 좀 더 근본적인 반면, 상호 대등성이라는 개념에 근거를 두는 응보주의는 그 적절한 위치를 차지하고 있기는 하지만 좀 더 근본적인 공리주의에서 부차적이며 파생되는 개념으로 본다(Johnston 2011, 200). 이것이 뜻하는 바는 사회의 기본 구조를 정의의 주제로 삼는 것과 연관된다. 둘째, 재판관이 입법가에게 부차적인 것으로, 다시 말하면 처벌과 관련해 응보주의가 공리주의에 부차적인 것으로 보는 전략이 롤스의 저작에 흐르고 있다(Johnston 2011, 201).

이상으로 롤스가 공리주의를 비판하고 부분적으로 옹호하는 바를 비교적 자세히 살펴보았다. 그렇게 한 이유는 첫머리에 미리 밝혀두어야 앞으로 롤스의 주장을 쉽게 이해할 수 있을 것이기 때문이다. 롤스는 어떠한 형태의 효용 원칙이 선택되어 계약론이 공리주의를 더욱 심오하게, 그리고 더욱 우회적인 방법으로 정당화할 수도 있다고 주장함으로써 공리주의보다 나은 정의 이론을 제시하려고 하기 때문이다(TJ, 29).

핵심 논지로 되돌아가서 논해보자.

공리주의에도 여러 가지가 있지만, 롤스는 '고전적 공리주의classical utilitarianism'와 '평균 공리주의average utilitarianism'라는 두 가지에 초점을 둔다. 고전적 공리주의는 사회제도가 '총체적/집합적 효용aggregate utility'을 최대화하는 경우에만 정의롭다는 견해를 취한다. 여기에서 공리는 행복이나 만족 또는 행복이나 만족을 선택함으로써 나타나는 개인의 선호로 정의된다. 따라서 제도가 각 개인에게 가져다주는 공리를 취합하면, 일련의 제도가 가져다준 공리의 총계가 드러난다.

평균 공리주의는 사회제도가 '일인당 평균 공리average utility per capita', 즉 평균적 복지가 가능한 '평균 극대화maximean'가 되게끔 공리가 집합되면(Pogge 2007, 53), 그 사회제도는 정의롭다는 견해를 취한다. 여기서 공리는 고전적 공리주의자와 마찬가지로 행복이나 만족 또는 선택으로 나타난 선호로써 정의된다. 사회제도가 생산한 공리의 총계를 이 제도에 관련된 사람의 수로 나누면 일인당 평균 공리를 얻을 수 있다. 대부분 고전적 공리주의보다 평균적 공리주의가 더 낫다고 생각하지만, 롤스는 그 두 가지를 모두 거부한다. 두 공리주의보다 자신이 제시하는 정의의 두 원칙이 더 낫다는 것을 보여주는 것이 그의 두 번째 목표이다. 이렇게 롤스는 자신의 두 가지 목표를 설정하고 있다.

두 가지 목표는 밀접하게 연관되어 있다. 나중에 기술하겠지만, 롤스는 자기가 제시한 정의의 두 원칙이 사회 정의에 대한 우리의 숙고된 도덕적 판단을 더 잘 설명한다는 것을 보여줌으로써 공리주의보다 낫다는 것을 밝히고자 하기 때문이다.

정의의 일의적 주제

그런데 우리는 무엇을 두고 정의를 논하게 되는가? 정의롭다 또는 정의롭지 않다는 말을 쓸 수 있는 대상은 여러 가지이다. 어떠한 법, 제도, 사회체제뿐만 아니라 결정, 판단, 그리고 비난을 포함하는 특정한 행동에도 이런 말을 쓴다(TJ, 7; FG, 536~54). 《정의에 대하여》 12장에서 정의라는 관념이 변천해온 역사를 살펴본 데서 알 수 있듯이, 정의가 다루는 주제가 역사적으로 다양했던 만큼 정의의 주제도 다양하다.

롤스의 이론에서 주제는 사회적 관행과 제도이다. 말하자면 롤스는 사회 정의를 다룬다. 롤스에 따르면, 정의는 사회제도의 '첫 번째 덕성 first virtue'이다(TJ, 3~14). 이것은 무엇을 뜻하는가? 정의는 덕성이다. 그러나 정의는 사람들을 사랑스럽게 만드는 덕성은 아니다. 재판관, 고용주 또는 선생들은 '어렵지만 정의롭게'라는 말을 흔히 쓴다. 그러나 어렵지만 정의로운 사람이 잘못을 저지르지는 않겠지만 그들이 썩 매력적으로 보이는 것은 아니다. 인간이 원하는 바는 친밀한 사이에서는 자연적인 감정으로 유지된다. 따라서 우리가 정의를 항상 찾게 되는 것은 아니다. 그러므로 정의라는 것은 정치적 또는 제도적 덕성으로, 서로 따뜻한 인연을 맺지 않은 사람들 사이에 행사하기 쉬운 덕성이다. 그러나 행사되지 않으면 안 되는 덕성이다. 그래서 우리는 재판관이 자연적인 감정에 치우치지 않고 엄정하게 정의를 행하기를 기대하는 것이다(Ryan 1993a, 4).

롤스가 다루고자 하는 주제는 플라톤이 다루었듯이 영혼 내에서의 조화라는 개인의 정의가 아니라 사회 정의인 만큼, 사회 정의가 무엇인지를 좀 더 정확하게 이해할 필요가 있다. 일반적으로 제도는 노동조합이나 유엔처럼 조직된 집합적 행위자를 지칭한다. 그러나 롤스가 말하는 사회제도는 약속하는 것과 같은 사회제도가 보여주는 바와 같이 행위자들 사이에서 관계와 상호작용을 구조화하는 관행과 규칙을 뜻한다.

관행은 인간의 상호작용이 조직되는 일련의 규칙이다. 이것은 마치 야구라는 경기를 하는 방식이 야구에 대한 규칙에 따라 정해지는 것에 비유할 수 있다(Pogge 2007, 28·30). 이 규칙은 말하자면 사회적 협업의 결과를 통제하는 것인데, 통제하는 원칙으로서의 정의는 제도적이며 정치적이다. 그래서 롤스는 정의를 헌법을 확립한다는 맥락에서 고려한다. 그렇게 하려다 보니 그는 어떤 특정한 결과의 정의와 부정의보다는 정의와 부정의가 이루어지는 메커니즘에 관심을 기울인다(Ryan 1993a, 13).

1. 사회 정의

롤스는 사회생활을 어떠한 것으로 보는가? 사회적 상호작용을 통해 모두가 이익을 보게 된다는 점에서 사회는 협업적이지만 우리가 달성하고자 하는 목표를 위하여 더 많은 자원을 서로 가지려고 한다는 점에서는 사회는 경쟁적이다(Gaus 2000, 201). 사회생활을 하면서 정의를 논하지 않을 수 없는데 정의는 때로는 인간의 속성이기도 하며 행동의 속성이기도 하다. 인간을 두고 말하는 경우 정의는 각자에게 자신의 것을 주려고 하는 항구적이며 끊임없는 의지라고 정의된다. 정의로운 행동을 하거나 정의를 추구하거나 모든 일에서 정의로운 것을 하려고 하는 이가 정의로운 인간이다. 이에 견주어 정의롭지 않은 이는 각자에게 자신의 것을 주는 것을 무시하거나 정의의 기준이 자신의 의무가 아니라 자신의 직접적인 이익이라고 생각한다(Pufendorf 1991, 30).

개인의 행동이 지니는 속성으로서의 정의는 그저 어떠한 사람에게 어떠한 행동이 적절하게 적합한 것이다. 숙고해서 선택하거나 지식과 의도를 가지고 어떠한 사람이 적절한 행동을 하면, 그 행동은 정의롭다. 행동에서 정의와 '선goodness'의 주요한 차이는 선은 그저 법에 부합하는 것을 의미하는 반면, 정의는 행동의 대상이 되는 이에 대하여 행동에 대한 관계를 덧붙인다는 점이다. 그래서 정의는 다른 사람에 대한 덕성이라고 일컬어진다(Pufendorf 1991, 31).

그렇다면 '사회 정의social justice'는 무엇인가? 한편으로 사회 정의는 정의 일반이라는 더욱 광범한 개념의 한 부분이라고 하겠다. 다른 한편으로 사회 정의라는 말에서 '사회'는 사회적인 것이 중요하다는 뜻도 있지만 18세기와 19세기에 나타난 사회적 난제를 해결하기 위한 노력과 연관된 특별한 의미도 있다(회페 2004, 134). 이 점에 유념하여 먼저 롤스가 개인의 정의가 아니라 사회 정의라는 문제를 다루게 된 이유와 그 의미를 살펴볼 필요가 있다.

정의에 대한 관념의 역사를 논하면서 사회 정의라는 관념이 나타난 것이 정의의 관념에 커다란 획을 그었다는 것을 이미 살펴보았다. 개인의 행동이나 법의 정의·부정의뿐만 아니라 전체 사회와 사회적 또는 경제적 체제의 정의나 부정의를 논하게 되었다(Nagel 2003, 63). 어떻게 해서 그렇게 되었는가?

인간의 노력으로 사회를 구성할 수 있다는 사상은 근대에 다시 부상했다. 그런데 현대에 이르러서는 엄청난 생산성과 부를 축적할 수 있게 되었다. 이것은 개인들이 선택하고 활동했기 때문에, 즉 분업을 하고 협업을 했기 때문에 총체적으로 나타난 결과이다. 또한 국가, 법, 그리고 재산에 대한 관습이 본질적인 역할을 담당했기 때문이다. 그런데 사회 전체의 부(富)를 예로 들어보면, 개개인의 경제적 활동을 하나하나 엄밀하게 관찰한다고 해서 사회 전체의 부를 설명하기는 힘들다. 그렇다면 그 결과로 나타난 일반적인 양상, 특히 불평등 같은 양상에는 집단적으로 책임을 져야 한다. 그래서 사회 제도를 정의라는 이상적인 기준으로 철저하게 평가하지 않을 수 없게 되었다(Nagel 2003, 80).

그렇다면 롤스는 왜 인간의 행동이나 품성을 도덕적으로 평가하지 않고 사회 제도를 도덕적으로 평가하게 되었는가? 그 이유는 윤리가 도덕적으로 주요한 현대 사회의 양상을 다룰 수 없게 되었다고 파악했기 때문이다. 현대 사회는 대규모의 사회적 문제를 제기하기 때문에 개인 사이의 행동을 도덕적으로 분석하는 것이 아니라 사회 제도를 도덕적으로 분석해야만 더 잘 다룰 수 있게 되었다.

사회 전체의 문제로 부각되는 빈곤과 실업을 예로 들어보자. 1930년 대의 대공황과 2차 세계대전 후에 모든 사람이 어려움을 겪게 되었지만, 이에 대해 사회에서 어느 누구의 책임이라고 단정적으로 규정할 수 없게 되었다. 즉 어느 개인이나 개인들의 잘못으로 돌릴 수 없다. 누구의 잘못 인지를 파악하기도 어렵다. 개개인의 경제적 활동이 단기적으로나 특히 장기적으로 빈곤과 실업에 어떠한 영향을 끼치는지도 알기 어렵다. 그러 므로 개인의 행동에 대하여 책임을 묻는 등의 도덕적인 평가를 내리기가 어렵다.

사회가 경제적인 협업을 조정하고 자원과 생산수단을 통제하는 제도 적인 원칙을 정함으로써 빈곤이나 실업 같은 문제를 해결할 수 있는 실 마리를 찾을 수 있다. 즉 사회의 제도적 질서를 개혁하고 고안하여 빈곤 과 실업 문제를 집단적으로 해결해야 한다. 그런데 현대 사회의 제도들 은 서로 복잡하게 연관되어 있다. 그렇기 때문에 하나의 제도에 대하여 도덕적 평가를 내린다고 문제가 해결되지는 않는다. 사회 제도 전체가 모든 구성원들에게 값어치 있는 삶을 살 수 있게 하는 정의의 원칙을 모 색해야 하기 때문이다.

그래서 롤스는 개인들 사이의 행동의 '상호작용을 도덕적으로 분석 interactional moral analysis'하기보다는 '제도를 도덕적으로 분석institutional moral analysis'하는 쪽을 택하게 되었다. 그래야만 개개인의 행동에서 도 덕적 책임의 소재를 밝히기 어려운 실업이나 빈곤의 문제를 해결해나갈 수 있기 때문이다(Pogge 2007, 31∼4). 말하자면 전체로서의 사회에 대 한 정의의 관념이 필요해졌다(Nagel 2003, 63). 그래서 사회 정의라는 관 념이 대두한 것이다.

그렇다고 해서 이전에 정의라는 관념에 사회적 성격이 없었던 것은 아니다. 예를 들면 아리스토텔레스의 교환적 정의와 배분적 정의에서 정의는 사회적 덕성을 포함하고 있다(Smith 2009, 321). 개인 사이의 관계에서 정의를 논하더라도 사회적 성격이 있게 마련이다. 그러나 사회 정의라고 할 때는 전체로서의 사회에 대한 정의의 관념이 지금까지와는 다른 차원에서 사회 전체가 필요로 하게 되었다는 것을 뜻한다.

따라서 롤스가 민주주의적 평등을 논할 때 강조하는 것은 정치체제의 평등보다는 사회에서의 평등이다. 롤스는 사회를 평등한 사람들 사이의 협업 체제로 본다. 이것은 그가 사회도 민주주의적 관념으로 본다는 것을 의미한다(TJ, 336). 정의의 두 번째 원칙을 민주주의적 평등이라고 해석할 때 그는 민주주의적이라는 것은 평등한 자들의 사회를 서술한다고 본다(Cohen 2003, 96). 롤스가 국가의 영역뿐 아니라 사회의 영역에서 평등을 논하게 된 것은 사회 정의를 논하지 않을 수 없게 된 데에서 그 이유를 찾을 수 있다.

이와 같은 점을 롤스는 충분히 인식하고 있다. 롤스가 공리주의적 정의라는 관념에는 반대하지만 흄, 스미스, 그리고 벤담과 스튜어트 밀 같은 공리주의자들이 사회 제도에 초점을 두었다는 점을 인식하고 있다(TJ, vii). 앞으로 논의하겠지만, 마찬가지로 롤스는 사회의 기본 구조를 정의의 첫 번째 주제로 삼는다. 그래서 배분적 몫이라는 문제를 순수한 절차적 정의라는 문제로 다루게 되었다. 즉 기본구조가 정의롭다면, 그로 인해 나타나는 선의 어떠한 배분도 정의롭다고 보게 된다. 배분적 정의라는 문제를 이렇게 이해하면, 정의에 대한 원칙은 사회체제와 분리되어 고려될 수 있는 개인적인 거래에 더 이상 적용할 수 없게 된다(TJ, 87~8). 게다가 롤스가 말하는 정의의 두 원칙은 공리주의보다도 사회제도에 더 초점을 맞추고 있다.

그렇다고 해서 사회 정의가 개인들 사이의 정의와는 별개의 것이라는 뜻은 아니다. 우리는 일상적인 의미에서 정의로운 사람, 행동, 또는 '상황 state of affairs'이라는 용어를 쓴다. 어떤 사람이 정의롭다는 것은 그 사람이 정의로운 행동을 하여 그 결과로 정의로운 상황이 나타났다는 것을 의미한다. 그러므로 사람이나 행동이 정의롭다고 말할 때는 정의로운 상황과 연관시키지 않을 수 없다. 그렇다면 상황의 정의로움을 평가하는 기준이 있어야 한다. 또한 사회의 중요한 문제를 해결하기 위해 어떤 정의의 원칙이 확립되었는데 개인이 이에 반하는 행동을 하면, 그 행동은 정의롭지 않다. 이런 측면에서 개인에 대한 정의는 사회 정의와 연결이 되지 않을 수 없다.

그렇게 볼 수밖에 없는 이유는 다음과 같이 설명할 수 있겠다. 지각과 이성이 있는 인간들이 사회적 관계를 맺고 협업을 할 때는 부담을 지고 혜택을 얻게 된다. 그러므로 주요한 사회제도의 결과로 생기는 부담과 혜택을 어떻게 배분해야 하는가가 사회 정의의 주제가 되지 않을 수 없다. 예를 들면 사회 정의는 임금과 이윤의 조절, 법체계를 통한 개인의 권리 보호 등을 다룬다(Miller 1976, 18~9, 22). 그래서 사회 정의는 사회적 관행과 규칙을 도덕적으로 평가하지 않을 수 없다(Pogge 2007, 28).

또한 롤스가 사회 정의를 논한다고 해서 개인의 개체성을 무시하는 것은 아니다. 인간은 저마다 다른 목표를 세우며, 자신이 적합하다고 생각하는 방식으로 이를 추구한다. 롤스가 이렇게 생각하는 것은 사회를 '집단적인 실체collective entity'로 보지 않는다는 것을 의미한다. 그러므로 개인이 사회를 위해 희생되어야 할 이유가 없다(Gaus 2000, 201).

개인 사이의 정의라는 문제에서 사회 정의를 논하지 않을 수 없었다는 것은 어떤 의미가 있는가? 정의는 행위 당사자의 상호 관계를 전제로 하기 때문에 개인 사이의 정의라 하더라도 정의가 사회적 속성을 띠지 않을 수 없다. 사회 구성원이 자신의 이익만을 고집한다면, 사회는 혼란에 빠지게 된다(박홍기 1985, 43~4). 그래서 각 구성원은 서로 입장을 바꿔서 사물의 이치를 통찰해 어떠한 상호 관계가 올바른지를 이성의 힘으로 생각하지 않을 수 없다. 그렇지만 '정의 일반 justice in general'과 사회 정의는 구별할 필요가 있다.

다음과 같이 생각해보자. 도덕철학이 다루는 근본 문제는 두 가지이다. 첫째, 어떤 행동이 도덕적인가? 둘째, 어떤 행동의 도덕성을 판단하는 데 어떤 종류의 기준을 써야만 하는가?

첫 번째 문제에서는 황금률이 행동에 대한 도덕적 원칙의 하나이며, 칸트의 정언명령은 다른 원칙이라고 하겠다. 반면에 두 번째 문제는 어떠한 사회가 도덕적이거나 정의로운지를 다룬다. 그래서 두 번째 문제는 첫 번째 문제와는 차원이 전혀 다르다. 개인의 행동에 관한 것이 아니라 사회 정책과 국가의 본질에 관한 문제인 것이다. 첫 번째 문제에 대한 것이라면, 철학적 논쟁에 관심이 없는 평범한 사람들은 새로운 원칙을 옹호하거나 공격하는 데 그렇게 자극받지 않는다. 반면 두 번째 문제는 평범한 사람들에게 자신의 행동을 판단하는 기준을 제시할 뿐만 아니라, 일단 수용되면 사회와 국가의 조직에 영향을 끼친다. 두 번째 문제와 관련된 어떤 원칙이 개인이나 사회의 생산물의 몫에 대한 권리를 다루게 되면, 이 원칙을 사회적으로 수용하는 것은 평범한 사람들에게도 직접적이고 커다란 관심의 대상이 된다.

그래서 도덕 철학은 철학자들의 논박에 그치는 것이 아니라 모든 사람들이 관심을 쏟는 정치철학과 정치적 논쟁의 영역으로 진입하게 된다(Coleman 1990, 188~9). 말하자면 개인 간의 정의라는 문제에 대해 평범하고 착한 사람들은 상식 수준에서도 해결될 수 있는 문제라고 생각하기가 쉽지만, 사회 정의라는 문제는 그리 간단하게 해결될 수 있는 범주가 아니다.

그리스 시대부터 정의는 세분할 수 있다고 생각했다. 여기에서는 '법적 정의legal justice'와 '사회 정의social justice'를 구분하는 것이 긴요하다. 공적 규칙(즉 법)을 만들고 강제함으로써 잘못을 처벌하고, 피해를 보상함으로써 법적 정의가 달성된다. 그래서 우리는 사법부가 정의를 관장한다고 말한다. 반면 사회 정의는 사회를 통해 생기는 부담과 혜택을 배분함으로써 달성된다. 사회 정의는 물질적이거나 사회적인 보답, 특히 부, 소득, 그리고 사회적 지위 등을 도덕적으로 정당화할 수 있게끔 배분하는 것에 관한 것이다(Heywood 2000, 135).

법이 처벌을 다룬다면, 사회 정의에서 다루는 부담은 나쁜 주거환경이나 하기 싫은 노동 등 처벌 이외의 불이익을 의미한다고 봐야 한다. 법적 정의에 적용되는 기준과 사회 정의에 적용되는 기준이 반드시 같지 않기 때문에 양자는 구별해야 한다. 그러나 법적 정의와 사회 정의가 다루는 어떠한 도덕적인 고려는 같다고 하겠다. 예를 들어 인간의 권리는 처벌을 할 때 관련이 있으며, 혜택을 배분할 때 기준이 된다(Miller 1976, 23).

그리고 '사적 정의private justice'와 사회 정의는 다르다. 사적 정의는 사회제도에 참가하여 행동하지 않을 때 동료와 관계에 대한 문제이다. 가족이나 친구들 사이에 선(善)을 나누는 것이 그 예이다. 사적 정의에 적용되는 기준과 사회 정의에 적용되는 기준은 서로 관련이 있다. 그러나 두 정의가 갈등을 일으킬 때는 문제가 생긴다. 어떤 회사에서 고용주와 고용인들 사이에 임금이 정의롭게 배분되었다 하더라도 그 회사의 임금이 같은 업종의 다른 회사 임금에 크게 못 미치면 사회 정의에 어긋난다

(Miller 1976, 23). 어긋난다고 판단하는 것은 윤리의 일이다. 어떤 주어진 제도적 틀에서 개인과 집단 행위자들의 행위를 도덕적으로 평가하는 것이 윤리가 할 일이기 때문이다. 반면 사회 정의는 인간 사이의 관행과 규칙을 도덕적으로 평가하는 일을 맡는다. 그래서 윤리와 사회 정의는 밀접한 관계를 맺는다(Pogge 2007, 28~9).

사회에서 정의의 사회적인 역할, 그 위치, 그리고 기능은 무엇인가? 홉스가 주장하듯이 안전을 보장하는 것인가? 로크가 주장하듯이 재산을 보호하는 것인가? 아니면 '공적 선public good'을 최대화하는 것인가? 정의라는 개념은 근대의 수사와 이데올로기가 주장하듯이 모든 사람이 평등하게 대우받아야 한다는 것을 전제로 하는가? 이것은 모든 사람이 사실상 평등하다는 것을 뜻하는가? 상식적으로도 이상과 같은 질문을 던지게 된다.

사람은 저마다 차이가 나며, 어떠한 차이는 사회 정의라는 문제에 적실성이 있다. 사람들이 모두 인간임에도 불구하고 그 차이를 어떤 근거에서 식별해야 하는가? 사람들의 필요, 능력, 공헌, 그리고 개인의 권리로써 사람들을 구별해야 하는가? 만약 그래야 한다면, 어느 정도로 어떤 이유에서 구별해야 하는가? 평등은 모든 사람을 비슷하게 다루어야 한다는 것을 의미하는가? 그러나 예컨대 공부를 열심히 해서 좋은 성과를 낸 학생이나 그러지 않은 학생에게 똑같은 성적을 주면, 정의롭지 않다고 말할 것이다. 평등이 의미하는 바는 독단적으로 차별하지 않고, 같은 것은 같게 다루고, 우리 판단에 일관성이 있어야 한다는 것일 뿐이다.

그런데 이것은 정의가 요구하는 바라기보다는 그저 논리가 요구하는 바가 아닌가? 정의와 관련해서 고려해야 할 것은 무엇인가? 경제제도나 사회제도, 자유 시장에 대하여 특별한 관심을 기울이고, 또 많은 사상가들이 기본적인 정의에 대하여 유일한 기준은 아니지만 결정적인 기준으로 삼는 평등이라는 개념이 주요한 문제가 아닌가?

평등과 권리 사이에는 긴장이 일어나게 마련이다. 예를 들면 사유재산에 대한 권리는 부의 불평등을 초래한다는 이유에서 루소와 마르크스, 그리고 그 추종자들에게 비난받았다. 마찬가지로 사유재산을 전제로 하는 자유 시장을 보더라도, 자신이 하는 만큼 자유 시장에 적응할 여건이나 자질을 갖춘 이들과 그렇지 못할 뿐만 아니라 시장에 접근할 기회조차 없었던 이들 사이에는 커다란 불평등이 존재한다(Solomon et al. 2000, 127). 반면에 자유 시장을 옹호하는 이들은 시장에 접근할 평등한 기회가 완전하게 주어지지 않고서는 시장이 자유로울 수 없으며 공정하지 않을 것이기 때문에 평등의 중요성을 더더욱 강조한다. 요컨대 자유 시장이라는 개념은 기회의 평등이 필요하다는 것을 전제로 하며, 다양한 교환과 아주 다른 사람들의 능력과 행운에서 기인하는 불가피한 불평등을 수용해야 하는 것이다. 게다가 자유 시장에서 불평등이 불가피하더라도 자유 시장은 최소 수혜자를 포함하는 모든 이들의 번영을 보장한다고 주장된다(Solomon et al. 2000, 128).

그런데 자유 시장이 서로의 선을 최대화한다는 주장은 시장이 사유재산을 소유할 자연권에 의존한다는 주장과는 전혀 다르다. 전자는 경험적인 주장이다. 원칙적으로는 시장경제가 사회주의적인 사회보다 더 번성하는지 시험할 수는 있다. 그러나 실제로는 번성하는 바를 어떤 척도로 측정할 것인가라는 문제에 부딪치면 어려워진다. 사회적 공리를 추상적으로 논하는 것과 공리의 양과 배분을 정확하게 측정하는 것은 별개의 문제이다.

스튜어트 밀이 주장하듯이 "각자는 한 명으로 그 이상으로 여겨지지 않는 것"으로 계산된다 하더라도, 사람들 사이에 공리가 불평등하게 배분되는데 전체의 공리가 최대화되는 것이 옳은가? 그렇지 않으면, 사회의 선을 가능한 한 평등하게 또는 고르게 배분해야 하는가? 그렇게 배분하다가 전체의 효용이 줄어들어도 괜찮은가? 사회의 선을 재분배하면서도 사유재산을 존중하려면 어떻게 해야 하는가? 또한 전체의 집합적 효용을 증진하기 위해 개인의 권리는 무시해도 되는가(Solomon 2000, 128)? 사회 정의는 이상과 같은 문제를 다루게 된다.

2. 사회의 기본 구조

어떤 사회제도는 질투와 분노를 불러일으키고 소외와 착취를 조장할수 있다. 이로써 야기되는 문제를 조정해서 사람들이 서로 더불어 살기에 적합하게 할 방법이 없는가? 이 같은 문제의식에서 롤스는 사회 정의를 논하면서 다루어야 하는 '일의적(一義的)인(=일차적인, 근원적인) primary' 주제를 사회의 '기본 구조basic structure'라고 본다. 롤스는 다음과 같이 기술한다.

그러나 우리의 화제는 사회 정의라는 화제이다. 우리에게 정의의 일의적 주제는 사회의 기본 구조인데, 더 정확하게는, 주요한 사회제도가 기본적인 권리와 의무를 배분하고 사회적 협업에서 생긴 이익의 분할을 결정하는 방식이다. 주요한 제도로서 나는 정치적인 기본법, 그리고 주요한 경제적 그리고 사회적 배열(arrangement결정/약속)로 이해한다.[2] 그래서 사상의 자유와 양심의 자유의 법적 보호, 경쟁적인 시장, 생산수단에서의 사적 소유, 그리고 일부일처제가 주요한 사회제도의 예이다. 이것들을 모두 하나의 틀로써 본다면, 주요한 제도는 인간의 권리와 의무를 규정하며 인간의 삶에 대한 전망에 영향을 끼친다. …… 기본적 구조는 그 영향이 너무나 깊고, 시작할 때부터 나타나기 때문에 정의의 일의적 주제이다. …… 다른 입장으로 태어난 사람들은 삶에 대한 다른 기대를 정하게 된다. …… 사회의 제도는 다른 출발 위치보다 어떠한 출발 위치에서 유리하다. 이러한 불평등은 삶에서 출발하는 기회에 영향을 끼친다. 그러나 불평등은 공적이나 응분이라는 개념에 호소함으로써 정당화되는 것이 가능하지 않다(TJ, 7).

위의 인용문이 의미하는 바는 무엇인가? 롤스의 '화제topic', 즉 더 큰 관심사는 사회 정의라는 점이며, 사회 정의를 실현하는 데 가장 관건이 된다고 여기는 것을 그는 사회의 기본 구조라고 부르겠다는 점이다. 기본 구조는 사회적·정치적·법적·경제적으로 주요한 일련의 제도 전체를 가리킨다. 이를테면 그는 헌법, 생산수단의 사적 소유, 경쟁적인 시장, 그리고 일부일처제를 그러한 예로 들고 있다. 사회 구성원 사이의 협업에서 생기는 부담과 혜택을 배분하는 것이 그 기능이다. 부와 소득, 음식

---

2   여기서 '배열arrangement' '관행practice' '제도institution'의 차이를 구별할 필요가 있다. 예를 들어 비민주적인 지배를 갓 이탈한 나라에서 정치적 배열이 있을 수 있는데 이것은 잠정적일 수 있다. 반면에 관행은 좀 더 습관적이며 그래서 좀 더 내구력이 있다. 제도는 한 세대에서 다음 세대로 전승되어오며 장기간에 걸쳐서 정착된 것이다. 예컨대 비민주주의적인 정부에서 민주주의적인 정부로 넘어오면 초기의 민주주의적인 배열은 점차 관행이 되고, 관행은 시간이 흐르면서 제도로 정착된다(Dahl 1998, 84~5). 여기서 배열은 질서, 순서 또는 규칙에 따르게 한다는 의미가 있다고 하겠다(Grotius 2012, 65). 이렇게 보면 제도는 특정한 사회적 과업을 수행하기 위한 구조화된 배열이다. 예를 들어 대학은 고등교육을 전수하고 전문가를 훈련하기 위한 제도이다(Berman 1983, 5).

과 주거, 권위와 권력, 권리와 자유는 혜택에 해당하며, 책임이라든가 예 컨대 납세할 의무를 포함하는 '의무duty' 또는 '책무obligation' 등은 부담 에 속한다. 그렇다면 기본 구조를 결정한 원칙을 정할 필요가 있다.

롤스가 이렇게 생각하는 것은 사회 정의에 대한 관념이 발전한 과정에 비추어봐도 타당하다. 19세기의 사회 정의 이론은 정치경제학의 영향을 많이 받아서, 그 주요한 과제의 하나로 토지·자본·노동과 같은 요소들 사이의 사회적 생산물을 나누는 문제를 상정했다. 세 요소들에 의한 배 분적인 결과를 결정하는 사회적 법칙을 발견할 수 있을 것이며, 예를 들 어 토지를 공유하는 제도를 두면 그 결과가 어떠하리라는 것을 예측할 수 있을 것이라고 보았다(Miller 1999, 5).

나아가 롤스가 기본 구조를 정의의 일의적 주제로 보는 데서 정의를 대하는 그의 시각을 읽을 수 있다. 전술한 바와 같이 롤스는 정의를 사회 제도 또는 '관행practice'의 덕성으로만 본다.[3] 이것은 롤스가 특정한 행동 이나 특정한 인간의 덕성은 다루지 않겠다는 것을 뜻한다(JF, 164~5).

여기서 배제되는 것은 무엇인가? 즉 사회의 기본 구조가 다루지 않는 것은 무엇인가? 정의롭다거나 정의롭지 않다고 말할 수는 있지만 그가 정의의 주제로 다루지 않는 것은 사적인 개인들 사이의 상호 작용과 거 래를 통제하는 규칙들, 예를 들면 개인들 사이의 계약적 합의를 통제하 는 규칙과 사적인 결사의 관행에 적용되는 규칙들이다(TJ, 8). 앞서 말한 것처럼 개인의 행동과 거래도 정의나 부정의의 대상이 되지만 롤스는 정

---

3 '관행practice'은 직책과 역할, 권리와 의무, 처벌과 보호 등을 규정하고 활동에 그 구조를 부 여하는 규칙의 체제로 상술되는 어떠한 형태의 활동을 뜻하는 일종의 기술적 용어이다. 게 임, 의례, 재판과 의회, 시장, 그리고 재산의 체제를 그 예로 들 수 있다(JF, 164 footnote 2; CP, "Justice as Reciprocity", 190 footnote 1).

의의 주제로 다루지 않는다. 그래서 그는 자기가 다루는 주제는 사회 정의이며, 사회 정의에 대한 이론에서 적절한 주제는 사회의 기본 구조라고 밝힌다.

그런데 여기서 유념해야 할 점이 있다. 롤스는 정의가 사회제도의 많은 덕성 중에서 한 가지만을 대변하는 것으로 이해하고 있다는 점이다. 말하자면 롤스가 볼 때 정의는 선한 사회에 대한 모든 총괄적인 비전과는 다르다. 정의는 그러한 비전의 한 부분에 불과할 뿐이다(JF, 165). 그렇다면 정의라는 개념은 선한 사회를 만드는 데 최소한으로 갖추어져야 하는 것이다.

롤스가 사회의 기본 구조를 정의의 '일의적 주제primary subject'라고 보는 이유는 무엇인가? 사회의 기본 구조를 형성하는 것이 제도와 관행인데, 그는 관행이 직책과 지위를 어떻게 규정할 수 있는지에 대하여 제한을 두며 또한 거기에 권력과 책임, 권리와 의무를 부여한다(JF, 164). 제도와 관행은 구성원들이—절대적으로 또는 타인과 비교하여—얼마나 좋은 삶을 영위할 수 있는지를 결정하기 때문이다. 요컨대, 삶에 대한 개인의 기대에 일생 동안 지대한 영향을 끼치는 것이 사회의 기본 구조이기 때문이다(TJ, 7).[4]

그렇게 보는 이유는 다음과 같다. 첫째, 사회에서 최초로 임하게 되는 기회와 출발점이 개인에게 영향을 주는 데서 모든 포괄적인 체계의 광범한 인과적인 효과를 롤스는 강조한다. 즉 "기본 구조는 시작할 때부터 그

---

4 흄은 정의와 형평이 있음으로 해서 사회의 질서가 유지되고 안전과 행복을 확보할 수 있다 (Hume 1992b, 184)면서 정의의 중요성을 강조한다. 이렇게 보면, 정의의 법은 인간이 서로 돕고 서로를 보호하는 이점을 보전하기 위한 것이다(Hume 1992b, 261). 따라서 정의는 사회에 유용하다.

효과가 너무나 크고 심각하기 때문에 일의적이다"(TJ, 71). 예를 들어 계층을 인정하는 사회가 있다면, 그 사회에서 하층에 속하는 이들은 상층에 속하는 이보다 삶에 대한 높은 기대를 품을 수 없다. 반면에 다른 예를 들면, 교육 수준이 낮은 부모를 둔 자식은 고등교육을 받을 확률이 일반적으로 낮다. 그러나 가난하면서도 재능이 있는 이들에게 고등교육을 받을 수 있는 기회를 부여하는 제도를 둔다면, 이로써 혜택을 받게 되는 이는 자신의 삶에 대해 높은 기대를 품을 수 있게 된다. 여기서 예로 든 계층을 인정하는 사회제도나 고등교육을 받을 기회를 부여하는 제도 등은 사회의 기본 구조에 해당한다.

둘째, 사회적 결과를 통제하고 조정하는 데서 기본 구조가 근본적인 위치를 차지하기 때문에 롤스는 기본 구조가 '일의적primary'이라고 본다(BSS, Secs. II, III and KCE, 95). 그가 할당적인 원칙과 배분적인 과정 이론에 반대하여 즐겨 예로 드는 것이 자발적인 시장거래이다. 그는 자발적인 시장거래는 시장구조에 선행하는 경제적 배분이 공정하지 못하면 정의로울 수 없다고 믿는다. 예를 들어 투자만이 높은 생활수준을 허용하며 부유하게 태어난 사람만 투자할 수 있고 부유하게 태어나지 못한 사람은 투자할 가능성에서 배제된다면, 시장체제의 구조는 공정하지 못하다.

유리와 불리라는 상황은 필요라는 원칙에 따라 재산을 재분배함으로써 조정될 수는 있다. 그리고 부(富)는 이론적으로는 개인의 소득을 평등화하기 위하여 재분배될 수는 있다. 그러나 문제를 발생시키는 배경적인 조건이 시정되지 않는다면 사회체제는 정의롭지 못한 채로 남아 있게 된다. 배경적인 조건 자체가 근본적으로 정의롭지 못한 결과의 원인이 된다면, 보상적인 조처를 요구하게 되기 마련이다.

이 두 가지 이유는 롤스의 더 큰 관점에서 도출된다. 그 관점이란 문제를 야기 시키는(그래서 재분배할 필요를 가져다주는) 배경적인 조건이 정의롭지 못하면, 배분적인 결과를 두고 어설프게 수선하는 것은 별 도움이 되지 않을 것이라는 생각이다. 문제가 이미 기본 구조에 깊숙이 자리잡고 있다면, 할당적인 원칙으로 뒤늦게 조정한다고 해서 문제를 제거할 수는 없을 것이기 때문이다(Beauchamp 1980, 141).

롤스는 사회의 기본 구조, 즉 주요한 사회제도를 어떻게 평가하는가 하는 문제를 정의의 일의적 주제로 삼지만, 더 정확하게 말하면 "주요한 사회제도가 기본적인 권리와 의무를 배분하고 사회적 협업에서 생긴 이익의 분할을 결정하는 방식이다"라고 밝히고 있다. 사회제도의 참다운 주제는 기본 구조 그 자체가 아니라 기본 구조의 결과로서 나타나는 이익의 분배라는 것이다. 근대 사회에서 커다란 부의 주요한 근원은 복잡한 분업의 결과라는 인식을 토대로 19세기에 사회 정의라는 문제가 나타났다. 사회적 협업이 모든 이들에게 더 나은 삶을 가능하게 하는 한에는 사회 정의의 원칙을 찾아야 한다(TJ, 4).

기본 구조가 일의적 주제가 되어야 한다는 것은 무엇을 의미하는가? 롤스는 제도를 여러 번 강조하고 있지만, '기본 구조는 규칙의 공적인 체계'라는 점을 확고하게 밝힌다(TJ, 84). 이것이 뜻하는 바는 기본 제도를 통제하는 일련의 규칙은 기본적인 구조를 서술하고 개체화한다는 것이다. 그런 만큼 기본 구조가 제시하는 게임의 공정한 규칙에 따라 각자가 자신의 선을 추구해야 한다. 롤스는 〈주제로서의 기본 구조The Basic Structure as Subject〉에서 기본 구조가 의미하는 바를 좀 더 자세히 설명하면서, 기본 구조는 '배경적인 정의를 결정하는 모든 포괄적인 사회체제'라고 주장한다(BSS).

기본 구조가 광범한 영향을 끼친다는 롤스의 견해를 따르면, 기본 구조가 비록 정의 이론에서 전적인 관심사가 되어야 하는 것은 아니지만 일의적이어야 한다는 데 동의하는 것은 거의 확실하다. 다른 파생적인 원칙은 물론 정의 이론에서 부차적인 관심사이다. 그래서 우리는 그가 정의의 '준칙precept'이라고 부르는 것을 고려해야 한다.

롤스는 기본 구조가 정의의 어떠한 관념을 반영해야 할 것인지도 위의 인용문에서 밝히고 있다. 그는 "불평등은 공적이나 응분이라는 개념에 호소함으로써 정당화되는 것이 가능하지 않다"고 천명한다. 이것은 응분의 원칙과 필요의 원칙에 대한 조화가 필요하다면, 응분의 원칙만으로는 정의에 대한 올바른 이론을 구성할 수 없다는 것을 밝히는 셈이다. 롤스는 공리주의를 경쟁적인 이론으로 보고 비판 대상으로 삼지만, 재화는 도덕적 선에 부합하게 배분되어야 한다고 주장한다(TJ, 310~5). 이렇게 하여 결국 자신의 정의 이론이 구성되는 방향, 즉 나중에 기술하겠지만 전통적인 응분의 불인정과 차등 원칙의 인정을 제시한 셈이다.

그렇다고 해서 롤스가 평등에 근거를 두는 필요의 원칙에 전적으로 의존하는 것은 아니다. 그는 불평등을 논하고 있지만, 그가 개탄하는 불평등은 삶의 기대에서의 불평등이지 삶의 최종 결과에서의 불평등은 아니다. 요컨대 사회적 협업에서 생기는 이익을 얻을 수 있는 열망과 기대에서 불평등이 없게 하자는 데 주안점이 있다. 이런 측면에서 보면 롤스는 응분의 원칙 대신에 정당한 기대의 원칙을 제시한다(TJ, 310~1). 정당한 기대를 모두가 평등하게 안고서 인생을 출발하는 것이 공정하다고 보기 때문이다.

그런데 롤스에게 기본 구조는 정의 이론에서 몇 가지 가능한 주제 가운데 하나이며, 사회 정의는 몇 가지 가능한 유형의 정의 가운데 하나이다. 사회 정의는 가장 포괄적이며 근본적인 의미의 정의이다. 기본 구조에 적용되는 정의의 원칙이 있으며 다른 모든 주제에 적용되는 정의의 규칙 또는 기준이 있다. 이 둘 사이의 분업을 롤스는 상정한다(Johnston 2011, 203). 이와 같이 지적인 분업을 하는 것은 처벌이라는 관행을 공리주의적으로 정당화하는 것과 그 관행을 구성하려고 하는 응보적인 일련의 규칙을 구분하는 것과 비슷하다고 하겠다. 사회 정의라는 원칙은 다른 주제에 적용되는 규칙이나 기준과는 다르다. 그러나 일단 사회의 기본 구조에 대한 타당한 정의의 관념이 확립되면, 정의에 관한 다른 문제는 이에 비추어서 다룰 수 있다(TJ, 8).

정의의 일의적 문제

위와 같은 이유에서 정의의 일의적 주제가 사회의 기본 구조라면, 정의의 '일의적 문제primary problem'는 정의로운 기본 구조가 만족하게 되는 일련의 원칙을 만들고 정당화하는 것이다. 그렇다면 이 원칙, 즉 정의의 원칙은 롤스가 '일의적(一義的/一位的) 선(善)들(基本財, primary goods)'이라고 일컫는 것을 얻을 수 있는 기대를 기본 구조가 어떻게 배분하게 되는지를 상술해야 한다. 즉 사회의 기본 구조를 고안하고 유지하고 조정하는 데 관한 모든 문제를 이해하고 이 문제들에 명료한 방식으로 적용할 수 있는 정의의 원칙을 제안해야 한다. 그런데 정의의 원칙이 어떤 내용을 담아야 하는지는 원초적 입장에서 상정한 바에 따라 결정되어야 한다.

그는 일의적 선의 목록을 다음과 같이 제시한다(TJ, §15; PL, 181·291·308~9).

1. 어떠한 기본적 권리와 자유

2. 거주 이전의 자유와 직업 선택의 자유

3. 직책의 힘과 특권

4. 소득과 부

5. 자기 존중에 대한 잔여(殘餘) 사회적 기초(위의 네 가지 선善도 자기 존중의 기초로 보기 때문에 잔여라고 표현한다.)

소득과 부와 같은 재화와 동시에 기본적인 권리와 자유, 권력, 권위, 그리고 기회가 일의적 선에 포함된다. 혜택에 속하는 것을 롤스가 일의적 선이라고 부르는 이유는 각자가 자신의 합리적인 삶을 어떻게 계획하든 간에 이것들을 특별히 가지고 싶어 한다는 것을 강조하기 위해서이다(TJ, 62). 즉 인생에서 추구하는 목적이 무엇이든 간에 그 목적을 추구하는 데 일의적 선은 유용하다. 이것은 공리주의자들처럼 행복이라는 목적이 주어졌다고 간주하지 않고, 인간 개개인이 주체가 되어 어떠한 목적이든 그 목적을 자유롭고 평등하게 추구하는 데 필요한 기본적인 선, 즉 일의적 선이 주어져야 한다고 보는 것이다.

행복이라는 선 대신에 일의적 선을 제시한 이유는 롤스가 공리주의에 반대하기 때문이기도 하지만 행복이라는 선보다는 모호하지 않고 측정하고 평가하기가 더 쉽기 때문이다(Pogge 2007, 118). 그의 일의적 선은 ① 개인이 목적을 달성하는 데서 최대한으로 융통성이 있는 수단, ② 개인이 목표를 효과적으로 추구할 수 있게 하는 조건, ③ 개인이 삶을 알면서 비판적으로 계획하게 하는 조건이라고 간주할 수 있다(Buchanan 1980, 8~9).

그 이유는 다음과 같다. 넓은 의미에서 개인이 어떠한 인생의 목표를 설정하든지 간에 목표를 달성하는 데 일반적으로 유용한 가장 융통성이 있는 수단은 부(富)이다. 마찬가지로 자의적인 구속에서 자유로울 수 있어야만 개인은 목표를 효과적으로 달성할 수 있다. 개인이 목표를 설정하고 이를 달성할 수 있는 계획을 세우는 경우, 예를 들어 언론과 정보에 접근할 수 있는 자유는 긴요하다. 정의로운 기본적 구조는 소득과 건강과 같은 일의적 선을 얻을 수 있는 기대를 적절하게 배분하는 구조이다.

위의 ①, ②, ③에서 알 수 있는 것은 사회 정의에서 관심을 두는 것은 가치 있다고 여겨지는 재화나 선을 취하게 하는 것이지, 인간이 궁극적인 목표로 삼아야 하는 복지나 행복은 일의적 선에 포함되지 않는다는 점이다. 행복은 개인의 심리적인 상태라고도 볼 수 있는데, 사회 정의는 복지나 행복을 달성하게 하는 수단과 관계있는 것이지 복지나 행복 그 자체와는 관계가 없다. 일의적 선에 접근할 수 있는 조건이 주어지면, 개인들은 선들을 수단으로 삼아 자신의 선택에 따라 인생의 목표를 설정하고 행복을 추구하는 것으로 간주되어야 하기 때문이다. 요컨대, 어떠한 선에 접근하는 것과 안녕이나 행복을 경험하는 것 사이에는 개인의 결정이 개재한다(Miller 1999, 7).

일의적 선을 얻을 수 있는 기대를 평등하게 배분하게 함으로써 모든 시민들이 일의적 선에 가능한 한 많이 접근하게 하는 것이 모든 시민들에게 이익이 된다. 일의적 선은 각자가 자신의 선을 정하여 자신의 이익을 추구하는 데나 시민들이 두 가지 도덕적 힘을 계발하고 발전시키는 데 중요하기 때문이다.[5] 유념해야 할 것은 정의의 원칙이 시민들의 모든

---

5 나중에 자세히 설명하겠지만, 원초적 입장에서 취하게 되는 세 가지 이익 가운데 두 가지, 즉 ① 정의에 대한 감각/정의감, 그러니까 공유하는 정의의 원칙에 따라 자신의 행위를 통제하는 능력과 욕구를 계발하면 나타나는 이익, ② 선에 대한 관념, 즉 살 만한 값어치가 있는 삶

자연적인 양상, 즉 시민들의 타고난 자연적 재능과 능력은 무시하고 사회적 선만으로 개인의 안녕을 평가한다는 점이다. 이것이 의미하는 바는 어떠한 선의 개인적인 값어치는 상대적으로 다를 수 있다는 것이다. 사회 정의는 이것까지 감안하지는 않는다(Miller 1999, 8·10). 어떠한 선들의 값어치는 전체 구성원들에게 합의된 것으로 가정하고 그 선에 접근할 수 있는 기회를 부여할 뿐이다.

일의적 선을 규율하는 '정의의 원칙들principles of justice'이란 사회적 협업에서 생긴 부담과 혜택을 배분하는 원칙이라고 하겠다. 이 원칙들은 사회의 기본 구조에 대한 사실에 적용하는 경우에 두 가지 과제를 수행해야 한다. 첫째, 특정한 제도와 제도적인 관행에 나타날 수 있는 정의와 부정의에 대해 구체적인 판단을 제시해야 한다. 둘째, 기본 구조에서 정책과 법을 만드는 데 지침이 되어야 한다.

에 대한 관념을 형성하고 수정하고 합리적으로 추구하는 능력을 얻으면 나타나는 이익을 의미한다. 이들 이익을 얼마나 보장하느냐에 따라 사회 질서를 평가하게 된다(PL, 312~23).

제1장

정의의 두 원칙

롤스는 정의의 일의적 문제를 해결하기 위하여 정의의 두 원칙을 고안했다. 두 원칙을 제시함으로써 정의로운 기본적인 사회구조로 여겨지는 것을 상술하고 자신의 두 원칙을 옹호했다. 여기서는 정의의 두 원칙이 무엇이며 어떠한 과정을 거쳐서 제안되는지를 일단 간략하게 살펴보고자 한다. 그다음에 두 원칙이 의미하는 바를 더 자세히 알아보고, 그 문제점이 무엇인지를 고찰하고자 한다.

다음에 설명하는 원초적 입장에서 계약 당사자들은 지극히 평등한 입장에서 정의의 원칙을 선택하게 된다. 그러나 모든 사람에게 이익이 되는 경우에만 불평등한 배분이 정당화된다. 롤스가 '공정으로서의 정의에 대한 일반적 관념general conception of justice as fairness'이라고 부르는 것에서 "모든 사회적 가치는—자유와 기회, 소득과 부, 그리고 자기 존중의 근거— 이러한 가치의 어느 것이나 모든 것을 불평등하게 배분하는 것이 모든 사람의 이익이 되지 않는다면, 평등하게 배분되어야 한다"고 주장한다(TJ, 62). 그는 '공정으로서의 정의에 대한 특별한 관념special conception of justice as fairness'이라고 지칭되는 정의의 두 원칙을 처음으로 진술했다가 최종적으로 진술했다(TJ, 62~3·302). 아래는 최종적인 '정의의 두 원칙two principles of justice'의 내용이다.

제1원칙

각자는 모든 사람에게 유사한 자유의 체계와 양립할 수 있는, 평등한 기본적 자유로 이루어진 가장 광범한 전체 체계에 대하여 평등한 권리를 가져야 한다(TJ, 250·302).

제2원칙

사회적 그리고 경제적 불평등은 불평등이 ① 정의로운 저축의 원칙과 일치하면서, 최소 수혜자에게 최대의 혜택이 되도록, 그리고 ② 공정한 기회 평등이라는 조건 아래 모든 사람에게 개방된 직책과 직위에 결부되도록 배열되어야 한다(TJ, 302).[6]

첫 번째 진술에서 제1원칙은 "각자는 타인의 같은 자유와 양립할 수

---

6   First Principle
    Each person is to have an equal right to the most extensive total system of equal basic liberties compatible with a similar system of liberty for all.
    Second Principle
    Social and economic inequalities are to be arranged so that they are both:
    (a) to the greatest benefit of the least advantaged, consistent with the just savings principle, and
    (b) attached to offices and positions open to all under condition of fair equality of opportunity.

있는 가장 광범한 기본적 자유에 대하여 평등한 권리를 가져야 한다"(TJ, 62)고 밝혔다. 그리고 제2원칙은 "사회적 그리고 경제적 불평등은 ① 모든 사람에게 이익이 되고, ② 모든 사람에게 개방된 직책과 직위에 결부되도록 마련되어야 한다"고 진술한다(TJ. 32). 제1원칙은 평등하게 배분되어야 하는 대상을 정한 것이며, 제2원칙은 불평등하게 배분될 수 있는 대상을 명시한다.[7]

양자를 비교하면, 제1원칙에 관한 한 첫 번째 원칙은 최종 진술에서 더욱 구체적이다. '가장 광범한 기본적 자유'를 '평등한 기본적 자유의 가장 광범한 전체 체계'로 대신했기 때문이다. 제2원칙에 관한 한 '모든 사람의 이익' 대신에 '최소 수혜자에게 최대의 혜택이 되도록'을 넣었다. 그리고 '공정한 기회 평등이라는 조건 아래'라는 구절을 넣었다. 최종 진술에 첨부된 '정의로운 저축의 원칙'이라는 용어는 세대 간의 정의와 환경의 보전에 관한 것이다.

제2원칙에서 전반적인 요점은 평등을 선호해야 한다는 것과 여기에서 벗어나 불평등하게 되는 데에는 특별한 정당화가 필요하다는 점이다. 처음에는 모든 사람에게 이익이 된다면, 불평등은 정당화된다고 주장했다. 그러나 논의가 진행됨에 따라 불평등이 최소 수혜자에게 최대의 이익이 되면, 불평등은 정당화된다고 주장했다. 그렇지만 일반적 관념과 특별한 관념은 일치하는 것으로 간주된다. 그렇다면 어떠한 사회적·경제적 불

---

7 원초적 입장에서 당사자들은 '정의에 대한 일반적 관념'에서는 최소 수혜자를 배려하지 않고 차이가 심한 배분보다는 사회 전체의 자원의 양은 적지만 전체적으로 평등해서 차이가 적은 배분을 택한다(TJ, 65ff.). 일반적인 관념에 따르면, 모든 일의적 선은 불평등한 배분이 최소 수혜자에게 최대한으로 이익을 주지 않는 한 평등하게 배분되어야 한다. 그러나 궁핍한 사회에 놓이지 않는 한 사람들은 평등한 자유와 기회를 주장한다. 이를 대변하는 원칙이 정의에 대한 특별한 관념이다(TJ, 302~3·542~3).

평등은 최소 수혜자에게 최대의 이익이 된다는 의미에서 불평등은 모든 사람에게 혜택이 되는 것이 틀림없다(Loizou 1998, 353).

어쨌든 제1원칙을 일반적으로 간단히 '최대한의 평등한 자유의 원칙 the Principle of Greatest Equal Liberty'이라고 부른다. 제2원칙은 두 부분으로 이루어져 있다. 첫 부분, 즉 ①은 '차등 원칙(差等原則)/격차 원리(格差原理)the Difference Principle'라고 부른다. 여기서 사회적·경제적 불평등은 혜택을 가장 적게 받은 이들에게 최대의 혜택이 부여되도록 마련되어야 한다고 주장한다. 둘째 부분, 즉 ②는 '공정한 기회 평등 원칙the Principle of Fair Equality of Opportunity'이라고 부른다. 여기서 사회적·경제적 불평등은 공정한 기회 평등이라는 조건 아래에서 모든 사람에게 개방된 공직과 지위에 결부되도록 마련되어야 한다고 주장한다. ②는 이와 같이 평등을 위한 원칙이기 때문에 '민주적인 평등의 원칙The Principle of Democratic Equality'이라고도 한다(Katzner 1980, 42).

정의의 원칙을 두 원칙으로 구분한 것은 다음을 의미한다고 볼 수 있다. 제1원칙은 사회의 정치적·법적 질서에 특히 적용되는데, 이 질서는 구성원들이 좁은 의미의 시민으로 여겨지는 영역에 적용된다. 기본 구조의 이 부분은 기본 구조가 산출하는 기본적 권리와 자유의 배분에 따라 평가된다. 그래서 제1원칙은 사회적 정의보다는 법적·정치적 정의와 관련된다(Miller 1976, 42). 반면에 제2원칙은 경제적·사회적 제도, 즉 교육과 건강배려 체제, 경제의 조직에 특히 적용되는데, 구성원들이 사회에서 물질적·문화적 재생산에 종사하면서 맡는 역할이라는 관점에서 고려되는 영역을 통제한다. 기본 구조의 이 부분은 기본적 자유와 권리를 제외한 나머지 사회적인 일의적 선의 배분에 따라 평가된다. 그래서 제1원칙에 견주어 사회 정의와 많이 연관된다.

이 두 원칙의 구별은 달리 말하면 정치적 원칙과 사회·경제적 원칙의 구별로 대비될 수 있겠다. 물론 두 부분이 서로 독립적인 것은 아니다. 사회·경제적 제도는 정치적 결정으로 형성되며 정치적 제도는 사회·경제적 요인에 의해 영향을 받는다(Pogge 2007, 78~9). 그러면 먼저 두 원칙이 의미하는 바가 무엇인지 고찰해보자.

1. 최대한 평등한 자유의 원칙

제1원칙에는 두 가지 주장이 담겨 있다. 첫째, 각자는 똑같은 기본적 자유로 이루어진 체계 전체에 대하여 평등한 권리를 가져야 한다. 둘째, 기본적 자유로 이루어진 체계 전체는 가능한 한 광범해야 한다. 그렇다면 '기본적 자유basic liberties'는 무엇인가? 그는 기본적 자유로 ① 정치 과정에 참여할 자유(투표권, 공직 담임권, 즉 선거권과 피선거권 등), ② 언론의 자유(출판의 자유를 포함하여),[8] ③ 양심의 자유(종교의 자유를 포함하여), ④ '인격의 자유freedom of the person',[9] ⑤ 자의적인 체포와 구금으로

---

8 한국에서 언론의 자유라는 것은 보통 언론매체의 자유에 해당한다. 그러나 미국 헌법에서는 'freedom of speech'라는 것에 공개 연설 등도 포함된다(김철 2009, 84).

9 '인격 또는 인간person'이라는 용어는 상황에 따라 다양하게 이해되어야 한다. 인간 개개인들을 의미할 수도 있으며, 때로는 국가, 지역province, 기업, 교회, 팀 등을 의미한다(JF, 165). 정의의 원칙은 이처럼 각기 다른 종류의 모든 '인격/인간person'이 제기하는 갈등하는 주장에 적용되어, 인간 개개인들이 논리적으로 우선한다고 볼 수 있다. 개개의 인공적 인격은 인간의 행동이 논리적으로 구성된 것으로써 인공적 인격의 행동을 분석하는 것이 가능하며, 제도의 값어치는 인간 개개인들에게 가져다주는 혜택에서만 도출된다고 주장하는 것이 그럴듯하기 때문이다. 그렇기는 하지만 정의에 대한 분석은 인간 개개인들에게 국한해서는 안 된다(CP, "Justice as reciprocity", 194). 이것은 보통 인격의 자유 또는 인격권으로 번역한다. 협의로는 'privacy'(사생활을 침해당하지 않을 권리), 광의로는 헌법상 보장된 모든 권리의

부터의 자유, 그리고 ⑥ 개인적 재산을 소유할 자유를 나열하고 있다(TJ, 61).

요컨대, 각자는 위에 나열한 자유를 주 내용으로 하는 기본적 자유에 대하여 평등한 권리를 가져야 한다. 예컨대 100가지 자유가 허용되었다면, 철수는 80가지 자유에 대한 권리를 갖도록 하면서 영희는 100가지 자유에 대한 권리를 갖도록 해서는 안 된다는 것을 의미한다. 모두가 100가지 자유에 대한 권리를 가져야 하며, 또한 100가지가 아니라 150가지 자유를 허용할 수 있으면 국가는 자유를 확대해야 한다.

최대한의 평등한 기본적 자유는 민주주의적인 정부에 헌정적으로 제한을 가한다(Freeman 2003a, 4). 즉 이를 보장하는 데 우선순위를 두기 때문에 전체의 행복 증진이나 차등 원칙의 실현을 이유로 제한될 수 없다. 정치적 자유도 정의의 감각에 대한 능력을 완전히 발전시키는 데 필요하다. 그래서 자유를 포기할 권리는 인간에게 없다. 바로 이 점에서 공정으로서의 정의가 자유 지상주의와 다른 점이기도 하다. 무제한으로 계약하고 이전할 자유는 롤스의 정의 이론에서는 기본적이 아니며 보호받지 않는다(Freeman 2003a, 5~6).

기본적이라고 부르는 이유는 첫째, 기본적인 자유가 있어야 하며 자신의 선에 대한 관념을 타인도 추구할 수 있기 때문이다. 둘째, 두 가지 도덕적 힘을—추후에 상술하지만—행사하고 발전시키는 데 본질적이기

원천으로서의 주된 기본권을 가리키며 "인간의 존엄과 가치와 가치 행복 추구권"(2차 세계대전 후 본Bonn 기본법 1949년, 한국 헌법 등에 조문으로 명기)을 의미할 수도 있다. 대한민국 헌법은 인간의 존엄과 가치, 행복 추구권 등을 통해서 일반적인 인격권의 개념을 담고 있다. '인격의 자유'란 그렇게 익숙한 개념이 아니다. 일반적으로 쓰이는 인격권이라는 용어는 가장 기본적인 권리인 인간의 존엄권을 그 내용으로 한다.

때문이다. 두 가지 힘은 도덕적이며 합리적인 인간이라면 누구나 가져야 하는 본질적인 능력이며, 완전히 자율적인 인간이 되는 바탕이 된다.

2. 공정한 기회 평등의 원칙

제2원칙의 ②는 흔히 공정한 기회 평등 원칙이라고 한다. 기회 평등이 무엇을 의미하느냐에 대해서는 논쟁이 있을 수 있다. 초기의 자유주의자들은 어떤 이들에게 기회 평등을 막는 법이 없다면 기회 평등이 달성되었다고 본다. 반면 평등주의자는 지나친 경제적 불평등은 평등한 기회, 나아가서는 자유조차도 저해한다고 주장한다(Barcalow 2004, 126).

그렇다면 롤스가 말하는 공정한 기회 평등의 원칙은 무엇을 의미하는가? 예를 들어보자. 철수와 갑돌이 두 사람이 거의 비슷한 능력을 타고 태어났으며 의사가 되려는 열망이 똑같이 있으며 그러기 위해 노력할 자세도 똑같이 갖추어져 있다면, 의사가 될 수 있는 기회를 똑같이 부여해야 한다. 그렇다면 인종, 종교, 성 등의 차이와 같은 사회적 여건 등이 기회의 평등을 저해하게 해서는 안 된다. 아래에서 설명할 무지의 장막 아래 놓인 이들은 기회의 공정한 평등을 주장할 것이다. 자신이 어떠한 사회적 여건에 놓여 있는지를 모르며, 따라서 혜택을 받게 될지 받지 못하게 될지를—즉 의사가 될 자질이 있는지, 나아가 자질을 발휘하여 의사가 될 수 있는 여건을 갖추었는지를—모르기 때문이다.

그런데 법적으로 기회 평등이 보장되어야 한다고 천명하는 것만으로는 충분하지 않다. 평등한 기회를 실질적으로 향유할 수 있도록 보장해야 한다. 철수의 부모는 철수가 의사를 되게 하는 데 필요한 재정적인 여력이 있지만 갑돌의 부모는 그렇지 못하다면, 법적으로 기회 평등을 천명한다고 해서 갑돌이 실질적으로 기회를 얻을 수 있는 것은 아니다. 이경우, 공정한 기회의 평등이라는 원칙으로써 갑돌은 의사로서 훈련받을수 있는 기회를 실질적으로 부여받게 된다. 이를 위하여 갑돌에게 재정적인 보조를 가능하게 하는 제도가 구비되어야 한다. 그렇게 해야만 공정한 기회 평등의 원칙이 실질적으로 달성되기 때문이다. 그래서 무상으로 공교육을 실시하여 교육받지 못할 형편에 놓인 사람이 자신의 능력을 발휘하는 데 장애가 되지 않도록 배려해야 한다.

타고난 재능이 같으며 의지가 같은 이들은 가족적 배경뿐 아니라 성별, 빈부, 인종 등과는 무관하게 경쟁함으로써 성공할 가능성을 평등하게 갖도록 해야 한다. 기회를 공평하게 보장하기 위해서는 이와 같은 출생이나 사회적 배경에 따른 차이가 사회적 배분에 작용하지 않도록 해야한다. 이것이 롤스가 주장하는 공정한 기회의 평등이다(TJ, 73). 그러나 롤스는 이렇게 공정한 기회를 주었는데도 결과에서 평등하지 않게 되는 것을 정의롭지 않다고 주장하지는 않는다. 그래서 배리Brian Barry는 기회의 평등은 때로는 불평등해질 평등한 기회라고 명백하게 규정되기도 한다고 지적한다(Barry 1990, 121).

3. 차등 원칙

차등 원칙은 사회적·경제적 불평등은 최소 수혜자에게 최대의 혜택이 되도록 마련되어야 한다는 원칙이다. 달리 말하면, 사회의 최소 수혜자에게 혜택이 되게 하는 불평등은 허용된다는 원칙이다. 그가 말하는

'사회적 그리고 경제적 불평등'과 '최소 수혜자'는 무엇을 뜻하는가?

(1) 차등 원칙

제1원칙과 차등 원칙은 서로 다른 내용의 일의적 선의 배분에 관한 것이다. 제1원칙은 상기한 기본적 자유라는 일의적 선의 배분에 관한 원칙이며, 반면에 차등 원칙은 부·소득·권력·권위와 같은 일의적 선의 배분에 관한 원칙이다. 기본적 자유는 최대한의 평등한 자유의 원칙, 즉 제1원칙에 따라 평등하게 보장되어야 한다. 그러나 부, 소득, 권력, 권위와 같은 일의적 선은 반드시 평등하게 보장된다는 보장이 없다. 그래서 '사회적 그리고 경제적 불평등'이라는 것은 개인이 이러한 일의적 선을 획득할 수 있는 기대에서의 불평등을 지칭한다.

이와 같은 일의적 선을 획득할 수 있는 기대에서 가장 불리한 위치에 놓인 사람들이 '최소 수혜자들 the least advantaged'이다. 그렇다면, 차등 원칙은 기본적 자유가 아닌 일의적 선을 획득할 수 있는 기대에서의 어떠한 불평등이 있더라도 그 불평등은 이러한 선에 대하여 기대가 가장 낮은 사람들에게 가장 많은 혜택이 주어지도록 기본 구조가 마련되어야 한다고 주장한다.

그렇다면 그러한 기본 구조라는 제도는 어떤 것인가? 예를 들어 어떤 산업에 자본을 대규모로 투자하여 고용을 증대하고 새로운 재화와 용역을 생산하기로 되어 있다고 가정해보자. 그리고 새로운 자본투자가 미취업자를 취업시키고 기존 취업자의 임금 수준을 높여줌으로써 궁극적으로 최소 수혜자들에게 큰 혜택이 돌아간다고 가정해보자. 그런데 투자자들은 거대한 이윤을 거두어들일 수 없다면, 대규모 자본투자를 함으로써 생길 수도 있는 위험부담을 껴안으려 하지 않을 것이다. 이 경우 자본투자에 대한 세제 혜택과 이윤에 대하여 세금을 낮게 부과해야만 투자자들은 투자 동기를 갖게 된다.

차등 원칙이 주장하는 바는, 최소 수혜자의 기대를 최대화한다면 그러한 세제의 혜택 등이 필요하다는 것이다. 이 경우 투자자들이 성공한다면, 어느 누구보다도 투자자들이 부나 권력과 같은 일의적 선에 대하여 더 큰 몫을 향유하게 된다. 반면에 최소 수혜자들이 얻는 선은 투자자들보다는 적을 것이다. 그렇다 하더라도 투자자들에게 예전보다 많은 세제상의 혜택을 주는 제도가 최소 수혜자들의 기대를 증대시킨다면, 그 제도는 더 정의롭다고 주장할 수 있다.

차등 원칙에 따르면, 그렇게 하는 것이 최소 수혜자들의 기대를 최대화하는 데 필요하다면 인정되어야 한다. 결과에서 투자자들과 최소 수혜자들 사이에 일의적 선의 불평등이 나타나더라도 최소 수혜자들이 전보다 더 많은 혜택을 얻게 된다면, 이 불평등은 정당화되어야 한다. 요컨대, 차등 원칙의 핵심은 사회적·경제적 불평등이 있게 된다 해도 그 불평등은 최소 수혜자에게 최대의 혜택이 되도록 마련되어야 한다는 것이다.

(2) 최소 수혜자의 본질

사회에서 누가 최소 수혜자들인가? 경제적으로 박탈당한 개인들로 이루어진 하나의 집단을 의미하는가? 신체적인 장애자인가 아니면 정신적인 장애자를 포함하는가? 이에 답하기 위해서는 롤스가 '대표적인 최소 수혜자들 the representative least-advantaged person'을 특징화한 것을 추출해 내야 한다. 그러지 않으면 차등 원칙을 사회 정책에 적용할 수가 없다.

대표적인 최소 수혜자들이 누구인지를 알려면 다음의 사항을 고려해야 한다.

첫째, 롤스가 최소 수혜자들에 대해 제시하는 어떠한 정의에서도 어떤 한 사람의 최소 수혜자나 가장 불리한 어떤 한 사람을 정의하려고 하지 않는다. 그래서 가설적인 원초적 입장에 있는 계약 당사자들은 실제적인 참가자가 아니라 대표한다고 여겨지는 가설적인 존재로 상정한다. 롤스는 자연적·사회적 우연성에 따라 판단하여 사회에서 불리한 구성원들의 범위에 주의해서 어떤 분기점을 정한 뒤, 그 분기점 아래에 있는 모든 사람들을 '가장 불리한worst off' 사람들로 규정한다.

롤스는 나중에 '대표적으로 가장 불리한 사람(대표적인 최악의 사람)representative worst-off man'이라는 개념을 이용해 차등 원칙을 다시 서술하는데, '대표적으로 가장 불리한 사람'이 어떻게 정의되어야 하는지는 자세하게 설명하지 않고 있다. 대신에 그는 두 가지 다른 정의를 제시하고 "그들 중에 하나 또는 그들의 어떠한 조합으로 충분할 것이다"라고 언급한다(TJ, 98). 첫 번째 정의에 따르면, 롤스는 우선 미숙련 노동자들과 같은 특정한 사회적 지위를 선택하여 미숙련 노동자들로서 평균임금을 받는 사람이나 그보다 못한 사람을 대표적으로 가장 불리한 사람의 집단으로 정의한다. 대표적인 최악의 사람이 품는 기대는 이 전체 계급을 두고 취한 평균으로 정의되어야 한다. 그러는 한편 롤스는 다른 정의를 제시하는데, 소득의 중앙값의 반(半)에 못 미치는 이를 대표적인 최악의 사람들로 규정하고 이들의 기대를 이 계급의 평균적인 기대로 정의한다.

둘째, 차등 원칙에 따라 최소 수혜자들에게 돌아가야 하는 혜택은 항상 일의적 선이라는 점이다. 여타의 일의적이 아닌 선이 바람직한 것인가에 대해 의견 일치를 보지 못하더라도 일의적 선에 대해서는 모든 합리적인 사람은 바람직하다고 동의한 것이라고 간주한다. 그런데 소득과 부를 제외한 어떠한 일의적 선이 차등 원칙에 포함되어야 하는지는 명확하지 않다.

그러나 롤스의 설명에 따르면, 기회와 권력, 소득과 부, 권리와 자유, 그리고 자기 존중이 일의적 선으로 나열되어 있다(TJ, 92). 일반적으로 말해 차등 원칙은 관계되는 일의적 선에 대하여 대표적인 최소 수혜자가 기대하는 바를 최대화한다. 모든 사람이 원하는 선이기 때문에 이 선들은 객관적이며, 그래서 개인의 선호나 만족의 수준을 단순하게 측정하지 않는다.

더욱이 롤스는 "최소 수혜자에게 돌아가는 혜택의 측정은 사회적인 일의적 선에 대한 지표로써 규정되어 있다"고 주장한다(KCE, 96). 선에 대한 똑같은 지표가 모든 사람의 사회적 지위를 결정하는 데 쓰일 수 있기 때문에 일의적 선은 사회 정의의 문제에서 개인 사이를 비교하는 공통의 기준으로 쓰일 수 있다. 개인들 사이의 비교는 사회적인 일의적 선에 대한 기대로써 이루어진다. 여기서 기대는 특별한 처지에 있는 대표적인 사람이 얻게 되리라고 기대할 수 있는 선(善)의 지표로써 이해된다(TJ, 92).

미셸먼Frank Michelman은 일의적 선, 최소 수혜자, 그리고 차등 원칙을 다음과 같이 제한적으로 해석한다.

가장 불리한 사람의 전망은 …… 소득과 부라는 사회적인 일의적 선으로써만 규정되어야 한다(권리와 자유는 자유의 원칙에 따라 분명히 다루어진다)고 나는 가정한다(Michelman 1976, 323).

이 가정은 롤스의 견해를 단순화하며, 그의 견해를 사회문제에 더욱 쉽게 적용할 수 있게 한다. 그러나 롤스가 최소 수혜자의 계급(계층)을 순전히 경제적인 불리함으로만 결정하려고 했는지는 명확하지 않다.

이상과 같이 대표인의 입장과 일의적 선을 고려하게 되면, 다른 문제도 잇달아 고려하지 않을 수 없다. 즉 차등 원칙은 최소 수혜자라는 계급을 위해 일의적 선에 대한 기대를 최대화하는 것이기 때문에 개개인의 기대를 최대화하는 것을 요구하지 않는다. 대표적인 입장에 대한 고려가 지대하기 때문에 롤스는 차등 원칙이 가장 불리한 자들의 기대를 취합할 것을 요구한다고 볼 수 있다(TJ, 98).

전술한 것처럼 제1원칙과 제2원칙 내에 있는 차등 원칙은 일의적 선의 배분에 관한 것이지만 그 선의 내용은 서로 다르다는 점이 강조되어야 한다. 이와 같은 일의적 선을 획득할 수 있는 기대에서 가장 불리한 위치에 있는 사람을 최소 수혜자라고 일컬었다. 차등 원칙은 기본적 자유가 아닌 일의적 선을 획득할 수 있는 기대에서의 어떠한 불평등이 있게 되더라도 이러한 선에 대해 가장 기대가 낮은 사람에게 가장 많은 혜택이 주어지도록 사회의 기본 구조가 마련되어야 한다고 주장한다.

그렇다면, 그러한 기본 구조가 있으면 불평등이 정당화되는가? 원초적 입장에서 아래와 같은 상황에 직면했다고 가정해보자. 예를 들어 의사가 되는 데 많은 시간과 노력이 들기 때문에 국민 전체의 평균 소득에 비해 의사의 소득이 세 배는 되어야만 의사가 될 것이며, 그렇게 해야만 의사가 되려는 사람이 많아져서 국민 전체가 의료혜택을 받게 된다면, 의사에게 세 배의 소득을 얻게 하는 것이 타당하다. 원초적 입장에서 자신이 의사가 될 수 있든지 없든지 간에 의사의 수가 모자라서 의료혜택을 받지 못하는 것은 사회 전체가 원하는 바가 아니기 때문에 이러한 불평등은 받아들일 것이다. 세 배의 소득을 더 인정하는 것, 즉 의사가 되려는 자에게 동기를 부여하는 것이 전체가 필요로 하는 의료혜택을 받게 할 수 있기 때문이다(Barcalow 2004, 126). 의사가 아닌 사람은 의사보다 소득이 적더라도, 즉 불평등이 있게 되더라도 최소 수혜자의 혜택이 의사가 없을 때보다 많이 돌아오면 차등 원칙을 수용해야 한다는 것이 롤스가 주장하는 바이다.

그리고 일단 사회가 성립된 뒤에도 다음과 같은 이유에서 차등 원칙이 정당화될 수 있다. 의사의 보수를 높여줌으로써 의료혜택을 받지 못하는 도서지역 주민들에게 혜택이 돌아가게 된다면, 이것도 차등 원칙에 부합한다. 이처럼 일의적 선에서 최소 수혜자에게 더 많은 혜택이 돌아가는 한, 이에 따른 불평등은 정당화되어야 한다. 차등 원칙에 따르면, 그렇게 하는 것이 최소 수혜자의 기대를 최대화하는 데 필요한 것이라면, 인정되어야 한다.

차등 원칙을 이렇게 번거롭게 서술하는 이유는 그것이 중요하기 때문이다. 여기에서 롤스가 강조하는 '절차적 정의procedural justice'라는 개념이 나타난다. 그는 절차적 정의를 여러 가지로 구별하지만, 여기에서 유의해야 할 것은 절차적 정의는 제도와 대표적인 최소 수혜자 같은 개념을 이용한다는 점이다. 그럼으로써 실제의 특정한 사람에게 초점을 맞추지 않고 정의의 원칙을 적용할 수 있게 된다. 롤스에 따르면 "절차적 정의의 장점은 정의가 요구하는 바를 충족시키는 데서 다양한 상황이나 특정한 사람이 놓인 상대적인 입장의 변화에 맞추어야 할 필요가 없다는 데 있다"(TJ, 87).

(3) 차등 원칙의 정당화

원초적 입장에서 당사자들이 차등 원칙을 선택하게 되는 이유는 무엇인가? 그 입장에서 당사자들은 자유롭고 평등하기 때문에, 따라서 출발점에서 일의적 선은 평등해야 한다고 롤스는 주장한다(KCE, 97). 그러면서도 그는 평등한 배분이 유일한 일의적인 선으로 정당화될 수 없다고 주장한다. 만약 불평등이 초기의 평등에 견주어 모든 사람을 더 낮게 한다면, 이러한 불평등이 평등한 자유와 공정한 기회와 일치하는 한, 바람직할 것이라고 주장한다. 즉 두 번째 원칙은 불평등과 연관되는 관행이 관계 당사자 모두에게 이익이 될 때에만 허용된다고 주장한다(JF, 167). 이렇게 보면 롤스는 결과에서의 평등이라는 급진적인 평등을 거부하고 차등 원칙을 선호하는 셈이다.

롤스는 차등 원칙을 어떻게 정당화하는가? 도덕적인 정당화는 도덕적인 이유에 근거를 두어야 한다. 그는 자유로우며 합리적이며 평등한 사람이라면, 차등 원칙에 동의하게 되는 도덕적인 이유를 제시했다고 믿는다. 가설적인 상황에 놓인 사람이 만약 최소 수혜자로 전락해서 당하게 될 불이익을 완화하려고 한다면, 선택하게 되는 합리적 원칙이 차등 원칙일 것이다.

롤스는 그의 모든 원칙들, 즉 평등한 자유, 기회의 평등, 그리고 차등 원칙을 원초적 입장에서의 선택이라는 절차에 따라 정당화한다. 특히 그는 불확실한 상황에서의 선택에 '최소 극대화의 규칙maximin rule'(받게 되는 최소치minimum를 극대화maximize하는 원칙/최악의 경우보다는 나은 것을 택하게 된다는 원칙)을 적용함으로써 위험을 최소화한다는 전략을 구사한다(TJ, 55). '두터운thick' 무지의 장막 아래에서는 결정자가 확률적인 결과나 최대로 기대되는 공리에 기초를 두는 규칙에 의존할 수 없기 때문에 '최대의 최소 결과highest minimum outcome'(가장 적은 결과들 중에서 가장 높은 결과)를 증진시키는 행동을 선택하는 것이 합당하다. 그렇게 해야만 근본적인 이익을 충족시킬 수 있는 기대를 더욱 높일 수 있기 때문이다(Pogge 2007, 116). 그래서 최소 최대화의 원칙은 사회에서 가장 낮은 계층을 이롭게 한다. 따라서 그러한 사회적 수준에서 위험을 방지하는 원칙을 선택하는 것이 정당화된다(Beauchamp 1980, 148~9).

롤스가 강조하는 바는 원초적 입장에서 당사자들이 동의하게 되는 것과 관련해 어떠한 예측에 준하는 것이 있다는 것이 아니라, 다만 자유롭고 평등한 개개인들이 원칙을 선택하게 된다는 것이다. 그들은 자신들이 중요하다고 생각하는 어떠한 이유에서 원칙을 선택하게 된다. 그 원칙이 계약상 합의된 것이므로 정당화된다는 주장은 그의 이론에 없다(Beauchamp 1980, 149).

롤스는 가설적 계약보다 도덕적인 정당화에 더욱 의존한다. 이것은 앞서 살펴보았던 사회적 협업에 대한 그의 관점을 봐도 알 수 있다. 기본 구조는 상호 이익을 위한 호혜적인 제도이다. 어떤 사람의 야망과 재능은 협업 체제에 의존하고 있으며 어떤 이들의 공헌으로부터 나오는 사회적 혜택은 호혜적인 제도에서 모두가 타당하게 요구할 수 있는 집단적 자산이다. 어떤 사회에서든 자유롭고 평등한 사람은 모든 이에게 이익이 되도록 하기 위한 급진적인 평등주의를 거부하고 차등 원칙을 선택하는 것을 정당화할 것이다. 그는 차등 원칙을 도덕적으로 정당화하는 출발점으로서 계약이 아니라 평등에 다음과 같이 호소한다.

…… 우리는 시민을 자유롭고 평등한 도덕적 인간으로 보고 있다. ……

우리는 평등한 몫에서 출발하기 때문에 혜택을 가장 적게 받는 사람은 말하자면 '거부권veto'이 있으며, 그래서 우리는 차등 원칙에 도달한다. 평등을 비교의 기초로 삼음으로써 더 많은 것을 얻은 사람은 가장 적게 얻은 사람에게 정당화될 수 있는 조건으로 행동해야 한다. ……

정의의 원칙에 포함된 평등의 관념을 나는 칸트적이라고 기술했다. …… 원초적 입장의 양상 가운데 특히 중요한 것은 …… 무지의 장막이다. …… 만약 정보가 제한된 원초적 입장에서 두 원칙이 채택된다면, 두 원칙이 포함하는 평등의 관념은 이 관념에서 행동함으로써 질서가 잘 잡힌 사회의 구성원은 그들의 소극적 자유를 표현할 것이라는 의미에서 칸트적일 것이다. 구성원들은 기본 구조와 인간과 상호관계에 대한 기본 구조의 심각한 결과를 원칙으로써 통제하는 데 성공했을 것이며, 그 원칙의 근거는 기회나 우연으로부터 적절히 독립적이다(KCE, 97~9).

기회나 우연으로부터 적절히 독립적인 원칙을 이용하는 칸트적인 전제를 토대로 한 논지를 어떻게 이해할 것인가? 가설적인 개인은 무지의 장막을 배경으로 하여 행동한다. 그러나 그 행동은 정언명령이 순수한 이성이라는 개념을 설명하기 때문에 모든 이성적인 존재는 그 명령을 받아들이게 된다는 칸트의 견해에 연결되어 있다. 그러한 행동에서 유리된 도덕적인 논지로 받아들이지 않을 수 없다. 요컨대, 롤스는 개인이 무엇을 해야 하는가에 대해 도덕적인 관점에서 결론을 내리려고 한다. 이 관점은 롤스가 원초적 입장이라는 모형을 통해 표현하려 하는 견해이다(Beauchamp 1980, 151).

롤스는 〈선에 대한 공평Fairness to Goodness〉이라는 논문에서 문제는 중립성이 아니라 공정성이기 때문에 원초적 입장은 도덕적으로 중립적이지 않다고 주장했다(FG). 롤스가 성공했는지 실패했는지를 여기서 판가름하고자 하는 것이 아니다. 그는 합리적인 인간이 단순히 선택하게 되는 원칙이기 때문이 아니라 그의 두 원칙이 옳기 때문에 선택할 것이라고 보고 있다. 우리는 이 점에 유의해야 한다. 좀 더 정확하게 말하면, 원초적 입장에서 그들이 그저 선택하게 되는 것은 그들이 선택해야만 하는 것이라는 점이다(Beauchamp 1980, 151). 이상과 같은 이유에서 롤스는 차등 원칙을 정당화한다.

그런데 차등 원칙에 따르면, 최소 수혜자에게 혜택이 돌아가는 한에는 결국 불평등이 정당화된다. 얼핏 보면, 그러한 불평등이 최소 수혜자에게 이롭다는 것은 역설적으로 생각된다. 역사적으로 볼 때 근대 사회에서 생산성과 부를 유례 없이 증대시킨 분업은 사회 구성원에게 기회의 불일치를 가져다주었다. 만약 복잡한 분업에 의해 가능해진 재화의 증대가 충분하게 크다면, 최소 수혜자조차도 복잡한 분업이 지배하는 기본 구조에서 더 나아질 것이다. 차등 원칙은 이 가능성을 고려하는 것이다 (Johnston 2011, 215).

이러한 가능성을 염두에 두는 이유는 자유롭고 평등한 사람들이 오랜 기간을 두고 협업을 하는 공정한 체제가 사회에 대하여 근본적으로 직관적인 사상이라는 가정에서 시작하기 때문이다. 그래서 롤스는 인간은 값어치에서는 서로가 평등하다고 가정한다. 또한 그는 복잡한 분업을 통해서만 얻을 수 있는 이익으로 사회의 모든 구성원들이 혜택을 보게 되며, 불평등은 그러한 분업에서 불가피하게 나타날 수 있다고 가정한다. 이처럼 롤스의 전제는 평등주의적이지만, 그가 도달하는 사회 정의의 원칙은 모든 사람에게 이익이 되는 한에는 그러한 불평등을 정당화하게 되어 있다(Johnston 2011, 212).

이상으로 롤스가 자신이 설정한 원초적 입장에서 당사자들이 차등 원칙을 선택하게 되는 이유를 제시했다. 그러면 이러한 이유가 아니라 더욱 근본적인 문제로 차등 원칙을 제안하게 된 외적 또는 역사적 근거에서, 그 근거가 원초적 입장을 그렇게 설정할 수밖에 없는 이유를 살펴보자.

롤스가 차등 원칙을 내세운 이유는 효율적인 경제체제는 모든 사람, 특히 최소 수혜자에게 최적으로 기능하지 않을 수도 있다고 가정하기 때문이다. 그러므로 계약 당사자들은 불평등이 최소 수혜자에게 혜택이 되도록 하고 이에 대하여 국가가 책임을 지도록 보장하는 것이 합리적이다. 신고전주의적 경제학자의 견해에 따르면, 시장체제에서 나타나는 모든 경제적 불평등은 효율적이고 투자를 유발하는 데 필요하며 또한 혜택이 결국 최소 수혜자에게 '흘러 내려갈trickle down' 것이다.

그런데 롤스는 이 견해에 우려를 표명하면서 대신에 '흘러 올라가는 trickle up' 것을 주장한다(Shapiro 1986, 211). 요컨대 시장체제를 정의롭게 만드는 데 가장 중요한 경제적 요인은 타당한 '사회적 최소한social minimum'을 제공하는 것이며, 계약 당사자들로 하여금 이를 보장하는 원칙을 선호하도록 하기 위해 최소 수혜자에게 혜택을 부여하지 않을 경우에는 심각한 위험이 있을 수 있다는 가정을 원초적 입장에서 제시했다. 차등 원칙으로써 사회적 최소한을 보장하려는 이유는 자유가 최소 수혜자에게 형식적인 차원에 그치지 않고 기본적 자유의 값어치를 최대한으로 보장하기 위해서이다(PL, 6). 공정으로서의 정의는 차등 원칙으로써 사회적 최소한을 규정한다. 이렇게 함으로써 그는 평등을 지향하고자 한다.

롤스는 '선에 대한 엷은 이론thin theory of the good'을 제시한다(TJ, 396). 이것은 자신의 합리적인 생활 계획을 성공적으로 실행하는 데 필요한 선이 있다는 것을 의미하며, 또한 무지의 장막 뒤에서 개인들이 합의하게 되는 합리적인 생활 계획에 대한 최소한의 가정을 의미한다. 인간은 무슨 욕구든지 충족시키려는 데에만 관심을 기울이는 것이 아니다. 따라서 인간은 선에 대하여 올바름 또는 공리에 대한 올바름을 선호하게 될 것이기 때문에 계약 당사자들이 공리주의보다는 자신의 정의의 두 원칙을 택할 것이라고 간주한다.

그런데 이처럼 올바름의 우선성을 주장하는 데서 롤스는 노직과 같은 방법을 택하지 않는다. 그 이유는 첫째, 시장체제가 모든 사람의 이익과 개인의 권리를 보전할 것으로 보지 않기 때문이다. 따라서 경쟁적인 가격체제는 필요를 고려하지 않으므로 배분하는 데 유일한 고안이 될 수 없다(TJ, 276). 둘째, 롤스는 사람들 사이의 비교를 하려고 하지 않기 때문이다. 그는 사람들 사이의 비교를 하더라도 올바름의 우선성을 침해해서 목적론으로 빠지지 않도록 하고자 한다. 이상과 같이 하려는 데서 롤스는 필요에 관한 이론을 전제로 한다. 이 문제를 해결하기 위해 그는 일의적 선과 엷은 이론을 제시한 것이다.

사람마다 선에 대한 관념은 다르겠지만, 모든 사람은 일의적 선을 필요로 할 것이다. 말하자면 목적론에 빠지지 않고 모든 인간은 객관적인 필요를 가질 것으로 간주된다. 그렇다면 필요에 대한 이론의 본질과 범위는 무엇인가? 롤스는 필요에 관한 이론에서 필요로 하는 사람들 사이의 비교를 중시하지 않으려고 한다. 차등 원칙의 장점은 어떠한 배분에서 최소 수혜자가 누구인지를 찾기만 하면 되는 것이다. 그렇게 한 다음 복지에 대한 '서열적인ordinal' 판단만 내리면 된다. 즉 기본 구조의 변동으로 인해 최소 수혜자가 나아지는지 나빠지는지를 결정하면 되며, 나아지면 배분이 잘된 것으로 판단할 수 있다(TJ, 91~4).[10]

4. 두 원칙에서의 우선성

정의의 제2원칙에는 차등 원칙과 공정한 기회 평등의 원칙이라는 두 가지의 다른 원칙이 포함되어 있다. 따라서 정의의 두 원칙에는 모두 세 가지 원칙이 있는 셈이다. 이 세 가지 원칙을 전개하면서 롤스는 이 세 원칙에 서열을 부여하는데, '우선성(優先性)의 규칙priority rule'을 두 가지 제시했다. 그 이유는 정치뿐만 아니라 윤리, 나아가서 정의라는 문제는 결국 다소 희소한 가치에 서열을 정해 가치 할당을 집행하는 것이기 때문이다. 세 가지 원칙을 동시에 충족시킬 수 없을 경우도 있을 것이며, 설사 충족시킬 수 있다 해도 갈등이 일어나는 경우도 있을 수 있다. 그러므로 우선성의 원칙을 명시해야 할 필요가 있는데, 그 내용은 다음과 같다.

제1정의의 원칙, 즉 최대한의 평등한 자유의 원칙은 전체로서의 제2원칙보다 축차적(逐次的)으로 우선한다는 것이 제1의 우선성의 규칙이다.[11] 여기서 축차적으로 우선한다는 것은 제1원칙이 요구하는 바를 먼저 충족한 후에 제2원칙이 요구하는 바를 충족해야 한다는 것을 말한다. 요컨대, 최대의 평등한 자유를 우선적으로 보장하는 것이 사회 정의에서 제1우선성의 규칙이므로 최대한의 평등한 자유를 보장한 연후에 차등 원칙과 공정한 기회 평등의 원칙을 포함하는 제2원칙이 요구하는 바를 충족시켜야 한다. 이것은 롤스가 기본적 권리와 자유라는 일의적 선

---

10 그런데 일의적 선을 모든 사람이 더 많이 가지려고 하는지, 서열로 비교함으로써 개인의 처지가 나아졌는지, 그리고 결국에는 롤스도 공리주의로 귀결되는 것이 아닌지를 두고 논의가 이루어질 수 있다(Shapiro 1986, 216~7).

11 '축차적으로 우선lexically prior: lexical ordering' 한다는 용어는 정확하게는 사전 편집 순서라는 뜻이다. 사전을 편찬할 때는 'ㄱ' 항에 속하는 낱말을 모두 수록한 다음 'ㄴ' 항에 속하는 낱말을 수록하게 된다.

과 그 밖의 일의적 선을 구별한다는 것을 의미한다.[12]

이어서 그는 제2우선성의 규칙을 제시하는데, 이것은 제2원칙을 이루고 있는 두 부분에서의 우선 관계를 규정한다. 이 규칙에 따르면, 공정한 기회 평등의 원칙을 충족한 연후에 차등 원칙을 충족해야 한다.

롤스의 이론에서 가장 두드러지는 양상 가운데 하나는 제1우선성의 규칙이 표현한 '자유의 우선성the priority of Liberty'이다. 자유의 우선성이라는 원칙은 기본적 자유는 모든 사람뿐만 아니라 최소 수혜자에게조차 더 나은 물질적 혜택을 부여하겠다는 명분으로도 제한될 수 없다는 것을 천명한다. 요컨대 평등한 자유를 모든 사람에게 보장하는 것을 우선으로 삼으며, 자유는 다른 이유로 제한할 수 없다는 원칙이다.

앞에서 예로 든 스님이 수장을 당한 것은 스님의 자유가 다른 사람처럼 평등하게 보장되지 않은 것이다. 자유 또는 권리가 평등하게 보장되지 않았다는 점에서 그 일은 우선 올바르지 못하다. 다른 9명이 행복하게 살게 됨으로써 9명의 공리가 증진되었다고 해석될 수도 있겠지만, 공리의 증진을 이유로 자유와 권리가 침해될 수 없다는 것을 밝혔다. 즉 롤스는 인간에게 침해할 수 없는 자유 또는 권리가 있다는 점을 천명한다(TJ, 3~4). 스님을 수장한 것은 이를 어긴 것이다. 그래서 롤스는 자유의 우선성이라는 원칙을 제시한 것이다.

롤스는 왜 이상과 같은 우선순위를 정했는가? 롤스는 직관주의를 벗어나서—어떠한 윤리원칙도 어느 정도 직관론에 의존하지만—정의에 관한 '구성적인constructive'인 관념을 제시하고자 한다. 롤스에 따르면, 직

---

12 그렇게 구별하고 양자 사이에 상쇄가 이루어지지 못하게 하려면 그 사회가 타당하게 호의적인 조건을 갖추어야 한다는 것을 롤스는 인정한다(PL, 297; JFR, 47).

관주의에는 정의에 대한 제1원칙이 여러 가지 있을 수 있기 때문에 특별한 경우 갈등이 생길 수 있다. 그러한 직관주의는 갈등을 해결할 수 있는 우선순위에 대한 규칙이 있을 수 없다고 가정한다. 해결하지 못하면 실제적으로 정의에 대한 다른 관념이 있는 것과 마찬가지인데, 이것은 사소한 문제가 아니다(TJ, 40~1).

반면에 밀이나 시지윅과 공리주의는 갈등을 해결하는 궁극적인 기준으로 단일한 원칙을 제시한다. 그런데 앞서 살펴본 것처럼 공리주의에는 스님을 바다에 빠뜨리게 되는 것과 같은 폐단이 있다. 이처럼 공리주의적 정의라는 관념은 결함이 있다고 여기고 롤스는 이를 막기 위해 우선순위라는 원칙을 제시한다(TJ, 39). 그럼으로써 자신의 정의 이론이 공리주의보다 올바르다고 주장할 수 있었다.

그렇다면 자유는 제한될 수 없는가? 자유를 효율적으로 행사하는 조건이 허용되는 곳에서는 모든 사람에게 결국은 더욱 광범한 자유의 전체 체계를 위해 제한될 수 있을 뿐이다(TJ, 250). 바꿔 말하면, 어떤 기본적 자유는 제한될 수 있지만 각자에게 더욱 광범한 자유를 미래에 보장하기 위해서일 때에 한해서만 그렇다. 예컨대 출판의 자유는 어느 정도 제한될 수 있다. 무제한으로 출판의 자유를 보장하는 경우에 편견이 있는 재판을 가져다줄 가능성이 있는 상황에서는 공정한 재판을 보장하기 위해 제한할 필요가 있다. 이처럼 기본적 자유 사이에서의 '상쇄trade-offs'는 허용되지만, 그것은 차감한 결과 더 많은 자유가 부여되는 경우에만 허용된다.

그렇다고 해서 부와 같은 다른 일의적 선을 위하여, 즉 제2원칙에 속하는 일의적 선을 위하여 제1원칙에 속하는 기본적 자유라는 일의적 선을 포기하는 것은 허용되지 않는다. 그런데 제1원칙을 평등한 자유의 원칙으로 보고 제2원칙을 민주적 평등의 원칙으로 본다면, 제2의 원칙보다 제1의 원칙이 우선해야 한다는 것은 평등보다—물론 평등한 자유이지만—시민적·정치적 자유가 우선적으로 보장되어야 한다고 주장한 것으로 볼 수 있다. 또는 물질적 혜택보다는 평등한 시민적·정치적 자유의 우선적 보장을 주장했다고 볼 수도 있다.

자유의 우선성이라는 것은 자유가 올바름이라는 관념에서 연유하기 때문에 나온 개념이다. 올바름은 선(좋음)에 우선한다고 보면, 올바름의 우선성이 확립되는 한 정의의 두 원칙, 즉 공정으로서의 정의는—스님도 개별 인간이라는 점을 감안한다면—스님을 수장하는 것을 인정하지 않게 되어 스튜어트 밀의 공리주의에 따른 결과주의와 공리주의가 행복을 추구하는 것과 같은 목적론을 거부한다는 점을 알 수 있다(TJ, 24~5·30·211·560). 이렇게 하여 롤스는 '의무론적 자유주의자deontological liberalist'로 일컬어지게 된다.

제2장

선택 과정

지금까지 우리는 롤스의 평등한 자유의 원칙, 차등 원칙, 그리고 공정한 기회 평등의 원칙이 각각 무엇이며, 이들 사이의 우선순위를 살펴봄으로써 그가 제시하는 정의의 두 원칙의 전반적인 내용을 아주 개략적으로 알았다. 그 내용을 알아야만 그가 말하는 '원초적 입장original position'이라는 선택 상황에서 그의 두 원칙이 선택될 수 있다는 것을 알 수 있기 때문이다. 그런데 두 원칙의 내용뿐 아니라 두 원칙이 제시되는 상황과 조건을 이해하는 것이 중요하다. 롤스는 원칙이 제시되고 인지되는 절차가 당사자들에게 제약을 부과하는데, 이것은 도덕이 인간에게 제약을 가져다주는 것처럼 인간은 원칙에 따라 타당하게 행동하게 되기 때문이다 (JF, 172).

원초적 입장에는 정의의 두 원칙만 제시되는 것이 아니다. 롤스는 자신의 정의의 두 원칙에 필적할 만한 정의의 원칙은 선의 양을 최대화하는 것이 아니라 사회에서 선의 평균 수준을 최대화하려고 하는 평균 공리주의라는 것을 인정했다.《정의론》에서 롤스가 명확하게 다루고 있지는 않지만, 돌이켜보면 노직의 정의에 대한 자격이론도 경쟁상대가 될수 있는 이론이다. 이 이론에서 노직은 개인의 재산권을 강력하게 주장한다. 그렇게 되면, 국가가 재분배를 목적으로 세입을 늘리는 것도 노직이 볼 때는 개인의 권리를 침해하는 것이 된다. 어쨌든 노직의 정의 이론도 선택 대상이 될 수는 있다.

그런데 이렇게 다양한 정의의 이론들이 있다면, 롤스는 어떻게 하나의 이론, 실제로는 자신의 이론이 선택될 수 있다고 믿는가? 그렇게 되려면 롤스는 자신이 제시하는 정의의 두 원칙이 평균 공리주의보다 낫다는 주장을 하면서 더 나은 이유를 제시함으로써 이를 정당화해야 한다.

그렇다면 어느 하나를 선택할 것이라고 믿을 수 있는 근거는 무엇인가부터 다루어보자. 정의에 대한 여러 가지 '관념conception'은 있지만, 정의에 대한 '개념concept'은 우리 모두가 공유할 것이다(TJ, 5~6). 정의가 무엇인가에 대해서는 의견이 일치하지 않을 수 있다. 말하자면 정의의 원칙을 권리로 삼을 것인가, 또는 응분으로 할 것인가, 아니면 필요로 삼을 것인가라는 점에 대해서는 의견의 불일치가 있을 수 있다. 그렇긴 하지만 제도와 사회가 정의로워야 한다는 데에는 의견의 일치를 볼 수 있다. 어느 누구도 정의롭지 않은 사회가 더 낫다고는 말하지 않을 것이기 때문이다. 요컨대, 정의에 대한 관념은 다를 수 있지만 그에 대한 개념은 공유한다.

그러나 정의에 대한 각기 다른 정의(定義)를 살펴보면, 설령 어떤 것을 공유한다 해도, '무엇을 공유하는' 것이 공통의 요소나 양상을 띠고 있다는 것을 의미한다 해도, 어떤 것을 공유하는 것은 불가능하다는 점을 알 수 있다. 그럼에도 어떠한 정의의 이론이 선택될 것이라고 믿는 이유는 정의라는 개념이 담당하는 역할에서 찾을 수 있다. 정의는 "사고의 체계에서 진리가 그러한 것처럼 사회제도에서 첫 번째 덕성이기" 때문이다 (TJ, 3). 달리 말하면, 진리와 사고의 체계에 대한 관계는 정의와 사회제도에 대한 관계와 같다. 진리가 무엇이든 사고의 체계에서 진리를 추구하듯이, '정의롭다'는 것이 무엇을 의미하든 우리는 사회제도가 정의롭기를 바란다. 그래서 무엇이 정의인지를 두고는 의견의 일치와 불일치가 있겠지만, 그렇게 해서 나온 결과는 정의로워야 한다는 것은 피할 수 없는 합의이다.

그렇다면 평균 공리주의보다 롤스의 정의의 두 원칙을 택하도록 하려면 어떻게 할 것인가? 평균 공리주의와 정의의 두 원칙을 제시하고 선택하게 하면 된다. 비유하면, 가격과 품질이 다른 두 가지 물품을 소비자에게 제시하고 선택하게 하면 된다. 그렇게 하면 누구든 일단 자신이 선택한 것에 이의를 제기하지 않을 것이다. 롤스는 이와 같은 방법을 써서 구매자로 하여금 선택하게 한다.

그런데 이때 롤스의 방법은 독특하다. 선택하게 되는 상황에서 모든 사람이 처하는 조건을 공정하게 하여 선택하도록 하는 것이다. 그리고 사람들로 하여금 선택하게 하는 계약과정을 거치게 하면서 일종의 '사고실험thought experiment'을 하게끔 한다는 점에서 독특하다.

그렇다면 롤스는 왜 사고 실험에 준하는 계약상황을 설정하여 계약하게 하는가? 이미 살펴본 것처럼 계약사상은 전통적인 사상이다. 그렇다면 전통적인 사상가는 왜 계약사상에 의존하려고 했는가? 그 이유는, 계약은 곧 약속이라는 점에서—롤스가 반드시 이것만 강조한 것은 아니지만—찾을 수 있겠다. '약속은 지켜야 한다pacta sunt servanda'는 것이 사회의 불문율에 해당하기 때문이다. 정치사회를 조직하는 원칙에 합의하고 이를 준수하겠다는 약속을 이끌어낼 수 있다면, 정치적인 권위에 대한 요구와 더불어 복종에 대한 의무에 합의한 것과 다름없기 때문이다. 그래서 헌법이나 정의의 원칙에 대하여 계약하는 행위가 있을 수 있다면, 이것이 정치사회의 안정을 지속시키는 하나의 방편이 된다. 롤스는 이러한 계약행위가 필요하다고 생각하고, 계약하는 행위가 이루어지는 입장을 원초적 입장이라고 일컫는다.

1. 원초적 입장

'원초적 입장(原初的 立場/原初狀態)original position'은 무엇인가? 롤스는 인간들이 사회의 기본 구조를 위한 정의의 원칙을 만들어내려는 상황에 놓이는 것을 가정하여 이를 원초적 입장이라고 일컬었다. 어떤 면에서 이것은 미국 헌법을 만들어낸 '필라델피아 회의Philadelphia convention'와 비슷하다. 그런데 롤스의 원초적 입장은 아직 사회가 형성되어 있지 않다고 보는 점이 다르다.

롤스는 원초적 입장에서 정의의 원칙을 수립한 뒤 이 원칙을 사회의 기본 구조에 적용함으로써 사회가 성립된다고 가정한다. 사회가 있기 이전에 있다고 상상하여 가정한 상황이 바로 원초적 입장이다. 요컨대, 계약에 임하게 되는 '최초/시초의 선택 상황initial choice situation'을 가정하여 원초적 입장이라고 한 것이다. 그래서 롤스는 이 개념을 "정의의 이론을 위하여 이러한 최초의 선택 상황을 철학적으로 가장 잘 뒷받침하는 해석이라는 개념"으로 규정하고 있다(TJ, 18). 즉 최초의 상황이라는 것은 사회의 기본규칙에 대한 합의가 이루어지는 조건을 지칭한 개념이다. 달리 말하면, 최초의 상황이 어떠한가에 따라 합의되는 규칙은 달라진다.

예를 들어 한 개인이 너무 강해서 타인들이 공포 속에 살게 되는 것을 최초의 상황으로 가정한다면, 거기에서는 강자가 사회의 모든 규칙을 전제(專制)할 수 있게 되는 것만 합의될 수 있다. 또한 어떤 개인이 특별한 재능이 있으며 이 재능은 사회의 존속과 안녕에 긴요하다는 것을 최초의 상황에서 모두가 알고 있다고 가정한다면, 더 재능이 있는 이들은 자신에게 특권을 부여하는 규칙에 합의하려고 할 것이다(Katzner 1980, 43). 요컨대, 최초의 상황은 계약론자들이 가정하는 자연 상태와 유사하며, 홉스와 로크가 자연 상태의 조건을 어떻게 보느냐에 따라 여기에서 도출되는 국가의 모습이 달라진다. 이처럼 최초의 상황에 대한 조건을 어떻게 보느냐에 따라 이를 바탕으로 합의되는 계약의 내용이 달라진다.[13]

최초의 상황에서 계약한다는 것은 국가의 헌법을 규제하는 원칙을 국가건설을 합의하기 이전에 미리 결정하는 것에 비유할 수 있다. 여기서 롤스가 말하는 정의의 원칙이라는 것을 좀 더 정확히 표현하면, 정치적 원칙이기보다는 정치적 원칙의 근저에 있는 도덕적인 원칙이다. 이 원칙이 결국에는 사회나 정부의 형태를 결정한다. 따라서 롤스는 독자들로 하여금 원초적 입장에서 '어떠한 도덕적인 원칙certain moral principles'에 합의하게 하는 것을 목적으로 한다(TJ, 16). 요컨대, 원초적 입장은 일종

---

13 그런데 롤스의 원초적 입장이 전통적인 계약론의 자연 상태와 다른 점은, 전통적인 계약론자가 상정하는 자연 상태의 성격에 따라 이후의 국가 모습이 물론 달라지기는 하지만 롤스가 원초적 입장에서 합의하고자 하는 바는 사회의 기본 구조를 규제하는 정의의 원칙 그 자체라는 점이다(TJ, 11).

의 아르키메데스의 점과 같은 역할을 하여 객관적이며 공정한 정의의 원칙을 택하게 한다(TJ, 260~3).

그런데 정의로운 사회적 규칙, 즉 정의의 원칙에 도달하는 방법은 '공정fairness'으로 특징지어지는 최초의 상황에서 시작된다는 것이 롤스의 기본 생각이다. 그러한 상황에서 합리적인 개인에 의해 합의되는 원칙은 정의로울 것이다. 이러한 최초의 상황을 그가 이처럼 특별히 해석한 것이 바로 원초적 입장이다. 그래서 롤스는 공정성을 보장하기 위해 최초의 상황에서 공정한 조건을 부여하려고 노력한다.

그렇다면 공정은 무엇인가? 위의 예에서 본 것처럼 강력한 한 개인이나 특별히 재능을 가진 이의 요구에 따라 그에게 유리한 규칙에 전원이 만장일치로 합의했다고 가정해보자. 그러나 만장일치로 합의되었다는 것이 선택의 상황이 공정했다는 것을 보장하지 않는다. 어떤 이가 규칙의 내용을 좌지우지할 수 있는 상황은 결코 공정한 상황이라고 볼 수 없기 때문이다. 공정하다는 것은 관계 당사자 어느 누구도 사기나 착취를 할 수 없게 한 조건에서 동의하도록 해야 한다.

원초적 입장이 공정해야만 계약 당사자는 정의로운 계약에 합의할 수 있다. 그래서 롤스는 그 조건을 다음과 같이 서술한다.

…… 사회의 기본 구조에 대한 정의의 원칙은 자신의 이익 증진에 관심을 가진 자유롭고 합리적인 개인이 자신의 결사체에 관한 근본적인 조건을 규정하는 것으로 최초의 평등한 입장에서 수용하는 원칙이다. 이 원칙은 앞으로 있을 합의를 규제한다. 서로 맺게 되는 사회적 협업의 종류와 그들이 수립하게 될 정부의 형태를 이 원칙이 명시한다. 정의의 원칙을 이러한 식으로 보는 것을 나는 '공정으로서의 정의justice as fairness'라고 부

를 것이다(TJ, 11).

원초적 입장에서 합의를 통해 얻고자 하는 것은 사회의 기본 구조에 대한 정의의 원칙이다. 공정으로서의 정의는 객관성과 공평성을 보장하는 정의에 대한 관점인데, 이는 도덕적으로 평등한 사람들 사이에 최초의 상황에서 합의하게 되며, 그 후에 제도가 어떻게 설립되며 개선되는지에 대한 합의를 통제한다. 즉 사회계약 사상에 기반을 두고 정의의 원칙을 이끌어내려고 하는데, 그렇게 하는 것에 몇 가지 이점이 있다고 보기 때문이다.

첫째, 이렇게 하여 도출된 정의의 원칙을 '합리적인 집단적 선택rational collective choice'의 결과라고 볼 수 있게 하기 때문이다. 둘째, 이렇게 하여 도출된 '계약에 의한 의무contractual obligation'는 집단적인 합의에 참여한 사람으로 하여금 자신이 스스로 선택한 원칙에 기본적으로 언약하게 하는 것이며, 또한 이로 인하여 이 원칙에 순응하도록 강제하는 것이 올바르다고 여기게 할 수 있기 때문이다. 셋째, 계약은 상호 이익을 위한 자발적인 합의인 만큼 정의의 원칙은 결과적으로는 사회에서 더 유리한 입장에 있지 않은 계층까지를 포함해 모든 이를 자발적인 협조로 끌어들일 수 있기 때문이다(TJ, 18).

요컨대, 가설적인 사회계약 사상을 이용하는 데는 두 가지가 갖추어져야 한다. 첫째, 정해진 일련의 원칙에 합의하게끔 가설적인 상황이 조심스럽게 마련되어야 한다. 즉 가설적인 상황이 마련한 조건 내에서는 합리적인 인간이라면 누구나 다른 원칙보다 롤스의 원칙을 택하게끔 해야 한다. 둘째, 이러한 가설적 상황을 바탕으로 한 추론은 실제로 철저하게 받아들여져야 한다. 합리적인 인간이 어떠한 원칙을 선택할 것인가를 정확하게 결정해야 하는 것이다. 그렇다면 롤스는 두 단계의 논지를 어떻게 이끌고 있는가?

그래서 원초적 입장에는 다섯 가지 주요한 요소가 있다.[14] ① 정의의 여건, ② '올바름이라는 개념concept of right'의 형식적 제약, ③ 무지의 장막, ④ 정의의 원칙에 대한 목록, 그리고 ⑤ 계약 당사자의 합리성이 바로 그것이다(TJ, 118).

2. 정의의 여건

계약에 임한 당사자들은 합리적인 방법으로 생활계획을 추구할 동기가 있는 것으로 여겨진다. 생활계획이라는 것은 일생을 두고 추구하게 되는 일관성이 있는 기본적인 목표이다. 각 당사자는 일의적 선의 몫을 가능한 한 많이 가지려는 욕구가 있을 것이다. 개인의 생활계획이 어떠하든지 간에 일의적 선은 유용하기 때문이다. 그런데 각자는 자신이 추구할 만한 가치가 있는 생활계획을 가진 독립적인 행위자라고 여긴다고 본다. 이러한 의미에서 계약 당사자는 '상호 무관심mutually disinterested'하다고 롤스는 기술한다. 이것은 그가 정의의 여건이라고 부르는 것 가운데 주관적인 여건에 해당된다(TJ, 127).

그렇다면 '정의의 여건(정의의 환경 또는 정의의 배경조건)circumstances of justice'이란 무엇인가? 원초적 상황에서 정의의 원칙을 도출하는 것이

---

14 원초적 입장의 요소로서 네 가지를 거론하고 있지만, 실제로 §21에서는 ④를 포함하여 다섯 가지를 논하고 있다.

목표라면, 원초적인 상황에서 정의의 문제가 일어날 수 있다는 것을 보장해야 한다. 정의의 문제가 일어날 수 있는 여건이 바로 정의의 여건이다. 롤스는 이를 원초적 입장의 한 요소로 삼았다. 그럼으로써 정의라는 덕성을 보증할 수 있기 때문이다. 정의의 여건이라는 조건은 인간사회에 널리 나타나며 인간의 협조를 가능하고 필요하게 하는 조건이다.

롤스가 사회 정의에 대한 원칙을 찾기 위하여 정의의 여건이라는 요소를 설정한 데에는 정의의 문제가 어느 여건에서나 나타나는 것이 아니라는 견해가 깔려 있다(TJ, 129~30). 그는 물질적 조건이라는 객관적인 여건과 주관적 태도라고 할 수 있는 주관적인 여건을 제시한다. 특정한 지리적인 영역에서 상당히 많은 사람들이 살아야 하며, 그리고 정신적이거나 육체적인 능력에서 대체로 비슷해야 하며, 모두가 공격받기 쉬우며, 생활계획이나 열망이 타인에 의하여 좌절될 수 있어야 하며, 무엇보다도 중요한 것으로 '적절한 희소라는 조건condition of moderate scarcity'이 있다는 것 등이 객관적인 여건에 속한다. 그리고 상호 무관심이라는 조건이 주관적인 여건에 해당한다.

(1) 객관적 여건

적절한 희소란 무엇인가? 사회 정의의 문제는 결국 인간이 사회생활을 하고 분업을 하면서 분업에 따른 배분 또는 할당의 문제가 생겼을 때 나타나기 마련이다. 개개인이 자급자족하면서 홀로 살아가거나 사회생활을 하면서도 필요로 하는 자원이나 가치가 무진장으로 풍부하다면, 정의의 문제가 생겨나지 않을 수 있다. 그러나 군집생활을 하면서 인간이 필요로 하는 자원이나 가치가 모자라기 때문에 분업과 협업을 통해 생산해야 하며 생산한 것을 할당하는 것이 인간이 영위하는 사회생활의 한 측면이다. 그러므로 인간이 필요로 하는 자원, 특히 물질적인 자원이 부족하기 때문에 정의의 문제가 나타나게 마련이다.

그런데 물질 자원이 부족하더라도 어느 정도 부족해야만 인간의 군집 생활이 가능하다. 예를 들어 물질적 자원이 극도로 희소하여 그 자원을 획득한 이는 생존할 수 있지만 획득하지 못한 이들은 생존이 불가능해진 다면, 정치적인 권위체가 정하는 할당순서를 개개인이 기다릴 여유가 없다. 자신의 주먹과 지략에 의존할 수밖에 없게 됨으로써 거기에 남는 것은 폭력과 사기뿐이다. 이 경우 인간 사이에 협업은 없어지며, 정치사회는 물론이고 사회생활도 불가능해진다.

그렇기 때문에 사회적 협업을 가능하게 하고 정의의 문제를 논의할 수 있게 하려면 자원이 극단적으로 희소해서는 안 되며, 어느 정도 부족해서 일정 기간을 두고 할당함으로써 그 사회의 구성원이 생존할 수 있어야 한다. 이것을 두고 자원의 '적당한 희소moderate scarcity'라고 한다. 원초적 입장에 놓여 있는 개개인은 이 조건이 존재한다는 것을 인식해야만 한다. 그래야만 폭력이나 사기라는 수단에 의존하려고 하지 않고 정의 또는 정의를 확립하기 위한 도덕적 원칙에 대한 논의를 시작할 수 있기 때문이다. 그래서 적당한 희소를 정의의 '객관적인 여건objective circum-stances'이라고 일컫는다.

(2) 주관적 여건

그런데 객관적인 여건만으로는 부족하다. 이것만으로는 원초적 입장에서 개개인이 합리적으로 집단적인 선택을 하지 않을 것이기 때문이다.

그래서 이 객관적인 여건에 대해 개인들이 취하는 태도를 '주관적인 여건subjective circumstances'이라고 부른다. 어떠한 주관적인 태도를 취해야 하는가?

전술한 것처럼 개개인은 선한 생활에 대한 각자의 관점이 있으며, 이 관점은 타인의 관점과 가끔 상충된다는 것을 안다. 그러나 개개인은 자신의 선한 생활을 증진하는 것과 자신의 안녕을 증진하는 데 도움이 되는지 여부만을 생각하지, 상대방이 자신의 선한 생활을 증진시키기 위해 무엇을 하여 어떤 결과를 얻을 것이라는 데에는 관심이 없다는 것을 전제로 한다. 즉 상호 무관심이 기본적으로 깔려 있다. 무관심해지면, 각자는 자신의 목표를 달성하는 데 전념할 뿐 다른 사람이 이룬 업적을 시기와 질투의 마음으로 보지 않는다. 비유하면, 사촌이 논을 1,000평 구입해서 큰 부자가 되더라도 배 아파하지 않으며 나는 100평을 구입하려는 내 목표를 달성하는 데 전념하게 된다.

이 두 가지 여건, 즉 객관적인 여건과 주관적인 여건을 합쳐서 정의의 여건이라고 한다. 이처럼 개개인이 자원이 적당히 부족한 상태에서 서로 무관심한 사람들이 사회적 이익에 상충하는 요구를 제시하는 경우 정의의 여건은 성립한다고 할 수 있다(TJ, 128).

상호 무관심을 강조하는 이유는 무엇인가? 인간은 이기적이며, 이타적으로 보이는 일에서조차 결국은 세련된 이기심을 드러내는 데 지나지 않는다고 간주될 수 있기 때문이다. 그러나 아리스토텔레스가 지적한 것처럼 정의나 평등을 강조하는 이유는 인간의 시기심과 질투심에서 연유하는 면도 있다. 그래서 상호 무관심을 강조하는 이유는 사회적 협업을 어렵게 하는 시기나 질투를 막자는 데 있다. 롤스가 '강력한 가정들strong assumptions'이라고 일컫는 것을 피하기 위해서이다(TJ, 129).

사회의 어떤 구성원들의 생활계획과 열망이 타인의 선을 증진시킬 수도 있다는 가능성을 배제하지 않는다. 그러나 그들이 그렇게 해야 할 필요는 없다. 그래야 한다고 주장하는 것은 롤스가 피하고자 하는 강력한 가정들을 요구하는 것이 된다.

그런데 적당한 희소라는 객관적인 여건은 정의의 문제가 제기되는 데 필요한 조건이 될 뿐만 아니라 선택하게 되는 정의의 두 원칙과도 연관된다. 정의의 두 원칙에서는 전술한 것처럼 평등한 자유의 원칙이 민주적인 평등의 원칙보다 우선한다. 그래서 롤스는 경제적인 안녕을 증진하기 위해 기본적 자유를 축소할 수 없다고 단언한다(TJ, 542). 환언하면, 이는 기본적 자유를 행사하기 위해서는 최소 수준의 부가 필요하다는 것을 전제로 하는 셈이다. 그런데 적당한 희소라는 조건이 지켜지지 않으면 첫째, 정의의 문제 그 자체가 제기되지 않으며, 둘째, 설사 제기되었다고 해도 평등한 자유의 원칙이 우선한다는 그의 주장이 지켜질 수 없게 된다. 그래서 적당한 희소라는 조건은 그의 정의의 두 원칙과도 연관이 있다. 다만 여기서 유념해야 할 것은 정의의 원칙을 찾게 되는 정의의 여건은 경험적이라는 점이다.[15]

---

15 롤스가 묘사하는 정의의 여건이 어떠한 의미가 있는지를 고려해볼 필요가 있다. 정의가 일의적인 것이 되려면, 즉 올바름이 선에 우선성을 가지려면, 인간은 어떠한 것의 피조물이 되지 않을 수 없다. 말하자면 어떠한 방식으로 인간의 여건과 연결되지 않을 수 없다(Sandel 1982, 10). 흄은 자아가 "다른 지각들의 뭉치나 집합인데 이는(지각들은) 상상할 수 없을 정도의 속도로 서로 잇달아 일어나며 끊임없이 변하고 운동한다"고 묘사했다(Hume 1981, 252). 흄은 경험적으로 조건이 지어지는 자아를 규정한 것이다. 그러나 칸트에 따르면 내적인 모습이 변전하는 데서는 고정되고 영속적인 자아가 나타날 수 없다. 시간의 흐름 속에서 자아가 지속되려면, 따라서 모든 경험에 앞서고 경험 그 자체를 가능하게 하는, 통합에 대한 어떠한 원칙이 있어야 한다(Kant 1965a, 136). 흄 자신도 이 점을 우려한 듯, 우리의 사고나 의식에서 연속적인 지각을 통합하는 원칙들을 설명할 수 없다고 인정한다(Hume 1981, 636). 그런데 우선적이며 독립적인 자아만이 '초험적transcendental'일 수 있다는 것을 흄이 부인하는 셈이

3. 올바름이라는 개념의 형식적 제약

원초적 입장에 임한 당사자는 어떠한 형식상의 제약을 만족시키는 원칙을 선택하게끔 제약받게 된다. 이것이 원초적 입장의 두 번째 요소이며 이를 '올바름(또는 正)이라는 개념의 형식상의 제약the formal constraints of the concept of right'이라고 부른다. 이러한 제약을 두는 이유는 당사자가 선택하는 정의의 원칙이 적절한 역할을 수행하려면 이러한 제약을 충족해야 하기 때문이다.

정의의 원칙이 수행하는 적절한 역할은 공공의 헌장(憲章)을 제공하는 것이다. 이는 기본 구조가 권리, 부, 소득, 권위, 그리고 다른 제1차적인 선을 어떻게 배분하게 되는가를 명시하여 사회적 협업의 조건을 규정함으로써 가능하다. 그런데 정의의 원칙이 이러한 목표를 달성할 수 있기 위해서는 ① 일반적이야 하며, ② 적용에 보편적이어야 하며, ③ 공지(公

다(Sandel 1982, 13). 문제는 롤스가 흄을 따라(TJ, 126~8) 의무론을 수정하려고 하는 데 있다. 롤스에 따르면 "정의에 대한 생명력이 있는 칸트적인 관념을 전개시키기 위해 칸트의 교의가 가지는 힘과 내용이 그 교의가 초험적인 관념주의에서의 배경으로부터 벗어나야 하며 타당한 경험주의라는 규범 내에서 다시 만들어져야 한다"(TJ, 587; Rawl 1977, 165). 이 주장은 무엇을 의미하는가? 공리주의를 반대하는 칸트는 초험적인 연역(演繹)을 이용하고 인간이 자율적인 존재가 되는 데 필요한 본체적인 영역을 지성의 세계에 둠으로써 올바름의 우선성을 주장했다. 그런데 롤스는 칸트의 관념이 추상적이며, 실체가 없는 주체가 독단적이 아니면서도 어떻게 정의의 원칙을 만들어낼 수 있는지, 그리고 현상계에 사는 실제의 인간에게 그러한 주체에 대한 입법을 어떻게 적용하게 될지가 명확하지 않다고 보았다(Rawls 1979, 18). 그래서 롤스는 원초적 입장을 칸트의 목적의 왕국이라는 형이상학적인 배경을 벗어나 흄이 상정한 정의에 대한 평상적인 여건으로 묘사한 것이다(TJ, 264). 물론 롤스는 정의의 여건이 경험적 의미에서 진실일 필요가 없다고 주장한다(TJ, 130·147~8). 그러나 칸트는 흄의 얼굴을 가진 의무론적 자유주의를 제시하고자 한 셈이다. 샌델은 롤스의 이러한 시도가 성공할 수 있는가 하는 문제를 다룬다. 공리주의자로도 분류될 수 있는 흄의 정의의 여건은 의무론적인 의미에서 올바름의 우선성을 보증하지 않을 수 있기 때문이다(Sandel 1982, 28·30).

知)될 수 있어야 하며, ④ '재정(裁定)할 수adjudicative' 있어야 하며, 그리고 ⑤ 최종적이어야 한다.

① 정의의 원칙은 일반적이어야 한다. 도덕적인 원칙은 특정한 개인이 아니라 어떤 계층 또는 범주에 똑같이 적용되어야 한다(TJ, 131). 일어날 수 있는 사회 정의의 모든 문제를 포괄해야 하기 때문이다. 그러므로 모든 사람이 자신의 이익만을 추구해야 한다는 이기주의는 배제된다. '일반성generality'이라는 제약을 주장하는 이유는 원초적 입장에서 선택되고 기본 구조에 적용되는 정의의 원칙이 '공적public'인 특성을 띠어야 하는 것이 당연하기 때문이다.

② 정의의 원칙은 그 적용에 '보편성universality'이 있어야 한다. 이것이 요구하는 바는 사회의 모든 구성원에게 적용되어야 한다는 것을 뜻한다. 정의의 원칙을 보편적으로 수용해야 한다는 것은 우리가 인정할 수 있는 원칙이다. 이 원칙은 모든 인간이 도덕적인 존재이기 때문이다(TJ, 132). 예를 들어 거짓말하는 것이 잘못된 것이라면, 진실을 말할 수 있는 어느 누구라도 거짓말하는 것은 잘못이다. 이러한 의미에서 원칙은 보편성이 있어야 한다.

정의의 원칙이 보편성이 있어야 한다는 것은 도덕적 원칙이 보편성을 띤다는 특성에서 기인하다고 볼 수 있다. 인간은 도덕적 기준에 호소하여 도덕적 평가를 내린다. 도덕적 기준은 일반적으로 '도덕적 원칙moral principle'에서 표현된다(Barcalow 2004, 7). 그런데 도덕적인 원칙은 보편적이어야 한다. 즉 도덕적인 원칙이 적용된다면, 모든 사람에게 적용되어야 한다. 풍랑을 만난 배에서 스님을 물에 빠뜨리는 것이 타당하다는 도덕적인 원칙을 세웠다면, 비슷한 상황에서 자신이 스님의 처지에 놓였을 때 자신이 스스로 물에 들어가야 한다는 원칙을 받아들여야 한다. 물에 들어가지 않거나 물에 들어갈 수 없는 것은 살인하는 것이 보편적인 도덕적 원칙이 될 수 없다는 것을 의미한다(Barcalow 2004, 9).

도덕적 원칙이 보편적이라면, 그 원칙은 의견의 불일치가 있을 때 합의를 이루는 데 쓰일 수 있다. 보편적일 수 없는 것은 도덕적 원칙이 될 수 없기 때문이다. 그런데 경우에 따라서는 어느 도덕적인 원칙이 우선시되어야 하는지 결정해야 한다. 예를 들어 살인을 하지 않아야 한다는 원칙과 거짓말하지 않아야 한다는 원칙을 모두 지킬 수 없는 상황에서는 두 원칙 사이에 우선성을 두어야 한다(Barcalow 2004, 10).

우리가 내리는 도덕적 판단을 정당화할 때는 도덕적 원칙에 호소하기 마련이다. 그러나 도덕적 원칙도 정당화되어야 한다. 그런데 예를 들어 살인을 하지 말라는 도덕적 원칙을 정당화할 때는 더욱 일반적인 도덕적 원칙, 예를 들면 공리주의나 의무론과 같은 원칙에 호소해야 한다. 그러나 더 큰 일반적 원칙조차도 정당화되어야 한다. 공리주의와 의무론 사이의 논박이 바로 이것이라고 볼 수 있다. 어디에선가 정당화하는 것을 멈추고 합의가 이루어지는 데서 끝나기를 바랄 수 있다. 그러나 도덕적 이론의 기본적인 수준에 이르지 못하면 합의를 이루지 못할 수도 있다. 도덕적 판단과 원칙을 체계화하고 정당화라는 틀을 마련하려는 것이 도덕적 이론이다(Barcalow 2004, 12). 우리가 살펴본 공리주의, 의무론, 그리고 덕성이론이 그 역할을 담당했던 셈이다.

그런데 일반성과 보편성은 구별되어야 한다. 일반성이라는 조건은 원칙이 어느 특정한 개인에게 호의를 보여서는 안 된다는 것이다. 보편성이라는 조건은, 모든 사람이 도덕적인 인간이라는 점에서 모든 사람에게 원칙이 적용되어야 한다는 것이다(Loizou 1998, 350).

③ 정의의 원칙이 우리의 행동과 정책에 지침이 되고 특정한 경우에

근거를 정당화하게 되려면 모든 사람에게 알려져야 하며, 보편적으로 받아들여진 것이 모든 사람에게 알려져야 한다. 즉 사회의 근본적인 규칙으로서 도덕적인 원칙은 공적으로 인지되어야 한다. 이 조건은 보편성을 전제로 한다. 롤스가 드는 예는 칸트의 정언명령이라는 공식인데, 이는 합리적인 존재로서 인간이 목적의 왕국에서 원칙이 법으로 구체화되도록 노력해야 한다(TJ, 133)는 것이다. 롤스는 여기서 헌법은 비밀 조항 없이 공지되어야 한다는 칸트의 일반적인 명제를 지적한다. 예를 들어 헌법에 반란권이 있다면, 알려져야 한다(TJ, 133 각주).

이러한 제약을 둠으로써 롤스는 계약론적인 시각에 서게 된다. '공지성(公知性)publicity'이라는 제약이 모든 도덕적인 원칙에 있는 것은 아니다. 예를 들어 공리주의는 일반적으로 계약론적인 용어로 이해될 수 없다. 그래서 롤스는 공리주의를 옹호하는 자는 도덕적 이론을 제시하지 않고 있거나, 제시했다고 인정하더라도 공지성은 모든 도덕이론에 적용되는 제약이 아니라는 것을 주장하지 않으면 안 되었다(Katzner 1980, 52).

④ 사회적 협업의 결과로 생긴 혜택을 두고 서로 다른 사람이 갈등을 일으킴으로써 정의의 문제가 생긴다. 그러므로 도덕적 이론으로서 정의의 원칙은 갈등을 일으키는 요구에 서열을 정하고 분쟁을 해결하는 방법을 제시해야 한다.

그런데 갈등 상황에 적용하여 서열을 정하는 경우 하나의 원칙으로만 정하게 되면, 아무런 문제가 생기지 않고 공리주의가 하나의 원칙이 될 수 있다. 공리 증진이라는 하나의 근본적인 도덕의 원칙으로 서열을 정하면 되기 때문이다. 그러나—롤스의 정의의 두 원칙에서 나타나는 것처럼—하나가 아니라 두 가지 원칙을 가진 도덕의 원칙을 고려하게 되면 문제가 달라진다. 예를 들어 공리뿐만 아니라 자유와 평등도 이에 못지않게 중요한 원칙이라고 여기게 되면 원칙 사이에 갈등이 일어나며, 원칙 사이에 서열을 정해야만 행위의 지침이 될 수 있다. 이처럼 서열을 정할 수 있어야 한다는 의미에서 원칙은 재정적(裁定的)이어야 한다.

⑤ 끝으로, 원칙은 '최종적final'이어야 한다. 정의를 둘러싼 분쟁을 해소하는 최종적인 법정 역할을 할 수 있는 궁극적인 원칙이어야 한다(TJ, 131~5). 이것은 위에서 언급한 것처럼 서열을 정할 수 있어야 한다는 조건을 전제로 한다. 이 제약에서 기본적인 발상은 도덕적 원칙이 실천적인 추론에서 최고의 재판소가 되어야 한다는 점이다. 바꾸어 말하면, 도덕적인 의무가 여타의 고려, 예를 들면 자기 이익이나 법이나 관습과 갈등을 일으킨다면, 이를 좌우하는 것은 도덕적인 의무라는 점이다. 그렇다고 그 밖의 다른 것이 요구하는 바를 무시해도 된다는 뜻은 아니다. 도덕적인 의무는 모든 것을 고려한 연후의 의무라는 점이다.

이러한 다섯 가지 조건을 부과함으로써 도덕적인 관점과 무관한 원칙을 배제하고자 한다. 예를 들면 단순한 이기주의, 무임 승차자, 개인적인 독재, 최고를 향유하는 권리를 가진 계급이나 계층을 배제하려는 데 그 목적이 있다(Loizou 1998, 351).

4. 무지의 장막

계약 상황에서는 각자 자신과 타인의 재능과 능력을 알고 서로 양보하고 타협함으로써 합의를 이끌어낼 수 있다. 그런데 양보하는 이유는 양보를 하지 않으면, 예컨대 홉스가 가정하듯이 자연 상태에서 자연권을 양도한다는 양보를 서로 하지 않으면 모두가 공포에서 살아야 하기 때문이다. 나아가 각자가 협상 능력과 위협할 수 있는 잠재력을 저마다 다르게 가졌다는 것을 전제로 할 수도 있다. 이것은 고티에David Gauthier가 가정하는 방식이다(Gauthier 1986). 이렇게 되면 합의는 도덕적 이유에서 내린 합의가 아니라 잠정적 타협에 지나지 않는다. 그래서 롤스는 이 방식을 택하지 않는다. 그는 익명성이라는 조건을 부여하고 위협할 수 있는 능력을 배제한다(Pogge 2007, 64~5). 그는 공정한 상황에서 어떤 사회 질서에 대해 도덕적으로 합의하게 한다.

원초적 입장에 있는 당사자는 롤스가 '무지(無知)의 장막veil of igno-rance'이라고 부르는 것에 의해 정보에 대한 일련의 제약을 받는다. 말하자면 어떤 정보는 당사자에게 주어지지 않는다. 자신이 부자인지 가난한지, 흑인인지 백인인지, 남자인지 여자인지, 숙련되었는지 아닌지, 체력이 강한지 아닌지를 아무도 모른다. 정보가 주어지지 않는 것으로 가정하는 이유는 어떠한 원칙을 자신에게 유리한 쪽으로, 즉 편향되게 선택하지 않도록 하기 위해서이다. 다시 말하면, 자신의 '장점으로 위협threat advantage'을 가할 수 없도록 하기 위해 무지의 장막을 친다(TJ, 141).

당사자들은 무지의 장막 뒷전에서 여러 가지로 제시된 정의의 원칙을 선택하게 된다. 그렇게 하도록 하는 이유는 타고난 운이나 사회적 여건의 우연성 때문에 원칙을 선택하는 데서 어느 누구도 유리하거나 불리하지 않도록 하기 위해서다. 따라서 모든 사람이 비슷한 상황에 놓여 있으며, 어느 누구도 자신의 특유한 조건에 유리하도록 원칙을 계획할 수 없기 때문에 공정한 합의나 계약의 결과로 정의의 원칙이 선택된다.

원초적 입장이 제시하는 여건이 주어지면, 각자가 다른 사람에 대한 관계가 균형을 이루게 되는 시초의 상황은 도덕적 인간들, 즉 자신의 목적이 있으며 정의의 감각을 지닐 수 있는 합리적인 존재로서의 개인들 사이는 공정하다. 원초적 입장은 적절하며, 최초의 '있는 그대로의 상태status quo'라고 말할 수 있으며, 거기에서 내린 근본적인 합의는 공정하다. 그러므로 이것을 공정으로서의 정의라고 일컫는 것이 적절하다. 따라서 정의의 원칙은 최초의 공정한 상황에서 합의된 것이라는 생각을 나타낸다(TJ, 12). 요컨대, 이렇기 때문에 롤스는 자신의 정의의 두 원칙을 공정으로서의 정의라고 부른다.

공정으로서의 정의를 강조하는 이유는, 정의의 원칙을 선택하는 절차가 근본적으로 공정하다면 이러한 절차에 따라 나타난 결과에서도 공정하다는 것을 보증할 수 있다고 생각하기 때문이다. 특히 나타난 결과에 관한 정의에 대하여 어떠한 독립된 기준이 없다면 절차적 정의가 중요하지 않을 수 없다. 이것을 롤스는 순수한 절차적 정의라고 부른다.

여기서 절차적 정의에 대하여 자세히 알아보자. 롤스는 절차적 정의를 세 가지 유형, 즉 ① '완전한 절차적 정의perfect procedural justice', ② '불완전한 절차적 정의imperfect procedural justice', 그리고 ③ '순수한 절차적 정의pure procedural justice'로 구분한다(TJ, §14).

① 재화를 나누는 데서 공평한 배분에 대한 독립적인 기준과 공정한 결과를 산출하는 절차가 있다. 예를 들어 케이크를 나눌 때 평등하게 나누는 것이 공정한 것이라는 기준을 세워 케이크를 자른 이가 마지막의 몫을 가지게 하는 등의 절차를 정하면, 모든 사람이 평등한 몫을 가지게 된다.

② 공정한 결과를 산출한다는 기준은 있지만, 반드시 그 결과를 산출하는 방법이 없는 경우가 있다. 이런 경우에는 어떤 방법이 그러한 결과를 가져다주기 쉽다고 주장할 수 있을 뿐이다. 롤스는 형사재판을 예로 든다. 재판을 통해 공정한 결과를 내기로 했지만 모든 경우에 그렇게 된

다는 보장이 없기 때문이다.

③ 공정한 결과에 대한 독립적인 기준이 없지만 공정한 방법과 절차에 대한 기준이 없는 것은 아니다. 예를 들어 룰렛 게임에서 배팅하는 절차는 공정하게 할 수 있는데, 그 결과는 롤스의 주장에 따르면 공정한 절차의 결과이기 때문에 공정하다고 간주해야 한다(Miller 1976, 43~4). 롤스는 사회 정의가 그 특성상 순수하게 절차적이라는 것을 주장하기 위해 세 가지로 구별한다. 자원 배분의 결과는 공정한 절차를 거쳤으면 정의롭고, 그렇지 않으면 정의롭지 않다(Miller 1976, 44).[16] 어쨌든 공정은 계약적인 합의의 '약정terms'과 합의가 이루어지는 조건에서 나타난다. 따라서 원초적 입장이라는 공정한 상황에서 계약 당사자들이 정의의 두 원칙을 택하게 되었기 때문에 롤스는 자신의 정의 이론을 공정으로서의 정의라고 표현한다(Fuchs 2006, 258).

여기에는 도덕적인 관점에서 볼 때 근거 없는, 즉 본인의 의사와 관계없이 주어진 요소가 정의의 원칙을 선택하는 데 개입되지 않게 함으로써 당사자들이 정의의 원칙을 선택하는 데 공정한 상황을 원초적 입장으로 규정하겠다는 직관적인 생각이 나타나 있다. 그래서 계약 당사자에게 특정한 사실에 대한 지식을 허용하지 않으며, 일반적인 것만을 기초로 하여 원칙을 선택하도록 하기 위해 무지의 장막을 가정했다. 예를 들어 원

---

16 롤스는 공정한 절차를 거치면 그 결과는 공정하다고 간주한다고 한다. 그러나 기회의 공정한 평등이라는 원칙은 능력과 기술에 따른 배분을, 그리고 차등 원칙은 최소 수혜자의 혜택을 최대한으로 하는 불평등한 결과를 인정하는 것이다. 밀러는 그 결과에 대하여 롤스의 이론에 순수한 절차적 정의라는 개념이 있는지 의문을 제기한다. 그리고 오히려 권리, 응분, 필요와 같은 정의의 원칙에 따라 사회제도가 정의를 구현하는지 살피는 것이 타당하다는 반론을 편다(Miller 1976, 44~5). 절차적 정의와 결과의 정의에 괴리가 생기는 점과 관련해서는 Miller(1999, 94~9)를 참고하라.

초적 입장에 임한 일단의 사람이 타인은 가난한 데 비하여 자신은 부유하다는 사실을 안다면, 빈자에게는 불리하고 부자에게는 더 유리한 정의의 원칙을 선택할 수도 있다. 마찬가지로 자신이 다수의 지배적인 인종에 속한다는 사실을 안다면, 어떤 소수를 차별하는 원칙을 선택할 수 있다. 이러한 일이 일어나지 않도록 하기 위해 자신이 부자인지 빈자인지, 그리고 다수에 속하는지 소수에 속하는지 등, 특정한 사실에 대한 지식을 배제했다는 가정을 한 것이 무지의 장막이다. 그래야만 계약을 할 수 있을 뿐만 아니라 공정한 규칙을 선택하게 할 것이기 때문이다.

무지의 장막 아래서는 자기 자신, 자신의 사회, 그리고 양자의 관계에 대한 특별한 지식이 없는 것으로 간주되는데 이를 자세히 고찰할 필요가 있다. 자신에 대하여 어느 누구도 "사회에서 자신의 위치 또는 계급상의 지위 또는 사회적 신분을 모른다. 또한 자연적(생래의) 자산, 능력의 분배에 대한 자신의 운명, 자신의 지성과 체력 등을 모른다. 또한 어느 누구도 자신의 선에 대한 관점, 인생의 합리적 계획에 대한 특정한 사항 또는 심지어 위험을 싫어하거나 낙관적이거나 비관적이 되기 쉬운 심리적인 독특한 특징조차도 모르고 있다"(TJ, 137).[17] 이러한 것을 알게 되면, 자신의 특별한 목적을 달성하기에 쉬운 원칙을 선택할 것이다. 이처럼 알게 됨으로써 도덕적인 관점에서 '독단적arbitrary'이 될 수 있다.

똑같은 이유에서 선한 생활에 대한 자신의 지식도 가려져 있는 것으로 간주한다. 그런데 개개인으로 봐서는 자신의 선한 생활에 대한 관점을 증진할 수 있는 원칙을 선택하는 것이 합리적이다. 모든 개개인이 그러

---

17 이처럼 인간의 사회적 관계와 무관하게 정치적·도덕적인 문제를 고려할 수 있다고 가정하는 것은 특히 사회적 관계를 그 개별적 구성요소로 환원할 수 있다고 본 점에서 홉스의 분해 결합법과 비슷한 면이 있다(Shapiro 1986, 251~2).

한 입장에 놓이게 되면 최초의 상태에서 계약하는 것조차 불가능할 것이다. 그러나 최초의 상태에서 '일의적 선들primary goods'이 자기 인생의 목적을 달성하는 데 중요하다는 것을 알게 되면, 자신이 앞으로 어떤 인생의 목표를 설정할지 모른다 해도, 일의적 선을 포함시킨 원칙을 택하는 데 우선 합의할 것이다.

끝으로, 위험을 기피하는 정도와 낙관론이나 비관론에 빠지기 쉬운 정도에 대하여 자신의 독특한 심리도 개개인이 모른다고 가정한다. 개개인이 자신의 심리적인 특성을 알게 되면, 예를 들어 자신이 위험을 즐기며 게다가 자신이 행한 행위에 대해 낙관적인 성향이 강하다는 것까지를 알게 되면, 그는 원칙 중에서 위험은 높고 보상은 많이 돌아오는 것을 택할 것이다. 그렇게 되면 계약 자체가 이루어지지 않을 뿐만 아니라 롤스의 입장에서 볼 때 자신의 정의의 두 원칙이 선택되지 않게 된다. 무지의 장막이 쳐져야만 최소치를 극대화하는 '최소 극대화의 규칙'이 채택될 것이기 때문이다. 합리적인 인간이라면, 최악의 경우보다는 나은 것을 택하게 된다(TJ, 55).

무지의 장막이 배제하는 두 번째 종류의 지식은 자신의 사회가 놓여 있는 특정한 상황이다. 사회라는 것은 역동적인 실체이다. 흥하기도 하고 쇠하기도 한다. 정의의 여건에 관한 논의에서 기술한 것처럼 적어도 물질적인 자원에서 적절하게 희소한 수준을 달성한 모든 사회에 정의의 원칙이 적용되기를 바란다. 계약 당사자가 그 사회의 발전 수준이나 자신이 속하는 세대를 알게 되면, 이에 유리한 원칙을 택하게 되어 세대 간의 정의를 실현할 수 없게 된다. 그리고 어느 세대에 속하는지 모르게 함으로써 자연자원이나 자본자원의 유산을 보존할 수 있다(Loizou 1998, 351). 특정한 경제적·정치적·문화적 상황에 대한 지식을 배제함으로써 개개인으로 하여금 사회발전의 모든 수준에서 모든 세대에게 공평한 원칙을 채택하게 할 수 있다.

자신이 속하는 사회에 대한 지식을 배제하는 목적은 무엇인가? 그것은 계약 당사자가 기존의 정치제도에 대한 지식으로 오염되지 않은 정의의 원칙에 도달하게 하는 데 있다(TJ, §31). 이것은 무엇을 뜻하는가?

로크는 수동적인 시티즌십citizenship을 정당화했다. 자연 상태에서 사람들은 각자가 스스로 판단하고 심판할 권리를 가짐으로써 야기되는 불편함에서 벗어나는 대가로 평등한 정치적 지위를 양도하는 사회계약에 동의하게 된다. 그런데 로크가 볼 때 양심의 자유는 양도할 수 없지만 정치적 권리는 양도할 수 있다. 그래서 다수의 사람들은 자신의 특별한 처지를 알기 때문에 평등한 정치적 권리를 양도하게 된다. 예를 들어 여성이나 재산이 없는 이들은 투표권이 없는 시민사회에 진입하게 된다. 이렇게 할 수 있었던 이유는 자연 상태의 자신의 특별한 처지를 알고 있다고 가정했기 때문이다. 부유한 이들은 그들의 특권적 지위를 이용하게 되고, 시민사회가 들어섬으로써 혜택을 얻는 대신에 원래 가졌던 평등한 정치적 지위를 포기하도록 타인들을 설득할 수 있다.

이러한 상황을 막기 위하여 롤스는 정의의 원칙을 선택하고 결정하는 데서 도덕적으로 무관하다고 생각되는 지식을 배제한다. 즉 무지의 장막을 설정한다. 로크와 달리 롤스는 무지의 장막에서 당사자들은 자유롭게 평등하다고 가정할 수 있게 됨으로써 일의적 선을 평등하게 얻도록 합의하게 하고, 나중에 나타나는 질서가 잘 잡힌 사회에서도 인간을 자유롭고 평등한 존재로 만들고자 했다(Freeman 2003a, 10~1).[18]

---

18 '질서가 잘 잡힌 사회well-ordered society'는 모든 사람이 정의에 대한 같은 관념에 합의하고

나중에 롤스는《정의론》에서 그의 이론을 수정하는데, 이에 따르면 무지의 장막은 다른 단계에서 부분적으로 걷어올려진다. 첫 단계는 정의의 원칙이 선택되는 상황에서 나타난다. 그런 다음 무지의 장막이 부분적으로 걷어올려져서 경제적·정치적 본질 등 특정한 사회에 관한 지식이 주어진다. 그래서 당사자는 선택된 정의의 원칙과 부합하는 방식으로 이러한 요소를 수정할 수 있게 된다. 요컨대, 헌법이 정의의 원칙을 반영하게 하는 데 필요하다면, 헌법을 다시 쓸 수 있다. 정의의 원칙은 어떠한 헌법보다도 더 근본적이며 더 추상적이기 마련이다(Loizou 1998, 351).

끝으로, 무지의 장막은 사회에서 개인의 특정한 위치, 즉 사회·경제적 위치에 관한 지식도 배제한다. 무지의 장막을 둘러싼 이상의 논의를 요약하면, 그들이 무지하다고 가정되는 것은 다음과 같은 측면에서이다. ① 자신의 사회가 사회적·경제적·문화적 발전의 어느 단계에 놓여 있으며 어떤 종류의 사회 또는 경제인지, ② 자신이 그 사회의 어떤 세대에 속하는지, ③ 자신의 사회적·정치적·경제적 입장이 무엇인지, ④ 자신의 타고난 재능과 능력, 지력, 강점 등이 무엇인지, ⑤ 선에 대한 자신의 관념과 자신의 심리적 성향이 무엇인지 등이다.

공정으로서의 정의라는 사상은 모든 이에게 공평한 원칙을 채택하게 해야 한다. 바로 여기에 무지의 장막을 설정한 이유가 있다. 요컨대, 특정한 사실에 대한 모든 지식은 배제되지만 정의의 원칙을 선택하는 데 영향을 끼치는 일반적인 정보는 배제되지 않는다.

그렇다면 원초적 입장의 개개인은 어떠한 입장에서 원칙을 선택하는

수용하며, 정의에 대한 관념이 공적으로 알려진 이상적인 사회적 세계라고 정의한다. 게다가 정의에 대한 관념이 사회제도에서 효과적으로 실현된다(TJ, 4~5; RTJ, 4~5).

행위, 즉 계약행위를 하는 것일까? 서로 다른 이익을 가진 개인들이나 집단들이 모여서 서로의 이익을 조정하고 타협하여 어떠한 정의의 원칙을 선택하는 것이 아니다. 무지의 장막이 개인 간의 차이에 관한 지식을 차단하기 때문에 자신이 놓인 입장과 무관하게 합리적인 인간이라는 보편적인 입장에서 선택해야만 하는 정의의 원칙을 택하게 된다. 그래서 롤스는 원초적 입장이라는 공정한 선택의 상황에서 인간이 합리적이라면, 모든 이들이 그의 정의의 두 원칙을 만장일치로 채택할 것이라고 기대한다. 요컨대, 원초적 입장이 무지의 장막을 가정하는 이유는 공정성을 확보하기 위해서이다. 케이크를 자르는 사람으로 하여금 자른 후의 케이크 조각을 맨 먼저 집게 하면, 그는 가장 큰 몫을 자를 것이다. 그러나 케이크를 자른 사람이 맨 나중에 케이크 조각을 갖도록 규칙을 정하면, 자르는 이는 케이크를 자를 때 같은 크기로 자를 것이다. 이처럼 무지의 장막을 쳐두면 자신에게 유리할지 불리할지 모르기 때문에, 당사자들은 공정한 결과를 가져다주는 정의의 원칙에 합의하게 된다.

그런데 모든 지식을 배제하는 것이 아니라 원초적 입장에서 당사자들에게 알려져야 되는 것이 있다. 계약 당사자는 그들의 사회가 위에서 밝힌 정의의 여건에 종속된다는 것과 인간 사회에 대한 일반적인 사실, 정치적 사건, 경제, 사회 조직, 그리고 인간의 심리학을 지배하는 일반적인 법칙이나 원칙을 알고 있어야 한다.

그렇다면 롤스는 이상과 같은 원초적 입장을 왜 설정하는가? 이렇게 가설적인 상황을 설정해서 사고 실험을 하게 하는 이유는 거꾸로 말하면 현실에 불평등이 있기 때문이다. 원초적 입장에서 상호 무관심과 무지의 장막을 결합함으로써 사람들이 서로 다르다는 것을 무시하지 않고 인간이 보편적인 자비를 가질 수 있게 되기 때문이다. 현실의 불평등을 무시하는 것으로 간주함으로써 사람들이 처하게 되는 특정한 우연적 상황이 원칙을 선택하는 데 영향을 끼치지 않게 하고 인간이 놓인 일반적인 상황을 알게 하여 공정으로서의 정의가 요구하는 바에 부합하는 정의의 관념에 도달할 수 있는 유리한 입장을 취하게 하는 데 그 목적이 있다(Loizou 1998, 349).

롤스는 무지의 장막이 쳐진 상황에서는 어느 누구라도 정의의 기초의 하나로서 '일의적인 사회적 선primary social goods'[19]에 대해서는 평등하다는 것에 합의하리라고 본다. 그렇게 함으로써 그는 합리적인 인간이라면 자신의 정의의 두 원칙을 택하게 되리라는 것을 보여주려고 한다. 그렇게 선택하게 되려면, 당사자들은 '정의의 감각sense of justice'과 '정의의 감각에 대한 능력capacity for a sense of justice'을 가지고 있어야 한다.[20] 롤스는 인간이라면 이러한 감각과 능력이 있다는 것을 가정하며, 원초적 입장에 놓인 당사자들도 자신들이 이러한 감각과 능력을 가지고 있다는 사실은 알고 있어야 한다.

롤스가 자신의 저서 전반에 걸쳐 주장하는 것은 선에 대한 올바름의 우선성이다. 이것과 밀접하게 연관된 것이 선이나 선성에 대하여 어떤

---

19 '사회적 기본재'라고 번역되기도 한다. 그러나 'primary good'에 자기 존중도 들어가기 때문에, 합리적인 개인이라면 누구라도 바라는 선한 것이라는 의미에서 볼 때 재화라고 번역하는 것은 곤란할 듯하다. 또한 '사회의 기본가치'라고 번역되기도 하는데(김비환 2005, 65), 나중에 논하게 될 선에 대한 올바름의 우선성 논의를 감안한다면 'primary'에는 '기본적basic' 이상의 의미가 있다고 봐야 할 것이다. 그래서 '일의적 선'이라고 번역한다.

20 롤스는 정의의 원칙과 그 원칙이 제도적으로 요구하는 바를 따르고 원칙을 준수하려는 정상적으로 효과적인 욕구가 정의에 대한 감각/정의감이라고 정의한다(TJ, 505; RTJ, 442). 그리고 나중에는 이 정의를 다음과 같이 더욱 확장하여, "정의에 대한 공적인 관념을 이해하고 이 관념을 적용하고 이 관념에 따라 행동하는 능력을, …… 그리고 정의에 대한 감각은 타인도 공적으로 인정할 수 있다는 조건에서 타인과의 관계에서 행동하고자 하는 의지—욕구가 아니라고 해도—를 표현한다(PL, 19).

관점이 다른 관념에 반대하여 공정으로서의 정의라는 관념을 옹호하는 것이 필요하면서도 선에 대한 완전한 이론보다 적은 어떠한 것이 충분하리라는 주장이다. 롤스가 말하는 것처럼 필요로 하는 것은 선에 대한 '엷은 이론 또는 피상적 이론 the thin theory of the good'이다(TJ, §15, 29, 60, 395~7, 433~4). 엷다는 것은 사람들이 선에 대한 모든 특정한 관념에 유용한 가정을 최소한으로, 그리고 광범하게 공유한다는 것을 의미한다. 그렇기 때문에 사람들이 어떤 특정한 욕구를 가졌다 하더라도 사람들이 공유하기가 쉽다.

롤스는 왜 엷은 이론을 제시했는가? 위에서 본 것처럼 공리주의는 사람들이 선에 대하여 다양한 관념을 가지고 있다는 것을 인정하지 않고 행복이라는 선을 사람들에게 고수하게 하는 경향이 있는데, 롤스는 이를 막기 위해서 엷은 이론을 제시했다. 요컨대, 엷은 이론은 특별한 삶의 방식들을 전제로 하지 않고 가치관들이 공통적으로 필요로 하는 수단들에 관한 이론이다(LP, 31).[21] 엷은 이론은 '완전한 이론full theory'과 대비된다. 엷은 이론은 다양한 특정한 가치 또는 목적을 판단하거나 선택하는 데 기초를 제공하지 않는다. 이처럼 원초적 입장에서 어렴풋이 알게 되는 선이 있다는 것을 가정하는 것이 엷은 이론이다.

선에 대한 엷은 이론에 깔려 있는 기본적인 사상은 "합리적인 인간은 자신의 생활계획을 실행하기 위한 선결요건으로 어떤 것을 욕구한다. 다른 것이 똑같다면, 그들은 자유와 기회도 적은 것보다는 많은 것을, 그리

---

21 롤스는《정의론》에서 엷은 이론이 아리스토텔레스의 원칙과 삶에 대한 합리적 계획이라는 사상을 반영하고 있다. 그러나《정치적 자유주의》에서는 원초적 입장에서 결정되는 정의의 원칙은 사람들의 모든 필요와 이익에서뿐만 아니라 자유롭고 민주적인 사회의 시민으로서의 필요와 이익을 반영해야 한다고 주장하게 되었다.

고 부와 소득도 적은 몫보다도 많은 것을 선호한다"(TJ, 396)는 것이다. 롤스는 자유, 기회, 부, 소득, 이 네 가지를 사회적인 일의적 선이라고 부르며, 차등 원칙에 따르면 불평등한 배분이 최소 수혜자에게 이익이 되지 않을 경우 평등하게 배분해야 한다.

따지고 보면, 롤스는 선에 대한 엷은 이론을 받아들이게 하기 위하여 '짙은thick' 무지의 장막을 가정했다. 그렇게 함으로써 공정한 상황에서 자유롭고 평등한 인간들이 정의의 원칙을 도덕적 입장에서 택할 수 있기 때문이다. 그러나 일단 정의의 원칙이 선택된 이후에는 전술한 것처럼 정의의 원칙이 특정한 사회의 조건에 적응될 수 있도록 하기 위해 무지의 장막을 걷어올린다(TJ, §31).

5. 목록

롤스는 원초적 입장에 놓인 당사자에게 경쟁적인 정의의 원칙들에 대한 목록이 주어지며 이들 중에서 선택하게 된다는 것을 기술하고 있다. 여기에는 두 가지 공리주의, 즉 '고전적 공리주의classical utilitarianism'와 '평균 공리주의average utilitarianism', 그리고 자신의 '정의의 두 원칙two principles of justice'이 주어진다.

롤스에게 일의적인 관심사는 이상의 공리주의 원칙보다는 자신의 원칙을 계약 당사자들이 택하게 될 것이라는 점이다. 공리주의는 목적론적인 이론이라는 점에서 권리와 무관하게, 그리고 권리에 앞서 선을 규정한다는 점에서 롤스는 공리주의에 반대한다. 그에 따르면 '올바름the right'은 '선the good'을 최대화하는 것으로 규정된다(TJ, 24). 고전적 공리주의에서는 선은 모든 개인을 가로지르는 만족의 총합으로 여겨진다. 나아가 '집합적/총체적 공리주의aggregate utilitarianism'에서는 평균적인 사회적 만족이 최대화되어야 한다.

그런데 두 경우에 어떤 사람이 더 얻게 되는 것이 타인이 더 적게 잃게 되는 것을 보상하지 않을 수도 있으며, 그리고 더욱 중요한 것은 소수의 자유나 권리가 침해당하는데도 다수가 더 많은 선을 공유하게 된다는 이유에서—스님의 생명권이 침해당하면서도 9명이 살게 된다는 선을 얻게 되는 것처럼—올바르게 될 수도 있다는 점이다(TJ, 26). 바로 이러한 이유에서 롤스는 정의의 두 원칙이 공리주의보다 낫다고 믿는다.

6. 합리성

이상의 네 가지 요소에 계약 당사자가 합리성을 지니고 있다는 요소가 덧붙는다. 각자는 원칙을 선택하는 데서 자신의 이익을 증진하기 위해 최선을 다한다. 그런데 당사자는 자신의 선에 대한 관점에서 자세한 것은 모르는 것으로 간주했다. 그렇다면 그들은 어떻게 선택하는가?

자신의 선에 대한 관점을 자세히 모르는 상황에서 인간은 선을 증진시킬 수 있는 수단이 되는 사회적인 일의적 선을 더 많이 제시하는 원칙을 택할 것이다(TJ, 142). 그리고 다양한 원칙 중에서 선택할 등급을 매길 정도의 지식은 가진 것으로 여겨진다. "합리적인 인간은 그에게 열려진 '선택지(選擇枝)options' 사이에 일관된 일련의 선호의 체계를 가진다고 생각된다. 이 선택지가 자신의 목적을 얼마나 잘 증진시키느냐에 따라 등급을 지으며 자신의 욕구를 적게보다는 많이 충족시키고 성공적으로 실현시킬 기회가 더 많은 계획을 추구한다"(TJ, 143). 여기서 개인의 합리성은 전술한 정의의 주관적인 여건과 부합한다.

그런데 롤스는 특별한 조건 하나를 덧붙인다. "합리적인 인간은 '시기 envy'에 좌우되지 않는다. 합리적인 인간은 타인이 자신만큼 적게 가지기만 한다면, 자신에게 손해나는 것을 기꺼이 수용하려 하지 않을 것이다. 타인이 더 많은 '지수index'의 사회적인 일의적 선을 가진 것을 알거나 눈치챘다 하더라도 낙담하지 않아야 한다. 아니면 자신과 타인의 격차가 어떤 한계를 넘지 않거나 기존의 불평등이 부정의에 근거를 두고 있거나 보상적인 사회적 목표가 없이 우연성에 의해 나타난 결과라고 생각하지 않는 한, 적어도 낙담하지 않아야 한다"(TJ, 143). 즉 개인이 주어진 선택지를 평가하는 것은 자신의 복지만을 생각해야 할 뿐만 아니라 타인이 자신보다 더 많은 것을 가지게 되리라는 점 때문에 자신의 삶에 대한 선이 줄어들 것이라고 여기지 않으리라는 것이다.

예를 들어 모든 사람에게 균등하게 연 3천만 원의 수입을 똑같이 보장하는 사회와 연 5천만 원을 보장하지만 어떤 이는 두세 배나 더 가질 수 있는 사회를 선택할 수 있다고 가정해보자. 두 번째 사회에서 갑돌은 연수입이 5천만 원이지만 철수는 연 수입 1억 5천만 원을 가질 수 있다. 갑돌이 5천만 원밖에 못 가지는데 철수가 1억 원을 더 가지는 것에 대하여 갑돌의 선망이 지나친 탓에 시기나 질투를 하여 갑돌과 철수가 두 번째 사회를 선택하지 않고 첫 번째 사회를 선택하게 되는 것은 합리적이지 못하다. 전자의 사회에서 3천만 원보다 후자의 사회에서 5천만 원을 가지는 것이 갑돌의 인생 목표를 달성하는 데 더 유리하다면, 갑돌은 철수가 그 결과로 자신보다 더 수입이 많더라도 후자의 사회를 선택하는 것이 유리하다. 나는 못 가져도 좋지만 타인이 나보다 더 가지는 것은 못

보겠다는 발상은 합리적이지 못하다.

이렇게 생각하여 후자의 사회를 선택하는 것이 합리적이라는 것을 롤스는 '시기(猜忌)의 가정'에서 제시한다. 롤스는 이상과 같은 합리성을 계약 당사자가 가졌다고 가정한다. 요컨대, 상호 무관심이라는 주관적인 여건은 인간이 이기적이라는 것을 의미한다고 인정하는데, 그것은 자신의 복지에만 관심이 있다는 의미에서 이기적이라는 것을 말한다(Grcic 2006, 323). 그리고 이 여건은 합리적인 인간은 시기로 고통받지 않는다는 주장으로까지 확대될 수 있다.

이상과 같이 롤스는 합리성은 시기가 억제된 상황이라고 보면서도 전술한 것처럼 ① 자신과 타인의 격차가 어떤 한계를 넘거나, ② 기존의 불평등이 부정의에 근거를 두고 있거나, ③ 보상적인 사회적 목표 없이 우연성에 의해 나타난 결과라고 생각하지 않는 한에는 적어도 낙담하지 않는다는 세 가지 조건을 달았다. 즉 정의로운 사회에서 상대방의 정당한 노력의 결과로써 더 많이 갖는 것은 감내하겠지만, 사회가 부정의하거나 정의롭지 않은 수단 때문에 차이가 나는 데 질투를 느끼는 것은 정당하다는 주장이다. 만약 정의로운 사회에서 정당한 노력의 결과로 타인이 어떤 한계를 상회하는 격차를 안겨주었을 때는 어떤 태도를 취하는 것이 옳은가? 이 문제에 대한 롤스의 견해는 명확하지 않은 것 같다.

롤스는 원초적 입장에는 이상의 다섯 가지 조건이 주어진다고 가정한다. 이로써 그는 계약론적인 논지의 첫 단계를 준비한 셈이다. 이제는 두 번째 단계, 즉 이러한 요소를 가진 원초적 입장에서 계약 당사자들이 그의 정의의 두 원칙을 택하게 되는 단계를 간단히 살펴보자.

롤스는 정의의 원칙을 선택하는 것을 합리적 선택의 문제로 본다. 이로써 그는 현대의 결정이론가들이 전개한 기법, 즉 게임이론과 결정이론을 이용해 자신의 논지를 전개한다. 그는 자신의 원칙을 원초적 입장에 대한 고려에서 공식적으로 연역하지 않는다. 롤스는 원초적 입장에서 지식이 제한되어 있으며 게임이론과 결정이론이라는 절차가 주어진다면, 우리는 공리주의적인 원칙보다 그의 원칙을 기꺼이 택하게 되리라는 것을 보여주려고 한다. 그가 보여주고자 하는 바는 공리주의적인 원칙은 게임이론과 결정이론의 합리적 선택 절차와 일치하지 않지만, 자신의 원칙은 일치한다는 점이다. 그의 원칙이 다른 경쟁적인 원칙보다 우리의 정의관에 더욱 부합한다는 것을 주장할 때 그는 미시경제학의 기법을 쓴다(Corrado 1980, 71). 무지의 장막에 의해 정보가 제약받는다는 사실을 인정한다면, 정의의 원칙을 선택하는 문제는 결정이론가들이 말하는 불확실성 아래에서 합리적 선택의 문제로 귀결된다.

당사자는 일련의 원칙을 선택하게 되며, 이 원칙은 그들이 삶을 영위하는 사회의 기본 구조에 적용된다. 따라서 원칙이 다르면 일의적 선의 배분에 대한 기대가 달라진다. 그런데 사회 내에서 현재 자신이 놓여 있는 위치를 모르면 어떠한 원칙이 개인에게 어떻게 영향을 끼치는지를 정확히 예측할 수 없다. 요컨대, 당사자는 자신의 '생활 기대/전망life-prospect'에 지대한 영향을 끼치는 원칙을 선택하게 되며, 그것도 대안의 결과가 불확실한 상황에서 선택하게 된다.

결정이론가들은 불확실성 아래에서 선택할 수 있는 다양한 규칙을 제안했다. 그런데 원초적 입장에서 당사자가 적용하게 되는 적절한 규칙은 '최소 극대화의 규칙'일 것이다. 인간은 '나쁜 것 중에서는 가장 좋은 결과the best worst outcome'를 가져다주는 대안, 즉 가장 안정된 대안을 택할 것이기 때문이다.

롤스는 계약론적인 논지를 옹호하기 위해 결정이론에 의존하는데, 그것은 두 단계를 거친다. 첫째, 원초적 입장을 구성하는 조건은 당사자가 최소 최대화라는 결정 규칙을 채택하는 것을 합리적으로 만드는 조건이라고 주장한다. 둘째, 계약 당사자가 최소 최대화 규칙을 채택한다면, 당연히 목록 중에서 자신의 원칙을 선택하게 될 것이라고 주장한다. 그에 따르면, 최대의 평등한 자유라는 원칙, 공정한 기회 평등이라는 원칙, 그리고 차등 원칙은 목록에 있는 어느 원칙보다도—즉 고전적 공리주의나 집합적 공리주의보다—나쁜 것 중에서는 가장 좋은 결과를 보장한다.

공정으로서의 정의가 어떻게 해서 최소 최대화라는 해결책을 선택하게 되는가? 롤스의 논지는 아래와 같다.

① 원초적 입장에서 당사자들은 일의적 선을 최대한으로 가지려 하며, 그래서 최대를 가지는 것을 보장하는 원칙을 택하게 된다. 무지의 장막이 내려진 상황에서는 최대한의 자유의 원칙과 차등 원칙만이 최대의 것을 가지는 것을 보장할 것이라고 볼 수밖에 없다. 그래서 그들은 이 원칙들을 택할 것이다.

② 그들은 '합당한reasonable' 사람들이 준수한다고 믿지 않는 원칙을 선택하지 않을 것이다. 만약 원초적 입장에서 그들이 어떤 원칙에 동의하며 장막이 걷혀서 어떤 이들이 준수하지 않는다는 것이 드러나게 되면, 어렵게 마련한 합의의 틀은 무너진다. 장막이 걷히면, 가장 최악의 처지에 있는 이들도 제도가 타당하다는 것을 볼 수 있어야만 한다. 불평등이 최악의 처지에 있는 사람들에게 혜택이 된다는 것을 보장함으로써 차등 원칙은 그렇게 할 수 있다. 물론 배분의 원칙이 공지되지 않으면, 안정에 관한 한 이것은 도움이 되지 않을 것이다. 만약 공지되지 않는다면, 최악의 처지에 있는 사람은 그들에게 혜택이 되었을 때에만 불평등이 지지받는다

는 것을 아마 모를 것이기 때문이다. 그러나 일단 알게 되면, 제도가 이러한 방식으로 만들어진 것이 합리적이라는 점을 알 것이다. 그들은 최소의 기대를 최대화하는 것 이상의 어떤 것을 얻기 위해 위험을 무릅쓰고 해보려고 하지 않을 것이다.

롤스는 원초적 입장에서 사람들이 차등 원칙을 정의의 원칙으로 택하게 될 것이라고 본다. 그렇게 보는 이유는 무엇인가? 이 점을 좀 더 자세히 살펴보자.

원초적 입장에서 사람들이 고전적인 공리주의보다는 차등 원칙을 택하게 될 것이라고 인정하는 이들도 다른 대안이 있으면 어떤 다른 원칙을 택할 것이라고 주장할 수 있다. 그 대안이라는 것은 최소 수혜자에게 어떠한 수준의 경제적 자원을 보장함으로써 인간으로서 존엄성을 유지할 수 있는 적절한 복지의 수준을 보장하는 것이다. 그렇게 해야만 자신의 잠재력을 실현할 수 있을 것이기 때문이다. 이것은 또한 롤스가 주장하는 두 가지 '도덕적 힘moral powers'을 발전시키고 행사하게 하는 것이기도 하다.[22] 요컨대, 대안을 옹호하는 이는 최소 수혜자에게 가능한 한 많은 혜택이 돌아가게 하겠다는 데에만 만족하지 않는다.

이러한 대안을 제시하는 것이 타당한 이유는 〈인권에 대한 보편적인 선언〉에 열거된 복지권을 인정해야 한다는 점에서도 찾을 수 있다(Bar-

---

22 나중에 자세히 설명하겠지만 원초적 입장에서 얻게 되는 세 가지 이익 가운데 두 가지, 말하자면 ① 정의에 대한 감각/정의감, 즉 공유하는 정의의 원칙에 따라 자신의 행위를 통제하는 능력과 욕구를 계발하면 나타나는 이익, ② 선에 대한 관념, 즉 살 만한 값어치가 있는 삶에 대한 관념을 형성하고 수정하고 합리적으로 추구하는 능력을 갖추면 나타나는 이익을 의미한다. 이들 이익을 얼마나 보장하느냐에 따라 사회 질서를 평가하게 된다(PL, 312~23).

calow 2004, 127). 이 선언의 제23조는 모든 사람은 노동할 권리가 있으며, 실직에 대한 보호를 받을 권리, 즉 실업수당을 받을 권리가 있다고 규정하고 있다. 이것은 최소한의 임금을 보장해야 한다는 것이다. 그리고 다른 한편으로 어떠한 직업을 가진다는 것은 수입원이 있다는 뜻일 뿐만 아니라 자신이 사회에 기여하고 있다는 자부심을 심어주며, 그로 인해 자신을 스스로 존경할 수 있게 된다는 뜻이기도 하다. 그래서 직업이 있거나 노동을 한다는 것은 선한 생활에서 하나의 요소가 된다(Barcalow 2004, 128).

이상과 같이 원초적 입장에 있는 사람들은 아마 모든 사람이 기본적 복지권을 향유해야 한다고 주장할 것이다. 그러나 어떠한 경제적 잉여 자원은 다른 기준과 원칙에 따라 배분되어야 한다는 데 동의할 것이다. 요컨대, 기본적 복지권이 향유되는 한에는 최소 수혜자에게 혜택이 돌아가는 경제적인 불평등은 부정의라고 주장하지 않을 것이다(Barcalow 2004, 130).

그렇다면 아래와 같은 상황을 고려해보자. 최소한 5,000달러가 있어야만 복지권이 향유된다고 인정되는 사회에서 다음과 같은 상황을 가정할 수 있겠다.

상황1 : 최소 소득자 4,000달러, 최고 소득자 무제한
상황2 : 최소 소득자 6,000달러, 최고 소득자 1천만 달러
상황3 : 최소 소득자 10,000달러, 최고 소득자 10만 달러

최소 수혜자가 상황 3일 때 가장 많이 혜택을 받는다는 이유 때문에 원초적 입장에서 상황 3을 택하겠는가? 그것은 명확하지 않다. 상황 2에서

는 최소 수혜자가 그렇게 절망적이지 않다. 최소한보다 1,000달러가 더 많기 때문이다. 그리고 최대의 수입이 상황 3의 100배가 된다. 상황 1은 택하지 않을 것이다. 최대한은 무제한이지만 최소한보다 1,000달러나 적어 기초적인 생활을 영위할 수 없기 때문이다(Barcalow 2004, 127).

그런데 모든 이들이 기본 복지권을 유지하게 하는 한에는 최고 소득자가 무제한으로 소득을 가지는 것을 인정할 것인가? 예를 들어,

상황 4 : 최소 소득자 8,000달러, 최고 소득자 무제한

상황 2와 위의 상황 4만을 선택할 수 있다면, 상황 4를 선택할 것인가? 상황 2나 상황 4는 모두 복지권이 인정되며 상황 2에 견주어 상황 4에서 최소 수혜자가 2,000달러의 소득을 더 얻게 되더라도 아마 상황 4를 선택하지 않을 것이다. 타인이 지나치게 부유하면, 인간은 자신이 지위가 떨어지거나 창피를 당했다고 느끼게 된다. 그리고 극도로 부유한 이는 너무나 많은 점에서 우월하여—특히 부가 세대를 이어서 유지된다면—기회 평등을 저해할 것이다. 또한 최대 수혜자는 최소 수혜자들이 복지권을 누리더라도 공적인 결정에까지 지나친 권력과 영향력을 행사하게 될 것이다. 그렇기 때문에 원초적 입장에서 상황 4를 선택하지는 않을 것이다(Barcalow 2004, 130).

그러나 원초적 입장에서 모든 사람이 '도덕적 최소한moral minimum'으로서 기본 복지권을 향유해야 한다고 주장할 것이다. 인간의 기본적인 필요가 충족되어야만 기본적 자유가 최소한의 평등한 가치나 값어치를 갖기 때문이다. 평등한 값어치를 가짐으로써 인간은 평등한 도덕적 힘을 가질 수 있다. 이와 같은 이유에서 롤스는 원초적 입장에서 정의의 원칙

으로서 차등 원칙을 선택할 것이라고 본다.

롤스는 공리주의에서 가장 나쁜 결과를 가져다줄 수 있는 것이 자신의 원칙에서 가장 나쁜 결과를 가져다줄 수 있는 것보다 더 나쁘다고 생각하고 있다. 그가 왜 그렇게 생각하는지 정확하게 이해하는 것이 중요하다. 앞에서 살펴본 것처럼 공리주의는 전체적으로 더 많은 공리를 증진시키려면, 어떤 이에게 자유를 가혹하게 제한해야 한다고 주장했다. 그래서 공리주의에서 어떠한 사람이 가질 수 있는 최악의 결과는 노예나 굴종 상태로 빠지는 것이거나 적어도 다른 사람보다 자유의 몫을 적게 가지는 것이다. 그런데 원초적 입장에서 계약에 임하는 이들이 합리적이라면, 그들은 자신이 최악의 집단에 속하게 될 수도 있다는 가능성을 염두에 두게 된다.

한편 롤스의 정의의 두 원칙은 축차적인 서열 규칙이 있기 때문에 최대의 평등한 자유의 원칙을 우선시한다. 그렇기 때문에 어느 누구의 기본적 자유도 전체의 공리를 증진시킨다는 빌미로 희생되지 않는다. 게다가 차등 원칙은 부, 소득, 권위에서의 불평등이 최악의 집단에 최대의 혜택이 돌아가게 한다. 그러므로 계약 당사자는 위험부담이 가장 적은 것을 택할 것이며, 그래서 계약 당사자는 다른 정의의 원칙보다 자신의 정의의 두 원칙을 택하게 된다고 롤스는 결론을 내린다.

이것이 가장 많은 관심을 불러일으켰지만, 롤스가 최소 최대화 규칙만으로 정의의 원칙을 계약론적으로 정당화하는 것은 끝나지 않았다. 그는 결정이론에서는 채택하지 않는 비공식적인 계약론의 논지를 몇 가지 제시한다. 즉 ① '자기 존중self-respect'에서 도출되는 논지, ② 언질이 가지는 '부담strain'에서 도출되는 논지, 그리고 ③ 안정에서 도출되는 논지 등이 바로 그것이다. 이것은 최소 최대화 원칙이라는 논지와는 무관한데,

이 점을 더 자세히 살펴보자.

① "가장 중요한 '일의적 선the primary good'은 아마 자기 존중이라는 선일 것이다"라고 롤스는 강조한다. 그 이유는 다음과 같다.

> 자기 존중이 없다면, 어떠한 것도 할 만한 가치가 없는 것으로 보이며, 또는 우리에게 어떤 것이 가치가 있다 하더라도 우리는 그것을 얻으려는 의지를 결하게 된다. 모든 욕구와 활동은 공허하고 쓸데없는 것이 되며 우리는 냉소와 무감각에 빠지게 된다. 그러므로 원초적 입장에 있는 당사자는 자기 존중을 저해하는 사회적 조건을 어떠한 대가를 치르더라도 피하려고 할 것이다(TJ, 440).

다음으로 롤스는 '공지성publicity'이 자기 존중에 끼치는 영향을 강조한다. 그에 따르면, 사회의 기본 구조가 자신의 정의의 두 원칙에 의해 마련된다는 점을 널리 알리는 것은 개인의 자기 존중을 두 가지 방식으로 옹호하는 것이 된다.

첫째, 사회가 모든 사람에게 최대한의 평등한 기본적 자유와 공정한 기회 평등을 보장하겠다고 언질을 주는 것은 각자에 대한 무조건의 존중을 공적으로 표현한 것으로 보일 것이다. 둘째, 차등 원칙은 사회적 선을 모든 이에게 이익이 되도록 배분하겠다는 것을 보장하는 만큼, '상호 대등성reciprocity'의 원칙이 준수되는 것이다(TJ, 102).

최소 수혜자는 차등 원칙으로 인해 그렇지 않은 것보다 혜택을 받을 수 있고, 운이 더 좋은 자는 사회적 협업으로 혜택을 받을 수 있기 때문이다(TJ, 103). 운이 더 좋은 자가 결과적으로 혜택을 더 받게 되는 이유는 그들이 사회적 협업을 통해 최소 수혜자의 복지 증진에 기여하기 때문이다. 그래서 양측에게 받아들일 만한 것이 된다. 말하자면 재능을 타고난 자는 사회적 협업을 전제로 하는 정의의 원칙에 따라 더 나은 상황에 처할 수 있다는 기대를 정당하게 요구할 수 있다. 이런 의미에서는 어떠한 형태의 응분이—이에 대해서는 나중에 다시 논하겠지만—있는 셈이다.

상호 대등성이나 상호 이익이라는 개념은 각자가 원하는 대로 선을 추구하게끔 하는 것을 존중하겠다는 가정과 일치한다. 그러므로 부와 소득은 상호 이익이라는 원칙에 따라 규제된다는 것을 일반적으로 알리는 것은 개인의 자기 존중을 사회적으로 옹호하는 것이다. 가설적 계약 상황에서 정의의 원칙에 대해 롤스는 "다른 원칙보다 자기 존중을 더 옹호하며, 그것이 당사자들로 하여금 이 원칙을 채택하게 하는 강력한 이유이다"라는 결론을 내린다(TJ, 440).

② 언질이 가지는 부담에서 도출되는 논지라는 것은 당사자가 그들이 그냥 만장일치의 선택이 아니라 계약, 그것도 성실한 계약을 맺게 된다는 점을 아는 것이 원초적 입장의 조건이라는 사실을 이용한다.

당사자는 그저 동의한다고 말하는 것이 아니라 실제로 자신을 구속하는 계약을 하게 된다. 그렇게 되면, 이 계약을 정말로 준수할 수 있을 것인지를 고려하게 된다. 준수 가능성 여부를 고려하게 되면, 인간의 동기에 대한 사실이 그러한 준수를 가능하게 하는지 고려해야 한다. 게다가 어떠한 일련의 원칙에 순응하는 것이 동기 측면에서 가능하다는 것을 결정하는 것으로 충분하지 않다. 당사자는 순응에 따르는 심리적인 대가가 지나친 것인지를 또한 결정해야 한다.

이러한 심리적인 대가를 롤스는 '언질의 부담strain of commitment'이라고 부르는데, 그의 원칙에 연관된 언질의 부담이 다른 원칙에 연관된 언질의 부담보다 심각하지 않다고 계약 당사자는 결론을 내릴 것이다. 공리주의는 공리를 최대화하기 위해 어떤 개인의 이익을 희생시킬 수도 있기 때문에 공리주의를 택함으로써 생기는 부담에 대한 언질이 계약 당사자에게 더 크게 작용할 것이기 때문이다.

③ 롤스가 제시하는 비공식적인 논지의 세 번째는 '안정으로부터 도출되는 논지the argument from stability'이다. 이 논지는 부분적으로는 전자의 두 가지 논지가 성공적인지에 달려 있다. 그는 원초적 입장에서 계약이 성공적으로 이행된다면, 계약 당사자는 최대의 안정을 향유하게 하는 사회 질서를 가져다주는 정의관을—다른 조건이 같다면—선택하게 될 것이라고 강조했다(TJ, 138, 177~82). 언질의 과중한 부담을 주거나 자기 존중을 저해하는 정의관은 안정을 가져다주지 않을 것이다. 그러나 롤스의 정의의 두 원칙은 이행되어도 이러한 문제가 없기 때문에 선택될 것이다. 그 이유는 생명력이 있는 정치이론은 실제적이어야 하는데, 공정으로서의 정의로 나타나는 질서가 잘 잡힌 사회는 공통의 포괄적인 도덕적인 교의를 습득하고 유지하려는 경향이 있어서 안정되기 때문이다(Fuchs 2006, 259).

그리고 원초적 입장에서 당사자들이 정의의 두 원칙을 선택함으로써 그들이 스스로 의무를 지게 되면, 이는 그들 자신이 '스스로 부과한 의무self-imposed obligation'가 된다. 이로써 계약 당사자는 두 원칙을 지켜야 하겠다는 부담감을 느낄 뿐만 아니라 자신이 계약한 것을 지키게 됨으로써 사회에 안정을 가져온다. 스스로 부과한 의무라는 개념은 루소와 칸트를 상기시키는데, 롤스 자신도 이 점을 명확히 하고 있다(TJ, 11).

앞에서 살펴본 것처럼 원초적 입장은 자유롭고 평등한 개인들이 사회적 협업을 통해 사회 정의를 실현하는 정의의 원칙을 찾을 수 있는 조건을 표현한다. 이상과 같은 정의의 여건이 갖추어진 원초적인 상황에서 합리적인 인간이라면, 롤스의 정의의 두 원칙을 선택하게 될 것이다. 그렇다면 이를 선택한 것이 잘한 일이라는 것, 즉 자신의 정의의 두 원칙이 정당하다는 것을 사람들에게 납득시켜야 한다.

사고 실험을 하게 하는 원초적 입장은 정의에 대한 메타(포괄적) 기준으로 기능한다. 정의의 여러 원칙들은 어느 원칙이 인간의 근본적인 이익, 즉 서열이 더 높은 이익의 최대 수준을 더 높게 성취하게 하는지에 따라 평가된다.[23] 이렇게 하여 선택된 정의의 원칙은 그 내용에서 메타 기준과 동일할 것이라고 생각할 수 있지만 그렇지 않다. 정의의 원칙이 가치를 두는 바가 메타 기준이 가치를 두는 바와 밀접하게 부합하는지에 따라 정의의 원칙이 평가되는 것이 아니라 그 효과에 따라서만 평가된다.

문제는 기본적 구조가 어떠한 정의의 원칙에 따라 지침을 받는 시민들로 하여금 어떠한 기본적 구조가 타당하게 호의적인 조건에서 유지되며, 기본 구조 아래에서 최소 수혜자가 얼마나 잘 살게 되는가라는 점이다. 원초적 입장에서 당사자들은 최소 수혜자의 삶이 근본적인 이익을 성취한다는 측면에서 피할 수 없는 것보다 더 나빠지지 않도록 기본 구조를 어떤 주어진 조건에서 고안하게끔 요구하는 정의의 원칙을 찾는 것이 아니다. 오히려 어떠한 주어진 조건에서 시민들로 하여금 기본 구조를 고안하도록 지도할 수 있는 정의의 원칙을 찾는다. 그래서 최소 수혜자의 삶은 근본적인 이익을 성취한다는 측면에서 피할 수 없는 것보다 더 나빠지지 않게 된다(Pogge 2007, 71~2).

---

23 여기에서 말하는 근본적인 이익, 즉 더 높은 서열의 이익은 다음 세 가지를 의미한다. ① 정의에 대한 감각/정의감, ② 선에 대한 관념, 그리고 ③ 자신이 선택한 선―행복이라는 선을 선택할 수도 있다―에 대한 특정한 관념으로써 성공하는 데서의 이익이다.

제3장

정당화

정치사상가, 즉 규범적 정치이론가는 자신의 사상이나 이론이 다른 사상이나 이론보다 낫다는 것을 사람들에게 정당화하지 않으면 안 된다. 롤스도 예외가 아니다. 그는 정의의 두 원칙을 정당화하는 데서 네 가지 유형을 제시하고 있다. 두 가지는 숙고된 도덕적 판단에 의존하는 것이며, 세 번째는 그의 이론에 대한 이른바 '칸트적 해석Kantian interpretation'이라는 것에 기초를 둔다. 네 번째는 이와 연관되었지만 최종적으로 지향하는 사회와 정의의 두 원칙이 지향하는 바가 부합한다는 것이다.

1. 숙고된 도덕적 판단과의 부합

어떤 원칙이 정의롭거나 정의롭지 않은 것을 우리는 어떻게 판단할 것인가? 우리의 평소 숙고된 도덕적 판단으로 설명한다면, 롤스는 자신이 제시하는 원칙을 수용할 만한 이유가 충분히 있다고 주장한다. 숙고된 판단이라는 명제에 의존하는 것이 롤스가 제시하는 첫 번째 유형의 정당화이다.

그런데 어떠한 원칙이 숙고된 도덕적 판단을 설명한다는 것은 무엇을 뜻하는가? 이것은 원칙과 이 원칙에 적합한 사실을 인정한다면, 해당 문제에서 숙고된 판단을 표현하는 진술을 원칙으로부터 이끌어낼 수 있다는 것을 의미한다. 예컨대 롤스는 최대한의 평등한 자유의 원칙을 제1원칙으로 들고 있다. 제1원칙은 노예제를 금한다는 것을 도출할 수 있다. 일상적인, 즉 평상적인 도덕적 감정으로 고려할 때 우리는 노예제가 정의로운 제도가 아니라고 생각한다. 이처럼 우리가 직관적으로 노예제는 정의롭지 않다고 판단하는 것은 롤스의 정의의 두 원칙, 즉 최대한의 평등한 자유의 원칙과 자유의 우선성이라는 원칙과 부합한다.

이처럼 롤스의 정의의 두 원칙이 우리의 숙고된 판단과 일치하면, 우리는 정의의 원칙이 숙고된 판단과 부합한다고 말할 수 있다. 그렇기 때문에 그의 원칙은 정당화된다. 이렇게 주장할 수 있는 이유는 정치이론은 일관성 있는 일련의 원칙을 제시해야 하며, 이 원칙은 우리의 숙고된 신념을 반영해야 하기 때문이다(Fuchs 2006, 259). 노예제의 부당성은 역사적으로 인간이 숙고해서 내린 판단이다. 롤스는 이 판단과 원칙이 부합하는 한에서는 자신의 원칙이 타당하다고 주장한다.

이 주장을 롤스는 '반성적 평형reflective equilibrium'이라고 일컫는다. 반성적 평형은 어떤 의미가 있는가? 이것은 전통적인 방식과 차이가 있다. 전통적인 방식에서는 특정한 도덕적 규칙과 정의의 원칙을 도출할 수 있는 자명한 윤리적 원칙이 있다고 가정하고 이것을 토대로 연역해왔다.

그러나 롤스는 이 방식을 거부하고 반성적 평형이라는 방식으로 정당화한다.

일상생활에서 우리는 노예제를 거부하는 것을 직관적인 도덕적 판단이라고 보고 있다. 성찰/반성해보면, 이 도덕적 판단은 결과적으로 정의의 두 원칙과 균형을 이룬다. 즉 일치한다.[24] 그렇기 때문에 정당화된다. 여기서 '평형'이란 판단과 원칙이 양립한다는 의미이며 '반성적'이란 우리의 판단과 원칙이 무엇인지를 완벽하게, 그리고 이성적으로 인지한다는 것을 의미한다(Grcic 2006, 323).

그러므로 정의의 두 원칙이 도덕적 판단에 부합하지 않으면 정의의 원칙을 수정하게 되며, 경우에 따라 도덕적 판단 자체의 근거가 약하면 도덕적 판단을 수정하게 된다(DePaul 2006, 291). 이처럼 정의의 원칙이 도덕적 판단에 부합하게끔 조정되어 그 결과로 나타나는 정의의 두 원칙은 '반성적인 균형'이라는 상태에 놓이게 된다. 이 균형은 경험과 이론 사이에서 상호 지지를 받기 때문에 정당화된다(유홍림 2003, 106). 또한 이 원칙은 모든 합리적인 사람들에게서 동의를 얻는 것이기 때문에 객관적이 된다(Fuchs 2006, 259).

그렇게 해서 도출된 정의의 원칙은 자발적인 동의의 기초가 된다. 그리고 어떠한 정의의 원칙을 선택하는 데서 이번에는 반대로 숙고된 도덕적 판단에 따라 적절하다고 생각되는 조건 아래에서 그 원칙을 선택하게 된다면, 그 원칙을 수용할 만한 충분한 이유가 있다. 이것이 바로 롤스가 자신의 이론을 정당화하는 데 쓰는 두 번째 유형에 속한다. 이렇게 하여

---

24 반성적인 균형이 직관주의에 의존하는가를 둘러싼 논란은 Daniel(1979)과 DePaul(2006)을 참조하라.

어떤 원칙이 첫 번째나 두 번째 유형의 정당화를 충족시킨다면, 그 원칙이 우리의 숙고된 도덕적 판단에 '부합(附合)matching'한다고 말한다.

2. 원칙과의 부합

이 두 가지 유형의 정당화가 비록 우리의 숙고된 도덕적 판단에 호소하더라도 양자는 무엇에 대해 숙고하여 내린 판단인가에 따라 구별될 수 있다. 첫 번째 유형의 부합 정당화는 정의롭거나 정의롭지 않은 것이 무엇인가에 대하여 우리가 숙고해서 내린 판단에 관한 것으로, 롤스의 원칙은 이런 유의 판단을 설명한다. 우리는 이를 '원칙부합 정당화principles matching justification'라고 부를 수 있는데(Buchanan 1980, 14), 그 내용은 다음과 같다.

롤스가 자신의 정의 이론이 공리주의보다 더 낫다고 믿는 이유 가운데 하나는 자신의 이론이 우리가 정의에 대해 숙고하여 내린 가장 기본적인 판단을 더 잘 설명한다는 점 때문이다. 그에 따르면, 그의 원칙은 이러한 판단에 체계적인 기초를 제시한다. 더욱이 예기치 않았던 사안에 대해 숙고된 판단을 내리는 데에도 그의 원칙은 좋은 지침이 된다.

롤스는 자신의 정의의 원칙이 다른 경쟁적인 원칙보다 우월한 이유는 관련된 사실에 적용되었을 경우 무엇이 정의로우며 정의롭지 않는가에 대해 우리가 곧바로 숙고된 도덕적 판단을 내리게 하기 때문이라고 주장한다. 즉 정의에 대해 내리는 숙고된 판단을 더욱 단순하게, 그리고 더욱 그럴듯하게 설명하는 것이 자신의 원칙이라고 본다.

원칙부합 정당화의 한 예로 롤스는 자신의 원칙이 공리주의보다 자유에 대해 우리가 내리는 숙고된 판단을 더 잘 설명한다는 이유를 들고 있다. 우리는 기본적 자유의 배분에서 사람들 사이에 차별을 두는 사회의 기본 구조는 정의로운 구조가 아니라고 믿는다. 이 믿음이 우리의 숙고된 도덕적 판단의 하나라고 그는 주장한다.

물론 롤스는 공리주의 원칙에서도 이러한 도덕적 판단을 이끌어낼 수 있다는 것을 인정한다. 그러나 이렇게 하려면 몇 가지 의심스러운 가정이 전제되어야 한다. 예를 들어 모든 사람은 다양한 기본적 자유를 향유할 수 있는 능력을 가져야 한다는 가정이다. 심리적인 사실의 문제로서 모든 사람이 기본적 자유를 평등하게 배분하는 것에 만족하지 않는다면, 평등하게보다는 불평등하게 기본적 자유를 배분함으로써 공리가 더 많이 증진될 수도 있다. 다른 말로 하면, 자유의 향유에 대한 평등한 능력이라는 경험적인 가정이 무너진다면 공리주의는 기본적 자유를 불평등하게 배분하게 될 것이다. 즉 총계 공리나 평균 공리를 높이기 위해서는 자유는 더 적은 능력을 가진 이에게 제한될 수 있다.

기본 구조는 기본적 자유를 배분하는 데서 차별을 두지 않아야 한다는 것을 최대의 평등한 자유라는 원칙이 보장하고 있다. 이것이 우리의 숙고된 도덕적 판단에 훨씬 잘 부합한다. 더군다나 롤스의 정의의 원칙을 전체로서 보면, 총계나 평균 공리를 최대화한다는 이유로 어떤 개인을 불리하게 해서는 안 된다. 그래서 롤스는 자신의 정의의 두 원칙이 문제가 있는 가정에 의존하는 바가 더 적으며, 사회 정의에 대한 가장 기본적인 숙고된 판단을 가장 간단하고 그럴듯하게 설명한다고 결론 내린다.

그런데 이상에서 살펴본 바에 따르면, 어떠한 정의의 원칙은 직관에 의해 수정되거나 거부될 수 있는 반면에 롤스가 제시하는 정의의 두 원칙은 그러한 직관을 거부할 수 없다. 이 점에서 그는 칸트에게 빚진 바가 많다. 칸트는 자율성, 선의지, 정언명령 등과 같은 자신의 윤리이론이 철학과 무관한 평범한 사람들이 도덕이라고 이해하는 바를 철학적으로 설명한다고 본다.《정치와 윤리》에서 지적한 바처럼 상인이 가게를 번성시키기 위해 정직을 내거는 것은 고객을 속이는 것이 나쁘기 때문에 정직해야 하는 것과는 다르다. 칸트는 이 차이, 즉 선의지가 무엇인지를 설명하는 것이 자기 이론의 목적이라고 생각한다. 평범한 사람에게 칸트의 이론이 할 수 있는 바는 추론을 명료하게 하는 것이다. 칸트의 이론이 인간에게 선의지를 행사할 능력이나 도덕적인 법에 동의하는 능력을 부여하지는 않는다. 마찬가지로 정의를 이론화한다고 해서 기본적인 도덕적 직관을 침해할 수는 없다(Loizou 1998, 349).

3. 조건과의 부합

원초적 입장에서 당사자들은 정의의 원칙을 선택하는 데서 구체적으로는 평균 공리주의와 롤스가 제시하는 정의의 두 원칙이라는 정의의 원칙을 선택하게 된다. 두 번째 유형의 부합 정당화는 그러한 선택을 하는 데 적절한 조건이 무엇인가를 두고 우리가 숙고하여 내린 도덕적 판단에 관한 것이다. 이를 우리는 '조건부합 정당화 또는 논증conditions matching justification or argument'이라고 부를 수 있다(Buchanan 1980, 14). 이것은 앞서 정의의 여건에서 이미 그 내용을 개진했다.

조건부합 정당화는 세 단계를 포함한다. 첫째, 정의의 원칙을 선택하는 데서 일련의 조건이 명료하게 서술되어야 한다. 이러한 일련의 조건을 롤스는 원초적 입장이라고 표현했다. 둘째, 여기에서 명시된 조건은 숙고된 도덕적 판단에 따라 적절한 선택 조건이라는 점을 명확히 해야 한다. 셋째, 이러한 조건 아래 선택된 것이 롤스의 원칙이라는 점을 입증해야 한다. 롤스는 조건부합 정당화를 다음과 같이 기술하고 있다.

> 평등한 최초의 상황에서 어떤 정의의 원칙은 합의될 것이기 때문에 정의의 원칙이 정당화된다는 것을 말하고 싶다. 이 원초적 입장은 순수하게 가설적이라는 것을 나는 강조했다. 이러한 합의가 실제로 일어나지 않는다면, 도덕적이든 아니든 이 원칙에 대하여 우리가 관심을 두어야 하는 이유를 묻는 것은 당연하다. 원초적 입장의 서술에서 구체화된 조건은 사실상 우리가 받아들이게 되는 조건이라는 것이 그 답이다(TJ, 21).

원초적 입장을 이루는 조건은 숙고된 판단에 따라 우리가 진정하게 수용하는 조건이라고 주장한 연후에 롤스는 아래의 단서를 통해 세 번째 유형의 정당화를 소개한다. 그 단서란 "만약 우리가 (원초적 입장에서의 조건을) 수용하지 않는다면, 아마 우리는 철학적인 반성에 의해 수용하도록 설득될 수 있다"(TJ, 21)는 것이다.

롤스는 〈공정으로서의 정의에 대한 칸트적인 해석〉이라는 항에서 원초적 입장을 이루는 조건에 대한 일종의 철학적인 정당화를 인정하고 있다. 그런데 원초적 입장은 '본체적/지성적 자아noumenal self'가 세상을 보는 관점이다(TJ, 255). 그러므로 이 정당화는 자율적인 행위자, 즉 본체적 자아에 대한 칸트적인 관점에 기초를 두고 있다.[25] 칸트에게 자율적인

---

25 인간은 눈에 보이지 않는 본질 또는 본체로서의 '이성'적인 존재인 동시에 가시적인 현상으로서의 '자연'적인 존재이기도 하다. 본질 또는 본체로서의 '이성'적인 존재로서의 인간은 다름 아닌 오로지 자기규제적인 존재이다. 이런 의미에서 본체적 자아라고 번역했다.

행위자는 특정한 욕구가 아니라 합리적인 원칙에 따라 자신의 의지를 결정하는 행위자이며, 이 원칙은 이러저러한 행위자에게가 아니라 모든 행위자에게 적용될 수 있는 합리적 원칙이다(TJ, 252).

우리가 원초적 입장에서 정의의 두 원칙을 수용하는 것은 우리 자신이 본체적 자아라는 것, 즉 우리가 자율적으로 행동한다는 것을 보여주는 것이라고 간주된다. 역으로 보면, 무지의 장막을 설치한 원초적 입장은 본체적 자아가 세상을 보는 관점이다(TJ, 255ff.). 합리적 선택을 할 수 있다는 것은 '정의에 대한 감각sense of justice'을 가질 수 있으며, 그래서 전술한 바처럼 정의에 대해 숙고된 도덕적 판단을 내릴 수 있다는 것을 의미한다.

정의에 대한 감각을 가진다는 것은 다음과 같이 이해할 수도 있다. 공리주의의 문제점은 경우에 따라서는 스님을 희생시킬 수도 있다는 데 있다. 이것은 공리주의가 개인을 구별하지 않기 때문이다. 칸트는 인간 개개인을 그 자체의 목적으로 대할 것을 요구했다. 이에 롤스는 사람들이 각기 구별된다는 것을 주장한다. 그는 각자가 공유하는 이성으로 하나의 도덕적 법칙, 즉 정언명령을 형성할 수 있는 주체로 본다는 칸트의 관점을 따른다.

그래서 롤스가 원초적 입장에서 숙고된 도덕적 판단을 내릴 수 있다고 주장하는 데에는 두 가지 주요한 근거가 있다. 첫째, 무지의 장막은 특정한 욕구에 관한 정보를 배제하므로, 원초적 입장에서 선택하게 되는 원칙을 수용한다는 것은 행위자가 갖거나 갖지 않을 수 있는 특정한 욕구에 의존하지 않는다. 이것은 의무가 욕구에 따른 성향과 무관해야 한다는 칸트의 원칙에 부합한다. 둘째, 원칙의 선택에 요구되는 '형식적 제약formal constraint'은 원칙이 보편화될 수 있어야 한다는 것을 요구하기 때문에, 선택된 원칙은 칸트적인 의미에서 합리적 선택일 것이다. 요컨대, 개개인이 자율적으로 하나의 도덕적 법칙을 따르게 된다는 점에서 칸트의 원칙과 부합한다.

칸트는 《도덕 형이상학의 기초Grundlegung zur Metaphysik der Sitten》 (1785)에서—특히 제3부에서—자율을 합리성과 일치시키는 도덕철학을 제시한다. '왜 인간은 자율적으로 행동해야 하는가'라는 질문에 대한 답은 합리성이 이를 요구한다는 명제로 귀결될 수밖에 없다. 원초적 입장에서 선택되는 그 원칙을 받아들일 때, 자율적으로 행동한다는 것이 합리적으로 행동한다는 것과 같다는 칸트적인 입장을 밝힐 수 있다면 롤스는 자신의 원칙을 정당화할 수 있는데, 이 정당화는 원칙부합 정당화나 조건부합 정당화와는 다르다.[26]

헤겔은 칸트의 도덕이론은 공허한 추상성을 띨 수 있다고 비난했다. 롤스는 원초적 입장을 설정함으로써 이 비난에서 벗어나고자 한다. 칸트는 도덕적인 법칙이 적절하게 명령하는 바는 자유롭고 평등하며 합당하고 합리적인 존재로서의 인간 본성을 드러내는 것이라고 주장했는데, 롤스는 원초적 입장에서 이 점이 드러난다고 간주한다. 원초적 입장에서 합당하고 합리적인 인간이 정의에 대한 원칙을 자율적으로 선택하게 되어 있기 때문이다.

이상의 두 가지 부합 정당화가 큰 활기를 불러왔다는 것을 인정한다 해도, 제3의 독립적인 유형의 정당화를 전개할 필요가 있다. 부합정당화의 논지를 거부한 이들은 그 이유로 두 가지를 제시한다. 첫째, 혹자는 다

---

26 그러나 롤스의 윤리가 방법과 내용에서 칸트의 윤리와는 커다란 차이가 있다는 지적이 있다 (Shapiro 1986, 244~6, 264).

른 사람들의 숙고된 판단 사이에는 어느 정도 합의가 있다는 롤스의 가정을 거부한다. 그의 원칙이나 그의 선택 조건은 우리의 숙고된 판단과 부합하지 않는다고 보기 때문이다. 둘째, 혹자는 설령 합의가 있다 하더라도 그것으로만 정당화할 수 없다고 주장한다. 롤스가 제시하는 칸트적인 해석이 그럴듯한 칸트적인 정당화로 전개될 수 있다면, 숙고된 판단에서 유래하는 두 가지 유형의 논지에 대한 반대가 비록 건전하다 해도 이 반대가 롤스의 이론에 치명적인 것으로 판명되지는 않을 것이다 (Buchanan 1980, 16).[27]

4. 정의로운 사회와의 부합

위에서 살펴본 세 가지 정당화 외에 다른 방식의 정당화를 생각할 수 있다. 정의의 두 원칙으로 이루어진 정의 이론이 지향하는 사회가 바람직한 정의로운 사회이며 정의 이론이 그러한 사회를 지향하게 되어 있다는 것을 증명할 수 있다면, 롤스는 자신의 정의 이론을 정당화하는 것이 될 수 있다. 정의의 원칙에 대한 합의가 이루어지고 기본 구조가 이러한 원칙을 만족시키면, 만족시킨다는 것이 알려지고 다른 사람들이 이 원

---

27 '칸트적인 해석'이라는 항(TJ, §40)에서 롤스는 ① 원초적 입장에서 당사자들이 숙의하는 것은 어떠한 준칙을 칸트의 정언명령에 비추어 시험하려는 개인의 숙의에 비유될 수 있으며, ② 원초적 입장에 관한 서술은 본체적인 자아, 즉 자유롭고 평등한 합리적인 인간이 의미하는 바의 관점과 비슷하며(TJ, 221) ③ 그래서 원초적 입장은 자율성과 정언명령에 관한 칸트적인 관념에 대한 절차적 해석으로 간주할 수 있다고 주장한다(TJ, 225~6). 이와 같이 볼 수 있느냐 없느냐를 둘러싼 논란이 있으며, 롤스가 칸트에 의존하는 바의 변화는 칸트의 구성주의에서 정치적 구성주의로 바뀐 것과 연관이 있다(Pogge 2007, 188~95).

칙을 수용했다는 것을 아는 사회가 롤스가 말하는 '질서가 잘 잡힌 사회
well-ordered society'이다.[28]

질서가 잘 잡힌 사회는 다음과 같이 부연할 수 있겠다. 롤스는 자신의
정의 이론을 '이상적ideal' 이론이라고 규정짓는다. 사회 정의에 대한 이
상적인 이론이라는 것은 그 이론이 완전하게 정의로운 사회를 서술한다
는 것을 의미한다(TJ, 8~9). 롤스는 이상적인 이론이라는 용어 대신에
'엄격한 순종 이론strict compliance theory'이라는 용어를 쓰면서 이것을 '부
분적 순종 이론partial compliance theory'과 대비시킨다. 부분적 순종 이론
은 처벌, 전쟁의 시작·수행·종료, 시민적 불복종, 범법에 대한 보상 같
은 것을 다루는데, 롤스가 이 이론을 축소시키려는 것은 아니다. 이 이론
이 다루는 문제가 절실하고 긴박하다고 보기 때문이다.

롤스가 주장하는 바는 완전하게 정의로운 사회의 특징을 이해함으로
써만 실제 사회에서 정의에 관한 문제에 접근하는 근거를 체계적으로 파
악할 수 있다는 것이다. 그런데 완전하게 정의로운 사회를 롤스는 '질서
가 잘 잡힌 사회'라고 표현한다. 물론 이 표현은 완전하게 정의롭지 않은
사회도 포함하기 때문에 더 넓은 의미가 있다. 그는 이상적인 이론이 비
이상적인 이론보다 더 근본적이라고 생각한다. 이상적인 상황에서 적용
되는 정의의 원칙에 대한 건전한 관념을 우선 전개시켜야만 비이상적인
세계에서 일어나는 정의의 문제를 해결할 방법을 고안할 수 있다고 믿기
때문이다(Johnston 2011, 205).

어쨌든 질서가 잘 잡힌 사회는 그 구성원으로 하여금 자신의 선을 추

---

28 이런 점에서 롤스는 공정으로서의 정의가 '이상적인 이론ideal theory'에 기여한다고 본다.
말하자면 호의적인 여건에서 질서가 잘 잡힌 사회를 특화하는 원칙을 결정한다고 본다.
'질서가 잘 잡힌 사회'는 '질서정연한 사회'라고 번역하기도 한다(유홍림 2003).

구하게 하며 정의에 대한 공적인 관념에 따라 효과적으로 통제된다. 이와 같이 정의의 두 원칙이 최종적으로 지향하는 사회는 질서가 잘 잡힌 사회이며, 질서가 잘 잡힌 사회는 앞에서 말한 세 가지 방식의 정당화에 의해 달성되리라는 것이 확실하다면, 질서가 잘 잡힌 사회라는 개념은 거꾸로 그의 정의의 두 원칙을 정당화하는 셈이다.

그러면 질서가 잘 잡힌 사회가 달성되리라는 것을 어떻게 확신할 수 있는가? 롤스는 자신의 정의 이론이 계약 당사자들 사이에 체결된 사회계약의 최종결과라는 점을 근거로 드는데, 여기에서도 그가 칸트의 영향을 받았다는 것을 알 수 있다. 롤스에 따르면 "자신의 이익을 증진시키려고 하는 자유롭고 합리적인 사람들이 그들의 결사에 대한 근본적인 조건을 규정하는 것으로서 평등이라는 최초의 입장에서 수용하는 원칙"이 정의의 원칙이다(TJ, 11). 롤스에게 이러한 것과 마찬가지로, 도덕적인 법칙이 칸트가 말하는 목적의 왕국을 규정한다. 말하자면 개인의 도덕적인 목적이 체계적인 조화를 이루는 이상적인 공동체이다.

그렇다면 모든 사람이 롤스가 정의 이론으로 지향하고자 하는 이상사회를 받아들일 만하고 정의 이론이 그런 사회를 건설하게 되어 있으면, 그의 정의 이론은 정당한 것이 된다(Loizou 1998, 349). 요컨대, 롤스는 정의의 두 원칙을 택하게 되는 이유는 그렇게 하는 것이 자신의 두 가지 도덕적 힘을 갖추는 데 가장 적합하다고 생각하기 때문이라고 주장하는 셈이다(Barcalow 2004, 123).

(1) 정의로운 기본 구조에 대한 모형

롤스는 자신의 정의의 두 원칙을 명료하게 설명하고 옹호한 뒤, 이러한 원칙을 만족시킬 수 있는 사회는 정의로운 기본 구조를 어떻게 배열해야 하는지 설명한다. 이 설명으로써 정의로운 사회에 관한 자세한 청사진을 제시하려는 것이 아니라 두 가지 중요한 기능을 충족시키고자 한다. ① 정의의 두 원칙이 실제적으로 함축하는 바를 검토함으로써 원칙의 내용을 좀 더 상술하고자 한다. ② 숙고된 도덕적 판단에서 도출되는 롤스의 논지를 평가하려면, 정의의 원칙을 사회의 기본 구조에 적용하려는 시도가 필요하다.

말하자면 정의로운 사회의 기본 구조를 배열하는 방법을 설명함으로써 기본 구조가 실제 사회에서 담당해야 하는 두 가지 기능을 제시하려면 정의의 원칙은 숙고된 도덕적 판단을 잘 설명해야 한다. 그렇게 하는지를 알려면 두 가지 과제를 수행해야 한다. 첫째, 롤스의 원칙을 사회의 기본 구조에 대한 사실에 적용했을 때, 그의 원칙이 정의에 대한 어느 특정한 판단을 가져다주는지를 결정해야 한다. 둘째, 이러한 특정한 판단이 정의롭거나 정의롭지 않은 것에 대한 우리의 숙고된 판단과 부합하는지 살펴보아야 한다. 롤스의 원칙을 어떻게 사회에 적용할 것인가에 대한 아주 구체적인 계획은 첫 번째 과제, 그리고 이어서 두 번째 과제를 수행하는 데 결정적이다.

롤스는 정의로운 기본 구조에 대한 모형의 윤곽을 그리는 데서 차등 원칙을 만족시키는 제도적인 배열에 주로 초점을 맞추고 있다. 그는 정부에 네 가지 '부문(部門)branch'을 만듦으로써 차등 원칙이 요구하는 바를 가장 잘 충족시킬 수 있을 것이라고 믿는다. 네 가지 부문이란 ① '할당 부문allocation branch', ② '안정 부문stabilization branch', ③ '이전 부문transfer branch', 그리고 ④ '배분 부문distribution branch'이다(TJ, 275~6).

롤스는 공정한 기회 평등과 평등한 기본적 자유가 인정된다면, 다음의 양상을 보이는 제도적인 배열을 정비함으로써 차등 원칙은 충족된다고 주장한다. 제도적인 배열은 위에서 열거한 정부의 네 부문에 상응한다. ① 자본과 자연자원의 사적 소유가 있다. 정부의 할당 부문에 의해 자유 시장 체제가 유지된다. ② 안정 부문은 어느 정도의 완전 고용을 가져다 주는 기능을 담당한다. ③ 이전 부문은 가족 수당을 지급하거나, 병자나 미취업자에게 특별히 급여를 지급하거나, 또는 소득 보충(예를 들면 역소득세처럼 일정 수준 미만의 저소득층에게 정부가 지급하는 보조금)과 같은 장치를 통해 '사회적 최소치social minimum'를 좀 더 체계적으로 보장한다. ④ 배분 부문의 임무는 세제와 재산권의 필요한 조정으로 배분의 몫에 대하여 적절한 정의를 유지하는 것이다. 배분 부문에는 두 가지 양상이 있다. 첫째, 양도세와 증여세를 부과한다. 둘째, 정의가 요구하는 세수를 얻기 위해 세제를 확립한다(TJ, 276).

이 모형에서 인상적인 것은, ②에서 언급된 바와 같은 어느 정도의 완전한 고용을 위한 조처는 예외로 할 수 있겠지만, 이 모형이 가장 좁은 의미에서 순수하게 재분배적인 조처를 통해 차등 원칙을 만족시키려고 한다는 점이다. 말하자면 롤스는 더 부유한 자에게 과세한 결과물을 더 가난한 자에게 양도하여 소득과 부를 단순히 재분배함으로써 차등 원칙이 달성될 수 있다고 가정한다.

그렇다면 소득 보조와 더불어 자유 시장에서 얻은 임금을 높임으로써 부, 권력, 권위 등에 대해 대표적으로 최악인 사람의 기대를 최대화할 수 있다. 그렇게 하려면 시장이 차등 원칙을 만족시키는 일을 부분적으로 담당하고, 세수와 소득 양도가 그 나머지를 맡아야 한다. 여기서 유념해야 할 점은 롤스가 경쟁적인 시장을 철폐하고 사회주의를 도입하지 않고서도 정의의 원칙이 충족될 수 있다고 믿는다는 점이다. 요컨대, 그는 생산수단을 공적인 소유로 전환하지 않아도 정의가 달성될 수 있다고 주장한다.

(2) 공정으로서의 정의

지금까지 롤스가 말하는 정의의 두 원칙의 내용이 무엇이며, 두 원칙을 어떠한 이유에서 어떠한 상황에서 어떠한 절차로 채택하게 되는지를 살펴보았다. 그는 자신이 제시하는 내용, 상황, 그리고 절차가 모두 공정하다는 점을 강조한다. 즉 그는 '공정으로서의 정의justice as fairness'를 내세운다. 그러면 이것이 의미하는 바가 무엇인지 살펴보자.

롤스에 따르면, 정의의 두 원칙 그 자체를 하나의 틀로서 공정이라는 관념을 사용해 두 원칙을 조합하고 관찰할 수 있다(JF, 164). 그리고 어떤 관행이 원초적 입장에 참여하는 이들이 서로 수용하기를 권할 수 있는 원칙을 만족시키면, 그 관행은 공정하거나 정의롭다(JF, 178). 롤스는 왜 그렇게 보는가? 원초적 입장에서는 사기와 폭력이 개재될 수 없다고 보기 때문이다. 저마다 육체적이거나 정신적인 강약의 여부, 출신배경, 타고난 재능의 과다 등을 모르는 원초적 상황에서는 사기나 폭력의 사용이 원초적으로 배제된다. 그래서 롤스가 보기에 사기와 폭력이 없는 상황에서 개개인이 자신의 의지로 결정할 수 있다면, 그것은 공정한 상황임에 틀림없다(JF, 180).

정의는 '원시적인/순박한/근원적인 도덕적 개념primitive moral concept'인데, 정의는 비슷한 상황에 있으면서 자신의 이익을 가진 행위자들에게 도덕 개념이 부과될 때 생겨난다는 점에서 원시적인 도덕적 개념이다(JF, 178). 정의라는 개념에서 근본적인 것은 공정인데, 공정한 게임, 공정한 경쟁 또는 공정한 협상이라는 말을 할 때처럼 공정이라는 개념은 협조하거나 경쟁하는 사람들 사이의 '올바른 거래right dealing'와 연관된다. 롤스는 원초적 입장 그 자체가 공정하며, 그 입장에서 당사자들은 공정할 수 있으며, 이 상황에서 당사자들은 모두에게 공정할 수 있는 자신의 정의의 두 원칙을 선택할 수 있기 때문에 공정한 것이라고 주장하는 셈이다. 그래서 롤스는 정의의 두 원칙 그 자체를 하나의 틀로서의 공정이라는 관념을 사용해 두 원칙을 조합하고 관철할 수 있다고 주장한다 (JF, 164, 178).

그렇다고 해도 롤스가 논지를 전개하는 바에서 어떻게 공정을 찾아낼 수 있는가? 타인도 공통의 관행에 관계하는 비슷한 이익과 능력을 가진 존재라고 인정하는 것 자체가—원초적 입장에서 당사자가 같은 조건에 놓여 있는 것처럼—정의의 원칙과 '공정한 행동fair play'에 대한 의무를 수용하는 데서 나타난다(JF, 183). 말하자면 원칙을 선택하게 되는 시발점에서 모두가 공정하다.

공정한 상황에서 선택한 정의의 두 원칙은 경우에 따라 사회에서의 강자에게 제약—예를 들면 차등 원칙을 지켜야 한다는 것과 같은 제약—을 가져다준다. 그래서 롤스는 '공정한 행동'에 대한 의무는 '충실fidelity'이나 '보은gratitude' 같은 기본적 도덕적 개념과는 다르다고 본다. 그는 공정한 행동에 내재하는 도덕적 의무는 특정한 경우 자기 이익에 제약을 준다는 것을 암시한다고 주장한다(JF, 181). 이처럼 공정한 조건에 놓여 있는 사람들이 서로 합의하는 대상이 되는 원칙이 정의에 대한 가장 합당한 원칙이다. 그래서 공정으로서의 정의는 사회계약 사상에서부터 정의에 관한 이론을 전개시키는 것이다(JFR, xi).

그런데 공리주의가 공정으로서의 정의라는 관념을 드러내지 못한다는 것은 풍랑을 만난 배에서 살펴본 것처럼 정의가 공정해야 한다는 양상을 설명하지 못한다. 반면 사회계약이라는 사상은 이러한 양상을—비록 잘못 표현하고 있을지라도—표현하고 있다(JF, 164).

그렇다면 공정으로서의 정의는 공리주의적 정의와 어떤 차이가 있는가? 공정으로서의 정의는 벤담이나 시지윅의 고전적 공리주의에서 말하는 정의나 후생경제학에서 말하는 정의와는 다르다. 공리주의와 후생경제학에서 정의는 효율이다(JF, 185). 공리주의는 효율에서 정의가 파생한다고 본다(JF, 188). 따라서 풍랑을 만난 배의 예에서처럼 정의에 대한 평상적인 감각에 어긋나는 것도 공리주의는 정당화할 수 있다(JF, 186).

이에 대하여 공리주의는 다음과 같이 답할 것이다. 일반적인 행복은 '효용 함수utility function'에 의해 대변될 수 있는데, 이 효용 함수는 각자는 하나로서 하나 이상으로 계산되지 않는, 즉 같은 가중치를 가진 개인의 효용 함수의 합으로 구성된다. 그래서 개인의 효용 함수는 모든 본질적인 측면에서 비슷하다. 개인 간의 차이는 교육, 양육이라는 우연적인 것에서 생기며 이것은 고려하지 않아야 한다. 이러한 가정은 한계효용 체감과 더불어 평등에 대한 일견적인 경우를 가져다준다. 그렇다고 해도 공리주의에서의 정의는 공정으로서의 정의와는 다르다(JF, 185).

공리주의자는 노예주의 이익이 노예나 사회 전체의 불이익을 상회하지 못하기 때문에 노예제가 정의롭지 못하다고 주장할 수 있다. 반대로 노예제가 효용을 더 가져다주면 정의롭다고 주장할 수 있다(JF, 189). 그러나 공정으로서의 정의는 이러한 계산으로써 노예제를—이를테면 스님을 물에 빠뜨리는 것을—정당화하지는 않는다. 노예제는 언제나 정의롭지 않다(JF, 188~9). 이 점에서 정의의 두 원칙은 공정하다.

제4장

《정의론》제2부와 제3부의 내용

이상이 《정의론》의 제1부, 즉 〈이론〉 부분에 나타나는 주요 내용이다. 요컨대, 롤스는 민주주의적 사회의 기본 구조 또는 헌법을 위한 가장 적절한 정의의 관념이라고 생각한 바, 즉 정의의 원칙들을 제시하면서 정의의 두 원칙의 내용과 그 구성과정을 밝힌다.

제2부에서는 〈제도〉를 다루면서 근대의 조건에서 사회체제가 작동하는 바를 고려해 정의의 원칙을 만족시키는 헌정적 민주주의의 제도를 설명한다. 이 제도는 기본적 자유를 보호하는 헌정적 권리, 공정한 기회 평등을 보장하는 법, 그리고 권리를 행사하고 공정한 기회 평등을 실현하게 하는 사회적 최소한을 보장하는 재산 소유 민주주의를 제시한다. 여기에서 롤스는 공정으로서의 정의가 도덕과 정치철학에서의 더욱 구체적인 광범위한 주제, 즉 법의 지배라는 개념, 세대 간의 정의라는 문제, 그리고 시민적 불복종의 정당화라는 문제에 걸쳐서 숙고된 도덕적 판단

과 부합한다는 것을 보여준다. 또는 반성적 평형이라는 문제와 결부하여 이들 판단을 정리하고 조정하는 것을 시사한다. 그러한 문제들 중에서 가장 곤란한 문제가 관용하지 않는 자를 관용하는 것인데, 그는 이 문제를 《정치적 자유주의》에서 재론한다.

〈목적〉에 관한 제3부는 1부와 2부에서 다룬 것을 바탕으로 인간이 자신의 본성을 고려하여 정의의 두 원칙을 구현하는 정의로운 헌법을 어떻게 실행할 수 있는지를 다룬다. 즉 합리적인 인간은 정의에 대한 관념과 제도를 어떻게 지지하게 될 것인가? 아무리 정의 이론이 정교하다고 해도 그 이론을 사람들이 실제로 실행해야만 사회가 안정되고 이론 자체가 정당성을 획득할 수 있기 때문이다.

롤스는 제2부에서는 주로 '안정stability'에 대한 문제를, 제3부에서는 주로 '일치congruence'에 대한 문제를 다룬다.

1. 안정

원초적 입장에서 사람들이 정의의 원칙에 합의할 것이라는 점도 중요하지만, 질서가 잘 잡힌 사회 내에서 정의의 원칙이 일반적으로 인정되고 이 때문에 사회가 안정적이 되는 것도 이에 못지않게 중요하다(Freeman 2003a, 31). 사회가 안정적이 되려면, 정의의 원칙이 장기간 지속되며 일시적으로 혼란을 겪더라도 다시 확립될 수 있어야 한다(TJ, 398~400). 제도가 불안정하면 자유, 권리, 그리고 기회를 안정되게 보장하지 않을 것이기 때문에 원칙 자체를 수정할 필요가 있다. 그래서 롤스는 제3부에서 공정으로서의 정의를 구현하는 제도는 안정될 것이며, 공리주의 원칙보다 자신의 정의의 두 원칙이 더 안정적이라고 주장한다.

자신의 원칙을 따르는 사회에서 시민들이 정의의 원칙을 전심(專心)으로 받아들일 것인가? 전심으로 받아들이게 하려면, 시민들이 그 원칙을 받아들이는 근거가 그 원칙 자체에 의해 확인되어야 한다(PL, xlii). 안정이 시민들로 하여금 전심으로 받아들이는 도덕적 근거를 갖춘다면, 그것은 올바른 근거에서 얻게 되는 안정이다(PL, xxxix). 그런데 개인들이 칸트의 입장에 따라 공정으로서의 정의라는 원칙으로서 공정을 생각하도록 철저하게 교육받는 데에서 전심이 나타날 것이다. 롤스는《정의론》에서 그렇게 해야만 올바른 근거에서 안정을 설명하는 것이라고 밝히고 있다. 그러나 나중의 저서《정치적 자유주의》에서는 이러한 설명이 다원주의라는 가정과 거슬린다고 생각하게 되었다(PL, lxii).

공정으로서의 정의를 구체화하는 개명되고 이상적으로 운영되는 일련의 제도를 공리주의 원칙과 양립하는 우둔한 일련의 제도와 비교해볼 수 있다. 그런데 롤스에 의하면 다른 원칙들의 상대적인 안정을 평가하는 것을 상상해보는 것은 소용이 없고 공정하지 못하다. 비교하는 것에 기준을 부여하기 위해서 그는 질서가 잘 잡힌 다른 원칙들에 의한 사회에 상응하는, 정의의 두 원칙에 의한 질서가 잘 잡힌 사회를 다룬다. 그가 말하는 질서가 잘 잡힌 사회는 그 개념이 복잡하지만(CP, 232~5), 핵심은 적절한 정의의 원칙은 공적으로 모든 이들에게 수용되어야 하며 기본적인 사회제도는 이 원칙을 만족시키기 위해 공적으로 알려져야 한다는 데 있다.

질서가 잘 잡힌 다른 사회가 어느 정도 안정성이 있는지 평가하려면 사회심리적인 현상을 추적해볼 필요가 있다. 롤스가 언급하는 대로 "정의에 대한 관념이 생성하려 하는 정의감이 더욱 강하고 분열적인 성향을 더욱 쉽게 극복할 경향을 띠면, …… 그 정의의 관념은 다른 것보다 더 안정적이다"(CP, 398).

정의의 감각에 대한 강도를 다루기 위해 롤스는 《정의론》의 제8장에서 도덕적 교육에 관한 풍부하고 창의적인 설명을 개진한다. 그는 발전 심리학의 경험적인 연구에 의존하여 정의에 대한 개인의 감각이 세 단계로 점차 발전해나간다고 본다. 첫째는 권위의 도덕이라는 단계로, 이는 가정에서 길러진다. 다음은 결사의 도덕이라는 단계이며, 마지막은 원칙의 도덕 단계이다. 여기서 각 단계의 도덕교육은 공리주의보다 공정으로서의 정의에서 훨씬 효과적으로 작동할 것이다(TJ, ch. 8). 또한 롤스는 공정으로서의 정의라는 두 원칙으로 조직된 사회가 공리주의적 사회보다 질투라는 분열적인 효과의 영향을 적게 받을 것이라고 주장한다(TJ, §§ 80~1).

앞에서 살펴본 것처럼 원초적 입장에서의 논지는 무지의 장막으로 인해 선에 대한 개인의 어떤 완전한 관념과 분리된다. 롤스는 정의를 개인적인 선에 다시 연결하려고 하는데, 이때의 선은 개인의 선 일반이 아니라 공정으로서의 정의라는 질서가 잘 잡힌 사회 내에서의 개인의 선이다. 안정된 사회는 정의에 대한 효과적인 감각에서 쌓인 것처럼 정의에 대한 태도를 생성하는 사회이다. 질서가 잘 잡힌 사회에서는 그러한 태도를 취하는 것이 그 태도를 취한 사람들에게 좋은 것이라면 '정의와 선성 사이에 부합a match between justice and goodness'되는 바가 있다. 이것을 롤스는 '일치congruence'라고 부른다(TJ, 350).

2. 일치

일치라는 문제를 다루기 위하여 롤스는 개인에 대한 선을 설명한다. 그는 선에 대한 아주 일반적인 이론, 즉 '합리성으로서의 선성goodness as rationality'이라는 것을 전개하며 이것을 전체 삶에 걸친 개인의 선이라는 특별한 경우에 적용한다. 롤스는 "A가 어떠한 X에서 원하는 것이 합리적인 속성을 띤다면, A는 선한(좋은) X이다"라는 제시에서 출발한다(TJ, 350~1). 이어서 그는 삶의 계획이라는 개념을 전개한다. 개인에게 합리적인 삶의 계획은 '신중한 합리성deliberative rationality'이라는 어떠한 원칙과 일치한다(TJ, 359~72).

공정으로서의 정의라는 원칙을 중심으로 정의에 대한 효과적인 감각을 갖추는 것이 각 개인에게 하나의 선이라는 것, 즉 일치라고 주장하는 롤스의 논지는 아주 복잡하다. 이 논지는 적어도 네 가지 유형의 중간적인 선들에 호소한다. 즉 ① 복잡한 재능을 계발하고 행사하는 것(이 재능과 관련해 롤스는 아리스토텔레스의 원칙이 인간에게 하나의 선이 된다고 가정한다. TJ, 374), ② 자율성, ③ 공동체, ④ 자아의 통합이다.

롤스는 《정의론》의 많은 곳에서 일치에 대한 논증을 펼치는데, 자율성에 관한 한 원초적 입장에 대한 칸트적인 해석에서 연유하는 적극적인 논지를 보충하기 위해 공정으로서의 정의의 원칙에 요구되는 객관성의 유형은 원칙의 자율적인 확립이라는 개념과 어긋나지 않는다(TJ, §78). 나아가 공정으로서의 정의는 그가 '사회적 통합들 중에서 사회적 통합의 하나a social union of social unions'라고 부르는 공동체를 지지한다. 사회적 통합의 하나는 목적을 공유하거나 정의의 원칙을 허용함으로써 자신과 타인의 본성을 실현하기 위해 협조한다는 공통의 목표를 가지고 있다

(TJ, 462).

사람들이 정의 이론을 수용하게 된다고 주장하기 위해 롤스는 ① 주어진 인간 본성에서 인간이 정의를 고려하게 되는지(TJ, ch. 8), ② 그렇게 하여 개인들이 자신의 목적을 추구하는 것을 정의가 요구하는 바에 복속시키게 되는지를 설명한다(TJ, ch. 9; PL, 141). 《정의론》 제8장에서는 전술한 것처럼 사회 심리학적인 논지에 의존하여 질서가 잘 잡힌 사회에서 개인은 혜택을 주는 제도를 지지하는 기질을 정상적으로 지니게 된다고 본다. 또한 롤스는 도덕적 심리학을 제시하여 질서가 잘 잡힌 사회에서 사람들이 정의에 대한 감각이라는 도덕적 동기를 품게 된다고 주장한다(TJ, ch. 8).

그리하여 롤스는 도덕 발전의 심리학적인 법칙을 근거로 '상호 대등성이라는 원칙reciprocity principle'을 주장한다(TJ, 490~1). 즉 정의에 대한 감각은 인간의 자연적 감정과 연속되며 인간 생활의 정상적인 부분이 된다.[29] 나아가 《정의론》 제9장에서는 정의에 대한 감각이 인간의 선과 양립할 수 있으며 인간의 선의 부분을 구성할 수 있다고 주장한다. 이것이 일치 논쟁이다.

일치에 대한 롤스의 기본 시각은 다음과 같다고 볼 수 있다. 인간은 의무를 위하여 행동할 수 있다. 도덕적인 원칙이 우리의 애정을 끌며(TJ, 476; RTJ, 416), 정의에 대한 감각은 인간의 궁극적인 목적에 속한다(TJ, 494; RTJ, 432). 따라서 인간은 정의에 대한 감각에 따라서뿐만 아니라 정의에 대한 감각으로부터 행동할 수 있으며, 단순히 정의에 의해 행동할

---

29 이에 반하여 홉스는 인간에게 정의의 감각이 있다는 주장을 받아들이지 않는다(Hampton 2007, 166).

수 있으며 행동하게 된다(TJ, 476; RTJ, 416; PL, 19·50·54·81~8). 즉 어떤 사회적 조건에서는 정의가 인간의 선에서 부분이 될 수 있는데, 정의로운 사회적 틀이 수행될 수 있으려면 정의는 인간의 선에서 부분이 되어야만 한다(Freeman 2003b, 278). 그렇다면 어떠한 사회적 조건이 주어져야만 인간은 올바른 것을 하려는 욕구를 품게 되는가? 이것이 문제의 핵심이다.

정의에 대한 감각을 가지는 것만으로 사람들이 정의롭게 행동할 것이며, 정의로운 사회는 안정될 것이며, 그리고 정의가 선의 부분이 될 수 있다고 보장할 수는 없다. 인간의 본성을 감안해야 하기 때문이다. 게다가 정의는 인간의 다른 일의적인 동기와 가끔 갈등을 일으킬 수 있기 때문이기도 하다. 그렇다면 그 점을 보장할 수 있는 방법은 무엇인가? 정의가 인간의 선과 양립할 수 있어야 한다. 즉 양립할 수 있게 하는 사회적 조건을 갖추어주면, 인간은 정의에 대한 감각에 따라 행동하게 된다. 다른 말로 하면, 모든 사람들이 타당하다고 받아들이는 관점에서 모든 사람들이 공정하다고 인정하는 조건이 주어지면 모든 사람은 타인들과 더불어 살려는 욕구를 품게 된다(TJ, 478: RTJ, 418).

그러면 '인간의 선person's good'이란 무엇인가? 사람들이 어떠한 이상적인 신중한 조건에서 원하는 것이 바로 선이다. 이것을 롤스는 '합리성으로서의 선성'이라고 설명한다. 예컨대 그는 적절한 의미에서 다 같이 모든 사람의 이익이 되는 어떠한 일반적인 조건이 공동선이라고 보았다(TJ, §64). 롤스는 선의 '합리성rationality'을 합리적 선택의 어떠한 원칙으로써 규정한다. 합리적인 인간은 다음과 같이 할 것이다. 사람들은 반성적으로 숙고하여 찾게 되는 일의적 목적과 언질을 가지고 있는데, 합리적 선택의 원칙으로 목적과 언질을 그 중요성에 따라 배열하여 자신에게 적합한 삶의 계획을 설정한다(TJ, §63). 이상적으로 신중한 조건에서는 정보가 완전히 주어지며 선택지에 대해 여러 가지로 상상하여 선택하게 된다. 이 조건 아래에서 사람이 선택하게 되는 삶의 계획은 그에게 가장 합리적이며 그의 객관적인 선을 규정한다(TJ, §64). 그래서 롤스는 신중한 합리성이라는 이상적인 조건에서 사람들이 선택하게 되는 삶의 계획으로써 선을 정의한다(TJ, §64).

정의에 대한 롤스의 관념에서는 두 가지 관점을 찾을 수 있다. 원초적 입장과 신중한 합리성이다. 원초적 입장은 정의에 대한 판단에 기초를 제시한다. 신중한 합리성은 인간의 선에 대한 판단의 기초가 된다. 원초적 입장에서는 무지의 장막이 설정되어 정보가 차단되며 공적인 입장에서 정의의 원칙을 선택하게 된다. 그러나 신중한 판단을 내리게 될 때는 무지의 장막이 점차 걷혀서 정보가 복원되며 각자는 개인적인 입장에서 삶의 계획을 세우게 된다. 즉 자신의 선을 자신이 결정하게 된다. 질서가 잘 잡힌 사회라는 이상적인 조건에서는 두 관점, 즉 합리적 원칙에 따라 정의라는 개인의 관점과 타당한 원칙에 따라 규정되는 정의에 대한 불편부당한 공적 관점이 일치하게 된다. 그렇다면 일치하는 것이 왜 합리적인가?

일치하는 것이 합리적인 것이 되도록 하려면 정의의 원칙은 인간의 능력으로 이룰 수 있는 것이며 인간의 본성을 인정하는 선과 양립할 수 있어야만 한다(Freeman 2003b, 288). 그러한 방법으로서 선에 대한 형식적인 설명에 내용을 부여하기 위해 롤스는 심리학적인 법칙, 즉 아리스토텔레스의 원칙에 의존한다(TJ, §65). 즉 "다른 것이 동일하다면, 인간들은 그들의 실현된 능력(그들의 내적이거나 훈련된 능력)의 행사를 향유하며, 이렇게 향유하는 것은 능력이 실현되면 될수록 또는 그 복잡성이 더 커질수록 더욱 커진다"(TJ, 426). 요컨대 아리스토텔레스의 원칙이란, 적절한 조건이 주어지면 인간은 자신의 더 높은 능력에 종사하는 삶의 방식을 선호한다는 심리학적인 원칙이다. 이 원칙은 인간의 본성과 관련해 더욱 실질적인 주장을 펴는 것이다.

이 원칙에 따르면 인간은 즐거운 감각과 육체적인 필요와 그 안락에 대한 욕구만으로 행동하는 것이 아니라, 일단 이러한 것이 충족되면 가능한 한 오히려 좀 더 복잡하고 힘이 드는 활동을 하기를 원한다. 만약 그럴 경우, 이성적인 사람들은 기회가 주어진다면 일반적으로 자신의 성숙한 능력을 실현하고 훈련시키며, 어떠한 '더 높은 활동'(스튜어트 밀의 용어로)을 구체화하려고 할 것이다(TJ, 428). 그러지 않으면 사는 것이 단조롭고 지겨워진다. 말하자면 인간은 이 원칙에 따라 더 높은 능력을 발휘할 수 있도록 삶의 계획을 수립하게 된다. 그리고 그렇게 하는 것이 합리적이다. 결국 인간에게 선이 된다고 여겨지는 것을 삶의 계획에서 목적으로 삼고 추진하게 된다(TJ, 432).

그렇다면 롤스가 정의라는 선과 관련해 주장하는 바는 무엇인가?

정의로운 사람은 정의라는 덕성을 가지고 있다. 이것은 롤스가 볼 때 인간의 모든 활동에서 정의라는 덕성을 준수하려는 '규제적 욕구regulative desire'이다. 정의라는 덕성을 가지는 것이 합리적인 이유는 이 덕성이 본질적인 선이기 때문이다. 본질적인 선이라는 것은 적절한 환경에서 정의에 대한 능력을 행사하는 것이 그 자체로서 할 만한 값어치가 있는 행동이기 때문이다. 이 점은 아리스토텔레스의 원칙에 따라 삶의 계획을 수립하는 것과 연관된다.

그렇다면 아리스토텔레스의 원칙이 왜 일치논증에 적합한가?

질서가 잘 잡힌 사회에서는 공정으로서의 정의가 인간에게 개인적으로 선이다. 두 가지 도덕적 힘을 행사하는 것은 선으로 경험하는 것이기 때문이다(PL, 203). 그런데 많은 선들 중에서 인간이 정의라는 선을 선택하게 되는 이유는 무엇인가?

롤스는 인간을 자유롭고 평등한 사람으로 규정짓는 조건 아래에서 모든 사람에게 정당화되고 수용되는 원칙이 정의라고 본다(TJ, 252). 원초적 입장이 그 조건을 구체적으로 기술하고 있다. 원초적 입장에서 선택되는 원칙에 따라 행동하는 것은 자유롭고 평등한 존재로서의 인간의 본성을 표현하는 것이 된다(TJ, 252~3). 그렇기 때문에 인간으로서 그렇게 행동하는 것, 즉 본성을 표현하도록 행동하는 것은 원초적 입장에서 수용될 수 있는 원칙에 따라 행동하는 것이 되며, 그렇게 하는 것이 합리적인 것이 된다. 뿐만 아니라 자율적인 인간이 되게 한다(TJ, 572·515). 자율성은 자유롭고 평등한 도덕적 인간에게 본질적인 선이다.

도덕적인 힘을 가진 자율적인 존재라는 것을 인정받아야만 인간은 자신의 행동에 책임을 지는 인간으로, 그리고 협업의 동반자로 인정받게 된다(PL, 302). 도덕적 힘은 도덕적 인간으로서의 우리의 본성을 구성하며 사회적 협업이라는 맥락에서 자신의 선을 추구하게 한다. 그리하여 사회생활을 하는 것이 또한 자신에게 혜택을 가져다준다. 그렇기 때문에 인간은 예를 들어 음악적인 능력을 발전시키기보다는 도덕적인 힘을 발전시켜서 정의에 대한 능력을 얻는 것을 우선으로 삼지 않을 수 없다. 그래서 정의로운 사람이 되려는 욕구는 다른 모든 욕구를 통제하게 된다(TJ, 574). 즉 합리적인 삶의 계획에서 정의의 감각을 최고의 질서를 가진 욕구로 삼아서 인간 본성을 실현해야 자율성을 얻게 된다(Freeman 2003b, 296~300).

그렇다면 개인의 선은 정의와 어떻게 연관되는가? 전술한 바와 같이 롤스는 질서가 잘 잡힌 사회에서는 사람들이 정의에 대한 감각을 가지기 때문에 개인의 선과 정의가 부합한다는 '일치논증'을 제시했다(TJ, 350). 이 논증은 다음과 같이 다시 설명할 수 있겠다. 질서가 잘 잡힌 사회에서 공정으로서의 정의가 규정하는 대로 정의의 감각을 행사하고 전개하며 이 덕성을 선에 대한 개인의 관념으로 구체화하는 것은 합리적인가? 말하자면 숙고된 합리성이라는 관점에서 사람들이 정의에 불편부당한 관점을 확고하게 택하게끔 되어 있으며 원초적 입장에서 선택되는 원칙에 따라 행동하게 되는 삶의 계획을 선택하는 것이 합리적인가? 만약 합리적이라면, 이상적인 두 가지 시각에서 선택한 것은 부합하며 올바름과 선은 일치한다.

이렇게 보면, 정의가 선과 일치한다고 논증하는 바를 다음과 같이 정리할 수 있겠다. 첫 번째 논증은 공동체에서의 참여라는 선에 호소하고 사회적 통합들 중에서 통합으로서의 정의로운 사회라는 관념을 전개시켰다(TJ, §79). 이 논증과 두 번째 일치논증은 아리스토텔레스의 원칙과, 그리고 특히 두 번째에서는 공정으로서의 정의에 대한 칸트적인 해석에 호소한다(TJ, §40). 칸트적인 해석에서 롤스는 자율에 대한 칸트의 개념에 특정한 내용을 부여하려고 한다. 그는 원초적 입장을 자율과 정언명령에 대한 칸트적인 관념을 절차적으로 해석한 것으로 보기 때문이다(TJ, 256).

롤스는 인간의 본성이 자유롭고 평등한 합리적 존재로 볼 수 있기 때문에 인간을 자율적인 존재로 간주한다(TJ, 252). 인간의 본성을 이렇게 상정하기 때문에 인간은 정의에 대한 감각을 가지고 선에 대한 관념, 즉 두 가지 도덕적 힘을 가질 수 있다. 이 도덕적 힘은 사실상 정의에 적용되는 실천적 이성과 관련한 능력이다. 자유롭고 자치하는 행위자가 선에 대한 어떤 관념을 바탕으로 행동에 책임을 지고 사회생활에 참여하는 데서 이 두 가지 힘은 본질적이다. 이렇게 보면 원초적 입장이라는 조건은 자유롭고 평등한 합리적 존재라는 관념에 대한 절차적 해석이라는 칸트적인 해석으로 간주할 수 있다.

원초적 입장은 인간에 대한 이 관념을 모형화한다. 원초적 입장이 도덕적 힘을 모형화한 것으로 간주되면, 원초적 입장에서 선택된 원칙은 자유롭고 평등한 합리적 인간으로서의 인간 본성에서 연유하는 인간 자신이 부여하는 원칙이라고 해석된다. 그렇다면 이 원칙에 의거하여 행동하는 것은 칸트적인 의미에서 자율적으로 행동하는 것이다. 요컨대, 자율적으로 행동하는 것은 자유롭고 평등한 합리적 존재로서의 인간 본성을 표현하는 원칙을 위한 것이다.

이상과 같은 주장을 배경으로 하여 롤스는 질서가 잘 잡힌 사회의 구성원들이 자유롭고 평등한 합리적 존재로서의 본성을 실현하는 것은 합리적이며, 그래서 그들의 선의 일부가 되는 것이라고 주장한다. 그가 아리스토텔레스의 원칙에 의존하는 것은 도덕적 힘을 발전시키고 행사하는 것이 모든 사람에게 좋은 것이라는 점을 주장하기 위해서이다. 이와 같이 정의가 선과 일치하게 된다는 주장은 정의로운 법이 요구하는 바를 하는 것은 각자의 선에 도구적이라는 홉스의 견해와는 다르다. 《정치적 자유주의》에서는 이 견해를 완화하기도 하지만. 오히려 정의에 따라 행동하는 것은 본질적이며 최고로 규제적인 선이다. 도덕적이며 합리적으로 자율적인 존재로서의 인간 본성을 각자가 실현하게 하기 때문이다 (Freeman 2003a, 27).

만약 선과 정의의 일치에 관한 롤스의 견해가 옳다면, 이상의 방식은 결코 사소한 것이 아니다. 《정의론》이 출간되고 얼마 지나지 않아 롤스는 매킨타이어(1984)와 샌델(1998) 같은 공동체주의자들의 공격을 받게 되었다. 그런데 공동체주의자들의 공격은 주로 제1부와 제2부에 치중하고, 롤스가 공동체의 이상에 대해 강력하게 밝힌 제3부는 대충 다룬다.

끝으로, '자아의 통합unity of the self'과 관련해 롤스는 하나의 단일한 '지배적인 목적dominant end'에 연관시킴으로써 나타날 수 있는, 침대에 발을 맞추는 식의 통합을 비판했다. 대신에 그는 정의의 두 원칙이 규제적인 성격을 띤다는 것에 의존하여 자아에 대한 관념이 갖는 이점을 부각했다(TJ, §§83~5). 정의의 두 원칙이 지닌 규제적인 성격이 강조되면, 재능, 자율, 공동체, 자아 통합 등의 발전에 기여하게 됨으로써 공정으로서의 정의가 일치를 가져온다는 주장이 지지를 받는다는 것이다. 롤스는 공정으로서의 정의에 상응하는 질서가 잘 잡힌 사회에서는 정의에 대한 효과적인 감각이 그 감각을 지닌 개인에게 선이 된다고 결론을 내린다. 정의와 선이 일치되면, 개별 시민들은 전심으로 공정으로서의 정의를 받아들이게 된다.

《정의론》, 특히 제3부에서 공정으로서의 정의에 충실한 제도 아래 살아가는 시민들은 공정으로서의 정의가 실질적으로 요구하는 바를 인정하고, 정의를 행하는 것을 그 자체로서 최고선이라고 자리매김한다.《정의론》 제3부에서 논한 안정과 일치라는 문제를 다원주의라는 현실에 직면하여《정치적 자유주의》에서 다시 논하면서 롤스는 중첩하는 합의라는 것도 정치의 영역에서 합의가 가능하고, 그래서 안정을 꾀할 수 있다고 주장한다. 중첩하는 합의를 통해 타당한 다원주의라는 사실을 전심으로 수용하는 것과 조화를 이룰 수 있게 된다고 보는 것이다.

제5장

이론 구성의 방법

지금까지 롤스가 원초적 입장이라는 상황에서 어떠한 내용을 가진 정의의 두 원칙을 제시하면, 사람들이 어떠한 이유에서 선택하게 되리라고 보는지를 살펴보았다. 그러면 정의의 두 원칙이라는 정의 이론을 제시하기까지 롤스가 자신의 논지를 전개하는 데서 의존하는 방법이 무엇인지를 계약론, 구성주의, 그리고 인간의 본성이라는 세 가지 측면에서 고찰해보자. 이 세 가지 측면은 서로 연관되어 있다.

롤스가 이론을 구성하는 방식을 살펴보기에 앞서 유념할 점이 있다. 그는 선배 학자의 사상을 그 맥락과 분리해서 빌려 쓴다는 점이다. 아리스토텔레스에게서는 아리스토텔레스의 원칙을, 홉스에게서는 가설적인 비역사적 사회계약이라는 사상을, 로크에게서는 자유주의적 관용에 대한 사상을, 흄에게서는 정의의 여건이라는 사상을, 루소에게서는 민주주의와 도덕적 교육에 관한 사상을, 벤담과 마르크스에게서는 사회제도에 초점을 두는 사상을, 특히 마르크스에게서는 정치적 자유의 공평한 가치에 대한 사상을, 그리고 스튜어트 밀에게서는 사상과 양식의 자유에 대한 사상을 빌렸다. 또한 시지윅에게서는 반성적 평형이라는 사상에 대한 영감을 받았으며, 하트Herbert Lionel Adolphus Hart에게서는 개념적인 구분, 특히 자연적 의무와 제도적 의무 사이의 개념적인 구분을 빌려왔다. 무엇보다도 중요한 것은 롤스가 칸트에게서는 배우고 빌렸을 뿐만 아니라 자신의 이론을 전개하는 데 많이 의존한다는 점이다(Pogge 2007, 188~9).

1. 계약론 [30]

20세기에 들어와 분석철학의 영향을 받아 정치적 개념에 대한 분석에 치중하게 되었다. 이에 반하여 롤스는 《정의론》에서 사회가 어떤 모습을 취해야 하는지에 대해 실질적인 주장을 펼쳤다(스위프트 2012, 28). 그래서 그는 정치철학을 부활시켰다는 평판을 듣게 되었다. 그 이유는 쇠락의 길을 걷고 있던 계약론을 부활시켜 계약론을 토대로 롤스가 자신의 이론을 구성했기 때문이다. 계약론은 롤스가 자신의 논지를 전개하는 하나의 방법이다. 그러나 무엇보다 중요한 것은 롤스가 사회계약론을 부활시켜 이를 바탕으로 공정으로서의 정의에 대한 이론을 구축하려고 했다는 점인데, 이것은 대담한 시도라고 볼 수 있다.

정치이론의 윤리적인 기반으로서 계약론의 의미는 《정치와 윤리》 4장

---

30 이 항의 내용은 이종은 2014b를 한국정치사상학회의 허락을 받아 게재하되, 수정·보완한 것이다.

에서 살펴보았다. 여기에서는 롤스의 정의 이론에서 계약론의 의미가 무엇이며, 왜 그가 계약론이라는 방법을 이용했는지, 그리고 롤스가 이용한 계약론에 대한 여러 학자의 반박을 고찰하고자 한다. 롤스는 계약이라는 용어의 특별한 의미에 주목해 계약론을 제시하며, 그의 이론을 이해하는 데서 이 점이 함축하는 바가 많기 때문이다.

이를 논하려면 롤스의 계약론이 전통적인 계약론과 어떤 차이가 있으며, 그 차이는 어떤 의미가 있는지부터 살펴봐야 한다. 그렇게 하다 보면 롤스가 칸트의 계약론에 의존하는 바가 무엇이며, 차이 나는 바가 무엇인지를 고찰하지 않을 수가 없다. 이와 같은 점을 고찰함으로써 우리가 분석하고자 하는 문제들이 선명하게 드러날 수 있다.

계약론은 롤스가 자신의 논지를 전개하는 하나의 방법이라고 볼 수도 있다. 그렇기는 하지만 그 방법에 따라 선택하게 되는 정의의 두 원칙이 그의 정의 이론의 내용을 구성하기 때문에, 정의에 대한 롤스의 이론을 구축하는 방법을 논하는 이 자리에서 계약론을 언급하는 것이다.

(1) 롤스의 계약론

롤스가 계약론에 의존하는 이유는 무엇인가? 그에 따르면 사회계약론에서 정치사상의 많은 것이 도출되며 계약론이라는 교의가 정치이론, 나아가서는 윤리이론의 만족할 만한 기초를 제공하기 때문이다(Rawls 1973, 220). 그리고 정치적 헌법과 법이 계약을 통해 합의될 수 있을 때 사람들은 정의롭다고 생각하기 때문이다. 다른 이유도 있다. 공정으로서의 정의에 따르면, 정의의 원칙에서 가장 타당한 원칙은 공정한 조건에서 사람들이 서로 합의할 수 있는 대상이 될 수 있기 때문이다. 그렇게 합의한 원칙을 적용한 제도가 달성하고자 하는 정의에 사람들이 순응했을 때 그들의 행동은 정의롭다고 볼 수 있다. 그렇기 때문에 롤스는 자신의 공정으로서의 정의는 사회계약 사상으로부터 이론을 전개시켜야 한다고 본다(JFR, xi).

롤스는 모든 이들에게 이익이 될 수 있는 사회제도를 구축할 수 있다고 보기 때문에 계약론에 의존한다. 전통적인 사회계약론자는 세 가지 가정에서 시작한다. ① 개인의 자유는 선(善)이며 이를 희생시키거나 제한하는 것은 정당화되어야 한다. ② 권위의 존재는 또 하나의 선이기는 하지만 자유의 희생을 요구한다. 따라서 ③ 이 희생을 정당화할 수 있는 유일한 방법은 각 개인으로 하여금 그 권위에 자발적으로 '동의consent'하게 하는 것이다. 개인은 사회계약을 통해 자신을 지배하는 권위에 동의하게 되는 것이기 때문에 사회계약이라는 절차가 필요하다. 그런데 어떤 근거에서 사회계약을 맺게 할 것인가? 모든 사람에게 이익이 되도록 해야만 모든 사람이 계약에 임할 것이다.

그런데 추구하게 하려는 이익이 무엇인가라는 관점에서 보면, 롤스는 전통적인 계약론자와는 다르다. 어떻게 다른가? 다음과 같이 볼 수 있다.

홉스와 로크는 자연 상태에서 벗어나 국가가 있는 상태로 진입하는 것이 모든 이들에게 '공동 이익common interest'를 가져다준다고 보았다(Lessnoff 1990, 15). 이렇게 보면 자유주의가 의존하는 계약론은 모든 인간에게 도덕적 의무를 부과함으로써 이기주의에 제약을 가하지 않을 수가 없게 된다. 모든 사람이 자유롭게 계약에 참여함으로써 계약은 모든 사람에게 이득이 된다고 가정할 수 있기 때문이다. 다른 한편으로 계약을 준수한다는 것은 타인의 이익을 해치지 않을 의무를 지는 것이다. 그러므로 모든 사람의 이익을 위하는 사회 체제나 정치질서를 받아들이는 의무를 지는 것은 이기주의가 아니라 모든 사람의 이익을 평등하게 보장하려는 보편적인 개인주의이다(Lessnoff 1990, 17). 예를 들어 모든 사람이 수용할 수 있는 권리를 평등하게 인정하는 의무를 모두가 지게 되는 것은 결과적으로 모두에게 이익이 된다. 따라서 자유주의가 모든 사람의 이익 또는 공동 이익을 증진시키려고 한다는 점을 부인할 수 없다.

이처럼 계약론을 잘 활용하면 모든 사람에게 이익이 되는 질서를 부여하고 따라서 정당성을 확보할 수 있다는 장점이 있다. 롤스는 계약론에 이러한 양상, 즉 모든 이들에게 이익이 되게끔 할 수 있는 측면이 있다는 점을 파악하고 공리주의보다 더 나은 정의 이론을 제시하고자 한다. 그러기 위해서 그는 개인에게 혜택이 되는 것보다 '집합적aggregate'인 혜택을 가져다줄 수 있는 정의 이론을 제시하는 방법을 택한다(JF).

그렇지만 롤스가 지향하는 바는 다르다. 전술한 것처럼 전통적인 계약 이론은 본질적으로 모든 사람들의 공동 이익에 관심이 있었다. 그런데 이익의 갈등이라는 문제는 다루지 않았다. 자연 상태에서 나타나는 참을 수 없을 정도의 이익 갈등으로부터 모두가 벗어나 공동 이익을 얻고자 계약을 하게 된다는 시각에서, 개인들 사이의 이익의 갈등은 다루지 않은 것이다. 요컨대, 전통적인 계약 이론은 사회 내에서 분업으로 인한 새로운 형태의 이익 갈등이라는 분쟁을 해결하고자 하는 방법을 제시하지 않았다(Lessnoff 1990, 18). 말하자면 사회에서 개인들 사이에 빚어질 수 있는 이익의 갈등까지 다룬 것이 아니라, 인간이 자연 상태로 남아 있는 것보다 벗어나는 편이 모든 이들의 이익이라는 점에 초점을 맞춘 것이다.

반면에 롤스는 산업화가 이루어짐으로써 계급 갈등으로 인해 사회 정의라는 문제가 부각된 시점에서의 이익의 갈등을 해결할 수 있는 정의

이론을 제시하고자 하면서 계약론을 이용한다. 이렇게 함으로써 롤스는 계약론을 통해 바람직한 정치질서를 구축하려는 것이 아니라 정의에 대한 이론을 제시하고자 한다(Lessnoff 1990, 18). 사회 정의를 논의하지 않을 수 없게 된 산업사회에서 이익의 갈등을 해결할 수 있는 정의의 원칙을 제시하고자 한 것은 인간 전체의 보편적 이익에 초점을 둔 전통적 계약론의 목표와는 다르다. 이 점에서 롤스의 계약론은 전통적 계약론과는 크게 차이가 난다.

산업사회에서 이익의 갈등을 해결하는 방법은 결국 사회 정의에 대한 이론을 구축하는 것이다. 그런데 롤스는 정의와 관련해 공리주의와는 다른 관념을 가지고 있다. 알다시피 공리주의자는 계약론을 거부했다. 공리주의적인 관점에서는 "쾌락을 최대화하고 고통을 최소화하는 때에만 약속을 지켜라"라고 주장할 수도 있다. 그러므로 이 주장은 약속이 의무를 지게 한다는 점을 무시한다. 일단 약속했다면, 무엇을 할 것인지를 단순히 공리주의적인 근거에서 자유롭게 결정해서는 안 된다. 그래서 공리주의가 특정한 약속을 지키는 기준, 즉 약속이 의무를 지게 하는 표준이 되지 않는다. 롤스가 지적하는 것은 이 점이다(Rawls 1955, Part II).

그러나 공리주의자는 약속이라는 사회적 관행에 대한 논지가 다른 차원에서 적실성이 있다고 주장한다. "약속을 하거나 약속을 지키는 제도를 우리가 가져야만 하는가"라는 질문을 던질 수 있기 때문이다. 이에 대해 공리주의는 사회적 관행이 우리에게 유용한 결과를 가져다주기 때문에 그 관행을 정당화할 수 있다고 주장한다(Pitkin 1973, 213). 공리주의에서 약속이 적실성을 띠게 되는 이유는 바로 이 점 때문이다.

이 점은 다음과 같이 설명할 수도 있다. 일단의 사람들이 공동사업을 하기로 하여 규칙을 정해서 따르기로 하고 서로의 자유를 제한하기로 했다면, 이 제한에 복종한 이들은 타인에게도 똑같이 복종하라고 요구할 권리가 있다. 이것이 '제한의 상호성mutuality of restrictions'이다. 물론 이 때문에 권리와 의무가 생긴다. 이 상황에서 규칙을 준수해야 하는 도덕적인 의무는 사회에서 협조하는 구성원들이 지게 되며, 그 구성원들은 의무에 상응하는 도덕적 권리가 있다. 이러한 종류의 사회적 상황에서 정치사회가 가장 복잡한 사례가 된다.

그런데 여기에서 규칙을 준수해야 하는 의무를 지는 까닭은 고통을 방지한다는 등의 좋은 결과를 가져다주기 때문이라고 공리주의자는 주장한다. 그러나 그 이유 때문에 준수해야 한다고 해도 이 주장은 다른 도덕적 이유와는 구별된다. 말하자면 협조하는 사회의 구성원들 사이에 서로 의무가 있는 것이지, 그들이 인간이며 인간에게 고통을 가하는 것이 잘못이기 때문에 의무가 있는 것은 아니다. 정치적 의무에 대한 공리주의적인 설명은 이 점을 고려하지 않는 것이 문제이다(Hart 1984, 85~6).

이에 반해 사회계약론자들은 법에 복종하는 것은 혜택을 받는 특별한 경우뿐만 아니라 특정한 사회 구성원들 사이의 상호 관계에서 연유한다는 것을 인식했다. 그러나 사회계약론자들의 잘못은 약속이라는 모범적인 경우를 상호 제약이라는 권리를 생성시키는 이러한 상황과 일치시키는 데 있다. 물론 계약이라는 약속을 통해 권리를 생성시키는 것과 상호 제약을 통해 권리를 생성시키는 것 사이에 유사성은 있다. 즉 행해지는 어떠한 행동의 특성에서가 아니라 인간 사이의 특별한 관계로부터 연유한다고 보는 점에서는 유사성이 있다(Hart 1984, 86~7). 서로 제약함으로써 타인의 자유를 침해하는 요구를 할 수 있는 이유는 그렇게 서로를 제약하는 것이 결과적으로 자유가 평등하게 배분되어 서로에게 공정하기 때문이다(Hart 1984, 90).

이상에서 하트가 지적한 것처럼 롤스는 정의의 원칙으로서의 공리주의를 극복하면서 사회계약론의 미흡한 점을 넘어서고자 했다. 롤스는 공리주의의 결점을 어떻게 극복하려고 하는가? 그는 공리주의의 결점을 극복하기 위한 출발점을 개개인은 각기 선에 대한 관념이 다르며 이에 따라 자신의 삶을 영위하고 있다는 사실에 두었다. 이러한 개개인들로 하여금 어떤 공동체에 가담하도록 합의하게끔 이끄는 방법으로 롤스는 계약론을 이용한다.

그렇다면 선에 대한 개인의 관념이 각기 다르다는 것은 무엇을 의미하는가? 인간은 자신의 욕구와 지망(志望)을 가지고 자신의 목표를 추구한다. 그러한 인간에게 가치의 대상이 되는 것이 선이다. 요컨대 저마다 나름대로 선에 대한 자신의 관념이 있으며, 즉 선에 대한 주관적 관념을 인정하지 않을 수 없으며 어느 누구든 선을 타인에게 강제할 수 없게 되었다. 그래서 이성을 타고난 개인은 무엇이 선이며 악인지를 스스로 결정하는 책임을 지게 되며, 개인의 이러한 자율성을 모두가 존중하지 않을 수 없게 되었다. 이런 상황에서는 사회생활에서 무엇이 올바름인지를 집단적으로 규정하기가 더욱 어려워진다.

그렇지만 개인이 선을 추구하고 사회가 정의를 달성해야 한다면, 개인의 선이든 사회 정의이든 그 내용이 올바름과 어긋나서는 안 된다. 말하자면 올바른 것이 무엇이라는 관념을 근거로 어떠한 정의의 원칙을 수립해야 한다. 그렇게 하려면 어떻게 해야 하는가? 선에 대한 주관적 관념을 인정하지 않을 수 없는 상황에서는 각 개인으로 하여금 결정하게 하는 수밖에 없으면서도 그 결정이 올바름에 어긋나서는 안 된다는 생각, 즉 선에 대한 올바름의 우선성을 인정하게 하면서 계약에 임하게 하는 것이다. 이것이 롤스의 답이다.

그런데 이렇게 하기 위해 롤스는 계약이라는 용어의 특별한 의미를 제시한다. 이 특별한 의미를 파악하는 것이 그의 이론을 이해하는 데서 관건이다. 중요한 사회계약론자로 홉스·로크·루소를 들 수 있는데, 그들은 계약이라는 개념을 토대로 두 가지 중요한 문제에 답하고자 했다. ① 어느 개인이 타인에 대하여 가지는 권위를 정당화하는 것은 무엇인가? 바꾸어 말하면, 어떤 개인이 타인에 대하여 가지는 권위를 어떻게 정당화하는가? 또한 ② 이 권위는 어떠한 형태의 정치질서(예를 들면 독재 또는 대의민주제 등)를 취해야만 하는가? 그들 논지의 기본 사상은 전술한 바와 같이 지배자의 권위 밑에 있는 시민사회에서 사는 것이 자연 상태에서처럼 권위가 없이 사는 것보다는 낫다는 것이다. 그리고 권위를 정당화하는 것은 사회의 구성원이 자발적으로 가담한 계약이라고 본다.

이렇게 보면 홉스·로크·루소 등의 계약론은 정치적 권위의 기원이나 정당성, 통치자와 신민의 의무와 그 한계를 결정하고자 하는 데 그 목적이 있다(Lessnoff 1990, 2). 다른 한편으로 루소는 계약론을 통해 정치적 권위를 정당화할 뿐만 아니라 사회 상태에서 인간을 자연 상태와 같은 도덕적인 존재로 회복시키고자 했다. 이 점에서 루소는 홉스와 로크보다 특이하다. 그렇다고 홉스와 로크의 이론이 도덕과 연관이 없다는 뜻은 아니다. 홉스와 로크의 계약론은 계약을 통해 도덕적 의무를 부과하려고 했기 때문이다. 그렇지만 홉스와 로크에게서 도덕이 의미하는 바는 명시적이라기보다는 암묵적이라고 볼 수 있다.

여기서 유념해야 할 점은, 전술한 바에서 암시된 것처럼 롤스는 홉스·로크·루소와 달리 사회의 기원을 계약으로써 설명하지 않는다는 것이다. 반면에 그의 목적은 계약론적인 가정을 통해 정의의 원칙을 우선 선택하게 하는 데 있다. 이것이 전통적인 계약론과 크게 다른 점이다(조긍호 외 2012, 394; Lessnoff 1990, 3). 어쨌든 전통적인 이론가들은 권위의 존재와 그 권위가 택해야 하는 정치질서의 형태를 옹호하는 반면에 롤스는 사회의 기본 구조를 통제하는 원칙, 즉 정의의 원칙을 만드는 것이다. 롤스가 볼 때 권위의 존재는 정의의 원칙이 확립되면 파생되어 주어지는 것으로 간주된다(Katzner 1980, 67).

이렇게 간주된다고 볼 수 있는 이유가 무엇인가? 정의에 대한 어떠한 원칙도 결국에는 국가가 할 수 있는 일에 기준을 정함으로써 정치질서의 내용을 규정하고, 정치제도뿐 아니라 사회제도의 정당성을 다루게 된다. 그러므로 정의에 대한 원칙은 결국 정치적 권위를 정당화하는 근거를 밝히는 것이라고도 볼 수 있다. 이렇게 보면 정의 이론이 정치질서의 정당성을 부여하는 것과 연관이 없지는 않다. 그러나 어쨌든 롤스가 계약론을 활용하는 일차적인 목적은 국가의 기원이나 국가의 정당성을 설명하려는 것이 아니라, 공리주의보다 더 낫다고 생각되는 자신의 정의 이론을 선택하게 하려는 데 있다.

그렇게 하기 위해 롤스는 어떤 방법을 택하는가? 계약을 통해 정당성을 확보해야 한다는 관점에 보면 계약론은 문제를 드러낸다. 자연 상태는 '가설적(假說的) 구조hypothetical construct'이다. 즉 어떤 권위가 없으면 인간의 삶이 어떠한 모습일지를 상상해본 상황이 자연 상태이다. 자연 상태에서 사회계약을 한다는 것은 그로 인해 나타나게 되는 권위를 정당화하는 데 개인이 동의한다는 것을 뜻한다. 그러므로 자연 상태는 가상적(假想的)인 것이라고 해도 동의 그 자체는 '실재적real'이어야 한다. 동의가 없으면 사회계약은 무효가 되며, 권위는 정당화되지 않는다. 특히 개개인이 스스로 자신의 선을 규정하게 된 근대에 와서는 개개인의 동의를 더욱 필요로 한다. 즉 개개인이 권위에 동의해야 한다.

그런데 개인이 동의해야 한다는 주장은 사회계약론에 심각한 문제를 제기했다. 설령 부모 세대가 사회계약에 동의했다고 해도 부모의 동의가 그 후손에까지 지속되게 할 수는 없다. 개개인 각자가 동의해야 한다고 주장할 수 있기 때문이다. 요컨대, 시원적인 계약 행위가 후대에까지 영구히 지속되어야 한다고 주장할 수는 없다. 자식이 성년이 되면, 동의하는 문제는 그들 스스로 결정하게 해야 한다. 그렇다면 각 세대마다 계약 행위가 있어야 한다는 주장에 이르게 된다. 이 문제가 바로 전통적인 계약론에서 아킬레우스의 뒤꿈치가 되었다.

이 문제를 해결하기 위해 계약론자는 '명시적express or explicit' 계약과 '묵시적implicit' 계약을 구별했다. 구별한다는 것은 다음과 같은 의미가 있다. 설사 첫 세대가 사회나 국가를 설립하기로 명시적으로 계약했다고 가정하더라도 후세대에까지 그러한 명시적 계약이 지속된다고 보기는 어렵다. 그래서 후세대에는 묵시적 계약을 했다는 것을 보여주지 않을 수가 없다. 예를 들어 성년이 돼서도 그 국가를 떠나 이민을 가지 않거나 선거에 참가해 투표를 하거나 국가의 혜택을 계속 받게 되면 묵시적으로 계약한 것으로 간주될 수밖에 없다. 이 개념에 깔린 기본적인 사상은, 한 개인이 기존의 권위를 명시적으로 거부하지 않는 것은 타인들 눈에 그 개인이 그 권위를 묵시적으로 인정하는 것으로 비친다는 점이다. 이처럼 묵시적 계약에 따라 자율적인 개인이 권위에 복종하기로 동의한 것으로 여겨져 계약론에 의거해 정치질서가 지속된다고 보는 셈이다. 이렇게 보면 계약론은 명시적 계약보다 묵시적 계약에 의존하는 바가 더 크다고 하겠다.

다른 한편, 전통적인 계약론자가 계약론을 이용하는 이유는 약속한 것은 지켜야 한다는 인간 사회의 규칙에 의존하여 계약을 통해 확립하고자 하는 권위를 정당화하려는 측면이 있다. 물론 계약론에는 공리주의적인 측면도 있다. 전통적인 계약론에서도 계약의 내용을 보면, 계약 당사자들에게 서로 이익이 되기 때문에 계약을 한다는 것을 알 수 있다. 이처럼 공리주의적 측면도 있기는 하지만 어쨌든 전통적인 계약론자는 약속은 지켜야 한다는 인간사회의 규칙을 이용하고자 했다.

그러나 롤스의 계약론은 이와 다르다. 첫째, 롤스가 제시하는 원초적 입장은 추상적인 시나리오인데, 이로써 인간의 본성에 대한 가설보다는 타당한 사회적 선택에 대한 모형을 만들 수 있다는 점을 보여준다. 둘째, 사회계약은 가능한 역사적 문서 같은 것이라기보다는 합리적 숙고에서 도출된 가설적 합의라는 점을 보여준다(Solomon et al. 2000, 61).

이 두 가지 측면을 보여주기 위하여 롤스는 칸트의 가설적 계약론에 의존한다. 그럼으로써 롤스는 정의로운 계약이 어떤 것인지 찾고자 한다. 정의로운 계약을 할 수 있으려면 계약 당사자들이 계약에 임하는 조건이 정의로워야 한다. 그래서 롤스는 이러한 조건을 갖춘, 다시 말하면 칸트의 가설적 계약 상황에 부합하는 원초적 입장을 설정하는 것이다. 원초적 입장에서 당사자들은 정의에 관한 감각과 능력을 가지고 있다. 당사자들은 가장 공정하고 정의롭다고 생각하는 정의의 두 원칙을 목록에서 스스로 선택하게 된다. 요컨대, 정의가 요구하는 바가 무엇인지를 자신들이 스스로 확인하는 것이다. 그런데 그렇게 선택한 원칙이 요구하는 바를 왜 따라야 하는가? 롤스는 당사자들이 선택했기 때문이 아니라 정의의 두 원칙이 정의롭기 때문이라는 점을 강조한다. 바로 이 점에서 권위의 정당성은 파생되는 것, 즉 부차적인 것이 되는 셈이다.

이에 대한 반론이 없는 것은 아니다. 드워킨에 따르면, 가설적 계약은 엄밀하게 말하면 계약이 아니기 때문에 구속력이 없다. 그리고 어떤 원칙이 합리적인 합의의 대상이기 때문에 타당하다고 주장하는 것은, 원칙이 주장하는 바가 수용할 이유가 있기 때문에 그 원칙이 타당하다는 것을 완곡하게 표현하는 것과 마찬가지이다. 따라서 드워킨은 정의의 두 원칙의 참다운 근거는 평등한 관심과 존경에 대한 근본적인 권리에 있다고 주장한다(Dworkin 1977b, 177~83).

그런데 권위의 정당성은 롤스에게 부차적이다. 이 점은 드워킨의 주장에 대한 롤스의 답변과 연관된다. 롤스는 계약이 '대변/대의하는 고안 device of representation'에 불과하다는 것을 밝힌다(PL, 24). 더욱이 계약의 타당성은 계약 내용에만 의존하는 것이 아니라, 서로가 계약하게 된다는 사실이 공지되기 때문에 계약한다는 사실 그 자체에도 의존한다 (Larmore 2003, 370).

롤스가 칸트의 가설적 계약에 의존하는 데에는 다른 이유가 있다. 롤스에 따르면, 전통적인 사회계약론은 다음과 같은 허점이 있다. 공통의 관행에 서로 관여하고 그 혜택을 알고서 수용하면 권리와 의무가 생기는데, 이 권리와 의무는 자발적으로 택한 이전의 행동에 의존한다는 점에서 특별한 권리이며 의무이다. 그러나 이것은 약속이나 계약 등과 같은 신중한 '수행적performative' 행동을 전제로 하는 의무는 아니다. 사회계약론자들은 정치적 의무는 그러한 행동을 요구하거나 적어도 그러한 행동을 제시하는 언어를 써야 한다고 본다.

그런데 롤스는 이것이 잘못이라고 본다. 롤스가 볼 때 사람들이 공정하다고 여겨지는 관행에 알면서 참여하고 그 관행이 주는 혜택을 수용하는 것만으로도 의무를 수행하는 데 충분하다(JF, 180). 전술한 것처럼 원초적 입장에서 당사자들은 어떠한 특정한 사회나 관행을 수립하지 않는다. 그래서 특정한 주권자에게 복종하거나 특정한 헌법을 받아들이기로 계약하지 않는다. 이 점이 사회계약에 대한 이전의 전통적인 관념과 다르다. 그리고 당사자들이 게임이론에서처럼 게임의 각 상황에 적합한 개개의 전략을 결정하는 것도 아니다. 당사자들은 이미 확립되었거나 그저 제시된 공통의 관행과 연관되는 '평가에 대한 어떠한 원칙certain principles of appraisal'을 같이 인정하게 될 뿐이다.

전통적인 관점에서는 모든 이가 지배적인 권위에 명시적이든 묵시적이든 실제로 동의했다는 것을 가설적인 자연 상태라는 상황에서든 가설적인 사회계약 행위에서든 보여주고자 했다. 그것이 여의치 않으면 그 권위는 무효이며 공허한 것이 된다고 보기 때문이다. 그러나 롤스는 그렇게 할 필요가 없다. 그의 경우 가설적 계약은 어떠한 주어진 조건 아래의 원초적 입장이라는 시각에서 동의하는 계약이다. 그런데 어떠한 또는 대부분의 개인들이 상황을 이러한 시각으로 보지 않는다는 것을 보여준다고 해서 롤스의 이론이 허점을 드러내는 것은 아니다. 원초적 입장을 오해하거나 그런 시각을 취하려 했지만 그러지 못하고 다른 원칙을 택하게 되었다는 것을 보여주었더라도 롤스의 이론은 아무런 영향을 받지 않는다.

롤스가 주장하는 바는 무지의 장막 뒷전에 있으면서 올바름이라는 개념의 제약을 받는 합리적인 개인은 그의 원칙을 택할 것이라는 점이다. 만약 그러하고, 원초적 입장이 공정에 대한 우리의 감각을 담고 있으며, 정의의 두 원칙이 정의에 대한 우리의 직관에 부합한다면, 정의의 두 원칙은 정당화된다. 어느 누구도 정의의 두 원칙에 실제로 동의하지 않았다 하더라도 정당화된다(Katzner 1980, 67~8). 이 점이 전통적인 계약론과 다르다.

따라서 롤스의 사회계약론은 전통적인 이론가가 중시한 명시적 동의와는 다르다. 그렇다면 묵시적 동의는 어떠한가? 그는 묵시적 동의에 관한 전통적인 개념 대신에 새로운 개념을 제시한다. 롤스가 제시하는 새로운 개념이란 올바름이라는 개념이 부여하는 제약을 준수하면서 무지의 장막 뒷전에서 합리적인 개인이 동의하게 된다는 것이다(Katzner 1980, 68).

그런데 이렇게 해석하는 데에는 두 가지 문제가 생긴다.

첫째, 이것이 롤스가 자신의 과제에 대하여 생각하는 방식을 지적하지 않는다는 점이다. 그는 원초적 입장에 대한 논의를 묵시적 동의라는 개념에 연결하지 않는다. 더욱이 롤스는 그렇게 해야 할 이유가 없다. 권위의 정당화에 관심이 없기 때문에 묵시적 동의에 관심을 기울여야 할 이유도 없는 것이다(Katzner 1980, 68).

둘째, 롤스가 제시한 가설적인 방식으로 묵시적인 개념을 이해하는 데에는 개념적인 문제가 있다. 무지의 장막을 배경으로 합리적인 개인들이 합의하게 되는 것에 묵시적으로 동의한다면, 명시적으로 거부하는 것에 묵시적으로 동의하는 것도 가능하다. 달리 말하면, 무지의 장막을 배후로 하여 합리적인 개인이 정의의 두 원칙을 선택하게 된다면, 이 두 원칙에 모든 사람이 묵시적으로 동의하게 되는 것이다. 이것은 그 문제를 한 번도 고려해보지 않은 이들이나 고려는 했지만 명시적으로 거부한 이들에게도 마찬가지로 적용된다(Katzner 1980, 68).

이러한 해석에 따르면, 롤스는 동의라는 개념의 형체를 전적으로 없애려고 하는 셈이다. 앞에서 살펴본 바와 같이 묵시적 동의라는 것은 "한 개인이 기존의 권위를 명시적으로 거부하지 않는 것은 타인들 눈에 그 개인이 그 권위를 묵시적으로 인정하는 것으로 비치는 것으로 간주된다는 점이다." 요컨대, 전통적인 계약이론에서 묵시적 동의는 나의 행동에서 기인하는 것도 아니며, 더군다나 내가 실제로 생각하는 바에서 기인하는 것도 아니다. 오히려 어떠한 상황에서 타인에 의해 내가 생각한다고 간주되는 바로부터 기인한다. 그렇기 때문에 내가 묵시적으로 동의하는 바는 내가 동의한다고 생각하는 것과는 매우 다른 것으로 나타날 수도 있다. 실제로 묵시적 동의는 동의하는 자의 손을 벗어나서 이루어진다(Katzner 1980, 68).

이상과 같이 실제적인 계약과 가설적 계약은 차이가 있으며 롤스는 가설적 계약에 의존하고 있다는 것을 알 수 있다. 이 점이 롤스의 계약론을 이해하는 데 중요하다. 물론 계약론에서 계약은 어디까지나 가설적이다. 그러나 전통적인 이론에서는 이 가설적 계약상황에서 계약 당사자가 명시적으로든 묵시적으로든 동의하는 행위를 해야 한다는 것을 가정하고 있다.

이에 견주어 롤스의 이론에서는 그러한 의미에서 계약 당사자가 하는 역할이 배제되고 있다는 점이 다르다. 저서 전반에 걸쳐서 그는 '계약 당사자the parties'라는 용어를 사용함으로써 실제의 계약을 하는 계약 당사자가 있는 것처럼 묘사하고 있다(TJ, 19). 그러면서도 계약 당사자는 대변인이기 때문에 원초적 입장이 모든 사람이 모인 총회라고 여겨서는 안되며 원초적 입장의 관점을 택하든 그러지 않든 같은 원칙이 선택될 것이라고 밝히고 있다. 그럼으로써 자신의 계약론이 전통적인 계약론과 다르다는 점을 밝힌 것이다(TJ, 139).

롤스의 관심사는 개인들이 그들 사이의 차이라는 견지에서 정의의 두 원칙에 동의하는 것이 합리적이라는 점을 보여주려는 것이 아니다. 오히려 차이를 알 수 없는 무지의 장막에서 자신의 원칙이 합리적 선택일 것이라는 점을 보여주고자 한다. 그렇기 때문에 정의의 두 원칙을 택하지 않는 이들이 있을 수 있다고 주장함으로써 롤스에게 반론을 제기할 수는 없다. 그에게 반론을 제기하려면, 그가 설정한 상황에서 합리적 개인은 그의 원칙을 택하지 않을 것이라고 주장하는 수밖에 없다(Katzner 1980, 69).

그렇다면 앞에 제시한 문제를 다시 논의해보자. 내가 왜 정의로워야 하는가? 이 문제는 전통적인 이론가에게는 간단명료했다. 사회의 규칙을 선포하는 권위에 동의함으로써 그 규칙에 동의했기 때문에 우리는 정의로워야 한다. 그런데 왜 그 권위에 동의해야 하는가? 그렇게 하는 것이 이익이 되기 때문이다. 법의 지배를 받으며 살게 됨으로써 향유하게 되는 모든 이익을 가져다주기 때문이다. 아무 말 없이 법이 지배하는 사회에 그대로 산다는 사실 자체가 혜택을 보고 있다는 것을 증명하는 셈이다. 이상이 전통적인 이론가들의 답이었다.

그러나 롤스의 답은 간단하지 않다. 롤스의 답을 이해하려면 칸트의 시원적 계약을 알아둘 필요가 있다. 사람들이 국가를 구성하는 행위는 '시원적/원초적 계약original contract'을 맺는 행위인데, 계약하는 행위는 실제 행위가 아니라 그러한 행위를 한다는 단순한 '개념idea'이다. 이 개념으로써 시원적 계약을 하는 행위가 올바르므로 타당한 것이라고 생각하게 하는 것으로 충분하기 때문이다. 시원적 계약에 의해 인민의 모든 구성원은 외적인 자유를 포기하고 국가 구성원으로서 그 자유를 다시 돌려받게 된다(Kant 1990, 126). 말하자면 국가의 '기본적 법basic law'은 인민의 일반적이며 통합된 의지에서만 연유하는데, 이 법이 시원적 계약이다(Kant 1990, 131).

이렇게 하여 칸트에 와서는 사실로서의 시원적 계약의 역사성을 찾으려고 노력할 필요가 없어졌다(Kant 1990, 127, 132). 시원적 계약을 통해 시민적이며 완전하게 합법적인 헌법과 국가가 확립될 수 있다고 보기 때문이다(Kant 1990, 131). 그래서 칸트는 시원적 계약을 이용하여 이상적인 헌법이나 다른 법을 도출하고자 했다. 시원적 계약에서 문제가 되는 것은 역사성이 아니라 '이성이라는 개념idea of reason'이다. 그렇기 때문에 시원적 계약은 모든 공적인 법의 합법성에 대한 '시험test'이 되어야 한다(Kant 1990, 132).

그렇다면 칸트의 이성이라는 개념으로서의 계약은 가설적 계약과 같은 것인가? 전혀 그렇지 않다. 칸트에 따르면, 순수이성은 모든 경험적인 목적과 관계없이 선험적으로 입법한다(Kant 1990, 128). 게다가 인간은 행복에 대한 관념이 각기 다르기 때문에 인간의 경험적인 목적이 어떤 공통의 원칙 아래 포섭될 수도 없으며 사회계약의 근거가 될 수 없다(Kant 1990, 128). 그래서 칸트가 보기에는 자연 상태를 벗어나야 한다는 순수하면서도 단순한 의무가 있기 때문에 국가가 정당화되는 것이다.

이것은 무엇을 의미하는가? 홉스도 자연 상태를 벗어나는 것이 의무라고 보았다. 그러나 홉스의 경우에는 벗어나는 것이 모든 이들의 '공동 이익common interest'이며 그들의 행복과 목적을 달성하는 데 필요하기 때문이다. 그래서 자신의 이익을 추구하는 합리적이며 신려 있게 행동하는 사람들은 계약에 동의하게 되어 있다. 즉 자신의 이익에서 계약하게 된다는 점이 순수한 의무에서 계약해야 한다는 칸트의 주장과는 다르다(Lessnoff 1990, 15).

칸트는 세 가지 선험적인 원칙을 제시한다. ① 인간으로서 사회의 모든 구성원은 자유를 가진다. ② '신민subject'으로서 각자는 모든 타인과 평등하다. ③ '시민citizen'으로서 국가의 각 구성원은 독립적이다. 이것들은 외적인 인간 권리의 순수하게 합리적 원칙에 부합한다(Kant 1990,

129).

그렇다면 칸트의 계약을 실재적인 계약이라고 할 수 있는가? 이러한 의문을 제시하는 이유는, 계약과는 무관하게 도덕적으로 의무를 지우는 바에 의해 계약이 결정된다면, 계약 자체는 없어도 된다고 볼 수 있기 때문이다. 칸트가 보기에 전통적인 계약론은 계약에서 도덕적 의무를 도출하려고 했다. 이러한 양상은 적어도 가설적 계약에서도 나타난다. 그런데 전통적이든 가설적이든 계약론은 자기 이익을 추구하려는 개인들이 동의하거나 동의하게 되는 도덕적 원칙을 도출하는 이론이다(Lessnoff 1990, 15).

말하자면 시원적 계약이라는 사상에 호소함으로써 칸트는 계약론을 공법과 공공 정책을 시험하기 위해 이용했다. 칸트에 따르면, 시원적 계약에서 해당 법이나 정책이 모든 사회 구성원의 인정을 받을 것이라고 가정하는 것이 타당하다면, 그 법이나 정책은 정의로운 것이 틀림없다. 이처럼 칸트는 가설적인 시원적 계약을 법과 정책의 정의나 부정의를 시험하는 데에만 이용했다. 이에 견주어 롤스는 가설적 계약을 사회 정의에 대한 일련의 원칙을 선택하는 데 이용한다. 이 점에서 칸트와의 차이가 대담하게 나타난다.

롤스는 무지의 장막에서 정의의 두 원칙을 선택하는 것이 합리적인 개인에게 이익이라는 것을 보여주었다. 그러나 이러한 시각에서 선택되는 정의의 두 원칙을 준수하는 데 동의하는 것이 모든 사람의 이익이라고 주장할 수는 없다. 자연적인 행운을 타고난 사람에게 전통적인 응분의 원칙을 인정하지 않고 차등 원칙을 옹호하는 한에는 타고난 행운이 이익이 되지 않을 것이 분명하기 때문이다. 그러므로 롤스는 개개인들이 자기 이익이 아니라 모두에게 공정한 것에 순응하게 된다는 점을 들어서 옹호한다.

따라서 그는 사회의 기본적인 원칙을 선택하는 데서 채택되어야 하는 시각은 모든 개인들이 하나의 개인이 되는 시각이라는 것을 보여주어야만 했다. 다른 말로 하면 이것은 본체적인 자아라는 입장에서 원초적 입장에 임하는 것이다. 그런데 롤스는 내가 왜 정의로워야 하는가라는 문제에 납득할 만한 답을 했다고 하더라도, 그렇다면 왜 내가 공정해야 하는가라는 질문을 던져주고 있다(Katzner 1980, 70). 이에 대해 그는 답하려고 하지 않는다.

그러나 다음과 같이 생각할 수 있다. 롤스는 정의의 원칙이 의무를 부과하는 힘을 지니게 하기 위하여 가설적인 동의에 의존하지 않는다. 가설적인 동의는 오히려 공정으로서의 정의라는 어떤 관념을 구체화하는 도구에 불과할 뿐이다. 이에 대하여 드워킨은 그러한 관념이 어떻게 우리에게 구속력이 있는지를 보여주기 위해 사회계약 논지에 근거를 두면서 자신의 생각을 덧붙인 셈이다. 롤스에 따르면, 우리가 정의의 원칙에 동의할 것이기 때문이 아니라, 이러한 상황에서 우리가 동의하게 되는 것이 인간을 도덕적인 동등자로 대우한다는 원칙을 반영하기 때문에 정의의 원칙은 우리를 정당하게 구속한다. 여기에서 롤스는 다음과 같은 논지를 밝힌다.

① 정의의 원칙은 우리가 정당하게 구속되는 원칙이다.

② 인간을 도덕적 동등자로 대우하는 원칙에 의해서만 정당하게 구속된다.

③ 인간을 도덕적 동등자로 대우하는 원칙은 자유롭고 평등하며 합리적인 존재로서 우리가 준수하면서 살기로 동의하게 되는 원칙이다.

④ 정의의 두 원칙은 자유롭고 평등하며 합리적 인간들이 준수하여 살기로 동의하게 되는 원칙이다.

여기서 유념해야 할 것은 왜 사회계약이 구속적인지를 규정하는 추가적인 전제를 덧붙여도 같은 결과가 나타난다는 점이다. 즉 계약이기 때문이 아니라 인간을 동등자로 대우하는 원칙을 원초적 입장이 규정하기 때문에 사회계약이 구속력을 가지는 것이다.

모든 개인들이 하나의 개인이 된다는 시각을 보여주기 위해 롤스는 칸트적인 형태에서의 사회계약이라는 개념을 합리적인 합의로 사용한다. 즉 정의로운 사회에 대한 은유로 쓰는 것이다. 그렇기 때문에 지금까지 살펴본 것처럼 롤스의 계약론은 전통적인 계약론과 다르며, 아주 깊은 의미에서 계약론적이다.

정의의 두 원칙을 옹호하는 데서 전통적인 계약론적 논지는 관계가 없다. 그렇지만 롤스는 공리주의에서 도출되는 배분적 원칙보다 그의 두 원칙이 무슨 특별한 권위가 있는지를 설명해야 한다. 그의 주장에 따르면, 두 원칙이 시초의 공정한 선택 상황에서 선택되는 원칙이라는 점을 보여주는 것으로써 두 원칙의 정당성은 해결된다(Kelly 1998, 642).

전술한 것처럼 전통적인 계약론자는 권위를 확립하기 위해 계약론을 이용했다. 그러나 롤스의 이론에서는 권위가 당연한 것이 되어버린다. 따라서 전통적 이론가에게는 동의가 핵심이었지만 롤스의 이론에서는 그렇지 않다. 바로 이 같은 이유에서 그의 계약론은 전통적인 계약론과 다르다. 이 차이는 가설적인 동의로부터 실재적인 동의를 구별하면 명확해진다. 전통적인 관점에서는 가설적인 자연 상태라는 상황이나 가설적인 사회계약 행위에서나마 모든 이가 지배적인 권위에 명시적이든 묵시적이든 실제로 동의했다는 것을 보여주고자 했다. 그것이 여의치 않으면 그 권위는 무효이며 공허한 것이 되기 때문이다(Katzner 1980, 67).

그러나 원초적 입장에서는 계약 당사자들이 모든 구성원이 동의하게 되는 일련의 규칙에 이르러야 한다. 이에 이를 수 있도록 하기 위해 롤스는 무지의 장막을 설정하고 선에 대한 얇은 이론을 제시했다. 그럼으로써 이상적으로 합리적인 행위자들, 즉 칸트가 볼 때 보편적인 도덕적 법칙을 만드는 사람들이 보편화될 수 있는 도덕적인 법칙에 합의하게 되기 때문이다(Chappell 1998, 330).

다른 한편 계약론은 일종의 규칙 공리주의자로 여겨질 수 있다. 사회 계약이란 여러 규칙 중에서 개인의 공리적인 혜택을 최대화할 수 있는 규칙을 선택하는 것이다(Gauthier 1986). 예를 들어 수인의 딜레마에 빠진 사람들이 서로 자백하지 않을 수 있게 하는 신뢰할 만한 규칙이 있다면, 달리 말해 사람들이 자유를 포기하고 홉스의 자연 상태에서 벗어나 코먼웰스commonwealth에서 정의의 규칙에 따라 협업할 수 있게 된다는 것을 믿을 수 있게 되면, 상호 이익을 증진시킬 수 있다. 그래서 고티에는 합리적인 행위자는 자유와 재산권을 보호하는 정의의 규칙에 합의할 것이라고 주장한다.

고티에는 자유롭고 합리적인 인간이 무제한의 권리를 행사하는 정부를 만드는 데 사람들이 합의할 것이라는 홉스의 주장을 거부한다. 그는 더불어 평화롭게 살고 협업적인 사회생활에서 오는 혜택을 누리기 위해 자유를 보호하는 소극적 청구 권리와 재산을 얻고 향유하는 청구 권리를 필요로 할 것이라고 주장한다. 이와 같이 보면, 계약론에는 두 가지 요소가 포함되었다고 할 수 있다.

그러나 계약론자는 자신이 어떠한 유의 공리주의자라는 것을 일반적

으로 부인한다. 또한 계약론자들은 '의지하는/의지로 결정하는 것willing'
과 '원하는/욕구하는 것wanting'을 구별하지 않는다는 점에서 칸트주의
자들과 다르다(Chappell 1998, 330). 계약론적인 합리성은 공리주의적인
합리성처럼 전적으로 도구적일 수 있다. 말하자면 어떤 목적을 설정하든
계약은 그 목적에 대한 수단과 전적으로 관계가 있다. 그렇기 때문에 선
에 대한 객관적인 설명과 관계있을 필요가 없다(Chappell 1998, 331).

이상과 같이 계약론은 공리주의와 칸트주의를 혼합한 이론으로 볼 수
있다. 순수한 실천적 합리성이 실질적이며 의미 있는 보편화 가능성이
있다는 칸트의 주장을 윤리학자가 포기함으로써 다른 가닥의 발전이 나
타났다. 순수 실천이성의 윤리를 확립하려는 칸트의 시도가 실패한 것으
로 보이면서 흄의 두 가지 주장은 지지를 받게 되었다. 첫째, 흄은 윤리는
합리성과 같은 것에 기초를 두지 않는다고 주장했다. 물론 합리주의자로
서 칸트는 이 주장을 수용하지 않았다(Chappell 1998, 331). 둘째, 흄은
윤리적인 주장을 이해하고 인정하는 방식은 다른 종류의 주장을 하는 방
식과는 전혀 다르다고 주장했다. 그러나 칸트와 비자연주의자는 이를 받
아들이지 않았다(Chappell 1998, 332).

롤스의 계약이 가설적 계약이지만 그 차이가 있다고 보는 이유를 앞에
서 부분적으로 논했는데, 그것은 다음과 같이 정리할 수 있다. 전통적 계
약이론은 (실재의) 계약이나 자연 상태와 같은 가설적 상황에서 맺게 되
는 계약에 구속받는다고 본다. 롤스는 이러한 전통적 계약의 근저에 있
는 도덕적 원칙을 꺼려한다. 만약 계약 당사자들이 어떤 이들에게 마땅
하지 않은 이익을 이미 주어서 불평등하게 하려고 한다면, 계약은 도덕
적으로나 법적으로까지 무효가 될 수 있기 때문이다. 그렇게 되면 실재
적인 상황이나 자연 상태와 같은 가설적으로 가능한 상황은 계약 당사자

들이 자신의 목적을 충분히 달성할 수 있는 시초의 평등한 조건에 놓이지 않을 수도 있다. 그래서 롤스는 무지의 장막을 친 원초적 입장을 설정한 것이다.

그런데 원초적 입장은 실재적인 것도 아니며 자연적인 것도 아니며 가능한 것조차 아니다. 그것은 계약이 공정하다는 것을 보장하기 위해 면밀하게 고안된 허구에 지나지 않는다. 공정한 원초적 입장에서 계약 당사자들은 사회적인 일의적 선들의 배분에 관한 원칙을 선택하게 된다. 요컨대, 롤스는 무지의 장막이 규정하는 대로 평등에 대한 원초적 입장에서 모든 이들이 수용하는 한에서만 선택되는 정의의 원칙이 정의로운 것이라고 주장한다(Lessnoff 1990, 18).

원초적 입장을 설정함으로써 롤스는 가설적 계약을 칸트보다 더욱 대담하고 정교하게 이용한 셈이다(Johnston 2011, 210). 그렇게 하려다 보니 롤스는 칸트의 시원적 계약보다 원초적 입장을 더욱 자세하게 기술하지 않을 수 없었다. 그는 원초적 입장에서의 당사자들은 그들이 대변하는 사회 구성원들이 더 적은 몫보다는 더 많은 몫을 갖기를 바란다는 견지에서 당사자들이 합리적이라는 점을 강조했다.

그러나 공정으로서의 정의가 순수하게 합리적 선택이라는 관념에만 근거를 두고 정의의 원칙을 택하는 것은 아니다(PL, 306). 원초적 입장의 당사자들은 자신의 이익을 증진하려는 합리적 욕구에 의해서만 지배되는 것이 아니라 합당함이라는 규범의 제약을 받는다. 말하자면 합당함을 받아들임으로써 당사자들은 이기적인 것만이 아니라 자신의 몫에서 어떠한 부분이 타인에게 혜택이 되는 쪽으로 쓰이기를 원한다. 그래서 롤스는 또한 당사자들이 '합당하다reasonable'는 것을 강조한다.

롤스는 왜 합당함을 전제로 하는가? 일단 무지의 장막이 걷히고 사람들이 선에 대한 자신들의 관념을 완전하게 알게 되면, 정의의 원칙을 수용하지 않겠다고 주장하는 사람이 없도록 보장하기 위해서이다. 예컨대 어떤 종교를 금하는 원칙을 선택하게 하는 것은 합당하지 않다. 무지의 장막이 걷히고 난 뒤 특정 종교를 금하는 원칙을 선택한 이들이 자신이 그 종교를 신봉한다는 것을 알게 되면 큰 부담이 될 수도 있기 때문이다. 그래서 당사자들은 공정한 조건에서 상대방과 의견의 일치를 보려고 해야 한다는 것을 생각하게 된다. 그들이 합당할 수 있다는 것을 보장하기 위해 롤스는 원초적 입장에서 무지의 장막을 쳐둔다. 끝으로, 롤스는 원초적 입장에서 당사자들은 그들이 대변하는 구성원들이 타인과 비교하여 얼마나 잘사는지를 결정하는 어떠한 척도를 채택할 것이라고 제시한다. 그래서 그는 사회적인 일의적 선을 척도로 삼는다.

여기서 롤스의 이론 가운데 이 맥락과 관계되는 것만 간단히 살펴보고자 한다. 그의 가장 두드러진 사상 가운데 하나는 원초적 입장이라는 사고 실험이다. 이미 살펴본 것처럼 원초적 입장에서 무지의 장막이 쳐진 까닭에 우리가 모르는 것이 있다는 것을 상정한다. 이로써 롤스는 정의의 두 원칙과 우선성의 두 원칙이 보여주는 것처럼 우리가 세 가지 사상에 이르게 되리라고 본다.

첫째, 어떠한 사회로 결정되더라도 기본적 자유는 똑같이 누리는 것을 보장받으려고 할 것이다. 둘째, 개개인이 어떠한 재능을 지니게 될지라도 재능을 행사할 수 있는 기회는 모두에게 개방되는 것을 보장받으려고 할 것이다. 셋째, 가장 적게 혜택을 받는 지위에 있는 이가 어떤 조건에 놓일지를 특히 우려할 것이다. 자신이 바로 그러한 지위에 놓이게 될지 모르기 때문이다. 그래서 필요를 충족시키는 정의의 두 원칙을 선택하게 될 것이다. 그렇기는 하지만 모든 불평등을 폐기하는 것은 사리에 맞지 않는 일일 것이다. 어떠한 불평등은 동기 부여를 통해 간접적으로 모든 사람을 이롭게 할 수도 있기 때문이다. 그러므로 최소 수혜자의 안녕을 증진하는 데 필요한 만큼의 불평등은 있어야만 한다(Vernon 1995, 308).

이상의 고안을 바탕으로 롤스는 도덕적인 평등에 대한 기본적 감각이 함의하는 바를 끄집어내려고 한다. 우리가 우연히 얻은 어떤 속성이나 재능을 근거로 하여 어떤 특권적인 요구를 하는 것이 허용되어서는 안 된다. 각자가 어떠한 속성과 재능이 있는지는 모르게끔 되었기 때문에 우리는 자신의 속성과 재능과는 무관하게 살 수 있는 원칙에 동의하지 않을 수 없다.

그런데 우리는 왜 도덕적인 평등이라는 사상에 직접적으로 호소하지 않는가? 가설적 동의라는 고안물이 덧붙이는 것은 무엇인가? 이러한 문제를 둘러싸고 많은 논란이 있었다. 롤스를 옹호하는 입장에서 볼 때 도덕적인 평등이라는 사상의 중요한 부분은, 각자 자신이 선호하는 원칙이 모든 사람에게 개방되어야 하며 정치적으로 강제될 수 있는 것과 관련해 공적인 정당화가 완벽하게 이루어져야 하는 것이라고 주장할 수 있다. 그런데 롤스의 계약론은 어느 누구라도 주어진 상황에서는 동의하게 되는 정당화를 찾음으로써 이 조건을 충족시키고자 했다(Vernon 1995, 308).

위에서 우리는 ① 롤스가 모든 사람이 수용하기를 바라는 그의 정의의 두 원칙을 구성하는 구체적인 내용, 즉 최대한 평등한 자유의 원칙, 차등 원칙, 공정한 기회 평등의 원칙, 그리고 이 원칙의 서열을 정하는 우선성의 원칙을 살펴보았으며, ② 정의의 원칙을 선택하게 되는 당사자들이 원초적 입장에서 어떤 여건이 주어져서, 그리고 어떤 조건에서 어떤 제약을 받아서 여러 대안 가운데 자신의 정의에 대한 두 원칙을 선택하게 될 것이며, ③ 선택된 정의의 두 원칙이 어떤 근거에서 정당화될 수 있는 지에 대한 롤스의 논증을 고려해보았다. 나아가 롤스가 논증하기 위해 의존하는 칸트의 계약론이 무엇이며, 그것이 의미하는 바가 무엇인지도 살펴보았다.

(2) 롤스의 계약론에 대한 비판

이상과 같은 롤스의 이론에 대한 어떠한 반론이 있는지를 알아보자. 여기서 논하는 반론은 주로 롤스의 계약론에 대한 반론이다. 롤스는 정의 이론을 도출하기 위해 계약론이라는 방법을 사용하기 때문에 계약론은 정의 이론과 연관이 있다. 그런데 이 책 2부에서는 현대에 나타나는 다른 정의 이론을 소개한다. 따라서 여기에서 논하는 것은 2부와 연결해서 이해할 필요가 있다.

노직 : 강제노동을 위한 기만술

노직은 롤스의 계약론과는 전혀 다른 이론을 제시한다. 노직에 따르면 로크적인 자연 상태에 속하는 개인은 '상호보호 결사mutual protective association'에 가담한다. 이 결사는 시장의 힘에 의해 더 큰 결사로 합쳐져서 마침내 '극최소 국가ultraminimal state'가 되며, 최종적으로는 '최소 국가minimal state'가 된다. 이 과정을 거치면서 어느 누구의 권리도 침해하지 않고도 국가는 대두할 수 있으며, 최소 국가만이 이 조건을 충족시킬 수 있다(Klosko 2005, 2258).

노직은 자연 상태가 추상적인 시나리오라는 개념을 받아들이지만, 아무리 가설적이라고 해도 롤스가 사회계약에 의존하여 정의의 원칙을 도출하는 것을 거부한다. 노직에 따르면 자연 상태와 관련해 알 수 있는 것은 어떤 최소한의 국가가 필요하다는 점이다. 그러한 국가는 재산을 보장하고, 계약을 강조하고, 개인의 권리를 보장하는 보호적 결사면 충분하기 때문에 그 이상을 넘어서서는 안 된다.

그런데 그러한 국가는 다양한 구성원들 사이의 상호 이해와 합의를 통해 대두하는 것이 아니라, 구성원들이 완전하게 인정하는 것 없이 시행착오를 거쳐서 서서히 전개된다. 노직은 애덤 스미스의 비유를 빌려서 보이지 않는 손이 작동하여―구성원들이 그러한 구조를 의식적으로 만들고자 해서가 아니라 불만족스러운 보호적 결사가 전개됨으로써―필요에 따라 그러한 국가가 만들어진다고 본다(Nozick 1974, 18~22). 이상과 같이 노직은 롤스가 가설이기는 하지만 인공적인 계약에 의존하여 정의의 원칙을 도출하는 것을 거부한다. 말하자면 사회 계약이 없어도 국가가 수립되고 권리가 인정된다는 것이다.

뿐만 아니라 노직은 롤스가 차등 원칙을 실현하기 위해 자연적 재능의 산물을 공동의 자산, 사회적 자산 또는 집합적 자산으로 삼는 것(Rawls 1971, 87 · 92 · 101; 1999, 87)에 반대한다. 차등 원칙에 따르면, 타고난 재능 따위를 사회적 자원으로 간주함으로써 결과적으로 재능이 더 많은 이들은 자신들의 생산물 중에서 일정 부분을 사회에 돌려주어야 한다. 롤스가 그렇게 한 이유는 산업사회에서 사회 정의를 실현하기 위한 것이다. 그러나 노직은 이것을 강제노동이라고 본다(Nozick 1974, 171).[31] 재산에 대한 정당한 권리를 침해한 것이기 때문이다. 루소가 역사적인 시원적 계약이 부자로 하여금 빈자를 억누르기 위한 기만술이라고 본 것처

---

31 비슷한 논지가 있다(Harsanyi 1975, 597).

럼, 노직은 거꾸로 롤스가 빈자로 하여금 부자를 착취하게 하는 기만술을 원초적 입장에서 제시한다고 본다(Nozick 1974, 171).

롤스는 무지의 장막을 쳐놓고 자신의 재능이 무엇인지도 모르게 하고는 최소 극대화 원칙과 차등 원칙을 수용하도록 유도한다. 그리하여 재능을 가진 자들이 그 재능으로 생긴 결과물의 전부를 갖지 못하게 하고 빈자가 요구할 권리가 없는 것을 빈자에게 돌아가게끔 한다. 이것은 노직이 보기에 강도와 같은 짓이다. 노직이 정의에 요구하는 바는 최소 수혜자에게 혜택을 주는 평등이나 불평등이 아니라 각자가 정의롭게 획득한 것에 완전한 자격/권리를 부여하는 것이다(Coleman 2009c, 365).

따라서 노직은 차등 원칙에 근거를 두어 더 재능 있는 자의 산물을 결과적으로 앗아가게 되는 롤스의 배분적 정의 그 자체와, 그 정의를 도출하기 위한 고안물로서 원초적 입장을 설정한 것을 비난한다. 재산에 대한 권리를 인정하지 않는 것은 전통적인 의미에서의 응분을 인정하지 않는 것이며, 빈자로 하여금 부자를 빈자 자신의 목적 달성을 위한 수단으로 삼게 하는 것인데, 이것은 부당한 일이다. 그래서 노직은 정의의 두 원칙이 결과로서 가져다주는 배분적 정의와 두 원칙을 도출하기 위한 원초적 입장의 설정을 수용하지 않는다.

그런데 노직은 오늘날 사회 정의에 대한 원칙이 절실하게 요청된다는 롤스의 생각을 간과하는 측면이 있다. 롤스는 긴박하다고 생각하기 때문에 전통적인 의미의 응분을 무시하면서까지 차등 원칙을 포함하는 사회 정의에 대한 원칙을 제시한 것이다. 이에 견주어 노직의 자격이론은 응분을 비교적 정확하게 가늠할 수 있는 시기에 적합한 이론이라고 볼 수 있다.

뷰캐넌 : 불평등이라는 전제

뷰캐넌James M. Buchanan은 《자유의 한계The Limits of Liberty》(1975)에서 인간이 사실상 불평등하다는 점에서 시작하더라도 평등하다고 가정하고서 출발하는 것과 같은 법적 권리의 구조가 대두할 수 있다고 주장한다(Buchanan 1990, 166). 이러한 주장은 계약이 가설적이며 권리와 부의 배분에 관한 것이라는 점에서는 롤스와 비슷하다.

그러나 뷰캐넌은 시초의 계약 상황에서의 공정성에는 관심이 없다. 뷰캐넌은 가설적 자연 상태로 되돌아가서 시초의 계약 상황이 불평등한 상황을 전제로 한다. 말하자면 계약 당사자들 사이의 평등을 가정하지 않는다. 그는 실제로 존재하는 현상을 타당한 시발점으로 삼으려고까지 한다(Buchanan 1990, 165~9). 그런데 뷰캐넌이 이해의 갈등이 개재된 선(善)의 배분이라는 문제를 해결하려고 하면서 공정이라는 문제를 무시하는 태도를 취하는 것은 큰 결점이라고 볼 수 있다. 그렇기는 하지만, 그와 반대로 롤스가 무지의 장막으로써 이 문제를 해결하려는 것도 논쟁을 불러일으킨다(Lessnoff 1990, 19).

콜먼 : 개인의 권리와 집합적 권리

콜먼James Samuel Coleman은 롤스의 최종 결과 이론과 노직의 역사적 과정에 의한 자격이론 사이의 논쟁을 인간이 개인적으로 가지는 권리와 '집합적/집단적으로collectively' 가지는 권리 사이의 문제로 치환해버린다.

롤스는 무지의 장막에서 자신의 자연권에 대한 지식도 지니지 않게 된 계약 당사자들로 하여금 최종 결과를 중시하는 배분적 정의를 선택하게 한다. 노직이 비난하는 것이 바로 이 점이다. 노직은 자신의 역사적 과정 이론을 채택할 수 있는 여지를 남겨두는 배분적 정의 이론을 제시한다.

그럼으로써 노직은 계약 당사자들이 마치 두 가지 선택, 즉 롤스의 최종 결과 이론과 노직 자신의 역사적 과정이론만을 선택해야 하는 것처럼 강요한다.

이에 대하여 콜먼은 대안을 제시한다. 그는 강요하기 전에 계약 당사자들이 개인적으로 계속해서 가져야 할 권리가 무엇이어야 하는지, 그리고 집합적/집단적인collective 단체로서 자신들에게 할당되어야 할 권리가 무엇이어야 하는지를 우선 결정하게 해야 한다고 주장한다(Coleman 1990, 191). 따라서 노직이 계약 당사자들에게 제시하는 종류의 결정을 내리게 하려면 집합/집단적인 단체로서 권리를 가지기 전에 집합/집단적인 단체로서 이들 권리를 가지는 것을 원하는지를 계약 당사자들이 결정하게 해야 한다(Coleman 1990, 191).

그런데 노직이 계약 당사자들에게 제기하는 문제를 고려하면, 콜먼이 보기에 노직은 롤스의 차등 원칙이 행하는 바를 정확하게 보여준 것이다. 롤스의 차등 원칙은 계약 당사자들에게서 개인의 권리를 앗아가 집단에 부여한 것이다(Coleman 1990, 192). 그런데 콜먼에 따르면 무지의 장막 아래에서 꼭 그렇게 해야 할 이유가 없다. 개인이 개인적으로 자연권을 가진 것으로 가정한다면, 개인으로서 자신의 재능대로 몫을 취하기로 결정할 수도 있다. 그렇게 되면 어떠한 몫을 사회 전체에 넘기는 것은 만장일치가 되어야 할 사안이다. 그런데 롤스가 사회적 생산물은 집단적으로 가지는 것으로 가정하기 때문에 그의 이론에서는 집합체가 그 몫에 대해 집단적으로 결정할 권리를 가진다. 이와 관련해 콜먼은 노직이 무지의 장막에 의한 사회계약에서 이 가정은 본질적이 아니라는 점을 인식하지 못하고 있다고 지적한다. 즉 콜먼에 따르면 집단적인 사회적 생산물에 대해 집단적으로 결정하는 권리는 정의에 대한 역사적 과정이라는 원칙과 양립할 수도 있다(Coleman 1990, 192).

그러므로 개인이 타고난 일련의 자연권은 두 가지로 나누어볼 수 있다. 즉 자유언론에 대한 권리, 노동의 결과에 대한 권리 등처럼 모든 사람이 평등하게 가지는 권리를 한 조(組)로 하고, 자연적 능력이나 가족적 배경 또는 물질적 재화가 달라서 사람마다 다르게 가지는 권리를 다른 조(組)로 삼을 수 있다(Coleman 1990, 192). 두 번째의 권리는 평등하게 가지는 권리와 다르게 가지는 자원이라고 볼 수 있는 것이다.

이렇게 구분할 경우, 권리를 평등하게 가진 것으로 시작하지만 자원이 차이가 나지 않는다면—즉 자신이 소유한 자원이 얼마큼인지 모르고 모두 같은 자원을 가진다고 간주할 수밖에 없다면—미래에 자신의 입장이 어떻게 될는지는 모르기 때문에 무지의 장막은 불투명해진다. 이 상태에서 사회계약은 체결될 수 있을 것이다. 그렇다면 개인에게 보장되어야 하는 권리는 무엇이며 집단에 넘겨져야 하는 권리는 무엇인지를 결정하는 것이 문제가 된다.

그렇게 되면 롤스가 목표로 하는 바를 달성할 수 있게 될 것이다. 즉 권리를 개인 사이의 비교가 아니라 개인 내에서의 비교로 전환하여 집합체는 부자가 빈자와 더불어 어떤 것을 공유할 수 있게 되는 상태에 도달할 수 있다. 사람들은 계약하는 시점에서 자신이 부자일 경우에 누리는 재화의 유용성과 자신이 빈자일 경우에 재화를 가진다는 혜택에 균형을 맞추게 되기 때문이다. 물론 도달하게 되는 원칙이 롤스의 차등 원칙은 아닐 것이다. 대신 자격에 대한 몫을 재분배하는 권리를 국가에 부여함으로써 자격에 관한 노직의 원칙을 조금 수정하는 것이 된다(Coleman 1990, 193).

노직의 견해에 따라 사람들이 더불어 가짐으로써 시작하는 자연권은 인간이기 때문에 모두가 같이 가지는 자연권뿐만 아니라 두 번째 조, 즉 각자가 다르게 가지는 자원까지 포함한다. 그렇다면 사회계약을 할 때 미래의 자신들의 처지와 관련해 완전한 무지의 장막에 놓이지는 않을 것이다. 자신의 자원의 양과 내용을 알고서는 개인의 권리와 집단의 권리에 대하여 합의하게 되지는 않을 것이기 때문이다.

자신이 미래에 나아질 것이라고 기대하는 이들은 개인적인 권리를 더 가지고 자유를 더 확보하려고 할 것이며, 미래에 별로 나아질 것이 없다고 전망하는 이들은 집합적인 권리를 더 많이 가지고 집합체로 하여금 돕는 데 더 많은 권력을 부여하고자 할 것이다. 이렇게 되면 자기 이익을 추구하는 개인들의 합의를 통한 권리의 정의로운 할당은 이루어질 수 없으며, 개인 사이의 갈등이라는 상황, 즉 홉스의 만인에 대한 만인의 투쟁 상태로 되돌아오게 된다(Coleman 1990, 193).

그런데 노직처럼 자연적 권리를 보장하는 견해를 취할 경우, 적절한 출발점은 무엇인가? 정의에 대한 규범적인 이론에 집착하게 되면, 실제 사회에서 가지게 되는 권리와 자원의 전체적인 조(組)를 가지는 것으로 반드시 가정할 필요가 없다(Coleman 1900, 193). 따라서 실제의 사람들로부터 추출하여 다음과 같은 질문을 던질 수 있겠다. 일련의 자연권을 평등하게 부여받은, 자기 이익을 추구하는 합리적인 사람들은 권리를 집합체에 어떻게 할당하게 되겠는가?

물론 그렇게 질문하는 것은 실제에서는 실현될 수 없는 허구이다. 그렇지만 그러한 질문이 도덕적인 힘을 지니는 것을 부인할 수는 없다. 사회에서 실제의 사람들이 평등한 자연권을 가진다는—자원을 평등하게 가진다는 것이 아니라—가정이 적절하며 정의롭다는 점을 인정할 수 있다면, 그러한 질문에 대한 결과로 나온 권리의 할당은 적절하거나 정의롭다고 봐야 한다(Coleman 1990, 194).

그러한 허구가 확립되면, 집합적 권력을 어떻게 할당하게 될는지가 전적으로 명확한 것은 아니다. 그러나 어떤 권리를 집단적으로 갖게 하는 종류의 사회적 계약은 체결할 것이라는 점은 명확하다. 루소가 명확하게, 그리고 롤스가 암묵적으로 계획하는 것처럼 모든 사회적 생산물과 자원을 집합적으로 가지는 계약이나 노직의 자격이론처럼 개인의 노동의 결과에 대해 완전한 권리를 가지게 되는 계약을 체결하지는 않으리라는 점도 명확하다. 각자는 타인의 행동과 노동을 부분적으로 소유하는 것에 대한 보험 약조금으로 자신의 행동과 노동을 타인이 부분적으로 소유하는 것을 제도화하는 데 동의할 것이다.

그렇다면 콜먼이 제시하는 대로 할 경우, 무지의 장막 아래에서 합리적인 결정을 내리는 데서 어떤 고려를 하게 될 것인가? 먼저, 자연권 이론에 대한 적절한 출발점은 평등하게 가지는 일련의 권리라는 것에 실제 사회의 사람들이 동의할 수 없으며, 대신에 전체 조, 즉 평등하게 가지는 권리와 다르게 가지는 자원이 출발점이 되어야 한다고 가정해보자. 그러면 권리와 자원에 대한 전체 조로 시작하게 되며, 사람들이 무지의 장막 아래 있을 때에만 개인과 집합체 사이에 권리를 배분한다는 좀 더 어려운 문제를 다루어야 한다. 따라서 이 경우 사람들은 모든 이들이 집합체, 즉 국가가 정확하게 같은 권리를 할당하는 것을 바라는 사회계약에 이르지는 않을 것이다.

그러나 그들이 합리적이라면, 평등한 권리를 보장하는 출발점에서 사회계약을 체결하기를 바랄 것이다. 콜먼이 자원의 격차가 있는 것을 미리 인정해도 된다고 보는 이유는 무지의 장막이 나중에 부분적으로 걷힌다고 해도 장막이 완전히 제거되는 것은 아니라고 생각하기 때문이다.

그래서 사람들이 자신의 자원에 대해, 나아가 타인의 자원에 대해 알고 있다고 해도 자신의 미래에 대하여 불확실해하기는 마찬가지이다. 자원을 얼마나 많이 또는 적게 타고났더라도 각자는 어떠한 자연권을 가지려고 할 것이다. 부적절한 제약을 받지 않고 자신의 자원을 이용하고 자신의 노동의 대가를 향유하려고 하기 때문이다. 그러면서도 각자는 그러한 권리의 어떠한 것을 집합체에 넘겨서 자신이 어려울 때 집합체의 권력을 이용하려고 할 것이다. 따라서 어느 정도의 합의를 볼 수 있다.

개인적인 권리와 집합적인 권리는 다를 것이며, 그 차이는 각자가 가진 자원의 차이와 연관될 것이다. 물론 자신감의 차이, 위험을 기피하는 정도, 질투심을 느끼는 정도, 자유와 평등 사이에서 바라는 바 등과 연관될 것이다. 따라서 결과적으로는 개인 간의 차이가 좁혀진다. 말하자면 자원이 별로 없고, 자신감이 별로 없고, 위험을 기피하려 하고, 질투심이 많고, 평등을 선호하는 이들은 최대한의 권리를 집합적으로 가지려 할 것이다. 반면에 자원이 많고, 자신감이 충만하고, 위험에 도전하고 싶어하고, 질투심이 없고, 자유를 선호하는 이들은 집합적으로 최소한의 권리를 가지려 할 것이다. 집합적인 최소한의 권리는 없는 것보다 클 것이다. 그러나 개인 사이에서 이익을 둘러싼 갈등도 남아 있을 것이다. 따라서 모든 사람의 이상인 국가는 형성되지 않는다. 그러나 상반되는 이익의 정도는 줄어들 것이다(Coleman 1990, 195).

그런데 만약 이 경계 내에서 사회계약을 맺는다면, 과연 어떤 사회계약을 체결하게 되겠는가? 다음과 같은 절차를 상상해보면 이에 답할 수 있을 것이다. 집합체에 권리를 어떻게 할당할 것인지를 제안하는 데서 각자는 그 할당에 동의하는 것이 자신에게 혜택이 되는지를 결정하게 된다. 결정하려면 다음과 같은 계산을 해야 한다. 개인의 권리에 대한 더 적은 조를 완전하게 통제하는 것과 집합적인 권리에 대한 더 큰 조를 부분적으로 통제하는 것 가운데 어느 것이 자신에게 더 혜택이 클지를 교량(較量)해야 하는 것이다. 후자가 더 크다고 기대하면, 그러한 권력을 가진 집합체에 합리적으로 동의할 것이다.

이 과정은 다음과 같이 가정할 수 있다. 예를 들어 자연권과 자원을 각자 부여받았는데, 어떤 것은 차이가 나게 배분되었으며, 각자에게 집합체에 최소한의 권리를 할당하는 것을 수용할지 거부할지를 묻게 되었다고 가정해보자. 집합적인 권리들이 최소한을 넘어서 집합체가 그러한 권리를 할당하는 것을 만장일치로 수용할 때까지 이 과정이 지속되어, 집합적인 권리는 만장일치가 더 이상 유지될 수 없을 때까지 증대할 것이다(Coleman 1990, 195). 그러면 여기서 증대하는 것은 중단되고 모든 사람들이 자신에게 혜택이 된다고 생각하는 선(線)에서 최대의 집합적 권리가 형성될 것이다(Coleman 1990, 196). 이때 개인적으로 가지는 권리를 정한 다음 집단적으로 가지는 권리를 정할 수 있으며, 그 반대로도 정할 수 있다(Coleman 1990, 196).

노직에 따르면 개인적인 권리로서 시작하는 것은 개인의 권리에 부여되는 규범적인 우선성이다. 만약 개인의 권리의 불가침성에 대한 노직의 전제가 수용되면, 어떠한 사회계약도 평등한 권리로 시작하든 불평등한 권리로 시작하든 개인적으로 가진 권리라는 가정에서 시작해야 한다(Coleman 1990, 196). 어떻게 시작하든지 간에 오늘날은 농경사회가 아니라 산업사회라는 사실을 감안한다면, 권리와 자원 또는 자연권을 중심으로 하는 개인들의 권리와 집합적인 권리 사이의 구분과 권리들의 할당을 사회계약에서 인정하지 않을 수 없게 된다(Coleman 1990, 197~8).

지금까지 전개된 콜먼의 논지는 다음과 같이 요약할 수 있다. 전술한 것처럼 노직은 롤스의 계약이 빈자를 위한 기만술이라고 비판한다. 이 비판에 대해 콜먼은 그럴듯하게 타협하는 견해를 제시한다. 콜먼의 주장에 따르면, 롤스처럼 무지의 장막을 설정하지 않고서도 부자로부터 빈자에게 혜택을 돌리는 조처를 취하는 데 모두가 만장일치로 합의할 수 있다. 자신과 타인의 재능을 안다고 해서 경제적인 측면, 특히 노직이 선호하는 자유시장경제체제에서 사람들이 어떻게 하게 될 것인지에 대한 모든 불확실성을 제거할 수 있는 것은 아니다. 그렇지만 재능을 잘 타고난 사람도 자신이 곤궁해질 수 있다는 점을 감안하여 어떠한 재분배라는 보험에 들 것이라고 가정하는 것이 합리적이다(Lessnoff 1990, 19). 요컨대, 콜먼은 원초적 입장을 설정하지 않고도 정의의 두 원칙과 유사한 원칙을 도출할 수 있다고 주장하는 것이다.

롤스는 개인의 자연적 재능을 응분으로 삼지 않고 차등 원칙의 대상으로 삼겠다고 하면서도 고전적 공리주의가 사람들 사이의 차이를 구분하지 않는다고 비판한다. 이에 대하여 노직은 공리주의에 대한 롤스의 비판 그 자체를 롤스 자신에게 적용할 수 있다고 주장한다. 고티에도 이와 비슷한 주장을 펼친다(Gauthier 1990, 206). 노직에 따르면, 롤스는 사람과 그 사람의 재능을 구분하여 양자가 별개인 것처럼 생각함으로써, 즉 사람들에게 재능을 결부시키지 않음으로써 모든 사람이 같은 것처럼 만들어 사람들 사이에 구분이 필요 없는 듯이 생각했다.

그렇지만 사람에게서 그 사람의 타고난 재능을 배제하는 것 자체가 사람의 사람됨을 앗아가는 것이다(Nozick 1974, 228). 샌델도 롤스가 재능이 자아를 형성하는 본질적인 구성요소가 아니라 우연히 주어지고 전적으로 비본질적이라는 이론을 제시한다고 주장한다(Sandel 1932, 78). 그렇기 때문에 샌델은 롤스가 재능을 공동의 자산으로 삼음으로써 사람들 사이를 구분하지 않았다고―공리주의가 구분하지 않았다고 비난하면서도―주장한다.

롤스에 대한 노직과 샌델의 비난은 다음과 같이 해석할 수도 있다. 인간은 신체 자체를 갖추어야만 인간이라고 볼 수 있다. 말하자면 인간은 자신의 신체(또는 자신)에 대해 주권을 가져야 한다. 그 신체에 대해서는 불가양이며 불가침이라는 원칙을 인정함으로써, 로크가 지적하듯이 인간은 자신을 노예로 팔 수 없게 된다(Locke 1980, §23). 그런데 롤스가 타고난 재능과 자신의 수족을 움직여서 나온 산물을 공동의 자산으로 삼는 것은 불가양과 불가침이라는 원칙을 침해하는 것이 되며, 이것은 자아의 정체성을 훼손시키는 것이라고 볼 수도 있다. 인간에게서 자신의 신체에 대한 주권을 인정하지 않고, 또한 타고난 재능, 즉 한 인간에게 본질적인 것이라고 여겨지는 것을 그 자신의 것으로 인정하지 않는다면, 인간의 정체성을 어떻게 확립할 수 있는가? 노직과 샌델이 던지는 질문은 이것이다. 이에 대해서는 고티에도 동조한다(Gauthier 1986, 254).

그러면 무지의 장막을 구태여 설치할 필요가 없다는 고티에의 주장을 살펴보자.

고티에 : 협업에 의한 잉여의 배분

고티에David Gauthier는 합리적인 사회가 정의를 추구하는 데 부합하는 원칙을 결정할 수 있어야 하며, 그 원칙은 집단적인 결정 또는 사회적 선택이론에 대한 주제가 된다고 가정한다. 결국 합리적 선택이라는 비도덕적인 가정에서 도덕의 원칙을 이끌어낼 수 있다고 보는 것이다(Gauthier 1986, 4). 이것은 롤스처럼 자신의 정체성과 이익을 알지 못 하는 계약 당사자들이 정의에 대한 감각을 가지고 있기 때문에 정의의 원칙을 합의하게 되어 있다는 도덕적인 전제를 하지 않아도 된다는 것을 뜻한다(Sugden 1993a, 2, 6). 고티에는 《합의에 의한 도덕*Morals by Agreement*》(1986)에서 평등한 자들이 상호 이익을 위해 협조 체제를 만들어낼 수 있으며, 협조 때문에 서로 제약하고 제약받는 것이 도덕이 된다고 주장한다.

사회가 상호 이익을 위한 '협업적인 모험적 사업cooperative venture'이라면, 개인의 시각에서 사회적 선택을 하는 것이 합리적이다. 그렇다면 개인은 협업을 하지 않은 상태, 즉 자연 상태에서보다 사회에서 자신의 목적을 더욱 효과적으로 추구할 수 있어야 한다. 따라서 합리적인 개인은 사회적 선택을 하는 원칙에 합의해야 하며, 이 원칙은 정의와 연관된다(Gauthier 1990, 200~1).

원칙에 합의하는 데서 개인들 각자는 협업이 없는 상태에서 얻는 것보다 협업이 있는 사회에서 얻는 이익이 더 많을 것이라고 기대하고, 더 많아지는 이익이 어떻게 쓰여야 하는지 합의하게 될 것이다(Gauthier 1990, 203~4). 그렇다면 자기 이익에 따라 동기를 부여받은 당사자들로 하여금 합의하게 하는 것이 적절한 원칙이다. 고티에는 '시초/최초의 협상 입장initial bargaining position'을 상정하는데, 여기서 당사자들은 자신의 처지와 이익을 잘 알고 있다고 가정한다. 이 점에서 고티에는 롤스의 원초적 입장과는 근본적으로 다르다.

사람들은 타인이 요구하는 바에 대해 가장 적게 양보할 수 있을 때 원칙에 합의하게 될 것이다(Klosko 2005, 2258). 즉 상대방의 양보에 비해 상대 양보, 즉 자신이 제시하게 되는 양보의 최대치를 상대적으로 극소화하는 원칙, 즉 '최대 상대 양보의 극소화 원칙principle of minimax relative concession'에 따라 행동할 것이다(Gauthier 1986, 137). 요컨대, 합의가 없는 경우에 가장 적게 받는 것과 타인에 의해 합의에서 배제되는 경우에 가장 많이 받는 것 사이의 차이를 고려해 가장 적게 양보하려고 할 것이다. 이 원칙은 가장 적은 상대적 혜택이 가능한 한 가장 커야 하기 때문에, 이 원칙은 권리에 의해 얻을 수 있는 혜택에 비해 상대 혜택의 최소치를 극대화하는 원칙, 즉 '최소 상대 혜택의 극대화 원칙maximin relative benefit'이라고도 일컬을 수 있다(Gauthier 1986, 14).

최소 상대 혜택의 극대화 원칙에서 혜택은 사회적 협업이 없는 경우에 개인이 얻을 수 있는 혜택보다 사회적 협업에 의해 개인에게 돌아오는 혜택을 의미한다. 사회적 협업이 없는 것은 고티에가 말하는 협상 과정에 진입하게 되는 개인으로 봐서는 출발점이다. 사회적 협업의 부재가 일종의 자연 상태이다. 말하자면 협업을 하지 않을 때 자신에게 돌아오는 혜택, 즉 자연 상태에서의 '기저점(基底點) 보상base-point payoff'보다 협업을 하는 경우에 상대적으로 최대한의 혜택을 보장하는 원칙을 택하게 된다(Gauthier 1990, 205). 말하자면 개인들은 양보는 최소로 하면서 '협업에 따른 잉여cooperative surplus'로 인해 기대되는 혜택을 최대로, 즉 기대되는 유효성을 최대로 하고자 할 것이다(Gauthier 1986, 152; 1990, 205~8, 211). 그렇게 될 가능성이 있어야만 협업을 하게 되는 것이다(Gauthier 1986, 114).

역으로 말하면, 개인의 입장에서 볼 때 협업하는 데서 기대되는 혜택에 대한 부담이 지나치다고 생각되면 협업하지 않으려고 할 것이다. 각 개인들은 자연 상태에서도 가질 수 있는 혜택보다 협업으로 얻게 되는 혜택이 상대적으로 평등한 비율이 되어야 한다고 생각할 것이다. 즉 재능이 더 많은 사람은 협업에 의한 혜택이 더 많을 것이기 때문에 더 많이 양보해야 한다. 다른 한편 재능이 적은 사람은 절대적인 양에서 보면 더 적게 양보하게 되는 셈이다(Gauthier 1986, 271~2).

어쨌든 어느 누구라도 양보하는 것을 가장 적게 하려고 한다. 따라서 최대 상대 양보의 극소화 원칙을 정의의 기초로 삼을 수 있다(Gauthier 1986, 14). 이 원칙은 각자의 행동을 불편부당하게 제약하는 근거가 되어 협업적인 상호 작용이 가능하다. 이 점에서 정의와 이성은 일치한다(Gauthier 1986, 150).

이 과정을 다음과 같은 예로써 다시 기술할 수 있다. 철수는 600만 원을 출자하고 영희는 400만 원을 출자하여 공동 사업을 하기로 했는데, 철수는 180만 원, 영희는 80만 원의 자본이득을 기대한다. 그런데 합쳐서 1,000만 원을 출자한 사업에서 500만 원의 자본이득을 기대할 수 있다고 가정해보자. 철수는 영희와 협업하지 않고도 600만 원을 가지고 혼자서 180만 원의 이득을 얻을 수 있다고 보기 때문에 기저점의 수익률로 180만 원을 주장한다. 그러면서도 철수는 420만 원을 요구한다. 이것은 영희가 철수 없이 얻을 수 있는 이득, 즉 80만 원을 협업에 의한 전체 이득, 즉 500만 원에서 제(除)한 양이다. 반면에 영희는 같은 논리에서 320만 원을 요구한다. 만약 철수가 합의로부터 X의 이득을 가진다면, 그가 양보하는 것은 420만 원에서 X가 모자라는 것과 420만 원에서 180만 원을 제한 것 사이의 비율이다. 영희가 합의로부터 그녀의 몫, 즉 500만 원 - X를 가진다면, 그녀의 양보는 320만 원에서 그녀의 몫을 제한 것과 320만 원에서 80만 원을 제한 것 사이의 비율이다(Gauthier 1990, 206).

두 양보가 다음의 식과 같이 평등하면, 즉 협업에 의한 철수의 자본이득 X가 300만 원이 되면, 최대한의 양보가 최소화된다(Gauthier 1990, 206).

$$\frac{420-x}{420-180} = \frac{320-(500-x)}{320-80}$$

$$x = 300$$

위에서 나타난 배분의 결과는 공헌한 바에 비례하며 서로가 상대방을 이용한 것이 아니기 때문에 불편부당한 것이다.

그런데 최대 상대 양보의 극소화 원칙은 사회에서 가장 낮은 또는 최소한의 부의 수준을 최대화하는 체제가 정의롭다는 것을 의미한다. 이 원칙은 롤스의 원칙과도 비슷하다고 하겠다(Gauthier 1986, 246~7). 롤스는 최소 수혜자에게 최대의 혜택이 돌아가게 해야 한다는 원칙을 무지의 장막에서 도출했다.

반면 고티에는 무지의 장막을 설치하지 않아도, 즉 계약 당사자들이 불편부당하다는 것을 미리 가정하지 않고 개인이 자신의 능력과 이해관계를 고려할 수 있게만 해도 자기 이익을 추구하는 개인들은 합리적으로 서로를 제약하여 개인들 사이의 가설적인 이상적 협상에서 최대 상대 양보의 극소화 원칙을 도출한다고 본다(Gauthier 1986, 6; 1990, 201~3). 고티에는 자신의 원칙이 합리적이라고 주장하며, 자기 이익을 추구하는 모든 사람들은 타인에게 자신이 받아들일 수 없는 것을 요구하지 말아야 한다는 가정, 즉 서로 불편부당해지는 합리적 제약에 근거를 두고 있다(Gauthier 1986, 143). 그러나 레스노프Michael Lessonoff에 따르면, 이 가정이 과연 타당한 것인지 의문을 제기할 수 있다(Lessnoff 1990, 20). 고티에가 합리적 선택이론이라는 틀 내에서 도덕 이론을 전개하려고 하기 때문이다(Gauthier 1986, 8~10).

정의에 대한 고티에의 계약이론이 롤스의 계약이론과 크게 다른 점은 또 있다. 롤스의 최소 극대화 원칙은 사회 전체의 경제적 생산에 적용되는 것으로 되어 있다. 반면 고티에의 원칙은 그가 '협조에 의한 잉여cooperative surplus'라고 부르는 것, 즉 사회적 협업에 의해 개인에게 생겨난 경제적 생산의 증가에만 적용된다. 그래서 고티에는 롤스가 자연적 재능과 운에 의한 배분을 공동 자산으로 삼고자 하는 것을 반대하는 것이다 (Gauthier 1986, 221).

그런데 만약 홉스가 옳다면, 자연 상태에서 개인은 자신의 노력으로 얻게 되는 것이 거의 없다. 고티에의 요지는 이상적인 자유 시장에서 각자가 얻는 것에다 협업에 의한 잉여분을 보탠 것을 가질 자격/권리가 있다는 것이다. 협업에 의한 잉여는 최대 상대 양보의 극소화 원칙에 따라 결정된다. 그런데 이 원칙은 공적 선/재화의 배분에만 적용된다(Gauthier 1990, 201~2).

노직과 달리 고티에는 공적 선이 있다는 것을 인정한다. 이 점에서 고티에는 노직보다 롤스에게 근접한다. 그러나 공적 선은 어느 누구도 배제하지 않는다. 공적 선에 대해 비용을 지불하는 사람들에게만 공적 선의 소비를 제한할 수는 없기 때문이다. 예컨대 국가를 방어하고 등대를 설치하는 데서 혜택을 보는 것을 제한할 수 없는 것과 마찬가지 이치이다(Gauthier 1990, 212~3). 이렇게 보면, 공적 선의 배분이 문제가 아니라 단지 공적 선의 비용을 배분하는 것이 문제이다. 이 문제에 고티에의 논지를 적용할 수 있지만, 그는 어떻게 해야 하는지는 보여주지 않는다. 그렇다면 그의 논지는 단순히 정의로운 과세에 대한 이론에 지나지 않게 된다(Lessnoff 1990, 21).

고티에에 따르면, 사회계약은 우리 의식에 아주 깊이 새겨져서 하나의 이데올로기를 형성하고 있다. 또한 그는 사회적 관계를 정당화하는 사상으로서 사회계약이 무엇을 담고 있는지를 정확하게 밝히고자 한다. 사회계약 이데올로기를 보증하려는 것이 아니라 적나라하게 밝히고자 하는 것이다(Gauthier 1977). 그가 생각하는 사회계약 이데올로기는 사회관계가 본질에서 계약적이며 합의 결과는 전통에 의해 주어지기보다는 본질에서 발견되거나 신에 의해 설정된다고 본다.

그러한 사고의 밑바탕에는 인간의 본성에 대한 가정이 있으며, 사회에서 벗어나 인간의 본질적인 특성을 파악할 수 있으며, 인간은 소유에 관심을 두면서 효용을 최대화하는 행위자라는 개념이 깔려 있다. 이 이데올로기에 따르면, 사회적 관계는 이상과 같이 이해된 인간들에 의해 동의되면 정당화될 수 있다. 이 관념을 선호하여 주장하는 것이 아니라, 정당화될 수 있는 사회적 관계라는 문화적 관념이 심층구조라는 점을 드러내는 것이 그의 목적이다(Gauthier 1977).

사회계약이론은 실제적이거나 가설적인 동의에서 규범을 도출하는 것이기 때문에, 도출된 규범은 계약자들의 가치에 의해 어떤 방식으로 제한받아야 한다. 그렇다면 그 가치는 보편적인 것이 아니며 주어진 것으로 여겨져야 한다. 따라서 사회계약이론이 정치철학의 한 부분을 이루는 한에서는 특정한 정치공동체나 국가에 적용하는 것으로 제한하는 전략이 가장 유망한 것 같다. 근본적인 가치와 관련해서는 인류 전체보다는 특정한 정치공동체에서 일치하는 바가 많기 때문에 일반적인 동의를 얻기도 쉬울 것이다(Lessnoff 1990, 23).

상대적으로 아무리 조심성이 있다 해도 그러한 계약론이 이익의 갈등으로부터 추상하려고 한다든가, 전통적인 계약이론이 공동의 이익에 쏟는 관심으로 되돌아가려 한다고 생각해서는 안 된다. 모든 구성원들이 자신의 힘으로 경제적 부와 물질적 안정을 얻으려고 노력하는 사회를 상상할 수 있는데, 그러한 사회는 가치가 비슷함에도 불구하고 이익의 갈등을 드러낼 것이다.

여기서 이익의 갈등은 사회계약이론으로써도 피할 수 없다고 주장할 수 있다. 자연 상태에서 벗어나 시민사회에 진입함으로써 공동 이익을 추구하는 데 초점을 두는 전통적 사회계약이론도 이익의 갈등을 피할 수는 없을 것이다. 모든 사람들이 공동 이익을 가진다는 것을 인정하더라도 심각한 이익의 갈등이 존재할 수 있는 것이다. 그래서 시민사회에 진입하는 다른 조건, 다른 말로 하면 다른 헌법을 옹호하기가 쉽다. 예를 들어 부의 배분이라는 문제는 피할 수 없을 것이다.

그렇다면 재산이 적절한 방식으로 획득되었을 경우, 재산이 얼마간 불평등하더라도 사유재산권을 인정하고 보호하는 로크적인 해결책을 택해야 하는가? 아니면 사회적 최소한을 보장하는 롤스적인 해결책을 택해야 하는가? 그것도 아니면 홉스처럼 모든 것을 주권자의 결정에 맡기거나 루소처럼 주권적인 인민의 결정에 맡겨야 하는가? 다른 상황에 놓인 저마다 다른 개인들이 이 대안들 사이에서 무관심할 것이라고 주장할 수는 없다. 이러한 측면에서 모든 사회계약이론, 적어도 개인이 계약 당사자가 되는 모든 이론은 정의에 관한 이론일 수밖에 없다. 그런데 이것을 인정하지 않는 듯 보이는 것이 전통적 계약이론의 약점이다. 반면 롤스의 이론은 이 점에서 장점이 있는 셈이다(Lessnoff 1990, 23~4).

이것이 사실이라면, 즉 모든 사회계약이론이 갈등하는 이익과 그것을 해결하는 방식을 평가해야 한다면, 그 이론은 롤스의 무지의 장막 같은 고안을 포함해야 할 듯하다. 갈등하는 이익을 폐지하지 않고 관리할 수 있게끔 고안한 것이 무지의 장막이다. 그렇지만 무지의 장막은 갈등의 형태와 본질을 크게 변화시켰으며 그 때문에 격렬한 논쟁이 야기됐다는 것을 인정해야 한다. 롤스는 계약 상황이 공정하다고 주장하지만, 노직이 보기에는 재능을 타고난 사람에게는 가공할 정도로 정의롭지 않다. 누가 옳은가? 궁극적으로 그 판단은 개인이 내려야 한다.

그러나 장막이나 이와 같은 장치 없이 사회계약이론은 공동 이익만을 다룰 수 있으며, 그래서 아주 일반적인 종류의 결론에만 이를 수 있을 것이다. 예를 들어 어떠한 형태의 정부가 바람직하다든가 콜먼이 주장하는 바가 옳다면 어떠한 사회 안전체제가 어떠한 사회에서 바람직하다든가 같은 결론 정도를 내릴 수 있을 뿐이다(Lessnoff 1990, 24). 그러한 결론을 내리게 된 것을 무시할 만하다고 주장하는 것은 아니다. 그러나 전통적이든 새롭든 간에 사회계약이론이 다루어야 하는 문제에는 크게 못 미친다(Lessnoff 1990, 25).

하샤니와 프롤리히 등: 평균 공리주의와 평균소득 극대화

롤스는 원초적 입장에서 당사자들이 차등 원칙을 택할 것이라고 보는 데 반해 하샤니John C. Harsanyi는 같은 조건에서 평균 공리주의를 택할 수 있다고 주장한다. 무지의 장막이 엷게 쳐진 상황에서 자신이 사회에서 처하는 입장들이 '평등하게 가능할 것이라고 기대equiprobability assumption'하기 때문에 계약 당사자들은 안녕에 대한 평균 수준을 최대화할 수 있는 기대를 하는 것이 합리적이라고 본다(Harsanyi 1975, 598). 그래서 하샤니의 주장에 따르면 그들은 롤스의 최소 극대화의 원칙보다는 평균 공리주의를 선택할 것이다.[32] 하샤니와 고티에는 계약론적인 접근

---

32 평균 수준을 선택할 것이라는 것은 최소 수혜자에게 혜택을 주기 위해 중산층을 희생시킨다는 반론과 연결될 수 있다(Nagel 2003, 81).

을 이용해 공리주의적인 원칙을 추구하는 것이 도덕적으로 옳으며 합리적이라고 주장하는 것이다. 이것은 흄이 계약과 공리(유용성)를 구분하는 동일한 맥락이다(Gauthier 1986, 5).

하샤니가 평균 공리주의를 원초적 입장에서 선택할 것이라고 보는 데 반하여 프롤리히N. Frohlich, 오펜하이머J. A. Oppenheimer, 그리고 이비C. L. Eavey는 다른 견해를 제시했다. 자신이 놓인 처지와 나중에 어떤 보상을 받을지를 모르는 상황에서 피실험자들에게 소득 분배를 위한 네 가지 원칙이 제시되었다. ① 최소의 소득을 최대화하는 원칙, ② 평균 소득을 최대화하는 원칙, ③ 소득의 하한선을 정하여 제약을 두되 평균 소득을 최대화하는 원칙, 그리고 ④ 소득이 변할 수 있는 범위의 한계를 정하되 평균 소득을 최대화하는 원칙이 제시되었다(Frohlich et al. 1987, 612; Frohlich and Oppenheimer 1992).

연구자들은 피실험자들이 롤스의 차등 원칙을 택할 것인지, 아니면 평균 수입을 최대화한다는 하샤니의 원칙을 택할 것인지를 우선 알고자 했다. 여기에 ③과 ④라는 두 가지 대안도 포함시켰다. 그런데 아주 흥미로운 결과가 나왔다. 피실험자들이 롤스의 원칙도 하샤니의 원칙도 택하지 않은 것이다. 아주 적은 수만이 차등 원칙을 택하고, 압도적인 다수는 ③을 택했으며, ②를 두 번째로 많이 선택했다(Frohlich et al. 1987, 617~9). 이에 연구자들은 이러한 결과는 정의에 대한 신념이 다양하다는 것을 반영한다고 해석한다.

그러면 피실험자들은 왜 ③을 선택하는가? 한편으로는 어느 누구도 빈곤 상태에 놓이지 않도록 보장하는 데 관심을 두면서도 다른 한편으로는 능력이 있고 열심히 노력하는 이들이 더 많은 보답을 받는 것을 원하기 때문이다. 피실험자들은 차등 원칙이 더 많이 보상받을 수 있다는 것을 전적으로 배제하고 빈곤 상태에 놓이지 않도록 하는 데에만 관심을 둔다고 생각하기 때문에 거부한다.

피실험자들은 자신이 더 높은 계층에 있게 된다고 가정할 수 있다면, 소득의 하한선을 높일 경우 자신의 전체 소득이 낮아질 것이며, 반면에 하한선을 낮출 경우 낮은 계층의 사람들이 곤란해질 것이라고 본다. 그래서 이 두 가지 방안 사이의 상쇄를 두고 많이 논의한 결과, 대부분의 피실험자들은 자신들이 더 높은 소득 계층에 속하게 되리라는 희망을 품고 소득의 하한선을 높이는 것과 평균 소득을 증진시키는 가능성 사이의 균형을 맞추고자 했다(Frohlich et al. 1987, 629~31).

요컨대, 롤스의 차등 원칙보다는 평균 소득을 높이는 쪽이 선택될 것으로 볼 수 있다. 이를 근거로 다음과 같이 해석할 수도 있다. 원초적 입장이라는 조건에서는 정보가 불충분하기 때문에 어떠한 결과도 개연성이 똑같다고 생각하는 것이 오히려 가장 합리적이다. 어떤 주어진 배분(n)에서 가능한 결과의 수(o)가 주어진다면, 1/n의 기회가 있다고 말해야 한다(Harsanyi 1975, 598). 그렇다면 이 경우 그들은 평균 공리를 최대화하려고 하지 최소의 입장을 극대화하려고 하지 않을 것이다. 그렇게 하여 차등 원칙보다 평균 소득을 증진시키는 쪽을 선택하는 것이다. 그렇다면 이 선택은 평균 공리의 최대화를 선호하는 것으로 해석할 수도 있다.

그러면서도 이것은 다음과 같이 해석할 수도 있다. 무지의 장막에서조차 합리적인 인간은 불평등을 줄이거나 평균 수입을 보장받는 것보다 본질적인 필요가 충족되는 것을 보장받고자 한다고 볼 수도 있다는 것이다. 즉 인간은 절대적으로 박탈당하는 것으로부터는 벗어나고자 한다(Reader ed. 2005, 7~8). 어쨌든 하샤니와 프롤리히 등은 원초적 입장에서 반드시 정의의 두 원칙을 택하게 되는 것은 아니라고 주장한다.

이상에서 계약론을 통해 롤스가 이론을 구성하는 것에 대한 비판을 다음과 같이 요약할 수 있다.

① 노직은 가설적이라 해도 롤스가 계약론에 의존하여 차등 원칙을 실현하기 위해 결과적으로 공동 자산을 설정하는 것은 부당하다고 생각한다.

② 뷰캐넌은 계약 상황을 설정하더라도 평등을 가정할 필요가 없다고 주장한다. 그는 만장일치를 찾는데, 만장일치 제도가 '대안에 대하여 탁월한 파레토Pareto-superior to alternatives'적이라고 본다. 탁월하다는 것은 제도가 적어도 어떤 당사자들에 의해 선호되며, 당사자들이 다른 것을 선호하지 않는다는 것을 의미한다.

③ 콜먼은 개인이 자연권으로서 가지는 권리를 일단 인정한 연후에 그들로 하여금 각자가 다르게 가질 수 있는 자원에 대한 집합적인 권리의 할당에 계약하게 함으로써 합의를 볼 수 있을 것이라고 주장한다. 그렇게 하면 개인 간의 차이가 줄어들 것으로 예상한다.

④ 고티에는 롤스처럼 원초적 입장에서의 무지의 장막을 치지 않더라도 협조로 생긴 잉여에 대해 최소 수혜자에게 혜택을 줄 수 있다는 점에서 롤스의 계약과 비슷한 효과를 낼 수 있다고 주장한다.

⑤ 하샤니와 프롤리히는 원초적 입장에 서더라도 정의의 두 원칙을 택하게 되는 것은 아니라고 주장한다. 또한 하샤니는 어느 것이 전체적인 공리를 최대화하는지 결정하려고 한다.

이처럼 무지의 장막이 쳐진 원초적 입장을 둘러싸고 다음과 같은 논란이 제기되었다.

① 노직은 롤스가 원초적 입장을 설정하고는 최소 극대화 원칙을 선택

하도록 유도하여 차등의 원칙을 달성하기 위해 결국에는 빈자로 하여금 부자의 정당한 권리를 앗아가게 한다고 비난한다. 그래서 노직은 원초적 입장을 설정하여 정의의 원칙을 도출하는 것과 그 결과로 부자로 하여금 강제노동을 하게 하는 것을 비판한다. 즉 부자가 강제노동을 하도록 하기 위한 기만술을 이끌어내기 위해 원초적 입장을 가정한다고 비판하는 것이다.

② 이에 견주어 콜먼은 롤스처럼 공동의 자산을 설정할 것이 아니라 개인이 가진 권리들 중 개인의 권리와 집합적 권리에 대해 합의함으로써 롤스의 정의의 두 원칙과 유사한 원칙을 도출할 수 있을 것이라고 주장한다. 다른 한편, 고티에는 공정성을 확보하는 원초적 입장을 전제로 하지 않고 협업에 의한 잉여를 합리적으로 배분하는 최대 상대 양보 극소화라는 원칙이 성립하면, 이것이 도덕적 원칙이 된다고 주장한다. 양자는 권리를 계약의 결과로 얻는 것이 아니라 이미 주어진 것으로 본다는 점에서 롤스와 차이가 있다. 또한 양자는 자신들의 정의 이론을 제시하면서 원초적 입장을 구태여 설정할 필요가 없다고 주장한다.

그런데 ③ 설사 원초적 입장을 설정한다 해도 롤스의 최소 극대화 원칙과 이에 따른 차등 원칙이 도출되는 것이 아니라 다른 원칙이 도출될 수 있다는 주장이 있다. 하샤니는 평균 공리의 극대화라는 원칙을 택할 것이라고 주장하며, 프롤리히 등은 롤스의 최소 극대화 원칙도 아니고 하샤니의 평균 공리 극대화 원칙도 아닌 원칙, 즉 소득의 하한선을 두는 평균 소득의 최대화라는 원칙을 택하게 된다고 주장한다. 그들은 원초적 입장에 서더라도 정의의 두 원칙을 택하게 되는 것이 아니라고 주장하는 것이다.

이와 같이 원초적 입장을 설정하는 것, 나아가서는 롤스의 계약론에 대한 다양한 비판이 있다.

(3) 롤스에 대한 옹호

이상과 같은 롤스의 계약론에 대한 비판에 롤스 자신과 그를 옹호하는 이들은 어떤 반론을 펼치는가?

롤스는 칸트의 가설적 상황에 부합하는 원초적 입장을 설정했다. 계약 당사자들로 하여금 본체적 자아라는 시각에서 원초적 입장에 서게 한 것이다(Katzner 1980, 70). 다른 한편 자유 지상주의자로서 노직은 인간은 그 자체로서 목적이며 타인의 목표를 달성하는 수단으로 이용될 수 없다는 칸트의 사상에 근거를 두고(Szabo 1982, 18) 개인의 동의 없이는 다른 목적을 달성하기 위해 개인이 희생될 수 없다고 본다(Nozick 1974, ix). 양자는 다른 근거이지만 부분적으로는 칸트의 윤리에 근거를 둔다(Cooney 1998, 882). 노직은 한 걸음 더 나아가 복지권을 이행하게 되면 정의를 침해하는 것이기 때문에 기본적인 복지권은 있을 수가 없다고 주장하는 셈이다(Nozick 1974, ix).

그러나 원초적 입장을 설정하여 강제노동과 기만술을 획책한다는 주장에 대해 롤스는 다음과 같이 옹호받을 수 있을 것이다.

자연적 자원을 어떻게 배분받았는지 서로 모르는 상황에서 차등 원칙을 택하게 되었기 때문에 특정인을 겨냥한 것이 아니며, 정의의 두 원칙에서 재능을 많이 가진 이가 결과적으로는 더 많이 배분받도록 되어 있다고 답할 것이다. 그러므로 롤스가 재능에 대해 권리가 없다든가, 재능이 공동선을 위해 몰수되어야 한다든가, 재능이 보상을 받지 않아야 한다고 주장한 것이 아니라 재능을 가진 자가 어떠한 특별한 보상을 받을 권리가 없다는 점을 주장했을 뿐이라고 답할 것이다.

재능은 최소 수혜자의 지위를 향상시킨다는 공동선을―롤스는 공동 선이라는 말을 즐겨 쓰지는 않았지만―증진하는 방식으로 보상받게 되어 있다(Pogge 2007, 183~4). 그리고 노직이 적극적인 권리를 부인하면서도 칸트의 원칙과 부합한다고 주장하는 것은 롤스로서는 납득하기가 힘들 것이다. 칸트는 적극적인 권리를 배제하지 않았기 때문이다 (Cooney 1998, 882). 더욱이 무지의 장막에서 각자가 자유롭게 선택했기 때문에 권리를 침해하지 않은 것이며, 따라서 강제노동이 아니라고 볼 것이다(Coleman 2009b, 64~5).

롤스의 시각에서 고티에의 주장에 대해 어떤 반론이 가능할 것인가? 고티에의 경우에는 롤스의 원초적 입장과는 달리 계약 상황에서 각자가 자신과 타인의 재능과 능력을 알고 있으며 서로 양보하고 타협함으로써 합의를 이끌어낸다. 그런데 양보하는 이유는, 양보를 하지 않으면, 예컨 대 홉스가 가정하듯이 자연 상태에서 자연권을 양도하는 양보를 서로 하지 않으면, 모두가 공포에서 살아야 하기 때문이다. 나아가 각자가 협상 능력과 상대방을 위협할 수 있는 잠재력을 각기 다르게 가졌다는 것을 전제로 할 수도 있다. 이것은 고티에가 가정하는 방식이다.

반면에 롤스의 계약 당사자들은 서로 흥정이나 타협을 하지 않는다. 여러 가지 정의의 원칙 중에서 각자가 선택할 뿐이다. 고티에의 방식대로 하면, 롤스가 보기에 합의는 도덕적 이유에서 내린 합의가 아니라 잠정적 타협에 지나지 않게 된다. 그래서 롤스는 이 방식을 택하지 않는다. 롤스는 익명성이라는 조건을 부여하고 위협할 수 있는 능력을 배제한다 (Pogge 2007, 64~5). 그는 공정한 상황에서 어떤 사회 질서에 도덕적으로 합의하게 한다.

그런데 홉스가 옳다면, 자연 상태에서의 개인은 자신의 노력으로 얻게 되는 것이 거의 없다. 고티에의 요지는 이상적인 자유 시장에서 각자가 얻는 것에다 협업에 의한 잉여를 보탠 것을 가질 자격/권리가 있다는 것이다. 협업에 의한 잉여는 최대 상대 양보의 극소화 원칙에 따라 결정된다. 그런데 이 원칙은 공적 선/재화의 배분에만 적용되는 것이다 (Gauthier 1990, 201~2).

하샤니의 주장에 대해 롤스를 옹호하는 이들은 다음과 같은 반론을 펼 수 있을 것이다. 평균 공리주의를 택할 것이라는 하샤니의 주장에 직면하여 롤스가 주장하는 바를 다시 살펴볼 필요가 있다. 물론 롤스도 자신의 최소 극대화의 규칙은 대부분의 불확실한 상황에서 비합리적인 전략이라는 점을 인정한다(Rawls 1971, 136, 157). 그러나 대부분 비합리적이라고 해서 최소 극대화의 규칙을 따르는 것이 결코 합리적이지 않다는 것을 의미하지는 않는다. 죽느냐 사느냐라는 절박한 문제가 걸렸다든가 인생의 안전한 전망을 기대할 수 있느냐 없느냐라는 긴박한 문제가 걸린 상황에서는 사람들이 최소 극대화의 규칙을 택하게 된다(Freeman ed. 2003, 15~7). 이러한 이유만이 아니라 최소 극대화 규칙에 의해 선택된 바에 따라 사는 것이 수용될 만한 것이며, 공리주의적 원칙이나 자유 지상주의적 원칙 같은 다른 대안은 수용할 만한 것이 되지 않을 것이기 때문이다. 그래서 롤스는 차등 원칙을 포함한 자신의 두 원칙이 선택될 것이라고 주장한다.

또한 롤스의 입장은 다음과 같이 옹호할 수도 있다. 원초적 입장에 대하여 롤스가 해석하는 바가 여기에서 문제가 된다. 하샤니는 롤스보다 더 단순한 원초적 입장을 제시했다. 롤스의 원초적 입장은 이와 다르다. 하샤니의 시각에서 보면, 계약 당사자들이 롤스의 차등 원칙을 택하는 것은 비합리적이다. 원초적 입장에서의 롤스의 당사자들은 어떠한 구체적인 동기가 결여되어 있기 때문이다. 롤스가 지적한 대로 그들은 '그저 기본적인 것만 갖추고 있는 사람bare person'이다. 합리성에 대한 개념만으로 그들은 자신이 기대하는 효용을 최대화하는 원칙을 자연히 선택하게 되어 있다. 요컨대, 그렇게 되면 평균 공리주의를 택할 수도 있다는 것을 롤스는 인정한다.

그런데 롤스는 당사자들에게 특정한 동기를 부여하기 때문에 하샤니가 제시하는 사고 실험과는 다르다. 무지의 장막은 가치, 즉 선이라는 관념에 관한 지식을 배제한다. 그래서 당사자는 자신이 어디에 속하는지를 알 수 없다. 그렇다면 당사자들은 무엇을 선호하게 되겠는가? 하샤니는 당사자들에게 어떠한 동기를 부여하지 않기 때문에 롤스가 볼 때 그의 답은 이상하다. 하샤니의 사고 실험과는 다르기 때문에 롤스는 원초적 입장에서의 당사자들은 차등 원칙을 포함해 평균 공리주의보다 공정으로서의 정의의 원칙을 선호하게 된다고 주장할 것이다. 롤스는 차등 원칙을 택하게 되리라는 이유에서 최소 극대화라는 규칙을 제시하는 것이다. 요컨대, 롤스도 무지의 장막이 설정되지 않는다면 평균 공리주의를 택할 수도 있다는 점을 인정하는 것이다(Rawls 1971, 165~6).

프롤리히와 오펜하이머의 연구결과를 인정한다면, 롤스는 자신의 차등 원칙을 옹호하기 위해 어떻게 해야 할 것인가? 첫째, 연구자들이 원초적 입장을 재현하기 위해 실험실의 '의사조작(擬似操作)simulation'을 사용한 것을 롤스는 반박할 것이다. 네 가지 원칙을 선택하게 함으로써 얻게 되는 손해득실은 상대적으로 미약하다. 반면 롤스의 차등 원칙은 개인의 전반적인 삶에 영향을 끼치게 된다(Miller 1999, 80). 둘째, 자신의 특성과 사회에서의 위치를 모르는 사람들에게는 차등 원칙이 선택된다는 것을 롤스는 옹호할 것이다.

그렇게 하기 위해《정의론》을 발간한 뒤 롤스는 불확실한 상황에서 정의의 원칙을 선택하게 된다는 견해에서 벗어나 원초적 입장을 '조정하는 개념mediating idea'이라고 여기게 되었다. 이러한 태도 변경은 이제 그가 직관에 의존하여 자신의 차등 원칙을 옹호하게 되었다는 것을 의미한다(Rawls 1993, 282). 또한 롤스는 차등 원칙을 헌정(憲政)상에서 본질적인 것으로 보지 않고 정치적 논의를 통해 그 타당성을 정할 수 있다고 보는 것으로 견해를 바꾸었다(Rawls 1993, 227~30). 이 개념은 숙고된 도덕적 판단을 반성적 평형에 맞추게 하는 것이다(Miller 1999, 81).

그러면서도 롤스는 '일의적 선primary goods'에 관한 지표가 당사자들이 선하다고 생각하는 바에 대해 해석한다는 것을 부정한다. 롤스는 일의적 선을 결코 그 자체로서 옹호하지는 않는다. 오히려 그는 일의적 선을 융통성이 있는 수단으로 옹호한다. 최소 극대화라는 규칙은 기대되는 가치를 최대화하는 것과는 다르기 때문이다. 그래서 롤스는 나중의 이론에서 선에 대한 관념을 추구하고 수정하는 데 쓰임새가 있는 것으로서 일의적 선을 옹호한다. 게다가 당사자들은 선에 대한 관념이 무엇인지를 모르면서 그들에 의해 대변되는 사람들이 선에 대한 관념을 추구하고 개정할 수 있는지를 우려한다.

앞에서 살펴본 것처럼 롤스는 당사자들에게 덜 논쟁적인 언질, 즉 선에 대한 얇은 관념을 부여하고 있다. 언질의 중요한 핵심은 일의적 선이다. 이러한 선이 주어지면 당사자들은 다른 것보다 일의적 선을 정상적으로 선호할 것이다(Rawls 197, 123). 이것이 롤스가 당사자에게 부여하는 유일한 동기이다.

더욱이 일의적 선을 추구하는 데서 당사자에게는 상호 무관심이라는 제약이 주어진다(Rawls 1971, 12). 그렇게 되면 당사자들은 자비나 질투에서 행동하지 않는다. 상호 무관심을 가정하는 것은 인간의 본성에 대해 개인주의적인 관점을 반영하는데, 이것은 별로 매력적이 아니라고 생각할 수 있다. 그러한 당사자들에게 그러한 동기가 주어진 이상, 상호 무관심을 가정하는 것은 인간의 본성을 반영하자는 것이 아니다.

이것을 가정한 것은 '동정적인 관객sympathetic-spectator'이라는 전통과 더욱 최근의 '이상적인 관찰자ideal-observer'라는 이론에서 발전했으며, 그것은 이러한 이론들에 대한 롤스의 반박을 반영한다. 전자는 흄과 애덤 스미스가 전개한 이론으로, 아주 자비로운 관객을 설정하여 인간의 고통과 성공을 불편부당하게, 그리고 동정적으로 관찰한다. 후자의 이론은 좀 더 공평무사하거나 비개인적이지만, 그래도 무엇이든 알고 있는 관찰자를 상정한다. 각 이론은 우리로 하여금 그러한 관객이나 관찰자가 무엇을 도덕적으로 인정할 것인지를 생각하게 한다.

공리주의자들은 모든 사람의 행복을 합칠 때 사람들 사이에 차이가 나는 것을 무시한다. 무시하지 않으면, 인간의 갈등에서 모든 어려운 문제가 동정적인 관객의 가슴에 그저 재생산되기만 할 것이다. 이러한 난국에서 벗어나고자 롤스는 원초적 입장에 상호 무관심과 무지의 장막을 설정한 것이다. 그렇게 하면 인간들이 서로 구별되는 것을 무시하지 않고, 결과를 한정시키지 않고, 보편적인 자비와 거의 동등한 도덕적 등가를 가질 것이다(Rawls 1971, 128). 롤스는 당사자에게 한정적인 동기를 부여하기 때문에 당사자들은 평균 공리주의보다 그의 원칙을 택하게 될 것이며, 또한 평균 공리를 증진시키면 타인이 희생될 수 있을 것이라는 점에서 정의의 두 원칙을 택하게 되리라고 본다. 이상과 같이 비판에 대한 반론을 펼칠 수 있다.

(4) 현대의 계약론

　지금까지 롤스의 계약론에 대한 논박과 현대에 계약사상이 전개된 바를 살펴보았다. 돌이켜보면, 루소는 계약에서 기본적인 문제, 즉 계약의 범위에 관한 문제를 제기했다. 홉스와 로크는 정치적인 권위를 정당화하는 것과 관련하여 계약을 다루었다. 그러나 루소는 이와 달리 계약이 정치적 정당성과 더불어 참다운 도덕적인 원칙을 만들어내는 것이라고 보았다. 비사회적이거나 반사회적 인간을 시민성을 가진 인간으로 전환시킴으로써 그의 사회계약은 정치적인 권위를 성립시키면서 정의와 자유를 만들었다. 이와 같이 계약이 인간의 도덕성을 만들어낸다는 점은 칸트에게 영향을 주었다. 그래서 칸트는 도덕적인 원칙을 그의 정언명령으로 만드는 데서 계약을 이용했다(Lane 2005, 2220).

　그 후의 계약론은 다른 지적인 흐름, 특히 공리주의와 법실증주의—계약론은 법실증주의에 반발했지만 법실증주의는 계약론에 지울 수 없는 영향을 남겼다—, 후기 칸트의 의무론적인 도덕철학, 그리고 경제학과 심리학 이론의 발전 등에서 큰 영향을 받았다(Shapiro 1986, 4). 《정의론》이 출간된 이후로 현대의 정치철학은 사회계약론으로 되돌아갔다. 전술한 것처럼 고티에는 《합의에 의한 도덕》에서 롤스와는 다른 계약론의 전통에 주로 의존했다. 롤스가 칸트에 의존했다면, 고티에는 홉스에 의존했다.

　반면 도덕적인 원칙을 만들고 시험하는 데서 계약의 역할에 관해서는 주로 고티에, 하샤니와 스캔런Thomas M. Scanlon이 개진했다. 스캔런은 롤스처럼 칸트에 의해 고무받았지만, '합당한reasonable' 사람이라면 어느 누구라도 거부할 수 없는 원칙을 찾는 것이 계약주의라고 주장하면서 롤스적인 접근을 정의에서 도덕으로 확장했다. 이에 비해 고티에와 하샤니는 계약론적인 접근을 이용하여 공리주의적인 원칙을 추구하는 것이 도덕적으로 옳으며 합리적이라고 주장함으로써 흄이 계약과 공리(유용성)를 구분한 것을 연결시켰다(Gauthier 1986, 5).

20세기의 계약론은 크게 두 부류로 나눌 수 있다. 즉 홉스적인 '상호 이익mutual advantage' 이론과 칸트적인 '공평impartiality' 이론이다. 또한 이론이 지향하는 목적에 따라 세 가지로도 분류할 수 있다. 즉 고티에와 같은 '도덕적 정초주의moral foundationalist' 이론, 스캔런이나 딕스B. J. Diggs와 같은 철학적 이론, 그리고 롤스나 배리와 같은 정치적 이론이다(Kelly 1998, 639).

홉스의 상호이익 이론을 대변하는 고티에가 합리성에서 도덕성을 이끌어내는 데 성공했는가 하는 점이 문제가 된다. 롤스는 인간이 정의의 감각이 가능하다는 것을 전제로 하며 정의가 부과하는 제약을 서로 존중할 것이라고 본다는 점을 솔직히 인정한다(Rawls 1971, 145). 말하자면 칸트주의자들은 도덕이 불편부당함을 요구한다는 것은 합리성이라는 개념 자체에 처음부터 담겨 있다고 본다.

고티에는 이와 견해를 달리한다. 그는 최대 상대 양보의 극소화 원칙이 합리적이면서도 공정성이나 불편부당성에 근접한다고 본다(Sugden 1993b, 160). 그에게 도덕은 불편부당성과 같은 것으로 여겨지며 불편부당성은 정의와 같은 것인데, 정의는 정의로운 배분을 의미한다(Lehning 1993, 85). 협업에 의한 이익을 불편부당하게 배분하려면 서로 제약을 받게 마련인데, 비도덕적 전제로부터 인간이 선택한 것에 대한 제약을 받아들이게 되면 그 제약이 도덕을 구성한다. 그래서 이 제약이 도덕을 구성하는 것이다(Sugden 1993a, 8).

그러나 이에 대한 의문의 여지가 없지 않다. 한 가지 예를 들면, 고티에 자신도 경제적인 인간과는 구별되는 '실재의 인간real human beings'을 제시하면서 실재의 인간은 도덕적 제약에 따라 행동한다고 주장한다(Gauthier 1986, 315~7). 이것은 그 스스로 경제적 인간만으로는 실재의 인간이 지닌 도덕성을 설명하지 못한다고 볼 수도 있는 여지를 남겨두는 것이다. 따라서 고티에의 합리성이 과연 불편부당함을 보장하는지는 검토해볼 필요가 있을 것이다(Sugden 1993b, 172~5).

위에서 논한 바대로 계약론은 때로는 가설적인 접근이라고 일컬어진다. 우리가 동의할 수도 있으며, 동의하기로 마음먹을 수도 있는 계약으로써 계약이 짜이기도 하기 때문이다. 그렇다면 어떻게 해서 가설적 계약이 도덕적으로 구속력을 지닌 것으로 간주될 수 있는가? 이 문제가 제기되면, 전술한 것처럼 계약의 합리성이라는 문제에 직면하게 된다. 그런데 합리성은 롤스의 용어를 따르면 합리성에 대한 협의의 관념과 '합당함(이치에 맞음, 정당함. 온당함, 합당함)reasonableness'으로 나뉠 수 있다.

롤스는 모든 사람이 공정하고 합당하다고 동의할 수 있는 정의에 대한 기본적인 원칙을 규정하고자 한다. 공적인 정당화에 관한 롤스의 개념은 정의에 대한 기본적인 원칙이 공정하고 합당하다고 해서 실제로 동의할 것을 요구하지는 않는다. 오히려 정의에 대한 원칙이 공정하고 합당하다는 데 동의할 것을 요구한다.

그런데 합리성과 합당함이라는 구분이 의미하는 바는 무엇인가? 롤스는 칸트에게서 두 가지 주제를 취하는데, 하나는 이미 살펴본 것처럼 사회계약이라는 관념이 기본적인 권리를 포함해 정의에 대한 보편적인 규범을 찾는 데 이상적인 절차라는 사고이다. 다른 하나는 인간이 '합당하며reasonable' '합리적rational'인 만큼이나 근본적으로 자유롭고 평등한 도덕적 존재라는 관념이다.[33] 이 관념은 도덕적인 사고를 전개하는 데 규제하는 역할을 한다(Ivison 2008, 110).

그렇다면 무엇을 믿는 것이 합당한가? 그리고 무엇을 하는 것이 합당한가? 철학은 이 두 가지 문제를 다루고자 한다. 여기서 이성이 이에 대한 논증과 연관된다. 사회철학은 시민사회에 관심을 두지만 정치철학은 국가의 영역에 관심을 둔다. 정치철학은 정치가 어떠한지를 묻는 것이 아니라 어떠해야만 하는지를 묻는다. 즉 규범적이다. 그래서 기술하고 설명하는 것뿐만 아니라 좋음과 나쁨, 올바름과 그름, 그리고 정의로움과 정의롭지 않음 등과 같은 개념을 사용하는 것을 평가한다. 개념을 평가하는 이유는 어떤 주장이 의미하는 바를 명확하게 이해해야 하기 때문이다. 그리고 시민사회와 정부라는 맥락에서 제기되는 기본적인 도덕을 검토하려면 도덕적인 논쟁에 대한 평가를 하게 된다. 개념을 평가하고 어떠한 주장을 평가하는 것은 어떠한 주장이 진실인지 또는 합당한지

---

33 '합당/온당한 것the reasonable'과 '합리적인 것the rational'이라는 개념은 롤스의《정의론》(개정판, 1999)에 나타나는데, 이 개념은 그의《정치적 자유주의》(1993)에서보다 큰 역할을 담당한다. 그 차이는 다음과 같이 말할 수 있다. 합리적인 것은 나 자신의 특정한 선이나 이익을 추구하는 것을 가리키고, 합당한 것은 타인과 타인의 정당한 주장에 대한 존경에서 자신의 주장을 완화하려는 '의도willingness'를 가리킨다. '합당함reasonableness'은 올바름이라는 개념, 특히 공정과 타인과 타인의 정당한 주장에 대한 존경에서 연유하는 요구를 기꺼이 완화한다는 관념과 연관된다. 그리고 롤스는 '합당한 사람reasonable person'이라는 용어를 합당한 것이라는 개념을 기술하는 하나의 방법으로 삼고 있다. 합당한 사람은 '합당한 다원주의reasonable pluralism'라는 사실을 받아들인다. 각자가 이성을 자유롭게 행사하는 까닭에 근본적인 세계관에 대한 의견의 불일치가 불가피하기 때문이다. 그리고 합당한 사람은 '판단의 부담burdens of judgment'을 받아들인다. 다른 도덕적 견해에 대한 판단과 관련하여 모호하고 비결정적이며 복잡한 것을 피할 수 없기 때문이다. 그러나 합당한 사람들은 다른 합당한 사람과 기꺼이 협조하려고 한다. 이것이《정치적 자유주의》의 중심 주제이다(PL, 54~8). 합당한 것에서 합리적인 것이, 그리고 특히 합리적인 것에서 합당한 것이 도출되는 것이 아니다. 즉 서로 구별되는 독립적인 개념이다. 그래서 공정으로서의 정의를 합리적인 것에서 합당한 것을 도출하려는 것으로 봐서는 안 된다(PL, 48~53).

를 묻고 답하는 것이라고 볼 수 있다(Barcalow 2004, ix~x).

그래서 롤스에 따르면 합리성이라는 협의의 관념은 자신의 목표와 이익을 추구하는 데서 최선의 길을 계량할 때 나타나는 신려와 일치한다. 이에 견주어 합당하다는 것은 모든 사람이 자신의 목표와 이익을 추구하는 조건이 공정한지를 평가하는 것과 연관된다. 그렇기 때문에 합당하다는 것은 어떤 사람이 행동을 하는 데 합리적인지를 가늠하는 기준이 된다.

이렇게 구분하게 되면, 홉스는 합당성이 있게 행동하는 것이 합리적이라는 것을 주장하기 위해 계약을 이용한다. 말하자면 개인의 이익을 추구하기 위해 복종하지 않으려고 하기보다는 유능한 주권자에게 복종하며, 마찬가지로 복종하는 다른 사람에 대해 공정하게 처신하는 것이 합리적이며 신려 있는 행동이라는 것을 보여준다. 이에 비해 롤스는 계약론을 다른 용도로 이용했다. 그는 먼저 무엇이 합리적인지를 숙고하는 타당한 조건을 제시하고 그다음에 인간이 합리적으로 추구할 수 있는 바를 결정해야 한다고 주장했다. 이렇게 보면 롤스는 복종을 받는 바가 정당하기 때문에 복종이 정당하다고 주장한 셈이다. 그러나 홉스에 따르면 복종하는 것은 정당한데, 복종하는 것이 가장 신려 있는 행동이기 때문이다.

그래서 롤스는 합당한 것이 계약하는 입장을 결정하며, 그 입장에서 무엇이 선택될 수 있는지를 분석한다. 계약은 공공성과 상호 대등성이라는 합당한 제약을 제시하는 역할을 담당한다. 즉 원초적 입장에서는 자신이 실제로 어떠한 존재인지는 모르는 것으로 간주되지만 정의에 대한 어떤 원칙은 서로 인지되어야만 한다. 칸트와 마찬가지로 롤스는 원초적 입장에서 무지를 주장했다. 계약하는 입장에서 공정하지 못한 유리한 점을 배제하고자 했기 때문이다.

반면에 홉스는 자신의 생명 보전이 인간에게 최우선적인 관심사이며, 자연 상태에서 인간은 사려 분별 있게 행동함으로써 가장 잘 보전할 수 있다는 것을 깨달을 수 있다고 보았다. 이에 대하여 롤스는 무엇이 합당한지가 시작할 때 알려져야 하며, 그 후에 어떤 특정한 합리적인 이익을 결정해야 한다고 주장한다(Lane 2005, 2221). 그러나 고티에는 원초적 입장을 설정하여 공정성을 전제로 할 필요 없이 협업에 의한 잉여를 합리적으로 배분하는 데서 도출되는 최대 상대 양보의 극소화 원칙이 불편부당한 도덕적 원칙이 된다고 주장한다.

전술한 것처럼 롤스는 정부의 형태보다는 도덕적 원칙을 정당화하기 위해 계약을 이용한다. 그의 이론에서 자연 상태는 원초적 입장이라는 가설적인 상황으로 다시 등장하며, 원초적 입장에서 인간은 매우 공정한 조건에서 정의의 원칙에 동의하게 된다. 공정한 조건을 갖추게 하기 위해 롤스는 무지의 장막을 설정한다. 이로써 롤스에 와서는 자연 상태가 역사적인 실재성이 있을 수 있다는 것을 가정할 필요가 없어졌다. 그것은 적절한 도덕적인 원칙을 찾는 데 도움이 되는 분석적인 고안물일 뿐이다(Klosko 2005, 2258).

오늘날 계약론적인 방법이 완전히 사라지지는 않았지만, 칸트 이후 도덕적 이론화는 공리주의와 관념론자가 주도했다. 정치이론가들 사이에서는 정치적인 고안으로서의 사회계약이 꾸준히 의미를 가졌지만, 여기에서조차 역사적인 호기심 정도로 남아 있을 뿐 논지를 전개하는 데 역동적으로 쓰이지는 않았다. 1950년대 이후로 전통적인 자연권 이론을 채택하는 도덕철학자는 별로 없다. 20세기 초반에 이르러 윤리이론은 점차 도덕적인 언어를 분석하는 데 관심을 두게 되었으며, 권리라든가 의무 같은 실질적인 도덕적인 문제에는 관심을 두지 않게 되었다. 그래서 계약론적인 방법은 점차 적실성을 상실하게 된 것이다(Wellman 2006, 468; Kelly 1998, 639).

그렇다면 오늘날 계약론의 위치와 의미는 무엇인가?

첫째, 앞서 말한 바와 같이 실제의 사회는 어떠한 계약을 기초로 만들어진 것이 아니며 만들어졌던 것도 아니다. 사회는 버크가 말한 대로 '모든 학문 …… 모든 예술 …… 모든 덕성과 모든 완결성'에서 모든 목적을 가진 결사체이다. 그래서 이 결사체는 법이라는 개념을 초월하며, 그 자체로서 성장하고 존재한다. 그러므로 사회적이라는 단어의 엄격한 의미에서 사회계약이라는 것은 있지도 않으며, 있었던 것도 아니다.

둘째, 다른 한편 국가는 사회와 구별되는 것으로 생각될 수 있으며, 또한 계약을 기초로 하여 구성된 것으로 간주할 수 있다. 물론 혁명이나 연방제가 아니고서는 실제로 계약 행위를 통해 성립되는 경우는 드물다. 이렇게 보면 국가는 법적인 결사체이며, 그 구성원이 헌법을 만듦으로써 그 자신들을 정치체로 계약하는 행동에 따라 만들어진다. 한 국가의 헌법은 그 국가를 구성하는 계약의 약관(約款)이다. 이런 관점에서 보면, 사회계약과 관련된 것은 아니라 해도 어쨌든 '정치적 계약political contract'에 대하여 말할 수 있다. 정치적 계약은 헌법의 약관에 표현되어 있으며, 그 약관이 점진적으로 만들어졌을 수도 있고 단번에 만들어졌을 수도 있다.

셋째, 그러나 오늘날에 와서 '정부의 계약governmental contract'이라는 사상에 호소하거나 이 사상을 적용할 필요는 없다. 즉 지배자라고 불리는 국가의 한 부분이 신민이라고 불리는 다른 부분과 서로 계약했다고 생각해야 할 필요가 없다.

롤스의 《정의론》에 나타난 계약론은 이러한 문제를 부각한다. 롤스로 인해 규범적인 정치철학이 윤리적인 이론화에 중심적인 요소가 되었으며, 계약론은 부활했다. 그는 정의와 같은 개념을 분석하는 것뿐만 아니라 정의가 요구하는 바에 관심을 기울였다. 말하자면 어떠한 원칙이 사회의 협업으로 인한 혜택을 배분해야 하는지에 관심을 기울였다. 롤스는 도덕과 정치에 대한 이론에 큰 변모를 야기했다. 이에 못지않게 중요한 것은 정의에 대한 롤스의 이론이 칸트, 루소, 그리고 로크로 거슬러 올라가는 사회계약론의 전통에 기반을 두었다는 점이다. 그렇게 함으로써 롤스는 공리주의와 직관주의에 대항하는 이론을 제시했다(Kelly 1998, 639).

이상의 논의를 토대로 보면, 계약의 역할과 본질은 차이가 있다. 먼저 계약의 역할을 살펴보면, 롤스에게서 계약은 첫째, 정당화하는 역할보다는 평가적인 역할을 담당한다. 둘째, 정의(定義)를 내리는 역할보다는 '발견적인heuristic' 역할을 한다. 왜 국가에 복종하느냐는 질문이 제기됐을 때 어떤 상황에서는 국가에 복종하기로 약속했기 때문이라고 답하게 된다면, 이 경우 계약은 정당화하는 역할을 담당한다. 그런데 롤스는 사람들이 계약을 실제로 하는 것이 아니라 순전히 가설적이라고 본다(TJ, 16). 롤스가 계약을 상정한 이유는, 원초적 입장에서 어떤 정치사회의 제도를 선택하게 되면 이는 그 제도가 정의로우며 나아가 바람직하다는 것을 증명한 셈이라는 것을 보여주기 위해서이다. 따라서 롤스는 계약에 정당화하는 역할보다는 평가적인 역할을 부여한다.

그런데 계약이 순전히 평가적인 도구라면, 그 역할에 대한 질문까지 던질 수 있다. 사회제도에 대한 대안 X가 원초적 입장에서 선택될 수 있는 계약론적인 속성을 지녔다고—롤스의 주장대로 정의의 두 원칙이 이상과 같은 계약론적인 속성을 지녔다고—가정해보자. 그런데 앞에서 우리는 "윤리적으로 선한 것은 신이 명령을 내렸기 때문에 선한 것인가, 아니면 선하기 때문에 신이 명령을 내린 것인가?"라는 질문을 던졌다(이종은 2010, 101). 이 질문은 플라톤이 대화록 〈에우티프로Euthyphro〉(6e, 7e, 9e, 10a)에서 던졌다고 하여 '에우티프로의 딜레마Euthyphro Dilemma'라고 일컫는다(Crisp 2006, 14~6). 마찬가지로 대안 X가 공정하다고 간주되는 원초적 입장에서 선택됐기 때문에 정의로운지, 아니면 정의롭기 때문에 선택된 것인지 물을 수 있다. 요컨대, 원초적 입장에서 선택될 수 있는 계약론적인 속성을 띤 것이 정의로운 것이 무엇인가에 대해 '규정적definitional'인가, 아니면 단순히 정의롭다는 독립적인 속성이 있다는 것을 알리는 속성, 즉 정의로운 제도를 찾는 발견적 절차를 제공하지만 제도가 정의롭다는 것을 규정적으로 의미하지는 않는가(Pettit 1991a, 7)?

롤스에게 계약론적인 속성은 정의를 구성하거나 규정하는 것이 아니라 정의를 드러내는 어떤 것이다. 그래서 그가 상정하는 계약은 전술한 것처럼 발견적이다. 논의되고 있는 대안들 중에서 가장 정의롭다는 것에 대해 증거를 제시하려는 것이지, 정의로운 것이 무엇인지를 처음부터 규정하려는 것은 아니다. 물론 논지가 전개되고 사람들이 정의를 계약론적인 방식으로 보게끔 설득된다면, 사람들은 정의를 그러한 것으로 규정하게 될 수 있다(TJ, 111).

그러나 계약론적인 설명이 그저 규정적인 것으로 제시되지는 않는다. 그것은 정의에 대하여 이전에 알려진 개념을 해설하는 방식으로 제시되었다. 해설되는 개념은 다름 아닌 공정으로서의 정의라는 개념이다. 계약의 역할을 평가적으로, 그리고 발견적으로 보기 때문에 그의 접근법은 현대의 다른 계약론자에게서 상대적인 위치를 차지한다. 다른 계약론자들은 계약이 평가적이라는 데에는 동의하지만, 발견적인가 규정적인가라는 문제와 관련해서는 견해가 다르다(Pettit 1991a, 7).

현대의 발견적 계약론자에는 하샤니가 포함되는데, 그는 어느 것이 전체적인 공리를 최대화하는지 결정하려고 한다. 뷰캐넌은 만장일치를 찾는데, 그는 만장일치 제도가 '다른 대안에 대해서 탁월한 파레토적Pareto-superior to alternatives'이라고 본다(Gauthier 1990). 탁월하다는 것은 제도가 적어도 어떤 당사자들에 의해 선호되며, 당사자들이 다른 것을 선호하지 않는다는 것을 의미한다(Harsanyi 1976). 고티에는 올바른 것을 어떤 가설적 상황에서 합리적인 당사자들 사이에 합의할 수 있는 것으로 규정한다(Gauthier 1986). 스캔런은 올바른 것을 강제되지 않고 알려진 일반적 합의에 대한 기초로, 어느 누구도 합리적으로 거절할 수 없는 것으로 규정한다(Scanlon 1982). 다른 한편 하버마스Jurgen Habermas는 그가 상정하는 계약이 발견적으로나 규정적으로 정의와 연관되는가라는 문제를 명확하게 밝히지 않는다(Habermas 1991). 요약하자면, 계약에 대하여 정당화하는 역할을 부여하기도 하고 평가적인 역할을 부여하기도 하는데, 평가적인 역할에서는 규정적인가 아니면 발견적인가에 따라 나누어진다(Pettit 1991a, 8).

계약의 본질에 관한 차이는 역할에 관한 차이보다 더 많이 나타난다. 여기서 세 가지 질문을 제기할 수 있는데, 그러므로 롤스의 견해를 상술하는 데서 세 가지를 말할 수 있다. 그가 상정하는 것은 첫째, 의도하지 않은 준(準)계약적인 합의가 아니라 의도적인 계약이라는 점이다. 둘째, 정치적 계약이 아니라 경제적인 계약이라는 점이다. 셋째, 상호 작용적인 계약이 아니라 상호 작용적이지 않은 계약이라는 점이다(Pettit 1991a, 8).

① 첫 번째 질문에 대해서는 롤스뿐만 아니라 대부분의 계약론자들이 노직과는 견해가 다르다. 노직을 계약론자라고 묘사하는 것은 옳지 않을 수도 있겠지만, 그러나 그의 접근법은 계약론에 근접한다(ASU, 132). 정치체는 없지만 사회적으로 조직된 상황에 놓이면 사람들은 불편하기 때문에 최소 국가에 근접하는 서로 간의 합의를 합리적으로 하게 되는데, 바로 그 이유에서 노직은 최소한의 국가를 정당화한다. 또한 개인적으로 합리적인 선택을 하다 보면 타인의 권리를 침해하지 않고 최소한의 국가에 이르게 된다. 그렇기 때문에 노직은 최소 국가를 인정하지 않을 수 없다는 주장을 펼친다(Pettit 1991a, 9).

노직이 상정하는 계약에 준하는 절차와 롤스의 진정한 계약의 차이는 무엇인가? 노직의 절차에서는 개인들이 타인과 협상하는 과정에서 집단적으로 어디로 가게 되는지에 대한 개념을 필요로 하지 않는 데 비해, 롤스의 계약에서는 당사자들이 자신의 선택에 따라 어떻게 되는지를 알고 있다. 특정한 제도에 대해 합치하게 된다는 것은 그 결과를 예상할 수 없는 것이 아니라 결과를 예상할 수 있는 것을 의도적으로 선택하게 되는 것이다(Pettit 1991a, 9).

② 두 번째는 정치적인 계약인가, 경제적인 계약인가라는 질문이다. 사람들이 서로의 이익에 다른 영향을 끼치는 합의를 하고자 할 때 각자는 타인과는 다른 제도를 선호하게 된다. 합의는 정치적인 합의나 경제적인 합의라는 두 가지 방식 가운데 하나를 택하게 될 수 있다. 자신의 이익에 가장 적합한 것을 계산해보고 이를 얻으려 하는 것이 경제적인 방식이다. 다른 한편 자신의 특정한 이익은 제쳐두고 공동선과 같은 것을 고려할 때 이에 가장 적합한 제도에 대해 논쟁하는 것은 정치적인 방식이다.

정치적인 성격을 띤 계약을 상정하는 가장 명확한 예는 하버마스의 이론이라고 하겠다(Pettit 1991b; Elster 1991). 하버마스는 집단적 결정이라는 행동에 관련되는 당사자들에 의해 이상적인 언론과 의사소통이라는 조건 아래 합의되는 것에 따라 정의의 문제가 결정된다고 본다. 이상적인 조건 아래에서는 권력과 영향의 차이가 왜곡되지 않으며 신랄하게 질문하는 문화가 형성되어 있다. 이러한 방식에 대해 계약한다고 상정하게 되면, 당사자들이 사실상 어떻게 결정을 내리는지를 알 수 없다. 그러므로 이러한 접근은 다른 대안에 견주어 방법론적인 매력이 없다(Pettit 1991a, 10). 이렇게 보면 롤스의 계약 개념은 정치적이기보다는 경제적인 것이 분명하다.

③ 계약의 본질에 대한 세 번째 질문은 상호 작용적으로 상정되는지 그렇지 않은지에 관한 것이다. 상호 작용적으로 보는 이로는 고티에를 대표적으로 들 수 있겠다. 그는 당사자들이 서로 경제적 협상을 하게 되는데, 각자는 자신이 가질 수 있는 최선의 매매 교섭을 하려 한다고 묘사한다(Gauthier 1986, ch. vi). 선호하는 해결책이 있다는 것을 보여주기 위한 시도에서 고티에는 협상이론을 적용하고 전개하려 한다는 점이 두드러진다. 롤스는 원초적 입장에서 협상 문제가 대두되면, 문제는 아주 복잡해질 것이라고 말할 것이다(TJ, 140). 이 점에서 고티에는 롤스와 견해를 달리하는 셈이다.

롤스의 계약 관념은 상호 작용적이지 않다. 협상할 필요 없이 당사자들이 각자 무엇을 택할 것인지만 결정하면 된다. 그렇다고 해서 이 개념이 협상 문제를 피하겠다는 욕구에 의해 동기가 부여된 것은 아니다(Pettit 1991a, 10). 원초적 입장에서는 어떠한 합의를 하든 그 합의가 공정하므로, 원초적 입장이 하나의 제약이 되어 이를 보장하기 때문이다. 요약하면, 계약의 본질은 노직처럼 의도하지 않은 것도 있으며 롤스처럼 의도한 것도 있다. 의도한 것 중에는 하버마스처럼 정치적인 것이 있으며 롤스처럼 경제적인 것이 있다. 경제적인 것 중에는 고티에처럼 상호 작용적인 것이 있으며, 롤스처럼 상호 작용적이지 않은 것이 있다(Pettit 1991a, 11).

이상으로써 현대의 계약론과 그 계약론이 롤스의 계약론에서 함의하는 바에 대한 논의를 마치겠다.

2. 구성주의

사회의 기본 구조에 대한 올바른 정의의 원칙은 어떻게 확립할 것인가? 이 원칙은 이미 정해져 있기 때문에 찾기만 하면 되는가? 아니면 우리가 만들어나가야만 하는가? 찾아내기보다는 인간이 만들어나간다. 왜 그런가?

예를 들어 이제까지 없었던 색다른 놀이를 창안해 만들고자 한다면, 그 놀이의 규칙을 찾을 수는 없기 때문에 만들어나가야 한다. 게다가 그 규칙은 누가 봐도 적절하며 합당해야 한다. 즉 공적으로 정당화되어야 한다. 그 규칙을 정하는, 즉 계약을 하는 장소에서조차 모든 사람들이 불편부당하고 공정한 조건에 있어야 한다. 이것이 바로 롤스가 말하는 원초적 입장이다. 정의의 원칙은 원초적 입장에 이미 주어져 있는 것이 아니기 때문에 합의해서 만들어나가야 한다. 이렇게 만들어나가는 것을 구성주의라고 한다(Rawls 1980, 568).

이처럼 만들어나가지 않으면 안 되는 이유가 있다. 근대 이후 선에 대한 주관적 관념을 인정하지 않을 수 없게 되었으며, 그래서 도덕과 선에 대하여 '완전주의perfectionism'가 아니라 구성주의를 택하지 않을 수 없게 되었다. 구성주의란 무엇인가? 도덕철학에서 말하는 구성주의는 도덕적 진술과 원칙의 타당성·객관성에 관한 설명이다(Freeman 2003a, 27). 그러면 구성주의가 발생한 역사적 과정을 이해하기 위해 지금까지 선과 권리에 대해 논의한 것을 정리하면서 살펴보자.

(1) 선의 주관적 인식

선의 주관성이라는 것은 무엇을 뜻하는가? 우리가 어떤 도덕적 판단을 내리는 것은 주어진 관습을 해석하는 데 불과한 것인가? 주어진 관습처럼 선(善)이 무엇이라는 것을 신(神)이 가르친 바가 있다거나 선각자가 내린 결론이 있다고 믿는다면, 선이라는 것이 선을 인식하는 자들과는 별개로 객관적으로 존재한다는 것을 전제한다. 플라톤 같은 이들은 선이 객관적으로 실재한다고 여겼다. 이러한 선을 이성을 통해 알 수 있다는 견해를 우리는 '합리적 직관주의rational intuitionism'라고 부른다(장동진 2001, 33). 이렇게 선은 주어진 것이며 그것이 옳다고 믿는다면, 각자가 추구해야 하는 선은 벌써 정해진 것이며 각 개인은 이에 따르기만 하면 된다. 이처럼 선이 객관적으로 존재한다고 보면, 개개인은 자신의 선이 무엇이라고 결정할 필요가 없다.

그러나 근대에 이르러서는 이러한 선의 객관성이 인정되지 않고, 선은 선을 인식하는 이들에 의해 주관적으로 인식된다는 견해가 대두했다. 개인이 선을 주관적으로 인식하며 그 선을 스스로 달성하려고 노력하는 이가 근대인이다. 인간이 선을 주관적으로 이해하고 그 선을 실천하고자 하는 의지에서 연유하는 권리는 양도될 수 없으며 침해당할 수 없다.

예를 들어 홉스의 자연 상태에서는 인간에게 자기 보전이 중요한 가치 또는 선인데, 자연 상태에서 자기를 보전하기가 어렵기 때문에 인간은 자연 상태를 벗어나는 계약을 한다. 이 경우에 자기 보전이 중요한 가치인지는 개개인이 판단하며, 자기 보전의 권리를 확보하기 위해 자연 상태에서 벗어나는 행동을 하는 것이 자신에게 이익인가 아닌가, 선인가 아닌가, 나아가 자연 상태에서 벗어나는 행동을 할 것인가 말 것인가 등을 판단하는 주체도 개인이다. 그래서 근대에는 선과 가치에 대한 주관성이 대두하게 되었다. 같은 맥락에서 근대에는 권리의 주관성, 즉 주관적 권리라는 개념이 배태되었다.

이에 덧붙여서 근대에 이르러 인간은 이성적이면서도 욕구와 감정을 지닌 존재로 인정되었다. 특히 흄은 이성과 감정이 도덕적 판단에 개입된다고 주장했다. 그리하여 도덕에 대한 정동주의적 입장이 대두했다. 이에 따라 도덕이 이성적인 결과라고 해도 이성적 판단의 확실성과 객관성에 의혹이 제기됐다. 그래서 리처드 로티는 인권을 보편화하는 방법을 논할 때 이성에 의한 '정초주의foundationalism'에만 의존하지 않고, 문화적 공동체 내에서 간주관적인 합의를 도출하는 방식을 제시하면서 정서적 교육을 강조하게 되었다(이종은 2011, 566~70). 요컨대, 개개인은 자신에게 선한 것을 스스로 결정할 수 있다는 개인주의가 대두한 것이다.

이 시각에서 보면 각 개인에게 선한 것이 무엇인지를 자신이 스스로 결정할 수 있다. 선한 것이 무엇인지는 개인과 무관하게 실재하는 것이 아니라 개인이 결정하게 됨으로써 나타난다. 그래서 선에 대한 주관적인 관념이 나타났다. 그렇게 되면 선이나 행복에 대하여 서로 다른 기준과 판단이 나올 수밖에 없다(이종은 2010, 73~6). 그리하여 도덕적 진리에 대한 상대주의적인 견해가 대두했다.

그런데 선의 객관성과 완전주의의 관계는 선의 주관성과 구성주의와 대비된다. 완전주의는 인간이 이성으로 파악할 수 있는 객관적인 선, 나아가 가치의 객관적인 질서가 있다는 것을 전제로 한다. 그렇다면 선은 개인이 선택하는 것이 아니라 인지적 대상이 된다. 인지적 대상이 되고 그 선이 옳다고 주장하게 되면, 그 객관적인 선을 따르도록 강요할 수도 있게 된다.

그러나 근대에 인간은 자율적인 도덕적 행위자로서 올바름과 그름에 대한 관념을 타인에게서 강제당하지 않고 자신의 삶을 영위하는 방식을 스스로 선택해야 한다. 그래서 이러한 '반(反)완전주의anti-perfectionism'는 정치적 자유라는 교의와 연관된다고 여겨지게 되었다(Raz 1986, 108). 게다가 반완전주의에 기반하는 '구성주의constructivism'가 선의 주관성을 전제로 한다면, 선은 개인의 합의로 구성되고 선택되어야 한다.

다른 한편 선과 가치에 대한 주관성이 대두한 맥락에서 근대에는 권리의 주관성, 즉 주관적 권리라는 개념이 배태되었다. 그래서 그 권리를 포기하거나 무효로 하는 것은 인간다움을 종식하는 것이다. 개개인들이 선을 달성하려면, 그들에게 자유와 권리가 주어져야 한다. 그래서 개인주의를 바탕으로 하는 자유주의에는 선의 주관적 인식과 실천이라는 전제가 깔려 있다. 평등, 자유, 권리를 다룬 이유가 여기에 있다.

평등하고 자유로운 개인들이 자신의 이성을 통해 정의의 원칙을 구성할 수 있다는 견해를 취하게 되었는데, 이것이 바로 구성주의라는 입장이다. 그렇게 하려면 선 또는 정의가 주어진 객관적인 것이 아니라 개개인의 주관적인 것이기 때문에 정의의 원칙은 개개인이 합의한 결과가 되어야 한다. 따라서 구성주의에서는 인간의 본질과 구성하는 절차가 중요하지 않을 수 없다. 그리하여 선의 주관성이라는 견해가 확립된 이후 칸트부터 20세기의 롤스에 이르기까지 권리를 중심으로 정의의 원칙을 수립하고자 했다. 그러므로 개인의 주관성을 강조하고 개인의 권리를 강조하는 근대의 자연권 사상이 완전히 전개되면, 그것이 정치에 대해 지니는 의미는 직접적이며 즉각적일 수밖에 없다.

어쨌든 근대에 와서 선은 객관적으로 실재하는 것이 아니며, 선이 무엇인지 결정하는 것도 개개인의 자율의 영역에 속한다고 여겨지게 되었다. 즉 선의 주관성이 인정받게 되었다. 이로써 존엄하고 자율성을 가진 존재로서의 개인이 무엇이 선이며 악인지를 결정하게 된 것이다. 나아가 개인이 선호하거나 욕구하는 것이 선이라고 보는 주관적인 관념이 생겼는데, 이것은 선에 대한 객관적 관념과 대립된다. 그렇게 하여 선이 비인지적인 대상일 수도 있게 되었다. 그러한 이유에서 오늘날 자유민주주의에서는 선이 무엇인지를 타인이나 국가가 결정하지 않고 개인들이 결정해야 한다.

그렇다면 선에 대한 개인들의 합의는 어떻게 도출해야 하는가?

(2) 구성주의

전술한 것처럼 구성주의가 완전주의와 달리 선의 주관성을 전제로 한다면, 선은 개인의 합의로 구성될 수밖에 없다. 롤스는 완전주의를 부적절하며 불필요한 것으로 보고 거부한다. 그의 주장에 따르면, 완전주의는 인간의 자유와 평등에 대한 우리의 숙려된 판단과 어긋난다. 더욱이 제도를 평가하는 데서 "아르키메데스의 점을 찾기 위해 완전주의자의 원칙에 호소하는 것은 불필요하다"(TJ, 260~3, 584).

롤스가 서술하는 완전주의는 비도덕적인 수월성을 목표로 삼는다. 그는 완전주의가 소수만이 달성할 수 있는 수월성이라고 본다. 말하자면 도덕적인 힘은 적어도 호의적인 상황에서 모든 정상적인 사람들이 가질 수 있지만, 소수에게는 상대적으로 높은 가중치가 부여된다. 그러므로 정상적인 사람을 근거로 좀 더 규범적인 기초 위에서 사회제도를 만들어야 한다(Galston 1999, 498~9).

우리가 《정의에 대하여》 12장에서 정의라는 관념의 역사를 통해 살펴본 것처럼 관념은 역사적으로 다양하게 제시되었다. 그런데 이 관념들은 어떻게 해서 제시되었으며, 누가 제시했는가? 우리는 어떠한 관념을 어떠한 이유에서 받아들여야 하는가? 설사 관념 하나하나가 올바르다 해도, 그 많은 관념 가운데 하나의 관념을 택해서 준수해야 하는 정의의 원칙으로 삼아야 한다 해도, 우리는 선택하는 데 합의를 해야 한다. 그리고 정의에 대한 여러 관념 사이의 우선순위를 정해야 한다.

그런데 이상과 같은 개개의 관념들이 당대에는 타당했을는지 모르지만 현대에는 적합하지 않을 수 있다. 뿐만 아니라 롤스가 그중에서 가장 타당하다고 여긴 평균 공리주의에 의한 정의관도 결함이 있다고 본다면, 우리는 새로운 정의의 원칙을 만들어나가야 하지 않겠는가? 롤스는 바로 이러한 이유에서 정의의 원칙을 만들고 선택하게 되는 무대를 원초적 입장이라는 가설적 상황으로 제시했다. 그런데 드워킨이 주장한 것처럼 도덕적 객관성에 대한 이론을 옹호하지 않고서는 정의에 대한 이론을 옹호할 수 없는가?[34] 즉 정의의 원칙은 선의 객관성이라는 입장에서만 수립할 수 있는가?

---

34 드워킨은 '윤리ethics'는 인간이 잘 사는 것이 어떤 것인지를 연구하는 것이며, '도덕morality'은 타인을 어떻게 대해야 하는지를 연구하는 것이라고 구분한다.

선의 주관성을 수용한다면, 개인은 정치질서에 대한 원칙을 수립하는데 주체가 되어야 한다(장동진 2001, 32~3, 69).[35] 그렇다면 도덕적 원칙은 어떻게 확립할 것인가? 구성주의에 따르면, 도덕적 진술은 도덕적 추론에 앞서서 도덕적 사실이 독립적인 질서를 대변한다는 '실재주의자 realist'의 의미에서의 진리는 아니지만, 도덕적 진술은 도덕이론의 주제에 적절한 일종의 타당성이 있다. 그런데 도덕적 진술은 합당한 도덕적 원칙과 부합하면 온당하며, 그리고 도덕적 원칙은 실천이성이 적절하게 요구하는 바를 구체화하는 추론 절차의 산물이라면 합당해진다.

칸트의 구성주의는 인간과 실천이성에 대한 관념과 합리적이면서도 합당한 자유롭고 평등한 도덕적 인간이라는 이상에서 시작한다. 칸트의 구성주의는 이 관념을 구성의 절차에서 대변한다. 말하자면 칸트는 정언 명령 절차에서, 롤스는 원초적 입장에서 대변한다. 그래서 롤스는 원초적 입장에서 자유롭고 평등하다고 여겨지는 개인들로 정의의 원칙을 선택하는 여건 등을 구성하면서 궁극적으로 정의의 원칙을 구성하도록, 즉 개인들의 합의로 정의의 원칙을 선택하도록 해야 한다고 주장한다(Free-man 2003a, 27). 이 절차를 따른 당사자들이 모두 같거나 비슷한 결론에 이르고 그 절차가 실천이성이 요구하는 바를 구체화하면, 이 절차의 당사자들에 의한 선택은 객관적이라고 간주된다. 롤스는 이렇게 구성주의를 따랐다. 요컨대, 칸트가 실천이성을 통해 정의의 원칙을 구성하고자 한 구성주의자라면(TJ, 252), 마찬가지로 롤스도 구성주의적인 입장에서

---

35 그런데 롤스는 정의에 관한 이론을 전개하는 데서 선의 주관성과 객관성에 관한 문제를 보류한 채 구성주의적인 입장에서 이론을 구축해나간다는 점에 유의해야 한다. 롤스가 구성주의를 택하게 된 과정과 그 변모, 칸트를 구성주의자로 볼 수 있는지 여부, 그리고 칸트와 롤스의 구성주의의 접합점 등에 관한 자세한 논의는 O'Neill(2003)를 참조하라.

이론을 구축했다.[36]

왜 그렇게 했는가? 도덕적 주장이 객관적인 타당성이 있다는 것을 합리적 직관주의와는 다른 방식으로 보여주려 하기 때문이다. 실재주의자에 따르면, 실재는 행위자가 구성할 수 있는 것이 아니다(O'Neill 2003, 2). 그리고 도덕적 원칙은 그것이 진리인 한에서 객관적이며, 도덕적 원칙이 합리적 직관으로 접근할 수 있는 선험적이며 독립적인(비자연적인) 사실에 대한 질서를 대변하는 한에서 객관적이다.

이렇게 설명하는 것은 칸트의 관점에서 볼 때 비자연적인 사실이라는 특별한 영역을 설정하며 비자연적 사실에 접근할 수 있는 특별한 능력을 전제로 한다는 점에서 문제가 드러난다. 나아가 직관주의가 사실이라면, 이는 도덕적 자율이라는 칸트의 개념을 저해한다. 칸트의 시각에서는 이성이 그 자체의 힘으로 가장 기본적인 도덕적 원칙을 제시하게 된다. 그렇다면 정의에 대한 도덕적 원칙은 숙고라는 객관적 절차를 거쳐 나타나는 산물인데, 숙고라는 절차를 통해 실천적 추론의 주요한 양상을 파악하게 된다. 그렇게 하여 원칙을 파악했을 때 인간은 자율성을 가진다.

구성주의에 의하면 판단의 객관성은 보편적 규칙에 따른 판단으로 여겨지는데, 이는 도덕적 타당성이나 진리라는 개념에 선행한다. 도덕적인 진술은 그 진술이 도덕적 사실에 대한 선험적 질서를 대변하기 때문이 아니라, 이성적인 인간이 실천적 추론이라는 객관적인 절차에서 수용될 수 있거나 수용되는 원칙과 부합하기 때문에 건전하거나 진리인 것이다. 그런데 원초적 입장은 정의에 대한 판단에 객관적인 지위를 부여하는 절차라고 볼 수 있다(Freeman 2003a, 28).

---

36 그렇지만 롤스의 구성주의는 칸트의 구성주의와 구별된다(Rawls 1980 ; JFPM).

여기서 구성한다는 것은 무엇을 뜻하는가? 규칙에 관해서 구성한다는 것은 다음과 같은 의미가 있다. 설John R. Searle은 '규제적 규칙regulative rule'과 '구성적 규칙/제정력(制定力)이 있는 규칙constitutive rule'을 구분했다. 양자의 구분을 다음과 같이 이해해보자.

두 가지 다른 규칙이나 관습이 있다. 그런데 하나는 앞서 존재하는 행태의 형태를 규제한다. 예를 들어 식탁에서 지켜야 하는 점잖은 규칙은 먹는 방식을 규제한다. 그러나 먹는 것은 이러한 규칙과 관계없이 존재한다. 다른 한편 어떤 규칙은 그저 규제할 뿐만 아니라 새로운 형태의 행태를 만들어내거나 규정한다. 예를 들어 체스 규칙은 체스 게임이라는 이전에 있는 활동을 규제할 뿐만 아니라 그 규칙이 있음으로 해서 활동을 존재하게 하거나 규정한다. 그래서 구성적인 규칙은 규제적이기도 하다. 체스 게임이라는 활동은 이 규칙을 따름으로써 '구성constitution'된다 (Searle 1969, 33~4).[37]

칸트는 일찍이 규제적 규칙과 구성적인 원칙을 구분했다. 요컨대 규제적 규칙은 어떠한 활동을 규제하는데, 그 활동은 그 규칙과 무관하게 존재한다. 반면에 구성적 규칙은 어떠한 형태의 활동을 구성하며 규제하기도 하는데, 그 활동은 그 규칙에 논리적으로 의존한다(Flathman 1973, 65). 말하자면, 정의의 원칙이라는 것은 헌법의 근저가 되는 원칙인데— 이 점은 정의에 대한 트라시마코스, 글라우콘, 소크라테스의 관념을 반영하는 국가의 모습이 각각 다를 것이라는 점을 생각해보면 알 수 있겠다(김비환 2011, 30 주19, 46~7)—, 정의의 원칙이 헌법을 구성한다고 보면, 정의의 원칙으로 구성된 헌법은 사회생활, 나아가서는 정치생활이

---

37 이에 관해서는 Flathman(1973)과 Pattaro(2005, 18~20)의 논의를 참조하라.

있을 수 있게 구성하는 역할을 한다.

이렇게 보면, 정의의 원칙은 결국 사회생활이나 정치생활이 어떠한 모습으로 있을 수 있도록 구성하는 역할을 한다고 할 수 있다. 물론 롤스가 자신의 이론을 구축하는 과정에서 나타나는 구성주의란 정의의 두 원칙이 결국 정치·사회생활을 구성한다는 의미가 아니라, 정의의 원칙을 선택할 수 있는 여건이나 준거 등을 구성하여 합의를 통해 정의의 원칙을 선택하게끔 개개인들이 구성해나간다는 의미이다. 그렇다면 구성주의 시각에서 정의의 원칙을 구성하는 데에는 인간의 본질과 구성하는 절차가 중요하지 않을 수 없다. 그래서 롤스는 자신의 이론을 제시하고 정당화하는 과정에서 이 절차를 밟는다(TJ, 56f.·344f.).

(3) 구성하는 절차

롤스의 구성주의란 간단히 말해 원초적 입장을 상정하고 어떠한 원칙을 택하게끔 하는 것으로, 그는 결국 자신의 정의의 두 원칙을 택하도록 한다. 그런데 롤스는 정의의 두 원칙 내에서 크게 두 가지 원칙, 세분하면 세 가지 원칙을 제시했다. 게다가 세 가지 원칙 사이에는 서열이 있다. 그런데 그 서열 자체를 어떤 근거에서 직관적으로 정하지는 않았다. 정의의 두 원칙, 즉 공정으로서의 정의는 그 자체로서 자명한 것이 아니라 원초적 입장에서 선택되는 것이며, 세 원칙들 사이를 교량(較量)하여 우선순위가 정해진 것이기 때문이다(TJ, 41). 이것이 의미하는 바는 직관으로 결정하지 않고 우선순위에 대해 이론적 근거를 제시한다는 것이다(Barry 1990, xliii~xliv). 그래서 롤스의 이론을 구성적이라고 일컫는다.

그렇다면 롤스는 어떠한 절차에 따라 구성하고 있는가?《정의론》4장

2항의 선택과정이라는 항에서 나타나는 바와 같이 롤스는 그 절차를 명시하고 있다. 요컨대 원초적 입장, 정의의 여건, 올바름이라는 개념의 형식적 제약, 무지의 장막, 목록, 그리고 합리성에 대한 내용이 바로 그것이다.

롤스가 주장하는 바를 다음과 같이 이해할 수 있겠다. 우리가 앞으로 따르게 되는 정치적·사회적 제도는 자유롭고 평등한 존재로서 인간이 공유하는 공통적인 도덕적 정체성과 양립할 수 있어야 한다. 그래서 정치권력을 행사하는 데서 정당화도 이와 양립할 수 있어야 한다.

롤스에게 가장 중요한 것은 '더 높은 서열의 이익higher order interest'에 적절한 관심을 표명하는 것이다. 이것은 무엇을 뜻하는가? 앞서 말한 바와 같이 롤스는 공리주의처럼 사람들에게 행복만을 선으로 추구하게 하는 것을 막기 위해 선에 대한 얇은 이론을 제시했다. 그는 원초적 입장에서 정의의 원칙은 자유롭고 평등한 사회의 시민으로서 시민들의 필요와 이익에 의해 알려져야 한다고 보았다.

롤스는 그러한 이익으로 세 가지를 제시한다(PL, 74~5). ① 정의에 대한 감각/정의감, 즉 공유하는 정의의 원칙에 따라 자신의 행위를 통제하는 능력과 욕구를 계발하면 나타나는 이익이 첫 번째 이익이다. ② 선에 대한 관념, 즉 살 만한 값어치가 있는 삶에 대한 관념을 형성하고 수정하고 합리적으로 추구하는 능력을 가지면 두 번째 이익이 실현된다. ③ 자신이 선택한 선─행복이라는 선을 선택할 수도 있다─에 대한 특정한 관념으로써 성공하는 데서 오는 이익이다.

①과 ②의 이익은 두 가지 '도덕적 힘moral powers', 즉 정의에 대한 감각을 위한 능력과 선에 대한 관념에 대한 능력을 계발하고 행사하는 데서 나오는 이익이다. 이 두 가지 도덕적 힘을 행사할 수 있어야만 정의롭

고 합리적으로 행동할 수 있고, 그럼으로써 행복을 값어치 있는 것으로 만든다. 따라서 두 힘을 행사하는 것은 선에 대한 조건이다(PL, 334). 정의의 원칙에 따라 제도를 결정하는 사회에서 정의의 원칙은 시민들의 세 가지 이익이 얼마나 잘 충족되는가에 따라 평가된다(Pogge 2007, 55).

롤스는 이 세 가지 이익을 근본적 또는 '더 높은 서열의 이익'이라고 불렀다. 공리주의에서처럼 행복과 같은 선을 추구하는 이익이 아니라—즉 공리주의에서처럼 행복을 근본적 이익이라고 보는 것이 아니라—행복을 포함한 다른 이익의 내용을 정하고 추구하는 데 필요한 이익이며, 더욱 깊숙하게 내재하고 지속적이며 규범적으로 결정적이기 때문이다. 그래서 더 높은 서열의 이익을 가진 자들은 살 만한 값어치가 있는 것에 대하여 더 넓은 관념을 가지고 더 낮은 서열의 이익을 검토하고 합리적으로 추구할 수 있다.

요컨대, 사람들은 선에 대한 특정한 관념을 형성하고 추구할 뿐만 아니라 새로운 것을 선호하여 그 관념으로부터 물러서고, 그 관념을 수정하거나 포기할 수도 있다. 거기에서 사람들은 더 높은 서열의 이익을 취하고 있다. 정의에 대하여 생각할 때 문제가 되는 것은 선택의 내용 그 자체보다는 사람들이 선택하는 능력을 보호하는 것이다(Ivison 2008, 110). 이렇게 볼 때 사회와 사회제도는 우리가 살아가는 데 지대한 영향을 준다는 것을 깨닫게 된다. 정의에 대한 이론이 우선적으로 필요한 이유는 롤스가 말하는 사회의 기본 구조를 통제하는 것을 돕기 위해서이다(RTJ, 6~10). 그러므로 정의 이론이 증진하고 보호하고자 하는 권리의 종류는 인간에 대한 칸트적인 관념에 의해 형성되는 권리이다.

(4) 정치적 구성주의

'칸트적인 구성주의Kantian constructivism'와 나중의 '정치적 구성주의 political constructivism'라는 형태로 인식되는 개인들과 양립할 수 있는 정의의 원칙을 어떻게 정할 것인가? 롤스는 그것을 정하는 과정을 언급한다(PL, Lecture III). 우리는 도덕적 가치에 대해 독립적으로 알 수 있으며 증명할 수 있는 도덕적 가치에 관한 질서에 접근하지 않는다. 인간과 사회에 대한 어떤 관념을 근거로 하여 원칙을 만들 필요가 있다.

그렇다고 해서 적어도 정치나 정의와 관련하여 일련의 객관적인 도덕적 원칙이 있다는 것을 전적으로 부인하는 것은 아니다. 롤스에 따르면, 모든 합당하고 합리적인 인간이 당면한 문제와 관련되는 사실을 알고 이 사실에 연관되는 것을 모두 고려할 때, 합당하며 합리적인 인간은 객관적인 도덕적 원칙이 있다는 것에 대한 신념을 끝내 인정할 것이라는 점에서 도덕적인 신념은 객관적일 수 있다(Rawls 2000, 245).

롤스는 정의의 원칙이 '합리적인 것the rational'과 '합당한 것the reason-able'을 바탕으로 만들어진다고 생각한다. 롤스에게서 합당한 것은 복잡하고 때로는 혼돈스러운 개념이다. 그러나 합당한 것은―이에 관해서는 위에서 설명했으며 나중에 더 자세히 설명하겠지만―기본적으로 선의 궁극적인 본질에 대해 의견의 불일치를 피할 수 없다는 점, 즉 그것은 개개인이 자유롭게 이성을 행사하기 때문에 불가피하게 나타나는 결과라는 것을 수용하며 정의에 대한 감각이 있다는 것도 수용한다. 구성주의적인 절차에서 나타나는 정의의 원칙은 어느 것이든 합리적 선택이나 협상의 산물 이상의 것을 포함하기 때문이다.

이러한 의미에서 합당한 것이 합리적인 것에 우선한다. 이것은 롤스가 정의의 원칙을 합리성이라는 개념 자체에서만 도출하려고 하지 않는다는 것을 의미한다. 그래서 인간이 자유롭고 평등하며 합리적이고 합당하다는 실질적인 개념이 권리 또는 정의의 원칙이 대두되는 절차에 대한 고안을 규정하게 된다(Ivison 2008, 111).

구성해나가는 과정 중에서 몇 가지를 다음과 같이 추려볼 수 있겠다. 롤스는 도덕이론과 정치이론은 우리의 도덕적이며 비도덕적인 다른 신념과 일관성을 가지는 것을 근거로 하여 정당화되어야 한다고 주장했다(Rawls 1951). 개개인이 선택하게 되는 선에 대한 관념이나 정의에 대한 원칙이 옳다는 보장이 어디에 있는가? 이때 옳다는 것을 확인하는 방법이 바로 반성적 평형이다. 그렇게 함으로써 말하자면 주관과 객관의 균형을 맞추고자 하는 것이다.

그런데 롤스는 '인격person'에 대한 칸트의 이상(理想)이 계약이라는 고안물을 사용하도록 동기를 부여하고, 이것이 원초적 입장의 기초가 되며, 그 입장의 다양한 양상을 설명한다고 주장한다(Rawls 1980). 그의 주장에 따르면 전술한 것처럼 원초적 입장에 있는 계약 당사자들은 정의의 두 원칙을 택할 것이며, 원초적 입장은 인격에 대한 칸트적인 이상이 가하는 제약을 대변한다. 인격에 대한 이러한 이상은 어떤 사람의 신념이나 증거와는 무관하게 진리라고 주장하는데, 이로부터 롤스는 자신의 이론이 객관적으로 진리가 되려 한다고 주장하는 것이라고 생각할 수도 있다.

그러나 롤스는 이러한 해석을 거부한다. 오히려 그가 칸트의 이상에 호소한 것은 윤리에서 '반실재적anti-realist', 즉 구성주의적인 명제를 지지하는 것이다(Brink 1999, 258). 이렇게 보면 구성주의는 정치이론가가 공적인 정치문화에서 나타나는 요소들을 다시 합성하여 원칙을 구성하는 초윤리적 절차이다.

왜 그렇게 생각할 수 있는가? 구성주의에 따르면 도덕적 진리는 우리의 도덕적 신념, 특히 인격에 대한 우리의 이상에 의해 구성된다. 칸트적인 구성주의는 인격에 대한 칸트적인 이상에 의해 구성된 일련의 도덕적 진리이다. 그렇다면 도덕적인 사실이나 진리는 인격에 대한 이상에 상대화되거나 그 이상으로 규정되어야 한다. 따라서 도덕적 '실재주의realism'는 잘못이며, 구성주의적인 반실재주의가—그렇다고 해서 모든 반실재주의자가 구성주의자는 아니지만—옳다(Brink 1999, 259; O'Neill 2003, 148).

칸트의 구성주의가 이와 같다면, 롤스의 인식론적인 견해에는 긴장이 감돌게 마련이다. 구성주의에 대한 롤스의 주장에 따르면, 일관성 있는 도덕적 인식론과는 양립하지 않는 증거에 의한 역할을 인격에 대한 이상에 부여해야 한다. 그러나 롤스가 옹호하는 윤리에서의 정당화에 관한 일관성 있는 이론은 인격에 대한 이상이 도덕이론에서 차지하는 중요성을 인정하게 하고, 어떠한 반실재적인 주장을 양보하지 않고 경쟁적인 이상이 있다는 것을 인정하게 한다(Brink 1999, 259).

그렇다면 롤스는 왜 구성주의를 택했는가? 선이 객관적으로 존재한다는 입장을 취하게 되면 가치관의 위계질서를 인정해야 하며, 반면에 선이 주관적으로 인식된다는 입장을 취하게 되면 개개인의 가치관에 대해 중립적인 입장을 취해야 한다. 그런데 중립적인 입장은 합리적 직관주의와 연관되는 완전주의와 대치된다. 또한 객관적으로 존재한다는 입장과 주관적으로 인식된다는 입장은 개인의 우선성과 관련해서 전자는 공동체주의와, 후자는 자유주의 또는 자유 지상주의와 연관된다. 그런데 롤스는 일의적 선의 객관성은 인정하면서도 가치 간의 위계질서는 인정하지 않는다. 완전주의는 위계적인 교의인 반면에 롤스의 이론은 평등주의적이기 때문이다(Galston 1999, 499).

현대의 보수주의자는 국가가 적극적으로 개입하여 전통적인 덕성과 가치를 유지해야 한다고 본다. 이 점에서 보면 보수주의자는 도덕적 영역에서 완전주의를 택한다. 완전주의는 기본적으로 인간이 수용해야 하는 이상적인 삶이 있다는 것을 주장한다(장동진 2001, 76, 147). 반면에 개개인의 자율성을 요구하는 개인주의를 바탕으로 하는 자유주의는 선에 대한 관념에 중립적인 입장을 택하지 않을 수 없다. 따라서 국가는 개인의 도덕적 판단에 개입해서는 안 된다. 국가가 중립적이어야 한다는 것은 권리, 기회, 소득 등을 할당하는 데서 할당받는 이들이 선에 대하여 가진 생각에 의존해서는 안 된다는 것을 의미한다(Barry 1990, ii).

그런데 선이 객관적으로 실재하며 개인은 이를 따라야 한다고 주장하게 되면 완전주의의 입장을 취하는 것이 된다. 이 입장에서는 선의 객관적인 서열을 가정할 수 있다. 그러나 도덕과 관련해 인권을 논하는 데서 나타난 것처럼 비인지적인 태도와 선의 주관적인 입장을 견지하면 중립적인 입장을 택할 수밖에 없다. 자유주의국가가 이 입장을 따를 수밖에 없는 이유는 첫째, 자유주의는 개인이 선을 인식하고 그 선에 따라 자신의 삶을 영위하게 한다는 개인주의에 바탕을 두기 때문이며, 둘째, 어떠한 선 또는 가치가 옳다거나 더 우위에 있다는 것을 알 수 없기 때문이다. 후자는 선 또는 가치에 대한 회의론에 근거를 둔다고 하겠다(김주성 1999, 54, 172, 403).

스튜어트 밀이《자유론》에서 모든 인류에 대항하여 단 한 사람이 반대하더라도 그 반대자가 말할 자유는 주어져야 한다고 말한 이유는 어떤 면에서는 진리가 무엇인지 알기 어렵다는 회의론에 근거를 두기 때문이다. 무엇이 옳은지 그른지 모르는 상황에서는 자유와 관용을 허용하지 않을 수 없다. 완전주의와 중립주의는 '선the good'과 '올바름the right'에 대한 견해가 다를 수 있다. 공리주의는 유용한 것이 선한 것이라고 주장하며, 이에 대해 의무론자는 유용한 것이 반드시 선이 되는 것은 아니라고 주장한다(장동진 2001, 147~8).

그런데 칸트와 롤스를 모두 구성주의자라고 부를 수 있지만, 칸트는 도덕 전반을 다루는 반면에 롤스는 정의의 원칙을 구성하는 데에만 초점을 둔다. 그래서 나중에 롤스는 이를 '정치적 구성주의political constructivism'라고 일컬었다(PL, Lecture III). 다만 원초적 입장에 놓인 특정한 유형의 인간은 정당한 구성 절차(즉 공정으로서의 정의)에서 나온 결과를 정의의 원칙으로 삼는다.

여기서 롤스가 상정하는 특정한 유형의 인간은 칸트가 도덕이론을 정립할 때 상정하는 인간상과는 다르다. 칸트는 자연적인 성향을 배제한 인간을 상정하지만, 롤스는 수단과 목적의 관계에서 자신에게 최선의 것을 추구하고 합리적으로 선택하는 인간을 상정한다. 그리고 롤스는 계약론적인 전통을 빌려서 공적 이성에 기초하여 인간의 자유로운 합의와 조정으로 정의의 원칙을 도출하려고 한다(장동진 2001, 92~4).

이상의 논의는 결국 개인과 국가 사이의 관계를 정하는 데서 무엇을 근거로, 어떤 방식이나 절차를 통해 정해야 하는 것이 옳은가라는 문제로 귀결된다. 이것은 바로 정의의 원칙을 도출하는 것과 마찬가지이다. 그런데 롤스는 칸트의 구성주의를 공정으로서의 정의로 재구성한다. 그렇지만 정의의 원칙을 구성하는 과정에서 그는 반성적 평형이라는 방법을 이용하고, 나아가서는 민주주의적 사회에서의 시민의 공적 이성을 가정한다. 이것들은 민주주의적인 사회의 공중문화를 전제로 한다. 바로 이런 점에서는 롤스에게 역사와 문화를 초월하겠다는 칸트의 입장을 저버리고 헤겔에 근접하는 측면이 있다고 볼 수도 있다(Galston 1999, 512; O'Neill 2003, 351).

(5) 직관주의

롤스는 '가치 다원주의value pluralism'를 택하고 있다(TJ, §7, 34~40). 그는 정의에 대해서도 이러한 입장을 취하는데(TJ, 9), 정의와 마찬가지로 다른 중요한 가치가 있다는 점을 인정하는 것을 봐도 그러하다. 그러나 그의 다원주의는 겉보기보다는 복잡하다. 롤스는 전체 논의의 틀을 가치 다원주의보다는 직관주의로써 짜고 있다.

롤스는 다음과 같이 언급한다. "나는 관례적인 것보다는 더 일반적인 방식으로 직관주의를 생각할 것이다. 말하자면 환원할 수 없는 제1원칙의 군(群)이 있는데, 이는 어떤 균형이 우리의 숙고된 판단에서 가장 정의로운 것인지를 자문함으로써 서로 교량(較量)되어야 한다"(TJ, 34). 그런데 그가 말하는 직관주의는 대체로 가치 다원주의에 근접한다. 롤스에 따르면 "정의에 대한 관념은 우리로 하여금 직관에 의해 그 원칙들을 교량하지 않게 하고도 다원적일 수 있다. 그것(정의에 대한 관념)은 필수적인 우선 규칙을 포함할 수 있다"(TJ, 35).

직관주의는 모든 윤리적 주장의 근거에 대한 방법론적이거나 인식론적인 교의라고 보는 것이 일반적이다. 그러나 롤스가 직관주의를 쓰는 방식은 그렇지 않기 때문에 특이하다는 것을 그 자신이 알고 있다. 그렇다면 가치 다원주의가 반드시 직관주의에 의존할 필요는 없다(Barry 1990, xii~xiii). 요약하면, 롤스가 가치 다원주의를 택하고 평상의 의미에서 직관주의를 받아들이지 않기 때문에 그를 반완전주의자이며 구성주의자라고 할 수 있는 것이다.

3. 반성적 평형

위의 구성주의와 연관해서 롤스가 택하는 방법이 반성적 평형이라는 방법이다. 구성주의를 택한다는 것은 반(反)정초주의에 의존하여 정의 이론을 수립해간다는 것을 의미한다. 그렇다면 이것이 반성적 평형과 어떤 연관이 있는가?

이미 롤스는 정의의 원칙과 같은 정치이론은 사람들이 평소에 지니고 있는 다른 도덕적이거나 비도덕적인 신념과 일관성을 띠어야 한다고 주장했다(Rawls 1951). 즉 정의에 대한 타당한 원칙은 공적으로 정당화되어야 한다고 주장한다. 그렇게 되려면 원칙은 "민주주의적인 사회의 공적인 정치문화에 함축된 것으로 보이는 어떠한 근본적인 사상"을 표현해야 한다(PL, 13). 이처럼 공적으로 정당화되는 원칙을 찾는 것이 목적이라면, 사람들이 실제로 수용하는 원칙이나 정의에 대한 그들의 사고에 함축된 바를 살펴봐야 한다. 그래서 자유민주주의에서는 일상적인 사람들의 신념에 대한 경험적인 증거를 수용해야 한다.

그런데 원초적 입장에서 선택된 정의의 어떤 원칙이 정의에 대한 일반인들의 숙고된 판단과 반드시 부합한다는 보장은 없다. 마찬가지로 정의에 대한 일반인들의 숙고된 판단이 어떤 원칙에 부합한다는 보장도 없다. 원칙이 숙고된 판단과 크게 어긋나면 원칙은 폐기되어야 하며, 마찬가지로 원칙에 어긋나는 숙고된 판단을 변경하거나 수정해야 할 필요가 있다. 이렇게 함으로써 우리는 원칙과 숙고된 판단이 상응하도록 해야 한다.

이렇게 될 때 우리는 반성적 평형을 이루었다고 말한다. 예를 들어 원초적인 상황에서 사람들이 롤스의 정의의 두 원칙을 도덕적으로 정당한 근거에서 택하게 되고 이 원칙이 사람들의 숙고된 판단과 상응한다고 여겨지면, 두 원칙은 공적으로 정당화될 수 있으며 두 원칙과 숙고된 판단은 반성적 평형을 이룬다. 이처럼 정의 이론의 타당성은 반성적 평형을 통해 시험될 수 있다.

왜 반성적 평형이라는 개념이 제시되지 않을 수 없는가? 선의 주관성이 인정되면 사회 구성원들이 정의나 선에 대해 생각하고 있는 바를 무시할 수 없게 된다. 더욱이 어느 개인의 힘이나 권위로써 정치적인 결정을 내릴 수는 없는 일이다. 그래서 일찍이 아리스토텔레스가 플라톤과 달리 일반인의 정의에 대한 관념을 고려했던 것처럼 현대에서는 더더욱 고려하지 않을 수 없다.

그렇다고 해서 민주주의 사회에서 어쩔 수 없이 택하게 된 다수의 동의에 따른 결정이라는 방식으로 정의나 선을 결정할 수도 없다. 다수의 동의에 따른 결정이 인간에게 지극히 중요한 것을 침해한다면, 이러한 결정은 힘에 의한 결정과 다를 바 없다. 풍랑을 만난 배에서 스님을 물에 빠뜨리는 것처럼 다수의 힘으로 결정한다면, 정치는 동물적으로 이루어지는 셈이다. 그렇게 되면 권력의 행사, 즉 정치는 도덕적 근거를 상실한다.

문제는 도덕적 근거의 타당성을 어떻게 확인하는가이다. 도덕적인 진리와 객관성 일반에 대해 상대주의자나 '정동주의자emotionist'가 의심을 제기해왔다. 권리에 대해서도 마찬가지인데, 윤리적인 회의론자는 특히 자연권이라는 교의에 대해 회의를 제기했다. 회의론자에 따르면 자연권이라는 개념은 자연주의적 오류, 즉 인간의 본성에 대한 서술적인 가정에서 어떠한 규범이나 평가를 도출하려고 하는 오류를 범했다.

《평등, 자유, 권리》에서 인권의 보편성과 인권 교육에 대한 인지론과 비인지론을 이미 논했지만, 비인간적이며 억압적인 행위가 자행되는 현실에서 모든 장소, 모든 시대에 타당한 인권이 있을 수 있다는 주장은 그럴듯하지 않다(Waldron 1984, 3). 권리이론가 중에는 윤리적인 회의론과 도덕적인 상대주의를 그저 부인하는 이들이 많다. 또 다른 이들은 '초윤리학meta-ethics'에서의 이론은 '첫 번째 서열의 도덕적 판단 수준the level of first-order moral judgement'에서 무엇을 할 수 있으며 해야 한다는 것에 대한 어떠한 견해도 그 자체로서 수반하지 않는다는 시각을 견지한다.

그러나 반대자는 설사 도덕적 판단이 태도를 나타내는 것에 지나지 않는다 해도 태도를 표현하는 것이 잘못은 아니며, 태도를 적용하는 범위에서 정언적이며 암묵적으로 보편적인 태도를 나타내는 것이 잘못이 아니라고 주장할 것이다. "모든 인간은 평등한 자유에 대한 권리를 가지고 있다"는 서술이 단순히 정동을 표현한 것이라고 말한다. 그러나 이것은 이러한 유의 정동을 표현하는 것이 바람직하다든가 또는 바람직하지 않다는 것에 대해 뭔가를 권고하는 것은 아니다.

그럼에도 이러한 인식론적인 어려움을 알게 됨으로써 권리를 논의하는 방식이 달라졌다. '초윤리주의적 실재주의meta-ethical realism'가 주장될 수 없는 것이라면, 근본적인 가치나 원칙을 공유하는 이들만이 논쟁을 이성적으로 해결할 수 있다. 예를 들어 권리에 대한 다른 두 가지 이론이 개인의 자유가 가지는 중요성에 언질을 준다면, 두 이론 사이에 세세한 의견의 불일치가 이성적으로 해결되지 않을 이유가 없다. 그런데 어떤 이론은 자유에, 반면 어떤 이론은 평등에 기초를 두어서 언질을 주는 정도가 깊어 양립할 수 없다면, 겉으로 드러나는 불일치를 해결할 방도가 없을 것이다. 그래서 개인의 권리를 옹호하는 이들은 초윤리적인 문제로 인해 가치와 원칙에 더 큰 관심을 두게 되었다(Waldron 1984, 3~4).

롤스는 바로 이와 같은 상황에 봉착했다. 정의의 원칙을 정하지 않으면 안 되는데, 과연 어떻게 정할 것인가? 자신이 염두에 두는 정의의 두 원칙이 지고지선(至高至善)한 원칙이기 때문에 모든 이들로 하여금 따르라고 강요할 수는 없다. 이것은 마치 선이 객관적으로 존재하니까 따를 수밖에 없다고 개인에게 강요하는 것과 같기 때문이다.

그래서 롤스는 모든 사람이 참여해 계약하게 되는 계약상황, 즉 원초적 입장을 설정했다. 이는 여러 가지 조건과 여건을 함축하는 원초적 입장에서 사람들로 하여금 정의의 원칙에 대한 여러 대안 가운데 하나의 원칙을 결정하게끔 하는 상황에 비견할 수 있다. 그렇게 상정한 것은 결국 선은 개개인이 택하게 된다는 선의 주관성을 전제로 한 것이라고 볼 수 있다.

(1) 반성적 평형

롤스는 시지윅의 저서에서 영감을 받아 '반성적 평형(또는 내성적內省的 균형)reflective equilibrium'이라는 개념을 제시한다. 반성적 평형이라는 개념은 원초적 입장에서 우리의 숙고된 도덕적 판단과 정의의 두 원칙을 부합시키려는 노력을 통해 나타난다. 원초적 입장은 정의의 원칙을 선택하는 데 부과하기 적합한 일련의 결정적인 제약을 제시한다. 그러나 이러한 원칙을 인정하는 것을 원초적 입장이라는 가설적인 고안에 그저 맡길 수는 없다. 이 점을 롤스는 애초부터 알고 있었다.

정의의 두 원칙이 일상적인 도덕적 판단을 수용하게 해야 하며, 도덕적 판단을 내리는 정상적인 정의에 대한 감각(정의감)이 반성적 평형에서의 판단과 일치되어야 한다. 반성적 평형이란 일상적으로 옳다고 여기는 도덕에 대한 직관적 판단을 수용하는 것으로 봐야 한다(TJ, 48). 숙고해보면, 정의의 두 원칙이 다른 원칙보다 일상적인 숙고된 판단에 더 잘 부합할 것이다(TJ, 50). 그래서 숙고한 끝에 원초적 입장에서 나타난 결과를 인정할 것인지 고려할 필요가 있다. 만약 그 결과가 정의에 대해 우리가 좀 더 구체적으로 고려한 판단과 어긋나면, 원초적 입장을 수정하는 것을 생각할 필요가 있다. 그리고 경우에 따라서는 정의에 대해 고려한 판단이 잘못되었다고 생각되면, 원초적 입장을 수정할 것이 아니라 판단 그 자체를 수정해야 한다. 요컨대, 숙고하여 양쪽 끝에서 수정함으로써 반성적 평형을 이루게 된다. 그리하여 우리가 고려한 판단에 부합하는 원초적 입장을 기술할 수 있게 되어 반성적 평형이 이루어진다(TJ, 48~51).

반성적 평형이 필요하다고 생각하는 이유는 무엇인가? 롤스는 "공정으로서의 정의는 이들 가운데 단지 하나일 뿐이다. 그러나 원칙의 선택에 부과하는 데 합당하다고 널리 알려졌으며 동시에 반성적 평형으로 우리의 숙고된 판단을 특징지어주는 관점에 이르게 하는 조건을 가장 잘 표현하는 시초의 상황에 대한 해석이 하나 있다는 것을 보여줌으로써 정당화의 문제는—가능한 한—해결된다. 이러한 가장 유용하고 표준적인 해석을 나는 원초적 입장이라고 부를 것이다"(TJ, 121)라고 했다.

요컨대, 롤스는 선에 대한 완전한 이론은 반성적 평형에서 가치에 대한 우리의 숙고한 판단에 부합해야 한다고 생각한다(TJ, 434). 다른 말로 하면, 반성적 평형이라는 개념이 필요한 이유는 롤스가 목적의 왕국이라는 형이상학적인 배경에서 정의의 원칙을 도출했기 때문이 아니라 정의의 여건이라는 경험적인 상황에서 도출했기 때문이다(TJ, 51·255~6).

롤스는 원초적 입장에서 합리적인 인간들 사이의 차이와 그들의 모든 사적인 목적으로부터 정의의 두 원칙을 추상화하려고 했다. 그래서 정의의 두 원칙과 일반적으로 생각하는 정의에 대한 관념이 부합하는지를 따질 필요가 있다. 더욱이 정의의 여건 자체가 변할 수 있다(이에 관한 예로 롤스는 노예제에 대한 관념의 변천을 들고 있다). 정의의 두 원칙이 숙고된 도덕적 판단과 평형을 이루는 경우에는 자신의 원칙을 정당화할 수 있는 것이다. 롤스는 원초적 입장에서 설정한 가정들이 타당성이 있는지 여부를 반성적 평형이라는 정당화 방법을 토대로 부여하고자 한다. 그래서 롤스로서는 반성적 평형이 필요하다는 점에 유념해야 한다.

도덕적인 정당화는 역동적인 과정으로 이 과정에는 두 가지 출발점이 있으며, 어느 출발점도 도전을 받게 마련이다. 반성적 평형은 이 점을 기본으로 삼는다. 어떠한 출발점도 조금만 노력하면 쉽게 얻을 수 있다. 이 경우에 출발점은 ① 원칙의 선택에 부과하는 것이 합당하다고 널리 생각되는 조건, 그리고 ② 정의에 대해 우리가 가장 확신하는 직관이다.

우리는 공정한 선택 조건이라고 생각하는 데서 어떠한 정의의 원칙을 선택할지, 그리고 어떠한 선택의 조건이 정의에 대해 우리가 가장 확신하는 직관을 가져오는지 결정하려고 한다. 선택의 조건과 정의에 대한 우리의 직관적인 관점이 적합하면, 반성적 평형은 이루어진 셈이다. 더욱 중요한 것은 이 접합점을 찾기 위해 우리는 양끝에서 작업한다는 점이다. 즉 공정한 선택 조건이라는 관점에서 정의에 대한 직관을 수정하며, 그리고 거꾸로 정의에 대한 직관이라는 관점에서 공정한 선택 조건에 대한 관점을 수정한다.

바꿔 말하면, 롤스는 도덕적인 정당화에 대한 일관된 이론을 견지한다. 그러나 영구적이며 변하지 않는 원칙에 도덕적인 주장이 상응한다는 것을 보여줌으로써 정당화되지는 않는다. 그리고 선험적인 원칙에서 도출되는 것도 아니다. 도덕적인 주장이 일관된 이론의 부분이라는 것을 보여줌으로써 정당화된다. 즉 정의에 대한 우리의 직관과 원칙의 선택에 부여하는 데 합당하다고 널리 알려진 조건을 통합시키는 이론이라는 것을 보여주어야 한다. 그래서 양쪽 끝에서 상대 쪽으로 밀고 당겨가며 조정함으로써 일관된 이론이 나타나게 해야 한다.

이 방법론이 롤스에게 독특한 것은 아니었다. 그가 비록 명료하고 통찰력 있게 이용하고 있지만, 도덕철학의 전통에서는 오랜 역사를 가지고 있다. 그리고 이 방법은 중간 입장을 취하고 있기 때문에 양쪽에서 공격을 받기 쉽다. 반성적 평형이 타협적인 성격을 띠고 있으며 받기 쉬운 공격이 무엇인지 알기 위하여 그 대안들을 간략하게 고찰해보자.

어떤 도덕 이론가는 자신의 일이 진리를 발견하는 과정이라고 보았다. 예를 들어 플라톤의 형상이론은 선은 어떠한 의미에서 존재하며 참으로 이성적인 인간은 이를 찾는다고 주장한다. 자연법 이론은 도덕적 이론이 우주의 물리적인 법칙과 비유되는 방식으로 존재하며, 이성이나 신적인 현시를 이용해 발견할 수 있다고 주장한다. 또한 칸트는 정언명령이 이성이라는 개념에서 도출되며 모든 이성적인 존재를 구속한다고 믿었다. 나아가서 도덕적인 원칙을 만들기보다는 찾게 된다고 믿었다. 이러한 도덕적인 원칙은 우리 자신이 그렇게 말하기 때문이 아니라 그들이 말하기 때문에 우리의 삶을 지도해야 한다.

그러나 도덕에 대한 이러한 관점에는 많은 문제가 드러난다. 존재가 도덕적인 원칙에 적용되는 경우 존재의 개념에서 의미를 이끌어낸다는 형이상학적인 문제가 있다. 또한 도덕적인 원칙이 알려질 수 있다는 것을 보여준다는 인식론적인 문제가 있다. 게다가 논리적인 문제도 있다. 그러한 원칙을 의도적으로 연역하는 것은 그릇된 전제에 근거하거나 논리적으로 의문시되는 단계를 밟을 수 있기 때문이다.

이러한 문제를 피하고자 도덕적인 직관, 감정 또는 정조(情操)에 의존하는 무턱이론도 있다. 이 이론들은 도덕적인 원칙이 관찰되거나 선험적인 원칙에서 연역되기보다는 개인의 감정이나 정조에서 수집된다고 본다. 그래서 무엇이 선이며 정의인지 찾는 방법은 인간의 감정이나 직관을 참고로 하는 것이다. 이러한 관점에서 볼 때 도덕철학의 목적은 이러한 감정이나 직관에서 이 감정이나 직관을 포함하는 도덕적 원칙을 이끌어내는 것이다. 요컨대, 도덕적인 규칙은 특정한 판단을 요약한다. 여기서의 이점은 직관이 지침이 되지 못할 경우 이렇게 도출된 원칙이 지침이 된다는 것이다.

도덕에 대한 이러한 접근에도 문제가 많다. 선, 올바름 등에 대한 사람들의 감정이 저마다 다른 경우에 어느 견해가 정확한지 우리가 어떻게 알 것인가?

첫째, 같은 사안에 대해서 동일인이라도 시간마다 감정이 다를 수도 있다. 이런 경우에는 어느 감정이 정확하다고 봐야 하는가? 극단적으로 상대주의적인 입장을 취해 각기 다른 시간에 느끼는 감정이 나름대로 모두 정확하다고 보는 것이 옳은가?

둘째, 우리가 사물에 대해 느끼는 감정이나 직관은 적어도 부분적으로는 우리가 성장한 환경의 산물이라고 볼 수 있다. 그렇다면 우리의 도덕적 판단은 반드시 문화 구속적이라는 것이 이 견해에 수반되는가? 문화 구속적이라면, 우리는 그 판단이 정확하기 때문이 아니라 그런 판단을 내릴 조건이 주어져 있기 때문에 판단을 내리는 셈이다. 요컨대, 도덕의 본질을 이렇게 이해하면, 도덕적인 경험을 결정한다고 여겨지는 감정이나 직관을 평가하는 독립적인 기준은 없다.

이상과 같은 양극단에 몰려서 롤스는 어떻게든 일관된 도덕이론을 만들어내려고 노력하고 있는 셈이다. 그는 전자의 절대적인 개념도 거부하고 후자의 상대주의도 거부한다. 공정이라는 개념으로써 정의에 대한 직관을 수정하려고 한다. 그러면서도 그는 공정으로서의 정의를 신성불가침의 선험적인 것으로 여기지는 않는다. 정의에 대한 우리의 직관에 근거하여 수정할 수도 있다고 보는 것이다. 그렇게 하다 보니 두 축을 오가면서 수정하게 되는데, 이것을 롤스는 반성적 평형이라고 부른다.

반성적 평형이라는 롤스의 방법론을 염두에 두고 그의 정의 이론에 내재하는 혼란스러운 양상을 알아보자. 롤스는 원초적 입장에서 선택된 원칙은 '순수한 절차상의 정의pure procedural justice'라고 주장한다. 이 원칙을 따르면, 사회적 선이 정의롭게 분배되는 결과가 나타날 것이라는 의미가 된다. 그 이유는 이 배분을 평가할 만한 독립된 기준이 없기 때문이다(TJ, 86).

여기서 롤스의 발상은 명확하다. 정의의 원칙은 무지의 장막을 배경으로 하여 결정된다. 그리고는 이 원칙에 따라 사회를 구조화하여 이 구조에 따라 살아가려고 한다. 그러나 만약 마지막에 부딪치게 되는 사회적 선의 몫을 어느 누가 좋아하지 않게 되었다고 가정해보자. 이렇게 가정할 수도 있는 이유는 절차적 정의가 그 결과로 나타날 수 있는 배분의 정의를 보장하지 않기 때문이다. 그럼에도 롤스는 순수 절차상의 정의에 의존한다. 문제는 롤스가 순수한 절차상의 정의에 끝내 충실하지는 않다는 점이다. 그래서 그는 이를 결정적인 방법으로 제한한다. 롤스는 순수한 절차상의 정의에서 연유하는 배분은 그 배분이 "어떠한 '한계range'에 있는 한, 그 결과가 어떻게 되든 정의로울 것"이라고 지적한다(TJ, 85). 달리 말하면, 그의 정의의 원칙을 따르는 데서 나타나는 결과가 반드시 정의로운 것은 아니다.

이 한계를 명백하게 해야만 롤스의 이론은 작동된다. 그런데 그는 왜 그러한 제언을 했는가? 우리에게 궁금한 것은 바로 이 문제이다. 이것은 그가 순수한 절차적 정의라는 개념에서부터 문제점을 없앴다는 것을 의미한다. 앞서 말한 것처럼 순수한 절차적 정의가 정의로운 결과를 보장하는 것은 아니다. 그래서 롤스는 만약 정의로운 절차에서 연유하는 사회적 선의 배분이 독립적으로 확립된 한계를 벗어나면 정의롭지 않다는 조건을 덧붙이는 것이다.

(2) 순수한 절차상의 정의

왜 이렇게 타협적인 방법으로 순수한 절차상의 정의를 제한하는지 알려면 반성적 평형과 순수한 절차상의 정의 사이의 관계를 검토해야 한다. 앞에서 살펴본 바와 같이 롤스는 자신의 정의의 두 원칙이 타당성이 있다는 것을 보여주기 위해 반성적 평형을 이용했다. 그 목적은 정의의 두 원칙에 대한 우리의 직관과 이 원칙들을 도출하려는 공정이라는 관념 사이에 평형을 확립하는 것이다. 다른 한편, 순수한 절차상의 정의는 이들 정의의 원칙과 여기에서 연유하는 사회적 선의 배분에 적용된다. 절차상의 원칙이 정의로우면 그 결과로 나타나는 배분도 정의로울 것이라는 생각이 깔려 있다.

그런데 만약 롤스의 이론을 이러한 방식으로 구획을 짓는 것이 가능하다면, 그가 순수한 절차상의 정의를 제한할 필요가 없다. 다른 말로 하면, 만약 반성적 평형이 공정한 선택 상황과 정의의 원칙들 사이에만 적용되고, 순수한 절차적 정의가 정의의 두 원칙과 그 적용에서 나타나는 특정한 배분 사이의 관계에만 적용된다면, 수용할 수 있는 한계의 배분을 도입할 필요가 없다. 이 한계는 정의의 원칙들을 이행함으로써 나타나는 결과를 판단하게 하는 독립적인 기준으로 기능한다(Katzner 1980, 62).

그러나 롤스는 순수한 절차상의 정의를 제한한다. 이것은 그 자신이 이러한 방식으로 자신의 이론을 구획 짓는 것이 불가능하다는 사실을 알고 있다는 것을 암시한다. 정의의 두 원칙에 대한 직관은 이 원칙에서 나오는 배분에 대한 평가와 밀접하게 연관되어 있다. 나타나는 배분이 받아들일 만한 한계를 넘으면, 우리는 원칙에 대한 우리의 직관을 수정하도록 한다. 바로 이러한 이유 때문에 수용할 만한 배분의 한계에 대해 독립적인 제한을 둔 것이다.

롤스의 방법론과 관련해 평가해야 할 두 번째는 그는 자신의 논지가 엄밀하게 연역적이 되기를 기대했다는 점이다(TJ, 121). 말하자면 롤스는 순수하게 절차적 정의를 제시하면서도 공정이라는 개념을 분석함으로써 원초적 입장에서부터 자신의 정의의 원칙이 연역될 것이라고 기대했다. 요컨대, 그는 정의의 두 원칙이 원초적 입장에서 도출된다는 것을 보여주기를 원했다.

왜 그렇게 기대했는가? 롤스의 정의 이론의 기저에 흐르는 모든 사상 가운데 가장 초보적인 것은 자유롭고 평등한 사람이 오랜 시간을 두고 사회에서 협업을 하는 공정한 체제라는 사상이다. 때때로 그는 이것이 가장 근본적으로 직관적인 사상이라고 일컫는다. 롤스는 이 사상을 옹호하기 위해 논지를 전개하지 않는다. 다만 사람들이 가장 그럴듯하고 호소력이 있는 출발점으로 받아들이기를 바라고, 이 사상을 기초로 논지를 구성하고자 한다.

공정으로서의 정의 이론에서 이 사상의 역할은 기하학적 추론을 하는 데서 기하학이라는 근본적으로 직관적인 사상이 하는 역할과 비슷하다. 순수한 연역으로써 정의에 관한 건전하고 설득력 있는 이론을 만들 수 있으며 믿기는 않았지만, 그는 자신이 이론을 가능한 한 도덕적 기하학으로 전개하고자 했다(Johnston 2011, 206).

그렇다면 다음과 같은 질문을 제기할 수 있다. 공정이라는 관점에서 정의의 원칙들을 수정하고 정의의 원칙이라는 관점에서 공정의 개념을 수정하는 것이 허용되는 한, 어떻게 우리가 연역적인 논지를 기대할 수 있겠는가?

롤스가 애써 보여주고자 하는 것은 연역성이 반성적 평형보다 더 강한 관계이지만 연역성과 반성적 평형은 양립 불가능한 것이 아니라는 점이다. 연역성이 입증되려면 원초적 입장에서 정의의 두 원칙이 연역되어야 한다. 그런데 반성적 평형은 원초적 입장과 정의의 두 원칙이 정합해야 한다는 것을 요구할 뿐이다. 양자가 전적으로 독립적이라고 해도 두 개념은 일관적일 수 있다. 다른 한편, 일관된 개념은 귀납적으로나 연역적으로 서로 연관될 수 있다(Katzner 1980, 63).

연역적인 관계의 본질을 이해하는 한에서는 반성적 평형과 연역성이 양립하지 못할 이유는 없다. 그러나 양자는 서로 다른 요구를 하고 있기 때문에 양자 사이의 관계에 대한 질문이 즉각 제기된다. 즉 반성적 평형을 추구하는 데서 연역적인 관계를 달성하려는 욕구를 하나의 요소로 고려해야 하는가?

롤스의 정의의 두 원칙과 공정에 대한 우리의 관점이 반성적 평형에 놓여 있다고 가정해보자. 그러나 정의의 두 원칙이 반성적 평형으로부터 연역되지는 않는다. 또한 두 가지의 다른 정의의 원칙이 있는데, 이는 정의에 대한 우리의 직관과는 조금 맞지 않지만 공정이라는 관념을 구체화하는 시초의 상황에 대한 기술에서 연역될 수 있다고 가정해보자. 그렇다면 이것이 정의에 대한 우리의 직관을 수정할 이유가 되는가?

기대한 연역성이 성공적으로 수행되었다고 볼 수는 없다. 롤스는 반성적 평형을 역동적인 과정으로 보기 때문이다. 원초적 입장에서 정의의 원칙을 이끌어내기보다는 정의의 원칙에서 원초적 입장으로 논지를 되돌리는 것 같다. 다른 말로 하면, 원초적 입장에서 정의의 원칙을 연역하기보다는 바라는 결과로써 원초적 입장을 규정한다. 이 점은 그가 "무지의 장막을 필요로 하는 이유는 단지 단순성을 초월한다. 우리는 바라는 해결책을 얻기 위하여 원초적 입장을 규정하고자 한다"(TJ, 141)고 말한 데서 나타난다. 일관성 있는 견해를 얻기 위해 전력을 다하여 이론을 수정하는 것이 적절할 뿐만 아니라 오늘의 반성적 평형이 내일은 깨뜨려질 수도 있기 때문이다. 공정이나 정의에 대한 우리의 관념이 바뀌면 양자 사이의 평형을 반영하는 이론도 바뀐다.

그렇다면 일관성보다는 연역성에 초점을 두는 것이 이 과정을 어떻게 수축시키는지 유념해보자. 정의나 공정에 대한 우리의 견해가 바뀌고 연역적으로 확립된 정의의 이론이 반성적 평형에서의 우리의 숙고된 견해를 더 이상 반영하지 않는다면, 우리는 무엇을 해야 하는가? 연역성이 최종 목표라면, 정의 이론에 집착해서 정의에 대한 새로운 관념에 연역적으로 부합하는 이론이 나타나기를 기다려야 한다. 반면 반성적 평형이 더 중요하면, 정의에 대한 이론은 정의와 공평에 대한 우리 사고에서의 변화에 좀 더 수응(隨應)해야 한다. 평형이 무너지면 정의에 대한 새로운 이론을 찾으려고 노력하게 될 것이다.

롤스는 정의와 공정과 관련해 우리가 생각하고 있는 바에 이렇게 수용하는 것이 반성적 평형의 중요한 이점 가운데 하나라고 믿고 있다. "도덕철학은 소크라테스적이다. 일단 숙고된 판단의 규제적인 원칙이 밝혀지면, 현재 우리의 숙고된 판단을 변경하기를 원할 수도 있다. 이들 원칙이 반선히 부압아니나로 ↑ 디는 변경치는 것을 일할 수두 있다 이들 원칙에 대한 지식이 더 많은 숙고를 하게 하여 우리로 하여금 판단을 수정하게 한다"(TJ, 49).

그래서 연역성은 롤스의 이론에서 본질적인 요소라기보다는 가능한 한 있으면 좋은 부산물이라고 볼 수도 있다. 일단 달성되고 나서 정의와 공정에 대한 우리의 관점이 바뀌면, 파기하지 않으면 안 될지도 모르기 때문이다. 연역성은 또한 다른 중요한 방식에서 제한되어 있다. 롤스는 공정이라는 개념을 적시하는 원초적 입장이 정의의 두 원칙을 수반한다는 것을 보여주기를 원한다. 그렇게 할 수 있다면, 이 공정이라는 개념을 수용하는 이는 그의 원칙을 수용할 충분한 이유가 있다. 그러나 그의 공정이라는 개념을 수용하지 않는 사람으로 하여금 두 원칙을 받아들이게 할 수는 없다.

원초적 입장에서의 선택은 개인의 자기 이익에 기초를 두고 있다. 그렇기 때문에 당사자가 타인의 이익에 종속되거나 당사자가 자신의 이익과 더불어 타인의 이익을 고려할 필요가 없었다. 요컨대 상호 무관심을 견지한다. 그렇다면 어떤 이, 특히 재능과 능력의 자연적인 배분에서 혜택을 보게 될 사람이 왜 원초적 입장에서 선택될 원칙을 준수하겠다고 동의하는가? 다른 말로 하면, 설령 정의의 두 원칙이 원초적 입장에서 반드시 선택된다는 것을 보여준다 해도, 원초적 입장에서 연역될 수 있는 원칙을 내가 왜 수용해야 하는가라는 질문을 던질 수 있다.

이에 대해 롤스는 원초적 입장이 공정한 선택 상황이기 때문이라고 답할 것이다. 그러면 이에 대해 그렇다는 것을 증명하지 않았으며, 설령 증명했다 해도 내가 왜 공정해야 하는가라는 질문에는 아직 답하지 않았다고 반박할 수도 있다. 물론 롤스는 원초적 입장은 자유롭고 합리적 선택의 조건을 구체화하기 때문에 원초적 입장을 선택해야 한다는 답을 암시하고 있다(TJ, §40). 그러나 이것이 내가 왜 공정해야 하는지에 대한 완벽한 답은 아니다.

그렇다면 어떻게 해야 하는가? 어떤 이론이 근거를 두고 있는 근본적인 사상은 진리도 아니고 거짓도 아니며, 따라서 이것을 증명하거나 반증하려고 하는 것은 의미가 없다. 그 사상이 유용한가 유용하지 않은가에 따라 그 사상이 받아들여지거나 거부된다. 이 사상에 근거를 두는 명제와 이론이 다루는 주제에 대해 그럴듯하고 감탄을 자아내는 설명을 하게 되면, 이 사상의 유효성은 나타난 것이다. 그러지 않으면 해당 사상은 파기되며, 다른 사상을 찾게 된다(Johnston 2011, 206).

4. 인간의 본성

앞의 4장에서 안정과 일치를 둘러싼 논쟁을 다루면서 롤스의 인간 본성에 대한 견해를 부분적으로 살펴보았다. 정치사상, 즉 규범적인 이론은 어떤 인간의 본성을 전제로 하고, 이를 근거로 논지를 전개해야 한다. 롤스도 예외가 아니다. 롤스는 원초적 입장에서 자신의 정의의 두 원칙, 즉 사회 정의에 대한 두 원칙이 도출되기를 기대한다. 그렇다면 원초적 입장에 놓인 인간들을 어떤 존재로 파악해야 하는가 하는 문제가 우선적으로 대두된다.

인간이란 어떤 존재이며, 인간에게 참으로 선한 것은 무엇인가? 말하자면 정의의 두 원칙이 도출될 수 있게 하자면, 롤스가 볼 때 인간을 어떤 존재라고 가정해야만 가장 합리적이겠는가? 인간은 자신이 추구하는 여러 가지 선 가운데 도덕적인 선을 갖추어야만 행복해질 수 있는가? 그리고 도덕이 관습이나 선의 객관성에서 연유하는 결과가 아니라 이성적 판단의 결과라면, 이성적 판단의 확실성과 객관성에 의아심을 느낄 수 있다. 그렇기 때문에 정의의 두 원칙에 합의할 수 있게 하려면 롤스가 인간을 어떤 존재라고 보는지 살펴야 한다.

롤스가 인간을 어떤 존재로 보는지 파악하려면 다음과 같은 점들을 감안해야 할 것이다. 롤스는 자신의 이론을 전개할 때 합리적 선택이론을 사용하는데, 이 이론에 따르면 인간은 자신의 이익을 극대화하려고 한다. 즉 이기적인 존재이다. 그런데 이익의 극대화는 정의와 반대되는 것이다. 그럼에도 차등의 원칙을 포함하는 정의의 두 원칙을 계약 당사자들이 택하게 되는가? 차등의 원칙에 따르면 재능 있는 자들은 재능의 결과물 중에서 어느 부분을 최소 수혜자들에게 내놓아야 한다. 얼핏 보면 이것은 교환에서의 상호 대등성이 결여된 것이다. 즉 인간에게 이타적인 측면이 있어야 가능한 일이다. 가정하는 인성이 이렇게 상반된다고 볼 수 있는데, 롤스는 이를 어떻게 극복하려고 하는가?

사회 정의에 대한 원칙을 논하고 이에 합의할 수 있으려면 먼저 인간이 사회적 본성을 지녔다는 것을 인정해야 한다. 롤스는 인간의 사회적 본성에 대한 관념과 관련해서는 훔볼트Wilhelm von Humboldt에게 빚졌다고 밝히고 있다(TJ, 522~7). 훔볼트에 따르면 개인은 한쪽 측면으로 발전하다가도 시간이 흐르면서 모든 활동에 조화를 이룰 수 있다. 마찬가지로 사회에서 타인과 협조함으로써 개개인은 타인들의 모든 풍부한 자원에 참여할 수 있다(Humboldt 1969, 16f.; TJ, 523 재인용).

사회적 통합의 예로 롤스는 다음과 같은 예를 든다. 처음에는 모든 악단원이 오케스트라의 모든 악기를 똑같은 실력으로 연주할 수 있었는데 모두가 약속해서 각기 한 악기만 연주한다면, 연주는 그러지 않았을 때보다 각자의 수월성이 합쳐져서 훨씬 나아질 것이다(TJ, 524n). 이처럼 협업을 하게 되면 개인의 삶도 훨씬 풍요로워진다. 롤스는 인간이 사회적 협업을 할 수 있을 정도의 사회적 본성을 지녔다고 전제한다. 말하자면 인간은 경쟁적이지만 협업적인 본성이 있다는 것을 바탕으로 사회 정의를 논하는 것이다. 그리고 이렇게 가정하기 때문에 롤스는 전통적인 개인주의 가정에서 공동체에 대한 더욱 완전한 이론을 허용한다. 말하자면 개인은 사적인 목적만큼이나 사회적·공동체적인 목적을 추구할 수 있다는 가정이 가능하다고 보는 것이다(FG, 550).

둘째, 롤스는 공정한 원초적 입장에서 정의의 두 원칙에 합의하고 이 합의에 따를 것이라고 가정해야만 자신의 주장을 전개할 수 있다. 뿐만 아니라 롤스가 민주주의가 가능하다는 논지를 전개하려면, 평범한 시민들이 민주주의를 감당할 만한 정치적 능력이 있다는 것을 전제해야 한다(Miller 1976, 8). 그렇다면 이렇게 하기 위해 롤스는 어떤 가정을 해야 하겠는가? 롤스는 《정의론》에서 개인이 정의의 원칙에 따라 행동하는 데 동기를 부여받는 것을 설명하면서 세 가지를 내놓고 있다.

① 첫 번째 설명은 앞에서 언급한 이른바 '칸트적인 해석Kantian interpretation'으로, 모든 개인은 존엄하고 침해할 수 없으며, 단순히 인간이라는 이유에서 개인은 권리의 담지자로서 자유롭고 평등해야 한다고 원초적

입장에서 가정한다. 이것은 '도덕적 인격moral person'에 대한 칸트의 설명이다. 롤스는 이 설명을 수용하고, 나아가 정당한 권위와 사회 조직의 합리적 원칙을 도출하는 철학적인 기초로 삼는다. 그래서 롤스는 합당하고 합리적인 존재로서 인간은 전술한 '도덕적 힘moral powers', 정의의 감각에 대한 능력과 선의 관념에 대한 능력이 있다고 본다(PL, 312~3). 또한 인간은 사고하고 추론할 수 있는 '이성의 힘powers of reason'을 가지고 있다(TJ, 19; JFR, 18~9·196).

첫째, 인간의 '합리적인 도덕적 힘rational power'은 칸트의 가설적 명령에 해당하는데, 인간은 어떤 목적을 달성하는 데 효과적인 수단을 강구할 수 있다. 둘째, '합당한 도덕적 힘reasonable power'은 칸트의 정언명령에 해당하는데, 이것은 인간이 추구하는 목적과는 무관하게 올바른 것을 할 것을 인간에게 요구하는 도덕적 법칙이다. 이러한 도덕적 힘이 있기 때문에 인간은 정의가 명령하는 바에 따를 수 있다.

② 두 번째 설명은 개인에게 도덕적 관점이라는 제약을 부여한다. 여기서 개인은 근대의 경제학과 선택이론에서 나타나는 것처럼 좁은 의미에서 자신의 이익을 추구하는 합리적으로 타산적인 인간이다.

③ 세 번째는 아리스토텔레스적인 해석인데, 이는 개인이 자신의 본유적인 능력으로 행사하고 계발하게끔 되어 있다는 것을 전제로 한다.

그런데 이 세 가지 설명은 롤스가 해명하려고 노력했지만 서로 정합되지 않는 측면이 있다(Galston 1999, 228~55). 여기서는 이 세 가지 설명의 정합성을 세세히 논하지 않겠다. 그러나 롤스에 의하면, '인격person'에 대한 이론이 정의에 대한 이론을 정당화하는 데 중요한 역할을 담당한다(TJ, 258~65, 584).

인간을 합당하고 합리적인 존재로 인식하는 것은 인간이 더 높은 서열의 선을 선택할 수 있는 힘을 갖는 것으로 인식하는 것이다. 합리적이라는 측면에서 보면 첫째, 자신의 목적, 즉 선에 대한 관념을 형성하고 이목적을 충족시키는 효과적인 수단을 선택함으로써 목적을 추구할 힘을가진다. 이것이 의미하는 바는, 공리주의는 행복이 선이라고 가정하지만원초적 입장에서 특히 두 가지 도덕적 힘이 있다는 것을 가정함으로써모든 시민들에게 어떠한 선이든 스스로 선택할 수 있게 한다는 것이다.그래서 시민들은 낮은 서열의 선으로 행복이나 다른 선을 선택할 수 있다. 롤스는 특정한 선을 선택하기보다는 선을 선택할 수 있는 도덕적 힘이 있어야 한다는 것을 우선적으로 강조한다(Pogge 2007, 57). 둘째, 그럴 만한 이유가 있다면 우리의 목적을 변경할 수도 있다. 변경할 수 있음으로써 인간은 자율성을 나타낼 수 있기 때문이다. 셋째, 합당한 도덕적힘을 가졌다는 측면에서 보면, 정의에 대한 효과적인 감각에서 행동할 힘이 있다. 이러한 능력이 있기 때문에 인간은 자율적으로 행동할 수 있다.

그리하여 롤스는 인격에 대한 이론이 정의에 대한 이론을 정당화하는데 중요한 역할을 담당하도록 하기 위해 세 가지 모형적 관념을 제시한다. 이들은 각기 도덕적 개성, 질서가 잘 잡힌 사회, 그리고 원초적 입장이다. 첫째, 정의의 원칙을 선택하는 것과 관련되는 ① 인간의 개성이 지니는 양상을 도덕적 개성에서 기술하고 있다. 둘째, ② 질서가 잘 잡힌 사회라는 관념은 준(準)형식적인 양상을 기술하는데, 이것은 정의의 원칙으로 가능한 것이 무엇인지 제약함으로써 정의의 원칙의 영역을 한정한다. 끝으로, 원초적 입장이라는 관념은 도덕적인 개성을 지닌 인간이 질서가 잘 잡힌 사회를 건설하기 위해 ③ 정의의 원칙을 선택하게 되는 방식을 서술한다.

그런데 이 세 가지 관념은 서로 연관되어 있다. 요컨대, ① 자유롭고 평등한 개인은 ② 질서가 잘 잡힌 사회를 건설하기 위해서는 ③ 원초적 입장이 가하는 제약에서는 자신의 정의의 두 원칙을 선택하게 마련이라는 논지이다. 앞에서 합당성과 합리성이라는 개념이 인간의 행위에 가한 제약도 이 맥락에서 이해할 수 있겠다. 좀 더 정확하게 말하면, 롤스는 이 세 가지를 연결시키려고 노력했다는 점에 유의해야 한다. 정치사상다운 정치사상은 인간의 본성에 근거를 두어야 하거나 적어도 어떠한 방식으로든 연관을 맺도록 해야 하기 때문이다.

이상과 같이 롤스는 인간으로서의 본성을 가진 인간들이 원초적 입장이라는 주어진 계약 상황 아래 어떤 근거에서 정의의 원칙을 구축해나가는 과정을 기술했다. 위의 세 가지, 즉 인간의 본성에 대한 가정, 계약 상황, 그리고 구성하는 과정이 롤스가 의존하는 주요한 방법이라고 볼 수 있겠다.

원초적 입장에서 일의적 선을 택하게 되는 이유는 인간의 도덕적 힘을 증진하고 보호하는 데 요구되기 때문이다. 그렇다면 인간의 본성을 둘러싼 논의는 정의의 두 원칙과 어떠한 연관이 있는가? 한 가지 예를 들어 알아보자. 롤스는 권리와 자유의 기본적인 '틀scheme'이 중요하다는 점을 옹호하는 것이지 자유 일반을 옹호하는 것이 아니다. 또한 그는 당연히 보호받을 수 있는 권리와 자유의 구체적인 핵심을 거론하는 것이지 개인의 권리 일반을 지적하는 것이 아니다.

《정의론》에서 롤스는 기본적 자유를 옹호하는 것을 한 차원에서는 자연권이라는 개념과 연결한다. 사회의 각 구성원은 정의에 기초를 두는 불가침성을 가진다고 여겨진다. 구성원의 이러한 지위는 사회적 인정이나 법적 규범에 달려 있는 것이 아니다. 개인이 도덕적 인격에 대한 능력을 가졌기 때문에 평등한 정의를 가질 자격이 있는 것이다. 바로 이런 이유에서 롤스는 기본적 자유에 가중치를 부여한다. 따라서 "공정으로서의 정의는 자연권 이론의 특징을 띠는 것이다"(RTJ, 443, n. 30).

이상에서 본 것처럼 롤스는 인간의 본성을 기반으로 하여 원초적 입장이라는 계약 상황에서 정의의 두 원칙이 도출되며, 이 원칙에 따라 사회의 기본 구조가 통제되는 정의로운 사회를 제시했다. 그가 이론을 구성하는 방식은 정확하게 말하면 세 단계를 거친다. 즉 롤스의 정의 이론은 3단계 이론이다.

① 맨 아래 단계에서는 시민들이 기존 제도의 규칙과 관행, 특히 기본 구조의 규칙과 관행을 준수하는 사회를 상정한다. ② 이러한 기본 구조를 고안하고 유지하고 조정하는 데서 시민들은 '정의에 대한 공적 기준 public criterion of justice', 즉 정의의 원칙에 따라 인도되는데, 롤스는 그 기준으로서 두 가지 우선성의 규칙을 갖춘 정의의 두 원칙을 제시했다. 이 것이 중간 단계이다. ③ 정의의 원칙, 즉 정의에 대한 공적 기준을 구성하고 해석하는 데서 시민들은 계약론적 사고 실험을 하게 된다. 여기서 롤스는 최고 단계로 원초적 입장을 제시했다. 사고 실험을 하는 이유는 정의에 관한 도덕적으로 가장 좋은 공적 기준을 찾기 위해서이다. 그러므로 롤스는 원초적 입장을 사회 정의에 대한 메타(포괄적) 기준으로 생각한다(Pogge 2007).

이와 같이 보면, 정의의 두 원칙은 '3단계로 구성된 이론 three tiered theory'이라고 할 수 있다. 롤스에 따르면 각각의 단계에서 시민들은 도덕적 언질을 서로 강화하여 강력하게 지지하고 광범하게 공유하게 되어 사회 질서가 안정된다.

이상으로 롤스의 정의 이론이 어떤 방법에 따라 구성되었는지 그 윤곽을 고찰해봤는데, 윤리이론의 세세한 부분을 어느 정도 깊게 이해해야만 그의 이론을 정확히 이해할 수 있을 것이다. 그렇다면 어디에 초점을 두면서 그의 이론을 더욱 자세히 분석하고 논할 것인가? 이 문제는 정치사상 또는 규범적 정치이론에서 지금까지 제기되어온 문제를—그 문제란 단지 이론적인 것이라기보다는 실제 인간생활에서 제기된 문제이기도 하다—롤스가 어떻게 해결하려고 했는가에 초점을 두어야 한다.

오늘날 정의를 다룬 이론에는 롤스의 이론만 있는 것이 아니다. 그럼에도 롤스의 이론에 중점을 두는 이유는, 그의 이론이 대표적이기 때문이기도 하지만 그의 이론을 토대로 정치사상에서 논쟁이 되는 것이 무엇이며, 롤스는 이 논쟁의 대상을 해결하기 위해 어떤 방법을 이용했는지 분석하고 이해하려는 데 주목적이 있기 때문이다. 그렇다고 해서 정의에 관한 이론들을 소개·설명하는 것을 제외한다는 뜻은 아니다.

《정치와 윤리》,《평등, 자유, 권리》,《정의에 대하여》에서 줄곧 논의해온 것은 다음과 같은 문제이다.

① 인간은 선을 추구하고 선을 달성해야만 행복한 삶을 영위할 수 있는데, 그렇게 하려면 인간의 도덕에 대한 공리주의적 관점과 의무론적 관점이 갈등을 일으키게 마련이다. 그러므로 규범적인 정치이론은 어떤 형태로든 이 갈등을 해결해야 한다. 말하자면 공리주의와 의무론의 우선순위를 정해야 한다.

② 근대 이후 선에 대한 주관성이 인정된 이상 인간에게 자유와 평등이 보장되어야 하며, 나아가 자유와 평등에 대한 권리를 보장하지 않을 수 없게 되었다. 그런데 자유와 평등은 효율이라는 문제와 결부되어 있다. 이미 살펴본 것처럼 자유, 평등, 그리고 효율은 정의를 구성하는 세 가지 구성요소이다. 따라서 정치이론은 이 세 가지 구성요소를 어떻게든 결합하여 권리, 응분, 그리고 필요라는 세 가지 원칙 사이의 갈등을 해결

하는 방안을 제시해야 한다.

③ 그렇다면 롤스는 정의의 세 가지 원칙, 즉 권리·응분·필요를 어떻게 파악하고 결합하여 정의의 세 가지 구성요소, 즉 자유·평등·효율을 보장하고자 했는가?

이 세 가지 큰 문제를 앞으로 다루어야 한다.

이 문제들을 다루면서 롤스의 정의 이론에 대한 반론 또한 논해야 한다. 반론과 더불어 반론에 대한 롤스의 답도 논해야 한다. 그래서 편의상 두 번째 문제, 즉 자유·평등·효율의 관한 문제를 먼저 다루고, 그다음에 세 번째 문제를 논하고자 한다. 그러는 과정에서 첫 번째 문제, 즉 공리주의와 의무론의 우선성이라는 문제에 대한 답이 자연스럽게 주어질 것이다.

다음의 〈표 1〉은 정의의 원칙과 구성요소들 사이의 관계를 표시한 것이다. 이렇게 표시하면 정의와 관련해 여러 가지 주제를 논할 때 무슨 주제를 논의하는지 더욱 명확하게 파악할 수 있다.

〈표 1〉

정의의 구성요소 \ 정의의 원칙	권리 rights	응분 deserts	필요 needs
평등 equality	r · eq	d · eq	n · eq
자유 freedom	r · fr	d · fr	n · fr
효율 efficiency	r · ef	d · ef	n · ef

초기의 자유주의자들은 정의의 구성요소 중에서 평등보다는 자유를 더 선호하고, 원칙 중에서는 필요보다는 권리와 응분을 중시한다고 볼 수 있다. 그리고 권리 중에서는 시민적·정치적 권리를 더욱 중요한 권리로 본다. 이에 견주어 마르크스는 구성요소들 중에서 자유보다는 평등을 강조하고, 평등이 달성되면 자유와 효율이 수반된다고 본다. 그리고 원칙 중에서는 부르주아의 권리나 자유주의자의 응분보다는 필요를 더 강조한다.

정의 이론을 제시하는 사상가는 어떤 요소와 원칙을 강조하거나 무시 또는 경시할 경우, 그 이유를 제시해야 한다. 모든 사상가들이 세 가지 구성요소와 세 가지 원칙을 모두 감안하여 정의 이론을 정립해야 하는 것은 아니겠지만, 지금까지 논한 바에 따르면 정의라는 관념의 역사는 세 가지 구성요소와 원칙의 관계를 정립하고 변화시키는 과정이었다고 볼 수 있기 때문이다.

그러므로 롤스가 자신의 정의 이론를 제시하면서 원칙과 구성요소의 관계를 어떻게 파악했는지 살펴볼 필요가 있다. 롤스는 세 가지 원칙과 세 가지 구성요소가 결합해서 나타나는 9가지 주제를 어떻게 파악했으며, 각 주제에서 제기되는 문제를 어떻게 해결하고자 했는가? 엄밀히 말하면, 이러한 점들을 모두 다루어야만 그의 이론을 완전하게 분석할 수 있다. 그렇게까지는 못한다 해도 중요한 것은 짚어보고자 한다.

제6장

자유, 평등, 효율

정의의 세 가지 구성요소인 평등, 자유, 효율은《정의에 대하여》13장
과《평등, 자유, 권리》에서 이미 다루었다. 평등과 관련해서는 기회 또는
조건의 평등과 결과에서의 평등이 가져다주는 차이, 부의 평등과 인간
이 느끼는 행복에서의 평등을 논했다. 자유와 관련해서는 소극적 자유와
적극적 자유의 갈등, 즉 무엇에서 벗어날 자유와 무엇을 할 자유의 차이,
그리고 자유를 향유하기 위해 보장되어야 하는 자유와 참다운 자유를 논
했다.

자유와 평등이라는 주제에서 가장 중요한 것은 어디까지나 양자의 조
화라는 문제이다. 자유를 강조하면 효율이 증진되는 반면에 평등, 특히
결과에서의 평등을 강조하면 효율이 떨어진다는 것도 짚어보았다. 그래
서 자유와 평등의 조화라는 문제와 연관하여 선, 특히 일의적 선을 어떻
게 배분해야 하며, 선의 배분이 가져다주는 한계효용, 그리고 이와 연관

되어 나타나는 복지권과의 관계, 나아가 파레토의 효율과 차등 원칙을 다뤄보았다. 이상에서 살펴본 내용에 유념하여 정의의 세 가지 원칙에서 연유할 수 있는 문제를 롤스가 어떻게 다루는지를 검토해보자.

롤스에 따르면, 사회제도의 두 가지 중요한 덕성은 올바름과 효율이다. 제도가 '효율성efficiency'이 있다는 것은 제도가 어떤 사회적 조건과 목적에 대하여 '효과effect'가 있으며, 이를 달성하는 것이 모든 사람에게 이익이라는 것을 의미한다. 각 개인은 사회에서 타인과 더불어 사는 것이 이익이기 때문에 사회에서 살아간다(Rawls 1973, 220).

그렇다면 롤스의 정의에 대한 두 원칙은 올바름과 효율을 어떻게 신장시키려고 하는가? 그리고 양자 사이에 빚어질 수 있는 갈등을 어떻게 해소하려고 하는가?

롤스는 자신의 정의의 두 원칙이 자유, 평등, 그리고 공동선에 기여하는 봉사에 대한 보상이라는 세 가지 관념의 복합체라고 주장한다(JF, 165). 그런데 그는 평등주의자들에게서는 자유를 우선시한다는 비판을, 자유주의자들에게서는 평등을 중시한다는 비판을 받았다. 아래에서는 롤스가 정의의 두 원칙을 옹호하는 주요 논지가 무엇이며, 이를 토대로 어떻게 자유, 평등, 효율의 조화를 꾀하고자 했는지 고찰해보자.

정의의 두 원칙의 내용은 전술한 것처럼 최대한의 평등한 자유의 원칙이라는 제1원칙과 사회적·경제적 평등과 불평등에 대한 원칙인 제2원칙으로 나뉘어 있다. 제2원칙은 다시 차등 원칙과 공정한 기회 평등의 원칙으로 나뉘어 있다.

일의적 선의 배분에 대해서는 제1원칙과 제2원칙에서의 차등 원칙이 다루는데, 그 선의 내용이 서로 다르다. 전자는 기본적 자유라는 일의적 선의 배분에 관한 원칙이며, 후자는 부·소득·권력·권위와 같은 일의적 선의 배분에 관한 원칙이다. 일의적 선을 자유의 보장이라는 관점에서 본다면, 제1원칙은 소극적 자유에 해당하며, 차등 원칙은 적극적 자유의 증진을 위해 필요한 선에 관한 것이라고 할 수 있겠다.

그런데 롤스는 이상의 두 가지 원칙, 즉 세분하면 세 가지 원칙에 서열을 매긴다. 제1원칙이 제2원칙에 우선해야 한다는 것이다. 따라서 제2원칙에는 두 가지 원칙이 있다는 점을 감안하면 전체적인 순서는 ① 제1원칙인 최대한의 평등한 자유의 원칙, ② 제2원칙 내에서의 공정한 기회 평등의 원칙, ③ 제2원칙 내에서의 차등 원칙이라는 순서로 원칙이 충족되어야 한다.

이렇게 순서를 정하는 우선성의 원칙으로 표명된 것이 자유의 우선성이라는 원칙이다. 이 원칙은 기본적 자유는 모든 사람뿐만 아니라 최소 수혜자들에게조차 더 나은 물질적 혜택을 부여하겠다는 명분으로도 제한될 수 없다고 천명한다. 즉 차등 원칙에 의한 불평등일지라도 자유가 희생될 수 없다는 것이다. 이상이 정의의 두 원칙이 담고 있는 개략적인 내용이다.

롤스의 원칙에는 평등을 선호한다는 가정이 주어졌으며, 그는 어떠한 불평등도 모든 사람의 이익이 되어야만 정당화된다고 주장했다. 그렇지만 자유의 불평등은 인정되지 않는다. 왜 자유의 불평등은 인정되지 않는가?

평등, 정의, 그리고 권리는 몇 가지 점에서 서로 밀접하게 연관되어 있다. 정의는 본질적인 방식으로 어떤 형태의 평등한 대우를 포함하고 있다고 여겨진다. 이렇게 보면 평등을 분류하는 것이 정의를 이해하는 데 도움이 된다. 그리고 '인간의human' 권리, '자연적natural' 권리, 그리고 '근본적fundamental' 권리도 모든 인간이 평등하게 가지거나 가져야만 되는 것으로 여겨진다. 즉 모든 사람이 권리를 평등하게 가지는 것은 정의와 연관된다(Flathman 1973, 324). 그렇게 여겨져왔으며 그렇게 여겨지지 않을 수 없기 때문이다. 이처럼 자유에 대한 평등뿐만 아니라 자유와 기회의 평등에 대한 요구가 충족되어야만 경제적인 불평등이 허용된다.

그렇다면 왜 사회적·경제적 불평등은 허용되는데 정치적인 자유의 불평등은 허용되지 않는가? 롤스에게 자유는 왜 특별한가(Loizou 1998, 353)?

1. 자유

자유주의 전통에서 보면 롤스는 평등주의적 관점을 강력하게 견지한다. 이 점은 공정한 기회 평등과 차등 원칙을 주장한 데에서 드러난다. 롤스가 강조하는 사회·경제적 평등은 유럽의 사회주의적 전통과 연관되며, 다원주의적 관용과 개인의 자유를 강력하게 주장하는 것은 미국의 자유주의와 연관된다.

원래 자유주의는 개인의 자유와 정치적 평등에 초점을 두는 로크에게서 시작했다. 그러나 현대에는 정치적·법적 제도뿐 아니라 사회·경제적 구조가 인간의 삶에 커다란 영향을 끼쳐 사회가 구성원의 지위를 다양한 방법으로 불평등하게 만들 수 있게 되었다. 그리하여 사회와 국가가 이에 대한 책임을 피할 수 없고 구성원을 실질적으로 평등하게 만들기 위해 더욱 적극적인 조처를 취하지 않을 수 없게 되었다. 그래서 사회 정의라는 문제가 심각하게 대두되었다.

이러한 상황에서 롤스는 자유를 논하지 않을 수 없었다. 그래서 자유에 대한 그의 이론은 자유에 대한 관념의 진화에서 최종 단계에 이르렀다고 해도 과언이 아니다(Nagel 2003, 63~4). 롤스는 자유에 대한 기본적 권리를 침해하지 않으면서 심각한 제도적·구조적 불평등을 막아야 한다는 과제를 안게 되었다. 그런데 정의의 두 원칙 중에서 제1원칙은 엄격한 평등이라는 원칙을 적용하고, 제2원칙은 허용될 수 있는 불평등에 관한 원칙이다. 이 두 원칙으로 롤스는 자신의 과제를 어떻게 해결하고자 하는가?

(1) 기본적 자유

전술한 바와 같이 롤스는 최대한의 평등한 자유를 보장하고자 제1원칙을 다음과 같이 밝힌다. "각자는 모든 사람에게 유사한 자유의 체계와 양립할 수 있는, 평등한 기본적 자유로 이루어진 가장 광범위한 전체 체계에 대하여 평등한 권리를 가져야 한다"(TJ, 250·302). 그리고 그는 기본적 자유로 ① 정치적인 자유, ② 언론과 집회의 자유, ③ 양심과 사상의 자유, ④ 인격의 자유, ⑤ 자의적인 체포와 구금으로부터의 자유, 그리고 ⑥ 개인적 재산을 소유할 자유를 나열하고 있다(TJ, 61).

나중에 롤스가 《정치적 자유주의》(1993)에서 다시 나열하는 기본적 자유는 네 가지로 항목으로 나눌 수 있다(PL, 334~40). ① 정치적 자유 : 사상과 정치적 발언의 자유, 출판의 자유, 집회의 자유, 그리고 투표를 하고 공직을 담임할 권리, ② 양심의 자유와 결사의 자유, 양자 사이에 종교의 자유가 포함된다. ③ 인격의 자유와 성실, 이것은 노예제와 농노제와 양립할 수 없으며 거주 이전의 자유와 개인적 재산을 소유할 권리(상속에 대한 권리, 생산과 자연적 자원의 수단에서 개인적 재산을 소유할 권리 또는 생산과 자연적 자원의 수단을 집단적으로 통제할 권리를 포함하지 않는다(JFR, 114)와 함께 심리적인 억압, 육체적인 상해와 남용으로부터의 자유를 포함한다. ④ 법의 지배에 의해 망라되는 자유 : 독단적인 체포와 구금으로부터의 보호, 인신보호법, 공적 규칙에 의해 행해지는 신속한 재판, 적절한 과정, 그리고 통일된 절차에 대한 권리 등이다.

롤스는 '대표적인 평등한 시민의 합리적인 이익'(PL, 333, 356)을 호소하고, 더불어 '모든 사람에게 유사한 자유의 체계와 양립할 수 있는, 평등한 기본적 자유로 이루어진 가장 광범한 전체 체계에 대하여 평등한 권리'(TJ, 266)라는 시초의 사상을 포기했다(JFR, 112). 이것은 제1원칙이 어떻게 기본적 자유의 적절한 틀을 형성하는 지침이 되어야 하는가라는 점에서 견해가 바뀌었다는 것을 의미한다. 그러나 "평등한 시티즌십은 일반적인 관점을 규정한다. 기본적 자유들 사이를 조정하는 문제는 이에 참조함으로써 해결된다"는 가정은 고수하고 있다. 이는 최대한의 평등한 자유의 원칙은 가능한 한 가장 많은 자유를 모든 사람에게 '안전secure'하게 보장하며, 자유 사이의 갈등은 이 원칙에 따라 해결되어야 한다는 것을 의미한다.

롤스는 이러한 자유의 목록을 어떻게 만들었을까? 그것은 역사적인 경험과 관습에 근거를 두고 있다고 하겠다. 따라서 그의 목록을 〈권리 장전the Bill of Rights〉에 의해 보장받는 자유와 비교해볼 만하다.

〈권리 장전〉 제1조는 종교·언론·집회의 자유와 불평을 시정하는 것을 청원할 자유를 보호한다. 정치적인 자유를 광의로 해석한다면, 롤스의 목록은 제1조의 자유를 포함하고 있다. 부당한 '체포seizure'와 수색에서 시민을 보호하는 제4조는 그의 목록에 포함되어 있다. '구속arrest'과 재판에 대한 조건은 4조에서 8조에 걸쳐 규정하고 있는데, 이러한 자유는 '독단적인 구속으로부터의 자유'라는 롤스의 총괄적인 용어에 포함되어 있다. 롤스는 〈권리 장전〉에 특별하게 언급되지 않은 사항, 예를 들면 투표권과 공직 피선임권도 포함시키고 있다. 나중에는 '의회의 위임 Congressional mandate'과 연계한 수정 헌법 14조(14th Amendment to U.S. Constitution, 1868)에서 투표권과 공직 피임권을 모든 시민에게 확대했다(Bowie 1980, 112).[38]

그리고 저서 전반에 걸쳐서 롤스는 '인격의 자유the freedom of person'를 상당히 강조하고 있다. 그러나 인격의 자유는 아주 일반적인 용어이며, 여기에 어떤 특정한 자유가 포함되는지는 명확하지 않다. 그는 인격의 자유가 사유재산을 가질 자유를 포함한다고 지적하고 있다. 그런데 미국의 헌법은 롤스가 하는 대로 그것을 적시하지 않고 있다. 그렇지만 미국의 제5 수정 헌법은 어느 누구도 적절한 법적 절차에 의하지 않고는 재산을 박탈당하지 않으며, '정당한 보상 없이 사유재산은 공용으로 수용되지 않는다'고 규정하고 있다. 사유재산에 대한 자유는 미국인의 윤리에서 중심적인 신조로, 그리고 자유 지상주의자들에게는 거의 절대적인 권리로 굳어져 있다. 〈권리 장전〉은 인격의 자유와 관련해 두 가지 다른 예를 적시하고 있다. 제3조에서 무기를 들 권리와 그리고 평시에는 적어도 가정에 군인을 주둔시키지 않을 권리를 들고 있다(Bowie 1980, 112). 이와 같이 보면, 롤스의 목록은 〈권리 장전〉에 천명된 목록과 공통점이 많다는 것을 알 수 있다.

---

38 미국 수정 헌법14조는 "No state shall deny equal protection of law to citizen of U.S."로 시작하면서 '평등권Equal Protection of Law'을 규정하고 있다. 남북전쟁(1861~65) 이후 연방 헌법에서 인종차별을 금지한 기념비적인 수정 헌법이다. 1960년대에 이르러서야 비로소 미 의회에 의해 입법화된 일련의 '민권 법안civil rights of 1960'은 이 수정 헌법에 근거를 둔다.

그렇다면 특정한 자유를 기본적인 것으로 만드는 기준은 무엇인가? 언론의 자유, 결사의 자유, 적절한 법적 과정, 투표할 권리, 그리고 신앙의 자유와 같은 핵심적인 권리는 민주적 과정과 정치적 억압을 방지하는 것과 연관된다고 믿는 이들이 있다. 이 견해에 따르면, 성도덕에 대한 법적인 강제 여부나 낙태의 합법성 등과 같은 논쟁에서 볼 수 있는 순전히 개인적이며 무한적인 자유는 핵심적 자유와 지위가 같은 것이 아니다. 이러한 문제와 관련해 롤스는 기본적 권리를 더욱 광범하게 해석한다. 그 이유는 권리의 기초, 그리고 정의로운 사회라면 다원주의를 받아들여야 한다는 점과 연관된다.

(2) 재산권

그런데 제1원칙에 의해 보호받지 못하는 중요한 권리가 있다. 바로 초기 자유주의의 재산권이다. 롤스는 사람이 노력으로 얻은 것 또는 법적으로 취득한 것에 대한 자격/권리는 언론의 자유, 신앙의 자유 또는 직업 선택의 자유와는 다르다고 본다. 롤스는 경제적으로 중요한 재산권에 가치를 두지만, 그 근거가 다르다. 재산권이 자유의 본질적인 측면이기 때문이 아니라 경제체제의 불가피한 양상이기 때문이다.

재산권을 보장하지 않으면 장기적으로 계획하고, 투자하고, 자본을 축적하는 데서 본질적으로 신뢰할 만한 기대와 안전을 보장할 수 없다. 계약에 의존하고, 봉급에 합의하고, 이윤을 지급하는 것 등은 경제적으로 본질적인 것인데, 전체 체제를 정당화해야만 본질적인 것이 유지될 수 있다. 사람이 자격을 얻는 바는 규칙에 따라 결정되며, 그 결과로 과세라든가 재분배 같은 규칙이 무엇이어야 하는가는 전반적인 체제 그 자체가 가장 정의로워지는 바에 따라 결정된다.

요컨대, 롤스에 따르면 개인의 재산권은 정의의 두 원칙에 입각한 경제제도의 결과이다. 이 견해는 재산권이 경제제도에 대한 정의의 기초라고 보는 자유 지상주의의 견해와는 반대가 된다. 그래서 재산권과 마찬가지로 노력의 산물에 대한 개인의 응분도 정의로운 체제의 규칙에 의해 그 산물에 대하여 자격이 부여됨으로써 가지게 된다. 즉 규칙에 의해 정당하게 기대할 수 있음으로써 가지는 것이다. 그렇기 때문에 개인의 응분을 근본적인 정치적 가치로 보지 않음으로써 결국 롤스는 경제적 자유를 그 자체의 가치로 보지 않는 것이다(Nagel 2003, 67~8).

롤스에 따르면, 특정한 자유를 기본적인 것으로 만드는 것은 특정한 자유가 자유롭고 평등한 개인들의 '두 가지 도덕적인 힘two moral power'을 적절하게 발전시키고 완전하게 행사하는 데서 본질적인 정치적이며 사회적인 조건을 제공하는 것이다. 두 가지 도덕적 힘이란 앞에서 말한 대로 ① 정의의 원칙을 이해하는 능력을 포함하여 자신의 행동을 정의의 원칙에 순응시키는 '정의에 대한 감각을 가질 능력capacity for a sense of justice'과 ② 인간의 삶에서 가치 있는 것과 인간의 삶을 값어치 있게 하는 것을 규정하는 '선에 대한 관점을 형성하고, 발전시키고, 개정하고, 따르는 능력capacity for a conception of the good'이다(TJ, 19; JFR, 18~9·196). 그뿐 아니라 자유는 제도가 규정하는 권리와 의무의 복합체라고 보기 때문이다(TJ, 239).

(3) 소극적 자유와 적극적 자유

이상의 이유에서 특정한 자유를 기본적 자유로 삼고 있지만, 위에서 살펴본 것처럼 최대한의 평등한 자유의 원칙이라는 제1원칙이 담고 있는 자유는 소극적 자유이다. 제1원칙이 제2원칙보다 우선한다는 점에서 보면, 적극적 자유보다는 소극적 자유를 우선시하는 것처럼 보인다. 그러나 롤스에게서는 그렇게 볼 수 없는 측면을 찾을 수 있다. 그는 목록을 명기하면서도 소극적 자유와 적극적 자유 사이에 정당한 구분이 있는지, 그리고 국가는 적극적 자유를 보호해야 하는지를 둘러싼 논쟁에 휩말리지 않으려고 한다는 점에 유념해야 한다. 바꾸어 말하면 미국 보수주의와 자유주의 사이의 감정적으로 치열했던 논쟁을 회피하고자 한다. 《평등, 자유, 권리》에서 소극적 자유와 적극적 자유의 차이, 그리고 매캘럼 Gerald C. MacCallum의 두 가지 자유를 단일 개념으로 보고자 한 바를 이미 살펴보았다. 따라서 여기에서는 롤스가 미국 보수주의자와 자유주의자가 두 가지 자유를 두고 벌이는 논쟁에 휩싸이지 않고 전술한 매캘럼의 입장을 취한다는 점만 밝혀두고자 한다.

그렇게 볼 수 있는 이유는 롤스가 다음과 같이 표명하는 데서 잘 드러난다.

그래서 자유에 대한 일반적인 서술은 다음의 형식을 취한다. 이 사람이나 저 사람(또는 사람들)이 이러저러한 제약(또는 일련의 제약들)에서 벗어나 그렇게 할(또는 하지 않을) 자유가 있다(TJ, 202).

롤스가 이념적인 논쟁에서 자유를 이처럼 3자의 관계로 설명한 것은 무엇을 함축하는가? 그것은 자유에 대한 두 가지 이념적인 논쟁이 지나치게 단순화되었다는 것을 기본적으로 함축하고 있다. 복지 프로그램에 지불할 세금을 올리느냐 마느냐라는 문제를 두고 입법가들이 논쟁을 벌일 때마다 어느 쪽도 그것이 자유에 대한 유일한 옹호자라고 주장할 수 없다. 복지 프로그램에 찬성하는 자는 소득을 더 받게 하여 빈곤이라는 제약을 제거함으로써 복지 프로그램 수혜자의 자유를 옹호한다고 주장할 수 있다. 이에 대한 반대자는 정부가 납세자의 돈을 쓰는 것으로부터 납세자가 벗어날 자유를 옹호한다고 주장한다. 이와 같이 각각 한쪽으로 치우친 주장에 대하여 자유에 대한 3자의 개념은 제약의 부재와 원하는 것을 달성하는 능력 모두를 강조한다(Bowie 1980, 113). 이상과 같이 롤스는 자유를 3자의 관계로 파악함으로써 보수주의자와 자유주의자의 논쟁을 회피한 셈이다.

미국의 보수주의자가 강조하는 소극적 자유와 자유주의자가 강조하는 적극적 자유가 3자의 설명에 포함되어 있기 때문에, 롤스가 양자의 이념적인 논쟁에서 벗어나기 위해서는 자유에 대한 자신의 정의를 증폭시키지 않을 수 없었다. 결국 정책 논쟁은 자유에 대한 주장에서 빚어지는 갈등이라고 볼 수 있다. 어떤 정책 논쟁에서 진 쪽은 자신이 주장하는 자유에 대한 평등한 권리가 침해되었다고 주장하기 쉽다.

롤스는 이 문제를 해결하기 위해 자유에 대한 '평등한 권리equal right'와 '자유의 가치equal worth of liberty'를 구분한다. 자유에 대한 평등한 권리와 관련해서 자유는 모두에게 평등하다. 그러나 자유의 가치(자신의 자유를 달성하기 위해 사용하는 수단)는 평등할 필요가 없다. 달리 말하면, 사람은 자신의 목표를 달성하거나 욕구를 충족하는 데서 빈곤에 의해 방해를 받을 수는 있지만 부에 대해서는 평등한 권리를 가진다.

(4) 자유와 자유의 가치

자유의 '값어치worth' 또는 '가치value'를 논하는 데서 롤스는 자유 그 자체와 자유의 '값어치worth'를 구분한다(TJ, 204). 자유는 평등한 시민권의 자유라는 완전한 체계에 의해 제시되는 반면, 개개인들과 집단에서 자유의 가치는 체계가 규정하는 틀 내에서 자신의 목적을 증진시키는 능력에 비례한다. 평등한 자유로서의 자유는 모든 사람들에게 똑같이 배분된다. 따라서 평등한 자유보다 적은 자유에 대한 보상이라는 문제는 생기지 않는다. 그러나 자유의 가치가 모든 이들에게 똑같지는 않다.

사회주의자들은 자유주의자들이 병든 이와 가난한 이가 다리 밑에서 잘 수 있는 평등한 자유가 있다고 주장한다고 흔히 비판해왔다. 말하자면 같은 자유가 주어졌다 해도 가난하고 무지하다는 등 여러 이유에서 자유가 그 값어치를 가지는 것은 각자에게 다르다. 자유의 값어치는 정당한 경로를 통해 개인이 자신의 목적을 추구하는 능력을 의미한다. 그래서 자유의 값어치가 모두에게 같지는 않다(TJ, 204).

따라서 일단 모든 사람에게 자유가 평등하게 보장된 한, 각자에게 더적은 자유에 대한 보상이라는 문제는 없다. 모두가 최대한의 자유를 평등하게 갖기 때문이다. 그러나 어떤 사람이 다른 사람보다 자유의 값어치를 적게 가질 수는 있다. 그렇게 되면 똑같은 자유를 갖더라도 무산자는 실질적으로 자유를 향유할 수 없게 되어 무산자에게 자유는 형식적인 것에 불과해진다.

그러면 어떻게 하는 것이 좋은가? 한 가지 예를 들어보자. 정치적 자유가 소수에게만 공정한 가치를 가지는 곳에서는 정의로운 배경적 제도가 만들어지거나 유지되기 어렵다. 롤스는 미국에서 선거 캠페인 재정이라는 문제를 그 예로 들고 있다(PL, 328; JFR, 131·136·149~50). 비용을 충당할 수 없는 후보자는 캠페인에 참여할 수 없기 때문에 모든 시민이 정치적 영향력을 평등하게 행사한다고 볼 수 없다. 평등하게 하는 방법은 비용을 줄이거나 정당이 비용을 지불하는 것이다. 이렇게까지 정치적 참여를 평등하게 하려는 이유는 정치적 참여가 시티즌십의 평등한 지위를 상징하기 때문이다. 요컨대, 정치적 자유가 공정한 값어치를 갖게 하기 위하여 롤스는 경제적 불평등에 제한을 가하고, 돈이 정치와 입법에 끼치는 영향에 제한을 가하려고 했다.

이와 같이 자유의 값어치를 평등하게 보장하려고 노력했음에도 불구하고 자유의 값어치를 적게 가짐으로써 일어나는 불평등은 어떻게 할 것인가? 롤스는 차등 원칙을 통해 보답받게 하여 시정하고자 했다(이 점에 관해서는 롤스에 대한 비판과 시정에서 자세히 논하겠다). 요컨대, 정의의 제2원칙으로 인해 자유의 가치에서의 불평등이 받아들일 만한 수준으로 제한되었다. 자유의 가치는 차등 원칙에 종속되기 때문이다. 차등 원칙은 자유의 가치에서의 모든 불평등은 최소 수혜자에게 혜택이 가도록 해야 한다고 요구하고 있다(Bowie 1980, 114).

롤스는 다음과 같이 언급한다.

어떤 이들은 더 많은 권위와 부를 가지며, 그러므로 목표를 달성할 수단을 더 많이 가진다. 그러나 자유의 더 적은 가치는 보상된다. 더 적은 행운을 가진 사회의 구성원이 차등 원칙이 충족될 때마다 기존의 불평등을 받아들이지 않는다면, 자신의 목표를 달성할 그들의 능력은 더욱 적어지기 때문이다. 그러나 자유에 대한 더 적은 가치를 보상하는 것과 불평등한 자유를 입증하는 것을 혼동해서는 안 된다. 두 원칙을 함께 고려하면,

기본 구조는 공유하는 평등한 자유라는 완전한 체계가 최소 수혜자에게 돌아가는 가치를 극대화하도록 되어 있다. 이것이 사회 정의의 목적을 규정한다(TJ, 204~5).

제1원칙과 연관하여 모든 시민은 그들의 '기본적 자유를 소유하고 행사하는 것을 확신해야' 하며, 기본적인 정치적 자유는 '공정한 가치fair value'가 보장되어야 한다고 주장한다. 이 주장이 의미하는 바는 무엇인가? 기본적 자유를 법적으로 인정하는 것만으로 충분하지 않고 그 자유가 안전해야 한다는 것을 의미한다. 롤스는 기본적 자유의 전반적인 틀에 대해 어떤 것이 적절한 안전인지를 실제로 나열하지는 않지만, 정치적 자유의 공정한 가치에 대해서는 더 많이 언급한다. 시민의 사회적 또는 경제적 입장이 어떠하든 정치적 자유가 모든 시민에게 가지는 값어치, 즉 그 유용성이 '근접하게approximately' 평등하거나 '충분히sufficiently' 평등하다면, 정치적 자유는 공정한 가치를 가진다. 모든 사람은 공직을 담임하고 정치적 결정의 결과에 영향을 끼치는 데 공정한 기회가 있다는 의미에서 평등하다(PL, 327: JFR, 149).

그렇다면 자유의 값어치를 평등하게 보장하려고 노력했음에도 불구하고 자유의 값어치를 적게 가짐으로써 일어나는 불평등을 차등 원칙을 통해 시정하겠다는 것은 무엇을 의미하는가? 롤스는 다양한 자유가 모든 사람에게 평등한 값어치를 가지는 것을 보장하려고 한다. 그러나 사람들이 평등하고 적절한 적극적 자유를 가지도록 보장하게 하는 방법을 논하든, 다양한 자유가 사람들에게 평등한 값어치를 가지도록 보장하는 방법을 논하든, 그 처방은 같은 것처럼 보인다. 사회는 정부를 통해 사람들이 충분한 양의 적극적 자유를 향유하는 데 필요로 하는 것을 제공하거나 기본적 자유가 모든 사람에게 평등한 값어치가 있다는 것을 보장해야 할 의무가 있다. 그래서 차등 원칙을 통해 필요로 하는 것을 제공하고자 하며, 그렇기 때문에 차등 원칙을 통한 복지정책이 의미가 있는 것이다(Barcalow 2004, 132).

이상으로 기본적 자유와 권리라는 틀이 적절하다는 것은 세 가지 차원에서 판단된다는 점을 알 수 있다. 최대한의 평등한 자유의 보장이라는 원칙은 ① 보장되는 자유의 '범위extent'가 가능한 한 광범해야 하며, ② 그 자유를 향유할 수 있도록 제도적인 안전을 보장해야 한다. 나아가 가능한 한 자유의 '값어치value or worth'를 평등하게 해야 한다. 이 세 가지 차원에서 기본적 자유와 권리는 보장되어야 한다(Pogge 2007, 92).

(5) 자유의 우선성과 제한

롤스는 자유의 우선성, 즉 제1원칙이 제2원칙보다 우선적으로 충족되어야 한다는 원칙을 천명한다. 이것은 기본적 자유는 모든 사람뿐만 아니라 최소 수혜자에게조차 더 나은 물질적인 혜택을 부여하겠다는 명분으로도 제한될 수 없다는 것, 즉 차등 원칙에 의한 불평등일지라도 자유는 희생될 수 없다는 것을 의미한다. 그러므로 기본적 자유는 같거나 다른 기본적 자유를 위해서만 제한될 수 있다. 제한할 수 있는 경우는 두 가지이다. ① 기본적 자유를 일반적으로 제한하는 것은 모든 사람들이 공유하는 기본적 자유의 전체 체제를 강화해야 하며, ② 불평등한 기본적 자유는 기본적 자유를 보다 적게 가진 이들에게 혜택이 되어야 한다(TJ, 266; PL, 356).

자유의 우선성에 대한 주장은 자유에 대한 관념의 역사에서 어떤 의미가 있는가? 자유를 보장하는 것은 올바름에 대한 원칙이며 올바름은 선에 우선한다. 자유는 도구적이 아니라 그 자체로서 본질적인 의미가 있다는 것이다. 이 점이 스튜어트 밀과 다르다. 개인의 권리에 대하여 비도구적인 관념을 취한다는 것은 개인의 권리를 넘어서서 전체의 이익과 불이익을 교량하는 공리주의적 방식을 롤스가 거부한다는 것에서 나타난다(Nagel 2003, 65~6).

왜 롤스는 자유의 우선성을 천명하는가? 그가 자유의 우선성을 옹호하는 주요 논지는 생활계획을 결정하는 것과 연관된다. 어느 누가 평등한 자유보다 적은 자유를 가진다는 것은 더 많은 수입과 같은 사회적 선을 위해 어떤 이의 생활계획에 대한 선택을 희생하도록 요구하는 것이다. 자유를 향유함으로써 모든 사람들이 근본적인 도덕적 이익, 즉 더 높은 서열의 이익을 가져서 사람들은 도덕적 힘을 발휘할 수 있다. 그렇기 때문에 자유가 우선시되어야 한다.

기본적 자유를 행사할 수준에 도달하지 않은 어떤 사회, 즉 실제로 기본적인 수준의 물질적인 복지가 달성되지 않은 사회에서는 평등한 자유가 부정된다. 이러한 이유에서 공정으로서의 정의에 대한 일반적 관념이 전제되어야 한다. 즉 일반적 관념까지 짓밟을 수는 없는 것이다. 따라서 자유의 평등, 부의 평등, 자기 존중의 근거에 대한 평등과 같은 평등으로부터 이탈하는 것은 모두 특별한 근거에서 정당화되어야 한다. 어떤 사회가 평등한 자유를 향유할 단계가 아닌 까닭에 평등한 자유로부터 이탈했다 해도 그 사회가 그 단계로 가는 도중에 있다는 것을 감안한다면, 자유는 더 큰 자유를—비록 미래에 가능한 더 큰 자유이지만—위해서만 제한될 수 있을 뿐이다(Loizou 1998, 353).

그런데 롤스의 이러한 입장이 조금 바뀌었다. 기본적 자유를 보장하는 데 우선성을 두다 보면, 기본적 필요를 충족시키지 못하는 사회가 있을 수 있다. 또 정의의 두 원칙이 적용될 수 있을 만큼 사정이 호의적인 사회에서도 여러 이유에서 기본적 필요를 충족시키지 못하는 경우가 있다. 그런 경우에는 어떤 이들이나 모두의 기본적 자유를 줄이더라도—즉, 어떤 정당을 불법화하고, 사회의 안전을 위한 비용을 줄이고, 어떤 집단의 공정한 정치적 값어치를 줄이더라도—기본적 필요를 충족시키는 것이 정당하지 않은가? 이에 대해 롤스는 정당하지 않다고 명료하게 답한다.

그러나 롤스는 이 문제로 논란을 겪은 뒤 사회·경제적 필요가 충족되는 것이 기본적 자유와 권리를 행사하는 데 필요하다면, 제1원칙은 기본적인 필요가 충족되어야 한다는 원칙 다음에 놓일 수 있다고 부언한다(PL, 7). 게다가 요구되는 안녕과 교육 수준은 그 사회의 발전 수준에 의존한다는 것을 인정한다. 시민으로서 사회적·정치적 생활에 참여하는 데 교육을 포함한 필요 수단을 가진다면, 시민의 기본적인 사회·경제적 필요가 충족된다(PL, 7).

이처럼 사회의 발전 정도에 따라서는 우선성의 원칙이 변경될 수도 있다는 것을 롤스가 시사한 것이다(Pogge 2007, 103). 말하자면 모든 시민이 시민으로서 사회·경제적 생활에 참여할 수 있기 위해 롤스는 기본적 자유와 기본적 사회·경제적 필요를 동등하게 보게 되었다. 이것은 제1원칙을 확대하여 시민으로서 참여하는 데 최소한으로 필요한 모든 수단, 즉 기본적 자유, 기본적 교육, 그리고 수입 등을 포함시킨 것이라고도 볼 수 있다. 요컨대, 시민의 평등한 기본적 자유와 권리에 기본적 필요의 충족을 포함시킨 것이다(PL, 166, 228~30). 어쨌든 기본적 필요를 충족시키기 위해 기본적 자유의 축소를 허용하게 되었다.

그렇지만 기본적 필요의 수준을 넘어서서 필요와 이익을 충족시킨다는 이유로 기본적 자유와 권리를 축소시키는 것은 범주적으로 금하고 있다(Pogge 2007, 104). 롤스는 기본 구조에 적용되는 정치적 원칙은 모든 시민들로 하여금 그들의 자유를 효과적으로 이용할 수 있도록 적절한 모든 목적에 쓰이는 수단을 보장해야 한다고 나중에 더욱 명백하게 밝히고 있다(Rawls 1999a, 582).

(6) 자유 사이의 갈등

최대한의 평등한 자유를 보장하겠다는 롤스의 언질은 전체 체계에 대한 언질이다. 그런데 이렇게 최대한의 평등한 자유에 대한 원칙을 제시함으로써 롤스는 그 해석과 적용에 많은 문제를 제기했다. 가장 명백한 어려움은 그러한 원칙이 지나치게 일반적이며, 다양한 자유를 비교 측정하고 균형을 맞추는 것을 전적으로 무시한다는 점이다. 개인이 기본적 자유에서 가장 광범한 체계를 가지려면 비교 측정하고 균형을 맞추어야 한다. 더군다나 모든 개인의 자유 체계가 서로 양립할 수 있으려면 각 개인이 가진 자유의 '일괄 안package'을 제한하는 이론을 확립할 필요가 분명히 있다. 롤스는 모든 이에게 평등한 자유가 실체가 될 수 있도록 개인의 자유에 대한 제한을 정당하게 부과해야 한다고 본다. 결국 정의로운 사회는 모든 이가 자신이 원하는 대로 할 수 있는 사회가 아니다.

모든 이에게 평등한 자유의 원칙이 제도에서 어떻게 실제화되는가? 이 문제를 고려할 때 롤스는 이론적인 문제를 다룬다. 그는 이 목적을 달성하는 데서 '제정회의(制定會議)constitutional convention'라는 수단을 쓴다. 자유의 원칙을 사회의 제도, 특히 헌법을 기초하는 데 적용하는 것이다. 롤스는 제정의회의 역할을 다음과 같이 기술한다.

원초적 입장에서 당사자들이 정의의 원칙을 채택한 다음 제정회의로 옮겨간다고 나는 가정한다. 여기서 정치적인 형태의 정의를 결정하고 헌법(기본법)을 선택한다. …… 그들은 정부의 입헌적 권력과 시민의 기본적인 권리를 위한 체계를 구상하게 된다. …… 이를 위하여 평등한 시민권의 자유는 헌법에 구체화되고 헌법에 의해 보장되어야 한다. …… 평등한 자유라는 제1원칙은 제정회의를 위한 일의적인 기준이다. 그 주요한 요구는 '인격person'의 기본적 자유, 양심의 자유와 사상의 자유는 보호되어야 하며 전체로서의 정치적 과제는 정의로운 절차여야 한다는 것이다 (TJ, 196, 197, 199).

제정회의가 직면하게 되는 첫 번째 문제는 자유들 사이의 갈등을 어떻게 해결하는가이다. '네가 주먹을 흔들 자유는 내 코앞에서 끝난다'라는 표어로는 충분하지 않다. 그렇다면 개인 자유의 일괄안이 어떻게 모든 이들의 자유를 타인의 자유와 평등하게 조정할 수 있는가?

우선 기본적 자유는 전체로서, 하나의 체계로서 평가되어야 한다는 점을 인식하는 것이 중요하다. …… 자유가 제한받지 않게 내버려두면, 그들은 분명히 서로 충돌한다. …… 그래서 제정회의의 대표 또는 입법기관의 구성원은 평등한 자유의 전 체계를 최선의 것으로 가져오게끔 다양한 자유가 어떻게 명확히 정해져야 하는지 결정해야 한다. 몇몇 자유를 가장 잘 배열하는 것은 자유가 종속되는 제한의 총체, 자유가 규정되는 전체 틀에서 자유가 어떻게 서로 연관되어 있는가에 달려 있다(TJ, 203).

제정회의의 역할은 롤스의 이론에서 아주 중요하다. 제정회의는 자유들 사이의 균형을 맞추기 위한 제도와 규칙을 결정하는 고안물이기 때문이다. 사회가 평등한 자유의 원칙을 이행하는 데 필요한 규칙을 초안하고 자유에 대한 필요한 제한을 규정하는 것이 제정회의이다. 롤스는 정의에 대한 불완전한 절차적 이론을 전개했기 때문에 제정회의가 결정하는 것은 무엇이든 정의롭다고 생각할 것이다. 그러나 사실은 그렇지 않다. 제정회의는 모든 이에게 평등한 자유라는 원칙에 의해 구속받는다. 이 점에서 제정회의와 미국 최고법원 사이에는 어떤 유사성이 있다. 최고법원은 헌법의 최종적인 해석자이면서도 헌법의 구속을 받는다. 마찬가지로 제정회의는 자유의 원칙을 해석하면서 동시에 이 원칙의 구속을 받는다(Bowie 1980, 118).

나아가 롤스는 제정회의에 어떤 지침을 제시하는데, 그 지침은 그가 전술한 우선성의 규칙을 제시하는 데서 명백하게 드러난다.

> 정의의 원칙은 축차적인 순서에 따라 서열이 매겨져야 하며, 그러므로 자유는 자유 그 자체를 위해서만 제한된다. 두 경우가 있다. ① 더 적게 광범위한 자유는 모두에게 공유되는 자유의 전 체계를 강화해야 하며, ② 평등에 미치지 못하는 자유는 더 적은 자유를 가진 시민에게 수용될 수 있어야 한다(TJ, 250).

우선성의 규칙에서 첫 번째 요소는 매우 중요하다. 우선성의 규칙은 자유 그 자체에 의해 요구되는 것들에 대해 균형이나 제한을 한정하기 때문이다. 자유는 경제적인 이득을 위해 희생되거나 경제적 이득에 교량(較量)되어서는 안 된다.

여기서 언론의 자유를 논의함으로써 롤스가 접근하는 방법을 예시할 수 있다. 언론의 자유를 규제하는 규칙이 없다면, 토의와 탐구는 불가능하다(TJ, 203). 롤스는 개인의 자유가 아무런 제약도 받지 않으면서 모든 이에게 평등하게 공유될 수 없다는 점을 지적한다. 언론의 자유가 모든 이에게 평등하게 유효해지려면, 토의와 탐구를 통제하는 규칙이 있어야 한다. 그러한 규칙은 언론의 자유에 대한 정당한 제한이다. 이 규칙이 경제적이거나 사회적 이득을 달성하기보다는 자유를 향상시키기 위해 고안되었으며, 자유를 고양시킴으로써 모든 이에게 이익이 되기 때문이다.

우선성의 원칙은 공공질서를 위해 언론의 자유에 다른 제약을 가한다. 롤스는 사람들이 밀집한 극장에서 "불이야!" 하고 고함칠 자유는 어느 누구에게도 없다고 본다는 점에서 홈스Oliver Wendell Holmes와 견해를 같이한다. 그런데 롤스는 공리주의 철학을 채택하지 않고 그러한 제약을 둘 수 있는 정당한 위치를 찾고자 했다.

공리주의는 최대 다수의 최대이익을 증진하기 위해 사회제도가 조직되어야 한다고 주장한다. 자유언론에 대해 공리주의자는 자유언론을 통제하는 규칙은 최대의 공공선에 기여하는 것이어야 한다고 주장할 것이다. 그러나 공리주의를 비판하는 사람들은 규칙을 채택하는 데서 공리주의적으로 분석하는 것은 큰 위험이 있다고 본다. 소수의 이익이 다수의 행복으로 인해 너무나 쉽게 무시된다는 점 때문이다. 예를 들면, 공리주의가 인기 없는 견해를 표현하는 것을 짓누르는 규칙을 인정할 수도 있다. 이 점을 공리주의를 비판하는 이들은 지적한다.

대표적인 공리주의 비판가로서 롤스는 공공선이라는 제단(祭壇)에서 개인의 이익이 희생되는 것을 간과할 수 없다. 그렇게 하는 것은 쉬운 일이 아니다. 자유는 제한될 수도 있다. 그렇지만 자유를 제한하는 것이 다수의 이익이 된다는 이유로 자유를 제한할 수는 없다. 그래서 롤스는 두 가지 방도를 취한다. 첫째, 다수의 자유가 위협받는 경우에만 자유는 제한될 수 있다. 말하자면 다수가 행복해지거나 다수가 그러한 제약을 인정할 것이라는 이유로는 자유가 제한되어서는 안 된다. 둘째, 그 제약은 원초적 입장이라는 관점에서 수용되어야만 한다. 말하자면 무지의 장막이라는 배경에 있는 합리적으로 자기 이익을 추구하는 인간들에게 수용될 수 있어야 한다. 롤스가 '양심의 자유liberty of conscience'에 관해 언급하는 것이 여기에 적용된다.

공공의 질서와 안전에 대한 공동의 이익에 의해 양심의 자유는 제한된다는 데 모두가 인정한다. …… 공공의 질서와 안전에 대한 공동의 이익에 비추어 원초적 입장에서 선택되는 어떤 원칙에 따라서 정부가 행동하는 것이 명백한 것 같다. 이 입장에서는 이러한 조건을 파괴하는 것이 모든 이의 자유에 대한 위험이라는 것을 각자가 인정하기 때문이다. 공공질서를 유지하는 것은 모든 이의 목적이 무엇이든 그 목적을 달성하는 데 필요한 조건이라고 인정하기 때문에 그러한 것이다. …… 더군다나 양심의 자유를 제한하지 않는 것이 정부가 유지해야 하는 공공질서를 해칠 것이라는 합당한 기대가 있을 경우에만 양심의 자유는 제한되어야 한다. 이러한 기대는 증거와 모든 이에게 수용될 수 있는 추론의 방식에 근거를 두어야 한다(TJ, 212~3).

이제 우선성의 규칙의 두 번째 부분을 논의해보자. 자유의 불평등은, 자유와 관련해 잘되어가지 못하는 사람에게 이익이 된다면, 정당화된다. 여기서 롤스는 차등 원칙을 적용한다. 차등 원칙은 평등한 자유의 원칙 그 자체에 대해 정의의 두 번째 원칙이 지니는 본질적인 양상이다. 그런데 이때 롤스는 정치적 자유를 특별히 언급하고 있다는 점에 유념해야 한다. 그러나 그가 언급하는 바는 일반화하여, 기본적 자유 그 자체가 가진 구조를 포함시킬 수 있다.

　기본적 구조에서의 불평등은 불리한 입장에 있는 이들에게 항상 정당화되어야 한다. 이는 사회적인 일의적 선이 무엇이든 선에 대하여, 그리고 특히 자유에 대해서는 항상 견지되어야 한다. 그러므로 권리의 불평등은 더 적게 혜택을 받는 이들이 이러한 제약에서 나타나는 그들의 다른 자유의 더 큰 보호에 대한 보답으로 받아들여지리라는 것을 입증해줄 것을 우선성의 원칙은 요구한다(TJ, 231).

　사회 내의 한 집단이 향유하는 전체 자유의 일괄안이 사회의 다른 모든 구성원보다 적다고 가정해보자. 그런 상황이 어떻게 정의로울 수 있는가? 가장 불리한 자의 처지에서 볼 때 그들이 놓인 조건을 개선하려는 어떠한 노력도 그들의 처지를 더욱 나쁘게 한다는 이유에서 그런 상황은 그들이 불리한 조건을 받아들이는 경우에만 정의로울 수 있다.
　우선성의 규칙은 제정회의에 부과된 유일한 제약이 아니다. 기본적 자유는 제한되어야 하고 제도적으로 균형이 잡혀야 한다면, 모든 시민이 평등한 자유를 가지고 이들 제도에 참여하는 것은 중요하다. 이러한 이유에서 롤스는 자신이 정치적인 자유라고 일컫는 것을 특별히 분석한다. 제정회의가 정치적인 자유에 부과해야 하는 어떤 제한을 규제하는 특별한 자유의 원칙이 있다. 이에 대하여 롤스가 요청하는 자유의 원칙은 평등한 참여의 원칙이다. 이 원칙은 "모든 시민이 순응해야 하는 법을 확립하는 헌정상의 절차에 참여하고 그 결과를 결정하는 데 평등한 권리를 가질 것을 요구한다"(TJ, 221).

그런 다음 롤스는 평등의 원칙의 의미, 범위, 가치 등을 세심하게 설명한다. 일상적으로 일컫는 1인 1표가 의미하는 바는 '투표의 결과를 결정하는 데 각 표가 대체로 똑같은 무게를' 가지는 것이다(TJ, 223). 평등의 범위에 대해서는 다수 지배의 원칙에 언질을 부여한다. 그에 따르면, 평등의 원칙이 지니는 가치와 관련해서는 이 특정한 자유의 가치가 공정해야 한다. 여기에서 롤스의 견해가 바뀌었다는 점에 유념해야 한다. 그는 평등한 기본적 자유에 대해 대체로 평등한 값어치를 가져야 한다고 주장하지 않았다. 그 대신 평등한 참여에 대해서는 평등한 값어치를 주장하는 셈이다. 롤스는 다음과 같이 밝힌다.

그래서 평등한 정치적인 자유가 모든 사람에게 공정한 가치를 가지도록 하기 위해 보완적인 조처가 취해져야 한다. …… 예를 들어 생산수단의 사적 소유를 허용하는 사회에서는 재산과 부가 광범하게 분배되어야 하며, 정부의 자금이 자유로운 공적인 논의를 조장하도록 정규적으로 제공되어야 한다(TJ, 225).

역사적으로 보아 입헌정부의 주요한 결점 가운데 하나는 정치적인 자유의 공정한 가치를 보장하는 데 실패했다는 점이다. 정치적인 자유의 공정한 가치를 위해 요구되는 제도를 유지하는 데 공공의 자원이 쓰이지 않았다(TJ, 226).

평등한 자유의 원칙에 대해 롤스가 제시하는 위계제를 명확히 이해하고자 이상과 같이 인용했다. 정상에는 평등한 자유의 원칙이 있다. 이는 《정의론》을 이루는 두 가지 기본원칙 가운데 하나이다. 이 추상적인 원칙은 적용되어야 하며, 기본적 자유 사이의 갈등은 해결되어야 한다. 이 목표를 달성하는 것은 제정회의와 이에 의해 나타나는 헌법/기본법이 담당해야 한다.

그러나 제정회의는 평등한 자유의 원칙에 논리적으로 선행하지 않는다. 제정회의가 그 원칙을 적용하며 기본적 자유 사이의 갈등을 해소하더라도 제정회의는 그 원칙의 구속을 받는다. 정치적인 자유에 대해 이러한 구속적인 제약은 평등한 참여의 원칙이 제시한다. 평등한 참여의 원칙은 평등한 자유의 원칙에서 도출되거나 이와 동일하다. 즉 이 원칙은 평등한 자유의 원칙을 재술(再述)한 것에 지나지 않는다. 이 점은 칸트의 정언명령에서 제2원칙이 제1원칙을 재술한 것과 마찬가지이다 (Bowie 1980, 122).

그런데 평등한 참여의 원칙에는 제약과 제한이 있게 마련이다. 이 제약에 대해 롤스가 논의하는 바를 고려하면 우선성의 원칙을 더 잘 이해할 수 있다. 평등한 참여의 원칙은 결정이 다수결을 기초로 해서 내려질 때 적절한 범위를 가진다. 그러나 다수결 원칙에 대해서는 어떤 제한이 필요하다. 그런데 이 제한은 자유의 범위에 불평등을 야기한다. 그렇다면 이 불평등은 어떻게 정당화되는가?

바로 이 점에서 롤스는 정치이론의 아주 중요한 문제를 다룬다. 다수결에 근거를 둔 민주주의는 어떤 범위에서 정의로운 정부 형태인가? 만약 다수결이 다른 자유를 결코 침해하지 않는다면, 다수결이 평등한 참여 원칙의 범위에서의 평등을 구체화하기 때문에 다수결은 정의로워질 것이다. 그런데 롤스는 실제 세계에서는 다수결 원칙이 다른 자유를 침해한다는 사실을 잘 알고 있으며, 게다가 이들 자유는 보호받아야 한다는 점을 믿고 있다.

이에 관한 예를 들기 위해 〈권리 장전〉을 고려해보자. 여기에는 롤스가 기본적 자유라고 일컫는 것, 즉 언론의 자유, 집회의 자유, 그리고 자의적인 구속과 체포로부터의 자유 등이 보장되어 있다. 〈권리 장전〉에서 핵심은 이들 기본적 자유가 다수결에 의해 침해당하는 것을 막자는 데 있다. 의회라고 해서 개인이나 집단의 평화적인 집회의 자유를 철폐하는 법을 통과시킬 수는 없다. 개인의 어떠한 자유는 너무나 기본적이기 때문에 민주적인 결정이라는 평상의 과정을 초월해야 한다는 것이 미국 건국의 아버지들의 판단이었다. 이 점에서는 롤스도 같은 의견을 가진 셈이다.

다수결 원칙을 제한하는 방식으로는 양원제, 견제와 균형이 합쳐진 권력의 분립, 그리고 사법적인 심리를 할 수 있는 〈권리 장전〉을 예로 들 수 있다. 지력이 더 높고 교육을 더 받은 이들에게 여분의 표를 부여하자는 스튜어트 밀의 '복수 투표제plural voting system'를 적어도 이론적으로는 정당화하는 것이 가능하다고 롤스는 믿었다.

롤스가 기본권을 옹호하는 데에는 일관성이 있다. 다수결이 기본적 자유에 가끔 적대적이라는 점을 인정한다. 그렇지만 다수결에 대한 어떠한 제약도 더 많은 기본적 자유를 보호하는 것을 근거로 도입되어야만 한다. 게다가 경제적이거나 사회적인 혜택을 근거로 제약이 도입될 수는 없다. 사법적인 심리(審理)를 보장하는 〈권리 장전〉, 양원제, 그리고 권력의 분립을 보장하는 다른 제도는 모든 이가 공유하는 자유의 전체 체계를 강화하기 때문에 정당화된다.

롤스는 자신의 견해를 다음과 같이 요약한다.

    …… 우리는 정치권력을 장악한 자를 통제하는 데서 한계 손실로부터

오는 자유에 대한 위험과 입헌적인 제도를 더 많이 둠으로써 얻어지는 자유의 안전 사이에 균형이 이루어지는 데까지 그 원칙(참여 원칙)의 범위를 좁히든가 넓혀야 한다. 그 결정은 전부(全部)냐 전무(全無)냐 라는 문제가 아니다(TJ, 230).

논의가 전개됨에 따라 자유에 관한 롤스의 이론이 지극히 복잡하다는 것을 알게 된다. 정상에는 모든 이에게 평등한 자유라는 원칙이 있다. 롤스가 자유와 관련해 두 사람이 평등하다고 말하면, 이는 두 사람의 기본적 자유의 체계가 평등하다는 것을 의미한다. 평등한 기본적 자유의 전체 체계는 무엇으로 이루어져 있는가? 간단하고 가장 명료한 답은 체계는 기본적 자유만으로 이루어져 있으며, 하나의 기본적 자유는 다른 기본적 자유만큼 중요하다는 것이다. 달리 말하면, 모든 기본적 자유는 동등하다.

그러나 롤스는 이런 식의 답을 제시하지 않는다. 그는 평등한 참여의 원칙에 두는 몇 가지 제한을 다른 기본적 자유에는 두지 않는 듯하다.

많은 역사적인 상황에서 더 적은 정치적 자유가 정당화되었는지 모른다. …… 이 제약은 양심의 자유와 인간의 통합성을 규정하는 권리가 상실되는 것을 정당화하지 않는다. 어떤 정치적 자유와 공정한 기회의 평등에 대한 경우는 조금 덜 강력하다. 전에(§11) 지적한 바와 같이 더 행운이 적은 사회를 평등한 자유가 충분히 향유되는 사회로 전환시킬 만큼 장기적인 혜택이 충분하게 많다면, 이러한 자유의 일부를 포기하는 것이 합당할는지 모른다(TJ, 247).

이 내용을 보면 평등한 참여의 원칙에 구체화된 정치적인 자유는 언론의 자유, 양심의 자유 같은 기본적인 시민적 자유와 동일하지 않다. 롤스에 따르면

그것(자유의 우선성)은 비록 어떤 자유, 말하자면 평등의 원칙이 포함하는 자유들의 주요한 역할이 그 밖의 다른 자유를 보호하는 것이라는 점에서 덜 본질적이라고 해도 허용한다(TJ, 230).

여기서 롤스의 자유에 대한 위계적인 관점을 최종적으로 다음과 같이 요약해볼 수 있다. 모든 이를 위한 평등한 자유의 원칙이 공허한 표어 이상의 의미를 가지려면, 사회의 제도는 이를 구체화해야 한다. 뿐만 아니라 적어도 어떤 제도가 개별적인 자유의 체계 사이의 갈등을 종식하고 모든 이들에게 가장 광범한 자유를 가져다준다면, 자유에 대한 필요한 제약을 도입할 수단을 제시해야 한다. 이 과업은 제정회의의 임무에 속하며 제정회의는 우선성의 규칙을 작동의 원리로 택한다. 제정회의가 요구되며 지속적인 정치적인 제도가 필요하므로, 평등한 정치적 자유를 보호하는 것은 평등한 참여의 원칙에 의해 구체화되고 보장되어야 한다.

그러나 우선성의 규칙에 따라 정당화되는 추가적인 제한은 정치적 자유에 둔다. 평등한 자유의 원칙은 자유들 사이의 갈등을 해결하거나 자유를 제한하는 데서 제정회의가 할 수 있는 것에 몇 가지 제약을 둔다. 모든 것은 자유라는 이름 그 자체로 행해져야 한다. 제정회의에 대한 더욱 구체적인 지침은 우선성의 규칙에 의해 제시된다. 그러나 이 점을 넘어서서는 불완전한 절차적 정의가 인계받는다. 일단 우선성의 규칙과 평등한 참여의 원칙에 의한 제약이 있게 되면, 제정회의와 확립된 정치제

도가 모든 이를 위한 평등한 자유의 원칙을 이행하기 위해서 한 것은 정의롭다. 물론 이들 결과는 완벽하지 않지만 우리가 할 수 있는 최선이다.

자유에 대한 롤스의 관념 가운데 중요한 요소 하나는 정의로운 국가는 삶의 목적과 의미에 대한 하나의 관념을 부과하려고 해서는 안 된다는 점이다. 즉 국가가 특정한 선을 부과해서는 안 된다. 정의로운 사회라면, 정의가 요구하는 다른 것과 충돌되지 않는 한 사람들로 하여금 관용의 태도와 다원주의에 대한 기대를 채택하고 자신의 선을 추구하게 해야 한다. 이 점은 롤스가 원초적 입장에서 완전주의를 거부하고 구성주의라는 방식을 택하고 포괄적인 교의를 인정하는 선에서 정치적 자유주의의 가능성을 모색한 데서도 드러난다. 그럼으로써 롤스는 자유와 다원주의를 포괄적 교의와 양립시키면서 정당화한다. 그것이 사람들로 하여금 서로 존중하게 하는 것이라고 봤기 때문이다.

자기 존중은 자유를 향유하는 데 바탕이 되는 긴요한 가치이다. 자기 존중에 대한 사회적 기초가 전제되어야 하기 때문에 권리의 인정으로 표현되는 타인에 대한 평등한 존중은 그 자체로서 가치가 있는 것으로 여겨져야 하며, 이것이 최고 가치로 간주되어야 한다. 그래서 롤스는 자유적 관용과 자유를 선에 대한 관념에 앞서는 올바름이라는 원칙에 근거를 둔다. 이 점이 롤스가 중요하게 기여한 바이다.

(7) 자유의 정당화

모든 평등한 자유의 원칙을 정당화하기란 쉬운 일이 아니다. 정당화를 요구하는 요소가 적어도 세 가지가 있기 때문이다. 따라서 그 세 가지 요소, 즉 자유의 가치, 자유의 우선성, 그리고 자유의 평등한 배분을 정당화해야 한다(Bowie 1980, 124).

자유는 도대체 왜 소중히 여겨져야 하는가? 이에 대해 롤스는 자유가 일의적 선이기 때문이라고 답한다. 합리적인 존재라면, 어떤 생활계획을 달성하고자 하든 간에 자유가 선결요건으로 필요하기 때문이다. 말하자면 자유가 있어야만 인간은 삶에 대해 기대를 할 수 있다. 이러한 근거를 우리는 부인하기 어렵다. 그러면 자유의 우선성에 대한 정당화를 고찰해 보자.

앞서 지적한 것처럼 자유의 우선성은 절대적이지 않다. 극도로 빈곤한 사회에서는 이 우선성이 적용되지 않는다. 롤스가 이 점을 인정하면서도 자유에 최고의 가치를 둔다는 주장은 강력하게 나타난다. 예를 들어 그는 다음과 같이 언급한다.

더군다나 평등한 자유의 원칙에 대한 최초의 합의는 최종적이다. 종교적 그리고 도덕적 의무를 인정하는 개인은 자신의 다른 이익을 증진시키는 더 큰 수단을 위해 이 의무의 이행을 제한할 수 없다는 점에서 이 의무가 절대적으로 구속한다고 여긴다. 더 큰 경제적 그리고 사회적 혜택이 평등한 자유보다 적은 것을 수용하는 데 충분한 이유가 되지 않는다(TJ, 207).

그런데 왜 이유가 되지 않는가? 롤스가 자유의 우선성을 논의하는 데서 그 답이 나타난다. 롤스는 자기 존중이라는 일의적 선이 그의 체계에서 차지하는 중심적인 위치를 부각하고 이에 호소한다. 그가 자유에 높은 가치를 부여하는 까닭은 자기 존중이라는 일의적 선에 높은 가치를 두었기 때문이다. 평등한 기본적 자유와 정치적·경제적 독립을 보장하려는 이유가 여기에 있다(Freeman 2003a, 23).

자기 존중에는 두 가지 측면이 있다. 첫째, "그것(자기 존중)은 인간이 자신의 가치에 대한 감각, 즉 자신의 선에 대한 관념, 삶에 대한 자신의 계획은 실행할 값어치가 있다는 확고한 신념을 포함한다. 둘째, 자기 존중은 자신이 의도한 바를 이행할 수 있는 자신의 능력—그 능력이 자신의 힘에 닿는 한—에 대한 신뢰를 암시한다"(TJ, 440). 이 능력을 갖춘 것으로 간주하기 위해서 롤스는 전술한 대로 인간은 두 가지 도덕적 힘을 가진다고 가정했다. 달리 말해 자기 존중은 자신이 가치 있다고 여기는 선을 선택하고 추구하는 데 전제가 된다(PL, 318).

롤스는 자유에 대한 그의 언질을 다음과 같이 정당화한다. 자유는 자기 존중이라는 일의적 선에 필요한 조건(선결 요건)이다. 자유가 없이는 인간은 자기 자신의 가치에 대한 감각과 자신이 뜻한 바를 이행할 자신의 능력에 대한 신뢰를 확보할 수 없다. 자기 존중은 선의 사다리에서 최고봉에 있을 수 있는데, 자유는 자기 존중을 달성하는 데 필요한 받침대인 것이 분명하다. 게다가 자유가 있어야만 인간은 도덕적 힘을 발휘할 수 있기 때문이기도 하다.

끝으로, 롤스는 자유의 평등한 배분을 어떻게 정당화하고 있는가? 그는 원초적 입장을 자유의 평등한 배분을 정당화하는 데 주된 수단으로 이용한다. 롤스는 기본적 자유의 하나인 양심의 자유를 선택한다. 그래서 원초적 입장에서 계약 당사자가 평등한 배분의 원칙을 채택하리라는 것을 보여준다. 이 특정한 자유가 평등하게 배분될 것이라는 것을 보여준 다음 그는 이것이 모든 기본적 자유에 일반화될 수 있다고 주장한다.

롤스의 논지는 요컨대 다음과 같다. 원초적 입장에서 우리는 자신의 도덕적·종교적인 신념이 무엇인지 모르며, 자신의 신념이 다수에 속하는지 소수에 속하는지를 모른다. 이러한 조건이 주어진다면, 평등한 양심의 자유라는 원칙만이 사리에 맞다. 인간은 자신이 소수에 속하는 것도 원하지 않으며 자신의 종교관이 억압받는 것도 원하지 않을 것이다. 자신의 신념이 다수에 속할 것이라 믿고 도박을 할 것인가? 그렇지 않을 것이다. 도박을 하는 이는 종교적이거나 도덕적인 신념을 대수롭지 않게 여기거나 자유의 가치를 높이 여기지 않는다는 것을 보여준다(TJ, 207).

마찬가지로 개인은 공리의 원칙에 동의하지 않을 것이다. 이는 인간의 양심을 사회적 이익 계산에 종속시키는 것이기 때문이다. 자유는 아주 근본적이기 때문에 자유를 걸고 도박하지 않으며, 공동선을 추구하는 데서 협상 과정에 자유를 종속시키지는 않을 것이다.

자유의 평등한 배분을 옹호하는 다른 논지는 자유를 평등하게 분배함으로써 사회가 질서 잡히고 안정된다는 데 있다. 롤스는 평등한 자유의 원칙이 최소 최대화 배분이라는 원칙에 우선해야 하는 것을 정의가 요구한다고 주장하는 것이다. 이 주장은 옳다고 봐야 한다. 그러한 우선순위가 지배하는 사회에서 사회를 안정시키는 지주 역할을 하는 것은 평등한 자유의 원칙이다.

정의로운 사회에서 '자기 평가self-esteem'의 기초는 소득의 몫이 아니라 기본적인 권리와 자유의 공적으로 인정된 배분이다. 그리고 이 배분이 평등하므로, 더 넓은 사회의 공동사를 수행하는 데 임하여 각자는 비슷하고 안전한 지위를 가진다(TJ, 544).[39]

---

39 'self-esteem'이라는 용어는 '자신에 대한 호의적인 평가나 의견'을 뜻하며, 'self-respect' 라는 말은 '자신의 인격이나 자신의 지위가 가진 존엄성에 대한 적절한 관심'을 뜻한다. 후자는 규범적 개념이다. 그리고 예를 들어 노예 철학자 에픽테투스Epictetus를 타인은 어떻게

지위에 대한 필요에 부합하는 것이 평등한 시민권이라는 입장일 경우 평등한 자유의 우위가 더욱 필요하다. 자신에 대한 신뢰를 유지하는 것으로 상대적인 경제적 그리고 사회적 혜택을 제거하려고 하는 정의의 관점을 선택한 이상, 자유의 우선성이 굳건히 유지되어야 하는 것이 긴요하다 (TJ, 545).

롤스는 자기 존중에 대한 권리와 자유가 공적으로 배분되어야만 인간이 자신을 존중할 수 있다는 점을 중요시한다. 이것은 루소의 '자기애 amour propre'에 해당한다. 자기애는 자신이 인간으로서 적절한 자존심을 지니고 있는 것을 일컫는다(LP, 34). 그래서 롤스는 예를 들면 개인에게 재산권을 인정하는 이유는 자기 소유라는 자연권 때문이라기보다는 도덕적 능력과 자기 존중을 함양해야 하기 때문이라는 것을 밝히고 있다. 또한 노동자가 소유하고 관리하는 기업에 대한 자연권도 인정하지 않고 있다. 요컨대, 시민의 독립과 '통합integrity'을 위해 개인적 재산에 대한 권리를 인정하는 것이다(RTJ, xvi).

나아가 롤스는 물질적인 재화를 평등하게 배분하려 하는 것은 비합리적이라고 주장한다. 자신에게 100만 원, 그리고 타인에게 125만 원이 지급되는 방안과 자신과 타인에게 각각 90만 원이 지급되는 두 가지 방안이 있을 경우, 롤스는 인간이 전자의 배분방식을 택할 것이라고 믿기 때문이다. 롤스의 이러한 주장이 옳건 그르건, 우선성의 논지가 받아들여지면 자유를 평등하게 배분하는 것이 사회 안정에 기여하게 된다.

평가하든, 에픽테투스 스스로는 자신을 인간성이라는 관념으로 측정하고 자신을 존중했다 (Walzer 1983, 274~5).

롤스는《정의론》에서 정당화의 문제를 특정한 부분에서 전적으로 다루지는 않는다. 특정한 원칙이나 개념에 대한 정당화가 독립적이지 않기 때문이다. 전편을 통해 알 수 있는 것은 전술한 바와 같이 정당화하는 데 반성적 평형이라는 방법을 쓴다는 점이다.

다시 말하면, 반성적 평형은 다음과 같다. 윤리적인 원칙은 평상의 인간이 가진 도덕적 직관과 모순되어서는 안 된다. 그렇다고 해서 도덕철학이 직관주의에 의존할 수는 없다. 개인의 결정은 적절한 이론에 근거하여 내려져야 한다. 이론의 결과가 기본적인 직관과 부합하는지 살피기 위해 이론의 결과를 반성적 평형이라는 절차를 통해 시험하는 것이다. 이론과 기본적인 직관 사이의 끊임없는 상호 작용으로 반성적 평형이 나타나 양자는 조화를 이루게 된다. 그러므로 모든 이에게 평등한 자유의 원칙을 전면적으로 정당화하려고 한다면, 그 모든 부분이 자유에 대한 우리의 기본적인 직관과 전체로서의 정의 이론과 얼마나 잘 일치하는지 살펴봐야 한다.

이상으로써 자유에 대한 롤스의 견해를 마무리하고자 한다.

2. 평등과 차등 원칙

최대한 자유의 평등한 보장을 다루는 제1원칙에 따라 인간은 자유와 권리에서 평등한 존재로 인정받았다. 가능한 한 광범하면서도 모든 사람들에게 같은 범위의 자유와 권리를 더욱 확실히 평등하게 보장하고, 기본적인 정치적 자유의 값어치가 똑같을 수 있게 보장하려고 한다(Pogge 2007, 149·151). 또한 롤스는 공정한 기회 평등의 원칙을 제시함으로써 기회 평등을 도모한다.

그런데 롤스는 최대한의 자유와 권리의 평등한 보장, 공정한 기회 평등뿐 아니라 그 이상의 평등을 달성하고자 한다. 제1원칙이 정치적 선이라는 일의적 선을 다룬다면, 제2원칙은 사회·경제적 선이라는 일의적 선과 관련해서 그러한 선의 평등한 배분을 다룬다. 사회·경제적 선은 세 가지, 즉 ① 직업상의 지위와 연관된 권력과 특권, ② 소득과 부, ③ 자기 존중이라는 잔여적 사회적 기초로 구분할 수 있다. 이러한 것들은 '지표적인 선/지표재(指標財)index goods'라고 할 수 있다(Pogge 2007, 107). 이러한 기본적인 선들의 지표는 대표적인 사회·경제적 입장을 비교하는 데 쓰일 수 있기 때문이다(TJ, §15). 따라서 개개인이 전 생애에 걸쳐 이상과 같은 선에 접근하는 데 기대할 수 있는 정도를 얼마나 보장할 수 있는지가 중요하다.

여기에서는 먼저 기회의 평등을 논한 다음 차등 원칙과 연관된 사회·경제적 평등을 논하겠다. 전술한 것처럼 제2원칙에 따라 인간이 평등해야 하는데 불평등해지는 경우가 생긴다면, 이 경우에는 불평등이 정당화되어야 한다. 정당화의 근거는 최소 수혜자에게 최대의 이익이 되게 하는 것이다. 이 점은 다음과 같이 정리할 수 있다.

① 평등한 기회라는 조건이 달성되었을 때에만 결과로서 나타나는 불평등은 정의롭다.
② 평등한 기회라는 조건은 인간의 운명이 도덕적으로 적절하지 않은 요소에 의해 결정되지 않을 때에만 달성된다.
③ 인간의 운명이 자신의 선택과 노력에 따라 결정되었을 때에만 도덕적으로 적실하지 않은 요소에 의해 결정되지 않는다.

④ 인간의 운명은 사회적 환경에 의해 결정되지 않을 때에만 자신의 선택과 노력에 따라 결정된다.

⑤ 그러므로 사회적 환경에 의해 결정되지 않을 때에만 불평등은 정의롭다. 롤스에 따르면 이제까지의 지배적인 이데올로기는 불안정하다. 사회적 환경에 의해 결정되는 불평등만을 배제하려고 했기 때문이다. 인간의 재능과 능력도 사회적 환경만큼이나 마땅한 것이 아니다. 그러므로 재능과 능력에 의해 결정되는 불평등도 마찬가지로 배제되어야 한다.

⑥ 인간의 운명이 재능과 능력에 의해 결정되지 않을 때에만 인간의 운명은 자신의 선택과 노력에 따라 결정된다.

⑦ 그러므로 인간의 재능과 능력에 의해 결정되지 않았을 때에만 불평등은 정의롭다.

이상의 논지가 의미하는 바가 무엇인지 더 자세히 살펴보자.

제1원칙이 평등한 자유의 최대한 보장이기 때문에 여기에서 자유의 평등은 일단 보장된다. 평등의 대상도 여러 가지인데, 주로 정치적 자유와 이에 연관된 권리에 관해서는 모든 사람은 평등하게 보장받게 된다는 점에서 평등하다. 제1원칙에 의해 평등이 이렇게 보장될 뿐만 아니라, 그전에 원초적 입장에 참가하는 계약 당사자도 평등하다는 것을 전제로 한다. 이것은 원칙을 선택하는 과정에서의 평등을 보장하는 것이다.

그리고 제2원칙에는 자유주의적인 입장에서의 봉건주의 비판과 순수한 사유재산 제도에 의한 경제 비판이 함축되어 있다. 제2원칙 중에서 기회 평등의 원칙은 차등 원칙보다 우선한다. 차등 원칙을 제시하게 된 이유에는 가족적 배경이라든가 우연처럼 개인이 통제할 수 없는 것이나 개인의 자발적 선택과는 무관하게 개인의 위치가 결정되는 것은 공정하지 않다는 사고가 깔려 있다.

배분적 정의와 관련해 롤스는 세 가지 원칙을 고려한다. 첫째, 자연적 자유의 원칙인데, 이는 노직의 자격이론과 비슷하다. 둘째, 자유주의적 평등인데, 이는 표준적인 공적주의와 종류가 같다. 셋째, 차등 원칙에 근거를 두는 민주주의적 평등이다. 결론적으로 롤스는 민주주의적 평등을 옹호한다. 그리하여 기회의 평등에 대해 우리가 이해하는 바를 새로운 의미로 바꾸기를 제안하는 셈이다. 즉 차등 원칙과 '시정의 원칙principle of redress'으로 수정된 공정한 기회 평등의 원칙을 제시한다. 이 두 가지 원칙, 즉 공정한 기회 평등의 원칙과 차등 원칙이 각각 의미하는 바가 무엇인지를 정확하게 파악해야 한다.

(1) 기존의 기회 평등이라는 개념 비판

자연적 자유의 체제에서는 효율적인 시장경제에서 연유하는 배분은 무엇이든 정의롭다. 형식적 또는 법적 기회의 평등이 보장되어 재능이 있는 자에게 기회가 개방되어 있기 때문에 그 결과로 생긴 배분은 정의롭다고 간주된다. 애덤 스미스의 자연적 자유라는 체제는 봉건제도와 중상주의에서 벗어나려고 했던 시대에는 유용했을 것이다. 그래서 기회의 평등 원칙은 고정된 위계제, 엄격한 계급, 그리고 귀속적 지위라는 제도를 공격하는 데 가장 효과적인 무기가 되었다. 모든 직책과 지위는 공정한 경쟁이라는 조건에서 모든 경합자에게 평등하게 개방되어야 했다. 그러나 병든 이와 가난한 이가 다리 밑에서 잘 수 있는 평등한 자유를 보장한다는 비판을 받았다. 형식적이며 법적인 평등이라는 비판이다.

이러한 비판 앞에서는 최초에 분배된 재능과 자산이 재생산되는 경향이 있다는 사실을 더 이상 옹호할 수 없게 되었다. 최초에 분배된 재능과 자산이 정의로우려면, 최초의 배분이 정의롭다는 것을 가정해야 한다. 그러나 최초의 배분은 자연적 또는 사회적 우연성의 영향을 많이 받는다. 그렇게 된 것 자체는 정의롭지도 않고 정의롭지 않은 것도 아니며, 그저 임의적/독단적이다. 그러나 개인이 어쩌다가 얻은 행운을 정의라는 이름으로 수용할 수는 없다. 이러한 요소는 도덕적 관점에서 볼 때 독단적이기 때문이다(TJ, 72).

이에 자유주의는 형식적인 기회의 평등을 넘어서고, 가능한 데에서 사회적·문화적 불이익이 개인에게 끼치는 영향을 시정하고자 했다. 모든 개인에게 평등한 기회를 보장해 재화와 사회가 제공하는 혜택을 자유롭게 얻게 하면, 사회에서의 경쟁에 어느 누구도 사회가 부여한 장애를 안고 참여하지 않게 된다. 인생이라는 경주의 출발점에서 모두 평등한 조건에서 시작하는지 살피는 것은 사회의 의무이다. 요컨대, '평등한 출발 equal start'을 보장하기 위해 사회적 우연성의 영향을 줄임으로써 기회의 평등에 실질적으로 평등하게 접근할 수 있는 조건을 평등하게 보장하려고 했다.

출생 배경, 특권, 그리고 전통이 주장할 여지가 없어진다. 개인의 업적과 야망만이 직책을 할당하는 기준이 되어야 하며, 인생이라는 경주는 모든 이에게 평등한 조건에서 개방되어 있어야만 한다. 기회의 평등을 이행하는 것은 곧 '완전한 사회적 혁명: 지위와 권력의 사회적 기초에서의 변화, 그리고 사회에서의 직책과 특권으로의 새로운 형태의 접근'을 의미했다(Bell 1972, 41; Schaar 1980, 182 재인용).

근대 부르주와 사회는 이 원칙에 기반을 두며, 이 원칙 없이는 근대 사회를 생각할 수 없게 되었다. 기회의 평등은 정의의 규칙이라고 생각되었으며, 여기에서 이탈하는 것은 정당하지 못하고 공정하지 못하다는 오명을 안는 것이라고 여겨졌다. 집단마다 여러 종류의 장애나 불이익을 극복하기 위한 투쟁에서 이 원칙을 채택했다.

'재능에 개방된 경력'처럼 그 공식에서 기회 평등 원칙은 실제로는 항상 그렇지 않다 하더라도 이론적으로는 '공적/업적주의 사회meritocratic society'의 핵심이었다. 훈련받거나 교육받은 기술적 능력을 가진 이들에게 그 사회는 명예로운 자리와 높은 보상을 주었다. 그런 까닭에 모든 이가 그러한 훈련을 제공하는 제도에 평등하게 접근할 수 있어야 했으며, 그 훈련을 받은 후에 얻는 직업에도 모두 평등하게 접근할 수 있도록 해야 했다. 개인이나 집단이 이전의 사회적 불이익 때문에 장애를 안게 되었으면, 이 불이익을 극복하게 하는 데서 '차별 시정을 위한 적극적 조처affirmative action'를 취하는 것이 공적인 의무였다.

그렇다면 평등한 기회는 논리적으로 연장되어 이전의 족쇄를 제거하려는 다양한 조처까지 포함할 수 있다. 흑인, 인종적 소수자, 여성은 가난이나 사회의 편견 때문에 족쇄가 채워졌다고 볼 수 있기 때문이다(Schaar 1980, 167). 자유주의는 실질적으로 평등한 기회를 보장하기 위해 이러한 적극적인 조처를 취한 셈이다. 그럼으로써 자유주의적 평등은 자연적 자유라는 체제를 개선했으며, 또한 자연적 자유에서의 단순한 법적·형식적 평등을 넘어서서 실질적인 기회를 평등하게 보장함으로써 '공정한 공적주의fair meritocracy'를 내거는 자유주의적 평등을 보장하게 되었다(Sandel 1982, 69).

그리하여 기회 평등을 보장하는 방법은 ① 재능에 개방된 경력, ② 공정한 기회 평등, ③ 차별 시정을 위한 조처, ④ 역차별, ⑤ 비례적인 평등한 기회라는 순서로 발전하게 되었다. 말하자면 자유주의는 평등한 기회를 소극적으로 해석하다가 점차 적극적으로 해석하게 되었다. 기회의 소극적 평등이란 사회적·경제적 위계에서의 지위에 대한 경쟁에 장애를 없애는 것을 의미한다. 이것은 롤스가 말하는 재능에 개방된 경력에 해당한다.

롤스의 공정한 기회 평등은 기회의 적극적 평등에 해당하는데, 여기에는 더 많은 것이 요구된다. 인생을 시작할 때 자신의 출신 배경에 구애받지 않고 자신의 자연적 재능을 계발할 평등한 기회를 가짐으로써 어떤 지위에 도전할 수 있어야 한다(Nagel 2003, 68~9). 롤스가 민주주의적 평등이라는 커다란 범주 내에서 기회 평등의 원칙을 강조하는 이유는, 기회에서 배제된 개인은 어떠한 직책을 담당할 기회를 잃고 그 직책에서 연유하는 본질적인 선으로부터 배제되어 안전한 인간적인 삶을 영위할 수 없기 때문이다(CP, "Justice as Reciprocity", 196).

그러나 공정한 기회의 평등만으로는 아직도 부족한 점이 있다. 능력과 재능의 자연적 배분, 즉 행운이 끼치는 영향과 역사적이거나 사회적 행운에서 벗어나기 어렵기 때문이다(TJ, 73~4). 그래서 배분이 자연적 우연성과 사회적·문화적 우연성에 따라 결정되는 것을 피할 필요가 있게 되었다. 양자는 도덕적으로 독단적으로 보이기 때문이다(TJ, 75). 이에 롤스는 차등 원칙에 기반하는 민주주의적 평등을 주장하게 된 것이다. 민주주의적 평등은 공정한 기회 평등을 그저 확장한다고 보장되는 것이 아니다. 차등 원칙에 기반을 두고 있으며 그로 인해 배분의 결과도 변경되기 때문이다.

기회의 평등을 아무리 확장해도 사회적·문화적 조건에서 연유하는 불평등을 근절할 수는 없다. 타고난 재능과 능력이 같다고 해도 출신 가족의 배경이 다르면 사회적·문화적 조건이 달라지며, 타고난 재능을 실질적으로 평등하게 발휘할 수 없다. 그렇다고 해서 부당하다고 여겨지는 근거의 결과로 나타나는 불평등을 막기 위해 현재의 가족제도를 없앨 수는 없다(TJ, 74).

그리하여 롤스는 도덕적으로 임의적인 요소가 끼치는 영향을 줄이고 배분의 평등을 기하기 위해 공정한 기회의 평등을 결합시켜서 차등 원칙에 기반하는 민주주의적 평등을 주장하게 되었다. 말하자면 공정한 기회의 평등을 확대하는 것뿐만 아니라 결과로서 나타나는 배분을 더욱 평등하게 함으로써 평등을 달성하고자 했다. 그렇다면 롤스의 '민주주의적 평등democratic equality'이란 무엇을 의미하는가?

(2) 불평등해질 평등한 권리

정의의 두 원칙을 두고 논의를 전개해보자. 첫 번째 원칙은 시민권이 가진 평등한 자유에 주로 적용된다. 여기서 유의해야 할 것은 평등에 대한 주장은 그 개념과 평등한 시민권이라는 논리를 사회·경제적 권리와 혜택이라는 영역으로 점차 확장한다는 점이다(Marshall 1950, 9ff.). 그래서 시민의 평등한 지위에 기초를 두는 평등이라는 개념이 롤스가 다른 양상의 평등을 논의하는 데 점철되고 있다는 점에 유의해야만 한다.

두 번째 원칙은 롤스가 사회적 일의적 선이라고 일컫는 것인데 이 일의적 선들은 소득과 부의 배분과 권위와 책임의 차이를 이용하는 조직을 고안하는 데 적용된다(TJ, 61). 우리가 여기서 관심을 기울여야 하는 원칙은 이 원칙이다. 불평등한 배분이 최소 수혜자에게 최대의 혜택이 돌아가는 경우가 아닌 한, 모든 경우에 사회적인 일의적 선은 평등하게 배분되어야 하는 것이 정의이다. 원초적 입장에 임한 당사자는 이 주장에 동의하리라는 것이 롤스의 논지이다. 이는 원시 그리스도교의 핵심이며 마르크스가 재확인한 사상을 롤스가 채택한 것이다. 즉 어떤 사회가 정의로운지 알고 싶으면, 가장 낮은 자가 보는 관점에서 그 사회를 검토해야 한다. 가장 낮은 자, 즉 롤스의 최소 수혜자의 눈으로 정의를 살펴봐야 한다.

(3) 일의적 선과 그 배분 방식

일의적 선

롤스는 차등 원칙을 포함한 정의의 두 원칙에 합의하리라는 것을 기대한다. 그 이유는 자신이 어떠한 입장에 있든, 정의의 두 원칙 아래에서는 자신의 선을 추구할 수 있는 권리와 자원이 주어지기 때문이다. 일의적 선은 인생을 어떻게 계획하든 어느 누구에게라도 추구할 만한 가치가 있는 것이다. 그런데 어떤 인생 계획에서는 어떤 일의적 선이 쓸모가 없을는지 모른다. 그러므로 롤스는 일의적 선이 필요한 다른 이유를 제시해야 한다.

여기서 롤스는 칸트의 사상을 빌려와 일의적 선이 필요한 다른 이유를 제시한다(TJ, §41). 칸트는 인간 개개인에 대한 존중을 주장한다. 롤스는 이 주장을 인간들이 구별되어야 한다는 데 쓰고자 하며, 칸트의 중심 사상을 원초적 입장에 구현하고자 한다. 칸트에게 도덕은 모든 인간에게 타당한 하나의 도덕 법칙, 즉 정언명령을 따르는 것인데, 원초적 입장은 당사자들이 합당하고 합리적인 인간의 본성을 반영하도록 고안되어 있기 때문이다. 여기서 '합당하고 합리적reasonable and rational'이라는 말은 칸트의 'vernünftig'라는 독일어 용어를 롤스가 두 가지 방식으로 표현한 것이다.

그런데 원초적 입장을 고안하는 데서 롤스는 칸트의 이론이 안고 있는 두 가지 결정적인 난제를 풀고자 했다. 첫째, 헤겔은 칸트의 이론이 공허한 추상성을 띨 위험성이 있다고 지적했다. 둘째, 도덕적인 법칙은 칸트가 생각한 것처럼 합리적이며 합당한 존재로서 인간의 본성이 자유롭고 평등하다는 것을 적절하게 나타내야 한다. 그래서 이 점을 확신시켜야 하는 어려움이 있다.

헤겔이 제기하는 칸트의 추상성이라는 문제를 다루는 데 가장 근본적인 방식은 도덕의 선험적인 기초를 찾겠다는 칸트의 목표를 포기하는 것이다. 무지의 장막이 특정한 사실을 모르는 것으로 하지만, "도덕적 이론은 이론이 원하는 대로 우연적인 가정과 일반적인 사실을 자유롭게 이용할 수 있어야 한다"고 롤스는 주장한다(TJ, 44). 다른 한편 그는 제도, 즉 사회의 기본 구조에 초점을 맞추었다. 그럼으로써 인간의 자유라는 사상은 구체적인 상황에서 구현된다는 헤겔의 주장을 수용한 셈이다. 이렇게 하여 롤스는 칸트의 추상성에서 벗어나고자 했다.

또한 원초적 입장은 칸트의 도덕 이론에서의 두 번째 문제를 다룬다. 즉 롤스는 '표현expression'의 문제를 다룬다. 원초적 입장은 자율과 정언명령에 대한 칸트의 관념을 절차적으로 해석한 것으로 볼 수 있다(TJ, 226). 인간이 자율적이려면 자신에게 부여하는 법에, 즉 자유롭고 평등한 인간의 본성, 달리 표현하면 합당하고 합리적인 인간에게 적합한 법에 의거해서 행동해야 한다. 원초적 입장의 당사자들은 원칙을 선택하는 데서 자율이라는 이 관념을 이행하게 되어 있다. 그런데 어떻게 당사자들이 평등과 합리성을 대변하는가? 이 점은 명확하다. 당사자들이 평등한 상황에 놓여 있으며 상황이 규정된 바대로 합리적이기 때문이다.

합당하다는 것은 당사자들의 합리성이 아니라 당사자들에게 제약, 특히 무지의 장막이라는 제약 때문에 주로 원초적 입장에 있는 것으로 간주된다.

표현의 문제를 다루기 위해서 롤스는 당사자의 동기를 더욱 명료하게 했다. 그리하여 그는 합당하고 합리적인 존재로서 인간에게는 세 가지 최고 질서의 도덕적 힘들이 있다고 규정했다. 앞에서 말한 것처럼, 인간은 칸트의 가설적 명령에 해당하는 '합리적인 도덕적 힘rational power'과 칸트의 정언명령에 해당하는 합당한 도덕적 힘을 가지고 있다. 그렇다면 인간을 합당하고 합리적인 존재로 인식하는 것은 인간이 더 높은 질서의 힘을 가지고 있는 것으로 인식하는 것이다.

합리적이라는 측면에서 볼 때 인간은 첫째, 자신의 목적, 즉 선에 대한 관념을 형성하고 이 목적을 충족시키는 효과적인 수단을 선택하여 목적을 추구할 힘을 가진다. 둘째, 그럴 만한 이유가 있다면 우리의 목적을 변경할 수도 있다. 셋째, 합당한 도덕적 힘을 가졌다는 점에서 보면 정의에 대한 효과적인 감각에서 행동할 힘이 있다. 이러한 능력이 있기 때문에 인간은 자율적으로 행동할 수 있다.

당사자들이 일의적 선을 얻도록 동기를 취한다고 상정하는 것이 왜 의미가 있는가? 롤스는 이를 설명하기 위해 도덕적 힘을 제시한다. 나중의 저작에서 그는 자유롭고 평등한 시민이 자신의 도덕적 힘을 증진하고 보호하기 위해 요구되는 것으로 일의적 선을 옹호한다. 자유롭고 평등한 시민의 역할을 하는 도덕적 인간에게 객관적으로 필요한 것을 일의적 선으로 보는 것이다. 일의적 선에 대한 목록이 도덕적 개성의 이러한 측면을 지지하는 데 필요한 것을 완전하게 설명하지는 않는다. 그렇지만 롤스는 합당한 다원주의라는 사실에 직면하여 가장 쓸 만한 설명이라고 주장한다(PL, 188~9).

일의적 선에 대한 새로운 근거를 제시하는 것과 더불어 도덕적 힘에 관한 롤스의 설명은 나중의 저작에서 당사자에게 도덕적 힘이 부여되는 근거를 정교하게 하는 데 쓰인다.《정치적 자유주의》(1993)에서 롤스는 다음과 같이 동기를 기술한다.

> 원초적 입장에서 당사자들은 당사자들 각자가 대변하는 인간에서의 이익을 제외하고는 직접적인 이익이 없으며, 당사자들은 일의적 선으로써 정의의 원칙을 평가한다. 덧붙여, 당사자들은 그들이 대변하는 인간을 위해 더 높은 질서의 이익을 확보하는 데 관심을 기울이며, 더 높은 질서의 이익은 도덕적인 힘을 발전시키고 행사하는 데 관심이 있으며, 선이 무엇이든 선에 대한 어떠한 관념을 증진시킬 수 있는 조건을 확보하는 데 관심을 둔다(PL, 105~6).

이들 가설적인 존재가 사회에서의 인간의 도덕적 힘, 그리고 나아가서 이들이 특별히 염려하거나 언질을 두는 바를 추구하는 능력에 대해 염려한다고 가정함으로써 당사자들의 동기가 중요하게 확대된다.

당사자들의 동기에 대한 롤스의 가정은 도덕적 내용을 솔직히 담고 있으며 공개적인 도덕적 근거에서 정당화된다. 그럼에도 그는 원초적 입장에서 숙고된 도덕적 판단 가운데 상대적으로 논란이 없고 확정된 점들을 모아서 그것을 근거로 다른 것에 비해 어떠한 원칙이 더 낫다는 논지를 전개하려고 한다.

공정으로서의 정의라는 것은 롤스가《정의론》에서 옹호하는 일련의 원칙에 붙인 이름이다. 이미 논한 바대로 그 원칙을 수정한 것이《정치적 자유주의》에서 나타난다. 나중의 저서에서 일의적 선을 더욱 명료하게 설명함으로써 롤스는 원초적 입장에서 자신의 논지를 전개한다.

인간은 종교적, 철학적, 그리고 도덕적 견해를 견지하고 있다(PL, 311). 또한 인간은 이러한 관념을 증진시키는 능력을 보호하는 데서 더 높은 질서의 이익을 가지고 있다. 따라서 다수나 지배적인 종교를 신봉하게 해서는 안 된다(PL, 311). 인간이 견지하는 관점이 변할 수 없는 것은 아니지만, 그렇다고 해서 변하게 하는 상황을 모두 도덕적으로 수용할 수 있는 것은 아니다. 가장 높은 질서의 힘을 행사하는 인간의 능력을 보호하기 위해서는 기본적 자유에 대한 적절한 틀이 요구된다(PL, 312~3). 게다가 제1원칙을 보장하는 것이 정의에 대한 효과적인 감각에서 더 높은 질서의 이익을 가져다주며, 이 점에서는 사회적 안정과 상호 존중, 사회적 통합을 더 잘 증진시키기 때문에 공리주의보다 더 낫다(PL, 317~24)

배분하는 방식

그렇다면 일의적 선은 어떻게 배분되어야 하는가? 롤스는 일의적 선을 배분하는 두 가지 방식을 제시한다. 첫째는 위에서 언급한 '자연적 자유의 체제'이다(TJ, 72). 이 체제는 형식적인 기회의 평등이 모든 사람으로 하여금 '모든 유리한 사회적 지위에 접근하는 똑같은 법적 권리'를 가지게 한다(TJ, 72). 그래서 재능 있는 이가 접근할 수 있도록 모든 경력은 개방되어야 한다.

그런데 여기서 짚고 넘어가야 할 점이 있다. 롤스가 기회 평등, 또는 공정한 기회 평등을 주장하는 이유는 무엇인가? 기회를 평등하게 하면 유능한 인재를 적재적소에 쓸 수 있어서 사회의 효율이 높아지기 때문이라고 생각하기 쉽다. 그러나 롤스는 이러한 이유에서 기회 평등을 주장하지 않는다.

　예를 들어 우선순위를 바꾸어 기회 평등보다 차등 원칙을 우선으로 하면 어떻게 될 것인가? 차등 원칙을 우선시하면 사회의 효율은 더 높아질 수도 있다. 그런데 모든 이에게 공정한 근거에서 직책 등이 개방되지 않으면, 배제된 이는 차등 원칙이 우선시됨으로써 받는 혜택이 더 많아질 지라도 정의롭지 않게 대우받는다고 느낄 것이다. 그 이유는 부와 특권을 가져다주는 어떠한 직책에서 배제되었기 때문만이 아니라, 직책을 맡지 못함으로서 자아실현을 경험할 수 없게 되었기 때문이다(TJ, 84). 요컨대, 롤스가 기회 평등을 차등 원칙보다 앞서 주장하는 이유는 사회의 효율 때문이 아니라 자아실현의 기회를 평등하게 보장하자는 데 있다.

　자아실현의 기회를 평등하게 보장하는 것이 더 중요한 이유는 무엇인가? 불평등은 사회적인 일의적 선의 지표들에 따라 측정된다. 여기에 포함되는 것은 권리, 자유, 권력, 기회, 수입, 그리고 자기 존중에 대한 사회적 기초이다(TJ, 62; RTJ, 54). 즉 일의적 선은 시민들에게 필요하다고 여겨질 수 있는 것들이다(PL, 180~90).

　사회적인 일의적 선들을 가짐으로써 시민들은 인간으로서의 도덕적인 힘을 발전시키고, 행사하고, 시민으로서의 역할을 하는 데 필요한 어떠한 다양한 목적이라도 추구할 수 있는 수단을 평생 가질 것이라고 기대하게 된다. 평생의 기대를 측정하는 것은 공리주의자가 쓰는 복지나 만족 같은 측정과는 다르다. 롤스는 처음에 이론을 구성하는 데서 시민들의 필요를 측정하는 문제를 단순화하기 위하여 모든 사람들이 전 생애를 통해 역할을 완전히 수행한다고 가정한다. 그렇기 때문에 질병, 무능력, 조사(夭死)처럼 불평등의 근원이 될 수 있는 것을 배제한다(Daniel 2003, 242).

그런데 재능이 있는 이가 기회에 평등하게 접근하지 못하는 것이 실상이다. 자연적인 요소(예를 들면 타고난 강건이나 허약)와 사회적 요소(예를 들면 빈곤)가 배분적인 몫에 부적절하게 영향을 끼치기 때문이다. 이러한 요소는 도덕적인 관점에서 보면 지극히 독단적이어서, 정의로운 배분의 원칙으로서는 근본적인 결함을 안고 있다.

이 결함을 롤스가 인정하고 '사회적 우연성과 자연적인 행운이 배분적인 몫에 끼치는 영향을 완화'하려고 노력함으로써 개선하고 있다(TJ, 73). 이를 위하여 먼저 공정한 기회의 평등이 보장되어야 한다. 예를 들면 사회적 계급과 같은 요소가 인생이라는 경주에 참여하는 조건이나 그 결과로서 배분적인 몫에 부적절하게 영향을 끼쳐서는 안 된다. 사회는 차별을 시정하기 위한 적극적인 조처를 취해 '같은 수준의 재능과 능력이 있으며 이것들을 이용하려는 같은 의지를 품은 이가 사회체제에서 출발점과는 무관하게 성공에 대하여 같은 전망을 가지게끔' 보장해야 한다 (TJ, 73).

자유주의자가 평등한 기회를 이렇게 해석한 것은 자연적 자유의 체제보다 진일보한 것이라고 할 수 있다. 단순한 법적·형식적인 기회의 평등이 아니라 실질적이며 참다운 평등을 지향하고 있기 때문이다. 그런데 이러한 해석은 평등에 대한 해석으로서, 그리고 일의적인 사회적 재화를 배분하기 위한 원칙으로서 결함이 있다. 롤스는 자유주의적인 해석에는 두 가지 결함이 있다고 지적한다.

첫째는 비록 이러한 해석이 사회적 우연성의 영향을 축소하려고 노력하지만, 아직까지는 "능력과 재능의 자연적인 배분에 따라 부와 소득의 배분이 결정되도록 허용한다"(TJ, 73~4)는 것이다. 물론 그러한 결과는 도덕적인 관점에서 볼 때 독단적이다. 그러므로 "역사적이며 사회적 행운에 의해서가 아니라 자연적 자산에 의해 소득과 부가 결정되도록 허용해야 할 이유가 더 이상 없다"(TJ, 74).

둘째는 적어도 가족이 존재하는 한은 공정한 기회의 원칙이 불완전하게 이행될 수밖에 없다는 점이다. 비슷하게 재능을 받은 사람이 업적을 달성할 수 있는 비슷한 기회를 얻을 수 있다. 그러나 가족적 배경을 염두에 두어야 하는 현실에서 가족제도를 없애는 것은 실제로는 불가능하다. 자연적인 권력과 능력이 발전하는 정도는 사회적 조건의 수가 엄청나게 많고 다양하다는 것에 의해 영향을 받기 때문이다. 요인 가운데 어떤 것은 아직 알려지지도 않았으며, 어떤 것은 엄청난 비용을 들여야만 평등화가 달성될 수 있으며, 그리고 어떤 것은 결코 평등화되지 않을 수도 있다(Schaar 1967; Kenicks et al. 1972).

민주주의적 평등

모든 사람을 도덕적인 인격으로 평등하게 대하고 자연적이거나 사회적 행운에 의해 혜택의 몫이 결정되지 않게 하려면, 평등에 대한 새로운 해석이 필요하다. 롤스는 "공정한 기회 평등의 원칙과 차등 원칙의 결합으로" 평등에 대한 새로운 해석에 이르게 된다고 주장한다(TJ, 78). 그 이유는 무엇인가?

차등 원칙은 최소 수혜자에게 이득이 되는 경우에만 불평등이 정당화된다.[40] 불평등하게 배분된 재능과 능력이 특정인이 아니라 모든 사람에게 이익이 되도록 배열될 수 있으면, 이를 일반적인 사회적 자원으로 고

---

40 공리주의자는 최소 수혜자의 최대 혜택이 아니라 일반적 복지에 기여하는 한에서 불평등이 정당화된다고 주장할 것이다(Nagel 2003, 81).

려하는 데 동의한다. 그렇다면 자연적으로나 사회적으로 우연하게 가지게 된 위치에서 연유하는 혜택은 타인의 안녕/복지에 되돌아가게끔 사용해야 한다(TJ, 100). 그렇게 주장할 수 있는 근거는 무엇인가? 공정으로서의 정의라는 관념에서는 사람들이 서로의 운명을 공유하기로 사실상 동의한 셈이다(TJ, 102). 따라서 호혜성과 상호 이익이 사회적 효율과 기술자적인 가치에 대한 고려보다 우세해야 한다(TJ, 106~7).

여기서 롤스는 두 가지 의미의 '응분deserts'을 구분한다. 사람들은 이 두 가지를 가끔 혼동하고 있다. 한편으로 어떤 사람이 그에게 다른 사람들이 요구하거나 기대하는 바를 행했을 때 우리는 그 사람이 보다 높은 사회적 보상을 받아 마땅하다고 말한다. 그런데 다른 한편으로 보다 많은 자연적 재능을 가진 사람은 그 재능을 가지는 것이 마땅하거나 적어도 그 재능을 행사함으로써 생기는 큰 이익을 가지는 것이 당연하다고 가끔 생각한다.

이것은 분명 잘못이다. 도덕적인 관점에서 보면, 자연적인 능력의 배분에서 당연히 차지할 자리는 어느 누구에게도 없다. 마찬가지로 출생 신분에 따라 정해져야 하는 사회에서 합당한 자리는 어느 누구에게도 없다. 그러므로 더 유리한 사람은 유리함에서 생기는 혜택이 타인, 특히 자연적이거나 사회적인 이유 때문에 불리해진 이들의 복지에 기여하지 않는다면, 그 혜택을 주장할 근거가 없다.

끝으로, 평등에 대한 민주적인 해석은 다른 차원의 원칙, 즉 시정(是正)의 원칙이 덧붙어야 완결된다. 당연하지 못한 유리함이 최소화되어야 하는 것처럼, 응분(應分)에 해당하지 않는데도 나타나는 불리함은 보상을 받아야 한다. "그래서 …… 모든 사람을 평등하게 대하고, 기회의 진정한 평등을 제공하기 위하여, 사회는 더 적은 자연적 자산을 가진 사람과 더 유리하지 않은 사회적 지위를 타고난 이들에게 더 많은 관심을 쏟아야 한다. 이는 우연성이 가진 편견을 바로 평등이라는 방향으로 시정해야 한다는 생각이다"(TJ, 100~1).

여기서 롤스는 시정의 원칙을 정의에 대한 유일한 기준으로 제시하지 않는다. 다른 것과 균형을 맞추어야 하기 때문이다. 그럼에도 롤스는 실제의 사회 정책보다는 시정의 원칙을 중요시하는 측면이 있다. 예를 들어 지력이 있는 아이들보다 지력이 떨어지는 아이들에게 자원을 더 많이 할당해야 한다고 제의한다(TJ, 171). 다른 예로 그는 사회적 최소한은 최소 수혜자가 장기간에 걸쳐 가질 수 있는 기대를 최대한으로 하는 점에서 결정되어야 한다고 제의했다(TJ, 285). 이러한 제의는 현실이 허용하는 것보다도 평등주의적인 노선으로 성큼 앞선 것이다.

그런데 민주주의적 평등이라는 것은 공정한 기회의 평등이나 차등 원칙에서 연유하는 평등만이 아니라 정치적 자유의 값어치를 포함하여 평등한 기본적 자유, 즉 세 가지 원칙 모두와 연관되는 것으로 해석해야 한다(Gutmann 2003, 169; Daniel 2003, 245). 그 이유는 사회적·경제적으로 평등해야만 평등한 정치적 권리가 보장되어 평등한 시민이 될 수 있도록 하기 때문이다(Cohen 2003, 99).

이런 측면에서 보면 롤스의 《정의론》은 민주적이거나 나아가 사회주의적 윤리라고 부를 수 있는 것을 공식화하려는 노력으로도 볼 수 있으며 가장 광범하고 세련된 것이라고 하겠다. 이 주제와 관련해 롤스는 마르크스보다 일관성이 있는 셈이다. 그는 초기의 자유주의자, 예를 들면 로크가 했던 것처럼 실질적인 평등에 제한을 두지 않았다. 또한 제퍼슨 같은 민주적인 사상가보다 앞섰다고 할 수 있다. 제퍼슨에게 자연의 법 아래에서의 평등은 사회에서의 조건의 평등과 관련해 의미하는 바가 전

혀 없었다. 제퍼슨은 공적/업적주의자에 근접한다고 하겠다. 그는 '자연
적인 귀족주의natural aristocracy'가 인류에게 가장 값진 자산이며, 최선의
사회는 자연적인 귀족주의를 전면에 내세우는 사회라는 관점을 취하고
있었다(Schaar 1980, 171).

　정의는 사회에서 제1의 덕성일 수 있지만 정의에 관한 이론은 선한 사
회에 관한 이론의 한 부분에 불과하다. 정의가 중요하며 정의에서 평등
이 아무리 중요하더라도 근거 없이 평등을 제시하지 않는다. 이 점이 완
전주의자와 다르다. 구성주의를 논하면서 기술한 것처럼, 롤스는 완전주
의적 이론과 자신의 '비완전주의적nonperfectionist' 이론을 대비시킨다.

　완전주의 이론은 인간의 완전을 규정하는 성향과 속성이 무엇인가에
대해 특별한 견해를 택하는데, 성향과 속성을 발전시키는 것이 본질적인
이해이며 그러한 발전을 조장할 수 있도록 자원이 배분되어야 한다고 생
각한다. 어떤 사람이 자원을 얼마나 가지느냐는 선한 생활에 대하여 선
호하는 견해를 추구하는 데 얼마나 많이 필요하거나 얼마나 많이 공헌했
느냐에 달려 있다. 따라서 사람들은 선한 생활에 대한 자신의 관점을 자
유롭게 선택할 수 없다. 선택하면 사회에서 처벌받거나 냉대받게 되기
때문이다. 그런데 사람들은 선한 생활을 잘못 알 수 있으며, 국가는 덕성
이 있는 생활에 관해 그 국민들에게 가르칠 책임이 있다. 인간의 수월성
에 관한 잘못된 견해를 담고 있는 삶의 계획에 투자하거나 그것을 감내
한다면, 국가는 시민에 대한 책임을 포기하는 것이다. 이상이 완전주의
자의 견해이다.

　반면 롤스는 사람들에게 선한 생활에 대한 특별한 견해를 강제하는 것
은 인간의 본질적인 이해를 해치는 것이라고 본다. 그는 선에 대한 얇은
이론에 근거하여 일의적 선을 배분해서 삶의 다양한 방식을 추진하게 해

야 한다고 본다. 삶을 계획하고 실천하고, 게다가 계획이 잘못되었다는 것을 깨달으면 이를 수정해서 실천하는 능력이야말로 선한 생활을 영위하는 데 본질적으로 중요하기 때문이다.

삶의 계획을 잘못 잡았을 수도 있다는 것은 나에게 참으로 가치가 있는 것을 타인이 나보다도 잘 알 수 있다는 것을 가정하는 것이다. 그렇다고 해서 내 삶에 대한 결정을 타인이 내리게 할 수는 없다. 나 자신이 내 삶에서 최선의 것을 탐색해나가야 한다. 이것이 바로 자유로운 인간이 가진 '최고 서열의 이익highest order interest'이다. 이에 반하여 완전주의는 삶에 대한 어떤 특정한 계획에 따르게 하고 우리가 이 계획에 유용한 자원에 접근할 수 있다면, 우리는 그 계획이 잘못되었다고 생각하더라도 우리 생각에 따라 행동할 수 없게 한다. 그래서 롤스는 완전주의에 의존하기보다는 선에 대한 얇은 이론에 의존해 자원을 배분하는 것이 올바르다고 본다.[41]

공정으로서 정의는 자유에 대한 요구 외에는 무엇보다도 평등에 대한 요구를 앞세운다. 살펴본 것처럼 평등한 자유는 차등 원칙에 형식적으로는 우선한다. 그러나 따지고 보면 이를 이행하기 위해서는 사회적·경제적인 평등에 대한 더 많은 조처가 취해지지 않을 수 없다.

어쨌든 롤스는 자유와 평등의 문제를 우리에게 익숙한 자유주의라는 틀 안에서 논의하지 않는다. 그 틀 내에서는 자유와 평등이 갈등을 일으키며 양립할 수 없을 수도 있다. 그는 자유와 평등은 서로를 가능하게 한

---

41 롤스는 완전주의와 비완전주의라는 구분을 올바름과 선의 우선성이라는 문제에 연결시킨다. 또한 이 구분을 목적론과 의무론이라는 구분과 연관시킨다. 그런데 킴리카는 양자를 구분하는 것은 선을 정의하는 방식, 즉 선의 본질에 대한 다른 견해를 나타내는 것이라고 지적한다(Kimlicka 1988, 185~8).

다고 본다. 더욱이 롤스는 평등을 대등한 여러 가치 중의 하나로 보지 않는다. 그에게는 평등이 우선적으로 나타난다. 선에 대한 불평등한 배분이 최소 수혜자에게 이익이 된다는 것을 증명하지 않는 한, 그 배분은 평등해야 한다. 더구나 불리한 자에 대한 시정이 효율과 진보에 대한 어떠한 고려보다도 사회의 양식과 사회 정책을 우선시킬 것을 요구한다. 이것도 공정으로서의 정의에 포함되어 있다(Schaar 1980, 172~3).

설사 이렇게 공정한 기회의 평등이 완전히 충족되었다고 해도 자신이 어쩔 수 없는 일 때문에 개인이 보상받거나 처벌받는 경우가 있다. 예를 들어 똑같은 야망을 품은 두 사람이 똑같이 열심히 노력했지만, 타고난 재능이 더 뛰어난 사람만 성공했다고 가정해보자. 그가 성공한 것을 정당하다고 받아들여야 하는가? 타고난 재능을 가진 이는 자신의 노력으로 그 재능을 가진 것이 아니라 자신도 어쩔 수 없는 것에 의해 그 재능을 받았다. 그런데도 이로 인해—즉 자신의 것이라고 간주되지 않을 수 있는 것에 의해—사회에서 혜택을 더 받게 되었다면, 과연 그가 받은 혜택을 응분이라고 간주할 수 있겠는가?

롤스는 평등이나 불평등에 영향을 끼치는 요소를 네 가지로 파악하고 있다. ① 재능과 같은 자연적인 요인, ② 가족적 배경이나 성장 시기에 속한 사회 계층과 같은 사회적 요인, ③ 동기·야망·창의성과 같은 개인적인 품성, 그리고 ④ 행운이다(Pogge 2007, 123).

롤스는 기회의 공정한 평등이라는 원칙을 바탕으로 적어도 사회적 요인이 직업에 접근하는 데 영향을 주지 않게 하려고 한다. 나머지 요인에 의한 불평등은 차등 원칙으로 보완하게 하며, 더 재능 있고 부지런하고 운이 좋은 사람에게 더 나은 생활을 기대할 수 있도록 허용한다. 단, 그로 인해 나타나는 불평등이 최소 수혜자의 입장을 향상시킨다는 조건에서 허용한다. 그런데 롤스는 왜 ②를 제외한 나머지 요인을 차등 원칙에 의존해서 해결하려고 했는가? 예컨대 ③의 개인적 품성이라는 요인과 ②의 사회적 요인은 분리하기가 힘들다. ②가 ③을 형성했다고 볼 수 있기 때문이다. ②와 ①의 관계도 비슷하게 생각할 수 있다.

따라서 도덕적 근거가 없는 임의적인 요소에 따라 배분되는 것이 당연하다고 보는 자유 지상주의는 도덕적인 관점에서 볼 때 부당하다(TJ, §12). 사회에서 맨 처음 주어진 출발선은 당연히 내 몫이라고 말할 자격이 없듯이, 나에게 타고난 재능도 당연히 내 몫이라고 말할 자격이 없다(RTJ, §17). 같은 출발선, 같은 조건에서 시작했다고 해도 타고난 재능과 능력이 다르면 부와 소득의 분배가 다르게 이루어진다. 그리고 개인이 노력하는 품성을 기른 것도 혜택을 받은 가정환경의 산물일 수 있다. 그렇다면 어떤 개인이 노력하고 성공하겠다는 의지를 가져서 성공했다면, 그 의지를 갖게 되거나 노력하겠다는 품성을 가진 것조차도 행복한 가정과 사회적 환경의 영향이라고 볼 수 있다(TJ, §12). 이 때문에 성공할 가능성도 더 높은 것이다(RTJ, §48).

그러므로 우연이나 행운은 개인이 책임질 수 있는 것이 아니며, 자의적인 요소를 바탕으로 소득과 기회의 배분이 이루어져서는 안 된다(TJ, §12). 개인에게는 이러한 것들에 의해 사회에서 더 많이 가질 수 있게 하는 도덕적 자격이 없다. 이 점에서 정의에 대한 롤스의 관념은 능력을 위주로 하는 자유 지상주의와는 다르다. 우연에는 타고난 것과 사회적인 것이 있으며, 이런 임의적인 것은 시정하게 하는 것이 차등 원칙이다(샌델 2010, 219).

차등 원칙은 직관적으로 호소력 있는 도덕적 판단에 의존한다. 즉 ① 삶의 전망에서의 모든 불평등은 사회의 기본 구조에 의해 다루어져야 하며, ② 자신이 책임질 수 없는 것에 의한 불평등은 공정하지 못하며, ③ 제도가 최소 수혜자에게 최대의 혜택을 가져다준다는 평등주의적 목적을 달성하는 데 가장 효과적이라면, 불평등은 정당화된다. 자기 잘못이 아닌 것 때문에 다르게 혜택을 받아서는 안 된다는 것이 기본적인 발상이다.

공정한 기회 평등이라는 이상적인 조건 아래에서 경쟁적인 시장경제가 정상으로 작동해도 자신의 잘못이 아닌 것에 의한 불평등은 대두한다. 그래서 최소 수혜자가 최대의 혜택을 얻게 되도록 체제가 작동해야만 그나마 불평등이 정당화된다. 가족적 배경과 타고난 재능의 차이에서 연유하는 응분을 요구하는 것은 정의롭지 못하다고 보기 때문이다. 노먼 대니얼Norman Daniel이 지적하듯이 결국 차등 원칙은 불평등에서 '여적 효과trickle down effect'로 얻는 것을 옹호하지 않고 아래로 오는 혜택을 최대화함으로써 사회적이며 자연적인 행운이 끼치는 영향을 완화하고자 한다(Daniel 2003, 251).

차등 원칙과 평등

앞서 우리는 최소 수혜자가 무엇을 의미하는지 살펴보았다. 롤스는 최소 수혜자라는 개념으로 차등 원칙을 소개했다. 그러나 최소 수혜자가 현실의 어떠한 최소 수혜자를 구체적으로 지칭하지는 않는다. 원초적 입장에서는 익명성이라는 조건을 전제로 하기 때문에(Pogge 2007, 107), 어느 누구라도 최소 수혜자가 될 수 있는 것이다.

차등 원칙은 사회적·경제적 불평등은 그 불평등이 최소 수혜자에게 최대의 혜택이 되도록 마련되어야만 허용된다고 기술한다(TJ, 302f.). 이점을 롤스는 나중에 부연하여 설명한다. 모든 이들이 불평등에서 이익을 얻을 경우에만 불평등은 정당화된다. 어느 쪽이 받는 불이익을 다른 쪽이 갖는 이익이 능가한다고 해서 불평등이 정당화되지는 않는다는 것이다. 이러한 불평등을 공리주의는 정당화할 수 있지만, 정의의 두 원칙은 정당화하지 않는다. 이 점에서 롤스는 자신의 이론이 공리주의적 정의 이론보다 낫다고 주장한다(CP, "Justice as Reciprocity", 195).

이상과 같이 보면, 차등 원칙은 최소 수혜자에게 혜택이 되는 한 그 결과로 나타나는 불평등을 허용한다. 그러나 다른 면에서 차등 원칙은 그 배분에서 허용 가능한 불평등을 규제한다. 기본 구조가 순전히 출생의 행운(가족과 계급 기원), 천부의 자질, 그리고 역사적인 상황(생애에서의 우연성)에 따라 생기는 불평등을 얼마나 완화하려 하는가라는 점에서 정의를 달성하고자 하는지 평가해야 한다. 그래서 롤스는 정의에 대한 자신의 관념이 평등주의적이라고 생각한다(TJ, 100). 롤스는 사회에 이익이 되는 자원을 모든 이에게, 특히 최소 수혜자에게 이익이 되도록 공동 계산을 함으로써 어떤 불평등을 줄이려고 한다. 사회적·자연적·역사적인 우연성이 미치는 지속적인 효과를 축소하는 데 쓰일 수 있어야 한다고 보았다. 여기에 깔린 기본적인 발상은 "우연성이 가진 편견을 시정하여 평등을 지향하게 하는 것이다"(TJ, 100f.).

그래서 롤스는 타고난 재능과 능력도 응분의 근거로 삼을 수 없다고 주장한다. 그렇다면 이 재능과 능력으로 남보다 더 많이 생산한 사회적 산물은 어떻게 해야 하는가? 최소 수혜자의 필요에 충당해야 한다. 바로 이것이 차등 원칙이 주장하는 바이다. 그렇다면 왜 승자는 최소 수혜자에게 부를 이전해야 하는가? 타고난 재능과 능력의 결과를 승자의 응분으로 볼 수 없으며, 결과적으로 최소 수혜자가 있음으로써 승자가 있게 되었기 때문이다. 즉 정확하게 계산할 수 없는 분업의 결과를 승자가 가져야 하는 것으로 여겨질 수 없기 때문에 일정 부분을 최소 수혜자에게 이전하는 것이 사회 정의에 부합한다.

바꿔 말하면, 타고난 재능에 자기 소유권의 원칙을 절대적으로 적용하기는 어렵기 때문에 차등 원칙을 도입하게 되었다. 그러므로 차등 원칙은 공정한 기회의 평등을 더욱 완벽하게 실현하고, 평등을 달성하는 데 그 목적이 있다. 그렇기 때문에 역으로 차등 원칙이 정당화된다. 이 점에서 차등 원칙은 롤스의 정의 이론 중에서 가장 독창적인 부분이라고 하겠다(Miller 1976, 49).

자유롭고 평등한 사람으로 하여금 차등 원칙을 선택하게 하는 도덕적 이유는 원초적 입장이라는 개념에 규정되어 있거나 적어도 가정되어 있다. 이를테면 우연성이 가진 도덕적인 독단성은 무지의 장막이라는 개념에 가정되어 있으며, 원초적 입장에서의 당사자들은 대등한 입장에 놓여 있다. 그래서 공정에 대한 필요가 가정된다. 그러므로 원초적 입장에서 차등 원칙을 선택하는 것이 정당화되는 이유는 선택에 임한 행위자가 선택하거나 선택할 것이기 때문이 아니라, 자유롭고 평등한 개인을 통제하는 도덕적인 이유를 원초적 입장이라는 조건 그 자체가 포함하고 있기 때문이다(Beauchamp 1980, 150).

그렇다면 타고난 우연과 사회적 우연의 자의성을 배제하고 그 우연에서 생긴 차이를 완화할 필요가 있다. 어떠한 방법을 택할 것인가? 재능이 있는 사람의 재능을 인위적으로 하향 조정 할 수는 없다. 그렇지만 공정한 기회의 평등 이상의 것으로 정의를 달성해야 한다. 바로 이러한 필요에서 도입한 것이 차등 원칙이다(Arneson 1998, 120).

차등 원칙은 타고난 재능을 개인의 소유가 아니라 공동의 자산으로 간주하며 공동의 자산으로 생긴 이익을 공유하게 하자는 데 그 취지가 있다(TJ, §17). 그래서 차등 원칙은 소유를 평등하게 하는 경향이 있다. 또한 롤스는 인간이 평등한 값어치를 가지는 데 대한 자연적인 근거를 고수한다. 인간은 선에 대한 관념으로부터 정의를 부여할 수 있는 최소한의 능력을 지니고 있기 때문이다. 롤스가 기술하듯이 정의를 부여할 수 있는 사람은 정의에 대해 빚을 지고 있는 것이다(Pojman et al. 1997, 9).

그렇다면 능력에 따라 엄격하게 배분하는 것보다 차등 원칙에 따라 배분하여 최소 수혜자가 더 많은 혜택을 받게 된다 해도 결과적으로는 불평등이 있게 된다. 이렇게 차등 원칙에 의해서 생긴 불평등에 대해서는 불만을 토로하면 안 된다는 주장이 깔려 있다. 바로 이 점에서 차등 원칙을 적용함으로써 나타난 불평등을 롤스가 결과적으로 인정하게 한다는 비난을 받는다.[42]

왜 비난을 받는가? 이 이유를 알려면 차등 원칙이 의미하는 바를 상술할 필요가 있다. 평등한 자유, 더 정확히 말하면 일련의 평등한 기본적 자유가 보장되는 상황에서 부와 사회적 지위 같은 사회·경제적 선들은 어떻게 배분되어야 하는가? 이에 대한 답은 '불평등한 배분이 모든 사람에게 이익이 되고 최소 수혜자에게 최대의 이익이 되지 않는 한, 평등에 기여해야 한다'는 것이다.

좀 더 정확하게 말하면, 기본적 자유가 준수되고 공정한 기회 평등이 유지되는 한에서는 사회에서 가장 불리한 이들의 지속 가능한 혜택 수준을 최대화할 수 있게 해야 한다는 것이 차등 원칙이다. 그런데 차등 원칙에 따라 부를 불평등하게 배분하는 것은 공정으로서의 정의에 대한 일반

---

42 차등 원칙은 베리가 지적하는 것처럼 공리주의적 원칙과 평등의 원칙 사이에 가능한 하나의 타협점이라고 볼 수 있다(Barry 1965, 42). 그러나 평등주의자는 불평등을 정당화한 것으로 본다(Miller 1976, 49).

적 관념을 벗어나는 것으로 여겨질 수 있으며, 따라서 이 점을 특별히 정당화할 필요가 있다(Loizou 1998, 354). 롤스는 어떻게 정당화하는가?

정의의 여건에 비추어보면 미숙련 노동자보다는 기업가가 성공에 대한 기대가 더 높을 것이다. 이러한 상황에서 도덕은 무엇인가? 이것이 롤스가 던지는 질문이다. 기대 수준에서의 그러한 불평등은 어떻게 정당화되는가? 불평등이 차등 원칙에 부합하여 조정되는 경우에만 정당화된다는 것이 롤스의 답이다. 롤스는 경제적인 효율이라는 개념과 비교함으로써 차등 원칙을 논의하고 정당화한다. 더 이상의 경제적인 '이득gain'이 가능하지 않으면, 바꾸어 말해 다른 사람의 손실 없이는 어느 누구도 경제적인 이익을 얻지 못하면, 경제는 100퍼센트 효율적이다. 즉 파레토의 최적에 도달한 것이다. 그렇게 정의되는 경제적인 효율은 어떠한 배분과도 일치한다. 즉 빈부의 차이가 극단적인 경우에도 일치한다.

그렇다면 어떤 배분이 효율적이면서도 정의로운가? 또 그렇게 되려면 효율이라는 원칙이 어떻게 보완되어야 하는가(Loizou 1998, 354)? 사회 정책은 케이더 힉스Kador Hicks의 기준에 의해 평가된다. 이것은 어떤 행위로 이익을 얻은 사람은 패자에게 충분히 보상하고도 더 나아진다는 것이다. 이 기준은 '순이익net benefit'을 요구하지만, 실제로는 보상이 일어나지 않기 때문에 비용과 이익의 배분에 대한 문제는 다루지 않는다(Welch 1998, 146).

이에 대한 답을 찾기 위하여 롤스는 배분이 모든 사람에게 혜택이 될 수 있는 방법으로 세 가지를 고려한다. 전술한 것처럼 그는 그 방법을 각각 '자연적 자유,' '자유주의적 평등', 그리고 '민주주의적인 평등'이라고 부른다. 자연적인 자유가 통용되는 체제에서는 평등한 자유가 보장되고 이것은 정의에 대한 제1원칙과 자유 시장을 규정하는데, 자연적인 자유는 사회적 지위 등을 놓고 경쟁하는 데서 전적으로 형식적 평등인 것으로 드러난다. 여기서는 재능과 능력이 탁월하고 그것을 충분히 발전시킨 사람이 성공할 것이다. 그렇다면 설사 같은 재능과 능력을 타고났더라도 이를 발전시킬 여건이나 조건을 갖추지 못한 이는 성공하지 못할 것이다. 그래서 롤스는 이렇게 내버려두는 것은 도덕적인 견지에서 볼 때 독단적이라고 평가한다(TJ, 72).

이 결점을 시정하기 위해 자유주의적인 평등은 공정이라는 개념을 도입했다. 이에 따르면 지위는 그저 형식적인 의미에서만 공개되어서는 안 되며, 모든 사람에게 공정한 기회가 주어져야 한다. 자신의 재능을 계발할 수 있도록 소득이 낮은 계층 출신에게도 높은 계층 출신과 똑같은 기회가 주어져야 한다. 또한 인종, 계급 등의 장애를 극복할 수 있는 제도적인 뒷받침이 있어야 한다(Loizou 1998, 354).

그렇지만 롤스가 볼 때 자유주의적인 평등으로도 부족하다. 자유주의가 사회적 우연을 극복한 것은 사실이다. 그러나 재능 있는 사람은 더 유리한 입장을 유지하게 한다. 이것은 도덕적인 관점에서 여전히 독단적이다(TJ, 74). 사회적 상황이 가져다준 우연이 독단적인 것처럼, 재능과 능력에 따른 배분도 마찬가지로 독단적이다. 그래서 롤스는 재능과 능력을 '자연적인 추첨natural lottery'이라고 일컫는다(TJ, 75).

따라서 그는 모든 사람에게 이익이 되는 것을 민주주의적으로 해석함으로써 평등에 대해 더욱 급진적인 입장을 취한다. 롤스가 말하는 대로 인간이 도덕적으로 평등하다는 전제에서 어떻게 하면 혜택과 부담을 평등하게 배분할 수 있는가? 사회적 상황이 가져다주는 우연과 재능과 능력이라는 자연적인 추첨에 유리한 방식으로 배분되어서는 안 된다. 이러한 제약을 받아들인다면 엄격한 평등, 즉 결과에서의 평등만 남을 것이다. 그러나 롤스는 이 방식을 택하지 않는다. 대신에 조금 덜 유리한 사람에게 혜택을 주는 한에서 배분을 불평등하게 하는 방식을 택한다. 그가 이러한 선택을 하게 된 이유는 무엇인가(Loizou 1998, 354)?

민주주의 국가에서는 기업가 계층이 재산을 가질 가능성이 가장 크다. 그들이 미숙련 노동자보다 더 높은 기대, 더 많은 소득, 그리고 더 좋은 생활 전망을 가지는 것은 피할 수 없는 사실이다(Loizou 1998, 354). 그런데 도덕적인 관점에서 그러한 사실이 분명 독단적인 것으로 보인다면, 기업가와 미숙련 노동자의 차이를 정당화하는 것은 무엇인가? 소득, 생활 전망 등의 그러한 불평등이 최소 수혜자에게 최대의 혜택을 가져다준다면, 정당화된다는 것이 롤스의 답이다. '최대의 혜택greatest benefit'은 무엇인가? 소득 등의 차이에서 연유하는 불평등은 예컨대 기업가의 소득에 더 많이 과세함으로써 불평등을 줄이는 것이 미숙련 노동자의 복지 수준을 더욱 낮추게 될 것 같은 경우까지만 정당화된다는 것이다(즉 다음의 〈그림 1〉에서 D 이전까지만).

소득 수준의 차이는 기업가로 하여금 미숙련 노동자의 장기적인 복지를 증진시키는 일을 하도록 격려하는 방식으로 작동해야 한다. 과세를 통해 재분배하는 것이 최소 수혜자에게 최대 혜택이 되게끔 하는 수준이어야 하지만, 그렇다고 그 수준이 너무 높아서 가장 유리한 사람들이 동기를 상실한 나머지 경제가 비효율적이거나 더 많은 부를 창출하지 않도록 해서는 안 된다(Loizou 1998, 355).

롤스의 차등 원칙은 다음의 〈그림 1〉로 설명할 수 있다. 수직축 Y에는 최소 수혜자의 복지 수준, 수평축 X에는 최대 수혜자의 복지 수준이 표시되어 있다. 원점 O에 가까워질수록 최대 수혜자가 기대할 수 있는 이익의 수준이 더욱 낮아진다. 예를 들어 지나친 과세는 기업가의 활동을

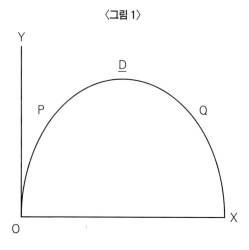

〈그림 1〉

출처 : Loizou 1998, 355

위축시키고, 그렇게 되면 최소 수혜자의 기대도 낮아진다. 기업가의 기대 수준이 상승하면 미숙련 노동자의 기대 수준도 상승한다. 경제가 발전되면 기업가의 교육시설에 대한 투자, 기업가에 대한 과세를 통한 재분배 등으로 기업가가 미숙련 노동자에게 기여하는 바가 많아지기 때문이다.

그러나 차등 원칙에 따르면 최대 수혜자의 기대가 상승하는 것이 허용되는 한계가 있다. 정확히 말하면 〈그림 1〉의 점 D에서 멈추게 된다. 차등 원칙을 예시하면서 롤스는 두 가지 경우를 대비시킨다. 첫째는 D점이 보여주는 바와 같이 완벽하게 정의로운 상황이다. 거기에서는 미숙련 노동자의 기대가 최대가 된다. 그러나 D점을 넘어서면, 기업가의 기대가 더 증대한다고 해서 미숙련 노동자의 기대까지 더 증대시키지는 않는다. 오히려 기대를 낮추게 된다.

두 번째 경우는 점 P가 나타낸다. 여기서 기업가는 그가 얻은 것을 더 적게 갖도록 되어 있기 때문에, 더 이상 기업 활동을 할 동기가 없다. 그러므로 경제는 비효율적이다. 롤스에 따르면 그런 경우는 차등 원칙에 따라 통제되고 정의롭지만, D점에서 나타나는 바와 같은 최선의 정의로운 배열은 아니다. D점이 최선의 정의로운 배열이다. 그 이유는 D에서 O까지의 곡선에 있는 모든 점은 정의롭겠지만, D점처럼 최선의 정의로운 배열은 아니기 때문이다. 말하자면 D점은 정의로우면서 효율적이다. 최소 수혜자는 곡선상의 어느 지점보다 D점에 있는 것이 가장 좋다.

D점에서 오른쪽에 있게 되면, 효율적이기는 하지만 공정하지 않다. 어느 누가 손실을 보지 않으면, 어느 누구도 이득을 얻을 수 없다. 즉 미숙련 노동자의 손실이 있어야만 기업가가 이득을 보게 된다. 따라서 세 번째 경우라고 부를 수 있는 곡선상의 Q점은 롤스가 볼 때 정의롭지 않다. P점과 비교할 때 Q점은 미숙련 노동자의 복지 수준은 같지만, 미숙련 노동자가 희생되어 상호 이익이라는 원칙을 침해하기 때문에 정의롭지 않다(Loizou 1998, 355). 말하자면 물질적인 평등과 효율이 균형을 이루는 것은 D점에서이다.

그렇다면 특정한 조건에서의 불평등을 옹호하는데도 차등 원칙이 평등이라는 이상을 구체화한다는 것은 어떤 의미인가? 이것이 차등 원칙에서 중심적인 문제이다. 롤스는 당연하지 않은 불평등에 대한 시정이라는 원칙을 먼저 다룬다(TJ, §17). 차등 원칙은 이 시정의 원칙을 넘어서지만, 그러나 시정의 원칙에 대한 내용을 담고 있다. 차등 원칙은 개인들 사이의 자연적 재능의 배분을 공통의 자산이라고 본다는 점에서 효율이라는 개념과 테크노크라트적인 가치를 초월한다. 차등 원칙은 이러한 공통의 자산이 가져다주는 혜택을 공유하자는 합의이기 때문이다(TJ, 101).

예컨대 자연적인 운에 의해 행운을 덜 갖게 된 사람에 대하여 어떤 시정을 하게 된다. 그러면서도 행운이 더 많은 사람은 행운이 더 적은 사람의 운을 더 나아지게 한다는 조건에서 자신의 재능으로부터 나오는 혜택을 받도록 허용된다. 이성적인 존재로서 우리는 그렇게 되어야 한다는 것을 결정할 수 있다. 말하자면 죽음이라는 것이 불가피하다는 것은 묵묵히 따를 수밖에 없지만 재능의 차이에서 연유하는 불평등에는 묵종할 이유가 없다. 앞서 말한 것처럼 자연적 재능의 배분 그 자체는 정의롭고 정의롭지 않은 것이 아니라 도덕적으로 중립적이다. 정의롭고 정의롭지 않은 것을 제도가 어떻게 다루는가가 정의의 문제이다(Loizou 1998, 356).

결국 차등 원칙은 상호 혜택이라는 원칙이다. 덜 유리한 사람이 최대 수혜자보다 더 이점을 가진 입장이 아니었다면, 자신이 더 나빠졌으리라는 것을 안다면, 덜 유리한 사람이 최대 수혜자의 더 많은 부를 받아들이는 것이 합당하다. 그러므로 차등 원칙이 일단 작동하면, 덜 혜택받은 사람이 불평할 이유가 없다.

그런데 롤스는 가장 유리한 입장에 있는 이들도 불평할 이유가 없다는 것을 보여주고자 한다. 재능이 더 있거나 기술을 더 많이 가짐으로써 자신의 노동이 가져다준 더 많은 결과를―그 결과가 다른 사람에게 혜택을 주건 주지 않건 간에―그가 가지는 것이 당연하지 않은가? 당연하지 않다는 것이 롤스의 답이다. 그는 응분이라는 개념은 응분이 결정되는 일련의 규칙과 관습을 전제로 하는 개념이라고 주장한다. 그러므로 재능, 능력 등을 가질 만하다고 말할 수 없다. 이러한 재능을 가지는 것이 당연하지 않으면, 재능으로 혜택받을 권리를 전적으로 가진다고 말할 수 없다. 말하자면 타인의 복지에 전혀 기여하지 않는 방식으로 가질 수는 없다. 앞의 〈그림 1〉에서 보면 D점을 포함하여 왼쪽에는 상호 혜택이 나

타나지만, 오른쪽에는 나타나지 않는다(Loizou 1998, 356).[43]

그렇기 때문에 최소 수혜자뿐 아니라 최대 수혜자도 차등 원칙을 수용하는 것이 합당하다. 원초적 입장에서 계약 당사자는 혜택을 받지 못한 자가 더 나아지고, 가장 유리한 자가 자신의 잠재력을 발휘하여 공정한 기회 평등을 허용하는 자유주의 체제보다는 혜택을 적게 받겠지만 잠재력을 발휘한 것에 대한 보상을 그런대로 충분히 받는 것을 보장하는 정의의 원칙들을 택하는 것이 합당하다.

무지의 장막이 걷히고 자신이 유리한 입장에 있다는 것을 알고 난 뒤에 가장 유리한 사람에게 선택한 결과의 합리성을 수용하도록 설득하는 데 가장 중요한 것은 질서가 잘 잡힌 사회라는 개념이다. 가장 유리한 입장에 있는 이들은 상황을 수용할 것이다. 그 이유는 자신이 질서가 잘 잡힌 사회의 일원이며, ―따라서 그 사회가 협업체제가 되기 위해서는― 그들의 유리한 입장에 대해 덜 유리한 이들이 분개하지 않으리라는 점을 알기 때문이다. 자유방임주의 체제에서 유리한 입장에 있는 이들은 자신들이 가질 수 있었던 바를 포기하도록 합리적으로 설득당함으로써, 모든 사람이 정의에 대하여 합의적이며 공적인 관념을 공유하는 질서가 잘 잡힌 사회에 사실상 동의했다.

그렇지만 차등 원칙으로 그들이 충분한 부를 얻을 수 있다는 것도 알게 된다(Loizou 1998, 356). 따라서 차등 원칙에서는 최소 수혜자에게 최

---

43 롤스는 독단적으로 선택된 인간의 특성을 보상하지 않고 우리가 일상적으로 정의롭다고 느끼는 사회의 재화와 용역의 배분을 지적하기 위해 '무차별 곡선 분석indifference curve analysis'을 이용한다. 그는 재화와 용역의 더 큰 몫이 어떤 특성을 가진 인간에게 어떻게 보상되어야 하는 것에 대해 우리가 결정을 내릴 것을 요구하지 않고, 그의 원칙이 재화와 용역을 정의롭게 배분한다고 믿는다(Corrado 1980, 71).

대의 혜택이 돌아가도록 사회적 · 경제적 불평등을 배열하는 것은 모든 사람에게 혜택이 된다. 차등 원칙이 노리는 바는 합리적인 만큼 평등을 통해 부여하자는 것이라고 하겠다(Loizou 1998, 356).[44] 결국 롤스에게 평등은 기준선이며, 평등에서 벗어나는 것은 최소 수혜자에게 혜택이 될 때 정당화된다(Ryan 1993a, 13).

롤스의 최소 최대화의 원칙은 원초적 입장에서 정의의 원칙을 채택하는 데에도 적용되며, 사회에서 분배하는 데에도 적용된다. 따라서 이 원칙은 차등 원칙과 불가분의 관계가 있다. 최소 극대화의 원칙은 대안 A에서의 최악의 결과가 대안 B에서의 최악의 결과보다 나을 경우 대안 A의 최악의 결과를 선택하게 된다.

지금까지 평등을 논하면서 첫머리에서 사회 · 경제적 선은 세 가지, 즉 ① 직업상의 지위와 연관된 권력과 특권, ② 소득과 부, ③ 자기 존중이라는 잔여적인 사회적 기초로 구분할 수 있다고 보았다. ①은 공정한 기회의 평등이라는 원칙으로 평등하게 하고자 했다. ②는 사회적 요인에 의한 불평등만이 아니라 자연적 요인 등에 의한 불평등을 차등 원칙으로써 더욱 평등하게 하고자 했다. 남은 것은 ③ 자기 존중이라는 사회적 선이다.

이것은 어떻게 해결할 수 있는가? 공정한 기회의 평등을 보장하는 것이 자신의 값어치에 대한 믿음을 가질 수 있게 한다. 그리고 기회의 공정한 평등을 보장하기 위해 교육과 훈련에 투자하는 것은 경제적 효용과 사회적 복지를 향상시킬 뿐만 아니라 그 사회의 문화를 향유하고 사회

---

44 그러나 차등 원칙은 경제가 꾸준히 확대되는 상황에서만 모든 이에게 혜택이 돌아가며, 이 경우에도 아주 불평등한 결과를 가져다줄 수 있다는 지적이 있다(Shapiro 1986, 226~30).

에 참여하게 한다. 그래서 자신의 가치에 대해 안전감을 얻게 된다는 이점이 있다(TJ, 87·92). 물론 차등 원칙에 따라 더 평등하게 했을 때도 이러한 효과가 나타난다. 차등 원칙으로써 사회적 요인에 의한 불평등뿐만 아니라 자연적 요인에 의한 불평등을 줄이면, 자기 존중이라는 가치도 높일 수 있다.

그런데 롤스는 형식적인 평등에서 벗어나 공정한 기회 평등을 지향하려는 미국의 정치문화에서조차 차등 원칙을 지지하게 될는지에 대해 의혹을 표명했다(JFR, 133). 게다가 차등 원칙은 적절하게 내려지는 정치적 결정으로 번복될 수도 있다(Pogge 2007, 152). 그러나 그렇게 될 개연성을 줄이도록 제도를 보완하고, 또한 시간이 지나면 차등 원칙을 수용하게 되는 때가 올 것이라고 기대한다(JFR, 121, n.42).

롤스는《정치적 자유주의》에서 자신의 정치적 자유주의가 포괄적인 다른 자유주의보다 훨씬 평등주의적이라고 주장한다. 그는 정의에 대한 자유주의적 관념을 세 가지 양상으로 규정한다(PL, 6, 223). ① 제1원칙에서 나타나는 것처럼 기본적인 권리와 자유, 기회를 규정한다. ② 권리와 자유, 기회가 모든 사람들에게 확보될 수 있도록 특별한 우선성을 부여한다. ③ 권리, 자유, 기회를 효과적으로 활용할 수 있게 하는 모든 목적을 위한 수단을 충분히 보장하는 조처를 한다. 이에 덧붙여 ④ 기본적 필요를 충족시키는 데 최고의 우선성을 둔다. 그렇기 때문에 자유주의 중에서도 가장 평등주의적이라는 것을 강조한다(LP, 14).

이 점은 대니얼도 인정한다. 그에 의하면, 정의에 대한 세 원칙 가운데 차등 원칙과 공정한 기회 평등의 원칙이 합쳐져서 평등에 대한 강력한 경향을 보여준다. 그리고 세 원칙과 두 가지 우선성의 원칙을 합치면, 현대의 어떠한 평등주의적인 복지국가보다 평등을 더욱 보장할 수 있다

(Daniel 2003, 252). 따라서 민주주의적 평등이 공리주의보다는 더 평등하게 하는 것은 분명하다(Daniel 2003, 263).

3. 평등과 효율

그렇다면 롤스는 결론적으로 평등과 효율 사이의 갈등이라는 문제를 어떻게 해결한 셈인가? 다른 이들은 자신이 처한 상황에 그대로 있게 되더라도 더 나쁜 상황에 있는 이들을 더 잘되도록 할 수 있다면, 그렇게 해야 한다는 것이 차등 원칙이다. 이렇게 되면 차등 원칙은 공정이라는 요구와 갈등을 일으키지 않는다. 그러나 롤스는 평등에 한계를 두고 있다. 앞에서 살펴본 것처럼 파레토 개선이 이루어지고 기업가와 최소 수혜자가 같이 혜택을 보는 〈그림 1〉의 D점에 이르는 과정에서도 더 나아진 이들과 그렇지 못한 이들 사이에는 차이가 있게 마련이다.

여기서 알 수 있는 것처럼 롤스는 결과에서의 절대적인 평등을 지향하지 않는다. 혹자는 민주주의적 평등을 주장하는 롤스의 다음 수순은 결과의 평등일 것이라는 우려를 표명한다(Bell 1973, 441~3). 그러나 롤스는 결과의 평등이 공적주의에 대한 유일한 대안이라고 생각하지 않는다. 차등 원칙은 결과의 평등과 같은 것도 아니며, 사람들 사이의 차이를 수평화하려는 것도 아니다(TJ, 102).

롤스는 불평등하게 타고난 재능을 말살하려는 것이 아니라 최소 수혜자가 타인의 타고난 재능과 능력에서 연유하는 혜택을 더 많이 받게 하고자 한다. 이렇게 보면 차등 원칙을 통해 타협점을 찾은 셈이며, 따라서 차등 원칙은 완화된 의미에서 평등주의적이다. 차등 원칙은 덜 평등한 배분보다는 더 평등한 배분을 선호한다. 그렇게 하는 것이 최소 수혜자에게 더 좋기 때문이다. 즉 차등 원칙은 평등 그 자체에만 가치를 부여하지 않는다(Arneson 1998, 121). 효율도 중요하기 때문이다. 말하자면 롤스는 차등 원칙으로써 효율과 평등 사이의 균형을 이루려고 한다.

롤스에 따르면 각자는 효율을 달성하고 올바름을 증진하는 데 기여해야 한다. 그래서 첫째, 정의롭고 효율적인 제도가 존재하지 않을 경우 그 제도의 확립에 반대하지 않아야 하며, 그 제도가 존재하는 경우에는 옹호하고 순응해야 하는 '자연적 의무natural duty'가 있다. 둘째, 이들 제도와 계획의 혜택을 알고서 수용했으며 타인으로 하여금 그들의 역할을 하도록 고무하고 기대했다는 것을 가정함으로써, 제도가 요구하며 각자의 차례가 되었을 때 자신의 몫을 담당해야 하는 '의무obligation'를 가지게 된다. 그래서 우리는 가끔 정의롭고 효율적인 제도를 지지해야 하는 '의무obligation'만큼이나 자연적 '의무duty'를 지게 된다(Rawls 1973, 220).

요컨대, 사회제도는 정의와 효율을 신장해야 하며 사회의 구성원은 각기 이에 대한 의무를 져야 한다. 그렇기 때문에 효율과 올바름을 조화시키면서 증진시켜야 되는 의무를 어떻게 수행할 것인가라는 문제가 제기된다. 이 문제를 롤스는 파레토의 최적 분배를 감안하는 차등 원칙으로 해결하고자 한다.

개인의 타고난 재능의 결과도 차등 원칙에 따라 사회에 환원시켜야 하지만 효율을 증진시키는 개인의 특성도 기림을 받게 해야 한다. 즉 롤스는 평등만이 지향해야 하는 유일한 윤리적인 가치라고 보지 않는다. 그 점은 그가 정의가 사회의 일의적 주제라고 밝힌 데서도 알 수 있다.

그렇다면 능력이 탁월한 개인은 자기 능력의 결과를 사회에 환원해야 하며, 사회는 효율을 달성하도록 하기 위해 개인의 재능을 발휘할 수 있는 여건을 조성해야 한다. 이것은 롤스가 이러한 방식으로 개인과 사회 또는 개인과 국가의 관계를 설정했다는 것을 의미한다. 정치사상에서 가장 큰 문제 가운데 하나는 양자의 관계를 어떤 근거에서 어떻게 정하는가이다.

이에 대해 롤스는 ① 개인은 사회를 통해 성숙하고 발전할 수 있으며, ② 사회는 개인의 창의성과 자유를 인정해야 한다는 입장을 취한다. 전자를 지나치게 강조하면 공동체주의자가 되어버리며, 반면에 후자를 지나치게 강조하면 자유 지상주의자가 되어버린다. 롤스는 자유의 우선성을 통해 일단 ②를 인정하고, 차등 원칙을 통해 ①을 인정하는 셈이다. 그래서 그는 절충주의적 입장을 취한다. 그렇기 때문에 자유 지상주의자로부터, 그리고 급진적 평등주의자나 사회주의자로부터 비난을 받는다고 하겠다. 그러나 그의 입장은 자유민주주의적 복지국가에 적합하다고 할 수 있다.

그런데 롤스에 따르면 정의라는 개념의 한 양상인 평등의 의미와 좀 더 포괄적인 사회적 이상에 속하는 평등의 의미는 다르다. 마찬가지로 정의롭거나 적어도 정의롭지 않은 것은 아니라고 인정하지만 다른 근거에서 불식되기를 바라는 불평등이 있을 수 있다(JF, 165). 이것은 롤스가 정의를 선한 사회에 대한 모든 총괄적인 비전이라고 보는 관점과는 다르며, 정의는 그러한 비전에서 한 부분에 지나지 않는다는 관점과 같다(JF, 165).

(1) 우의와 공동체 의식

이상으로 정의의 세 가지 구성요소가 되는 자유, 평등, 그리고 효율에 대한 롤스의 견해를 고찰해보았다. 우의에 대해서는 논의하지 않았는데,

우의를 정의의 구성요소로 볼 수 없는 이유는 이미 살펴보았다. 그런데 자유와 평등이 정의라는 관념을 구성하는 요소이지만, 우의도 사회의 주요한 덕성임에 틀림없다. 롤스는 우의라는 덕성을 무시하지 않았다는 점에 유의해야 한다. 차등 원칙이 우의라는 원칙을 증진시키기 때문이다.

우의는 시민적 동료와 사회적 유대라는 감정을 의미한다. 우의는 권리를 규정하지는 않는다. 그러나 우의는 어떤 마음의 태도와 행위의 형태를 전달하여 자유와 평등에 대한 권리에 따라 표현되는 가치를 드높인다(TJ, 105). 롤스의 정의의 두 원칙에서 자유는 제1원칙에서, 평등은 평등한 자유라는 제1원칙과 제2원칙의 기회 평등의 원칙에서, 그리고 우의는 차등 원칙에서 나타난다(TJ, 106). 그리고 우의라는 덕성을 갖추어야만 공동체 의식을 가질 수 있다. 일찍이 아리스토텔레스가 지적한 것처럼 정의 자체보다 우의가 훨씬 중요하며, 정치적인 정의만으로 공동체가 쾌적하고 좋으며 인간적인 아름다운 삶을 영위하기에는 부족하기 때문이다(회페 2004, 187~9).

(2) 제도를 통한 배분적 정의

자유와 평등의 관계가 정의, 여기서는 특히 배분적 정의와 연관되는 만큼 롤스가 어떤 방식으로 배분적 정의를 달성하려고 하는지 살펴보자. 그래야 정의의 두 원칙을 통해 차등 원칙을 적용하려는 것이 의미하는 바를 파악할 수 있기 때문이다.

배분적 정의에 관한 롤스의 원칙은 평등한 기본적 자유에 관한 원칙과 밀접하게 연관되어 있다(Freeman 2003a, 4). 롤스가 볼 때 재산과 계약에 대한 경제적 권리는 제도적인 것이지 관습적인 것이 아니다. 재산이 제도라는 것은 부분적으로 재산이 사회적 규칙과 관행의 체계로 이루어진다는 것을 뜻하는데, 규칙과 관행은 사물을 사용하고 통제하는 것에 대해 배타적인 권리와 의무를 규정한다는 것을 의미한다. 재산이 관습적이라는 것은 재산에 대한 제도적 권리가 전적으로 기존의 법적·제도적 규칙과 제도에 의해 규정되며, 이들 규칙은 효과적이며 강제가 되는 한에서 타당하다는 것을 의미한다. 그래서 관습적 견해에서는 사람들이 기존의 법적 규칙과 제도와 무관하게 재산에 대한 요구를 하지 않는다. 배분에서의 정의는 현행의 재산 관습을 그저 강제하는 것이다. 그래서 각자에게 각자의 당연한 것을 주는 것이 된다. 그런데 롤스는 이 견해를 거부한다(Freeman 2003a, 6).

자연권 이론은 권리가 관습적이 아니라 도덕적이며 사회 상황이 어떠하든 모든 사람에게 적용된다고 주장하기 때문에 관습적인 견해를 배격한다. 롤스 자신도 공정으로서의 정의가 자연권 이론의 특징을 띤다는 점을 밝히고 있다(TJ, 506n/443n). 그러나 롤스는 자유 지상주의와 로크주의자들이 주장한 자연적 또는 전(前) 사회적 재산에 대한 설명을 거부한다. 그 이유는 무엇인가? 재산이 자연적이라고 주장함으로써 재산을 몰수하는 것을 방지할 수 있다는 이점이 있다. 그러나 이 주장을 산업화하고 민주적인 근대 사회에 그대로 적용하면, 사회에 끼치는 영향을 고려하지 않고도 재산을 축적하고 이용하고 이전할 수 있게 된다(Freeman 2003a, 7).

산업사회에서 사람들이 가져야 하는 재산권을 롤스는 전(前) 제도적인 자연 상태에서 도출하지 않는다. 대신에 그는 상호 대등성을 근거로, 하여 제도가 모든 사람에게 혜택을 주게끔 되어 있는 사회적 협업이라는 이상에서 도출한다. 모든 사람에게 혜택을 준다는 것은 전(前) 정치적 상태보다 정치적 상태에 있는 것이 모든 사람에게 혜택이 된다는 의미가 아니라 최소 수혜자가 더 나아진다는 의미이다(Freeman 2003a, 7). 최소 수혜자가 더 나아진다는 것은 빈자를 희생시키고 부자가 더 많은 것을 얻게 되지 않는다는 점에서 차등 원칙이 상호 대등성을 달성하는 것이다(Freeman 2003a, 10).

그런데 차등 원칙을 적용하는 이유는 차등 원칙을 내용으로 하는 정의의 두 원칙이 제도로써 구체화되기 때문이다. 달리 말하면, 롤스는 '전 제도적인pre-institutional' 의미의 응분을 인정하지 않는다. 제도가 확립된 후 이전(移轉) 부문에서 차등 원칙에 따라 소득을 이전하게 되는 것은 차등 원칙을 인정한 제도가 있기 때문이다. 아무리 차등 원칙을 적용해도 재능 있는 자들이 결국 사회적 생산물 중에서 더 많은 몫을 가져가게 된다.

그런데 더 많이 가져가는 것은 더 생산적인 사람이 사회에 공헌을 많이 했기 때문이 아니다. 더 생산적인 사람에게 더 많은 몫을 주는 것은 그들로 하여금 더 많이 공헌하게 하는 것이며 공헌을 많이 하게 하는 것이 사회적 최소한을 증가시키는 것이기 때문에, 즉 최소 수혜자에게 혜택을 주게 하는 것이기 때문에 더 생산적인 사람들은 더 큰 몫을 받게 된다. 따라서 더 생산적인 사람에게 보답하는 것은 전적으로 도구적이다. 즉 최소한의 공리를 최대화한다는 목표에 대한 수단이지, 공헌한 바에 근거를 두고 자격을 부여하는 것이 아니다(Gauthier 1986, 248).

요컨대, 더 생산적인 사람이 더 많이 가지는 것도, 최소 수혜자가 최대의 혜택을 받게 되는 것도, 그렇게 할 수 있도록 허용한 규칙, 즉 정의의 두 원칙이 제도화되었기 때문이다. 이 점에 대해서는 응분이 롤스에게 의미하는 바를 논할 때 다시 다루겠다.

이상으로 정의의 세 가지 구성요소인 자유, 평등, 효율에 대한 롤스의 견해를 개관해보았다. 이제 정의의 세 가지 구성 원칙인 권리, 응분, 필요에 대한 롤스의 견해를 살펴볼 차례이다. 그 전에 공리주의와 의무론 사이의 갈등을 그가 어떻게 해결하려고 하는지 고찰해보자. 이 주제는 《정치와 윤리》, 《평등, 자유, 권리》, 《정의에 대하여》, 그리고 이 책을 관통하는 주제라고 하겠다. 이 책들의 가장 중요한 과제는 이 주제를 해결하기 위한 것이라고도 볼 수 있는데, 이 주제는 비단 세 가지 구성요소뿐 아니라 세 가지 구성 원칙에 관한 논의와도 연관된다고 하겠다.

4. 공리주의와 의무론

정의와 권리, 특히 정의는 공리주의 이론에 가장 어려운 문제를 제기한다. 앞서 논한 바처럼 의무론자가 보기에 정의롭지 못하거나 근본적인 권리를 침해하는데도 결과가 좋으면, 공리주의는 선하거나 올바를 수 있다고 간주하기 때문이다. 공리주의의 맹점은 롤스도 인정하며 이 견해에 지워스Alan Gewirth, 하트Herbert Lionel Adolphus Hart, 프랑케나William Klaas Frankena, 페인버그Joel Feinberg도 동참한다. 반면 공리주의가 그래도 생존력 있는 도덕이론이 될 수 있다고 생각하고 공리주의를 수정하고 발전시킨 이들이 있다. 대표적인 이가 스튜어트 밀이며, 하워스Lawrence Haworth, 플래스먼Richard Flathman, 그리고 벤S. I. Benn 등이 이에 속한다.

롤스는 어떠한 형태의 공리주의가 지금까지 가장 체계적인 정의 이론으로 우세했다는 것을 인정한다(TJ, vii·52). 그래서 그는 공리주의보다 정의에 대한 우리의 숙고된 도덕적 판단에 가장 부합하는 계약론을 이용하여 더 나은 정의 이론을 제시하는 것을 목표로 삼고 있다(TJ, viii·52).

그렇다면 롤스는 공리주의의 결점이 무엇이라고 보았으며, 이를 어떻게 극복하고자 했는가? 롤스는 공리주의가 다음과 같은 결점을 안고 있다고 보았다.

첫째, 개개인이 자신에게 쾌락을 가장 많이 가져다주는 행위를 선택해야 한다. 개개인에 의한 합리적 선택 원리, 즉 효용의 최대화가 이루어져야 하는데, 이것이 사회적 의사 결정으로 옮겨짐에 따라 효율성을 강조하게 되면서 개인의 다양성이나 개인 간의 차이가 경시되었다. 특히 고전적 공리주의는 사회 전체가 택하는 것을 개인이 택하는 것으로 간주하여—즉 한 사람에 대한 원칙이 사회에 적용되어—사회 내에서의 개인 간의 차이를 심각하게 고려하지 않았다(TJ, 24 · 27 · 164).

둘째, 사회제도의 정의를 효용, 산출의 효율성으로 환원시킨 탓에 사회에서의 복지를 어떻게 나누어 가져야 하는가에 대한 분배의 원리가 탈락하고 말았다. 그렇게 된 이유는 한 사람이 선택하는 원칙을 사회에 확장함으로써 한 사회가 선택하는 원칙을 마치 한 사람이 선택하는 원칙과 같은 것으로 보았기 때문이다(TJ, 24). 그 결과 개인들 사이의 차이를 고려하지 않아 분배가 불평등한 상태가 되었는데도 최대 다수의 최대 행복을 실현하고 있다는 이유에서 정당화되고 말았다(TJ, 22).

비유하여 설명하면, 스님의 개별적인 처지를 고려하지 않고 전체의 행복 증진을 한 사람이 추구해야 하는 목표인 것처럼 보면 스님을 희생시킬 수도 있다. 이것은 선이 올바름과 무관하게, 그리고 올바름을 선의 최대화로 규정한 것이다. 또한 스님을 희생시킬 수 있다고 보는 것은 공리주의, 특히 고전적 공리주의가 한 사람이 선택할 수 있는 합리적 선택이라는 원칙을 사회 전체에 적용하는 것과 같다(TJ, 26~7). 사람들 사이의 차이를 심각하게 고려하지 않는 것이다. 그래서 롤스는 이를 막기 위해 불평등이 정당화되더라도—물론 기본적인 권리는 평등하게 보장하면서—이것은 최소 수혜자에게 혜택이 돌아가는 조건 아래에서 정당화된다고 주장했다.

셋째,《정치와 윤리》제2장에서 논한 바와 같이 공리주의의 본원적인 결함으로 인해 욕구 충족의 원천이나 질을 문제 삼지 않게 되었다. 그래서 타인의 자유를 침해하거나 서로 차별함으로써 나타난 효용임에도 불구하고—예를 들면 스님을 수장하거나 사람들 사이에 효용이 배분되는 것이 차이가 나는데도 불구하고—정의에 대한 판정을 내릴 때 다른 종류의 효용이 같은 것으로 생각되고 말았다. 그렇게 되면 만족시키는 수단이 권리와 의무가 되든, 기회와 특권이 되든, 다양한 형태의 부가 되든, 사회는 이 수단들을 최대한의 만족을 가져오도록 배분해야 한다(TJ, 26). 요컨대, 공리주의는 욕구의 질을 구분하지 않고 모든 만족이 어떤 가치가 있다고 보기 때문에 욕구의 체계 또는 사람들의 이상(理想) 사이에서 선택을 하는 기준이 없다.

풍랑을 만난 배의 스님을 두고 롤스는 어떻게 평할 것인가?

① 스님을 희생시킨 것은 생존권에 대한 스님의 평등한 자유와 권리를 침해한 것이다. 따라서 평등한 자유의 원칙이라는 제1원칙에 어긋난다(TJ, 211).

② 자신의 제1원칙에 어긋나기 때문에 잘못된 것, 즉 올바르지 못한 것이 아니라 스님을 희생시키는 것은 우리가 평상적으로 지니고 있는 '도덕적인 확신moral conviction'에 어긋나기 때문에 올바르지 않다.

③ 공정으로서 정의의 두 원칙의 내용을 정하는 과정에서, 즉 원초적 입장의 내용을 설정하는 과정에서 반성적 평형을 고려했기 때문에 자신의 정의 이론은 이러한 상황을 용납하지 않는다.

④ 생존에 대한 권리를 향유할 스님의 자유가 희생된 대신에 아홉 명이 살아남아 생명을 향유할 수 있다는 공리를 얻게 되었다고 해석할 수 있다면, 이것은 다수의 공리를 위해서도 소수의 자유가 침해되어서는 안 된다는 자유의 우선성이라는 원칙에 어긋난다.

⑤ 스님이 삶을 향유할 수 있다는 공리를 상실한 대신에 아홉 명이 그 공리를 얻었다고 해석할 수 있다면, 즉 제2원칙에 관한 사항이라고 해석할 수 있다 해도 이러한 불평등은 정당화되지 않는다. 사회적 불평등은 모든 사람에게, 나아가 최소 수혜자에게 이익이 되어야만 정당화되기 때문이다(TJ, 65).

⑥ 이처럼 공리주의는 사람들 사이의 차이, 즉 스님과 다른 아홉 명 또는 10명이 각기 다르고, 개개인들은 자신이 일생 동안 추구해야 하는 선에 대한 개념이 있으며, 정의에 대한 감각이 있다는 것(TJ, 19), 나아가 그 자체의 목적을 가진 존재라는 것을 인정하지 않는다는 결점이 있다. 물론 개인이 살아가면서 현재의 작은 행복을 희생시키고 미래의 더 큰 행복을 증진시키는 결정을 내릴 수는 있다. 그러나 이와 같은 '상쇄 trade-off'는 개인에게는 가능하겠지만 전체에 적용해서는 안 된다. 다른 사람들의 행복이 더 크게 증진된다고 해도 자신의 행복을 기꺼이 희생하려는 개인은 없을 것이기 때문이다(TJ, 31). 더구나 죽느냐 사느냐라는 문제에는 양보가 없다. 그런데 공리주의는 승선한 10명 전체를 마치 한 사람인 것처럼 보고, 그런 상황에서는 차라리 한 명을 희생시키고 아홉 명을 살리는 편이 낫다는 계산을 토대로 스님을 수장하는 결정을 내리는 셈이다.

⑦ 자신의 이론은 공리주의가 목표로 하는 바, 즉 선을 최대화하는 것을 목표로 삼지 않는다(TJ, 30). 즉 롤스는 선/행복을 최대화하는 것이

'올바르다right'고 보지 않는다.

결국 롤스가 주장하는 것은 고전적 공리주의이건 평균 공리주의이건, 원초적 입장의 당사자들은 공리주의를 거부하고 자신의 정의의 두 원칙을 택하게 된다는 것이다. 왜 그렇게 되는지를 자세히 살펴보자.

최대 다수의 선이나 복지를 최대화하려다가는 어떠한 도덕적인 관점에서도 수용할 수 없는 일련의 부담을 지울 수 있다는 것이 공리주의에 대한 일반적인 비판이었다. 스님에 대한 선장의 행동에서 이와 비슷한 점을 이미 살펴보았다. 이러한 비판에 대하여 공리주의는 소수에 대한 이러한 부담은 다수에게 더 많은 이득이나 혜택을 주면 정당화된다고 주장했다. 그러나 이런 주장은 정당하지 않다는 것이 공리주의를 비판하는 자들의 답이었다(Loizou 1998, 356).

롤스는 사회의 주요한 제도가 만족의 양을 최대로 집합하게끔 배열했을 때 사회는 정의롭다는 명제를 출발점으로 삼는다. 그런데 사회 모든 구성원의 만족을 모두 합친 뒤 불만족을 감하면 만족의 양이 계산된다. 그러는 목적은 만족을 최대로 하자는 데 있다. 공리주의는 그 과정에서 어떤 개인이 큰 손해를 보더라도 그러는 수밖에 없는 것을 정당화할 수도 있다. 나머지 사람에게 더 많은 이득이 있다면 정당화되는 것이다.

다음에 롤스는 그가 공리주의적인 입장에서 암묵적으로 나타난다고 주장하는 개인과 사회 사이의 유추를 명확하게 하고 그 결과를 이끌어낸다. 그는 개인마다 일련의 목적·욕구·열망 등이 있으며 이를 충족시키기 위해 평생을 두고 노력한다는 사실에서 출발하여, 개인은 이들 목적이나 욕구 중에서 우선순위를 정하고 더 중요한 것을 달성하기 위해 어떤 것을 희생시킨다는 생활의 평범한 사실에 주목한다. 이 원칙을 전체 사회로 확장하여 사회는 개인의 다양한 욕구, 계획, 이익 등을 하나의 일관성 있는 틀에 조화시킴으로써 사회의 이익을 증진시킨다.

개인의 경우를 토대로 유추해보면, 사회도 우선순위를 정한다. 어떤 욕구와 계획은 좀 더 중요하다고 여겨지는 것을 위해 희생되어야 한다 (Loizou 1998, 357). 개인이 현재의 손실을 미래의 이득에 견주어보는 것처럼 사회도 개인들 사이의 만족과 불만족을 견주어본다. 그러므로 특정한 욕구가 개이의 더 큰 선을 위해 희생되는 것처럼 특정한 개인은 사회의 더 큰 선을 위해 희생된다(Loizou 1998, 358).

개인이 희생될 수도 있다는 사고는 공리주의로써 정당화된다. 공리주의는 선을 올바름과는 무관하게 규정하고, 선을 최대화하는 것으로 권리를 정의하기 때문이다. 그러므로 때로는 더 큰 선을 위하여 소수의 권리와 자유가 희생되는 것이 필요할 수도 있다. 그렇게 되는 것이 합리적일 뿐만 아니라 올바르기도 하다. 그리고 이러한 관념의 전체적인 기초는 "사회 전체를 위해 한 사람을 위한 합리적 선택이라는 원칙을 채택하는 것이다"(TJ, 26~7).

개인을 토대로 사회를 유추할 수 있는 이유는 공평한 관찰자가 사회 각 구성원들의 욕구와 열망을 마치 자기 것처럼 알아서 이것들을 계량하고 견주어 최대한으로 실현하려 한다고 가정하기 때문이다. 이에 따라 권리와 의무를 부여하면 어떤 개인은 손해를 보겠지만, 어떤 종류의 '개인을 초월하는 존재superindividual'로 여겨지는 사회 전체는 이득을 얻게 마련이다(Loizou 1998, 357).

공리주의에 이러한 속성이 있기 때문에 롤스는 "공리주의는 개인들 사이의 구별을 심각하게 받아들이지 않는다"고 평한다(TJ, 27). 그리하여 불편부당한 관찰자는 사회를 마치 하나의 행위자인 것으로 보고 그 사회를 위해 욕구가 충족되어야 한다고 본다(RTJ, 23~4). 이것은 무엇을 의미하는가? 공리주의는 보편적인 불편부당한 관찰자라는 관점을 취하는데, 이 관점이 사회의 본질을 잘못 파악하게 한다. 이러한 견해는 개개인들이 저마다 다양하며 뚜렷하게 차이가 난다는 사실을 무시한다(RTJ, 26).

그런데 롤스가 제시하는 자유의 우선성에 따라 개인의 자유와 권리는 더 큰 선을 위해 상쇄될 수 없다. 그래서 그의 이론은 고전적인 공리주의와 정반대가 된다. 평균 공리주의가 고전적 공리주의보다는 분명히 더욱 호소력이 있으며, 원초적 입장에서 제시된 목록에서 더 높은 위치를 차지한다.

고전적인 공리주의는 배분과는 무관하게 전체의 복지를 최대화하는 데 관심이 있다. 그러다 보면 더 큰 전체의 공리 때문에 평균 공리가 저하되며, 최대의 전체 공리는 최종적으로 아주 낮은 평균 공리의 수치로써 얻을 수 있다. 반면에 평균 공리주의는 필요하다면 전체 공리를 희생해서 평균 공리를 증진시키게 되며, 원초적 입장이라는 관점에서 계약 당사자들의 이익에 훨씬 적합하다. 그래서 고전적인 공리주의보다 평균 공리주의가 더욱 합리적인 선택이 될 것이다. 그럼에도 평균 공리주의는 원초적 입장에서 결하는 것이 있는데, 그것은 다음과 같다(Loizou 1998, 357).

계약 당사자들은 원초적 입장에서 평균 공리주의가 지배하는 사회를 선택할 것인가? 개인들이 자신의 이익과 능력을 알며 다양한 사회에 관한 자세한 지식이 있다고 가정한다면, 이 경우에는 어떤 사회가 자신에게 가장 적합할지를 스스로 확실하게 선택할 수 있다.

그러나 롤스는 상황을 두 단계로 변경한다. 첫 단계에서 가상의 참여자는 자신의 능력도 모르며, 여러 가지 정의의 원칙이 제시하는 어떤 사회에서 자신이 어떤 위치를 차지하게 될지를 모른다. 다만 자신이 다른 사람과 같은 선호를 가졌다는 것만 알 뿐이다. 두 번째 단계에서는 나중의 가정이 취소된다. 자신의 선호가 제시된 사회들의 선호와 부합하는지, 나아가 그 사회들의 구조가 어떠한지 모른다. 그의 상황은 무지의 장막과 구별할 수 없다. 어떤 지식이 있어야만 그 지식을 근거로 선택함으로써 평균 공리주의가 의미를 얻는다. 그런데 무지의 장막이 쳐져 있기 때문에 이에 필요한 지식을 가질 수 없다. 그렇기 때문에 원초적 입장에서 평균 공리라는 원칙은 의미가 없으며, 공허한 것처럼 되지 않을 수 없다(Loizou 1998, 357).

그 이유는 다음과 같다. 평균 공리주의가 고전적 공리주의처럼 실제로는 그 결과가 같을 수도 있지만 양자 사이에는 뚜렷한 차이가 있다(TJ, 161~2). 고전적 공리주의는 쾌락의 배분에 본질적인 중요성을 두지 않겠지만 평균 공리주의는 다르다. 그렇지만 평균 공리주의가 선에 대한 쾌락주의적인 설명에 의존하는 한에는 평균 공리주의도 풍랑을 만난 배에서 스님을 희생시킬 여지는 있다(Scheffler 2003, 436). 그런데 롤스에 따르면 원초적 입장에서 최소 최대화 원칙을 택할 것이기 때문에 평균 공리주의보다 정의의 두 원칙을 택하게 된다.

어떤 사람들이 얻는 이익이 다른 사람들이 얻는 불이익보다 더 크면, 그 불평등은 정당하다고 볼 수 있다는 것이 공리주의 원칙이다. 이에 반해 차등 원칙은 공리주의적인 관점에서의 불평등을 정당화하지 않는다. 그렇기 때문에 롤스는 차등 원칙이 공리주의보다 더 낫다(JF, 168)고 생각한다. 그러면서도 롤스는 《정치적 자유주의》에서는 정당성에 대한 다양한 근거를 논하면서 공리주의가 정당성의 확립에 적어도 중립적인 태도를 취할 것이라고 보고 공리주의에 대한 비판을 조금 완화하는 측면이 있다(Scheffler 2003, 453). 그렇지만 정의의 두 원칙이 공리주의보다 더 나은 정의 이론이라는 입장에는 변함이 없다.

　요컨대, 롤스는 공리주의를 능가하는 정의의 원칙을 제시하는 것을 목표로 삼았다. 그의 자유의 우선성이라는 원칙에서 보면 사회적·경제적 혜택을 위해 자신의 자유를 개인이 양도할 수 없게 하며, 이 원칙을 기본으로 하는 헌법에서는 아홉 명을 구하려고 스님을 희생시키는 행위를 인정하지 않게 된다. 바로 이 점에서 롤스는 공리주의를 능가하는 정의의 원칙을 수립했다는 자부심을 갖는 것이다.

제7장

권리, 응분, 필요

권리, 응분, 그리고 필요는 정의를 구성하는 세 가지 원칙이다. 이 세 가지 원칙을 초석 삼아 정의라는 집을 짓게 된다. 그러므로 세 가지 원칙에 따라 사회제도가 얼마나 정의를 구현하는지 살피는 것이 합당할 것이다. 그러면 롤스에게 이 세 가지 원칙이 구체적으로 적용되는 내용은 무엇이며, 그가 어떠한 관계를 설정하고 있는지 고찰해보자.

정의의 원칙으로 세 가지를 상정할 수 있다는 것은 정의가 다양한 기준으로 달성될 수 있으며 다양한 해석이 가능하다는 것을 의미한다. 사회적 협업에서 생긴 부담과 혜택을 어떻게 배분해야 각자에게 자신의 당연한 몫을 주는 것이 되는가? 사안에 따라 각기 다른 원칙을 적용하면서 갈등이 일어날 경우에 지침이 되는 원칙을 찾아야 한다. 롤스는 현재 이조건을 만족시키는 이론에는 두 가지, 즉 공리주의와 계약론이 있다고 보았다. 그러나 어떤 이론이든 인간이 일반적으로 정의롭다고 생각하는 바와 어긋나서는 곤란하다.

《평등, 자유, 권리》에서 살펴본 바와 같이 호펠드Wesley Newcomb Hoh-feld는 권리를 네 가지 유형으로 나누었다. 권리는 집단이나 개인에게 배분될 수 있으며, 권리가 배분되는 방식도 다를 수 있으며, 의무와 반드시 상응하는 권리가 있는 반면 그렇지 않은 권리도 있으며, 법적 권리와 도덕적 권리 그리고 소극적 권리와 적극적 권리로 나눌 수 있다. 또한 권리는 응분과는 다르지만 응분이 권리가 될 수도 있으며, 복지국가에서 필요라는 개념을 권리로 인정할 수도 있다. 더욱이 권리, 응분, 그리고 필요의 근거와 한계 등은 늘 같은 것이 아니다.

1. 권리

롤스는 정의라는 집을 지을 때 무엇을 초석으로 삼았으며, 어떤 돌을 어떤 용도로 이용했는가? 롤스가 으뜸 되는 초석으로 삼은 것은 어디까지나 권리이다. 정치의 일의적인 목적은 인간에게 당연히 주어져야 하는 권리가 무엇인지 결정하고, 권리로써 인간이 행하는 상호 작용에 질서를 부여하여 사람들로 하여금 자신의 선을 추구하는 데서—서로 갈등이 일어나지 않게 하면서—최대한의 자유를 보장하는 것이라고 하겠다 (Flathman 1989, 206).

시민적 · 정치적 권리와 사회적 · 경제적 · 문화적 권리 사이의 논쟁은 결국 어떤 권리를 우선적인 권리로 삼을 것인가 하는 문제와 마찬가지이다. 어떤 권리라는 벽돌로—권리의 유형에 따라 보장되는 바가 다르다는 점은 호펠드의 분류에서 이미 살펴보았다—정의라는 집을 짓는 것과 모든 사람이 그 결과로서 나타난 어떤 형태의 정의라는 집에 사는 것을 모든 사람이 인정하게 되면, 그 정의라는 것이 헌법의 바탕이 된다. 그러므로 정의를 확립하는 데 모든 사람이 수긍하고 국가가 인정하게 되는 원칙은 헌법의 바탕이 되는 정의에 관한 원칙이라고 부를 수 있다.

이렇게 보면, 사회에서 정의를 확립한다는 것은 정의에 관한 원칙에 대한 합의가 이루어져야 한다는 뜻이다. 정의로운 제도가 일단 확립되면, 그 제도에 참여하는 개인들은 자신들이 어떻게 대우받을 것인지, 그리고 어떤 자격이 부여될 것인지를 기대할 수 있게 된다(TJ, 313). 그렇기 때문에 권리는 당연히 롤스의 이론에서 확고한 위치를 차지한다.

그런데 그의 이론에서 권리는 권리에 대한 일상적인 원칙과 어느 정도로 부합하는가? 정의롭지 않은 사회에서, 즉 두 원칙을 충족시키지 않는 사회에서 확립된 권리에는 중요성을 부여하지 않는 것 같다. 그러나 모든 권리에는 인정(認定)받고자 하는 어떠한 요구가 있다는 것이 일상적인 원칙이다. 물론 이러한 요구에는 정의에 관한 다른 고려가 더 중요해질 수도 있다. 게다가 롤스의 정의로운 사회에서는 권리가 특별하게 인정되어야 할 이유가 없는 것 같다.

다음과 같이 가정해보자. 경제 사정이 급변해서 부유한 지주에게 보상을 하지도 않고 토지를 빼앗아 최소 수혜자의 지위가 물질적으로 개선되는 경우가 있을 것이다. 롤스는 이런 정책을 인정할 수도 있는 것 같다. 정의의 두 원칙에서 볼 때, 최소 수혜자의 복지에 기여하지 않는 지주의 유리한 입장에 관심을 기울여야 할 이유가 없기 때문이다. 이렇게 보면 롤스의 이론은 공리주의보다 권리를 구체화하지 못하는 듯하다. 그런 경우 공리주의는 적어도 지주의 좌절된 기대를 고려하기 때문이다. 그러나 롤스는 그러한 정책에 의해 지주가 아주 큰 영향을 받아서 그 자신이 최소 수혜자가 된다면 몰라도, 그런 경우에 이르지 않는 한 지주의 좌절된 기대를 고려하지 않는 것 같다(Miller 1976, 45~6).

앞에서 정의를 구성하는 세 가지 요소, 즉 자유·평등·효율을 살펴보면서 자유의 우선성, 자유의 값어치, 자유의 정당화, 그리고 자유 사이의 갈등이라는 문제를 고찰한 바 있다. 자유는 어떤 측면에서는 권리를 향유할 수 있거나 행사할 수 있는 자유를 의미한다. 이렇게 보면 자유의 우선성을 주장한 이상 롤스는 세 가지 원칙 중에서 권리가 우선이라고 생각했다는 것을 알 수 있다.

그러면 롤스는 시민적·정치적 권리와 사회적·경제적·문화적 권리 중에서 어느 것을 우선시하는가? 물론 롤스가 자유를 3자의 관계로 파악했다는 점에서는 어느 것을 우선시했다고 볼 수 없다. 그러나 제1원칙이 주로 시민적·정치적 권리를 향유할 수 있는 자유에 관련된다고 보고, 또한 자유의 우선성을 고려하면 사회적·경제적·문화적 권리와 많이 연관되는 제2원칙에 비하여 시민적·정치적 권리를 좀 더 기본적인 권리로 삼았다고 볼 수 있다.

그렇지만 기본적인 권리와 자유의 핵심에 대한 롤스의 관념은 아주 광범하다. 특히 기본적 권리가 정당화되는 기초가 일반적이며, 그가 다원주의를 근대 민주적 사회에 적용할 수 있는 정의의 관념에 피할 수 없는 조건으로 수용한다는 점에서 광범하다고 하겠다(Ivison 2008, 113). 이 점은 롤스가 사회적인 일의적 선을 제시했지만, 이들 사이에 서열을 정하지 않으려고 한 데서도 알 수 있겠다.

2. 응분[45]

아리스토텔레스는《니코마코스 윤리학》에서 응분이나 공헌에 따라 혜택을 배분하는 문제를 다룬다(bk. v. ss, 2~7). 거기에서는 일반적으로 다음과 같은 것을 응분으로 생각한다. 열심히 노력한 학생은 좋은 성적 을 받으 만치며, 좋은 자격을 갖춘 응시자가 입사시험에 합격할 만하다. 잘못을 저지른 자는 처벌받을 만하고, 타인의 부주의 때문에 희생된 사람은 보상받을 만하다. 그리고 덕성을 가진 자는 행복해질 만하다. 이것이 일반인이 받아들이는 응분 관념이다. 고전적 자유주의와 그린, 홉하우스의 수정주의적 자유주의도 응분과 '공적merit'에 따른 선택을 강조했다. 반면에 롤스는 동일한 자유주의 이론을 개진하지만 다원주의적이고 개인주의적이면서도 응분을 거의 전적으로 배제한다(Gaus 2000, 202~3).

롤스가 차등 원칙을 포함하는 사회 정의에 관한 이론을 제시하면서 응분이라는 개념을 없앤 것은 자유주의 정치이론의 역사에서 괄목할 만한 일이다. 여기서 롤스가 응분을 배제한다는 것이 어떠한 의미이며, 이에 대해 어떤 비판이 제기되었으며, 그 비판에 롤스가 어떻게 답했는지 알아보자. 또한 롤스가 결과적으로 응분을 전혀 인정하지 않은 것인지, 비판을 예상하면서도 롤스가 응분을 배제하지 않을 수 없는 이유들을 살펴보자. 나아가 롤스가 제도에 의한 응분에 반드시 의존해야 하는지, 그리고 응분을 배제하는 것이 인간의 정체성에 어떤 의미가 있으며 이를 해결할 수 있는 방안이 무엇인지를 고찰해보자.

---

45 이 항의 내용은 이종은 2013을 서울대학교 한국정치연구소의 허락을 받아 게재하되, 수정 보완한 것이다.

롤스는 '각자에게 공헌에 따라' 또는 '각자에게 그의 노력에 따라'라는 정의에 대한 상식적인 준칙과 도덕적 응분에 대한 주장, 즉 덕성이 보상에 대해 요구하는 것을 구분한다. 게다가 롤스는 일의적 선, 특히 소득과 연관하여 응분에 강력하게 반대하는 입장을 취한다(TJ, 103~4). 그리고 출생과 자연적으로 타고난 혜택 등에서 연유하는 불평등은 '마땅하지 않는 불평등undeserved inequality'이기 때문에—즉 우연히 가진 것이며 자신의 노력으로 획득한 것이 아니기 때문에—시정되어야 한다고 주장한다(TJ, 100). 도덕적 관점에서 볼 때 마땅하지 않은 불평등이 사회적인 일의적 선의 배분에 근거가 될 수 없기 때문이다.

어느 누구도 자신의 재능이나 가족적 배경을 당연한 것으로 여겨서는 안 된다. 노력을 기울이는 능력조차도 자연적인 운이 가져다준 결과이므로 당연히 가져야 하는 것으로 생각해서는 안 된다. 그래서 자연적 재능을 개인 소유가 아니라 공동의 자산으로 삼고 공동의 자산이 가져다주는 공동의 이익을 공유하고자 한다(TJ, 74~5·87·92·101·107·156; RTJ, 87).

스피겔버그Herbert Spiegelberg도 마땅하지 않은 차별은 오늘날 시정되어야 한다고 주장한다. 여기서 차별은 특권이나 불리한 조건에 해당하는 모든 불평등을 가리킨다. 마땅하지 않다는 것은 도덕적 정당성이 결여된 것을 의미한다. 시정(是正)은 자리 잡지 않은 균형, 즉 도덕적 불균형을 복원해주는 조처를 의미한다. 그에 따르면 출생에서 연유하는 불평등은 '도덕적 응분moral desert'이 없으므로 '도덕적 자격moral title'이 없다. 인생을 시작할 때는 모두 제로 베이스에서 시작하는 것이 기본적인 윤리적 평등이다. 그러나 그렇게 평등화가 이루어지더라도 혜택을 많이 타고난 사람들의 재능을 파괴해서는 안 되며 공동의 이익을 증진시켜야 한다고 주장한다(Spiegelberg 1944).

응분에 대한 스피겔버그나 롤스의 입장에 동조를 할 만한 이가 매킨타이어이다. 그는 롤스와 노직이 응분을 받아들이지 않는다고 지적한다(MacIntyre 1981, 232~5). 그에 따르면, 응분이라는 개념이 통용되기 위해서는 공동체의 구성원들이 공유하는 관행에 참여하여 그 관행을 토대로 업적에 대한 내적인 기준이 수립되는 공동체가 존재해야 한다. 그런데 자유주의 사회는 이러한 합의를 할 수 있는 사회가 아니기 때문에 응분이 설 자리가 없다고 주장한다(MacIntyre 1981, 143, 188).

여기서 먼저 이에 대한 반론부터 살펴보자. 자유주의 사회는 부의 생산에 중요성을 부여하기 때문에 생산이 응분을 귀속시키는 근거가 된다는 반론을 펼 수 있다(Barry 1990, lxiv). 그리고 앞으로 고려하겠지만, 엄밀하게 말해서 롤스는 응분이 잠재적으로 적실성이 있다는 것을 시사하는데도 특히 소득 배분에 관해 적용되는 조건이 존재하지 않는다고 주장하는 것으로 여겨질 수 있다(Barry 1990, lxiii). 반면에 노직은 권리를 기초적인 것으로 삼는 단원주의적인 이론을 제시하기 때문에 그의 이론에는 응분의 여지가 없다는 것이 사실이다. 그런데 노직의 이론은 전적으로 잘못 받아들여진 것으로 볼 수도 있다. 노직은 재산권과 같은 권리처럼 특정한 비제도적인 권리에 호소하지 않기 때문이다(Barry 1990, lxiii).

그런데 노력에마저도 사회적 원인이 있다는 롤스의 주장에 대해서는 비판자들의 견해가 갈린다. 강경한 입장을 취하는 이들은 노력은 사회적 원인이 있고 없음과는 무관하다고 생각한다. 온건한 입장을 취하는 이들은 사회적 인과가 관련 있다는 것을 인정하면서 롤스 자신도 노력은 대부분 호의적인 상황에 의존한다는 것만 주장하며, 그러한 주장에서 응분이 완전하게 부정되지는 않는다는 점을 지적한다. 어쨌든 두 입장에서는 응분을 반대하거나 배제하는 롤스의 견해를 좋아하지 않는다(Barry 1990, lviii). 결국 비판자들이 보기에는 최소 수혜자에게 장기간의 기대를 증진시키려는 차등 원칙은 응분을 무시하는 것이며, 롤스의 이론에서는 응분이라는 개념이 위치를 찾을 수 없다고 비판한다(Ryan 1993a, 4).

롤스는 이러한 반론을 《정의론》에서 이미 예상한 것 같다(TJ, 103). 롤스는 ① 소득과 부, 그리고 다른 선한 것은 도덕적 응분에 따라 배분되어야 한다는 주장과, ② 정의는 덕성에 따른 행복이라는 주장은 반박된다는 것을 지적한다(TJ, 310). 롤스의 이론에 반론을 펴는 이들은 ① 혜택을 받은 이들은 그들이 가진 재화, 얻으려고 노력했던 재화, 그리고 규칙에 의해 가질 자격이 있는 재화를 가질 만하다고 주장한다(TJ, 102). 또한 차등 원칙을 적용하면 도덕적으로 덕성을 가진 이들에게는 그들이 당연히 가져야 할 만한 행복으로 보답하지 못하게 되고, 사악한 이들에게는 당연한 불행으로 처벌하지 못하게 된다. 이와 같은 비판에 따르면 결국 차등 원칙은 응분을 무시하기 때문에 정의의 원칙으로서는 실패한 것이다. 그러나 롤스는 공정으로서의 정의는 이상의 두 가지 견해를 거부한다는 것을 명백히 밝히고 있다(TJ, 310).

거부하는 이유는 원초적 입장에서 그러한 원칙을 택하지 않을 것이기 때문이라는 답을 제시한다. ① 도덕적 응분에 따라 배분되는 상황에서 필요한 기준을 원초적 입장에서 규정하는 방법이 없는 것 같으며, 더욱이 ② 덕성에 따른 배분이라는 개념은 도덕적 응분과 정당한 기대를 구분하지 않기 때문이다.

개인이나 집단은 정의로운 제도에 참여하는데, 공적으로 인정된 규칙에 의해 규정된 바를 서로에게 요구한다.[46] 기존 제도가 고무하는 것을 하면 어떤 권리를 가지며, 권리에 의한 요구/청구에 따라 배분하면 정의로운 배분이 된다. 요컨대, 정의로운 틀 그 자체가 사람들이 자격을 얻는 것을 결정하게 된다. 그리고 정의로운 틀은 사람들이 사회제도에 근거를 두고 정당한 기대를 품는 것으로 만족하게 한다. 사람들이 자격을 얻는 것은 그 사람의 본질적 값어치에 비례하는 것도 아니며 그것에 의존하는 것도 아니다. 그러므로 기본 구조를 통제하고 의무를 규정하는 정의의 원칙은 도덕적 응분을 언급하지 않으며, 도덕적 응분에 따라 배분하지도 않게 된다(TJ, 310~1).

롤스가 이렇게 답하는 이유는 무엇이며, 이러한 답이 의미하는 바는 무엇인가? 예를 들어 경쟁적인 경제는 임금을 결정하는 데 있어서 공헌이라는 준칙에 강조점을 둔다. 그런데 공헌한 바는 수요와 공급에 의존하지만 도덕적 값어치는 공급과 수요에 따라 결정되는 것이 아니다. 앞서 말한 바와 같이 자연적 자산의 배분에서 어떤 사람이 원래부터 사회에서 당연하게 가져야 하는 위치가 있는 것도 아니고, 당연하게 차지해야 하는 사회에서의 출발점이 있는 것도 아니다(TJ, 311~2).

더욱이 차등 원칙에 따르면 사람들의 희소한 자연적 재능은 공동의 이익을 위해 쓰이게 되어 있다. 그러므로 배분과 도덕적 값어치는 아무 관계가 없다. 도덕적 응분에 따른 배분과 거의 근접하는 것이 노력에 따른 배분이다. 그런데 따지고 보면 노력하는 품성을 지니게 된 것도 타고난

---

46 여기서 개인과 집단이라고 표현한 이유는 차등 원칙이 개개의 인간뿐 아니라 '인격person'에도 적용되기 때문이다. 앞서 말한 것처럼 '인격 또는 인간person'이라는 용어는 상황에 따라 다양하게 이해되어야 한다. 그것은 인간 개개인들을 의미할 수도 있고, 때로는 국가·지역province·기업·교회·팀 등을 의미할 수도 있다. 그리고 기업의 영고성쇠도 기회의 결과일 수 있다. 아무도 예측할 수 없는 기호와 수용의 변동 때문에 그 결과가 결정되는 경우가 많다. 따라서 결과는 응분에 항상 근거를 두고 있지 않다(CP, "Justice as reciprocity", 194, 197).

것이라고 볼 수 있다. 따라서 노력에 대해 도덕적 응분을 보상하는 것은 비현실적이다(TJ, 104). 그리고 필요라는 준칙이 강조되는 한 마찬가지로 도덕적 값어치는 무시된다(TJ, 312).

　도덕적 값어치라는 개념은 '정당한 기대legitimate expectation'에 근거를 두는 요구와는 다르다. 질서가 잘 잡힌 사회에서 구성원들은 정의에 대한 강력한 감각이 있다. 즉 기존의 규칙을 따르려 하고, 서로에게 각자가 자격을 가지는 것을 주려는 실제 욕구가 있다. 이런 경우에 모든 사람은 평등한 도덕적 값어치를 가진다. 그런데 도덕적 값어치는 정의에 대한 감각, 즉 원초적 입장에서 선택되는 원칙에 따라 행동하겠다는 욕구로 규정된다. 이것은 덕성이나 도덕적 값어치라는 개념은 제도 이전에는 의미가 없다는 것을 가리킨다.[47]

　이렇게 이해하면, 모든 사람이 평등한 도덕적 값어치를 가진다고 해서 덕성 등이 평등하게 배분되어야 하는 것은 아니다. 각자는 정의의 원칙에 따라 가질 자격을 가지게 되며 이 원칙은 평등을 요구하지 않는다(TJ, 312). 요컨대, 정의의 두 원칙이 허용하는 바에 따라 요구할 자격이 있는 응분이 있다면, 그 응분을 정당하게 기대할 수 있다. 공정으로서의 정의에서 결정적인 관념은 사회적 협업에 대한 규칙이 공정해지도록 정의에 대한 근본적인 원칙이 존중되어야 하며 시장에서의 작동이 사람들의 정당한 기대를 결정하게 내버려두어야 한다는 점이다.

　핵심은 도덕적 값어치라는 개념이 배분적 정의에서 어떠한 제1원칙을 제공하지 않는다는 점이다. 배분적 정의에 대한 원칙은 정의와 자연적

---

47 롤스의 이러한 견해는 선에 대한 올바름의 우선성과 선에 대한 관념을 미리 결정하지 않겠다는 견해와 연관된다(Sandel 1982, 76).

의무와 책무에 대한 원칙이 인정될 때까지는 소개되지 않기 때문이다. 일단 이 원칙들이 인정되면, 도덕적 가치는 앞서 말한 것처럼 정의에 대한 감각을 가진 것으로 규정된다. 덕성은 상응하는 원칙에 따라 행동하는 욕구나 경향으로 규정될 수 있다.

따라서 도덕적 값어치라는 개념은 권리와 정의라는 개념에 부차적이며 배분적인 몫을 규정하는 데 실질적인 역할을 담당하지 않는다. 이것은 재산에 대한 실질적인 규칙과 강도와 절도에 대한 법 사이의 관계와 비슷하다고 볼 수 있다. 법이 있고 나서 범법이나 '가질 만하지 않은 것 demerit'이 따르는 것이다. 도덕적 값어치를 보상하는 것을 제1원칙으로 삼아 사회를 조직하는 것은 도적을 처벌하기 위해 재산제도를 만드는 것에 비유할 수 있다. 따라서 '각자에게 덕성에 따라each according to virtue'라는 원칙은 원초적 입장에서 선택되지 않을 것이다(TJ, 312~3).

그렇다면 정의의 두 원칙이 통용되는 질서가 잘 잡힌 사회에는 배분의 원칙이 없는가? 제도가 고무하는 어떤 것을 해서 사회적 생산물을 냈다면, 그 몫에 대한 요구를 하게 된다. 자신이 한 바에 대해 요구하는 것을 타인이 인정하리라는 것은 어느 누구든 정당하게 기대할 수 있다. 개인이 요구하는 바는 규칙과 준칙을 참조함으로써 정해진다. 정의로운 틀은 각자에게 그의 당연한 것을 부여한다. 말하자면 틀 그 자체에 의해 규정된 대로 가질 자격을 가지는 것은 각자에게 할당된다. 그러는 것이 공정하기 때문이다(TJ, 313). 즉 서로가 규칙에 따라 정당한 기대를 할 수 있게 된다.

롤스의 주장은 다음과 같이 요약할 수 있다. 첫째, 사람들이 기꺼이 하는 노력과 사람의 도덕적 특성은 대체로 유전적인 재능과 사회적 위치 같은 요소들에 따라 결정되는데, 이것은 도덕적인 관점에서 볼 때 임의적/독단적이다. 그러므로 노력과 도덕적 값어치는 어떠한 배분에서의 정의와 부정의를 결정하는 데 적절한 근거가 될 수 없다. 말하자면 일의적 선은 우리가 당연히 가져야 되기 때문에 가지는 것이 아니라 정의의 원칙에 합의함으로써 가질 권리가 있기 때문에 가진다.

둘째, 정당한 기대라는 의미에서의 응분은 롤스의 정의의 원칙에 따른 자격으로 규정될 수 있으며, 도덕적 값어치라는 의미에서의 응분은 정의의 원칙에 따르겠다는 욕구를 가진 것으로 규정될 수 있다. 말하자면 롤스는 응분은 사회가 달성하고자 하는 목적에 따라 제도적으로 규정되어야 한다고 주장한다. 이로써 롤스는 공적주의를 거부했는데, 공적주의에서 정의는 사람들이 당연히 가져야 하는 것을 주는 것이다. 문제는 당연한 것이 무엇인가를 롤스는 다르게 해석한다는 점이다. 정의는 당연히 가져야 하는 것을 갖게 하는 것이라는 고전적인 정의 대신에 롤스는 정의, 즉 그의 정의의 두 원칙이 허용하는 것을 얻는 것이 응분이라고—응분이라는 용어를 쓰지는 않았지만—주장하는 셈이다.

다음과 같이 보충 설명을 할 수 있겠다. 타고난 재능은 다르지만 목표를 명확히 설정하고 열심히 노력하는 이들로 이루어진 사회에서는 차등 원칙이 공정한 것 같다. 그러나 세상에는 근면하지 않은 사람도 많다. 다른 조건이 모두 같다면, 더 근면하고 야망이 큰 사람이 더 잘하게 마련이다. 차등 원칙에 따르면 더 나은 사람이 더 못한 사람에게 재분배해야 한다. 그러나 재분배가 생산성을 저해하고, 장기적으로 볼 때 최악의 상황에 있는 이들의 조건을 악화시킬 경우에는 그만두어야 한다(Arneson 1998, 121). 그 선이란 결국 평등과 효율을 최적으로 조화시킬 수 있는 경계선이라고 하겠다. 이론적으로는 앞의 〈그림 1〉에서 논한 D점이 되어야 한다. 즉 최소 수혜자에게 최대의 혜택이 가게 하는 차등 원칙을 적용하더라도 효율과 정의가 동시에 달성되는 〈그림 1〉의 D점까지이다.

차등 원칙이 적용되는 한에서는 공적주의 사회를 지향하지 않는다. 재능에 따라 경력을 개방하고 기회 평등을 보장하면, 개인들은 경제적으로 번성하고 정치적으로 우월한 입장에 서기 위해 자신의 에너지를 활용할 수 있다는 장점이 있다. 그러나 승자와 패자 사이에 지나친 균열을 가져다주어 사회적 유대감이 상실될 수도 있다. 그래서 공적주의 사회를 목표로 삼기가 어렵다. 반면에 차등 원칙이 적용되는 사회에서는 인간이 자신을 존중할 수 있게 된다(TJ, 106~7). 이렇게 공적주의 사회를 지향하지 않고 아무리 차등 원칙을 적용하더라도 330쪽의 〈그림 1〉에서 O점에서 D점에 이르는 과정에서만 차등원칙은 적용된다. 그러나 이 과정에서 더 나아진 이들과 더 나아지지 못한 이들 사이에는 차이가 있기 마련이다.

그런데 실제로 그 선(線)을 어디에서 정할 것인가라는 경험적인 문제에 대해 자유주의자와 보수주의자는 합의하지 않을 것이다. 그리고 도덕적인 문제에 대해서도 의견이 일치하지 않는다. 차등 원칙이 암시하는 바는 설사 불리한 계층이 책임을 다하지 않고 응분을—응분에 고무된 이론가나 평상의 의미에서 말하는 응분을—가질 만하지 않다고 해도 사회는 가능한 한 혜택 수준을 높여주어야 한다는 점이다. 그렇다면 응분이론을 옹호하는 이들의 입장에서 볼 때, 응분을 당연히 가질 만한 자가 가질 만하지 않은 자에게 재분배하는 것을 차등 원칙이 옹호하는 셈이다. 그들로서는 이것이 공정하지 못하다고 주장할 수 있다(Arneson 1998, 122).

이에 롤스는 두 가지 방식으로 대응한다.

첫째, 보상받아 마땅한 사람에게 보상하고, 마땅하지 않은 사람은 처벌하는 것이 사회가 할 일이 아니다. 다양한 민주주의에서는 그러한 논쟁적인 문제에 불일치가 있을 것이라고 예상할 수 있으며, 무엇이 당연한 것이라는 이상(理想)을 강제하는 것은 편협한 사고이다. 더군다나 참으로 책임을 지며 당연한 행동을 찾기란 생각할수록 어렵다. 의식적으로 노력하고 그래서 당연한 것을 가지게 되는 것은 일상적인 의미에서 어떤 사람들에게는 파악하기 쉬울 수도 있지만, 다른 사람들에게는 어렵다. 노력하려는 성향도 유전적인 상속이라는 우연과 초기의 사회화, 그리고 교육의 질에 따라 변하는 특질이다. 그렇다고 참으로 당연한 것이 없다는 말은 아니다. 다만 이를 분업에 의한 복잡한 사회에서는 확인하기가 어렵다는 것이다. 그렇기 때문에 당연한 것과 그렇지 않은 것을 구분하는 공적인 기관을 두어서 사회 정의에 대한 이론을 수립하려는 것은 어리석은 일이다. 그렇게 구분하는 것은 실제로는 독단적으로 이루어질 수 있기 때문이다(Arneson 1998, 122).

둘째, 사회가 책임을 져야 할 한계가 어디까지인가라는 문제와 연관이 있다. 롤스의 정의 이론에 따르면, 평범한 구성원들은 공정한 조건에서 협업을 하고 자신의 가치를 달성하기 위해 가치와 생활계획을 선택할 수 있다. 각 개인은 생활계획을 달성하기 위하여 행동하는 데 책임을 진다. 사회와 개인 사이에는 책임의 구분이 있다. 일반적인 목적을 달성하게 하는 자원, 즉 사회적인 일의적 선들에 개인들이 공평하게 접근하도록 하는 것은 사회가 책임을 지지만, 그 자원으로 무엇을 하고 어떠한 삶을 영위하는 것은 사회의 책임이 아니라 개인의 책임이다(Arneson 1998, 122).

그런데 롤스는 응분을 무시한다는 비판을 듣게 될 것을 알면서도 왜 무시하는가? 롤스가 주장하는 바는 응분이 배분, 더욱 특별하게는 정의로운 배분에 기본적인 근거가 될 수 없다는 점이다. 오히려 정의의 두 원칙이 제도의 틀을 정당화하며, 제도가 자리 잡으면 응분의 기준이 확립되며, 그리고 이 기준에 따라 당연한 것을 사람들이 가질 때 정의가 이루어진다. "그는 그것을 가질 만한데, 그러나 실제로는 가질 만하지 않다"고 말하는 것은 제도가 평상적으로 응분이라고 생각되는 방식대로 기능하지 않는다는 것을 의미한다(TJ, 313).

그렇다면 롤스는 전통적인 응분, 즉 전 제도적인 응분―《정의에 대하여》에서 응분이라는 관념의 역사를 다룰 때 로스William David Ross의 전 제도적 응분을 이미 살펴보았다―을 인정하는가? 롤스는 전 제도적 응분을 인정하지 않는다. 그는 전 제도적 응분과 정당한 기대를 구분한다. 재능이 있는 이가 재능을 내버려두는 것이 아니라 계발하는 것이 일반적 이익에 부합한다. 그리고 사회는 그렇게 하도록 자원을 제공하고 동기를 부여한다. 재능이 있는 사람은 규정된 조건 아래 혜택에 적합해졌을 때 혜택의 몫에 대한 자격을 가진다.

여기서 중요한 것은 혜택에 대한 몫을 가지는 것은 재능 때문이 아니라는 점이다. 사회제도가 재능이 있는 자의 노력을 이끌어내도록 고안되어 있는데, 이 제도에 따라 재능이 있는 자는 자신의 몫을 정당하게 기대하게끔 되어 있기 때문이다. 재능이 있는 자가 몫을 주장하는 것은 제도가 그러한 정당한 기대를 존중하기 때문이다. 이것이 의미하는 바는 무엇인가?

재능을 더 많이 타고난 사람은 단지 그 이유에서 가지게 되는 것이 아니라 타고난 재능으로써 재능이 더 적은 사람을 돕기 때문에 가지게 된다(TJ, 101～2). 말하자면 많은 재능을 타고난 이가 더 가지게 되는 것은 이를 허용하는 사회의 규칙이 있기 때문이다. 그 재능을 발휘하도록 여건을 조성한 사회의 공로도 인정해야 하며—분업에 기반하는 사회적 협업의 조건을 마련한 사회의 공로를 인정해야 하며—, 재능에서 연유하는 몫의 일정 부분을 재능을 가진 사람으로 하여금 갖게 하는 사회의 규칙이 있기 때문이라는 것을 인정해야 한다. 말하자면 정당한 기대를 할 수 있게끔 사회 제도가 보장하기 때문에 재능이 있는 사람이 더 많은 몫을 가질 수 있다. 다른 말로 하면, 사회가 정당한 기대를 보장하고 정당한 기대를 충족시키려는 의무를 지기 때문이다.

그런데 롤스는 사회가 기대를 보장하는 의무는 차등 원칙의 유무와는 관련이 없으며, 정당한 기대로 인한 응분이 있다면—그는 응분이라는 개념을 인정하지 않지만—이러한 의미의 응분은 사회적 협업이라는 틀을 전제로 하기 때문이라고 주장한다(TJ, 103). 따라서 재능이 있는 자는 재능을 가졌다는 이유로 정당한 기대에 부응하는 혜택에 대해 자격/권리를 가지는 것이 아니다.

아무리 차등 원칙을 적용하더라도 〈그림 1〉이 보여주는 것처럼 O점에서 D점에 이르는 과정에서만 차등 원칙은 적용된다. 여기서 알 수 있는 것처럼 롤스는 결과에서의 절대적인 평등을 지향하지는 않는다. 차등 원칙은 완화된 의미에서 평등주의적이다. 차등 원칙은 덜 평등한 배분보다는 더 평등한 배분을 선호한다. 그 이유는 최소 수혜자에게 더 좋기 때문이다. 즉 차등 원칙은 평등 그 자체에만 가치를 부여하지는 않는다(Arneson 1998, 121). 효율도 중요하기 때문이다.

어쨌든 롤스는 고전적 자유주의나 수정주의적 자유주의만큼 응분을 인정하지 않지만, 재능이 있는 자는 제도에 의한 정당한 기대를 가지며 그 몫만큼은 가지게 된다고 인정한다. 이렇게 보면, 롤스가 응분이라는 용어를 쓰지는 않지만 결과적으로는 응분을 인정하지 않는 것은 아니라고 하겠다.

이상과 같이 실질적으로 상당한 정도의 응분을 인정하는 셈이라고 해도 롤스는 자신의 정의의 두 원칙이 정의는 당연한 것을 부여하는 것이라는 응분의 전통적인 관념과는 결별한다고 주장한다. 그러면서도 그는 전통적 관념과 결별이 아니라고 주장한다(TJ, 10~1). 강변이라고도 할 수 있는 롤스의 이러한 주장을 어떻게 해석할 것인가?

첫째, 타고난 재능과 능력의 배분을 공동의 자산으로 삼기로 하는 데 일단 합의했다. 그렇다면 재능을 가진 자도 그 재능을 자신의 것이라고 주장할 수 없게 된다. 그렇게 주장하더라도 강력하고 구성적인 의미가 아니라 약하고 우연적인 의미이다. 소유에 대한 이러한 의미는 강력하고 전 제도적인 의미의 응분을 성립시키는 데 부적절하다. 즉 타고난 재능을 근거로 하여 응분을 요구할 자격이 없어진다. 말하자면 어떤 제도가 먼저 있어서 사람들로 하여금 무엇을 하도록 격려하고, 그래서 그렇게 한 것에 대해 권리를 가지게 된다. 롤스는 덕성과 도덕적 값어치에 대하여 정의로운 제도가 우선이라는 것을 보여주기 위해 전술한 것처럼 법이 있고 난 연후에 범법이나 '가질 만하지 않은 것'이 따르는데, 도덕적 값어치를 보상하는 것을 제1원칙으로 삼아 조직하는 것은 도둑을 처벌하기 위해 재산제도를 만드는 것에 비유할 수 있다고 주장한다(TJ, 311~3).[48]

둘째, 사회의 규칙 아래에서 재능을 발휘한 자가 자신의 공정한 몫에 대해 자격을 가지더라도 그가 다른 규칙이 아니라 사회의 그 규칙이 집행되도록 요구할 자격은 없다. 이 두 가지 이유에서 재능을 타고난 자는

---

48 이러한 주장에 대해 그렇다면 롤스는 왜 반성적 평형이라는 개념을 도입했는지 반문할 수 있다. 그리고 롤스가 배분적 정의와 응보적(應報的) 정의의 차이를 이상과 같이 비유하는 것은 잘못이라고 지적할 수 있다(Sandel 1982, 89~93).

자신이 응분을 가지며, 그러므로 타인의 복지에 기여하지 않고도 혜택을 가지게 하는 협업의 틀에 대해 권리를 가진다고 주장할 수 없다. 따라서 응분을 요구할 근거가 없다(TJ, 104).

그러므로 롤스는 제도에 의존할 수밖에 없게 되는데 이를 이유로 들 수 있다. 그러면 과연 제도에 의존할 수밖에 없는지 논해보자. 그는 정말 '전 제도적인pre-institutional' 의미의 응분을 무시하는가? 결론적으로 말하면, 전술한 바대로 그렇지 않다고 생각된다. 차등 원칙을 적용한다고 해도 〈그림 1〉의 O점에서 정의와 효율성이 동시에 최적으로 달성되는 D점에 이르는 과정에서 재능이 있는 자는 정당한 기대에 부응하는 것을 가지게 된다. 따라서 결과에서는 절대적인 평등이 이루어지는 것이 아니다. 즉, 전 제도적인 의미의 응분이 부분적으로는 인정된다고 봐야 한다.

롤스가 주장하는 바는 개인이 요구하는 것은 제도의 규칙과 준칙을 참조함으로써 정해지며, 정의로운 틀이 각자에게 그의 당연한 것을 부여한다는 것이다. 그렇다고 해도 응분이 무시되지는 않는다. 그래서 노직은 롤스가 응분을 거부하기보다는 이를 전제로 한다는 점을 지적한다.

노직이 지적하는 바는 무엇인가?

첫째, 롤스는 자신의 논리 자체의 일관성을 견지하고 있지 않다. 설사 자연적 재능과 능력을 타고났다고 해도 그 능력을 활용하기로 결정하고 실제로 행동에 옮기는 것은 인간의 자율성에 따른다는 점을 롤스는 언급하지 않는다(ASU, 213~4). 그렇다면 응분을 무시하는 롤스의 견해는 인간이 자율적 존재로서의 존엄성과 자기 존중을 가져야 한다는 롤스 자신의 주장과 일치하지 않는다.

둘째, 롤스는 사실상 자연적 자산에 대한 응분을 인정하고 있다. 그 논지는 다음과 같다. 롤스는 자연적인 자유의 체제에서 가장 효율적인 배분은 자산의 최초 배분, 즉 소득과 부, 그리고 자연적 재능과 능력의 최초의 배분에 따라 결정된다는 점을 인정한다. 그러나 롤스는 자연적 자유의 체제를 거부하는데, 원초적 입장에서 정의의 두 원칙을 택하게 된다는 점을 강조하는 것이지 왜 자연적 자유의 체제를 거부하게 되는지는 기술하지 않고 있다(ASU, 215). 롤스의 시각에서 차등 원칙은 자연적 자산을 인정하는 자연적인 자유의 체제에서 비롯되는 부정의를 시정하기 위한 것이다. 이에 대하여 노직은 독단성이 응분을 침해하는 것이 아니며, 설사 침해하더라도 차등 원칙이 아니라 자연적 자유가 우선되어야 한다고 주장한다(Sandel 1982, 82).

노직의 이 주장은 다음과 같이 기술할 수도 있다. 롤스는 자연적 재능의 배분을 공동의 자산, 사회적 자산 또는 집합적 자산으로 삼지만(TJ, 87·92·101·156; RTJ, 87), 노직은 이를 강제노동이라고 본다(ASU, 171). 그러나 롤스는 자연적 자원을 서로 어떻게 배분받았는지 모르는 상황에서 차등 원칙을 택하게 되었기 때문에 특정인을 겨냥한 것이 아니며, 정의의 두 원칙에서 결과적으로 재능을 더 많이 가진 이가 더 많이 배분받게끔 되어 있다고 답할 것이다. 그러므로 재능에 대해 권리가 없다든가, 재능을 공동선을 위해 몰수해야 한다든가, 재능이 보상받지 않아야 한다고 주장한 것이 아니라, 재능을 가진 자가 어떤 특별한 보상을 받을 권리가 없다고 주장했을 뿐이라고 답할 것이다. 재능은 최소 수혜자의 지위를 향상시킨다는 공동선을 ─ 롤스는 공동선이라는 말을 즐겨 쓰진 않았지만 ─ 증진하는 방식으로 보상받게 되어 있다(Pogge 2007, 183~4).

더욱이 공동의 자산이라고 해서 사회가 재능과 기술을 소유한다는 것을 의미하지는 않는다. 개인이 기본적 자유에 의해 보호받는다는 의미에서 개인이 소유하는 것이다. 재능을 행사함으로써 사람들이 얻는 혜택은 규칙에 따라 정해지며, 그 규칙은 재능의 배분을 모든 사람, 특히 최소 수혜자에게 우선적으로 혜택을 주는 방향으로 작동한다는 것을 의미한다.

이렇게 완화하지만 가장 시장성 있는 재능과 기술은 최상의 집단에게 돌아가기가 쉬우며, 행운을 덜 가진 이들은 최악의 집단에 속하기가 쉽다. 그렇기 때문에 차등 원칙은 시정의 원칙에는 못 미친다(TJ, 100~1). 사회적·자연적 우연성에 의한 불이익을 모두 보상하지는 않기 때문이다. 그래서 결과적으로는 공적주의를 전적으로 무시할 수는 없게 된다. 따라서 결국 자연적 자산을 더 많이 타고난 이들은 타인, 특히 최소 수혜자의 입장을 개선시키는 한에서는 더 많은 몫을 가질 수 있다는 점을 인정한다(TJ, 102).

차등 원칙은 결국 타고난 재능을 발휘한 이들에게는 더 많은 배분의 몫을 인정한다(ASU, 219). 말하자면 최소 수혜자의 입장을 개선하는 데 봉사한 이들에게는 더 큰 몫의 분배가 돌아가도록 인정하고 있다(ASU, 222). 이렇게 보면 자연적 자산을 활용할 수 있게끔 동기를 부여해서 나타난 결과를 차등 원칙으로 보완하는 것이다. 그렇다면 배분의 결과는—롤스는 제도에 의한 정당한 기대의 결과라고 말하겠지만—결국 자연적 자산의 차이를 반영하는 셈이다(ASU, 217~8). 따라서 자연적 자산을 공동 자산으로 삼되 자연적 자산에서 비롯된 결과, 즉 자연적 자산에 대한 응분을 실질적으로는 상당히 인정하는 것이라고 결론 내릴 수 있다.

롤스가 결과적으로는 전 제도적인 응분을 인정한다는 것은 다음과 같은 주장에서도 가능하다. 앞서 말한 바와 같이 롤스는 '각자에게 그의 공헌에 따라' 또는 '각자에게 그의 노력에 따라'라는 정의에 대한 상식적인 준칙과 도덕적 응분에 대한 요구, 즉 덕성이 보답받아야 한다는 요구를 구분한다. 이 모든 요구를 일단 응분에 대한 요구라고 간주해보자. 그의 이론에서 상식적인 준칙은 "시장에서 수요나 공급 또는 양자에서 중요한 직업의 양상과 단순히 일치하기" 때문에(TJ, 305) 고려된다. 평균적인 공헌보다 더 많이 공헌한 사람은 회사에 더 많은 가치를 만드는 것이며, 시장 조건이 요구한다면 그에게 더 높은 임금을 지불하는 것이 더 값어치가 있다.

그래서 롤스는 공리주의자처럼 보답을 동기부여로 해석하는데, 동기부여는 기술을 습득하게 하고, 더 심한 노동을 하게 하고, 유쾌하지 않은 일을 하게 한다. 그러한 분배적인 관행은 응분을 보답하는 관행과 일치하지는 않는다. 두 가지 일에 정확하게 같은 양의 기술과 노력 등이 요구되지만, 어떤 일을 할 사람은 많고 다른 일을 할 사람은 적을 수 있다. 이 경우에는 일할 사람이 적은 일에 임금을 더 주게 된다.

그러나 응분의 관점에서는 두 일이 똑같이 보답받아야 한다. 게다가 차등 원칙에 따를 경우, 희귀하고 쓰임새가 많은 재능을 가진 사람들이 더 높은 임금을 받아야만 그 재능이 쓰이게 되고 아니면 거부된다면, 그들에 대한 보답은 높아야 한다. 이렇게 하여 최소 수혜자가 얻는 것이 균형을 이룬다면, 롤스의 이론에서 보답이 불평등한 것은 옹호된다. 그러나 그 불평등이 '응분이라고'(마땅하다고) 여겨질 수는 없다(Miller 1976, 47). 이상과 같이 보면 롤스는 실질적으로는 응분을 인정한다고—고전적 자유주의자나 수정주의적 자유주의자만큼은 아니라고 해도—봐야한다. 응분을 인정했다고 보면, 그 이유는 평등과 효율의 조화 때문이라고 할 수 있다.

그런데 응분에 대한 개념, 특히 전(前) 제도적 개념과 제도적 개념의 차이를 좀 더 명료하게 하고, 응분과 자연적 재능의 관계를 인간의 정체성에 대한 문제를 제기하면서 고찰할 필요가 있다. 이 문제는 롤스에 대한 비판과 연결되지만, 그 자체로서 중요성이 있기 때문에 별도로 다루어보자.

롤스는 개인의 자연적 재능을 응분으로 삼지 않고 차등 원칙의 대상으로 삼겠다고 하면서도 고전적 공리주의가 사람들 사이의 차이를 구분하지 않는다고 비판한다. 이에 대하여 노직은 롤스의 공리주의에 대한 비판 그 자체를 롤스 자신에게 적용할 수 있다고 주장한다.[49] 노직에 따르면 롤스는 사람과 그 사람의 재능을 구분해서 양자가 별개인 것처럼 생각함으로써, 즉 사람에게 재능을 결부시키지 않아 모든 사람이 같은 것처럼 만듦으로써 사람들 사이의 구분이 필요 없는 것으로 만들었다. 그렇지만 사람에게서 그 사람의 타고난 재능을 배제하는 것 자체가 사람의 사람됨을 앗아가는 것이다(ASU, 228).

샌델도 롤스는 재능이 자아를 형성하는 본질적인 구성요소가 아니라 우연히 주어지고 전적으로 비본질적이라는 인간 이론을 제시한다고 주장한다(Sandel 1982, 78). 그렇기 때문에 샌델은 롤스가 재능을 공통의 자산으로 삼음으로써 사람들 사이를 구분하지 않았다고—롤스는 공리주의가 구분하지 않았다고 비난하면서도—주장한다.

롤스에 대한 노직과 샌델의 비난은 다음과 같이 해석할 수도 있다. 인간은 신체 자체를 갖추어야 인간이라고 볼 수 있다. 말하자면 인간은 자신의 신체(또는 자신)에 대해 주권을 가져야 한다. 그 신체에 대해서는 불가양이며 불가침이라는 원칙을 인정함으로써 로크가 지적하듯 인간은 자신을 노예로 팔 수 없게 된다(ST, §23).

이처럼 인신을 양도할 수 없기 때문에 사람은 죽음을 택해서도 안 되

---

49 고티에도 비슷한 주장을 한다(Gauthier 1990, 205).

며, 아무리 환자의 동의를 받았다고 해도 의사는 환자의 안락사를 도울 수 없다. 그러므로 풍랑을 만난 배에서 아홉 명이 스님의 목숨을 앗아갈 수 없으며, 하선(下船)이라고 적힌 제비를 뽑은 사람이 바다에 들어가게 되는 약속을 할 수 없다. 그런데 롤스가 타고난 재능과 자신의 수족을 움직여서 나온 결과물을 공통의 자산으로 삼는다는 것은 불가양과 불가침이라는 원칙을 침해하는 것이 되며, 이것은 자아의 정체성을 훼손하는 것이라고 볼 수도 있다.

인간에게서 자신의 신체에 대한 주권을 인정하지 않고 타고난 재능, 즉 한 인간에게 본질적인 것이라고 여겨지는 바를 그 자신의 것으로 인정하지 않는다면, 인간의 정체성을 어떻게 확립할 수 있는가? 노직과 샌델이 던지는 질문은 이것이다. 이에 대해서는 고티에도 동조한다. 고티에는 롤스가 무지의 장막으로 개인의 능력을 무시하고 배분을 평등하게 하는 것은 개인 사이의 차이를 고려하지 않는 것이라면서, 공헌한 바에 비례하여 각자가 그 몫을 가져야 하며, 개인의 몫을 최대화해야 한다고 주장한다(Gauthier 1986, 254).

롤스가 차등 원칙을 고수하면서도 이 난관을 벗어날 수 있는 방법은 없는가? 샌델은 다음과 같은 방법을 제시한다. 차등 원칙의 기저에 있는 것을 인간에 대한 '간/상호 주관적intersubjective' 관념이라고 보자. 이 관념에 따르면, 하나의 경험적으로 개체화된 인간 이상의 것을 포함할 수 있어야만 자아에 대해 적절하게 기술하는 것이 된다(Sandel 1982, 80). 이렇게 하여 나의 자연적 재능으로부터 타인이 혜택을 받는 것은 사람들이 차이가 난다는 것을 침해하지 않는 것이 된다. 내 재능이 참으로 나의 부분이 아니기 때문이 아니라, 타인이 적절한 의미에서 나로부터 구별되지 않을 수도 있기 때문이다. 물론 이렇게 말하게 된다면, 이것은 롤스가

'경험적으로 개체화된 인간들empirically-individuated human beings' 사이를 관습적으로 구분하는 것을 공리주의자보다 덜 심각하게 받아들인다는 것을 인정하는 셈이 된다. 샌델이 이상과 같은 해결책을 제시하는 이유는 차등 원칙이 정의에 대한 공동체주의적 개념이며, 이 개념은 자아에 대해 전적으로 공동체주의 관념을 요구하는 것이라는 발상이 깔려 있기 때문이다(Scheffler 2003, 441).

반면에 셰플러Samuel Scheffler는 다음과 같이 해석하기를 권한다. 롤스는 개인이 합리적인 삶의 계획을 성공적으로 수행함으로써 선한 생활을 영위한다고 보기 때문이라는 것이다. 자연적 재능을 공동의 자산으로 삼는 것은 개인의 선에 우선하는 집합적인 선이라는 생각이 아니다. 그렇게 하는 이유는 각 개인이 선한 생활을 영위할 기회를 얻게 되려면, 요구되기 때문이다. 요컨대, 공리주의는 구별되는 개인들의 선에 대해 집합적인 선을 우선시하지만 롤스의 원칙은 그렇지 않다. 이런 의미에서 공리주의는 사람들 사이의 구분을 덜 심각하게 고려한다. 그러므로 셰플러에 따르면 롤스의 원칙과 그가 공리주의를 비판하는 바에 불일치하는 것이 없기 때문에 샌델처럼 형이상학적 방법을 택할 이유가 없다(Scheffler 2003, 441~2).

이상과 같이 샌델이나 셰플러는 롤스가 인간의 정체성을 파괴하게 되는 것에서 벗어나는 방법까지 고려하고 있다. 그들이 그래야 할 정도로 롤스가 차등 원칙을 위해 응분을 배제해야만 하는 이유는 무엇인가? 그는 자신이 주장하는 바대로 차등 원칙이 시정의 원칙은 아니지만 시정의 원칙에 의한 고려라는 것을 강조한다(TJ, 100~1). 출생과 가족적 배경 그 자체는 정의로운 것도 정의롭지 않은 것도 아니며 그저 자연적 사실이다. 그렇다고 해서 좋은 가족제도를 없애서 자연적 자산을 억제하거나 축소할 수는 없으며, 또한 그렇게 하는 것은 옳지 않다는 것을 하나의 이유로 들 수 있다.

그다음에 들 수 있는 이유는 롤스의 이론은 자원 평등주의와 다르다는 점이다. 롤스는 자원의 불평등한 배분이 최소 수혜자에게 이익이 되는 한 이를 허용하기 때문이다. 사회적인 일의적 선의 몫은 모든 사람에게 똑같이 배분된다. 그러나 경제는 역동적이다. 원초적 입장에서 사람들은 자원의 고정된 양을 어떻게 나누는가뿐만 아니라 자원의 양이 어떻게 어느 정도로 성장할 것인가도 고려한다. 더 재능 있는 사람으로 하여금 더 열심히 노력하고, 오랜 기간 훈련받게 하고, 불쾌한 일을 하게 하려면 더 많이 지불할 필요가 있다. 그래서 소득과 부에서 불평등하게 해야만 부가 전반적으로 증대되며, 이로 인해 최소 수혜자는 혜택을 받게 된다. 따라서 최소 수혜자에게 장기적으로 이익이 되는 한 롤스는 소유의 불평등을 허용한다(Gaus 2000, 204).

여기에는 더 재능 있는 사람이 자신보다 공동체를 위하겠다거나 정의에 언질을 두었다는 이유에서만 열심히 노력하지는 않을 것이라는 가정이 깔려 있다. 즉 재능을 사용해서 더 많은 혜택을 얻을 수 있다는 보장이 주어져야만 열심히 일할 것이라고 가정한다. 사회주의자는 바로 이 점을 두고 롤스를 비난한다. 즉 사회주의자는 사람들이 정의에 진정으로 헌신한다면, 동기를 유발하는 여분의 보답이 없더라도 노력해야 한다고 주장한다. 이런 측면에서 보면 롤스는 인간의 본성과 관련해 이기심에 바탕을 두는 개인주의적인 관념을 견지하는 셈이다. 그는 이런 관념을 견지하고 있기 때문에 자원을 철저하게 평등하게 배분하는 것을 옹호하지 않는다. 요컨대 평등을 도모하면서 효율도 증진해야 하는데, 평등을 위해서는 차등 원칙과 응분의 배제를 설정한 것이다.

이에 대한 가장 큰 이유로는 롤스가 사회 정의를 논하지 않을 수 없게 되었다는 점을 들 수 있다. 현대에 들어 인간은 분업을 통해 엄청난 부를 축적하게 되었는데, 그 결과로 나타나는 불평등을 어느 개인의 잘못으로 돌릴 수 없고 사회 전체가 책임져야 하게 되었다. 말하자면 롤스는 개인들 사이의 상호 작용을 도덕적으로 분석하기보다는 제도를 도덕적으로 분석하는 쪽을 택하지 않을 수 없게 되었다. 그렇다면 기본적인 사회 구조가 어떤 모습을 해야 하는지 규정하는 정의의 원칙이 있어야 하며, 이러한 제도 아래에서는 어떤 활동을 하면 혜택이 오리라는 것을 정당하게 기대하게 해야 하며, 그래서 해당 활동을 한 사람들이 그에 상응하는 혜택을 가질 만하게 해야 한다. 이 경우 응분은 제도를 형성하는 원칙에서 윤리적인 중요성을 얻는다. 즉 응분은 전(前) 제도적인 힘이 없다(Miller 1999, 139).

공리주의도 이 견해를 택한다. 응분이라는 용어는 원래 사회 전체가 아니라 주로 개인을 염두에 두고 쓰였다. 그런데 공리주의는 이 견해를 받아들이지 않는다. 공리주의는 응분이 근본적으로 도덕적 개념이라고 여기지 않는다. 공리주의자는 사회 제도가 공적과 '공적이 아닌 것demerit'을 천명한 기준에 따라 혜택과 부담을 할당할 이유가 있으며, 그 기준을 충족한 사람은 혜택과 부담을 가질 만하다고 말하는 것이 가능하다고 동의할 수 있다.

그러나 그렇게 말하는 것은 정의로운 제도를 고안하는 데서 응분을 규범적인 제약보다는 제도적인 인공물로 다루는 것이다. 정의로운 제도가 사람들이 독립적으로 당연히 가질 만한 것을 사람들에게 주어야 한다고 말하는 것은 아니다. 말하자면 정의로운 제도가 어떤 기준에 따라 보답을 할당할 것이라고 공언했다면, 그 기준에 부합하는 개인들은 제도가 공언한 바대로 마땅히 보답을 가져야 한다(Scheffler 2003, 447).

롤스는 이 점을 받아들인다. 정의로운 제도는 그 제도가 만들어낸 기대를 존중해야 한다. 그리고 응분에 대한 논의가 단순히 제도적인 자격을 참조하는 방식의 하나라면, 롤스는 정의로운 제도가 사람들이 당연히 가져야 할 바를 주어야 한다는 데 기꺼이 동의할 것이다. 그러나 공리주의와 함께 이러한 의미의 응분은 정의와 관련해 제도에 앞서서 존재하는 관념, 그리고 정의로운 제도에 의해 실제로 확립된 기대에 의존한다(TJ, 103).

그러면서도 롤스는 응분에 대한 자신의 관점이 전술한 것처럼 응분에 대한 전통적인 이해와 일치한다는 것을 암시한다. 예컨대 한편으로는 정의에 대한 그의 관점이 전통적인 아리스토텔레스의 견해와 갈등이 없다고 주장한다. 그러나 다른 한편으로 자격은 사회 제도와 제도가 야기한 정당한 기대로부터 아주 가끔 연유한다고 주장한다. 얼핏 봐서 다른 견해들이 갈등을 일으키지 않을 것이라고 주장하는 이유는, 아리스토텔레스가 정당한 기대로부터 연유한다는 주장에 동의하지 않을 이유가 없으며, 따라서 전통적인 개념과 갈등이 없다고 보기 때문이다(TJ, 10~1). 각자에게 그의 당연한 것을 부여하는 것이 정의라는 전통적인 개념에서 롤스는 정의로운 틀이 각자에게 그의 당연한 것을 부여한다고 본다. 즉 제도적인 틀 자체에 의해 규정된 바대로 각자가 자격을 가지는 것을 제도적 틀이 각자에게 할당한다. 그래서 제도에 의한 기대에 부합하게 하는 것이 전통적으로 정의를 규정하는 것이 된다(TJ, 313).

그런데 롤스가 이상과 같이 주장하게 되면, 응분에 대한 전통적인 견해와 공리주의자와 롤스가 인정하는 견해 사이의 큰 차이를 무시하는 것이 된다. 이렇게 생각될 여지도 있겠지만, 전통적인 견해는 제도가 응분에 대한 독립적이며 개인적인 기준에 의존하며, 제도가 정의로우려면 응분에 대한 기준에 순응해야 한다고 주장하는 것이다. 반면에 롤스와 공리주의는 사회 전체에 적용되는 배분적 정의에 대한 원칙은 전 제도적 응분이라는 개념을 참조하지 않고 정해지며 정의로운 제도는 대두시킨 기대를 존중한다는 것뿐이다. 그 기대라는 것도 응분이라는 용어를—원한다면—이용해 표현할 수 있는 기대일 뿐이다(Scheffler 2003, 448).

아리스토텔레스는 응분이 평등해야만 그에 비례하여 배분적 정의가 평등해진다고 주장했다. 그런데 롤스의 제도적 응분은 이 주장을 받아들이지 않는다. 그러므로 제도를 염두에 두고 응분을 논할 때는 응분과 자격/권리를 혼동하지 않아야 한다. 자격/권리는 기존의 규칙 아래에서 어떤 것에 적합해짐으로써 가지게 된다. 이것은 그것이 마땅하다는 것과는 다르다. 예를 들면 남성은 같은 일을 하는—같은 성과를 내는 것이 아니라—여성보다 25퍼센트 더 많은 봉급을 받게 하는 규칙을 정할 수도 있다. 그러나 이것은 남성이 여성보다 더 많은 것을 가질 만하다는 것을 보여주지는 않는다.

이처럼 어떤 규칙에서 자격을 가지는 것과 응분은 다르다. 그렇다면 응분에 대해 제도적 견해를 고수하고자 하는 이들은 사람들이 당연히 가져야 하는 것은 기존의 제도가 아니라 정의로운 제도 아래에서—롤스의 경우에는 정의의 두 원칙이 가져다주는 정의로운 제도 아래에서—자격을 가지게 되는 것이라고 주장할 것이다. 그래서 제도적 입장을 취하지 않을 수 없는 롤스는 '사실상의de facto' 기대가 아니라 정당한 기대로써 응분을 분석한다(JFR, 64). 이렇게 하여 기존의 규칙 아래에서 어떠한 것에 대하여 자격이 있는 것과 정의로운 일련의 제도가 구체화하는 공정한 규칙에 따라 가질 만한 것을 구분한다. 제도적인 견해를 취한다는 것은 응분을 부차적이며 파생적인 윤리적 개념으로 다루는 것이다(Miller 1999, 139).

그런데 응분이 과연 이러한 방식에 따라 제도적 개념으로 분석되어야만 하는가? 특별한 응분에 대한 판단은 제도에 의존하는 요소가 있지만, 해당 제도가 이미 존재하지 않는다면 제도와 연관해서 응분에 대한 판단을 내릴 수 없다. 이 점에서 응분은 그 근저에 전 제도적이라고 할 수도 있다. 그렇다면 응분을 제도에 의한 정당한 기대와 일치시키는 롤스의 입장은 과연 정당한가?

논의를 단순화하기 위해 다음과 같이 생각해보자. 제도가 정의롭다는 것은 명백하기 때문에 사람들이 자격을 가지게 되는 바에 대하여 사람들은 정의롭게 자격을 가지게 될 것이다. 그런데 자격을 가지는 것이 수행한 바에 근거를 두는 경우 일반적으로 응분이라는 용어를 쓴다. 예를 들어 이사들 중에서 성(姓)의 가나다 순서대로 회사의 사장을 선임하는 규정이 있는데, 지난번에 강감찬이 사장을 했기 때문에 이번에는 그다음 순서가 되는 남이를 선임했다고 가정해보자. 이때 남이가 사장이 될 자격/권리는 있는 것이 분명하다. 그렇지만 남이가 사장이 될 만하다고 말하는 것은 이상하다. 순번제라는 규정에 따라 차례가 됐다는 것이 남이를 사장이 될 만하게 만드는 것은 아니기 때문이다(Miller 1999, 140).

그럼에도 롤스가 이 점을 간과하는 이유는 무엇인가? 경제적 보답은 어떠한 방식으로 직책과 직위에 개방되고, 그래서 개인들은 이 직책이나 직위를 위해 훈련받고 일하고 있으며 개인들은 그 직책이나 직위에 부과된 보답을 정당하게 기대한다고 가정하기 때문이다. 이 경우에는 개인이 수행한 것, 게다가 평상적으로 할/가질 만하다고 생각되는 종류의 것을 수행한 것 때문에 정당하게 기대하게 되는 것이 분명하다. 그래서 응분과 자격은 결합되며 응분이 단순히 정당한 기대라고 주장하는 것은 그럴듯하다.

그러나 그럴듯하다는 것은 롤스가 선호하는 특정한 정의에 대한 이론을 인공적으로 만들어내려고 하기 때문이다. 만약 응분이 진정 공정한 제도 아래에서 자격이 주어지는 것임을 의미한다면, 공정에 대한 다른 원칙에서도 이 입장이 견지되어야 한다. 그리고 위에서 든 예처럼 남이를 순번제로 선임하는 것을 추정적인 공정한 절차라고 배제할 이유가 없다(Miller 1999, 140). 요컨대 만약 응분이 정당한 기대라고 여겨진다면, 정당한 자격 가운데 부분 집합, 즉 개인이 행한 바에서 도출되는 것만이 응분으로 설명된다. 어쨌든 응분을 제도적 개념으로만 다룰 수 있는가라는 문제는 남게 된다(Miller 1999, 140).

그런데 정의로운 일련의 제도로써 설명되는 것에 응분이 실질적인 제약을 가하는가? 만약 가한다면, 응분은 제도적 개념으로만 다룰 수 없다(Miller 1999, 140). 차등 원칙은 일을 수행한 것에 대한 임금이 최소 수혜자의 경제적 입장을 최대화한다는 틀에 따라 정해져야 한다는 것을 의미한다. 롤스는 이 틀이 과세하고 실직자와 저소득층을 돕기 위해 과세를 이전하는 체제가 곁들여진 경쟁적인 노동시장이라고 가정한다.

어떤 직업에서는 남성과 여성의 임금이 차이가 날 수도 있다. 고용주가 노동시장의 상황을 고려하여 유능한 노동자를 확보하기 위해서 남성보다 여성에게 더 낮은 임금을 책정할 수 있다. 이렇게 하는 것이 차등 원칙에 따르는 것일 수 있다.[50] 이에 견주어 두 사람이 수행한 일이 같다

---

50 공평한 기회 평등의 원칙이 있다고 해서 남성과 여성의 임금 차이를 둘 수 없다는 것은 아니다. 롤스의 틀 내에서 공평한 기회 평등의 원칙을 왜 효율성이라는 원칙보다는 정의의 원칙으로 다루어야 하는지 보여주는 데서 문제가 되는 경우도 있다. 일단 사람들이 전(前) 제도

면 어느 한 사람이 다른 사람보다 적게 일하겠다고 마음먹었다고 해도 응분에 호소함으로써 두 사람 모두 같은 보답을 받을 만하다. 여기에서 같은 일에는 같은 급료를 지급하는 것은 실질적으로 응분 원칙이 요구하는 것이 된다. 그래서 만약 제도가 이 요구를 충족하지 않는다면, 사람들은 제도 아래에서 정당하게 자격을 가지는 보답을 받을 만하지 않을 수도 있는데, 이것은 부당하다고 생각할 수 있다(Miller 1999, 141).

같은 일에는 같은 급료라는 등치(等値)의 원칙은 응분의 원칙이 실질적으로 의미하는 유일한 것이 아니다. 응분이라는 개념에 호소하는 것이 응분을 요구하는 근거로서 무엇을 수행해야 하는지 반드시 결정하는 것은 아니다. 그러나 일단 수행하게 되는 일이 정해지면, 제도가 무엇을 하라고 명령하더라도 응분이 요구하는 바는 더 낮게 수행한 일은 더 나은 인정을 받아야 한다는 것이다. 그런데 롤스의 원칙은 이 점을 반드시 요구하지는 않는다(Miller 1999, 141).

응분 그 자체를 합체시키지 않는 어떤 기준에 의해 정의로운 제도가 있다면, 정상적인 의미의 응분은 단순히 제도 아래에서의 자격으로 간주될 수 없다. 그렇기 때문에 정의를 설명하는 데 기본적인 요소로서 순전히 제도적인 의미가 아닌 응분이라는 기준을 포함해야 한다. 아니면 응분이라는 기준은 정상적인 개념보다는 아주 적게 결정적인 어떤 것으로 전환해야 한다. 이처럼 응분은 주로 전 제도적인 개념이라고 볼 수 있다. 이렇게 보면, 응분을 규정하는 제도가 전 제도적인 개념을 반영해야 한

적인 의미에서 어떠한 지위를 두고 경쟁할 수 있는 평등한 기회를 가질 만하다는 생각을 포기한 이상, 만약 어떤 사람이 타인들보다 직책과 지위를 두고 경쟁할 더 많은 기회가 있다면, 공평한 기회 평등의 원칙을 단순히 비효율적이라는 것에 대비시켜 공정하지 못하게 하는 것은 무엇인가(Miller 1999, 주 22, 302~3)?

다(Miller 1999, 142~3).

롤스가 결과에서는 다른 자유주의자들처럼 응분을 인정하게 된다고 여겨지더라도 그는 응분이라는 개념을 배제하려고 노력했다. 그런데 그리스 문화의 특징이었던 공헌이라는 개념, 그리고 칸트에게서 응분에 근거를 두는 체제였던 자연적이거나 제도 이전(以前)의 응분은 롤스에 이르러 사라져버렸다(Pojman et al. 1999, 6). 정의는 이제 타당한 사람들이 원초적 입장에서 합의하게 된 것으로 규정된다.

전술한 것처럼 그리스의 시모니데스부터 칸트에 이르기까지 정의에 대한 고전적 개념은 각자에게 응당한 것을 준다는 것이었다. 그런데 롤스에 와서 일의적 선을 평등하게 배분하는 경향으로서의 정의가 고전적 개념을 대체했다. 롤스에게서 응분이 보상과 처벌을 기대할 수 있게 되는 제도적 배열, 자격, 그리고 제재로 변모한 결과, 응분으로서의 정의는 거부되었다(Pojman et al. 1999, 6). 이것은 개인의 자유 의지와 책임에 대한 회의적인 시각을 반영한다.

대부분의 현대 정치철학자들은 응분이라는 개념을 거부하거나 손상시켰다. 롤스 같은 자유주의자 외에도 스마트 J. J. C. Smart 같은 공리주의자는 공리의 최대화를 강조하지 응분이나 응분이 의존하는 책임을 강조하지 않는다. 그는 "(결과에 대한) 책임이라는 개념은 형이상적인 난센스의 한 조각"이라고 일갈한다(Smart 1973, 54). 공동체주의자와 사회주의자는 응분과 공적이 지나치게 개인주의적인 견해를 반영한다는 이유에서 응분과 공적을 거부한다. 배리에 따르면, 사회계약에 의해 결집된 사회에서 사람들이 합리적이며 독립적인 원자라고 여겨지고 각자의 값어치가 정확하게 확인되는 경우에 응분과 공적이라는 개념이 번성한다(Barry 1965, 112f).

어쨌든 전통적인 전 제도적 응분이라는 개념을 무시했기 때문에 롤스는 사회주의적이라는 평을 받게 되었으며, 바로 이 점 때문에 롤스는 자신의 이론이 오늘날의 자유주의적 복지국가에서조차 수용될 수 있는지에 대해 의구심을 품게 되었다.

응분과 운

롤스는 가족적 배경이나 타고난 재능을 운이라고 보았기 때문에 제도적인 응분을 논한 것이다. 그렇다면 응분과 운의 관계를 어떻게 봐야 할 것인가? 행위자는 통제할 수 없는 것의 영향을 받아서 어떤 일을 잘할 수도 있으며 못할 수도 있다. 즉 운이 좋으면 잘될 수도 있고, 운이 나쁘면 못 될 수도 있다.

그런데 운은 두 가지 방식으로 영향을 끼친다고 볼 수 있다. 예컨대 평소 실력으로 보면 기대할 수 없는 일이지만 어떤 사람이 운이 좋아서 두 번이나 연달아 홀인 하여 골프 게임에 이기는 우연도 있을 수 있다. 그러한 운(우연히 연달아 홀인 한 것)은 어떤 일(골프를 잘 치는 일)을 수행하는 데서 필수적인 요소이기 때문에 '필수적 운integral luck'이라고 할 수 있다. 다른 한편으로 물리학 연구소에 들어가서 다행히 한 분야의 연구 책임자가 되어 끝내 노벨물리학상을 받은 장영실이라는 과학자가 있다고 가정해보자. 상을 받는 데 결정적으로 기여한 것은 그가 연구를 아주 열심히 했기 때문인 것이 분명하다. 그런데 그가 그렇게 할 수 있었던 것은 그 연구소에 들어가고 연구 책임자가 되는 기회를 얻었기 때문이다. 그가 그런 기회를 포착하게 된 것은 '부수적인 운circumstantial luck'이라고 할 수 있다(Miller 1999, 144).

필수적인 운은 응분을 가치가 없는 것으로 만든다. 그러나 부수적인 운은 다르다. 부수적인 운이 따른다고 해서 모든 사람이 열심히 노력하고 상을 타게 되는 것은 아니기 때문이다.

예컨대 이세종이라는 예비 과학자도 장영실과 같은 기회가 주어졌다면 자신도 노벨상을 받았을 것이라고 주장할 수 있을 것이다. 이세종의 주장은 정당한가? 그런 기회가 주어졌다고 해서 이세종이 열심히 노력했을 것인지는 알 수 없는 일이다. 또한 비록 그가 좋은 과학자라는 것을 인정하더라도 노벨상을 받을 만큼의 통찰력을 가졌는지는 더욱 알 수 없다. 그리고 설사 이세종에게 기회가 주어지고, 그는 열심히 노력할 의지가 있으며 통찰력도 가지고 있었다고 해도, 그가 장영실처럼 노벨상을 탈 만하다고 말하기는 어렵다. 응분이라는 개념은 가설적으로 수행한 것이 아니라 실제로 수행한 것에서 연유하기 때문이다. 그래서 연구소에서 연구할 기회를 얻지 못한 이세종을 두고 노벨상을 받을 만하다고 말할 수는 없다. 이세종에 대해 우리는 기회를 얻지 못한 점이 아쉽다고만 느낄 뿐이다. 또한 그 연구소가 이세종이 연구원이 될 기회를 배제한 것이 잘못이라면, 기회를 얻지 못한 것이 공정하지 못하다고 말할 수는 있어도 노벨상을 받지 못한 것을 두고 공정하지 못하다고 말할 수는 없다 (Miller 1999, 144~5).

다음으로 자연적 재능과 응분의 관계를 다시 논의해보자. 유전적으로 타고난 재능도 일을 수행하는 데 영향을 끼친다. 이것도 일종의 운으로 여겨질 수 있다. 어느 누구도 자연적으로 타고난 재능은 통제할 수 없기 때문이다. 다만 타고난 재능 중에서 어느 것을 발전시키고 발휘할 것인지는 개인이 결정할 수 있다. 그렇다면 응분을 산정(算定)할 때 롤스처럼 자연적 재능에 의한 요인을 사상(捨象)하여 자연적 재능을 감소시켜야 하지 않겠는가(Miller 1999, 146)?

그런데 감소시켜야 한다는 견해를 따르는 것은 응분이라는 개념의 도덕적 특질을 세련되게 하는 것이 아니라 오히려 파괴하는 것이다. 그것은 두 가지 이유에서이다.

첫째, 사람은 의도에 따라 수행한 것을 근거로 해서만 혜택을 받게 되는 응분이 있는데, 설사 수행한 것이 자연적 재능에 의한 것이라고 해도 당사자가 재능을 발전시키기로 결정하고 노력했기 때문에 수행할 수 있는 것이다. 응분은 수행한 것을 바탕으로 하는 것이지 수행하는 데 조건이 될 수 있는 재능을 바탕으로 하지는 않는다(Miller 1999, 146).

둘째, 설사 재능을 타고난 것이 그저 운이라고 말하고 싶은 사람들도 이러한 종류의 운은 필수적 운이나 부수적 운처럼 다른 종류의 운과는 다르다는 점을 인정할 것이다. 예를 들어 인수봉에서 바위타기를 하는데, 타고난 체력이 약한 철수는 로프가 끊어지고 강한 바람을 받는 등의 불운 때문에 실패한 데 반하여 타고난 체력이 강한 갑돌은 이러한 불운을 겪지 않고 성공했다. 타고난 체력이 약한 것이 로프가 끊어지거나 바람이 강한 것 같은 종류의 운이라고 보기는 어렵다. 바위타기를 하는 데서 체력은 필수적인 것인 반면에 다른 운이나 불운은 외적으로 부여된 것이다. 그러므로 특히 타고난 체력을 응분의 산정에 고려하지 않겠다는 것은 곤란하다. 철수가 체력이 더 강했다면 달성할 수 있을 것을 철수의 응분이라고 말하는 것은 이상하기 때문이다(Miller 1999, 147). 또한 예컨대 우리가 피아노 연주자에게 기립박수를 보낼 때, 좋은 연주 중에서 자연적 재능에 의한 것을 제거한 뒤의 연주가 어떠했을 것이라고 생각해보고 기립박수를 보내는 것은 아니다(Miller 1999, 148). 이 문제는 결국 노직이 제기한 바와 같이 무엇이 인간의 정체성을 확립하는가라는 문제로 귀결된다.

3. 필요

롤스는 권리, 응분에 이어 필요라는 정의의 원칙을 어떻게 보고 있는 가? 사회적인 일의적 선을 평등하게 배분하고 기회를 평등하게 하여 자신의 인생을 아무런 제약 없이 평등하게 꾸려나갈 수 있는 조건을 마련해주었는데도 인간으로서의 최소한 필요를 충족시키지 못하는 이들이 있을 수 있다. 이러한 인생의 패자들에게 어떻게 할 것인가? 국가는 복지 정책을 펴서 필요를 충당하게 하고, 다시 출발할 수 있는 기회를 마련해주어야 한다.

원초적 입장에서는 최소 극대화의 규칙에 의존하도록 동기가 부여되어 차등 원칙을 택하게 되어 있다. 그리하여 차등 원칙에 따라 사회·경제적 재화가 배분되기 때문에 최소 수혜자도 기본적 필요를 충족할 수 있게 된다. 그래서 롤스는 사회 구성원들은 자신의 수입으로 기본적인 사회·경제적 필요를 충족한다고 가정한다. 그리고 자유의 우선성과 관련해서 논한 바와 같이 아주 한정된 경우에 적용되는 것이지만 롤스는 기본적 자유와 권리를 기본적 사회·경제적 필요와 같다고 보기도 한다. 따라서 롤스는 사회·경제적 필요를 어쨌든 인정한다.

왜 필요를 충족시켜야 하는가? 기본적 필요가 충족되어야 기본적 자유와 권리를 효과적으로 행사할 수 있기 때문이다(JFR, 44). 즉 그렇게 해야만 자유의 우선성이 그 사회에서 기림을 받을 수 있다.

롤스는 필요를 다룬 이론에서 포함된 사람들 사이의 비교를 중시하지 않으려고 한다. 차등 원칙의 장점은 어떠한 배분에서 최소 수혜자가 누구인지를 찾으면 되는 것이라고 주장한다. 그리고 나서 전술한 것처럼 복지에 대한 서열적인 판단만 내리면 된다(TJ, 91~4). 어쨌든 최소 수혜자에게 혜택을 가져다주게 하는 차등 원칙은 결국 정의의 한 가지 원칙인 필요의 원칙을 옹호한다. 필요에 대한 요구를 수용하고 어떤 수준의 복지를 보장해야 할 필요도 있다. 정부의 '이전 부문(移轉部門)transfer branch'이 사회적 최소를 보장하는 일, 즉 이전을 통해 차등 원칙을 만족시키는 일을 하게 된다(TJ, 276·278·309).

그렇게 하려면 어떻게 해야 하는가? 과세는 정의롭게 부과되어야 하며 정의로운 제도를 확립하는 것을 목적으로 해야 한다. 이를 위하여 '비례적인 소비세proportional expenditure tax'를 시행해야 한다(TJ, 278). 그런데 누진세는 정의의 제1원칙과 기회 평등의 원칙에 관한 사회의 기본 구조에 대한 정의를 보전하고 정의로운 제도를 저해할 우려가 있는 재산과 권력의 축적을 막는 데 필요한 경우에만 누진세율을 적용해야 한다(TJ, 279).

상속과 소득에 대하여 누진세를 적용하고 재산권을 법적으로 정의하게 되는데, 이렇게 하는 목적은 재산 소유를 보장하는 민주주의에서 평등한 자유라는 제도와 이것이 확립하는 권리의 공정한 가치/값어치를 확보하는 데 있다. 비례적인 소비세 또는 소득세는 공적 선이나 이전 부문이나 교육의 공정한 기회를 확립하는 것 등에 필요한 세수를 준비하여 제2원칙을 실행하는 데 그 목적이 있다(TJ, 279). 그리고 분배 부문의 목적은 '만족의 순잔고net balance of satisfaction'를 최대화하는 것이 아니라 '정의로운 배경적 제도just background institution'를 확립하는 것이다(TJ, 280). 요컨대, 비례적인 소비세와 누진세를 조화시킴으로써 효율과 평등의 조화를 이루어야 한다(TJ, 279).

그렇다면 어느 정도로 이전하여 어떤 종류의 필요를 충족시켜야 하는가? 롤스에 따르면, 이전이 되고 공적 선의 혜택을 받아서 최소 수혜자가 평등한 자유를 향유할 수 있는 기대를 높일 수 있을 정도가 되어야 한다. 이렇게 해서 최소 수혜자가 나아지게 되면 배분이 잘된 것이라고 판단한다(TJ, 91~4). 기본 구조가 이러한 형태를 띨 때, 거기에서 연유하는 배분은 정의롭거나 적어도 정의롭지 않게 되지는 않을 것이다(TJ, 304). 일반적으로 이전의 수준, 즉 복지의 수준은 그 사회의 경제 수준에 달려 있다고 말할 수 있다. 또한 효율과 평등이 조화를 이루는 선에서 이전이 끝나야 한다고도 말할 수 있다. 그 선이 앞의 〈그림 1〉에서 논한 D점이다. 파레토의 개선이 이루어져서 정의와 효율성이 동시에 달성되는 데에서, 즉 〈그림 1〉의 D점에서 이전이 멈추어야 한다.

정의의 두 원칙은 삶의 기대를 평등하게 갖도록 하는 것이 주목적이다. 롤스는 결과에서의 평등을 도모하지 않는다. 그런데 차등 원칙만이 결과에서 어느 정도 평등을 도모한다. 그러나 롤스는 결과에서 절대적으로 평등한 사회를 목적으로 삼지 않는다. 이것은 평등도 중시하지만 효율도 중시하며, 필요도 중시하지만 응분도 중시한다는 것을 의미한다.

이상과 같이 보면, 필요라는 원칙에 관한 한 롤스의 원칙이 공리주의보다 더 나은 원칙이라고 하겠다. 차등 원칙이 최소 수혜자로 하여금 최대의 혜택을 받게 하여 기본적 필요를 충족시키기 때문이다. 우리는 필요에 대한 배분적 원칙을 정의에 대한 일상적인 관념의 한 부분이라고 생각한다. 그런데 롤스는 이 배분적 원칙을 구체화하지 않는다는 점에 유념할 필요가 있다. 차등 원칙이 필요에 따라 자원을 배분할 것을 규정하지 않는 것이다. 그는 자원의 배분이 최소 수혜자의 필요를 충족시켜야 한다는 것을 규정할 뿐이다. 필요에 따라 재화를 배분하는 것이 아니라 경제적 불평등이 동기를 부여하는 것으로 전개되면 생산이 증대되어 모든 사람의 필요가 더 완전하게 충족될 것이라고 주장하는 것이다. 그렇게 하여 나타나는 결과가 인간애에 근거를 두어서 정당화될 수 있지만, 필요에 따라 엄격하게 배분되는 것보다는 덜 정의롭다고 여겨질 수 있다. 후자의 경우에는 충족되는 필요가 더 적을 수는 있지만 더욱 공정할 것이다(Miller 1976, 48).

차등 원칙은 정의의 한 원칙으로 해석될 수 있는가? 응분이라는 원칙을 옹호하는 자득의 시각에서 보면 응분이라는 원칙에 의존해야만 그렇게 해석될 수 있을 것이다. 평균보다 더 많은 몫을 가져가게 되는 것은 전술한 것처럼 더 능력 있는 이들은 자신보다 최소 수혜자의 복지에 기여하기 때문에 더 가지게 된다. 그렇기 때문에 그들이 보답을 '가질 만하다deserve'는 우리의 감정에서 차등 원칙이 정의의 원칙으로서 호소력이 있는 것 같다. 그래서 어떤 측면에서는 차등 원칙이 응분의 원칙과 결합해야만 정의의 원칙으로 해석될 수 있다(Miller 1976, 50).

제8장

비판, 대응과 수정

6장에서 자유·평등·효율이라는 정의의 세 가지 구성요소에 대한 롤스의 관념이 무엇이며, 롤스가 이 관념들을 어떻게 엮어서 정의의 두 원칙을 제시하는지 살펴보았다. 그리고 7장에서는 롤스가 권리·응분·필요라는 정의의 세 가지 원칙을 어떻게 안배하여 정의의 두 원칙을 구축했는지 살펴보았다.

아래와 같이 개관할 수 있다. 롤스가 정의의 두 원칙이라는 정의의 이론을 제시하게 된 이유가 무엇인가? 사회를 조직할 수 있는 청사진을 제시하기 위해서이다.

사회를 인간이 원하는 대로 만들 수 있을 것이라는 사상은 18세기에 광범하게 수용되었다. 이에 근거를 두고 19세기에는 사회적 산물인 부를 분배하는 방법을 강구해야 한다는 사회 정의라는 문제가 부각되었다. 이로써 응분의 원칙과 필요의 원칙이 갈등을 빚게 되었다. 게다가 필요의 원칙은 정의의 감각에는 균형 잡힌 상호 대등성의 원칙이 있어야 한다는 정의의 일반적인 관념과 배치되는 면이 있다. 롤스의 정의 이론은 바로 이 문제를 인식하면서 전개된다. 그는 인간이 평등한 값어치를 가진다는 전제 아래 이 문제를 해결하고자 했다.

롤스의 정의 이론에서 나타나는 핵심 사상은 무엇인가? 그것은 다음과 같이 요약할 수 있을 것이다. 인간이 자신의 노력으로만 살려고 하는 것보다는 사회적 협업을 통해 삶을 영위하는 것이 모두에게 더 낫다. 이처럼 사회적 협업을 가정한 이상 사회 정의 문제를 애초부터 염두에 두지 않을 수 없으며, 또한 각자가 더 적은 몫보다는 더 많은 몫을 사회적 협업을 통해 얻으려고 하기 때문에 사회적 협업을 통해 얻을 수 있는 이익의 분배를 결정하는 사회 정의의 원칙을 확립해야 한다(TJ, 4). 그렇게 하자면, 사회를 오랜 시간을 두고 자유롭고 평등한 사람들 사이의 사회적 협업 체제로 보는 것을 모든 사람이 수용할 것이라고 롤스는 가정한다. 그는 초기에는 사회적 협업의 공정한 체제가 보편적이라고 생각했지만, 나중에는 민주적이며 자유적인 이상을 가진 문화에서 수용한다고 수정했다(Johnston 2011, 206).

어쨌든 자유롭고 평등한 사람들 사이의 사회적 협업의 공정한 체제를 사회라고 본 것 자체가 정의에 대한 관념의 역사에서 의미가 크다. 예를 들면 아리스토텔레스는 능력에서 인간은 범주적으로 차이가 있기 때문에 각자는 불평등한 값어치를 지닌다고 가정했다. 그리고 아리스토텔레스는 자유에 중점을 두는 것에 공감하지 않을 것이다. 인간이 본성에 의해 주어진 기능을 다하면 수월성이 나타난다고 보기 때문이다. 근대 이전의 사상가들은 자유롭고 평등한 자들의 협업체라는 관념을 이해하기 어려울 것이며 비난하기까지 했을 것이다. 따라서 이러한 관념을 제시한 것 자체가 급진적이라고 할 수 있겠다(Johnston 2011, 207).

사회에서 자유롭고 평등한 사람들이 협업을 해야 한다면, 무엇을 협업의 조건으로 삼아야 하는가? 사회에서는 구성원이 되는 것을 자의적으로 결정할 수 없을 때가 많기 때문에 롤스는 사회를 자발적인 결사라고 보지 않지만, 그는 사회적 협업을 상호 이익을 위한 협업적 사업이라고 본다. 그런데 분업을 통해 협업하는 이상, 사회 정의라는 문제가 생긴다. 따라서 '제휴 partnership'하여 협업하게 된 이상에는 특히 협업의 이익을 분배하는 데서 어느 누구에게도 불만이 없는 협업의 조건이 제시되어야 한다.

배분되어야 하는 것은 물질적인 재화만이 아니다. 이미 한 세기 전에 시지윅은 권리, 특권, 부담, 그리고 공동의 것을 정의롭게 배분하는 데 명료한 원칙을 어떻게 찾을 것인지를 고심했다. 그런데 시지윅은 이러한 것을 배분하는 대상으로 인류를 염두에 둔 데 반하여 롤스는 상호 이익을 위한 협업적 사업을 하는 특정한 사회로 한정시켰다. 그리고 시지윅은 권리와 특권뿐 아니라 부담과 고통의 배분을 똑같이 강조한 반면, 롤스는 협업을 통한 이익의 배분을 강조한다. 롤스가 그렇게 한 이유는 혼자의 노력으로 사는 것보다 협업으로 사는 것이 더 많은 이익을 창출하기 때문이다(TJ, 4). 이익의 배분에 중점을 두다 보니 롤스는 공헌하는 것보다 혜택을 받는 것에 초점을 두게 된다. 자유롭고 평등한 사람이 자신의 재능으로 협업에 참여하여 공헌하게 되는 것은 당연하다고 보기 때문이다. 이 점에서도 시지윅과 다르다(Johnston 2011, 210).

정의의 문제를 해결하기 위해 롤스는 이상과 같이 사회와 연관되는 정의라는 문제를 살펴보았다. 이를 근거로 어떻게 정의의 원칙을 찾으려고 했는가? 그는 홉스, 로크, 루소, 그리고 칸트의 계약론을 빌렸다. 롤스는 원초적 입장이라는 것으로 계약의 상황을 설정했다. 당사자들은 일련의 정의의 원칙을 두고 무지의 장막이라는 조건 아래에서 선택하게 된다. 계약 당사자들은 그들이 대변하는 사회 구성원들이 더 많은 혜택을 받기를 원한다는 점에서 '합리적rational'이다. 게다가 공정한 조건이라면, 상대방과 의견의 합치를 보려고 해야 한다는 점에서 그들이 합당하다는 것을 보여주기 위해 무지의 장막을 설정한다. 끝으로, 당사자들은 상대방보다 자신의 구성원들이 얼마나 더 잘살게 되는지를 결정하는 척도를 택한다. 일반적으로 쓰이는 척도는 수입과 부이며, 공리주의자에게는 행복—수입과 부가 많은 이들이 더 행복해지겠지만—이다. 반면에 롤스는 사회적인 일의적 선을 척도로 삼았다(Johnston 2011, 211~2).

롤스는 원초적 입장에서 당사자들이 다음과 같을 것이라고 가정한다. 당사자들은 정의로운 사회의 구성원은 어떠한 속성이 있어야 한다는 데 동의하게 된다. 인간은 정의에 대한 효과적인 감각과 선에 대한 관념에 대한 능력이 있다고 간주된다. 롤스는 이 두 가지 속성을 완전하게 정의로운 사회를 만들기 위해 당사자들이 지녀야 하는 가장 높은 서열의 도덕적 힘이라고 부른다. 이러한 힘을 서술하는 이론을 그는 '도덕적 개성 이론theory of moral personality'이라고 일컫는다. 이상과 같이 보면 공정으로서의 정의 이론은 사회 정의에 대한 일련의 원칙과 일련의 속성을 규정하고 있다(Johnston 2011, 214).

도출되는 정의의 두 원칙은 다음과 같이 요약할 수 있다. 자유가 있어야만 두 가지 도덕적 힘을 발휘하고 행사할 수 있기 때문에 정의의 두 원칙과 속성은 연결된다. 그래서 사람들은 자유에 대한 공정한 가치를 가져야 한다. 기회는 균등하게 배분되어야 하며 사회적·경제적 불평등은 모든 사람에게 이익이 되는 한에서 정당화된다.

그런데 차등 원칙은 결과에 초점을 맞추고 있다. 이것은 롤스가 인생을 출발할 때 모든 이들이 평등한 기대를 가질 수 있게 하는 데 초점을 맞춘 것과는 상치된다(Johnston 2011, 217). 그리고 차등 원칙은 불평등을 정당화하는 셈이다. 인간이 평등하다는 것을 전제로 하지만, 혼자 사는 것보다는 사회적 협업을 통해 모든 이들이 이익을 얻으며 분업으로 인해 불평등이 생기는 것은 불가피하다고 보기 때문에 정의의 원칙에서 모두에게 이익이 되는 한에서는 불평등을 정당화한다(Johnston 2011, 212).

이렇게 하여 일단 정의의 두 원칙이 선택되면, 이 원칙은 제정회의라는 두 번째 단계에서 숙고하여 선택하게 된다. 선택하게 되는 기본 구조는 법을 채택하고 정책을 개발하고 결정을 내리는 틀이 된다. 여기서 택하게 되는 정의 이론은 이상적이기 때문에 정의의 원칙은 완전하게 정의로운 사회를 지향한다(Johnston 2011, 210~1).

그렇다면 롤스의 정의의 두 원칙, 즉 공정으로서의 정의가 정의 이론에 기여한 바는 무엇인가? 첫째, 자유롭고 평등한 사회의 구성원에게 사회 정의에 대한 전망을 제시했다는 점이다. 둘째, 그렇게 하기 위해 사회의 기본 구조를 사회 정의의 주제로 삼았다는 점이다. 사회 정의가 가장 광범하고 근본적인 의미에서 정의이기 때문에 사회 정의의 원칙에 따라 더욱 광범하지 않은 정의의 문제를 해결할 수 있다(Johnston 2011, 218).

롤스의 논지는 세 가지로 구분해서 살펴볼 수 있다. 첫째, 사회의 기본 구조를 이루는 제도와 관행은 사회의 구성원이 얼마나 잘살게 되는지를 결정하게 된다는 인과적인 주장이다. 둘째, 기본 구조에 적용되는 정의의 두 원칙은 다른 정의의 문제에 적용되는 규칙이나 기준과는 성격이 전혀 다르다는 개념적 주장이다. 셋째, 사회 정의에 대한 건전한 이론을 우선 개발하면 정의에 대한 다른 광범한 문제를 다룰 수 있다는 지적인 우선성에 대한 주장이다. 사회의 주요 제도가 개인들과 이익의 배분에 큰 영향을 준다는 첫 번째 주장에는 별다른 논쟁이 있을 수 없다. 두 번째 주장도 꽤 설득력이 있다.

그러면 현대에 롤스의 이론에 대해 어떤 비판이 있었는지를 고려하기 전에, 정의에 대한 관념의 역사에서 읽을 수 있었던 주요한 관념의 하나인 상호 대등성이라는 개념에 관한 롤스의 견해를 음미해보자.

롤스에서의 상호 대등성

먼저 《정의에 대하여》부터 지금까지 이 책에서 논의한 상호 대등성이라는 개념을 정리해보자.

고대에는 신과 인간, 그리고 인간과 인간 사이의 응보를 정의의 근본적인 규칙으로 삼았다. 복수와 응보의 상호 대등성에는 균형이 있어야 한다고 생각했다. 그러나 소크라테스는 악에 악으로 대응하는 일은 거부하고 정의가 모든 이들에게 이로움을 안겨주어야 한다고 주장했다. 아리스토텔레스는 교환에서 비례적인 상호 대등성이라는 평등을 정의로 간주했다.

공리주의자들은 행복 증진이라는 목적을 추구하다 보니 정의에 대한 상호 대등성에서 벗어나는 사고를 제시했다. 게다가 공리주의는 효용의 증진을 위해 무고한 사람을 처벌할 수도 있다. 공리주의가 처벌에 대해 억제의 원칙에 호소하다 보니 보복이라는 상호 대등성이라는 원칙은 뒷전으로 밀려나게 되었다.

그러나 상호 대등성이라는 개념은 정언명령이나 올바름에 대한 보편적인 원칙에서 나타나는 것처럼 칸트의 정의 이론에서 필수적이며 결정적인 역할을 한다. 이렇게 보면 상호 대등성이라는 개념은 정의에 대한 공리주의적 관념이나 의무론적 관념보다 더 오랜 기간 정의라는 개념을 구성했던 셈이다. 상호 대등성이라는 개념은 정의는 각자에게 당연한 것을 주는 것, 즉 응분으로서의 정의라는 주장과 부합하기 때문이다.

그런데 19세기에 들어 개인의 차원을 벗어나 사회적 차원의 문제로 사회 정의를 논하지 않을 수 없게 되었다. 그럼으로써 개인 간의 상호 대등성을 가늠하여 배분적 정의를 논하기가 어려워졌다. 게다가 응분의 원칙에 대항하여 제시된 필요의 원칙은 상호 대등성, 나아가서는 균형 잡힌 상호 대등성의 원칙을 무너뜨렸다고도 볼 수 있다. 그렇다면 정의에 대한 원칙을 수립하고자 하는 롤스는 응분의 원칙과 필요의 원칙 사이에 빚어질 수 있는 갈등을 어떻게 해결하고자 하는가? 이 문제가 제기되는 이유는 롤스가 사회 정의 이론을 수립하고자 하기 때문이다.

지금까지 살펴본 것처럼 상호 대등성이라는 관념은 주로 개인들 간의 거래에 적용되어왔다. 그런데 롤스는 개인들 간의 거래가 아니라 사회 정의, 나아가서는 사회의 기본 구조를 정의의 주제로 삼는다. 그렇게 한 이상 개인들 사이의 관계에서—롤스가 사회 정의와 개인 간의 정의의 관계를 부인한 것은 아니지만—상호 대등성이라는 규범을 적용하기가 마찬가지로 어려워졌다는 것을 인정하지 않을 수 없다.

롤스의 이러한 정의의 두 원칙에서는 상호 대등성의 관념이 어떻게 자리를 잡고 있는가? 다른 말로 하면, 전통적인 입장에서 볼 때 정의의 두 원칙은 개인들 사이의 상호 대등성 원칙이라는 정의의 관념에 뿌리를 두어야 하는데, 롤스의 정의의 두 원칙은 어떠한가?

그렇다면 롤스의 입장을 살펴보자. 이상에서 살펴본 것처럼 정의의 두 원칙이 어떤 주제에 적용된다고 해도 그 원칙이 인간에게 인정을 받고 수용되려면, 역사적으로 보아 상호 대등성과 응분이라는 개념으로 표현되는 감각, 즉 정의의 감각에 뿌리를 두어야 한다(Johnston 2011, 222). 롤스는 이 점을 숙지하고 있다.

그에 따르면 같은 것으로 대응하는 경향은 인간의 심리에 깊숙이 자리 잡고 있으며, 그리고 같은 것으로 대응함으로써 형성된 정의의 감각에 대한 능력은 인간의 사교성의 조건이 되는 경향이 있다. 롤스가 염두에 두고 있는 상호 대등성의 종류는 균형 잡힌 상호 대등성, 즉 같은 것으로 대응하려는 경향이다. 그는 정의에 대한 가장 안정된 관념은 같은 것으로 대응하려는 경향, 즉 균형 잡힌 상호 대등성에 가장 굳건하게 기반을 두는 정의에 대한 감각일 것이라고 주장한다(TJ, 494~5).

롤스의 이러한 주장은 어디에 근거를 두고 있는가? 정의와 공정은 다른 개념이지만, 양자는 하나의 근본적인 요소를 공유한다. 그 요소는 롤스가 상호 대등성이라고 부르는 개념이다. 정의와 공정은 두 가지 구분되는 경우에 적용될 때 상호 대등성이라는 개념을 대변한다.

대체로 말하면 정의는 개개인들이 관계해야 할지 말아야 할지 선택할 수가 없으며, 행하지 않으면 안 되는 관행에 관한 것이다. 그래서 정의는 너무나 광범하게 영향을 끼치기 때문에 사람들이 얽히지 않을 수 없거나 규정하는 대로 행동하게 되는 제도에 적용된다. 그러한 제도로는 재산 체제나 정부의 형태를 들 수 있겠다. 그래서 정의는 사회의 어떠한 부분에 한정되지만, 그 관행에 관계되는 이들로서는 선택의 여지가 없는 관행에 적용된다.

반면에 공정은 인간들이 협조하거나 경쟁하는 관행에 적용되는데, 당사자들은 이 관행을 선택하거나 거절할 수 있다. 그래서 공정한 게임, 공정한 거래, 집단적 협상의 공정한 절차를 논한다. 어느 누구도 예컨대 게임이나 거래에 반드시 참여해야 할 이유는 없기 때문에 선택할 수 있다(CP, "Justice as Reciprocity", 190·209).

이상과 같이 보면 정의와 공정에 근본적인 것은 상호 대등성이라는 개념이다. 타인에 대한 도덕적 권위를 행사하지 않고 협업에 종사하는 자유로운 인간들이 협업을 규정하고 협업의 부담과 혜택에서 각각의 몫을 결정하는 규칙을 정하거나 인지해야 하는 경우에 상호 대등성이라는 문제가 생긴다. 이 경우 협업에 참여하는 사람들이 서로 합당하게 수용할 수 있는 원칙을 충족하는 관행이 있어야 한다. 관행은 서로로 하여금 상호 대등성이라는 개념에 순응하게 하지 않을 수 없게 한다(CP, "Justice as Reciprocity", 208).

바로 이러한 이유에서도 정의에 대한 원칙은 공지되어야 한다. 원초적 입장에서 정의에 대한 원칙들을 공지하는 이유가 여기에 있다. 그렇지 않으면 인간관계는 힘과 상황에 어느 정도 의존하게 된다(CP, "Justice as Reciprocity", 209). 일단 공정한 관행에 관여하기로 합의하면, 공정한 플레이에 대한 의무가 생긴다. 그런데 공정한 플레이라는 의무는 기본적인 도덕적 개념으로서의 '충실fidelity'과 '감사gratitude' 의무와는 구별되어야 한다.

다른 도덕적 의무처럼 공정한 플레이라는 의무는 특정한 경우 자기 이익에 제약을 가한다. 때때로 이 의무는 합리적인 이기주의자가 하기로 결정하지 않는 행위를 하도록 강요한다. 정의는 사람들로 하여금 일반적인 입장과 절차에서 자신의 이익을 희생하도록 요구하지는 않는다. 그러나 공정한 플레이를 하게 하다 보면, 특정한 상황에서 이익을 택할 수 있는데도 특정한 이익을 포기하지 않을 수 없게 만든다. 이러한 의미에서 개인의 이익이 희생될 수도 있다(CP, "Justice as Reciprocity", 211). 이 점에서 공정이 적용되는 관행보다 정의가 적용되는 관행에서 상호 대등성이 더욱 엄격하게 적용된다고 볼 수 있다(CP, "Justice as Reciprocity", 214).

도덕성을 가진다는 제약이 합리적이며 상호 무관심한 당사자들에게 일단 부여되면 정의에 대한 원칙이 도출될 가능성이 있다는 점에서, 정의에 대한 원칙은 정의에 대한 개념과 연관된다고 여겨질 수 있다. 관행에 참여하는 모든 이가 서로에게 제안하거나 인지할 것이라고 합당하게 기대될 수 있는 원칙에 따른다면, 그 관행은 정의롭거나 공정하다. 그것은 상호 대등성을 전제로 하기 때문에—특히 정의의 원칙이 계약으로 도출되는 것이라면—자기 이익을 추구하는 데 제약을 수반한다(CP, "Justice as Reciprocity", 214).

정의의 두 원칙이 공리주의에 의한 정의보다 공정하거나 상호 대등성에 기반을 둔다고 여겨지는 이유는 무엇인가? 한마디로, 풍랑을 만난 배의 예에서 살펴본 것처럼 전체의 공리 증진을 위해 스님을 희생시키는 것은 상호 대등성의 원칙을 어긴 것이다. 그런데 정의의 두 원칙은 정의의 원칙과 양립할 수 없는 주장을 만족시키는 것은 도덕적 가치가 없다고 본다. 또한 공리주의가 한계효용의 법칙을 이용해 공리 증진을 목표로 삼는다고 해도 이것은 상호 대등성으로서의 정의의 관념과는 아주 다르다. 욕구를 충족시키는 것은 인간들 사이의 도덕적 관계와 무관하게 가치가 있는 것이기 때문이다. 말하자면 공동의 활동을 하는 구성원으로서의 개개인들의 관계를 고려한 것이 아니다(CP, "Justice as Reciprocity", 215~7).

이 점은 노예제를 금지하는 근거가 다르다는 점에서 여실히 드러난다. 공리주의가 노예제를 금지한다면, 그 근거는 다음과 같을 것이다. 노예 소유주가 얻는 이득이 노예의 불이익을 능가하지 못하거나 사회 전체가 노예제로 인해 비효율적이 되기 때문이다. 반면에 상호 대등성으로서의 정의라는 관념을 노예제에 적용하면, 우선 노예 소유주의 이익을 고려하지 않는다. 어느 누구도 노예제라는 제도를 서로 인정하지 않을 것이기 때문이다. 그래서 정의의 두 원칙은 노예 소유주에게 이익이 있다고 해도 그것이 부정의를 완화하는 것으로 생각되지 않는다. 그러므로 이익의 능가 여부는 고려 대상이 되지 않으며, 상호 대등성으로서의 정의라는 관념에서는 노예제를 두는 것 자체가 인간들이 서로 인정할 수 있는 상호 대등성을 전제로 하지 않는다고 보기 때문에 노예제는 항상 정의롭지 않다.

이렇게 보면, 만약 이익이 불이익을 능가할 경우 공리주의는 노예제를 용인할 수도 있다. 요컨대, 양자가 노예제를 부인하더라도 부인하는 근거가 서로 다른 것이다. 공리주의에 의한 정의에 견주어 공정으로서의 정의는 인간들 사이의 상호 대등성을 전제로 하기 때문이다. 상호 대등성을 전제로 한다는 것은 인간 개개인이 정의에 대한 개념을 가지고 있다는 것을 전제로 하는 것이다(CP, "Justice as Reciprocity", 219~24).

공정으로서의 정의, 즉 정의의 두 원칙을 전체적으로 본다면 다음과 같은 이유에서 상호 대등성의 원칙이 적용된다고 볼 수 있다.

첫째, 최대한의 자유의 평등한 보장이라는 원칙은 모든 사람에게 평등하게 보장하기 때문에 상호 대등성의 원칙이 담겨 있는 셈이다.

둘째, 기회 평등의 원칙도 마찬가지라고 말할 수 있겠다. 이상의 것들은 삶을 시작할 때 기대에서의 평등 또는 공정성을 꾀한 것이라고 볼 수 있겠다.

셋째, 차등 원칙을 적용하는 것은 결국 약자를 배려하는 것인데, 어느 누구라도 약자가 될 수 있다는 것을 전제로 한다면 차등 원칙에 상호 대등성의 원칙이 적용된다고 볼 수 있다. 상호 혜택에 대한 원칙이기 때문이다(TJ, 102). 최소 수혜자들은 차등 원칙으로 인해 그렇지 않은 것보다 혜택을 받을 수 있고, 행운이 더 좋은 자들은 사회적 협업으로 혜택을 받을 수 있다(TJ, 103). 그런데 타고난 재능이 있는 자는 최소 수혜자의 복지에 기여하더라도 결국에는 더 많은 이익을 얻게 된다. 이것은 사회적 협업이 있기 때무이다. 말하자면 재능을 타고난 자는 사회적 협업을 전제로 하는 정의의 원칙에 의해 더 나은 상황에 놓일 수 있다는 기대를 정당하게 요구할 수 있다. 이러한 의미에서는 응분이 있는 셈이다.

그리고 넷째, 차등 원칙은 불평등을 정당화하는 것이라고 일컬어지기도 하는데, 불평등을 인정하는 것은 롤스가 결과적으로는 응분의 원칙도 웬만큼 인정한다는 것을 의미한다. 물론 롤스는 타고난 재능 같은 것을 응분의 근거로 인정하지 않았지만, 전체에게 이익이 되는 한에서 불평등을 정당화한 것은 응분의 원칙도 부분적으로 인정한 것으로 봐야 한다. 차등 원칙으로써 최소 수혜자가 자신의 자유를 지적·효과적으로 사용해 타당하고 값어치가 있는 삶을 누리게 한 것이 상호 대등성에 부합한다(LP, 114). 불평등을 정당화한 것은 인간은 값어치에서는 평등하지만 능력에서는 불평등하다는 것을 반영하고, 전자에는 필요의 원칙을 후자에는 응분의 원칙을 적용한 것이라고 볼 수 있겠다.

이상과 같이 본다면 롤스가 주장하는 상호 대등성의 대상이 예전 상호 대등성의 대상과는 다르지만, 공정으로서 정의라는 원칙 자체가 상호 대등성이라는 관념을 담고 있다고 봐야 한다(LP, 14·49·114). 뿐만 아니라 그는 국제 관계에서도 상호 대등성이 있어야 관계가 성립한다고 주장한다(LP, 28). 다만 사회의 기본 구조에 적용되는 정의의 원칙은 개인들 간의 쌍방적인 단순한 관계에 적용되는 정의의 규칙과는 다르다고 주장하는 셈이다. 그러므로 롤스의 이론은 상호 대등성의 원칙을 포함한다고 볼 수 있다.

롤스의 이론을 두고 상호 대등성이라는 개념의 적용 여부를 논하는 이유는 그가 자신의 두 원칙에 상호 대등성이라는 개념이 함축되어 있다고 주장하지만 상호 대등성이라는 이전 개념, 즉 개인 간의 상호 대등성이라는 개념과는 거리가 있다는 점 때문이다(Johnston 2011, 224·228). 그런데 롤스가 상호 대등성이라는 관념을 무시할 수 없는 이유가 있다. 공적 이성은 집단적인 결정을 내릴 때 기초가 되는 것인데, 이성을 서로 확인할 수 있기 때문에 정의의 원칙을 서로 인정할 수 있다. 이러한 의미에서 상호 대등성이라는 정신은 민주주의 사회에 기초가 되기 때문이다(Larmore 2003, 368).

롤스에 따르면 상호 대등성은 도덕적인 동기부여의 발전에 함축된 근본적인 심리학적 메커니즘이다. 그런데 정의의 두 원칙에 충실하면 상호 대등성이라는 메커니즘을 전개하게 되는 데 반하여, 공리주의는 그렇지 못하다(TJ, 494~5). 이 점에서 그는 자신의 이론이 공리주의적 정의 이론보다 더 낫다고 말할 수 있다. 정의의 두 원칙은 모든 사람, 특히 최소 수혜자를 배려한다는 점에서 상호 대등성을 보여준다(TJ, 14). 이 점에서도 그는 자신의 이론이 더 낫다고 주장할 수 있다. 게다가 정의의 두 원칙은 자기 존중이라는 가치를―기본적 자유와 권리는 물론이며―중시하고 이 점을 서로 알고 있으며, 서로가 이에 따라 행동하리라는 것을 알고 있다는 점에서도 상호 대등성이 있다(TJ, 179).[51]

---

51 상호 대등성을 정의의 전제 조건으로 삼아야 하는지에 대한 의문이 제기되기도 한다(Isbister 2001, 170~1).

롤스 자신은 《정의론》으로 자유·평등·우의라는 프랑스 혁명의 이념을 현대에 구현할 수 있는 이론적인 지침을 제시했다고 생각할 것이다. 자유의 이념은 최대한의 평등한 자유의 원칙에서, 평등은 평등한 자유에서뿐만 아니라 기회의 평등에서, 그리고 우의는 차등 원칙에서 구현된 셈이다(TJ, 106). 게다가 차등 원칙이 국가 차원에서나마 구현되면, 인류 전체는 아니라고 해도 한 국가 내에서 우의가 구현된 셈이다.

롤스의 《정의론》이 출간됨으로써 정치철학은 부활했다는 평을 듣게 되었다. 전통적인 정치철학은 바람직한 정치질서가 무엇이어야 한다고 설명하면서 권력의 행사를 비판해왔다. 그 전통이 상실되었는데 그의 저서로 인해 부활했다는 점에서 롤스는 격려를 받은 셈이다.

그런데 전통적인 정치철학과 롤스의 이론에는 차이가 있다. 예전에는 이상적인 이론은 선한 정치가 무엇이라는 것을 제시함으로써 실제의 불완전함을 부각했다. 그러나 롤스는 근대의 자유민주주의적인 복지국가와 아주 비슷한 정치질서를 제시함으로써 그의 이론은 그러한 정치질서를 찬양하는 기준으로 쓰일 수 있게 되었다. 바로 이러한 이유에서 롤스는 자신의 이론이 불편부당하다고 주장하지만(TJ, 587), 롤스의 이론은 좌우로부터 모두 비난을 받는다(Galston 1999, 246~7). 그렇지만 그의 이론은 적어도 자유민주주의적인 복지국가의 현실을 가늠하는 기준은 될 수 있다.

그러면 우선 롤스의 이론에 대해 어떠한 비판이 제기되었는지를 살펴보자.

1. 비판

롤스가 우파에게 비난받는 이유 중에서 핵심적인 것은 공정한 기회의 평등과 더불어 차등 원칙을 주장하기 때문이다. 공정한 기회의 평등은 아직 자유민주주의 국가에서 롤스가 제시하는 것만큼 현실적으로 철저하게 실현되지 않았는데도 그가 주장하는 데다가 전 제도적 응분이라는 개념을 무시하면서 차등 원칙의 제도화를 통한 배분을 주장하기 때문이다. 좌파에게 비판받는 것은 평등화가 철저하지 못하다는 점 때문이다. 이 밖에도 이론을 구성하는 방법에 대한 비판 등 여러 가지가 있다.

이론 구성하는 방법에 관해서는 앞의 5장에서 롤스가 이론을 구성하는 방법을 논하면서 특히 계약론을 상당 부분 다루었다. 그리고 6장과 7장에서 롤스가 정의에 대한 세 가지 원칙과 구성요소를 어떻게 엮었는지 살펴보면서, 그에게 제기될 수 있는 비판의 면면을—차등 원칙을 포함하여—조금씩은 훑어본 셈이다. 그리고 다음의 제2부에서는 〈현대의 정의 이론〉을 소개하게 되는데, 이는 롤스의 정의 이론과 다른 정의 이론이며 자연히 롤스에 대한 비판과 연관된다. 그러므로 여기서는 중요한 비판만 추려서 논하겠다.

롤스가 정의 이론을 구성하는 방법론에서 가장 특이하고 중요한 것은 원초적 입장을 설정하여 계약을 통해 정의의 원칙에 합의하게 하는 것이며, 정의 이론의 내용 중에서 특이한 것은 차등 원칙이다. 이 두 가지를 중심으로 하여 제기된 비판을 소개하고, 여기에 롤스가 어떻게 대응했는지를 다루고자 한다. 타인이 롤스에 대해 비판한 바와 롤스 자신이 타인의 비판을 인식한 바는 다르다. 그래서 롤스가《정의론》을 출간한 뒤 그 후의 저서에서 자신의 견해를 어떻게 수정했는지는 '대응과 수정'에서 살펴볼 것이다.

(1) 무지의 장막 설정

롤스는 원초적 입장에서 무지의 장막이 쳐진 상황에서 계약을 하게 하는데, 이렇게 설정하는 것에 대해 논란이 제기되었다. 롤스가 계약론을 통해 이론을 구성하는 것에 대한 비판은 노직, 뷰캐넌, 콜먼, 그리고 고티에를 통하여 이미 살펴보았다. 그 내용은 다음과 같이 요약할 수 있다.

① 노직은 가설적이라 하더라도 롤스가 계약론에 의존하는 것을 거부한다.

② 뷰캐넌은 계약 상황을 설정하더라도 평등을 가정할 필요가 없다고 주장한다.

③ 콜먼은 개인이 자연권으로서 가지는 권리를 일단 인정한 다음, 그들로 하여금 각자가 다르게 가질 수 있는 자원에 대한 집합적인 권리의 할당에 계약하게 하여 합의를 볼 수 있을 것이라고 주장한다. 그렇게 하면 개인 간의 차이가 줄어들 것으로 예상한다.

④ 고티에는 롤스처럼 원초적 입장에서의 무지의 장막을 치지 않더라도, 협조로 생긴 잉여분에 대해 최소 수혜자에게 혜택을 줄 수 있다는 점에서 롤스가 말한 계약과 비슷한 효과를 낼 수 있다고 주장한다.

논란이 되는 것 가운데 하나는 무지의 장막이 정보를 배제한다는 점이다. 롤스가 정보를 배제하는 이유는 어떤 정보는 정의의 원칙에 대한 결정을 내리는 데서 도덕적으로 적절하지 않다고 보기 때문이다. 그런데 적절한 정보가 무엇인지에 대해서는 저마다 견해가 다르다. 자유 지상주의자들은 자신의 재산권과 협상 입장에 대한 지식이 계약에 적절하다고 생각한다. 그들에 따르면 사람들은 재산권과 협상 입장에 대한 자격이 있기 때문이다.

롤스는 불편부당성과 자신의 입장을 유리하게 하는 것을 막기 위해 무지의 장막을 제시했다. 이와 관련해 많은 공리주의자들은 무지에 대해 강력한/짙은 장막이 아니라 엷은 장막을 부과할 것을 제안한다. 즉 모든 사람의 욕구와 이익, 역사적 정보에 대해서는 완전히 알게 하지만 사회 내에서 자신의 입장은 모르게 할 것을 제안한다. 그렇게 되면 자신의 특별한 상황과 선에 대한 관념을 자신에게 유리하게끔 할 수 없다(Harsanyi 1982, 56).

그러나 이렇게 불편부당한 조건을 더욱 완화한 엷은 장막이라는 조건에서도 당사자들은 기존의 욕구와 이익에 대한 지식을 가져야 한다. 왜 그래야 하는가? 공리주의자에 따르면, 지식을 가짐으로써 기존의 이익을 증진시키는 것이 정의의 목적이 아니라면 정의의 목적이 무엇이어야 하는지 알 수 있게 하기 때문이다(Freeman 2003a, 11~2).

그런데 이 제안에서 문제가 드러난다. 지배적인 이익으로 편향된다는 문제를 전적으로 시정하지 않는다는 점이다. 당사자들은 사회에서 자신의 상황을 모를 수 있지만, 엷게 가려진 시초의 장막은 자신을 지배적인 다수의 입장과 가치에 속하게 하려고 노력할 것이기 때문이다. 극단적인 예를 들면, 그 사회의 지배적인 다수가 노예제를 선호한다는 것을 알고 있고 자신이 노예로 전락하지 않으리라는 전망이 확실하다면, 당사자들은 노예제를 선호하는 정의의 원칙을 택하게 된다(Freeman 2003a, 12).

모든 역사적 지식을 배제하는 데서 롤스의 짙은 무지의 장막은 정의의 원칙이 어떤 특정한 사회 상황이라는 조건으로 가게 되지 않거나, 선에 대한 어떤 특정한 관념을 증진하거나 특히 선호하지 않게 되어 있다는 것을 보장한다. 그렇다고 해서 원초적 입장이 선에 대한 관념 중에서 중립적이라는 것은 아니며, 또한 실제로 중립적이 아니다. 원초적 입장에서 선택된 원칙은 인종주의와 관용할 수 없는 교의 등과 같은 관념은 허용하지 않으며, 최소한의 교육만 받게 하고 성공을 위해 사회에 순응하게 하는 전통적 종교와 같은 것은 질서가 잘 잡힌 사회에서는 허용되기 어려운 것으로 본다. 원초적 입장은 욕구들 사이에서 중립적이거나 정의의 관념에 공정하기보다는 사람들에게 공정하고자 한다.

롤스는 자신의 선을 비판적으로 숙고하고, 그 선을 선택하고 추구할 수 있는 능력이 평등한 것을 공정이라고 생각한다(PL, 191~4). 따라서 원초적 입장이라는 조건은 선에 대한 다양한 관점을 고무한다. 이 점에서 원초적 입장은 기본적 자유의 평등을 보장하는 자유주의 원칙을 산출하게 되어 있다(Freeman 2003a, 13).

(2) 차등 원칙의 도출 과정상의 합리성

원초적 입장에서 당사자들은 자신의 이익을 증진하기 위해서만 원칙을 선택한다. 그런 한에서는 사회과학에서 사용되는 엷은 의미에서 합리적이다. 당사자에게 도덕적 동기가 부여되지 않으며, 타인의 복지와 입장에는 무관심하다. 많은 이들은 롤스의 당사자들이 합리적 이기주의자처럼 순전히 자신의 이익을 추구하는 것으로 가정하는데, 이는 잘못이다. 그렇지 않을 뿐만 아니라, 나아가 그들은 정의에 따라, 그리고 정의를 위하여 행동하는 욕구도 갖고 있다. 그런데 정의의 원칙을 선택하는 데서 당사자들은 자비로운 애정과 도덕적 감정에서 행동하지 않는다. 상대방의 이익에 관심이 없으며 자기 이익의 증진에만 관심이 있다. 당사자들은 원초적 입장에서 선택 조건이 부과하는 합당한 도덕적 제약에 대해 인간이 합리적인 결정을 내리는 데서 복종해야 한다.

당사자들이 합리적인 행위자이면서 선택하는 데 도덕적 제약을 받게 된다고 가정함으로써 불확실한 상황에서의 합리적 선택과 결정을 다루는 이론에 호소하게 된다. 문제의 핵심은 원초적 입장에서 당사자들이 공리주의적 원칙보다도 차등 원칙을 선호할 것인가라는 점이다. 경제학자 존 하샤니에 따르면. 전술한 것처럼 어떠한 무지의 장막이 엷게 처진 상황에서는 사회에서 자신이 처하게 되는 입장들이 평등하게 가능할 것이라고 기대하기 때문에, 당사자들은 안녕에 대한 평균 수준을 최대화할 수 있다는 기대를 품는 것이 합리적이다. 그래서 그들은 평균 공리주의를 선택할 것이라고 주장한다. 그렇다면 원초적 입장에서 당사자들이 택하게 된다는 최소 극대화의 규칙은 어떻게 되는가? 하샤니는 최소 극대화의 원칙이 조리에 맞지 않다고 주장한다(Harsanyi 1982, 47).[52]

물론 최소 극대화의 규칙은 대부분의 불확실한 상황에서 비합리적인 전략이다. 롤스는 이 점을 인정한다(TJ, 157; RTJ, 136). 그러나 대부분 비합리적이라고 해서 최소 극대화의 규칙을 따르는 것이 결코 합리적이지 않다는 것을 의미하지는 않는다. 죽느냐 사느냐 하는 절박한 문제가 걸려 있다든가, 인생의 안전한 전망을 기대할 수 있느냐 없느냐 하는 긴박한 문제가 걸려 있는 상황에서는 사람들이 최소 극대화의 규칙을 택하게 된다(Freeman 2003a, 15~7). 이러한 이유뿐 아니라 최소 극대화 규칙에 의하여 선택된 바에 따라서 사는 것이 수용될 만한 것이며, 다른 대안(예

---

52 평균 수준을 선택할 것이라는 점은 최소 수혜자에게 혜택을 주기 위해 중산층을 희생시킨다는 반론과 연결될 수 있다(Nagel 2003, 81).

컨대 공리주의적 원칙이나 자유 지상주의적 원칙)은 수용할 만한 것이 아닐 것이기 때문이다. 그래서 롤스는 차등 원칙을 포함한 자신의 두 원칙이 선택될 것이라고 주장한다.

그리고 롤스의 입장을 다음과 같이 옹호할 수도 있다. 롤스가 원초적 입장을 해석하는 바가 여기에서 문제가 된다. 하샤니는 롤스보다 더 단순한 원초적 입장을 제시했다. 그렇다면, 롤스의 원초적 입장은 이것과 어떻게 다른가? 하샤니의 시각에서 볼 때 롤스의 차등 원칙을 택하는 것은 비합리적이다. 원초적 입장에서 롤스의 당사자들은 구체적인 동기가 결여되어 있다. 롤스가 지적한 대로 그들은 '그저 기본적인 것만 갖추고 있는 사람bare person'이다. 합리성에 대한 개념만으로 그들은 자신이 기대하는 효용을 최대화하는 원칙을 자연히 선택하게 되어 있다. 평균 공리주의가 그런 것이기 때문에 그들은 평균 공리주의를 택할 것이다.

그런데 롤스는 당사자들에게 특정한 동기를 부여한다는 점에서 하샤니와 다르다. 그러면서도 롤스는 일의적 선에 대한 지표가 당사자들이 선하다고 생각하는 바에 대하여 해석한다는 것을 부정한다. 롤스는 일의적 선을 그 자체로서 결코 옹호하지 않는다. 오히려 그는 융통성이 있는 수단으로 일의적 선을 옹호한다. 롤스는 나중의 이론에서 선에 대한 관념을 추구하고 수정할 때 쓰임새가 있는 것으로 일의적 선을 옹호한다. 당사자들은 선에 대한 관념이 무엇인지 모르면서 그들이 대변하는 사람들이 선에 대한 관념을 추구하고 개정할 수 있는지를 우려한다.

하샤니의 사고 실험과는 다르기 때문에 원초적 입장에서의 당사자들은 차등 원칙을 포함해 공정으로서의 정의의 원칙을 평균 공리주의보다 선호하게 된다. 롤스는 차등 원칙을 택하게 되는 이유로 최소 극대화라는 규칙을 제시한다. 이 규칙은 기대되는 가치를 최대화하는 것과 다르다.

롤스의 원초적 입장에서의 당사자들은 '그저 기본적인 것만 갖추고 있는 사람/꾸밈이 없는 사람bare person'이 아니라 '확고한 사람determinate person'이다(TJ, 152). 당사자들은 일의적 선과 최고 질서의 도덕적 힘을 염려하지만, 그들이 찾고자 하는 일의적 선들은 그들이 대변하는 사람들이 궁극적으로 염려하는 바가 아니라는 점을 알고 있다. 따라서 당사자들은 그들이 대변하는 사람들이 일의적 선을 사회적으로 할당하지 않게 하는 데 특별히 중점을 둔다. 사회적으로 할당하면 선에 대한 관념을 추구하는 능력을 좌절시킬 수 있기 때문이다. 만약 당사자들이 선에 대한 적절한 윤곽을 가지고 있다는 것을 안다면, 아는 것을 이용해서 당면한 도박을 평가할 수도 있다. 그러나 롤스의 당사자들은 일의적 선이 선에 대한 자신의 어떠한 관념과도 적절하게 부합되지 않는다는 것을 안다. 따라서 조심스럽게 접근하는 것이 합리적이다.

요컨대, 롤스의 원초적 입장은 하샤니의 선택 상황과 중요한 점에서 다르기 때문에 당사자들은 롤스의 경쟁하는 원칙보다 평균 공리주의를 선호하지 않을 것이다. 가장 결정적인 차이는 약정에 따라 당사자들에게 부과된 동기에 관한 것이다. 무지의 장막은 가치, 즉 선에 대한 관념을 다루는 지식을 배제한다. 그래서 당사자는 자신이 어디에 속하게 되는지를 알 수 없다. 그렇다면 당사자들은 무엇을 선호하게 되는가? 하샤니는 당사자들에게 동기를 부여하지 않기 때문에 그의 답은 좀 이상하다. 반면에 롤스는 일련의 정해진 동기를 가진 것으로 규정한다.

앞에서 살펴본 것처럼 롤스는 당사자들에게 덜 논쟁적인 언질, 즉 선에 대한 엷은 관념을 부여하고 있다. 언질의 중요한 핵심은 일의적 선이다. 이러한 선이 주어지면 당사자들은 다른 것보다 일의적 선을 정상적으로 선호할 것이다(TJ, 123). 이것이 롤스가 당사자에게 부여하는 유일한 동기이다.

일의적 선을 추구하는 데서 당사자에게는 상호 무관심이라는 제약이 주어진다(TJ, 12). 그렇게 되면 당사자들은 자비나 질투에서 행동하지 않는다. 상호 무관심을 가정하는 것은 인간의 본성에 대한 개인주의적인 관점을 반영하는 것이며 이것은 별로 매력적이 아니라고 생각할 수 있다. 그런 당사자들에게 그러한 동기가 주어진 이상, 상호 무관심을 가정하는 것은 인간의 본성을 반영하자는 것이 아니다. 이것을 가정한 것은 윤리에서의 '동정적인 관객sympathetic-spectator'이라는 전통과 더욱 최근의 '이상적인 관찰자ideal-observer'라는 이론에서 발전했는데, 이러한 이론들에 대한 반박을 반영하는 것이다.

전자는 흄과 애덤 스미스가 전개했으며, 아주 자비로운 관객을 설정하여 인간의 고통과 성공을 불편부당하게, 그리고 동정적으로 관찰하게 한다. 후자의 이론은 좀 더 공평무사하거나 비개인적이지만, 그래도 무엇이든 알고 있는 관찰자를 상정한다. 각 이론은 우리로 하여금 그러한 관객이나 관찰자가 무엇을 도덕적으로 인정할 것인지 생각하게 한다.

이러한 이론에 대하여 롤스는 몇 가지 반대 의견을 제기한다. 그 반대 의견은 다음과 같이 귀결된다. 공리주의자들이 모든 사람의 행복을 합칠 때 그러한 것처럼 사람들 사이에 차이가 나는 것을 무시한다. 그렇지 않으면 인간의 갈등에서 모든 어려운 문제는 동정적인 관객의 가슴에 그저 재생산될 것이다. 롤스는 이러한 난국에서 벗어나고자 했다. 그래서 그는 원초적 입장은 상호 무관심과 무지의 장막을 결합해야 한다고 제의한다. 이 결합은 인간이 서로 구분되는 것을 무시하지도 않고, 결과를 한정시키지도 않으며, 보편적인 자비와 거의 동등한 도덕적 값어치를 가질 것이다(TJ, 128).

롤스는 원초적 입장에서 공리주의적 정의의 원칙보다 자신의 정의의 두 원칙이 선택될 것이기 때문에 자신의 이론이 더 낫다고 주장한다. 그런데 비판자의 주장에 따르면, 원초적 입장을 상정하지 않고도 그러한 선택을 하게 할 수 있다(Scheffler 2003, 428; Gauthier 1990). 그리고 같은 조건에서 평균 공리주의를 택할 수도 있다. 이에 대하여 롤스 자신도 무지의 장막이 설정되지 않는다면 평균 공리주의를 택할 수도 있다는 것을 인정한다(TJ, 165~6). 그러나 평균 공리를 증진시키면 타인이 희생될 수 있다는 점에서 정의의 두 원칙을 택하게 된다는 것이 롤스의 주장이다.

이상으로 롤스가 계약론을 통해 이론을 구성하는 것에 대한 비판을 다음과 같이 요약할 수 있다.

① 노직은 가설적이라 하더라도 롤스가 계약론에 의존하는 것을 거부한다.

② 뷰캐넌은 계약 상황을 설정하더라도 평등을 가정할 필요가 없다고 주장한다. 그는 만장일치를 구하는데, 만장일치 제도가 '대안에 대하여 탁월한 파레토Pareto-superior to alternatives'적이라고 본다. 탁월하다는 것은 제도가 적어도 당사자들에 의해 선호되며 당사자들이 다른 것을 선호하지 않는다는 것을 의미한다.

③ 콜먼은 일단 개인이 자연권으로서 가지는 권리를 인정한 다음, 그들이 각자가 다르게 가질 수 있는 자원에 대한 집합적인 권리의 할당에 계약하게 함으로써 합의를 볼 수 있을 것이라고 주장한다. 그렇게 하면 개인 간의 차이가 줄어들 것으로 예상한다.

④ 고티에는 롤스처럼 원초적 입장에서 무지의 장막을 치지 않더라도, 협조로 생긴 잉여분에 대해 최소 수혜자에게 혜택을 줄 수 있다는 점에서 롤스의 계약과 비슷한 효과를 낼 수 있다고 주장한다.

⑤ 하샤니와 프롤리히는 원초적 입장에 서더라도 정의의 두 원칙을 택하는 것은 아니라고 주장한다. 또한 하샤니는 어느 것이 전체적인 공리를 최대화하는지 결정하려고 한다.

이와 같은 연구 결과를 인정한다면, 롤스는 자신의 차등 원칙을 옹호하기 위해 어떻게 해야 할 것인가?

첫째, 그는 연구자들이 원초적 입장을 재현하기 위해 실험실의 '의사 조작(擬似操作)simulation'을 쓴 점을 반박할 것이다. 네 가지 원칙을 선택하게 함으로써 얻게 되는 손해득실은 상대적으로 미약한 반면에, 롤스의 차등 원칙은 개인의 전반적인 삶에 영향을 끼친다(Miller 1999, 80).

둘째, 롤스는 자신의 특성과 사회에서의 위치를 모르는 사람들에게는 차등 원칙이 선택된다는 것을 옹호할 것이다. 그렇게 하기 위해 《정의 론》이후 롤스는 불확실한 상황에서 정의의 원칙을 선택하게 된다는 시각을 벗어나 원초적 입장을 '조정하는 개념mediating idea'이라고 여기게 되었다. 이렇게 태도를 바꾼 것은 이제 그가 직관에 의존하여 자신의 차등 원칙을 옹호하게 되었다는 것을 의미한다(PL, 282). 그리고 롤스는 차등 원칙을 헌정(憲政)상 본질적인 것으로 보지 않고 정치적 논의를 통해 그 타당성을 정할 수 있다고 보는 쪽으로 입장을 바꾸었다(PL, 227~30) 이 개념은 숙고된 도덕적 판단을 반성적 평형에 맞추게 한다(Miller 1999, 81).

(3) 차등 원칙의 내용

그러나 자기 소유권을 강조하는 자유 지상주의자들은 이상과 같이 도출된 차등 원칙에 반대할 것이다, 예를 들어 연 수입 1억 원인 성악가와 2

천만 원인 성악가가 있는데, 최소한의 생활수준을 유지하는 데 4천만 원이 들기 때문에 복지국가가 세제를 통하여 매년 성공한 성악가가 낸 세금 중에서 2천만 원에 해당하는 액수를 덜 성공한 성악가에게 할당되도록 했다고 가정해보자. 그렇게 하는 이유는, 지금까지의 롤스의 논지에 따르면, 두 사람은 성악가가 되겠다는 똑같은 의지가 있고 똑같은 노력을 했는데도 타고난 재능의 차이로 인해 연 수입이 달라졌으니 이에 대해서는 보상해야 하기 때문이다. 이 타고난 재능 때문에 연 수입 1억을 갖는 것이 응분이라고 생각하는 것은 공정하지 않기 때문이다. 또한 1억원과 2천만 원 연 수입을 그대로 두는 것보다는 예컨대 8천만 원과 4천만 원으로 조정하는 편이 두 사람의 전체적인 행복을 증진시키는 데 더 낫기 때문이다. 성공하지 못한 성악가가 2천만 원을 더 가졌을 때 갖게 되는 한계효용이 연 수입 1억 원인 성악가가 2천만 원을 세금으로 부담함으로써 상실하는 효용보다 더 크다고 가정하는 것이다. 기본적 자유와 공정한 기회 평등을 유지하는 한, 성공하지 못한 성악가에게 도움을 줄 수 있다고 생각한다(Arneson 1998, 121).

그렇지만 자유 지상주의자들은 이것이 자기 소유권이라는 원칙을 명백하게 침해한다고 주장할 것이다. 롤스는 타고난 재능 때문에 얻는 결과를 응분으로 볼 수 없다고 주장하겠지만, 그 재능도 성공한 성악가의 것임에는 틀림없다. 재능을 가진 자의 신체에 대해 사회가 무엇이든 할 수 있다는 생각은 부당하다. 제1원칙의 기본적 자유는 신체의 보전을 보장한다. 만약 성공한 성악가의 후두(喉頭)를 이용해 약으로 만들 수 있으며 이 약으로 최소 수혜자 중에서 병으로 고통을 받는 이들을 치료할 수 있다면, 성공한 성악가는 국가가 자신의 후두를 이용해 약으로 만들게 하는 것이 옳은가라고 반문할 것이다. 이것은 스님을 물에 빠뜨리는 것과 다를 바가 없다. 신체 보전의 권리를 침해하는 것은 자기 소유권을 침해하는 것이 된다(Arneson 1998, 121). 이것은 인간의 자기 정체성이 무엇인가라고 반문하는 것이다.

반면에 평등주의자들은 그들 나름대로 차등 원칙에 비판을 가할 것이다. 롤스는 타고난 재능에서 연유하는 배분조차 응분으로 여기지 않고 재능을 가진 이들의 공적마저도 최소 수혜자에게 돌림으로써 결과에서의 평등을 어느 정도 달성하려고 했다. 그러나 결과에서의 평등을 더 주장하는 평등주의자들이 볼 때는 롤스의 차등 원칙이 결과에서의 평등을 어느 정도 도모한다 해도 결국은 결과에서의 불평등을 정당화하는 원칙이라고 비난하게 된다.

말하자면 평등주의자들은 차등 원칙이 허용하는 불평등을 다음과 같은 측면에서 비판한다. 첫째, 사회적이며 자연적인 우연성에 의한 독단성을 차등 원칙에서 부인하고자 했지만, 차등 원칙은 이를 완화했을 뿐 효과를 볼 수 있을 만큼 시정하지 않았다. 둘째, 더욱 철저한 평등주의자는 질병·무능력·조사(早死) 같은 것으로 인한 불평등에 대해서는 보상을 해야 한다고 주장한다. 셋째, 정의의 원칙을 기본적 제도에 적용하는 것으로 국한하면, 개인이 자신의 이익을 추구할 수 있는 자유 시장과 가족적 배경의 영향은 정의의 원칙에 엄격하게 부합하는 것을 가로막는다(Daniel 2003, 243~4). 그래서 결과적으로 롤스는 자유 지상주의자뿐만 아니라 급진적인 평등주의자에게서도 비난을 받는다.

이상에서 보면, 롤스는 사회적 환경과 재능, 능력에 따라 결정되는 불평등을 완화하면서 선택과 노력에 근거를 두는 불평등을 어느 정도 허용하는 셈이다. 반면에 차등 원칙은 최소 수혜자에게 혜택이 안 되는 불평등은 허용하지 않는다. 허용하는 것은 차등 원칙과 어긋나기 때문이다.

킴리카Will Kymlicka는 이 점을 지적한다. 그러나 롤스는 불평등이 정의롭거나 정의롭지 않도록 하는 것은 불평등이 결정되는 방식이 아니라 어떻게 결정되었든 간에 불평등이 모든 사람에게 공개되고 최소 수혜자에게 혜택이 되는가에 달려 있다고 답한다.

킴리카는 롤스가 제시하는 차등 원칙은 당연하지 않은 자연적 재능에 의해 불평등이 너무 지나치게 영향을 받게 한다고 생각한다. 말하자면 그는 최소 수혜자의 입장을 자연적 재능의 결여가 아니라 사회적·경제적으로만 정의한다. 그러므로 불평등이 최소 수혜자들에게 혜택이 되려면 사회적·경제적 선이 적은 데서뿐만 아니라 자연적 선, 즉 재능·능력·건강 등이 적은 데서도 보상을 해야 한다. 따라서 "차등 원칙은 자연적 우연과 사회적 상황의 효과를 완전히 완화하지 않는다. 잘 타고난 사람들은 그들이 자연적으로 타고난 것의 선을 아직 가지고 있다"(Kymlicka 1990, 72).

그러면 자연적 불평등을 어떻게 보상해야 하는가? 롤스의 견해에 따르면, 최악의 입장은 사회적 선으로만 정의된다. 예를 들어 자연적 재능을 똑같이 타고난 두 사람이 있는데, 한 사람은 기업가가 되기로 선택하고 다른 이는 '소파에서 텔레비전이나 보면서 빈둥거리는 사람couch-potato'이 되기로 선택했다고 가정해보자. 빈둥거리는 사람이 되기로 선택한 사람은 자신의 선택 때문에 경제적으로 최악의 상태에서 끝날 수 있다. 그래서 불평등을 제거하기 위해 기업가가 그런 사람에게 보조함으로써 더 많은 소득을 가지게 한다면, 이것은 명백히 잘못된 것이다. 롤스는 이것이 잘못이라는 점과 사람들의 선택을 반영하는 불평등은 정의롭다는 점을 인정한다.

그렇다면 사회가 자신의 잘못이 아닌데도 최소 수혜자가 된 사람에게 보상할 의무가 있는 것이지, 스스로의 선택에 따라 최소 수혜자가 된 사람에게까지 보상해야 할 의무가 있는가? 그런 사람들의 복지를 사회가 언제까지 고려해야 하는가? 끝까지 돌보면 사회가 최소 수혜자를 재생산하는 꼴이 될 수도 있다. 즉 국가의 보조금으로 살아가는 데 익숙해진 가정은 후세대까지 보조금에 의존하는 경향이 실제에서 나타난다(Schaar 1980, 175).

기회가 평등하게 주어졌는데도 그 기회를 선용하지 않아서 최소 수혜자가 된 사람에게 최소 수혜자가 된 이유 여하를 불문하고 사회가 자원을 배분하는 데서 우선성을 고려해야 한다고 가정해보자. 그렇게 되면 또 다른 문제가 생긴다. 그런 사람을 사회가 어떻게 도와야 하는지 알 수 없는 경우가 있다. 사회가 아무리 선의를 품고 좋은 의도로 노력해도 그 결과는 보잘것없는 경우도 있다. 사회적 최소한만을 보장하려는 복지정책을 펴는 국가에서도 실제로는 많은 문제가 나타난다. 그런데 롤스의 차등 원칙과 시정의 원칙은 그 이상을 요구하고 있다. 따라서 그것이 실제에 적용되는 경우 현실적으로 더 많은 문제에 봉착하게 된다(Schaar 1980, 175~6).

차등 원칙이 쉽게 적용되는 사회적 조건을 상정할 수 있다. 기아선상에 놓인 이누이트족이 건장한 사냥꾼에게 먹거리 중에서 가장 큰 몫을 지급하기로 합의했다고 가정해보자. 그 이유는 그 사냥꾼이 너무 허약해지면 집단 전체가 소멸할 수도 있기 때문이다. 이 시점에서 이렇게 불평등하게 배분하는 것이 결국에는 가장 적은 몫을 받게 되는 사람에게도 이익이 된다는 사실을 이해시키고 적용하는 것은 그렇게 어려운 일은 아니다. 불평등하게 배분하는 것이 결국에는 평균적인 안녕과 모든 사람의 기대를 높일 수 있다. 이것이 바로 롤스의 '쇄상결합(鎖狀結合 또는 連鎖

關契)chain connectedness'이라고 하겠다(TJ, 80f.).

그러나 이누이트족처럼 소규모 사회가 아닌 현대의 복잡한 대규모 사회에서 이렇게 합의할 수 있는 경우는 극히 드물다. 복잡한 분업이 일어나는 사회에서는 불평등한 배분이 최소 수혜자에게 이익이 된다는 것을 증명하는 데 무엇이 필요한지 밝히기가 어렵다. 증명시킬 수 있는 논지로 제시할 수 있는 것이 무엇인가? 롤스는 효율과 진보를 기준으로 받아들이지 않는다.

물론 롤스는 우리가 예로 든 기아선상에 헤매는 이누이트족에게 정의의 원칙을 적용할 수 없다고 볼 것이다. 정의의 여건을 논하면서 극단적으로 궁핍한 사회에서는 정의의 문제를 논의할 수 없다고 규정했기 때문이다. 정의를 논의할 수 있는 정도로 자원이 온건하게 희소한 사회에서만 정의의 문제를 논할 수 있는 것이다. 그래서 정의의 원칙을 설정하는 데 효율과 진보를 기준으로 삼지 않았다. 여기서 이누이트족을 예로 들어 지적하고자 하는 바는 쇄상결합을 대규모 사회에서는 이해시키고 합의를 이끌어내기가 힘들다는 점이다.

물론 대규모 사회에서는 간단한 경우 이해시킬 수 있다. 예를 들어 외과 의사를 만들기 위해 사회의 더 많은 자원을 투자해야 한다면, 이 점에는 최소 수혜자도 동의할 것이다. 현재의 최소 수혜자에게도 조만간 외과 의사의 도움이 필요할 것이라고 최소 수혜자를 설득할 수 있기 때문이다. 그런데 이것은 건장한 사냥꾼에게 먹거리를 더 많이 줘야 한다는 것처럼 비교적 간단한 경우이다. 그러나 현대 사회에서는 어떻게 최소 수혜자의 이익을 보장하는 것인지가 명확하지 않은 경우가 많다(Schaar, 1980, 176).

이 문제와 연결해 생각해볼 수 있는 것이 롤스가 그의 저서 전반에 걸쳐서 주장하는 '선에 대한 올바름의 우선성the priority of the right over the good'이다. 선이나 선성에 대한 어떤 관점이 다른 관념에 반대하여 공정으로서의 정의라는 관념을 옹호하는 것이 필요하면서도 선에 대한 완전한 이론보다 적은 어떠한 것으로 충분할 것이라는 주장이다. 롤스의 말처럼 필요로 하는 바는 '선에 대한 피상적/엷은 이론the thin theory of the good'이다(TJ, §§15 · 29 · 60 · 395~7 · 433~4).

선의 피상적 이론에 깔려 있는 기본 사상은 합리적인 인간은 자신의 생활계획을 실행하기 위한 선결요건으로 어떤 것을 욕구한다는 것이다. 다른 조건이 똑같다면, 그들은 자유와 기회도 적은 것보다는 많은 것을, 그리고 부와 소득도 적은 것보다도 많은 것을 선호한다(TJ, 396). 자유, 기회, 부, 소득, 이 네 가지를 롤스는 사회적인 일의적 선이라고 부르는데, 차등 원칙에 의하면 불평등한 배분이 최소 수혜자에게 이익이 되지 않기 위해서는 평등하게 배분해야 한다.

이러한 일의적 선에 롤스는 '아마 가장 중요한' 것이라고 일컫는 자기존중을 덧붙인다(TJ, 440). 자신의 생활계획이 가치가 있고 자신이 의도한 바를 수행하는 자신의 능력을 확신한다면, 우리는 자신을 존중하는 것이다. 원초적 입장의 인간은 완전주의를 채택하지 않을 것이다. 즉 하나의 생활계획이나 최선의 생활에 대한 어떠한 관념이 받아들여지지 않을 것이다. 그러므로 "정의라는 목적을 위하여 우리는 다른 생활방식에 대한 상대적인 가치를 평가하는 것을 피해야 한다"(TJ, 442 · §50). "각자의 목적을 판단하는 데서의 민주주의는 질서가 잘 잡힌 사회에서 자기존중의 기초이다"(TJ, 442).

"만약 각 개인에게 어떤 결사체가 있고 여기에 각자가 속하며 그 안에서 그에게 합리적인 활동이 타인에 의해 공적으로 확인된다면," 자기 존중에 대한 사회적 기초는 충분히 보장된다(TJ, 441). 바꾸어 말하면, 준거 집단에서의 우리의 위치를 토대로 우리는 자기 존중에 대한 감각을 얻게 된다.

이 점이 옳다는 것은 분명하다. 그러나 롤스는 정의 이론에 대한 의문을 가볍게 다루는 것 같다. 사회에는 특정한 생활방식과 생활계획을 중심으로 만들어진 결사체도 많으며, 개인이 영위하는 생활양식도 다양하다. 그럼에도 이러한 사회의 구성원이 참으로 중립적일 수 있는가?

사회는 집합체인데, 그 집합체의 구성원들이 어떤 생활양식, 가치, 그리고 활동이 다른 것보다 나으며 선호된다는 것에 합의했다고 볼 수 있다. 최선의 생활에 대해 집단적으로 결정을 내리는 것이 실제의, 그리고 건전한 정치의 결정적인 양상이다. 롤스가 주장하듯이 사회 질서가 다양한 생활계획을 오불관언할 수도 없으며, 정의 이론이 요구한다고 해서 관용할 수도 없다. 가장 열렬한 다원주의자도 어디에서인가 선을 긋게 마련이다.

구성원들은 사회에서 결사체나 결사체가 행하는 활동이 '아리스토텔레스적인 원칙을 수행하고 정의의 원칙과 양립할 수 있다'면[53] 모든 결사와 활동이 평등하게 가치를 가진다(TJ, 442)고 여기지 않을 것이다. 이것은 경험으로 알 수 있다. 아마 우리 모두가 완전주의자는 아니며, 완전성이라는 용어의 완벽한 의미에서 모든 사회가 완전주의자는 아닐 것이다. 그러나 우리 각자에게는 완전주의의 기미가 조금은 있으며, 어느 사회든 그러한 경향이 있다. 롤스가 기술하듯이 사회는 '사회적 연합들의

---

53 여기서 아리스토텔레스적인 원칙이란 "다른 것이 똑같다면, 인간은 그들의 실현된 역량─선천적인 능력이든 훈련으로 습득된 능력이든─을 행사하는 것을 즐기며, 이러한 즐거움은 그 역량이 실현될수록, 그리고 그 (역량의) 복잡성이 커질수록 증가한다"는 것이다(TJ, 426).

연합union'이다(TJ, 520ff.). 그러나 사회는 전체적으로는 사회적 연합이
지만 또한 그 안에서 부분적으로 어떤 연합이 선호된다.[54]

사회적 생산물이나 사회적인 일의적 선을 배분하는 문제에 당면하면
이러한 고려는 문제가 된다. 우리 자신이 입법의 관점에서 고려하는 적
극적인 시민이며 정책 결정자라고 가정해보자. 많은 개인과 집단이 서로
다른 요구를 하면서 보조금을 요구할 것이다. 많은 사회적 필요와 가능
성을 고려해야 하며, 그중 어떤 것을 선택해야 할 것이다. 따라서 처분할
수 있는 희소자원을 언제 누구에게 어떻게 배분하게 되는가에 대한 기준
이 필요하다(Schaar, 1980, 178).

여러 가지 기준을 택할 수 있다. 그중에는 다른 것보다 탁월한 기준이
있게 마련이다. 그런데 많은 기준 중에서 차등 원칙이 특별히 중요한 것
인지에 대해 의심을 품을 수 있다. 사회가 어떤 모습을 취하기를 원하는
지 우리는 결정해야 한다. 이런 결정이 내려지면 어떤 집단이나 어떤 활
동 또는 어떤 생활방식을 고무하게 되며, 그렇지 못한 것은 저지하게 마
련이다. 다시 말하면, 요구로서 제시된 많은 필요와 목적 중에서 우선순
위를 정해야 한다.

이 점에서 차등 원칙은 별 도움이 되지 않는다. 차등 원칙이 이러한 문
제에 관심을 두는지조차 생각하기 어렵다. 이렇게 보면, 하나 또는 그 이
상의 다소 일관된 완전주의가 필요할 것 같다. 불평등하게 다루는 것이

---

54 물론 아리스토텔레스적인 원칙 자체가 생활방식 중에서 가치판단의 표준을 포함하거나 제
시하고 있다. 롤스가 이 원칙을 적용하는 것은 "개인에게 항상 상대적이다"(TJ, 441)라고 말
하는 것이 올바른지는 확신할 수 없다. 아리스토텔레스 자신이 그렇지 않았다고 보이기 때문
이다. 그는 어떤 생활방식이 다른 어떤 것보다 우월하며, 이 방식을 따르는 사람은 다른 이보
다 우월하며, 그리고 우월한 방식을 고무하고 보상하는 사회는 그러지 않는 사회보다 우월하
다고 주장했기 때문이다(Schaar 1980, 183).

최소 수혜자에게 이익이 아닌 한, 모든 집단이나 생활방식을 평등하게 다루는 입법가나 사람은 정의로운 사람이 아니라 바보 또는 책임 회피자라고 여겨질 수도 있다. 사회적 선택이 무엇인지 모르는 사람이거나 선택하는 책임을 피하는 사람일 수 있기 때문이다(Schaar 1980, 179).

만약 이러한 논의가 정확하다면, 공정으로서의 정의는 "사회에 걸쳐서 자기 존중에 대한 지속적인 기반을 확립하겠다는 가장 중요한 목표의 하나를 달성"(TJ, 441)하지 못하게 된다. 사회는 모든 집단과 생활방식이 평등하게 존경받는 것을 당연한 것으로 대할 수 없다. 그것은 전적으로 불가능하다.

자기 존중은 롤스가 말하듯이 어떠한 생활방식을 사회적으로 인정하는 데서 중요한 부분으로부터 연유하며, 사회는 다른 생활방식보다는 특정한 생활방식을 더 인정해야 한다. 그렇기 때문에 어떤 사람이나 집단은 자신의 생활계획이 다른 이들에게 상대적으로 승인받지 못한다는 것을 알게 된다. 그렇게 승인받지 못한 사람이나 집단은 부분적으로 자기 존중의 사회적 기초를 결하게 될 것이다. 차등 원칙이 특별한 경우에 다양한 생활방식 중에서 사회적 자원을 할당하는 데 지침을 제시하지 못하듯이 공정으로서의 정의는 일반적으로 다른 생활방식을 추구하는 모든 사람에게 자기 존중에 대한 사회적 기초를 제공하지 못한다(Schaar 1980, 179). 차등 원칙과 자기 존중에 대해서는 이상과 같은 지적을 할 수 있다.

(4) 일의적 선

일의적 선이란 사람이 자신의 목표를 달성하기 위해서 쓰는 자원이다. 롤스가 볼 때 일의적 선을 배분하는 것은 자원을 배분하는 것이다. 롤스는 모든 사람에게 평등하게 배분하는 것을 원칙으로 하고 있다(Gaus 2000, 149). 그런데 일의적 선을 평등하게 배분했다고 해서 평등하게 대우했다고 볼 수는 없다.

그래서 롤스는 각기 다른 개인들의 이익의 수준을 결정하기 위해 개인들 사이를 비교하는 기준으로 사회적인 일의적 선을 삼고 있다. 그러나 일의적 선이 사회 정의에 대한 적절한 개념이라면 다루어야 할 다양한 불평등을 롤스의 기준이 무시한다는 점을 들어 비판하는 학자도 있다.

예를 들어 아마르티아 센은, 다른 사람과 같은 몫의 일의적 선을 향유해야 하는데도 육체적인 무능력 때문에 그러지 못하는 사람들은 더 많은 몫의 자원을 원할 텐데, 롤스가 이 문제를 해결하지 못한다고 지적한다. 나아가 센은 롤스의 기준은 개인 간의 비교에서 개인의 능력보다는 개인의 수단에 중점을 두는 한 물신숭배적이라고 비판한다(Sen 1987, 160).[55]

다른 지적은 '지표 문제indexing problem'이다. 소득은 낮지만 직장에서 권위와 영향력을 행사하는 것과 소득은 높지만 그러지 못하는 것 가운데 사람들은 어느 것을 더 원하겠는가? 롤스는 전자를 원한다고 본다. 그러나 그 근거를 롤스가 확실하게 제시한다고 볼 수 없다(Clayton et al. 2004a, 5).

이상이 롤스의 이론에 대한 중요한 비판인데, 이러한 비판에서 심각하게 고려해야 할 것은 자유 지상주의자와 공동체주의자의 비판이라고 하겠다. 자유 지상주의자와 공동체주의자 사이의 논쟁에서, 개인과 공동체 사이에 가치를 두고 갈등이 일어나면 개인의 가치를 희생시키고 공동체

---

55 이에 대한 답은 JFR(§51)에서 제시한다.

를 유지시켜야 하는지는 명확하게 밝혀지지 않았다. 그런데 롤스는 개인의 자유 우선성과 공동선의 우선성 논쟁에서 일단 개인의 우선성을 근간으로 하여 개인의 우선성에 대한 외연적 제약 범위로 공동선과 공동체의 존재이유를 인정하는 절충적인 입장을 택한 셈이다(장동진 2001, 27).

이러한 논쟁에서 민주주의자는 롤스의 편을 들 것이다. 모든 사회의 구성원이 정치제도를 틀림없이 수용하고, 수용하는 것이 비판적으로 수용되었으며, 공적으로 정당화될 수 있는 것이라면, 롤스의 계약론은 민주주의 이론에 주요한 자산이라고 간주하지 않을 수 없다(Vernon 1995, 308).

2. 대응과 수정

지금까지 살펴본 비판 중에서 가장 큰 것은 정의의 두 원칙도 정의에 대한 하나의 체계적 관념에 불과하며, 공리주의나 다른 포괄적 이론보다 나을 것이 없다는 비판이었다. 말하자면 공정으로서의 정의는 타당하며 포괄적인 하나의 교의에 불과하며, 다른 타당한 교의와 양립할 수 있는 것이라는 비판이다. 요컨대, 정의에 관한 문제를 다루는 포괄적인 도덕적 이론과, 포괄적 이론과 무관한 정의에 대한 정치적 관념을 구분하지 않는다는 점을 지적한다.

《정의론》이 출간된 후 30년이 흐르는 동안 롤스는 그의 논지를 여러모로 발전시키고 수정했다. 여기에서는《정의론》이 출간된 이후 제기된 비판 중에서 가장 중요한 것을 롤스 스스로 어떻게 인식했으며, 그 비판에 롤스가 어떻게 대응하고 자신의 이론을 수정했는지 살펴보고자 한다.

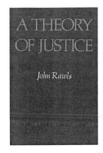 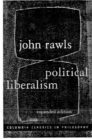  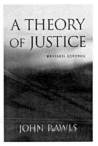

《정의론》(1971)　　《정치적 자유주의》(1993)　　《만민법》(1999)　　《정의론》개정판(1999)

(1) 비판에 대한 롤스의 인식

먼저 밝혀둘 것은 롤스가 《정의론》 개정판에서 《정의론》 초판의 주요한 윤곽은 그대로 유지하면서 그 중심적인 교의를 옹호하고 있다는 점이다(RTJ, xi). 롤스는 다음의 두 가지 지적을 가장 중요한 비판이라고 인식하고 있다.

첫째, 자유와 관련해 잘못된 것은 하트가 지적했다(Hart 1973). 이에 대하여 롤스는 이미 답했지만(PL, Lecture VIII), 개정판에서 아래와 같은 요지의 답을 한다. 그래서 개정판의 특히 9장 §82에서 자유의 우선성에 관한 처음 6개 문단을 고쳤음을 밝힌다.

"기본적인 권리와 자유, 그리고 우선성은 적절히 발전하는 데 필요한 사회적 조건과 모든 시민의 두 가지 도덕적 힘, 정의에 대한 감각과 선의 관념에 대한 능력을 내가 말하는 두 가지 근본적인 경우에 완전하게, 그리고 알고서 행사하는 것을 모든 시민에게 평등하게 보장하는 것이다. 아주 간략하게 말한다면, 첫 번째 근본적인 경우는 시민이 정의에 대한 감각을 행사하여 정의의 원칙을 사회 기본 구조에 적용하는 것이다. 둘째의 근본적인 경우는 선에 대한 자신의 관념을 형성하고, 개정하고, 그리고 합리적으로 추구하는 데 실천이성과 '사고thought'라는 시민의 힘을 적용하는 것이다. 평등한 정치적 자유의 공정한 가치(§36에서 소개된 개념)와 사상, 양식, 그리고 결사의 자유를 포함하여 평등한 정치적 자유는 두 경우에 도덕적인 힘을 행사하는 것이 자유롭고, 알려지고, 그리고 효과적일 수 있다는 것을 보장하게 된다"(RTJ, xii∼xiii).

둘째, 일의적 선에 대한 문제 제기에 관한 것이다. 일의적 선은 합리적인 사람이 무엇을 원하든 원하게 되는 것이며, 이것이 무엇이며 왜 그러한가는 개정판의 7장에서 설명했다(RTJ, ch. VII). 그런데 무엇이 일의적 선인지, 인간의 심리학이라는 자연적인 사실에 의존하는지, 또는 이것이 어떤 이상을 구체화하는 인간의 도덕적 관념에 의존하는지가 모호하다는 지적이 있었다(RTJ, xiii). 개정판에서 인간은 두 가지 도덕적 힘을 가지며, 두 힘을 발전시키고 행사하는 데 '더 높은 질서/단계higher order'의 이해관계가 있다고 강조함으로써 해결했다. 인간은 자유롭고 평등한 시민, 그리고 전체 삶에 걸쳐서 사회에 정상적이며 완전하게 협조하는 구성원으로서의 지위에 필요한 것으로 특징지어졌다. 정치적인 정의라는 목적에 대한 개인들 사이의 비교는 일의적 선에 대한 시민들의 지표로써 만들어지고, 이들 선은 시민으로서의 필요에 응하는 것이며, 이는 시민의 선호와 욕구에는 반대가 된다(RTJ, xiii, §15).[56]

---

56 더 자세한 것은 Rawls(1982)와 Rawls(1999)를 참조하라.

롤스는 개정판에서 이상의 두 가지가 가장 중요한 비판이라고 밝히고 있다. 그러면 개정판이 나오기 전에 출간된 그의 주요 저작의 내용을 살펴봄으로써, 개정판이 나오기 전까지 자신에 대한 비판에 롤스가 어떻게 대응했는지 알아보자.

(가) 《정치적 지유주의》

정의의 두 원칙에 따라 질서가 잘 잡힌 사회는 어떻게 지속될 수 있는가? 롤스는 이 문제를 다룸으로써 비판에 대한 답을 제시하려고 한다. 우선, 이 문제는 왜 생겼는가? 정의의 두 원칙이 적용되는 사회는 정의의 여건에 의해 제약받는다. 그런데 정의의 여건에는 화해할 수 없는 도덕적·종교적·철학적 교의가 다양하게 있다. 그러나 공정으로서의 정의가 비교적으로 '안정stability'되며 정의와 선 사이의 '일치congruence'를 이룬다는 것을 주장하자면(TJ, 350), 롤스는 질서가 잘 잡힌 사회를 상정해야 한다. 그 사회에서는 모두가 교육을 받아 정의에 대해 같은 원칙을 고수한다는 것을 모두 알 수 있어야 한다.

문제는 롤스가 안정과 일치를 논하는 것이 다원주의에 대한 가정과 어긋난다는 점에 있다. 바로 이 점에서 심각한 문제가 드러난다. 이 문제를 롤스는《정치적 자유주의》(1993)에서 해결하고자 했다.[57] 그리하여 그는 무엇보다도 '정치적 자유주의political liberalism'가 무엇인지 명확하게 밝히고자 했다. 롤스는 자유주의적인 내용을 담은 정의(正義)에 관한 설명

---

57 《정치적 자유주의》는 특히 공동체주의자들의 비판의 산물이라고 보는 이들이 많다. 그러나 롤스는 그 비판에 대응하여《정치적 자유주의》를 저술하지 않았다(Freeman 2003a, 28).

은 정치적 관념으로 가장 잘 이해된다고 이미 주장했다(JFPM).

롤스는《정의론》과《정치적 자유주의》의 차이를 다음과 같이 보고 있다. 전자에서는 사회계약론에서 출발하여 공리주의보다 더 나은 정의 이론을 제시하고자 한다. 정의 이론이 어떠한 구조적 양상을 띤다는 것과 정의에 대한 우리의 숙고된 판단에 부합한다는 것을 밝힘으로써 민주 사회에 가장 적절한 도덕적 근거를 제시한다. 게다가 여기에서는 공정으로서의 정의가 포괄적인 자유주의적 교의로—포괄적 교의라는 용어는 쓰지 않았지만—제시되고 질서가 잘 잡힌 사회의 모든 구성원들은 같은 교의를 인정한다고 본다.

그런데 질서가 잘 잡힌 이러한 사회는 '합당한 다원주의reasonable pluralism'라는 사실과 모순된다. 그래서 롤스는《정치적 자유주의》에서 포괄적 자유주의적 교의로써 안정을 이루는 사회가 불가능하다고 생각하여(PL, 179), 정의에 대한 관념이 민주주의와 시민들의 삶에서 담당해야 하는 역할을 정교하게 한다.

종교적이든 비종교적이든 포괄적인 교의를 인정하는 다원주의적 사회는 공정으로서의 정의가 통용되어 질서가 잘 잡힌 사회와 양립하는 것이 어떻게 가능한가? 이 문제를 다루면서 롤스는《정치적 자유주의》에서는《정의론》에서 제시된 안정에 대한 논지를 수정하여 해결책을 제시한다. 무엇보다도 합당한 다원주의를 인정하지 않을 수 없게 되었다. 여기서 롤스가 말하는 다원주의는 무엇이며 합당하다는 것은 무엇을 의미하는가?

16세기의 종교개혁을 거친 후 시민들은 서로 다른 종교적 또는 형이상학적인 가치를 강하게 견지할 수 있게 되었다. 그래서 이를 인정하는 근대 사회는 억압적이 아니라 자유주의적이 되지 않을 수 없었다. 이렇게 자유주의적이 됨으로써 다원적인 사회가 된 것은 비합리적인 것도 아니며 합당하지 않은 것도 아니다. 말하자면 사람들이 살아가는 데서 합당하게 협조하려고 해도 서로 가치가 다르다는 것은 없어지지 않으며 어쩔 수 없는 일이다. 그래서 근대 사회에서 다원주의를 형성하고 '합당한 다원주의를 사실the fact of reasonable pluralism'로 받아들이게 되었다(PL, 36 ~8). 그런데 이 사실은 정의의 주관적 여건에 함축되어 있다고도 볼 수 있다(TJ, 127; PL, 54~8).

그렇다면 다원주의를 사실로 받아들인다는 것이 정의 이론을 구성하는 데 어떠한 의미가 있는가? 예를 들어 어떤 자유주의적 가톨릭 신자는 공정으로서의 정의라는 원칙과 그에 따른 의무를 받아들이기는 하지만 그 원칙과 의무는 자연법에 기인한다고 생각할 수도 있다. 자연법은 신법(神法)의 일부인데, 신은 인간으로 하여금 최고의 선을 달성하기를 바란다. 그러므로 이러한 이유에서 정의의 원칙과 의무를 받아들이는 가톨릭 신자도 있을 것이다. 그렇다면 이것은 도덕적 원칙이 실천이성에서 연유한다는 칸트의 구성주의적 입장을 거부하는 것이다.

그런데 롤스는 질서가 잘 잡힌 사회에서는 사람들이 정의에 대한 감각을 갖기 때문에 개인의 선과 구성주의에 의해 형성된 정의가 부합한다는 일치논증을 제시했다(TJ, 350). 일치한다는 것은 정의가 각자에게 최고의 합리적 선이며, 정의에 대한 감각을 가지려는 욕구는 자유롭고 평등한 합리적 존재로서의 인간의 본성을 실현하려는 욕구와 같다는 것이다.

그러나 가톨릭 신자는 두 욕구 사이의 일치를 부정한다. 즉 가톨릭 신자는 정의의 감각을 신의 자연적 법칙에 순응시키려고 하며 정의의 감각은 이러한 법칙을 만들어내는 창시자로서의 인간 본성을 표현하는 것이 아니라고 본다. 말하자면 그 신자는 자유주의자이기는 하지만 정의에 대한 자유주의 원칙을 칸트의 구성주의로써 정당화하는 것을 받아들이지 않는다. 다른 말로 하면, 가톨릭 신자의 정치적 관념은 자유주의적이며 자립적인 반면에 종교적인 교의는 포괄적이지만 자유주의적이 아닐 수도 있다. 이처럼 다른 포괄적 교의 때문에 사회를 정당화하고 안정시키는 근거를 공유하지 않는 이들이 많을 수 있다(Freeman 2003a, 29~30).

이처럼 다원주의를 인정하는 자유로운 제도 아래에서는 합리적이며 합당한 시민은 서로 다른 도덕적·종교적·철학적인 포괄적 교의를 자연적으로 그리고 어쩔 수 없이 인정하지 않을 수 없다. 포괄적 교의에 대한 의견의 불일치가 모두 합리적이지 않거나 합당하지 않다는 데에서 연유하지는 않는다. 모두가 그 나름대로 합당한 교의에 근거하여 견해를 달리할 뿐이기 때문에 어느 교의에 의한 판단이 잘못이라고 확정하기도 어렵다. 따라서 어느 교의의 신봉자도 판단하는 부담을 질 수 없다.

어떤 가치를 정당화하고 가치들 사이의 균형을 맞추는 일과 연관하여 어느 가치가 우위에 있으며 수용해야 한다는 것을 판단하는 데서 판단의 부담이 생긴다. 그래서 '판단의 부담burdens of judgment'이라는 문제가 대두한다(PL, 54~8). 그렇기 때문에도 다양한 교의가 합당하다는 점을 인정해야 한다. 그래서 예컨대 어떤 종교가 합당하다면, 정치적 자율성, 시민의 법적인 독립성과 인정된 통합성, 그리고 정치권력의 행사에서 타인과 평등하게 공유한다는 사상을 거부하지 않게 된다(PL, xliv).

그렇다면 사회에 통용될 수 있는 정의를 정당화하는 근거가 가톨릭 신자가 보여준 것처럼 다르다고 해서 공정으로서의 정의는 작동하지 않게 되어야 하는가? 달리 말하면, 종교적이든 비종교적이든 포괄적인 교의를 인정하는 이들로 하여금 헌정적 민주주의 사회를 지지하게 하면서도 정의에 대한 합당한 정치적 관념을 유지하는 것이 가능할 것인가? 롤스는 공정으로서의 정의가 《정의론》에서 처음에 생각한 바대로는 작동하지 않을 수 있지만, 어떠한 양상을 수정하거나 포기하면 작동할 것이라고 답한다. 그래서 그는 《정치적 자유주의》에서 안정을 위한 일치논쟁을 포기한다. 전술한 가톨릭 신자에게서 알 수 있는 것처럼 일치한다고 주장할 수 없기 때문이다.

다원주의적 사회에서는 정의의 원칙에는 합의할 수 있지만 철학적·종교적·윤리적 신념에는 합의하지 못할 수 있다. 그런데도 자율성이 최고의 본질적 선이라든가 정의가 본질적 선이라는 것에 합의할 수 있는가? 정의의 원칙을 반드시 칸트적인 해석이 규정하는 이유에서만 인정하는 것이 아니라 가톨릭의 입장에서도 인정할 수는 있다. 후자의 경우에는 도덕적 자율성이 본질적 선이 아닌 것이 된다. 그렇다면 선에 대한 칸트적인 해석과 갈등을 일으키고 정의의 원칙을 정당화하는 근거가 달라진다(Freeman 2003b, 305).

이 문제를 어떻게 해결해야 하는가?

먼저 포괄적인 구성주의적 시각을 포기해야 한다. 이 시각에 따르면 실천이성의 활동을 벗어난 도덕적 질서는 없으며, 도덕적 질서는 판단의 도덕적 객관성과 타당성을 적절하게 구성하는 사회적 관점에서 연유하는 정확한 판단으로써만 이해되어야 한다. 그런데 이 시각이 사실일 수 있다고 해도 도덕의 본질과 도덕적 객관성과 타당성에 대한 다른 합당한 견해와 갈등을 일으킬 수 있다. 그래서 롤스는 이 시각을 포기한다.

그다음으로 롤스는 인간이 자유롭고 평등하고 합리적이며 합당하다는 칸트의 관념을 견지하지만 수정한다. 그래서 이제 칸트의 관념은 도덕을 도덕적 행위자와 실천 이성의 힘이라는 조건에 근거를 두는 포괄적 교의의 부분으로 제시되지 않는다. 대신에 도덕적 행위자의 완전한 능력을 갖춘 도덕적 개성을 가진 인간이라는 개념은 시민이라는 개념으로 전환된다. 인간에 대한 이러한 정치적 관념이 정의에 대한 '자립적인 freestanding' 관념의 근거를 제시한다. 즉 정치적 관념은 어떤 철학적 교의에 언질을 두는 것이 아니라 민주주의적 사상과 문화에 함축된 사상에 근거를 둔다. 이것이 의미하는 바는《정의론》에서는 공정으로서의 정의가 포괄적인 도덕적 교의의 부분이었다면,《정치적 자유주의》에서는 여기에서 벗어나 자립적인 정치적 관념이 되었다(Rawls 1999a, 614~5).

중첩하는 합의

그래서 롤스는 '중첩(重疊)하는 합의overlapping consensus'라는 개념을 제시한다. 중첩하는 합의란 무엇인가? 합당한 교의를 서로 인정하지 않을 수 없는 이상, 인간이 어떻게 살아야 하는가에 대한 근본적이며 포괄적인 원칙에 대해 서로가 수렴할 수 없다(PL, 54~8). 억지로 수렴하게 하려면《정의론》에서 상정하는 것처럼 근본적인 도덕적·정치적 신념을 확립하기 위해 국가가 힘을 억압적으로 사용하는 수밖에 없다. 롤스는 이것을 사실로 받아들이고 '억압이라는 사실the fact of oppression'이라고 부른다. 그런데 억압하려면 적어도 '다수의 지지를 받아야 한다는 것도 사실the fact of majority support'이다(PL, 37). 그러나 억압은 정당하지 못하며, 인간의 선에 대한 하나의 관념에 보편적으로 합의하는 것은 불가능하다. 그래서 롤스는 인간이 어떻게 살아야 하는가라는 문제에 근본적이며 포괄적인 원칙을 제공하는 것을 포기한다(PL, 146).

포괄적인 원칙을 제공하는 것을 포기한 것은 자유주의의 역사에서 어떤 의미가 있는가? 롤스는 형이상학적 근원에 호소하지 않고서 어떠한 합의, 즉 정치적 자유주의에 도달하려고 했다. 이것은 로크나 스튜어트 밀, 그리고 칸트와는 다른 방법이다. 그들은 더욱 확고한 문화적이며 형이상학적인 자유주의 철학을 개진했다. 게다가 선한 생활을 영위하도록 하기 위해 윤리적인 이상에 너무 의존했다(PL, 78, 98~100). 그래서 그들은 포괄적인 자유주의 이념을 제시하고자 했다. 포괄적인 이념은 다른 포괄적 세계관과 갈등을—그래서 그들이 관용을 주장하지만—일으킬 수 있다.

이에 반해 롤스는 정치적 자유주의로써 정치에 대한 자유주의적 이념을 제시하려고 한다. 그래서 그는 잠재적으로 논쟁이 일어날 수 있는 가정을 '피하는 방법method of avoidance'을 택한다. 그렇게 하여 서로 다른 포괄적 교의가 공존하면서도 정의에 대한 정치적 관념을 공유할 수 있다. 바로 이 점에서 자유주의에 대한 이전의 관념과 롤스의 설명이 다르다.

이에 다원주의라는 사실을 받아들이고 합리적이며 합당한 시민들이 자유롭고 공정하게 사고할 수 있도록 롤스는 중첩하는 합의라는 개념을 제시해 문제를 해결하고자 한다. 사람들이 어떤 도덕에 대한 포괄적 관념을 견지하고 있더라도 포괄적인 견해들 사이에 중첩하는 합의에 따라 정치적 정의, 즉 정의에 의한 정치적 관념에 대해서는 비슷할 수 있다. 즉 정의에 대한 공적인 이해에서는 중첩할 수 있을 것이다. 다시 말하면 정치에 관한 가치와 규범에 대해서는 원칙상의 동의를 이끌어낼 수 있는데, 그 가치와 규범의 내용과 정당화는 어떠한 포괄적 교의들과도 무관하며, 그러한 교의들 중 대부분이나 모든 것과 양립할 수 있다. 요컨대, 중첩하는 합의 내에서 정의에 대해 독립적인 정치적 개념은 합당한 포괄적 교의가 많이 존재하는 중에서 정치적 관념에 한정되어 있는 도덕적 합의이다.

포괄적 교의 자체가 시민의 자유와 평등을 인정한다면—예를 들어 사회의 기본 구조에 대한 도덕적 언질을 공유한다면—합당한 것이며, 그래서 양립이 가능하다. 양립이 가능하다는 것은 무엇을 의미하는가? 포괄적 교의를 가진 사람들 사이에 국제관계에서 나타나는 것처럼 서로가 이해관계의 균형을 이루어 '일시적으로 타협modus vivendi'해야 할 필요 없이 포괄적 개념과는 독립적인, 정치에 대한 정의의 관념을 공적으로 인정하고 서로 존중하는 것이 가능하다는 것을 뜻한다. 그렇다면 각 교의는 독립적인 정치적 관념을 형성하는 데서 그 나름대로의 기초 또는 정당화를 제공한다. 그렇게 함으로써 정치적 안정을 이룰 수 있다(Pogge 2007, 35~7).

일시적으로 타협할 필요가 없다는 주장을 조금 더 살펴보자. 전술한 바와 같이 롤스는 구성주의를 택하면서 완전주의를 거부했다. 롤스가 완전주의를 반대한 것은 종교적 또는 문화적 헤게모니를 위한 경쟁이 분열을 가져다주고, 모든 이들에게 잠재적으로 위험하다는 이유 때문만이 아니다. 분열과 위험을 피하기 위해서라는 실제적인 이유에서 하나의 선을 받아들이게 할 수도 있는 완전주의를 거부하고 다원주의와 관용을 수용하는 것은 일시적 타협에 지나지 않는다. 롤스는 그러한 이유에서만 완전주의를 배격하는 것이 아니다.

다원주의와 궁극적 목적에 대한 관용은 시민들 사이에서 상호 존중의 조건이 된다. 인간이 가진 정의에 대한 감각은 상호 존중에 도구적 가치가 아니라 본질적 가치를 두어야 한다. 그래서 어쨌든 포괄적 교의를 인정하는 것, 즉 서로 다른 선을 인정하는 것은 일시적 타협을 위한 것이 아니어야 한다. 그런데 롤스는 원초적 입장에서조차 일시적 타협의 대상이 아니라는 것을 암시한다.

무지의 장막이 쳐진 상황에서 당사자들은 어느 누구도 자신의 선에 대한 완전한 관념, 즉 도덕적 이상을 알지 못한다(TJ, 327~8). 그래서 그들은 선에 대한 얇고 순전히 형식적인 관념에 기초하는 정의의 원칙을 택하게 되어 있다. 이 관념은 더 짙은 어떤 관념과 부합하게 된다. 그래서 결과적으로 당사자들은 스스로 선을 선택하게 되는 것이며, 선에 대한 짙은 관념은 다양하게 존재할 수 있다. 롤스가 이렇게 한 이유는 다른 포괄적 가치를 평등하게 다루는 것이 공정에서 중요한 형태의 하나라고 생각하기 때문이다(Nagel 2003, 73).

중첩하는 합의를 인정함으로써 정치적으로 안정될 수 있다는 주장은 다음과 같이 상술할 수 있겠다. 각 교의는 독립적인 정치적 관념을 취하는 데서 그 나름대로의 기초 또는 비(非)공적인 정당화를 제공한다. 롤스에 따르면 중첩하는 합의는 헌정적인 자유민주주의에서 사회적 통합에 합당한 기초를 이루며, 일단 헌정적인 합의가 이루어지면 그러한 합의가 대두하리라고 기대하는 것은 비현실적이지 않다. 헌정적인 합의가 정치적인 잠정적 타협에서 대두할 수 있는 것처럼 정치에 대한 일반적인 자유주의적 관념도 헌정적인 합의에서 대두할 수 있다.

정의에 대한 관념은 그 관념이 기본적 권리와 자유의 우선성, 기회의 의미 있는 평등, 사회적 최소한을 확보하는 한에서 일반적으로 자유주의적이다. 말하자면 제한된 공리주의와 공정으로서의 정의는 따라서 모두 일반적으로 자유주의적일 수 있다. 이뿐만 아니라 일반적인 자유주의적 관념은 또 있을 수 있다.

만약 시민들 모두가 아니면 거의 모두가 공적인 정치적 근거에서, 그리고 포괄적인 교의에서 정의에 대한 어떠한 일반적인 자유주의적 관념을 확인할 수 있으며 확인할 경향이 있다면, 자유민주주의는 올바른 방식으로 안정적이 된다. 포괄적 교의와 정치적 관념이 같은 관념일 필요는 없다. 시간이 지남에 따라 그러한 중첩하는 합의에 더욱 초점이 맞추어질 것이다. 시민들은 정의에 대하여 같은 일반적인 자유주의적 관념을, 나아가서는 공정으로서의 정의를 지지하게 된다.

어쨌든 다양한 포괄적 교의가 인정되는 사회에서 정의의 원칙, 특히 롤스가 볼 때 공정으로서의 정의라는 원칙이 정당성을 확보하려면 포괄적 교의가 정의의 원칙을 인정하는 관념과 정의에 대한 정치적 관념이 달라져야 한다. 그래서 롤스는 정의에 대한 '자립적이며 정치적인 freestanding and political' 관념을 제시한다. 자립적이라는 것은 정치적 관념은 자립적 또는 독립적이라는 것이며 관념의 전제를 형이상학적 · 인식론적 · 도덕적 관념에 두지 않는다는 의미이다(Freeman 2003a, 33). 이 관념은 정치적 영역에서 시민으로서 상호 관계에만 적용된다. 그렇기 때문에 중첩하는 합의라는 것은 모든 포괄적인 관념에서 정의에 대한 공통의 원칙을 도출할 수 있다는 것이 아니라, 각각의 포괄적인 견해들이 자립적인 정치적 관점과 양립할 수 있다는 것을 의미한다(CP, 491; Nagel 2003, 84).

정치적 자유주의에 따른 정의에 대한 공정한 원칙은 '의견의 불일치dissensus'가 아니다. 롤스가 중첩적 합의를 얻음으로써 뒷받침하고자 하는 것은 안정이다. 중첩적 합의가 이루어지면 자유주의에서는 선에 대한 다양한 관념에 중립을 유지하면서 '사회적 통합social unity'을 표현하고 유지할 수 있다. 그렇다고 해서 포괄적 교의를 통해 얻을 수 있는 정신적인 안녕이 중요하지 않다는 것이 아니다. 오히려 중요하기 때문에 개인이 스스로 결정하도록 맡긴다(LP, 127). 이렇게 함으로써 정의 이론이 안정을 부여하는 데 필요로 하는 지지를 공정으로서의 정의가 얻을 수 있다.

또한 질서가 잘 잡힌 사회에서 시민들은 전 생애를 통하여 자신이 사회에 완전히 협조적인 구성원이라고 본다. '합당하다reasonable'는 것과 '완전히 협조적fully cooperative'이라는 용어는 사람들이 정의의 두 원칙을 도덕적 원칙으로 보며, 그 결과에 따르며, 인간의 선에 대한 그들의 관념을 선택하거나 수정할 때 두 원칙을 이용한다는 것을 의미한다. 말하자면 정의에 대한 정치적 관념은 더욱 포괄적인 도덕적·종교적·철학적 교의의 부분으로 제시되어서는 안 되며 정치적 가치를 참조함으로써 정당화된다.[58]

정치적 자유주의는 정치적 관념이 다양하면서도 갈등을 일으키기조차 하는 교의에 어떻게 적합한지 보여줌으로써 합당한 다원주의라는 사실을 인식하고 이에 반응한다. 즉 정치적 자유주의는 교의들 사이에 중첩하는 합의가 가능한 대상이다(JFR, xi). 합당한 정치적 관념에 대해 중첩하는 합의를 할 수 있다고 봄으로써 정치적 자유주의에 대해 중첩하는 합의를 기대할 수 있는 역사적이며 사회적인 근거를 제시하게 되었다. 이것을 기대하는 것이 《정치적 자유주의》에서의 주목적이 되었다(PL, 40·65·172·246·252·392).

다시 말하면, 정의에 대한 정치적 관념을 근거로 하는 정치적 자유주의는 시민으로서의 이익에만 관여하며 포괄적 교의에 대해서는 자유롭게 결정하도록 내버려둔다. 독립적이며 정치적 논지로서의 정의, 공정으로서의 정의에 대한 논지를 다시 얽는 데서 롤스는 많은 근본적인 개념이 원초적 입장에서 작동하도록 다시 얽는다. 그는 원초적 입장에서의 행위자를 '인간들persons'과 그들의 최고 질서의 이익이 아니라 정치적으

---

58 롤스는 종교뿐만 아니라 공리주의적 관념도 정의에 대한 포괄적 관념이 될 수 있다고 본다. 행복이 모든 가치의 근원이라고 여기기 때문이다.

로 이해된 시민과 그들의 더 높은 질서의 이익을 대변하는 것으로 간주한다. 인간으로서의 시민이 아직 더 높은 이익을 가질 수 있는가라는 문제는 내버려두었다. 그리고 일의적 선을 사람들의 가장 일반적인 선에 대한 모든 목적을 위한 일반적인 수단이 아니라, 시민으로서의 시민의 지위와 활동에 필요한 사회적 조건으로 여겼다.

공정으로서의 정의에 대한 논지에서 독립적이며 정치적인 것으로써 주요한 요소를 다시 얽는 것은 말하자면 원초적 입장에서의 행위자가 '사고하는 것reasoning'에 대해 새로운 노선의 논지를 가능하게 한다. 롤스는 기본적 자유와 시민의 지위 사이의 헌정적인 관계에 초점을 맞춤으로써 기본적 자유가 우선이라는 원초적 입장의 논지를 다시 얽었다.

그런데 정의에 대한 정치적 관념은 다음의 세 가지를 갖추어야만 한다. 즉 ① 사회의 기본 구조를 고안하는 것에만 한정하고, ② 포괄적인 도덕적·종교적·철학적 세계관과 무관하게 자립적이며, ③ 사회의 공적인 정치문화에서 이용할 수 있는 근본적인 사상을 중심으로 구축되어야 한다. 이 양상만 갖추어서 공적 이성에 대한 이상을 가지고 그 이상에 근거를 두어 '시민성civility'이라는 의무를 열거하면, 정의에 대한 다양한 관념을 수용할 수 있다. 그리하여 완전하게 정당한 정부가 대두할 수 있다.

그러한 정당성을 확보하기 위해 정치권력의 행사는 '정당성이라는 원칙principle of legitimacy'을 충족해야 한다. 그렇게 하려면 원칙과 이상이 합리적이고 합당한 것으로 여겨질 수 있도록 권력이 행사되어야 한다(PL, 217). 정당성은 정치권력을 행사하는 시민들이 적어도 공적인 공간에서 서로가 자신의 포괄적인 세계관을 억제하고 시민성이라는 의무를 존중한다는 것을 전제로 한다.

롤스는 이렇게 보기 때문에 앞서 말한 것처럼 정치적 원칙이 형이상학적일 필요가 없다고 주장한다. 따라서 이 정치적 관념에 합의하는 것이 가능하다. 완전히 포괄적이며 전적으로 일반적인 도덕적 관념이란 인간이 어떻게 살아야 하는가라는 모든 문제, 삶의 모든 양상에 관여되는 데 반하여 정의에 대한 정치적 관념은 정치적인 문제만을 다룬다. 그렇다면 양자는 적용의 범위에 대한 문제이다(Haldane 1996, 63).[59]

그렇다면 정치의 영역이 도덕에서 완전히 분리될 수 있는지 반문을 제기할 수 있다. 인간이 정치적인 것에만 관여하더라도 모든 도덕적인 원칙을 접어두고 단순한 전략이나 권력정치에 의존하지 않기 때문이다. 이에 대해 롤스는 다음과 같이 답한다. 물론 정치적 관념은 도덕적 관념의 하나인데, 이는 사회의 기본 구조에만 관여하는 도덕적 관념이며 포괄적인 관념이 제기하는 논쟁을 피하고 부정함으로써 안정된 중첩하는 합의의 기초를 찾을 수 있다(PL, 11·152~3). 게다가 이렇게 추론하면 정치적 자유주의는 선에 대해 전적으로 중립적이지는 않다(PL, 191~3). 공정으로서의 정의는 그러한 정의에 대한 관념의 하나이지만, '합당한 자유주의적 정치적 관념들reasonable liberal political conceptions' 중의 하나이기도 하다.[60] 어쨌든 롤스는 이렇게 주장함으로써 포괄적 도덕적 이론과

---

59 그런데 임신과 동시에 생명이 잉태되었다고 보는 가톨릭의 포괄적인 교의와 임신 3개월 전에는 태아의 권리를 인정하지 않는 견해가 어떻게 합의를 이룰 수 있을 것인가? 그리고 과연 정치적인 것이 도덕적인 것으로부터 '독자적으로 설free standing' 수 있는지, 즉 (공동)선에서 도출하지 않는 정치적 올바름이 가능한지 등의 이유를 들어 정치적 자유주의의 결점을 지적하고 있다(Haldane 1996).

60 '합당하다reasonable'는 말은 어디에 쓰이는가? 합당한 시민이라면, 평등한 자들 사이에 공정한 사회적 협업에 대한 조건을 기꺼이 제시하려고 해야 한다. 그리고 합당한 포괄적 교의를 — 그 교의가 자유민주주의적인 정체의 본질을 인정하고 삶에서 많은 가치에 질서를 부여해 합당하다면 — 받아들인다. 정치에는 다양한 견해를 받아들이는 것이 합당하며, 따라서 모든 다수결을 거부하는 것은 합당하지 않다(LP, 87).

정치적 자유주의를 구분했다.

이렇게 보면 진리, 인간의 선, 그리고 초경험적인 교의에 대한 문제가 없어진 자유주의가 정치적 자유주의이다. 이것은 가장 기본적인 정치적 문제와 관련해 진리라는 개념과 올바름이라는 개념 대신에 정치적으로 합당함이라는 개념이 들어서야 한다는 것을 의미한다. 그렇게 할 수 있는 이유는 같은 사람이라도 포괄적 교의를 신봉하는, 시민사회의 배경적 문화에 속하는 '인간person'으로서의 존재와 공적인 정치적 영역에서 '시민citizen'으로서의 존재로 구분될 수 있기 때문이다(Dreben 2003, 324 · 325). 그렇다면 정치적 자유주의는 어떠한 형태의 포괄적인 교의에서 벗어날 수 있다.

벗어날 수 있으며, 벗어나야 한다는 점에서 롤스는 공동체주의를 반대한다. 공동체주의는 선에 대한 공통의 관념에 헌신했다는 공동체주의적인 과거, 즉 중세 기독교 세계에 대한 향수를—실제로 있었다고 볼 수도 없겠지만—지니고 있다(Bell 1993, 91). 공통의 관념, 즉 포괄적인 관념을 갖게 하려면 종교재판과 같은 억압이 있게 마련이다(PL, 37). 반면 다원주의는 인간의 기본적 자유와 권리를 보장하면 자연적으로 나타나게 된다. 그래서 롤스는 공동체주의를 반대한다(Nagel 2003, 83).

롤스는 정치적 관념과 갈등이 일어날 소지가 있는 교의들은 사적 영역에 속하는 것으로 간주되며, 정의를 논하는 데서 이를 들먹일 필요가 없다고 본다. 더군다나 정의는 사적 영역에서조차 포괄적인 교의를 권고하는 것에서 벗어나야 한다고 여긴다(Alejandro 2005, 1185). 롤스는 시민들이 가진 가치가 타협을 할 수 있는 한, 자유주의적인 합의를 얻을 수 있다고 주장한다.

그렇게 할 수 있다는 것은 무엇을 의미하는가? 중첩하는 합의라는 것은 가치관에 대한 포괄적인 견해가 다양하더라도 사회의 기본 구조에 관한 도덕적 언급에 대해서는 공유할 수 있다는 것을 의미한다. 이렇게 보면 중첩하는 합의를 이룰 수 있다는 것은 다원주의가 제한될 수 있다는 것, 즉 '제한된 다원주의limited pluralism'를 의미한다(Pogge 2007, 34). 요컨대, 정치에 대해 합의를 얻으려는 시도에서 나온 것이 바로 중첩하는 합의이며, 이 합의에 따라 갈등을 해결할 수 있다고 가정한다.

공적 이성

그런데 시민들이 정의에 대한 정치적 관념, 즉 정치적 자유주의에 동의하리라는 것을 어떻게 보장할 수 있는가? 말하자면 기본적인 문제가 걸려 있을 때 시민들이 진리 전체가 아니라 정의에 대한 공적인 관념에만 호소하여 중첩하는 합의에 도달할 수 있다고 보는 것이 합당하며 합리적인가? 정치적 자유주의가 확립되는 데에는 이 문제가 관건이라고 하겠다(PL, 329). 이에 롤스는 '공적 이성public reason', 즉 모든 시민의 '공통적 이성common reason'이라는 개념을 제시한다(PL, 212~54). 공적 이성에 대한 실마리는《정치적 자유주의》이전에《정의론》의 〈올바름이라는 개념의 형식적 제약〉에서 이미 제시되었다.

앞서 살펴본 것처럼 ① 정의의 원칙이 공지성을 가져야 한다는 주장, 그리고 ② 공정이라는 개념 자체가 원칙을 서로 인정한다는 것을 뜻하는데, 이 점은 공적 이성이 요구하는 바라는 점에서 나타난다(Larmore 2003, 368). 이 점에서 공지성이 공적 이성이라는 개념과 연관된다(Larmore 2003, 375). 이때 계약의 내용도 물론 공지되어야 하지만 서로가 계약하고 인정하게 된다는 사실 자체가 공지되어야 한다(Larmore 2003, 371).

예를 들면 종교적 갈등이 심화되는 상황에서 종교에 대한 각자의 자유를 인정하고 관용하는 것이 옳다고 공적 이성이 판단을 내림으로써 사회의 분열을 막고 사회의 안정을 조장할 것이다(LP, 149~50). 따라서 공적이성과 충돌하는 포괄적 교의는 정치적 가치에 대한 합당한 균형을 뒷받침하지 않을 것이다(PL, 243~4). 이렇게 보면 공적 이성은 평등한 시티즌십을 공유하는 시민들의 이성이다(JFPM, 223). 시민들은 공적 이성을 가지기 때문에 중첩하는 합의를 공적 이성을 통해 모두가 수용하게된다.

자유민주주의에서 정의의 원칙이 띠는 하나의 양상은 공통적 이성이라는 원칙일 것이다. 시민들이 동료시민과 더불어 공공 문제를 논의하면 공통적으로 공유하는 것을 찾게 된다(JFPM, 226). 공적 이성을 사용하는 예로 롤스는 최고 법원이 하는 일을 들고 있다. 최고 법원은 공적으로 접근할 수 있는 헌정적 원칙에 따라 판단을 내려야 한다(JFPM, 235; PL, 219~20·235~40). 이처럼 공직자와 시민은 공적 이성을 행사해야하며, 어떤 자유민주주의에서도 그들은 자신의 판단이나 행위를 공적으로 정당화할 때는 공적 이성에 호소함으로써 정의에 대해 공유하는 정치적 관념에 근거를 두어야 한다.

그렇다면 공적 이성의 내용은 무엇이 부과하는가? 첫째, 정의에 대한 총칭적으로/일반적으로 자유주의적인 정치적 관념에 의해, 둘째, 과학·역사·상식 등과 같은 논쟁적이지 않고 쉽게 이해될 수 있는 진리에 의해 부과된다. 만약 민주적 시민이 공적 이성에서, 그리고 공적 이성을 통해 정치를 행한다면, 국가를 통해 강제력을 행사하는 것이 공통의 공적 이성에 항상 복속한다는 것을 보장하게 된다. 이러한 방식으로 민주시민들은 힘이 올바른 것이 아니라는 것에 대해 공적인 언질을 서로 꾸준히 부여하게 된다. 민주적 시민과 공직자들이 그들의 공적 이성을 시간을 두고 행사하게 되면서 자신들의 중첩하는 합의를 깊게 하고 넓히고 그 합의에 두는 초점이 한정될 것이다. 그저 공적 이성을 행사하는 것으로써 공적 이성의 내용을 이러한 방식으로 확대할 것이다.

물론 시민은 그저 법적으로가 아니라 정치적인 도덕의 문제에 대한 공적인 정치적 논쟁에서 공적이 아닌 교의에 언질을 주는 것으로부터 벗어나 자유롭게 생각한다. 어떤 경우에는 그렇게 하여 커다란 공적 선을 진척시킬 수 있다. 예를 들어 총칭적으로 자유로운 질서에서의 본질적인 것을 공적인 정치적 이유뿐만 아니라 공적이 아닌 교의적인 이유 때문에 지지한다는 것을 동료 시민에게 재확인할 수 있다.

그런데 공적 이성으로 조화를 이루는 데에는 한계가 있다. 시민들을 어렵게 하는 세 가지 갈등이 있다. 조화를 이룰 수 없는 ① 교의에서 도출되는 갈등, ② 지위, 계급적 입장이나 인종, 성에서 연유하는 갈등, 그리고 ③ 판단의 부담에서 연유하는 갈등이다. 정치적 자유주의는 주로 첫 번째 종류의 갈등을 다룬다. 즉 전술한 것처럼 정의에 관한 정치적 관념에 대해 공적 이성이 발동하여 해결한다. 공적 이성은 두 번째 종류의 갈등도 해결할 것이다. 그런데 시민들은 항상 판단에 부담을 느껴왔으며, 그렇기 때문에 가능한 한 합의의 범위를 제한할 것이다(LP, 177).

공적 이성이 부과하는 제한은 모든 정치적 문제에 적용되지 않고 '헌정적 본질constitutional essentials'과 기본적인 정의에 대한 문제와 관련해서만 적용된다. 헌정적인 본질에는 두 가지가 있다. 첫째, 정부의 일반적인 구조와 정치 과정을 규정하는 근본적인 원칙이다. 이것은 입법부·집행부·사법부의 권력, 그리고 다수 지배의 범위에 대한 것이다. 둘째, 입법적인 다수가 존중해야 하는 시민의 평등한 권리와 자유이다. 법의 지배를 보호하는 것과 더불어 투표하고 정치에 참여하는 권리, 양식의 자유, 사상과 결사의 자유 등이 여기에 속한다(JFPM, 227). 헌정적인 본질을 판단하려면 실제적인 합의를 이루어야 한다. 정당성에 대한 자유주의 원칙과 '시민성/예의 바름civility'에 대한 의무는 근본적인 문제에서 원칙, 그리고 정책은 공적 이성에 의해 지지받을 수 있어야 한다. 이에 롤스는 공적 이성을 가진 합리적인 신봉자를 제시한다(PL, 152~3).

어떻게 합리적 신봉자/동조자를 기대할 것인가? 기본 구조가 정의에 대해 공유된 공적 기준을 만족시킨다는 데 시민들이 합의한다면, 시민들은 어떠한 경우에 그러한지를 판단하는 방식도 공유해야 한다. 즉 적용 지침도 공유해야 한다. 공적 기준만 합의하고 지침이 없으면 아무런 쓸모가 없다(PL, 139). 그래서 원초적 입장에서 당사자들은 적용 지침에 합의해야 한다(PL, 62 · 225).

지침은 다음의 세 가지 문제를 다루어야 한다. ① 공적 기준이 어떤 체제를 선택할 것인가라는 문제를 다루는 데서 어떠한 경험적 기준이 필요한가? ② 경험적 판단을 내리는 데 어떠한 자료가 필요하며, 그러한 자료는 어떻게 모으고 평가할 것인가? ③ 경험적 판단이 필요하다면, 공적 기준에 비추어 제도에 대한 어떠한 해결책이 허용되어야 하는가?

이러한 문제에 직면했을 때, 실제에서 공적 기준을 적용하는 것은 어렵고 복잡하다. 어쨌든 시민들은 공적 기준을 지침에 따라 적용할 수 있어야 할 뿐만 아니라 하려는 의지를 의식적으로 갖춰야 한다. 그러나 기꺼이 하려는 마음가짐이 으레 있다고 볼 수는 없다. 다원적 사회일수록 더욱 그렇다. 그래서 시민들이 어떠한 '정치적 덕성political virtues'을 가져야 한다. 다양한 세계관을 공존하게 하는 능력이 정의에 대한 관념에서 중요한 덕성이다. 이 덕성은 '시민성civility'이라는 의무를 통해 특별한 성격을 띠게 되며, 이 의무의 내용은 공적 이성이라는 사상에 의해 정해진다.

《정의론》과《정치적 자유주의》는 모두 공적 이성에 대한 사상을 담고 있지만 대칭적인 것은 아니다. 전자에서는 공적 이성이 포괄적인 자유주의적인 교의에—그런데 여기서는 정의의 두 원칙도 포괄적인 자유주의적 교의의 부분이다—의해 주어지지만, 후자에서는 공적 이성으로써 정치적 가치에 대해 사고를 한다. 정치적 가치는 시민의 포괄적 교의가 민주적 정체와 모순이 없는 한 시민의 포괄적 가치를 침해하지 않는다. 그래서 '정치적 자유주의'가 통용되는 질서가 잘 잡힌 민주주의적 사회에서는 지배적이며 통제하는 시민들이 화해는 할 수 없지만, 타당한 포괄적 교의를 확인하고 이에 따라 행동한다. 반대로 이 교의는 사회의 기본 구조에서 기본적 권리, 자유, 그리고 시민의 기회를 타당한 정치적 관념으로 규정하는 타당한 정치적 관념을 지지한다(LP, 179~80). 이렇게 해서 사회는 안정된다.

이렇게 하여《정의론》(1971)에서는 공정으로서의 정의가 포괄적인 자유주의적 면모의 부분으로 제시되었지만 결국《공정으로서의 정의: 재술》(2001)에서는 정의가 정치적 자유주의의 한 형태로 이해될 수 있다고 주장한다. 나아가 정치적 자유주의의 가장 합당한 형태가 공정으로서의 정의라는 것을 보여준다(JFR, xii). 이처럼 롤스는 정치적 자유주의를 옹호하는 데서 헌정적인 자유주의에서 번성할 수 있는 모든 합리적인 교의를 포괄하는 중첩적 합의를 찾으려고 했다.

중첩하는 합의라는 개념은《정의론》에서 롤스가 사람들이 공정으로서의 정의를 '전심(專心)으로 받아들인다wholehearted acceptance'고 상정한 것을 대체하는 셈이다. 중첩하는 합의는 전심으로 받아들이는 것과 합당한 다원주의가 있다는 사실을 개념적으로 조화시킨다. 이렇게 보면 롤스는 다원주의를 사실로서 인정하고 안정과 일치에 관한 설명을 수정한 셈이다. 롤스가《정의론》의 제3부와《정치적 자유주의》에서 다루고자 하는 것은 결국 어떠한 근거에서 정치적 자유주의가 안정될 수 있는가라는 문제이다. 만약 다원적인 사회에서 시민들이 시민성이 부과하는 제약에 따라 행동하고 정치적 자유주의가 중첩하는 합의 대상이라면, 정치적 자유주의는 안정될 것이라고 본다. 공적 이성과 중첩하는 합의라는 개념을 제시하는 이유도 결국 안정에 기여할 것이라고 기대하기 때문이다.

안정에 대한 논지

공적 이성을 행사함으로써 공적인 정치적 신뢰와 사회적 안정을 강화할 수 있다. 그럼에도 시민은 동료 시민들의 입장에 대한 공적 이성과 기본적 정의에 대해 헌정적으로 본질적인 문제를 두고 투표하려고 해야 하거나 적어도 할 수 있어야 한다고 롤스는 주장한다. 그렇게 하는 것이 민주적인 시민의 의무이며 시민으로서의 덕성이 된다. 공적인 정치적 도덕이라는 제한된 문제에 대한 목표를 달성한다는 점에서는 자유주의 국가가 중립적일 필요도 없으며 중립적이어서도 안 된다. 기본적 제도는 시민을 교육시켜서 선한 시민의 의무와 덕성을 갖추게 해야 한다. 공적 이성이 시민에게 요구하는 바는 정의와 정당성이다. 이 두 가지는 다른 어떠한 가치에서 도출되지 않는다.

그런데 정치적 자유주의에서 안정을 달성할 수 있다는 롤스의 논지는 더 복잡하다. 그 논지는 다음과 같이 최종적으로 설명할 수 있다. 단순한 잠정적 합의가 아니라 그 이상의 것으로써 사회적 안정을 달성해야 한다. 그렇게 하려면 먼저 사회적 기본 구조에 대한 도덕적 합의가 있어야 한다. 그런데 이것만으로는 충분하지 않다. 기본 구조에 합의했다고 해서 헌정상의 세세한 문제를 두고—때로는 시대 상황의 변화에 따라 나타나기도 하는 문제를 두고—갈등이 없을 것이라고 보장할 수 없기 때문이다.

그래서 롤스는 세 가지 측면에서 도덕적 합의를 이루고자 한다. ① '정의에 대한 공적 기준public criterion of justice', 즉 정의에 대한 원칙이다. 이것은 기본 구조를 고안하는 데서 나타날 수 있는 대안들을 평가할 수 있는 기준이며, 시민들이 공적 이성을 갖춤으로써 공적 기준을 확립할 수 있다. ② 이 기준에 대한 도덕적 정당화가 포함되어야 한다. 물론 이 정당화는 포괄적인 도덕적 교의와 양립할 수 있게끔 엷어야 한다. 그렇지만 논쟁적인 문제를 두고 공적 기준을 해석하고 적용하는 데 도움이 될 수 있을 정도로 실질적이어야 한다(PL, 165). ③ 물론 사회의 기본 구조에 대해 합의가 있어야 한다. 기본 구조를 고안하고 시간을 두고 조정하는 것은 정의의 원칙, 즉 정의에 대한 공적 기준과 그 기준과 연관된 적용 지침으로 정당화된다.

이상에서 보면 롤스가 상정하는 도덕적 틀은 기본 구조로 이루어지며, 그 기본 구조는 정의의 원칙에 의해 통제되는 방식으로 상황이 변함에 따라 질서 있는 방식으로 전개된다. 그리고 공적 기준이 되는 정의의 원칙은 공통적으로 도덕적 정당화를 하는 관점에서 적용된다. 이 복잡한 도덕적 틀은 시민들이 위의 세 부분에 대해 도덕적으로 언질을 서로 강화함으로써 확보된다는 점에서 사회가 안정된다(Pogge 2007, 37~8).

롤스가 상정하는 도덕적 틀은 세 가지 구조로 이루어져 있다. 그런데 정의에 대한 공적 기준, 즉 어떤 정의의 원칙과 공적 기준의 도덕적 정당화가 합쳐진 것을 정의에 대한 관념이라고 하며, 정의의 원칙과 공적 기준이 정당화하는 기본 구조가 합쳐진 것을 '사회적 질서social order'라고 한다. 사회적 질서는 제도가 변하더라도 지속될 것이며, 기본 구조를 변경하는 것은 근본적인 변화가 아니라 조정하는 것이며, 이는 공적 기준, 즉 정의의 원칙에 따라 통제되며 정당화된다(Pogge 2007, 38).

그렇다면《정치적 자유주의》에서 안정과 일치에 대해 주장하는 바는《정의론》에서 주장하는 바와 어떤 차이가 있는가? 질서가 잘 잡힌 사회에서의 안정을 보장하는 데 칸트적인 일치논쟁이 필요한 것이 아니라는 점을《정치적 자유주의》에서 인정하게 되었다. 다른 수단으로 안정을 가져다주어야만 하는 것이다. 그래서 롤스는 중첩하는 합의와 정치적 자유주의에 중심적인 개념들을 제시하게 되었다(Freeman 2003b, 306). 중첩하는 합의란 자율이나 정의 자체의 본질적인 선 때문에 사람들이 정의롭게 행동한다고 볼 필요가 없다는 것이다. 다른 가치 때문에 정의롭게 행동할 수도 있다. 중첩하는 합의는 사실상 질서가 잘 잡힌 사회에 의해 증진되는 선에 대한 관념의 종류에 관한 가설이다(Freeman 2003b, 306).

중첩하는 합의는《정의론》의 8장에서 나타나는 정의에 대한 감각의 발전의 기저에 있는 상호 대등성이라는 원칙의 바탕에 깔린 추론을 포괄적 교의와 선에 대한 개인들의 관념에 합당하게 적용한다(TJ, 490~1; RTJ, 429~30). 이렇게 보는 데서 결정적인 가정은 개인들에게 혜택을 주고 정의로운 제도와 개인들이 염려하는 정의로운 제도를 지지하려는 욕구를 드러내려고 함에 따라 개인들은 이 욕구를 선에 대한 그들의 관념에 어떤 형태로 합체화한다는 것이다.

요컨대, 많은 다양한 교의들 가운데 질서가 잘 잡힌 사회에서 동조자를 얻고 번성하는 교의는 합당할 것이며, 정의의 공적 원칙을 인정하거나 적어도 양립할 것이다. 이렇게 하여 거의 모든 사람들이 그들 나름대로의 이유에서 정의에 대한 자유주의적 원칙에 순응하게 될 것이다. 그렇게 되면 정의는 각자의 선에 대한 특별한 관념에 따라 도구적이든 본질적이든 각자에게 합리적이 되며, 사회는 올바른 이유에서 내적인 안정을 나타낼 것이다(PL, 388n).

중첩하는 합의라는 관점에서는 정의를 최상으로 합리적이거나 본질적 선이라고 보지 않는다. 정의는 많은 사람들에게 도구적인 선에 지나지 않으며 각자의 궁극적인 목적과 갈등을 일으킬 때는 타협하게 된다. 정의가 많은 이들에게 도구적인 선에 불과하고, 갈등이 일어나더라도 정의는 각자의 견해에서 중요한 위치를 차지하기 때문에 안정을 저해하지 않을 것이다.

이렇게 보면, 질서가 잘 잡힌 사회에서 정의가 선에 대한 각자의 관념에 최고의 통제적인 위치를 차지한다는 보장이 없다. 그렇지만 좀 더 제한된 영역, 즉 공적 이성의 정치적 영역에서는 궁극성을 띤다(Freeman 2003b, 307~8). 요컨대, 《정의론》에서 공정으로서의 정의가 포괄적인 도덕적 교의라고 본 것을 《정치적 자유주의》에서는 특정한 정치적 관념으로 보게 되었다(Dreben 2003, 320).

정당성에 대한 자유주의적 원칙

공적 이성이라는 개념에서 추론되는 것이 바로 '정당성legitimacy'에 대한 자유주의적 원칙이다. 이 원칙에 따르면, 강압적인 국가의 행동은 모든 시민들이—비록 어떠한 시민들은 그렇지 않다 해도—공통적인 인간의 이성에서 확인할 수 있는 헌법의 본질적인 내용에 부합하고 이를 추구하는 경우에만 정당하다. 중첩하는 합의를 통해 안정된 정치체의 시민들은 모두 또는 거의 모두가 이 원칙을 수용할 것이다. 바꾸어 말하면, 정치적 원칙이 정당하고 그 원칙에 따라 실천하게 되면 정당성이 확보되고, 이로 인해 정치가 안정된다.

정의 그 자체를 위해 정의를 최고의 선으로 행하는 것을—칸트의 교의가 가르치는 대로—최고의 선으로 자리매김하지는 않을지 모른다. 아무도 그렇게 하지 않을지 모른다. 그러나 강압적인 국가 행동이 정당성에 대한 자유주의 원칙과 일치한다는 것은 모두 인식할 것이다. 그들 각자는 적어도 헌정적으로 타당한 법이 가지는 권위는 인정할 것이다. 만약 다원적인 자유민주주의에서 대다수 시민들이 정의와 정당성에 대한 감각을 가져서 모두는 아니더라도 대부분의 정당한 법에 자발적으로 순응하게 된다면, 다원적 자유민주주의가 올바른 방식으로 안정될 수 있다고 가정할 수 있다. 이것이 타당하지 않은 것은 아니다.

중요한 것은 공정으로서의 정의를 가장 타당한 자유주의적 관념이라고 보는 시민들은 그 개념에 충실한 정치체를 추구하는 것을 공적 이성을 가진 시민적 민주적 정치에 국한시킬 것이라고 기대할 수 있으며, 그러므로 국한시켜야 한다는 점이다.

그런데 롤스는 강압적인 국가 행동의 정당성과 정의를 구분한다. 국가는 정의롭지 못한 법을 가끔 제정하고 강제하기도 한다. 시민들은 정당하지만 정의롭지 못한 법에 복종해야 하는 이유와 일견적인 의무도 가지고 있다. 법은 정당하며 그래서 시민들에게 권위가 있기 때문이다. 그러나 법이 너무 정의롭지 못하면 시민은 도덕적으로 자유롭게 불복종할 수도 있으며, 심각한 경우에는 불복종하도록 도덕적으로 요구받는다.

또한 정당하지도 않고 정의롭지도 않은 법에 직면했을 때 시민들은 도덕적으로 자유롭고 강력하게 저항할 수 있으며, 심각한 경우에는 강력하게 저항하는 것이 도덕적으로 요구된다. 롤스는 완벽하지는 않더라도 타당하게 정의로운 정치체에서 시민들은 모두는 아니라도 대부분의 법에 순응해야 하는 자연적 의무가 있다고 주장한다.

정치체 내에서 자발적으로 어떠한 역할을 담당하는 공직자는 공정한 게임이라는 원칙 때문에 법에 복종해야 하는 추가적인 '의무obligation'를 가질 수 있다. 공직자는 공직자로서 시민 일반에게 적용되지 않는 추가적인 의무를 또한 가질 수 있다.

일반적으로 자유주의적인 헌정적 민주주의에 의해 유일하게 확보되는 몇 가지 주요한 선들을 지적함으로써 롤스는 합당한 다원주의라는 조건 아래에서 공정으로서의 정의를 옹호하는 안정에 관한 논지를 완성한다. 이들 선에는 시민적 우의와 도덕적으로 수용할 수 있는 형태의 국가적 '긍지pride'가 포함된다. 대부분의 합당한 시민들은 이 선들에 중요성을 부여할 것이며, 그래서 제도가 요구하는 바에 순응해야 하는 추가적인 의무를 지게 된다. 어느 시민도 합리적으로, 그리고 합당하지 않은 것이 아닌 선들, 아마 초월적인 선들을 인정할 것이라고 보장할 수는 없을 것이다. 그 선들이란 강압적인 국가의 행동에 저항하거나 헌정적인 자유민주주의적 제도에 대한 지지를 거부하는 절박한 이유를 시민들에게 제공한다.

시민들은 총칭적으로 자유롭고 공적으로 정당화될 수 있는 정치적 관념에 대하여 중첩하는 합의를 함으로써 올바른 방식으로 다원적인 헌정적 자유민주주의가 안정될 것이라고 기대할 수 있다. 그러한 정치체에서 시민이 이용할 수 있는 가장 큰 선들을 강조하는 것이 비현실적인 것도 아니고 합당하지 않은 것도 아니다. 롤스는 이것으로 충분하다고 주장한다. 이상이 《정치적 자유주의》에서 롤스가 전개하는 중요한 논지라고 볼 수 있는데, 그는 결국 정당성이라는 문제를 다룬 셈이다(Dreben 2003, 317).

(3) 《공정으로서의 정의》

롤스에 따르면, 공정한 조건에 놓여 있는 사람들이 서로 합의하는 대상이 되는 원칙이 정의에 관한 가장 타당한 원칙이다. 그래서 공정으로서의 정의는 사회계약 사상에서부터 정의에 대한 이론을 전개하는 것이다(JFR, xi).

《공정으로서의 정의: 재술*Justice as Fairness: A Restatement*》(2001)에서 롤스는 주요한 세 가지를 수정했다. 즉 그는 ① 공정으로서의 정의에 사용된 정의의 두 원칙의 구성과 내용, ② 원초적 입장에서부터 이 원칙들이 얽히는 방식, ③ 공정으로서의 정의가 이해되는 방식―포괄적인 도덕적 교의의 한 부분보다는 정의에 대한 정치적 관념으로 이해되어야 하는 것―을 변경했다(JFR, xvi).

① 첫 번째 변경으로는 두 가지 예를 들 수 있다. 첫째, 평등한 기본적 자유와 그 우선성에 전혀 다르게 특성을 부여했다. 이것은 하트가 제기한 강력한 비판에 대한 답이라고 하겠다(JFR, §13). 둘째, 일의적 선을 다시 설명했다. 수정된 설명은 일의적 선을 자유롭고 평등한 인간으로서의 시민에 대한 정치적이며 규범적인 관념에 연관시키고, 그래서 이 선들은 심리학과 인간의 필요에만 전적으로 규정되지 않게 되었다. 이 변경은 코언Joshua Cohen과 라비노비츠Joshua Rabinowitz가 지적했으며, 센이 강력하게 제기한 반대에 대한 답이다(JFR, §51).

② 두 번째에서 주요한 변경은 정의의 두 원칙에 대한 원초적 입장에서 연유하는 논지를 두 가지 근본적인 비교로 구분한 것이다. 첫째, 두 원칙을 (평균) 공리주의와 비교했다. 둘째, 차등 원칙 대신 최소한에 의해 제약을 받는 (평균) 공리라는 원칙으로 대체하여 두 원칙을 수정했는데,

이렇게 수정한 것과 정의의 두 원칙을 비교했다(JFR, xvii). 이와 같이 두 가지로 비교함으로써 기본적 자유를 다루는 정의에 대한 제1원칙과 제2원칙의 첫째 부분, 즉 기회의 공정한 원칙에 대한 근거를 제2원칙의 차등 원칙에 대한 근거와 분리할 수 있게 되었다(JFR, xvii). 논지를 구분함으로써 차등 원칙의 근거가 심리학적 태도라고 여겨지는(JFR, §§34~9) 불화신성을 크게 회피하는 것—이 점은 애로K. J. Arrow와 하샤니가 지적했다—에 의존하지 않게 되었다. 이것은 논지가 아주 약하다고 하겠으며, 적절한 근거는 오히려 공공성과 상호 대등성 같은 사상에 의존한다(JFR, xvii).

③ 세 번째 변경은 공정으로서의 정의를 어떻게 이해할 것인가라는 문제에 관한 것이다.《정의론》에서는 공정으로서의 정의가 포괄적인 도덕적 교의인지 정의에 대한 정치적 관념인지를 논하지 않았다. 공정으로서의 정의가 효과적으로 성공하려면, 다음 단계에서는 '공정으로서의 올바름rightness as fairness'이 제시되는 좀 더 일반적인 견해를 연구하는 것이라고 지적했을 뿐이다(TJ. §3, 15).《정의론》에서 다룬 문제는 정치적이며 사회 정의라는 전통적이고 일반적인 문제이지만, 독자는 공정으로서의 정의가 더욱 포괄적인 도덕적 교의의 한 부분으로 설정되었다고 타당하게 결론 내릴 수 있다(JFR, xvii).

다시 서술함으로써 공정으로서의 정의는 이제 정의에 대한 정치적 관념으로 제시되었다. 이를 위하여 ① 정의에 대한 정치적 관념이라는 사상을 소개하고, ② 자유민주주의에서 교의가 다원적이라는 사실을 받아들여 질서가 잘 잡힌 사회에 대한 더욱 현실적인 관념을 제시하고자 포괄적이거나 부분적으로 포괄적인 종교적·철학적·도덕적 교의들을 중첩적 합의라는 개념으로 제시했으며, ③ 상식적인 정치사회학의 어떠한 일반적인 사실만큼이나 정당화와 공적 이성의 '공적 기초public basis'를 제시했다(JFR, xvii).

롤스는 정치적 관념과 다양한 교의를 구분했다. 이들 교의는 그 나름대로 근거와 정당성이 있다. 마찬가지로 정치적 관념으로서의 정의와 공정으로서의 정의도 그 나름대로의 근거와 정당성이 있다. 요컨대, 공적 이성과 정당화의 공적 기초라는 개념들이다. 이들 개념은 적절하게 정치적이며 포괄적인 교의라는 병행하는 개념들과 구분되도록 규정해야만 한다. 합당한 다원주의라는 사실을 감안한다면, 공정으로서의 정의가 중첩적 합의를 획득할 수 있으려면 견해에 대한 다른 관점을 취해야 한다(Rawls 2001, xviii).

(4) 《만민법》

롤스는 《정의론》에서 국제 문제를 가끔 언급하기는 하지만, 정의 이론에 대한 논의를 국민국가와 일치하는 폐쇄적인 체계에 한정한다(TJ, 7). 그런데 이를 완화하여 《만민법 The Law of Peoples》(1999)에서 국제정치와 관련한 포괄적인 이론을 다룬다.

정의의 두 원칙을 국제적으로 적용할 수 있는 범위를 어떻게 정할 것인가?

첫째, 지금까지 논의된, 합당한 자유주의적 사람들을 범위에 넣을 수 있다.

둘째, '품위 있는 위계제 사회decent hierarchical society'를 들 수 있다. 이러한 사회는 자유주의적이지도 않고 평등주의적이지도 않고 민주적이거나 정치적이지도 않지만, 즉 사회 구성원을 개인이 아니라 집단으로 보는—롤스가 염두에 두는 것은 참정권이 남녀 누구에게나 실질적으로 보편적이지도 않고 여성을 배제하는 이슬람교 신자들의 사회라고 해도—그 사회는 구성원의 권리를 인정하고 보호한다. 그 사회는 위계적이지만 사회적 기본 구조는 '품위 있는 상의(相議) 위계decent consultation hierarchy'를 갖추고 있다.

여기서 롤스는 'decency'라는 말을 다음과 같은 예를 들어 설명한다. 품위 있는 사회는 공격적이지 않으며, 자기 보호만을 위해 전쟁에 참여하지 않는다. 이 사회는 정의에 대한 공동선 관념에 따라 구성원의 선을 보장하려고 한다. 그래서 모든 구성원에게 인권을 부여한다는 정의에 대한 공동선에 대한 개념을 가지고 있다. 그리고 정의로운 상의 위계제가 있어서 사회 각 부문을 대변하며, 대변하는 이들은 구성원들로 봐서는 정당성이 있다고 여겨진다. 그래서 권리를 보호하고 상의하는 체제에서 선거를 통해 뽑힌 대표자들이 품위 있게 대변하는 사회의 기본 제도를 두고 있다. 또한 법을 관장하는 재판관이나 공무원들이 정의와 관련해 공동선이라는 개념에 대한 성실하고 타당한 신념을 가져야 한다. 그리고 인간의 품위를 존중하는 기본적인 인권을 존중한다(LP, 64~5·78~81·88). 이상과 같은 사회가 품위 있고 위계적인 사회이다.

셋째, 자유주의적이거나 품위가 있다는 기준에 부합하지 않는 사람들은 결여한 바가 무엇인가에 따라 '불법국가outlaw states', 호의적이지 않은 조건에 부담을 지는 사회, 또는 자비로운 절대주의라고 칭한다(LP, 4). 이 부류에 속하는 사람들은 자유주의적이며 예의 바른 사람들이 가지고 있는 상호 존중과 관용에 대한 권리를 갖지 않는다.

그래서 개인들에게 평등하지는 않지만 정치적인 역할을 담당하게 한다면 품위 있는 위계제 사회에 사는 사람들은 품위 있는 위계적 사람들이라고 봐야 한다(LP, 4, 63~74). 국제적으로 볼 때 그들이 '사람들의 사회Society of Peoples'에 속할 만한 품위 있는 사람들인 이상 그들에게 만민법을 적용할 수 있다(LP, §§ 8~9). 롤스는 자유주의의 사람들과 품위 있는 사람들을 '질서가 잘 잡힌 사람들well-ordered peoples'이라고 부른다. 불법국가는 제외하더라도 자유주의 국가는 관용하고 품위가 있는 사람들에게는 자유주의적인 국제질서의 일원이 되게 할 수 있다. 말하지면 비자유주의적이며 비민주적인 포괄적 교의에 의해 조직된 사회가 품위를 가진다는 조건을 충족하면, 그 사회를 존중해야 한다.

롤스는 이상과 같이 세 부류로 구분하고는 적어도 첫째 부류와 둘째 부류의 사회들 사이에는 만민법을 적용할 수 있다는 것을 주장하고자 한다. 이것이 의미하는 바는 무엇인가?

칸트는 이상적인 지구적 질서는 정치적으로 독립적이며 자율적인 사람들의 국제적인 사회로 이루어진다고 주장했다. 그리고 그 사람들은 각기 공화정을 가져야 하는 것으로 간주했다. 공화주의적인 헌법은 인민주권을 인정하며 구성원에게 자유롭고 평등한 시민으로서의 지위와 시민적 권리를 보장하기 때문이다(Reiss 1970, 99~100).

그런데 롤스가 위계적이어서 자유주의적이지는 않지만 품위 있는 사람들이라는 둘째 부류를 넣은 것은 반드시 공화주의적일 필요가 없으며 자유롭고 평등한 시민의 시민적 권리를 보장하도록 요구할 필요가 없다는 점을 밝힌 것이다. 이것은《정의론》에서 개진한 견해를 완화한 것이라고 할 수 있다. 롤스는 국제질서는 자유적 정부와 비자유적 정부로 구성될 수 있다고 본다. 이렇게 구성된 국제질서는《정의론》에서 개진된 정의 이론에 비추어보면 덜 완전한 국제질서인 셈이다(Freeman 2003a, 44~5).

또한 다음을 의미한다고도 볼 수 있겠다. 품위 있는 위계적 사람들을 만민법의 적용에서 배제하는 것은 어떤 특정한 종교적·철학적인 교의를 강요하는 것이며 합당한 다원주의를 수용하지 않는 것이다. 한 국가 내에서 포괄적인 교의가 다르다고 해서 정의에 대한 정치적 관념을 적용할 수 없다고 주장하는 것과 같기 때문이다. 말하자면 만민법에 관한 롤스의 논의는 한 국가에서 다원주의를 인정하는 것을 국가들 사이에도 적용한 것으로 봐야 한다. 문제는 불법국가를 배제한 것이다.

여기서 인권을 거론하지 않을 수 없다. 롤스는 '인권human rights'을 정치적 자유주의에 의해 요구되는 자유민주주의적 권리와 구분한다. 품위 있는 정치적 제도에 최소한의 기준을 규정하는 특별한 종류의 권리로 보는 것이다. 예를 들어 투표권을 부인하는 것과 생명권을 부인하고 고문하고 노예로 삼는 것은 다르다. 인권은 어떠한 협조 체제에서도 필수적인 권리이다(LP, 68). 인권이 인정되지 않으면 사람들은 기꺼이 협조하는 것이 아니라 강제될 뿐이기 때문이다.

롤스에 따르면 인권은 특별한 부류에 속하는 긴요한 권리이다. 정치적 자유주의에서 인권은 ① 어떠한 정부도 인권을 침해하고서는 정치적 권위를 주장할 수 없게 하며, 즉 정부의 내적 자율성에 제한을 가하며, ② 전쟁을 일으키고 수행하는 이유에 제한을 가한다. 전쟁은 방어를 위해, 그리고 인권을 보호하기 위해 수행되어야 한다. 그러므로 노예 상태로부터의 자유, 양심의 자유, 인종 집단의 대량 학살과 종족 근절로부터의 안전과 같은 것이 인권에 해당한다. 합당한 자유주의적 사람들과 품위 있는 위계적 사람들이라면, 이러한 권리 침해를 똑같이 규탄해야 한다(LP, 78~9).

인권과 자유민주주의적 권리를 분리하는 이유는 무엇인가? 독립적인 사람들로 이루어지는 국제질서는 그 구성원 모두가 자유민주주의적인 의미에서 정의롭지 않고서도 정의로울 수 있다. 인간의 기본적인 욕구를 충족하고 모든 사람에게 기본적인 인권을 보장하는 것은 정부로 대변되는 집합체로서의 모든 사람들이 할 일이다. 그러나 한 국가 내에서 민주적 권리를 모든 사람들이 향유하게 하는 것은 국제적인 사회에서의 '사람들의 사회'가 강요할 일이 아니다. 즉 정부와 시민들이 자신의 사람들에게 지는 정의에 대한 의무는 다른 사람들에게 지는 의무보다 훨씬 광범하다. 그러므로 민주주의적인 정의를 달성하는 일은 해당하는 사람들이 알아서 할 일이다.

인권의 준수 여부가 품위 있는 국가를 식별하는 하나의 기준이라는 것과 적어도 품위 있는 국가는 자신의 일을 자신이 처리해야 한다는 점을 고려한다면, 자유주의 국가는 어떤 원칙에 근거를 두고 외교정책을 수행해야 하는가?

롤스는 이 문제를 우선 이상적인 이론이라는 관점에서 보는데, 이것은 모든 사람들이 품위 있는 자유민주주의 정체를 향유한다는 것을 가정한다. 이 수준에서는 좀 더 엷게 서술된 지구적인 원초적 입장을 참고하여 롤스는 불간섭, 인권 존중, 적절하거나 정의로운 정체가 나타나는 데 필요한 조건을 갖추지 않은 나라를 도와주는 것에 기본적인 원칙을 개진한다. 이 원칙에 따라 한 국가는 다른 국가와의 관계를 설정한다. 그런데 만민법을 적용할 수 있는 국가들에 속하는 모든 사람이 누려야 하는 권리의 하나가 인권이다.

《정의론》에서 롤스는 정의로운 전쟁의 목적과 한계를 판단한다는 제한적 목적을 위해 국제법을 논의할 뿐이다(TJ, §58). 그는 전술한 것처럼 정의에 대한 정치적 관념의 적용 가능성의 여지를 두고 지구상의 사람들을 세 부류로 구분했다. 그런 다음 비이상적(非理想的)인 이론을 다룰 때 품위 있는 자유주의에 의해 다스려지지 않는 사람들과의 관계를 설정하는 데서 품위 있는 자유주의 사회를 다스리는 원칙을 논의한다. 그는 전쟁에 대한 권리와 교전 상태에서의 도덕적 행위에 대해 아주 제한된 입장을 개진한다.

롤스는 2차 세계대전 때 미국이 독일과 일본에서 시민에게 폭격을 가하거나 도시를 폭격한 것을 비난한다(LP, 95). 비전투원의 인권은 보장되어야 하기 때문이다. 그는 '비이상적인non-ideal' 이론을 다루면서 이 비난을 제기한다. 그 이유는 적어도 품위 있는 사람들이라면 자기방어만을 위해 타국을 공격해서는 안 되기 때문이다. 아울러 그는 이민 문제와 핵 확산도 논의한다. 또한 여기에서 그는 정치가의 위상을 자세히 다루면서, 정치 지도자는 다음 세대를 배려하고 국내적인 어려움을 무릅쓰고 화합을 증진해야 한다고 말한다.

롤스는 인권을 침해하는 국가에 대하여 군사적으로 개입할 수 있다고 주장한다. 그 이유는 인권은 자유민주주의적인 권리와 달리 모든 인간에게 긴요한 것이며, 품위 있는 국가라면 당연히 인권을 보장해야 하기 때문이다. 물론 이 주장에는 논란이 따르지만, 롤스는 인권을 침해하는 국가가 자유롭고 예의 바른 사람들의 좋은 예에 따라 평화적으로 개선되도록 이끌어지기를 바란다.

롤스의 만민법은 정의에 대한 자유주의적 정치적 개념의 확장으로서 정치적 자유주의 내에서 전개되었다. 그렇다면 정의에 대한 정치적 개념을 수용하지 않는, 비자유적이며 비민주적이지만 품위 있는 사람들과 어떤 관계를 맺어야 하는가? 자유주의적 사회가 비자유주의적 사회에 개입하고 제재를 가해 그 사회를 자유주의 사회의 '모상(模像)image'대로 개조시켜야 하는가? 그렇게 강요할 수는 없다는 것이 롤스의 답이다. 그는 강요하지도 않고도 국제관계를 맺을 수 있는 여지를 두기 위해 품위 있는 위계적 사회는 국제사회의 구성원이 될 수 있다는 점을 밝혔다.

국제적인 사회 정의, 즉 국가들 사이에서도 정의의 두 원칙으로 배분적 정의를 논할 수 있는가? 만약 가능하다면, 배분적 정의의 범위는 어떻게 정해야 하는가? 롤스는 지구적인 배분적 정의에 관해서는 한 부분에서 아주 간단하게 다루고 있다. 게다가 그의 견해는 평등주의적 자유주의자들을 놀라게 했다. 롤스는 자신의 정의 이론을 국제적인 정의의 문제로까지 확장하려는 시도, 즉 베이츠Charles Beitz(1979)와 포게Thomas Pogge(1994) 등이 국제사회에서 차등 원칙을 적용하는 배분적 정의를 달성하고자 하는 시도를 거부한다. 그 이유는 무엇인가?

롤스는 차등 원칙을 지구적 차원으로 확대하지 않는다(LP, 113~20). 롤스에 따르면 질서가 잘 잡힌 부유한 사회가 그렇지 못한 사회에 원조하는 것과 국제적인 차원에서 배분적 정의를 달성하려는 것은 다르다. 그래서 배분적 정의에 대한 지구적 원칙을 끝없이 지속적으로 적용하는 것은 곤란하다. 자유주의적이며 품위 있는 국가라면 구성원들의 삶의 형태를 스스로 결정할 수 있어야 하기 때문에 더 부유한 국가가 그들을 원조해야 할 이유는 없다(LP, 38~9·117).

그렇다면 자유롭고 부유한 국가는 어떠한 경우에 도움을 줘야 하는 의무를 지는가? 어려운 국가나 그 구성원들이 자유롭거나 품위 있는 기본적 제도를 갖추어서 국제적인 '사람들의 사회' 구성원이 되고 자신의 운명을 스스로 결정할 수 있도록 도움을 주는 것으로 한정되어야 한다(LP, 118). 예를 들면 경제적인 이유에서 인권을 보호할 수 없는 정부를 원조해야 한다.

그러므로 지구적 차원의 평등을 달성하려고 해서는 안 된다. 즉 배분적 정의라는 원칙을 적용하여 사회들 사이의 경제적·사회적 불평등을 통제하려고 해서는 안 된다(LP, 106). 요컨대, 원조는 자유주의적이며 품위 있는 정치적 제도를 유지하는 것을 보장하는 데에만 쓰여야 한다(LP, §16). 즉 자유롭고 부유한 국가가 일정한 목표와 어느 선에서 '끝내는 점/차단점cutoff point'을 정해서 최소한으로 도와주는 의무를 택해야 한다(LP, 106·119).

그래야 하는 근본적인 이유는 자유주의 국가는 우선적으로 자신의 국민에게 특별한 의무가 있으며, 자유주의 국가와 품위 있는 국가가 기본적인 사회제도를 공유하지 않기 때문에, 즉 정의의 관념이 다르기 때문에 정의에 대한 의무는 각자가 수행해야 한다는 데 있다(Freeman 2003a. 49~50). 그래서 평등하게 하겠다는 목표를 달성하기 위해 원조를 무제한적으로 지속하면 근면한 사람들이 게으른 사람들을 보조하는 셈이 되며, 이것이 무엇보다도 도덕적으로 해로움을 가져다줄 수 있기 때문이다. 롤스가 이 같은 이유를 제시하는 이유는 이 문제가 정의로운 저축이라는 원칙과도 연관되어 있기 때문이다(LP, 106).

롤스가 그러한 태도를 견지하는 근본적인 이유는 무엇인가? 무능력자에 대한 정의와 관련해서도 롤스는 자신의 이론을 확장하려고 하지 않는다. 무능한 탓에 더 높은 수준의 도덕적 힘을 표현할 수 없는 자들과 그렇지 않은 자들 사이를 뚜렷이 구분하여《정치적 자유주의》에서 이 주제를 간단하게 언급한다(PL, 183~6). 롤스는 이 관찰에 국한하지만, 대니얼이 정의와 '건강 보살핌health care'에 대하여 작업한 것이 롤스가 관찰한 바대로 롤스의 견해를 확장하려는 것으로 보일 수 있다(Daniel 1985). 그래서 누스바움은 롤스적인 사회계약론은 무능력자에 대한 정의의 문제를 논하는 데 아주 잘못된 근거가 되며, 따라서 이러한 문제를 다루는 데까지 확장될 수 없다고 주장한다(Nussbaum, 2005).

이러한 비판에 대응하여, 롤스는 가정 내에서의 정의를 《만민법》의 "The Idea of Public Reason Revisited"라는 항에서 간단하게 다룬다(CP, 595~601; LP, 156~64). 롤스는 스튜어트 밀의 《여성의 예속》이 정의에 대한 품위 있는 자유주의적 관념에서 남성에 못지않게 여성에게도 획기적으로 평등한 정의를 함축하게 했다고 생각한다. 그러면서도 이에 대해 밀이 좀 더 명료하게 했어야 했다고 지적한다(CP, 595).

여기서 롤스는 가정이 기본 구조의 부분이며 정치적 정의의 원칙에 따라 통제된다는 점을 인정했다. 결혼, 이혼, 그리고 가족과 가족 구성원에 의해 재산과 상속에 대한 권리를 규정하는 법은 사회 기본 구조의 모든 부분에 해당한다고 가정한다. 이것은 가족 구성원의 기본적 권리를 보호하는 형법에 대한 조항이 오용되지 않아야 하는 것과 같다고 생각했다.

이상의 논의는 정의의 두 원칙을 국가라는 경계선을 벗어나 국제적으로 적용할 수 있는가라는 문제로 귀결된다고 볼 수 있다. 그런데 이 문제는 다음과 같이 생각할 수도 있다. 한 국가 내에서 사회적 분업이 이루어지기 때문에 사회 정의라는 문제가 대두하듯이 전 지구적인 차원에서 국가들 사이에 분업이 이루어진다면, 지구적인 차원에서 사회 정의라는 문제를 고려하지 않을 수 없을 것이다. 그렇다면 타국과 전혀 거래하지 않는 국가는 별개로 하더라도, 거래하고 국제적인 분업에 관여하여 지구 전체 차원에서 생산량을 증대시켰을 경우 국제적인 사회 정의의 문제가 대두하는 것이다. 이렇게 생각하면 국제적인 사회 정의의 내용이 롤스가 취하는 태도보다 적극적인 양상을 띨 수도 있을 것이다.

이상으로 《정의론》이 출간된 이후 그에 대한 비판에 답하고 대응하는 과정에서 롤스가 수정한 내용을 살펴보았다. 그렇다면 롤스는 정의의 두 원칙을 최종적으로 어떻게 수정하는가?

(5) 최종적인 정의의 두 원칙

《정의론》에서 전술한 바대로 롤스는 정의의 두 원칙을 다음과 같이 제시했다.

> 제1원칙
> 각자는 모든 사람에게 유사한 자유의 체계와 양립할 수 있는, 평등한 기본적 자유로 이루어진 가장 광범한 전체 체계에 대하여 평등한 권리를 가져야 한다(TJ, 250·302).
> 제2원칙
> 사회적 그리고 경제적 불평등은 불평등이
> ① 정의로운 저축의 원칙과 일치하면서 최소 수혜자에게 최대의 혜택이 되도록, 그리고
> ② 공정한 기회 평등이라는 조건 아래 모든 사람에게 개방된 직책과 직위에 결부되도록 배열되어야 한다(TJ, 302).[61]

---

61 원문은 다음과 같다.
First Principle
Each person is to have an equal right to the most extensive total system of equal basic liberties compatible with a similar system of liberty for all.
Second Principle
Social and economic inequalities are to be arranged so that they are both:
(a) to the greatest benefit of the least advantaged, consistent with the just savings principle, and

두 원칙은 다음과 같이 이해할 수 있다. 평등한 자유라는 원칙은 모든 사람을 위해 한 번으로 정해지는 것이며 헌정상에서 본질적인 것이다. 이에 대하여 더 고려할 것은 없다. 차등 원칙은 장기간에 걸쳐서 최소 수혜자에게 장기적인 기대를 최대화한다는 목표를 설정하고 있다. 이렇게 최대화하면 최소 수혜자들에게 사회적 최소한이 공급될 것으로 믿는다. 앞서 말한 것처럼 재산권은 헌정상의 본질적인 것으로 여기지 않는다는 점을 지적할 필요가 있다. 롤스는 배분을 담당하는 부문을 두어 지나친 불평등—무엇이 지나친 불평등인지는 정하지 않았지만—을 막기 위해 감시하는 책임을 맡길 것을 주장했다(Alejandro 2005, 1185).

이상과 같은 본래의 정의의 두 원칙과 관련해 자신에 대한 비판을 수용한 롤스는《공정으로서의 정의》(2001)에서 정의의 두 원칙을 다음과 같이 수정하여 최종적으로 밝힘으로써 대응했다.

제1원칙

각자는 평등한 기본적 자유의 완전히 적절한 '계획scheme'에 대하여 똑같이 취소할 수 없는 요구를 가지는데, 그 계획은 모든 이들의 자유에 대한 같은 계획과 양립할 수 있다. 그리고

제2원칙

사회적 그리고 경제적 불평등은 불평등이

첫째, 기회에 대한 공정한 균등이라는 조건 아래 모든 사람에게 개방된 직책과 직위에 결부되도록 해야 하며,

(b) attached to offices and positions open to all under condition of fair equality of opportunity.

둘째, 사회의 최소 수혜자에게 최대의 혜택이 되어야 한다는 두 조건을 충족해야 한다(차등 원칙).[62]

롤스는 예전의 두 원칙을 미묘하게 수정하여 새롭게 제시했다. 두 원칙의 내용을 나타낸 자구에서 무엇이 두드러지게 차이가 나는가? ① 제1원칙에서 "평등한 권리equal rights"를 "똑같이 취소할 수 없는 '청구/요구 equal claim'"로 바꾸었으며, ② "평등한 기본적 자유로 이루어진 가장 광

---

62 《공정으로서의 정의》(2001)에는 아래와 같이 기술되어 있다(JFR, 42~3).
(a) Each person has the same indefeasible claim to a fully adequate scheme of equal basic liberties, which scheme is compatible with the same scheme of liberties for all; and
(b) Social and economic inequalities are to satisfy two conditions: first, they are to be attached to offices and positions open to all under conditions of fair equality of opportunity; and second, they are to be to the greatest benefit of the least-advantaged members of society(difference principle).
《정치적 자유주의》(1993)에는 아래와 같이 기술되어 있다(PL, 5~6).
a. Each person has an equal claim to a fully adequate scheme of basic rights and liberties, which scheme is compatible with the same scheme for all; and in this scheme the equal political liberties, and only those liberties, are to be guaranteed their fair value.
b. Social and economic inequalities are to satisfy two conditions: first, they are to be attached to positions and offices open to all under conditions of fair equality of opportunity; and second, they are to be to the greatest benefit of the least advantaged members of society.
참고로, 《정의론》 수정본(1999)에는 아래와 같이 기술되어 있다(RTJ, §46).
First Principle
Each person is to have an equal right to the most extensive total system of equal basic liberties compatible with the similar system of liberties for all.
Second Principle
Social and economic inequalities are to be arranged so that they are both:
(a) to the greatest benefit of the least advantaged, consistent with the just savings principle, and
(b) attached to offices and positions open to all under conditions of fair equality of opportunity.

범한 전체 체계the most extensive total system of equal basic liberties"를 "평등한 기본적 자유의 완전히 적절한 계획a fully adequate scheme of equal basic liberties"으로 바꾸었다. ③ 예전 원칙에서는 문장의 배열상 차등 원칙을 기회 평등의 원칙보다 앞에 두었는데, 새로운 원칙에서는 뒤에 두었다.

그는 어떤 이유에서 바꾸게 되었는가? ① 최소 수준의 물질적 안녕을 정해 어느 누구라도 그 수준 이상으로 생활할 수 있도록 보장해야 한다는 점, 즉 인간과 시민으로서 정상적인 기능을 수행하기 위해 기본적인 안전과 생존에 대한 권리가 충족되어야 한다는 점을 더욱 명확히 할 필요가 있었다. ② 자유의 평등 그 자체만큼이나 적어도 자유의 값어치에 대한 근사한 평등이 있어야 한다. ③ 최소 수혜자에게 물질적인 부에 못지않게 자기 존중의 사회적 기초를 최대화해야 하는 선으로 고려해야 한다. ④ 민주주의는 정치적 영역에서만—이 영역이 가장 중요하다고 인정하더라도—제한되지 않고 사회·경제적 영역에서, 특히 작업장에서도 이행되어야 한다. 즉 사회적 의사 결정에 참여할 권리를 평등하게 가져야 한다. 이러한 점들을 고려하여 수정되어야 한다는 주장을 롤스도 인식하고 있었다(PL, 7; JFR, 44).

《정의론》과《정치적 자유주의》에서 롤스는 질서가 잘 잡힌 사회는 경제적으로 큰 불평등과 양립할 수 있다고 주장한다. 헌정상에서 본질적인 것이 유지되고 차등 원칙이 적용되는 한, 이러한 불평등이 롤스적인 사회의 도덕적 특성을 손상시키지 않을 것으로 보았다.《공정으로서의 정의》에서 커다란 불평등이라는 문제를 다루지만, 그는 다음과 같이 수정한다. "장기간에 걸쳐over the long run" 최소 수혜자에게 장기적인 기대를 최대화한다고 하지 않고 "적절한 간격에서an appropriate interval of time"라고 바꿈으로써 그 기간에 기대가 최대화되어야 한다고 보았다(Alejandro

2005, 1185). 왜 이렇게 바꾸었는가? 롤스는 국가로부터 기대하는 것이 사회적 최소한이라면, 어떻게 두 번째 원칙이 사람들의 장기적인 기대를 최대화할 수 있는가라는 질문을 받았는데, 이에 답한 것이다.

롤스는 수정한 두 원칙에서는 보편성에 대한 요구를 철회했으며 당사자들은 민주적 시민의 대표자라는 점, 말하자면 특정한 사회의 역사적 구성원이라는 점을 밝혔다. 그러면 그가 보편성에 대한 요구를 철회하고 당사자들은 민주적 시민의 대표자라는 것을 밝히기까지의 논의를 개략해보자.

롤스의 이론은 인간에 대한 형이상학적 견해가 아니라 미국이라는 정치문화를 반영한 셈이다. 《공정으로서의 정의》에서 그는 세 종류의 우연성, 즉 사회적 계급, 타고난 재능, 그리고 좋거나 나쁜 운을 고려한다고 밝힌다. 미국의 정치문화에 비추어보면, 그의 정의의 두 원칙을 선택하는 것을 정당화하게 되는 직관적인 사상이 두 가지 있다. 첫째는 모든 사람은 도덕적으로 평등하다는 것이다. 둘째는 공정한 협조의 틀을 옹호하는 것이다. 두 개가 합쳐져서 나타나는 두 가지의 직관적인 사상은 헌정적인 민주주의라는 정치적인 어휘와 관행에 이미 스며들어 있다고 여겨진다. 더욱 중요한 것은 전술한 바와 같이 두 가지 직관적인 사상은 롤스가 말하는 포괄적인 도덕적 교의에서 완전히 벗어났다는 점이다. 포괄적인 도덕적 교의라는 것은 삶의 의미와 인간의 선에 대한 의미를 중심으로 하는 심오한 문제에 전부 또는 부분적으로 답하려고 하는 교의이다 (Alejandro 2005, 1185).

3. 질서가 잘 잡힌 사회

롤스는 최종적인 형태의 정의의 두 원칙을 제시하면서 어떠한 사회에 대한 비전을 제시하는가? 정의, 특히 사회 정의가 왜 중요한가? 일찍이 아리스토텔레스가 언급한 것처럼 정의가 사회에 안정을 가져다주기 때문이다.

정의와 관련된 어떠한 관념에 대해 사회 구성원의 불평불만이 없고— 즉 공정하게 하고—그 정의의 관념을 구성원들이 기꺼이 준수하려고 하며 이에 따라 사회를 조직할 때 사회는 안정되고 질서가 잡힌다. 즉 제시한 관념이 실제로 준수되어야 한다. 그렇게 하자면 사회가 안정되어야 하는데, 승자가 독식하게 되는 공리주의보다는 차등 원칙이 포함된 정의의 두 원칙이 안정을 가져다주며, 그렇기 때문에 질서를 잘 잡을 수 있다 (Freeman 2003a, 22). 롤스는 현실에서 실현 가능성이 있는 정의의 원칙을 제시하기 위해 애초에 반성적 평형이라는 개념을 제시했으며,《정의론》을 출간한 뒤에도 정의의 두 원칙이 상정하는 사회 질서가 실현될 수 있도록 수정을 가했다.

결국 롤스는 정의에 대한 정치적 관념에 따라 사회의 질서가 잘 잡힐 것이라고 기대한다. 다른 말로 하면, 그의 정치적 관념에 근거를 두는 정의의 두 원칙을 따르면 사회 질서가 잘 잡힐 것으로 기대하는 것이다. 다음과 같은 세 가지 조건이 충족되면 사회 질서가 잘 잡히게 된다(PL, 35, 201~2).

① 정의에 대한 관념의 공적 기준이 수용되고 모든 시민들에게 수용된다는 것이 알려져야 한다. ② 시민들이 그렇게 믿을 이유가 있어야 하며 사회의 기본 구조가 공적 기준을 사실상 충족시켜야 한다. 그리고 ③ 시

민들은 정의에 대해 정상적으로 효과적인 감각을 가지고 있으며, 그래서 정의에 대해 공유하는 공적 기준을 기꺼이 준수하려 하고 준수할 수 있어야 하며, 공적 기준이 정당화하는 제도적 질서를 준수할 수 있어야 한다. 롤스는 타당하게 위계적인 이슬람 사회도 질서가 잘 잡힌 사회가 될 가능성이 있다는 것을 시사하면서 위의 기준에 포함시켰다.

사회 질서를 잘 잡을 수 있으려면 전술한 바와 같이 정의에 대한 정치적 관념, 즉 우선성의 원칙을 갖춘 두 원칙이 ① 정치에 대한 공적 기준이 되어 ② 이 기준을 적용하는 데 기준이 되고 ③ 공적 이성을 갖춘 시민들은 시민성에 대한 의무를 짐으로써 정치적 덕성을 갖추어야 한다. 그렇게 되면 시민들은 정치적으로 올바른 행동을 하게 된다. 그리하여 사회는 협업에 대해 공정한 체제를 갖추어서 질서가 잘 잡히게 된다(PL, 225).

제2부

현대의 정의 이론

지금까지 선은 무엇이며, 올바름은 무엇이며, 두 가지가 어떤 연관이 있으며, 이렇게 연관된 것이 정의의 두 원칙에 어떻게 구체화되는지를 살펴보았다. 말하자면 정치에서 윤리적인 기초가 무엇이며, 그것이 정치 생활의 원칙에 어떻게 결부되는지를 살펴보았다. 그 과정에서 공리주의와 의무론의 조화가 주요한 문제로 부각되었으며, 이와 연관된 문제로 자유와 평등의 조화라는 문제도 다루지 않을 수 없었다. 이들 문제가 결국에는 윤리적인 문제와 연결되기 때문이다.

그리하여 정치가 어떠한 근거에서 어떠한 윤리적인 기초를 두고 행해져야 하는지를 제시하는 하나의 예로서 롤스의《정의론》을 통해, 정의의 두 원칙이 어떤 근거에서 그러한 내용을 담게 되었는지를 고찰해보았다. 이어서 롤스의 정의 이론이 어떤 모습을 띠며, 그 이론이 어떻게 정당화되며, 롤스가 정의 세 가지 구성요소와 세 가지 원칙 사이에서 어떻게 균형을 잡으면서 이론을 구축했으며, 그 이론에 어떤 비판이 제기되었으며 이에 롤스가 어떻게 대응했는지 살펴보았다.

그런데 정의와 관련해서 롤스의 이론만 있는 것이 아니며 롤스의 정의 이론이 지고지선한 것도 아니다. 오늘날에는 다른 관념과 이론들이 나왔기 때문에 롤스에 대한 비판이 제기되었다. 다른 관념들을 간단히 살펴보면, 20세기 초부터 대체로 다음과 같은 다섯 가지 정의관이 대두했다고 볼 수 있겠다.

먼저 ① 자유 지상주의적 관념인데, 이는 자유를 궁극적인 정치적 이상으로 삼는다. ② 복지 자유주의적인 관념인데, 계약적인 공정이나 최대의 효용을 궁극적인 정치적 이상으로 삼는다. ③ 공동체주의적인 관념인데, 이는 공동선을 궁극적인 정치적 이상으로 삼는다. ④ 여성주의 관념인데, 이는 성에서 해방된 사회를 궁극적인 정치적 이상으로 삼는다. ⑤ 사회주의적 관념인데, 이는 평등을 궁극적인 정치적 이상으로 삼는다 (Sterba 2005, 1177).

따져보면 정의에 대한 보수주의적 관념도 있지만, 지면 관계상 이에 대해서는 다음 기회에 살펴볼 수밖에 없다. 그런데 시기를 좀 더 길게 잡아서 근대부터 고찰해보면 사회 정의를 다룬 이론은 세 가지, 즉 평등주의적인 이론, 공리주의적인 이론, 자유주의적인 이론으로 나눌 수 있다 (Hellsten 1998, 816). 이렇게 볼 때 자유 지상주의와 복지 자유주의는 자유주의라는 틀에 묶을 수 있다. 이로써 평등주의적 이론, 공리주의적 이론, 자유주의적 이론, 공동체주의 이론, 그리고 여성주의 이론을 간단히 살펴볼 수 있다.

정의에 대한 이들 관념은 서로 다르면서도 공통적인 양상을 띤다. 정의를 자선(慈善)의 영역보다는 의무의 영역에 속하는 것으로 본다는 점이다. 말하자면 당연한 권리로 주장되어야 하는 것이 무엇이며, 이 권리를 들어주어야 하는 의무가 어디에 있는가를 근거로 하지 자선을 근거로 하지 않는다는 점이 공통적이다.

차이가 나는 것은 자선과 의무 사이의 영역을 구분하는 경계선이 어디에 있는가라는 점이다. 그래서 각각의 관념은 사람이 무엇을 가질 만하거나 정당하게 소유해야 하는 것을 사람에게 주는 것과 관련이 있다. 그것이 무엇이냐에 대해서는 각각 견해가 다르다. 요컨대, 정의에 관련되는 도덕적 근거가 다르다. 도덕적 근거가 다르다는 것은 정의의 세 가지 원칙과 세 가지 요소를 결합하는 근거가 다르다는 뜻이다.

또한 각 관념은 그 성격에서 종교적이 아니라 세속적이다. 정의가 강제되려면 정의를 원하는 모든 사람이 정의에 쉽게 접근할 수 있어야 하기 때문이다. 그리고 이성을 근거로 하여 모든 사람이 접근할 수 있기 때문에 각 관념은 다른 문화에도 적용된다고 생각한다. 이와 같은 공통적인 양상이 정의에 대하여 일반적으로 받아들여지는 핵심적인 정의(定義)이다(Sterba 2005, 1177).

여기서 현대의 여러 가지 정의 이론을 개관하려 하는 이유는 정의에 대한 관념이 여러 가지 있으며 이 관념들이 정의에 대한 롤스의 관념, 즉 공정으로서의 정의라는 관념과 어떤 차이가 있는지—물론 앞에서 롤스가 자신의 이론에 대한 비판에 어떻게 대응하고 수정했는지 고찰해봄으로써 그 차이를 알아보았지만—비교해볼 수 있기 때문이다. 그러므로 2부는 《정의에 대하여》의 12장인 〈정의라는 관념의 역사〉를 잇는 것이라고 볼 수 있으며, 또한 이 책의 8장 〈비판, 대응과 수정〉 가운데 롤스의 정의 이론에 대한 비판 내용을 보완하는 것이라고도 볼 수 있다.

롤스의 정의 이론에 대하여 비교적 초기에 어떤 비판이 제기되었는지 살펴볼 필요가 있다. 네이글Thomas Nagel은 《정의론》을 가장 처음으로, 그리고 가장 사려 깊게 평했다. 그는 심각한 단서를 달았는데, 그 단서는 훗날 논쟁을 불러일으켰다.

　롤스는 원초적 입장에 있는 제약을 허약하고 논쟁적이지 않은 것으로 정당화하려고 했다. 물론 그 제약이 정의의 두 원칙이 대두하는 방식에 대한 결정을 제약한다. 그러나 네이글은 제약이 결국 그렇게 허약한 것이 아니라고 비판한다. 원초적 입장에서 선(善)에 대한 관념을 다루는 지식을 배제함으로써 롤스는 아주 개인주의적인 종류의 선에 대한 관념을 가지는 사람을 선호하게 했다. 그래서 결국은 편견이 있다고 볼 수 있는 것이다.

　더군다나 네이글은 롤스의 강력한 평등주의에 의문을 던진다. 그러나 롤스는 불평등이 모든 이에게 이롭다면, 불평등을 인정한다. 롤스가 원초적 입장에서 최소 최대화라는 추론을 사용하는 것을 선호하는데, 그 핵심은 원초적 입장의 당사자들에게 롤스의 순수한 평등을 증진시키기보다는 일종의 안전망을 만들려는 것으로 보인다(Nagel 1973, 82; Solomon et al. 2000, 295 재인용).

　다른 한편 아이리스 매리언 영Iris Marion Young은 정의에 대한 다른 관념을 전면에 부각시켰다. 이는 추상적인 평등이 아니라 다른 집단은 다른 것을 필요로 하며, 따라서 공공의 자원을 불평등하게 배분할 수도 있다는 인식에 의존한다. 얼핏 보면 이 견해는 롤스의 철학에 스며 있는 정의에 대한 보편적인 이해를 거부하는 것 같지만, 궁극적으로는 영 자신도 집단에 기초를 두는 정치의 경쟁적인 이익을 통제하기 위한 일반적인 규칙을 옹호했다(Dworkin 1973; Alejandro 2005, 1185 재인용).

제9장

평등주의적 이론과 공리주의 이론

평등주의자들은 인간은 평등하며, 평등한 권리와 대우를 받을 자격이 있다고 주장한다. 따라서 인간의 값어치에 따라 모든 정치적인 배분이 이루어져야 한다고 강조한다. 이것은 원칙상 모든 구성원에게 같은 권리, 특권, 사회적 봉사, 그리고 물질적인 자원이 부여되어야 한다는 것을 의미한다.

그러나 평등이 의미하는 바가 무엇이며, 평등을 달성하기 위해 실제로 무엇을 해야 하는가에 대해서는 해석이 다르다. 평등주의자들은 대체로 좌익의 정치와 국가사회주의를 지지하지만, 여기서는 사회주의적이 아닌 관점에서도 평등을 추구하기 때문이다. 사회주의자들이 물질적 자원의 평등한 배분을 강조하는 데 견주어, 자유주의적인 평등주의자들은 정치적 권리와 사회적 봉사가 평등하게 배분되는 것을 강조한다. 그래서 '평등주의egalitarian' 이론도 '최소한minimum' 평등주의, '복지welfare'

평등주의, 그리고 '사회주의적socialist' 평등주의로 나뉜다(Hellsten 1998, 818).

1. 최소한 평등주의

최소한 평등주의자에 따르면 정치에 대한 접근, 투표권, 법 앞의 평등과 같은 모든 정치적 권리에는 사회계급, 종교, 인종, 그 밖의 다른 기준이 적용되어 불평등이 야기돼서는 안 된다. 서구의 민주주의는 이론상으로, 그리고 때로는 실제에서 이를 수용하고 있다. 자유주의적인 권리에 기초를 두는 이론은 대부분 이를 옹호한다(Hellsten 1998, 818).

2. 복지 평등주의

버나드 윌리엄스Bernard Williams는 플라톤과 아리스토텔레스가 옹호했던 덕성이라는 고대의 관념을 옹호하여 근대의 윤리학자에 대해 가끔 반대를 제기했다. 그러나 평등이라는 주제와 관련해서는 근대인을 옹호하고 고대인에게 반대한다. 모든 인간은 평등하다는, 가끔 혼동을 일으키는 주장을 옹호했다. 그는 모든 인간은 능력과 타고난 재능에서 사실상 평등하다는 주장은 사실에 대한 명백하게 잘못된 주장이며, 인간은 같은 방식으로 대우받아야 한다는 주장은 더욱 정치적인 원칙이라고 본다.

윌리엄스는 먼저 양자를 구별한다. 전자의 주장은 결국 "모든 인간은 인간이다all men are men"라는 주장으로 귀결된다는 점을 들어 거부한다.

후자의 원칙은 실질적인 제한이 가해져야 하는데, 보상을 하든 처벌을 하든 간에 인간을 대우하는 데서 인간 사이의 차이 같은 점을 반드시 고려해야 한다. 그렇지만 "모든 인간은 인간이다"라는 주장은 그렇게 사소한 것이 아니다. 이 주장에는 평등에 대한 중요한 통찰력이 담겨 있다. 윌리엄스는 인간은 도덕적인 능력이 있으며 인간은 그 자체로서 목적이라는 칸트의 주장을 받아들인다. 칸트의 주장이 평등을 고려하는 데 어떤 근거가 된다고 보는 것이다.

그러나 윌리엄스는 다음 두 가지의 평등에 대한 제한에 논지의 상당 부분을 할애한다. 첫째, 평등하게 대우받는 것은 우리가 다르거나 가끔 불평등한 상황에서 평등하게 대우받기를 기대한다는 것을 인정하는 것을 전제로 한다. 둘째, 인간 사이의 사실상의 차이가 불평등한 기회를 초래하는데, 그 기회는 평등하게 대우하는 것을 어렵고 복잡하게 만든다. 하이에크에 따르면 앞서 말한 기회의 평등은 환상이며 불가능하다. 반면에 윌리엄스는 기회의 평등이 어떻게 하면 의미가 있는지, 그리고 정당한 정치적·개념적 노력으로 가능한지를 지적하고자 한다(Solomon 2000, 188).

평등주의자들은 권리의 평등뿐 아니라 기회의 평등을 강조한다. 기회의 평등이 가능하려면 적어도 교육과 사회복지 제도가 더 불리한 사람들도 유리한 사람들과 똑같은 조건에서 경쟁할 수 있게 해야 한다. 이것은 국가로 하여금 배분에 간여하게 하는 사회민주주의자들이 옹호하는 이론인데, 그렇게 하자면 국가는 혼합경제를 택하게 된다(Hellsten 1998, 818). 앞에서 논한 롤스의 정의 이론은 여기에 해당한다고 하겠다. 근대의 국가가 기회의 평등을 실제적으로 달성했다고는 볼 수 없지만, 대부분의 복지국가는 적어도 원칙상으로는 이 목표를 이상으로 채택하고 있다(Hellsten 1998, 819).

3. 사회주의적 평등주의

사회주의자들은 평등이라는 이상을 가장 칭송한다. 〈공산당 선언〉(1848)에서 마르크스와 엥겔스는 부르주아의 사유재산 제도와 가족 구조를 폐기하는 것이 평등이라는 이상에 부합하는 사회를 만드는 데 가장 먼저 요구된다고 주장했다(Tucker 1978, 484, 487~8, 490). 〈고타 강령 비판〉에서 마르크스는 이러한 사회를 만드는 데 필요한 것을 좀 더 자신 있게 설명하고 있다.

마르크스는 정의를 항상 경멸하는 태도로 다룬다. 부르주아가 자연적이라는 것을 설명하는 것이 대부분 정치적 편견과 지배계급의 경제적 필요를 반영한다고 생각하기 때문이다. 또한 그는 희소성과 제한된 이타심을 자연이 지시한 것으로 보지 않는다. 인간이 이타적이 되면 타인에게 희생되기 때문에 이타심은 자본주의 사회에서 제한되어 있으며, 희소성은 우리가 살고 있는 사회의 종류에 똑같이 의존하는 문화적 구성물이다. 경쟁적인 사회에서 모든 사람은 충분한 것으로 만족하지 않고 남보다 더 많은 것을 가지려 하기 때문에 희소성이 가져다주는 고통을 느끼는 것이다.

마르크스는 이러한 잘못된 가정에서 주장하는 자본주의 사회에서의 권리와 배분적 정의로부터 벗어나고자 했다. 사회적 재화는 적어도 처음에는 '능력에 따른 배분each according to ability'에서 나중에는 '공헌에 따른 배분each according to contribution'으로라는 원칙에 부합해야 한다. 이것은 사회주의의 낮은 단계에 해당한다. 그러나 공산주의 사회의 최고 단계에 들어서게 되면 능력에 따른 배분에서 '필요에 따른 배분each according to needs'으로라는 원칙에 부합할 것이라고 주장했다.

이 단계에서는 권리와 배분적 정의라는 것이 쓸모없어지며 배분의 형태에 대한 관심은 비과학적인 것이 된다. 배분의 형태를 결정하는 것은 생산양식이기 때문이다. 자본주의 사회에 길들여진 사람이 볼 때 필요에 따른 배분이라는 원칙은 우습게 여겨질지 모른다. 소득이 공헌한 바가 아니라 필요에 근거를 두고 배분된다면, 어떻게 능력에 따라 공헌하라고 요구할 수 있을 것인가(Sterba 2005, 1178)?

사회주의자는 그렇게 요구할 수 있으려면 '작업work' 그 자체를 가능한 한 보람 있는 것으로 해야 한다고 답할 것이다. 그러면 그 작업이 본질적으로 보상을 주기 때문에 작업을 보람 있게 할 것이다. 따라서 사람들이 더 이상 외적인 보상 때문에 작업하지 않고 사회에 최대의 공헌을 하게 되면, 필요에 근거를 두고 배분할 수 있게 된다(Sterba 2005, 1178).

그리고 사회주의자들은 노동자가 작업을 민주적으로 통제하게 함으로써 평등이라는 이상을 달성할 수 있게 하자고 제안했다. 사회주의자들은 어떻게 작업할 것인지에 대한 발언권이 노동자에게 주어지면, 그 작업이 노동자에게 본질적으로 더 보람을 가져다줄 것이라고 믿는다. 그 결과 작업 그 자체가 자신의 필요를 충족하기 때문에 작업에 대한 동기가 더 생긴다. 이렇게 작업장에 민주주의를 확대시키면 생산수단의 사회화가 이루어지고 사유재산이 폐기될 것으로 내다보았다. 물론 작업장에 민주주의를 확대하는 데 따를 수 있는 반대를 극복하기 위해 시민적인 불복종이나 혁명적인 행동이 필요하리라는 것을 부정하지 않았다(Sterba 2005, 1178).

그런데 작업장을 아무리 민주적으로 통제하더라도 지저분하고 궂은 일은 보람 있는 것이 될 수 없다. 그런 일은 형평에 따라 분담하면 된다고 사회주의자들은 주장한다. 이와 같이 작업장을 부분적으로 민주적으로 통제하고 보람 없는 일은 형평에 따라 분담함으로써 직업을 가능한 한 보람 있게 하면, 필요에 따라 배분이 이루어지더라도 자신의 능력대로 공헌할 것이라고 기대한다(Sterba 2005, 1178).

보람 없는 일을 누가 하게 할 것인가라는 점뿐만 아니라 사유재산을 폐기하고 생산수단을 사회화하자는 주장에 대해서도 문제가 제기된다. 생산수단을 사적으로 소유하게 하면서도 노동자로 하여금 작업장에 통제력을 더 갖게 하는 것이 전적으로 가능하기 때문이다. 물론 작업장을 노동자가 민주적으로 통제하면, 사적 소유와 협상력이 자본주의 사회에서보다 더 평등하게 배분되기 때문에 사유재산 제도의 성격이 조금 달라질 것이다. 그러나 사유재산제를 종식할 필요는 없을 것이다. 따라서 생산수단은 사적으로 소유하지만, 사회 전체에 소유권이 확산되고 노동자가 작업장을 민주적으로 통제하는 정도가 향상되면, 사회주의자들이 지적하는 자본주의 사회의 결점이 없는 사회를 상상할 수 있다(Sterba 2005, 1178).

이와 같이 보면 가장 극단적인 형태가 사회주의적 평등주의이다. 요컨대 이는 평등한 기회만이 아니라 물질적인 복지에서, 그리고 적어도 이론적으로는 정치적인 영향력에서 실제적인 평등을 요구한다. 대부분의 공산주의 국가가 적어도 원칙적으로는 이를 최종적인 목표로 받아들인다. 사회가 모든 사람을 보살피고, 어느 누구도 궁핍하지 않은 사회를 만드는 것이 목표이다. '각자는 자신의 능력에 따라, 각자에게는 자신의 필요에 따라'라는 마르크스의 주장에서 이 목표가 선명하게 나타난다. 그리고 사회가 필요로 하는 것을 생산·분배하는 일을 국가가 관장한다 (Hellsten 1998, 819).

4. 문제점

평등주의, 특히 사회주의적 평등주의에서 문제점은 사회적·물질적인 선을 전적으로 평등하게 배분하는 것이 이론적으로나 실제적으로도 가능하다고 여겨지지 않는다는 점이다. 임금을 평등하게 지급하면 평등해지는가? 일시적으로는 평등해질 것이다. 그러나 재능이 다른 사람이 저마다 다르게 노력하기 때문에 다시 불평등이 나타날 것이다. 이 경우 부와 물질적인 자원이 평등하게 배분되도록 하는 데 강압적인 공권력이 개입하는 것이 유일한 방법이다. 그러나 그런 방법은 개인의 사생활을 침해하며, 자신이 원하는 바를 할 수 있는 자유를 제한하게 된다. 따라서 이와 같이 평등하게 배분하는 것은 첫째, 자유를 침해하는 것이 되고, 둘째, 노력하여 보상받겠다는 동기를 부여하지 않기 때문에 효율을 저하시킨다. 그래서 가능하지도 않으며, 바람직하지도 않은 이상이다(Hellsten 1998, 819).

5. 공리주의 이론

벤담과 밀의 부자가 사회적 공리라고 간주한 것은 오늘날 근대 복지경제에서 '사회 후생함수social welfare function'가 되었다. 정의에 대한 공리주의적인 이론은 결과주의적 공리주의, 복지주의적 공리주의, 그리고 총합 서열에 의한 공리주의로 세분할 수 있다(Hellsten 1998, 820).

'결과주의consequentialism'에 따르면 행동의 선택 또는 모든 가능한 변수의 선택은 전적으로 나타난 결과의 선에 의해 그 올바름을 판단해야 한다. 즉 만족에 평가기준을 둔다. '복지주의welfarism'는 어떤 상황이 선한가 아닌가는 그 상황에서의 일련의 개별적인 공리가 선한가 아닌가에 전적으로 달려 있다고 본다. 즉 복지의 달성에 평가기준을 둔다. '총합 서열sum-ranking'에 의한 공리주의는 일련의 개별적 공리가 선한지는 전적으로 그 총합에 따라 판단되어야 한다는 견해를 취한다. 즉 사람들이 자신이 선호하는 것을 얻는가에 평가기준을 둔다.

항상 명백히 밝히는 것은 아니지만 서구 국가는 공리주의적인 시각에서 정책을 수립한다. 그리고 대부분의 경제이론, 후생경제학, 그리고 민주주의를 정당화하는 많은 이론적 모델은 적어도 부분적으로는 공리주의적 견해에 근거를 둔다. 1960년대에 발전한 정책 분석도 공리주의적인 계산에 근거를 둔다. 1970년 이후가 돼서야 공리주의에 근거를 두지 않는 비(非)마르크스주의적인 정치철학과 배분적인 이론이 전개되었다. 공리주의의 대안으로 나타난 자유주의 이론, 예를 들면 롤스의 복지 자유주의와 노직의 자유 지상주의도 적어도 부분적으로는 고전적인 사회계약론으로의 회귀를 담고 있는데, 사회계약론에는 공리주의적인 양상이 명확하게 나타난다(Hellsten 1998, 820).

공리주의에 대한 비판은 이미 살펴보았지만, 다음과 같이 정리해볼 수 있다.

첫째, 이를 적용하는 데 실제적인 어려움이 있다. 공리나 행복을 측정하고, 이를 다른 상황에 놓인 다른 사람과 비교하는 것은 극히 어렵다. 어떤 행동, 일반적인 규칙, 그리고 배분적인 정책이 가져다주는 공리나 행복을 어떻게 하면 정확하게 평가할 수 있는가? 인간이 욕구하는 바와 인간을 행복하게 하는 바에는 개인의 경험, 개인의 정보, 상황, 그리고 개인적인 능력이 영향을 준다. 예를 들어 좋은 음식에 입맛을 들인 사람이 조악한 음식에 입맛을 들인 사람보다 좋은 음식을 더 많이 가져야 하는가?

둘째, 배분적 정의에 대한 공리주의적인 설명은 공정하지 못하다는 이유에서 가끔 비판받는다. 풍랑을 만난 스님의 예나 노예제에서 가능한 것처럼 순진무구한 소수를 희생시키면서 다수가 행복해질 수 있기 때문이다.

셋째, 정의에 대한 공리주의는 도덕과 정의를 행동과 그 결과로만 분석하는 경우에 너무 한쪽으로 치우치는 것으로 보인다. 개인을 자신의 공리와 선호, 그리고 이익이나 행복을 이기적이고 합리적으로 최대화하는 존재로 보게 된다. 그렇게 되면 정의는 합리적으로 자동적으로 계산할 수 있는 것이 되어버리기 때문에 개인의 '성실성integrity'이나 정직 같은 다른 도덕적인 의도와 동기는 무시된다(Hellsten 1998, 821).

자동적으로 계산된다는 의미는 다음과 같다. 적어도 초기의 공리주의는 도덕적이든 아니든 쾌락의 근원을 최고의 선으로 서열화하는 것을 명백히 부정한다. 공리주의는 '각자는 한 사람으로 계산돼야 하며, 어느 누구도 한 사람 이상으로 계산돼서는 안 된다'는 배분적 원칙 외에는 다른 어떠한 도덕적·정치적인 기준도 허용하지 않는다. 오로지 합리적인 계산만이 있다. 즉 쾌락의 근원을 최고선으로 서열화하는 것에 대해 적어도 원칙상 부정적이며 긍정적인 결과를 쾌락이나 공리로 계량화하고 합계를 낼 수 있다고 주장한다. 그렇게 되면 개인이 도덕적인 결정을 내리든 사회 정책을 실시하든 모두 자동적인 과정이 된다(Hellsten 1998, 824).

제10장

자유주의 이론

일반적으로 자유주의적인 정의관은 사회주의적인 정의와 공리주의적인 정의의 대안이 된다. 그런데 자유주의가 사회주의와 공리주의적인 접근법에 대해 비판적이지만, 명시적으로나 묵시적으로 자유주의에도 평등주의적이거나 결과주의적인 양상이 있다. 다른 한편, 자유주의적인 이론 그 자체가 배분적이거나 다른 정치적인 문제에 다양한 견해를 드러내고 있다. 예를 들어 롤스의 복지 자유주의와 노직의 자유 지상주의는 크게 봐서 자유주의에 속하지만, 양자는 자유주의에 서로 다르게 접근한다. 양자는 자유라는 가치와 개인의 자연권, 특히 재산권을 추구하기 때문에 자유주의적이다. 그렇지만 양자에는 서로 다르며 양립할 수 없는 견해가 나타나기도 한다. 자유와 평등이라는 자유주의적인 가치를 실현해야 한다는 실제적인 조처에 이르면, 그 조처는 양자 사이에 극히 달라진다(Hellsten 1998, 821).

그렇다면 복지 자유주의와 자유 지상주의로 나누어 정의에 대한 관념이 다른 바를 설명하고자 한다. 먼저 왜 이렇게 나누어지며 나누어질 수 있는지 고찰해보자. 역사적으로 보아 자유주의와 개인주의는 함께 성장했다. 그러나 교의는 서로 구분된다. 자유주의는 개인적 자유의 중요성을 강조하는 정치적 도덕에 대한 교의이다. 이에 견주어 개인주의는 도덕적 교의이다. 자유주의가 민주주의와 연관되는 것처럼 개인주의는 자유주의와 연관된다. 자유주의는 민주주의에 기초를 제공할 수 있다.

그렇지만 다른 기초에서 민주주의적인 결론에 도달할 수도 있으며, 그래서 각각 민주주의 이론의 다른 모습을 부여한다. 개인주의자는 정치적 도덕으로서 자유주의를 인정할 수 있다. 그러나 자유주의적 결론은 비(非)개인주의적 가정에 근거를 둘 수도 있다. 또한 자유주의가 어떤 사회에 가장 적합한 것으로 비(非)민주주의적인 제도를 지지할 수 있다. 마찬가지로 개인주의자는 자유주의자가 아니라 자유 지상주의자나 무정부주의자가 될 수도 있다(Raz 1986, 17~8).

개인주의는 제한 정부에 관한 이론으로서 자유주의에 대한 비전이 되는 경향이 있다. 도덕적 교의로서 개인주의는 정치적 자유를 정부가 할 수 없는 바를 지적하는 교의로 본다. 그래서 어떠한 방식으로 시민을 대우할 수 없는지, 그리고 정부가 간여할 수 없는 개인의 행위가 무엇이라는 것을 밝힌다. 여기서 시민과 정부의 관계가 느슨하며 비(非)개인주의적 근거에서도 정치적 자유에 대한 제한 정부적인 해석을 내릴 수도 있다(Raz 1986, 18).

제한 정부라는 교의에서는 정부를 자유에 대한 위협으로 본다. 그래서 정부가 하는 일을 적절한 도덕적 범위 내로 한정시키고자 한다. 정부가 개인의 자유에 위협이 되는 일을 할 수도 있으며 가끔 한다는 것을 부인하는 것은 아니지만, 정부는 자유를 축소하기도 하는 한편으로 자유를 가져다줄 수도 있다고 본다. 시민들로 하여금 더 많은 자유를 누릴 수 있게 하는 조건을 정부가 만들 수 있기 때문이다. 같은 자유주의에 연원을 두고 있다고 해도 자유 지상주의는 제한 정부적인 입장을 취하며, 복지 자유주의는 정부가 자유의 증진에 기여할 바가 있다는 점을 인정하는 것이다(Raz 1986, 18). 이러한 이유에서 복지 자유주의와 자유 지상주의로 구분할 수 있다.

그런데 분화되기는 했지만 자유주의는 공동체주의자나 사회주의자들에게서 많은 비난을 받아왔다. 비난받을 만한 점도 있고 그렇지 않은 점도 있다. 그래서 자유주의에 대해 오해하고 있는 부분을 미리 지적하고 나서 자유주의 정의 이론을 다루는 것이 좋겠다.

첫째, 자유주의는 개인의 자유와 자율성에 관심을 두고 있다. 자유주의가 마치 재산 축적의 자유만 강조하는 듯하지만 그렇지 않다. 롤스만 보더라도 그는 원초적 입장에서 개인의 도덕적 능력을 강조한다. 둘째, 개인의 도덕적 능력을 강조하는 것이 공동체에 대해서는 무관심한 것처럼 보일 수 있다. 이것은 원초적 입장에서 롤스가 서로에게 무관심한 태도를 보이도록 설정한 데에도 나타난다. 무지의 장막을 설정하는 것 자체가 마치 개인이 공동체와 유리된 채로 존재할 수 있다는 것을 보여주는 듯하기 때문이다. 셋째, 경제적 자유주의를 정치적 자유주의 또는 자유 일반과 혼동하고 있다. 자유를 자유 시장과 동일시하는 경향은 한국 사람들과 사회주의에서 벗어난 오늘날의 동구권 사람들에게서 두드러진다. 이러한 점을 어떻게 이해하느냐에 따라 자유주의에 대한 반론의 내용이 달라질 수 있다.

1. 복지 자유주의

롤스·드워킨·킴리카 같은 복지 자유주의자들은 평등한 기회와 기본적인 복지에 대한 권리를 이상으로 삼는다. 복지 자유주의자들은 자유라는 이상과 평등이라는 이상에 장점이 있다는 것을 깨닫고 둘을 합쳐서 하나의 정치적인 이상으로 만들고자 했다. 이 정치적 이상의 특징은 계약적 공정과 최대의 효용이라고 하겠다(Sterba 2005, 1178).

(1) 드워킨

복지 자유주의에서 정의에 대한 드워킨의 관념을 여기서 소개하는 이유가 있다. 복지 자유주의란 평등주의적 자유주의에 근접한다. 전술한 바와 같이 수정주의적 자유주의도 평등보다는 자유를 근간으로 하는 점에서는 고전적 자유주의와 같다. 그런데 드워킨은 평등에 대한 관념은 자유주의에서 중추라고 주장한다(Dworkin 1978, 115). 자유주의의 핵심에는 평등한 관심과 존경을 품고 모든 개인을 평등하게 대우한다는 것에 관한 언질이 있다는 것이다. 드워킨으로서는 다원주의와 선한 생활에 대한 관념들 사이에 불편부당해야 하는 것을 근본적으로 요구하는 것에서 이 평등을 도출한다(Dworkin 1978, 127). 여기까지는 자유주의자들도 드워킨과 견해가 같을 수 있다.

그런데 드워킨은 자유주의의 핵심은 자유가 아니라 평등이라고 보며, 중요한 시민적 자유는 평등에 근거를 둔다는 점에서 견해를 달리한다. 즉 평등한 자유는 평등한 대우라는 이상에서 도출된다. 이러한 평등주의적 자유주의라는 관점에서 보면 언론과 결사의 자유는 평등한 관심과 존경을 달성하는 방법이다. 자유를 평등하게 배분하는 것은 자원과 기회를 평등하게 배분하기 위한 것이다. 그래서 드워킨은 평등한 시민적 지위뿐 아니라 자원과 기회의 평등을 주장한다. 평등주의적 자유주의는 평등을 중심에 두고 자유를 멀리함으로써 자유와 평등 사이의 갈등을 피하고자 한다(Gaus 2000, 167).

그러면 드워킨의 자유주의가 다른 자유주의와 이러한 차이가 있다는 점을 염두에 두고, 드워킨이 롤스의 정의 이론에 대해 생각하는 바가 무엇이며 롤스의 이론과 어떤 차이가 있는지 살펴보자.

먼저 드워킨Ronald Dworkin(1931~2013)은 롤스와 노직에 이어 정의에 대한 세 번째로 중요한 관념을 제시한다고 볼 수 있다.[63] 그는 롤스와 마찬가지로 사회 정의의 문제에서 자유주의자이며 처음부터 롤스의 평등 개념에 아주 동조적이었다. 그런데 그는 롤스의 이론에 흥미로우면서도 어려운 질문을 던졌다.

롤스의 견해에 따르면 정의는 '동의agreement'의 문제이다. 그러나 롤스는 실제적인 합의가 아니라 가설적인 합의에 의존한다. 그렇다면 다른 상황에서는 우리가 무엇에 합의하게 될 것인가? 드워킨이 지적하는 것처럼 대부분의 경우 가설적 동의는 구속력이 없다(Dworkin 1977b, 177~83). 그렇다면 원초적 입장에서의 당사자들이 동의하는 바에 왜 관심을 기울여야 하는가? 드워킨에 따르면 계약을 롤스의 설명의 기초라기보다는 정의의 원칙으로 가는 중간 지점에 있는 것으로 볼 필요가 있다. 롤스의 견해에 기초가 되는 것은 가정된 자연권, 즉 평등한 관심과 존경에 대한

---

63 중요성으로 보면 드워킨은 롤스와 노직 다음에 소개해야 하지만, 복지 자유주의와 자유 지상주의로 구분했기 때문에 부득이 노직보다 먼저 소개하게 되었다.

모든 사람의 자연권이다. 원초적 입장을 고안한 것은 이 권리를 더욱 생생하고 구체적으로 표현하여 여기에서 특정한 정치적 결과를 이끌어낼 수 있기 때문이다(Solomon et al. 2000, 288).

드워킨은 '자원의 평등equality of resources'이라고 일컫는 자신의 이론을 전개했다. 왜 행복/복지의 평등이 아니라 자원의 평등을 주장하는가? 자원이라는 수단이 있어야만 복지라는 궁극적인 결과를 얻을 수 있다는 의미에서 자원은 복지에 근본적인 것이며, 똑같은 자원이라도 다르게 활용하면 사람마다 다른 복지를 향유할 수 있기 때문이다. 또한 복지의 평등을 평등에 관한 일반 이론에서 유일한 이론으로 보기 어렵기 때문이다. 예컨대 맹인에게는 정상인에게보다 자원을 더 배분하도록 할 수 있겠지만, 샴페인을 마시는 고급 기호를 가진 이의 기호를 충족시키기 위해 그에게 럼주를 마시는 사람에게보다 더 많은 자원을 배분할 수는 없다. 맹인에게 지급하는 것보다 효율이 높아진다고 볼 수 없기 때문이다 (Dworkin 1981a, 186~9·235).

드워킨은 왜 맹인과 샴페인 애호가를 거론하는가? 차등 원칙은 최소 수혜자를 소득과 부를 최소로 가진 이로 규정하고서 물질적 자원을 배분한다. 그런데 맹인이 반드시 최소 수혜자 범주에 속하지는 않을 수도 있지만, 정상인처럼 살아가려면 더 많은 자원이 소요되는 것은 사실이다. 럼주를 마시면 행복해질 수 있는 만큼 샴페인을 지급하여 행복하게 만들 수는 없다. 평등하게 행복해지는 것을 목적으로 삼는다면, 럼주로 행복해질 수 있는 사람의 자원을 앗아서 샴페인으로만 같은 정도로 행복해질 수 있는 사람에게 그 자원을 이전해야 한다. 이처럼 행복이나 선호 만족과 같은 안녕에 대한 주관적인 지표 문제와 그러한 이전(移轉)의 정당성 문제가 복지의 평등을 주장하는 데 개재된다(Wolff 2011, 616).

그렇다면 값비싼 기호 문제를 해결하기 위해서라도 인생에서 평등하게 성공하거나 행복해지는 것, 즉 복지의 결과를 목표로 삼을 것이 아니라 사회적 자원을 공정하게 배분하는 것을 우선적 목표로 삼아야 한다(Dworkin 1981a, 217). 더욱이 복지의 평등이라는 관념은 대체로 주관적이다(Dworkin 1981a, 224). 그러므로 평등에 대한 객관적인 기준이 될 수 있는 다른 관념, 즉 자원의 평등이 필요하다(Dworkin 1981a, 225). 그렇다면 자원의 평등은 어떻게 달성해야 하는가?

드워킨은 이 방법을 제시하기 위해 난파선의 표류자(漂流者)들이 자원이 많은 무인도에 도착해 사유재산권을 배분하는 문제에 직면하게 되는 경우를 가정한다(Dworkin 1981b, 285~7). 노직 같으면 표류자들이 일방적으로 다른 사람보다 더 가치 있는 몫을 전용하도록 허용할 것이다. 반면에 드워킨은 경제학자가 말하는 일종의 '질투 시험envy test'이라는 시험을 충족하게 해야만 한다고 보았다. 즉 자원이 분배된 후에 자신의 몫보다 타인의 몫을 더 선호하는 이가 있게 되면, 배분은 평등하지 않다.

배분이 평등하지 않다고 여기면 질투가 생기게 마련이다. 어느 누구도 질투하지 않게 하려면 경매장을 개설해, 입찰자들이 평등한 구매력을 가지고 그 섬에 있는 모든 대상 물품들이 청산될 때까지 경매에 지속적으로 응찰하게 한다. 그렇게 하여 어느 입찰자도 그 과정을 반복하기를 원하지 않을 때까지 이르게 한다. 자기 삶의 계획에 필요한 자원은 경매를 통해 얻게 하면, 예컨대 소파에서 텔레비전을 보며 빈둥거리려고 하는 이는 소파와 텔레비전을 구입할 것이며 기업가는 기업을 운영하는 데 필요한 것들을 구입할 것이다. 이렇게 하면 모두 자신들의 자발적인 선택에 따라 경매가 진행되었기 때문에, 경매가 끝난 뒤 질투 시험에 측정된 바대로 모두가 만족할 것이다. 즉 분배가 정의롭게 이루어진 것이다. 어느 누구도 상대방의 것을 질투하지 않는다면, 각자에게 자원이 배분된 것은 각자를 도덕적 동등자로 대우하는 것이다. 이 경우 나중에는 소파에서 생활하는 것을 선호한 사람과 기업가를 지향한 사람 사이에 소득의 불평등이 나타나게 되지만, 각자에 대한 존경에서는 평등하다는 점에 유의해야 한다. 자신의 선택에 따라 배분이 일어난 이상, 어느 누구도 자신에 대한 고려가 적었다고 주장할 수는 없기 때문이다.

여기에서 드워킨이 소파에 누워 빈둥거리는 것을 선택한 사람과 기업을 시작하기로 결정한 사람을 대비시키는 이유가 있다. 롤스의 차등 원칙은 어떤 사람이 왜 최소 수혜자 입장에 놓이게 되었는지는 다루지 않는다. 노동을 할 수 없거나 직장을 찾을 수 없어서 그런 경우도 있을 것이다. 그러나 소파에서 텔레비전을 보기로 자신이 선택했기 때문에 최소 수혜자 입장에 놓일 수도 있다. 그런 사람도 롤스가 말하는 최소 수혜자로서의 혜택을 받게 하는 것이 옳은가?

차등 원칙은 그 이유가 무엇이든 최소 수혜자에게 재분배를 해야 한다고 간주한다. 드워킨의 견해에 따르면, 이는 평등에 어긋난다. 평등은 열심히 노력하는 이로 하여금 그 보답을 받게 하는 것이다. 이런 점에서 드워킨은 노직과 견해가 같다(Wolff 2011, 616). 이와 같이 드워킨은 평등에 관한 이론에 책임이라는 개념을 합체시킨다. 어쨌든 자원이 일단 평등하게 배분된 후에는 각자 자신의 선호에 따라 자원을 활용하는 방법을 스스로 선택함으로써 자신이 원하는 것을 추구할 수 있게 된다. 그 과정에서 추구하는 대상이 다를 수도 있고, 생산능력이 다를 수도 있고, 노력의 강도가 다를 수도 있고, 운이 따를 수도 있어서, 그 결과 자원의 배분이 달라지고 이에 따라 질투가 나타날 수도 있다(Dworkin 1981a, 206 · 292 · 310).

드워킨은 경제적 불평등의 다양한 형태를 구분한다. 재능이 같은 두 표류자가 보답이 다른 직업을 선택할 수 있는 것처럼 불평등은 운(運)보다는 선택에서 기인할 때가 있다. 정의는 선택의 결과로 나타나는 불평등을 허용할 뿐만 아니라 요구하게 된다. 그는 개인의 '선택 운option luck'과 '맹목적 운brute luck'의 차이에서 기인하는 경제적 불평등을 구분한다(Dworkin 1981b, 293). 모든 사람에게 참여할 기회를 준 공정한 추첨에서 이겼기 때문에 이긴 표류자들이 다른 표류자들보다 더 부유해졌을 때 선택 운의 차이가 나타난다. 반면에 유산을 더 받거나 타고난 능력이 더 많은 결과로 불평등이 나타나면, 이것은 맹목적 운의 차이이다. 노직 같은 역사적인 자격이론가들처럼 드워킨은 유능하고 정보가 많은 개인은 다양한 선택 운들 중에서 선택할 수 있다고 가정한다. 그래서 어떤 표류자가 도박을 하기로 선택하고 그 선택 운이 좋았다면, 도박을 선택하지 않은 다른 표류자들보다 더 많은 자원을 가지게 되는 것을 부인할 이유가 없다(Dworkin 1981b, 294).

그런데 성공하지 못한 것과 관련해서는 선택한 것에 대한 개인의 책임이 따르겠지만, 기업을 하기로 선택한 사람이라고 해서 반드시 성공하는 것도 아니다. 이 문제를 어떻게 해결할 것인가? 맹목적 운을 선택 운으로 바꿀 수 있게끔 하기 위하여 보험이라는 고안을 제시한다. 자신이 재능을 적게 타고났거나 맹인이 될 수도 있다는 것을 감안하여 보험 가입 여부와 보험 수준을 개인이 결정하게 하면 될 것이다.[64]

그래서 경매에서 보험 구입자는 선과 위험에 대한 자신의 관념에 근거

---

64 원초적 입장에서 차등 원칙을 택하는 것도 보험에 가입하는 것이라고 볼 수 있다. 드워킨이 롤스와 다른 점은 보험 가입 여부를 개인으로 하여금 결정하게 하는 것이라고 볼 수 있겠다.

를 두면서, 그렇지만 자신의 좋은 운이나 나쁜 운보다는 맹목적 운의 전반적인 배분에 대해서만 아는 것을 바탕으로 하여 공정한 보험시장에서 각자 결정을 내리게 된다. 그렇다면 맹목적 운의 희생자는 이 시장이 제공하는 만큼의 보상을 받는 것이 당연하다(Dworkin 1981b, 296~7). 그래서 누진세를 통해—즉 자원을 재분배하여—맹목적 운이 가져다줄 수 있는 불평등을 시정하는 보상체제를 도입하여 시장을 작동시켜야 할 것이다(Dworkin 1981b, 297~8 · 312~3). 드워킨의 해결책은 부자에게 과세하여 빈자를 돕는 것인데, 그 결과가 어떻게 나타나든지 간에 그렇게 하라는 것이다. 자기가 내놓은 세금보다 전보(塡補)를 적게 받는 이도 있고 많이 받는 이도 있을 것이다.

말하자면 경매에서 자원의 평등을 일단 달성하고 신체장애를 겪는 등의 불운에 대해서는 보험 구입과 같은 방법으로 다시 자원의 평등을 달성할 수 있다. 그렇다고 해서 타고난 재능이 부족하여 생계를 유지할 수 없는 것도 내버려둘 수도 없지만, 타고난 재능을 활용해서 나타나는 결과의 차이를 무시해서도 안 된다(Dworkin 1981b, 327). 드워킨은 이상과 같은 결론을 내리는데, 이러한 결론이 의미하는 바는 다음과 같다. 즉 배분적 정의를 논하기 위해 원초적 입장을 들먹일 필요 없이 사람들은 타인을 위해 자신의 생활계획이 가지는 진정한 비용을 인식해야 하며, 모든 시민이 쓸 수 있는 자원의 공정한 몫 이상으로 가져가면, 이러한 생활계획을 기꺼이 다시 설계해야 한다는 점이다(Dworkin 1981a, 338~42 · 343).

그런데 배분적인 제도는 그가 말하는 '타고난 재능에 대한 무감각성 endowment-insensitivity'뿐만 아니라 '야망에 대한 민감성ambition-sensitivity'을 달성할 수 있어야 한다(Dworkin 1981b, 333). 이를 어떻게 달성할 수 있을 것인가?

드워킨은 공정으로서의 정의와 역사적 자격이론으로서의 정의에서 연유하는 요소를 결합해 사회 정의에 대한 관념을 제시한다. 그래서 사회적이며 타고난 추첨에서 나타나는 경제적 불평등을 통제하는 것이 중요하다는 민주주의적 평등주의자의 신념을 구체화하면서, 자원의 평등은 자격이론이 호소하는 바를 설명할 수 있는 선택과 책임에 대한 신념까지 조정한다. 예를 들어 드워킨은 차등 원칙과는 다르게 가설적 보험에 호소하는데, 개인이 보험에 든다는 것은 각 개인의 실제적인 가치를 감안하여 위험에 대비하는 것이다. 보험에 가입해 개인들로 하여금 타인의 불행을 분담하게 함으로써 민주주의적 평등주의자의 신념과 자격이론가의 신념까지 고려하는 것이다. 여기에서 드워킨의 견해가 롤스의 견해와 연관된 문제를 어떻게 다루는지도 살펴봄 직하다(Clayton et al. 2004a, 8).

예를 들어 육체적으로나 정신적으로 무능한 정도가 심각한 사람은 상당한 비용을 들여도 겨우 조금 개선될 뿐이다. 이 문제는 어떻게 해결하는 것이 좋겠는가? 롤스라면 사람들 사이의 비교는 전적으로 사회적인 일의적 선에 초점을 맞춰야 하므로 무능한 개인은 두드러지게 불리하지 않다고 주장함으로써 축소하려고 할 것이다. 그러나 이 극단적인 견해를 지키기 위해 지불하는 비용이 과연 받아들일 만한 것인지 의문이 제기될 것이다.

대신에 롤스는 개인 간의 비교는 심각한 무능을 포함해 다른 요소들에 초점을 두어야 한다는 것을 인정하면서 당혹스러운 결과를 어떤 다른 방법으로 피하려고 할는지 모른다. 이를테면 최소 수혜자에 대한 절대적 우선성을 부인하는 온건한 우선주의적 견해를 취하거나 무능한 사람들이 기본적인 능력에서 어떤 경계에만 이르면 된다고 주장함으로써 당혹스러운 결과를 피하려고 할 것이다. 그런데 기본적인 능력을 확보하는 데만도 지나치게 비용이 많이 들면, 어느 정도로써 충분하다는 입장을 취하기도 어려워진다(Clayton et al. 2004a, 8).

그렇다면 이상과 같은 문제에 대해 자원 평등주의자는 어떻게 대응할 것인가? 특정한 집단, 즉 최소 수혜자들의 기대를 최대화하는 방식이 아니라(Clayton et al. 2004a, 8) 공정한 보험 시장이 작동하는 것을 본받아서 야망에 민감한 방식으로 불행을 나누어야 한다고 주장할 것이다. 그리하여 드워킨은 최소 수혜자에게 절대적 우선성을 부여하는 것을 부인하게 된다. 예컨대 무능이 심각하며 이를 시정하는 데 비용이 많이 든다면, '최소 극대화' 정책을 받아들이지 않을 것이다. 그렇게 되면 자원 평등주의자는 그러한 정책을 위해 과세를 하지 않아야 한다.

그렇다고 해서 이 견해가 사회적 일의적 재화에서의 불평등이 아닌 다른 불평등을 간과함으로써 그러한 결과를 얻자는 것은 아니다. 이 견해는 건강·재능과 같은 개인적 자원뿐 아니라 직업·부와 같은 '비개인적인impersonal' 자원도 개인 간의 비교에 계산되어야 한다는 것을 수용한다. 야망에 민감한 방식으로 타고난 재능에는 감각이 없도록 하는 것을 드워킨이 시도했다고 볼 수 있는데, 이러한 시도에 아무 문제가 없는 것은 아니다.

맹인이 교정을 받게 하는 것이 정의인가, 아니면 미인이 되기 위한 성형 수술에 국가가 보조금을 주는 것이 정의인가? 이 문제와 관련해서는 개인이 자신의 평가에 따라 알려지는 가설적인 시장행위에 달려 있다는 생각에 정확한 답을 내리기를 주저하는 사람이 많을 것이다(Clayton et al. 2004a, 8). 말하자면 개인이 공정한 몫으로 요구하는 바가 무엇이며,

언제 개인이 공정한 몫 이상의 것을 가지는지 결정하는 기준과 제도에 대해서는 명확히 하지 않을 수 있다(Alejandro 2005, 1185).

그렇다면 드워킨의 이론은 노직의 이론과 어떤 연관이 있는가? 자원의 평등이라는 개념은 노직에게서 찾아볼 수 없다. 그렇지만 노직의 이론과 드워킨의 자원의 평등이라는 관념은 자유가 경제적 정의를 이해하는 데서 중심 역할을 하며 개인적인 재산과 더불어 생산수단에서의 사유재산을 인정한다는 것을 가정한다(Dworkin 1981b, 336). 그래서 드워킨은 자유를 순전히 기본적 자유의 목록을 참고하는 것으로만 해석하거나 자본주의의 자유민주주의적 형태와 사회주의 사이의 선택이 우연에 근거를 둔 것이라고 보지 않는다. 그러나 드워킨은 노직과 달리 자유가 경제적 평등을 추구하는 것을 포기하게 하거나 추구하는 것에 제한을 가한다고 보지 않는다. 이 점에서 그는 롤스와 견해를 같이하는 셈이다.

그런데 롤스와 노직, 그리고 다른 이들은 자유와 평등이 구별되는 것이며 잠재적으로 서로 적대적인 가치라고 인정한다. 이러한 가정을 드워킨이 받아들이지 않기 때문에 드워킨은 반(反)평등주의적 결론으로 벗어날 수 있다. 대신에 드워킨은 자원의 평등 그 자체가 시민적 자유뿐 아니라 사적 재산과 시장 절차에 대한 존중을 필요로 한다는 것을 가정한다. 그래서 자유와 평등은 단일한 정치적 이상에서 서로 의존하는 요소이다(Clayton et al. 2004a, 7).

드워킨이 자유와 평등에 대하여 이처럼 낙관적인 시각을 취할 수 있는 근거는 무엇인가? 그에 따르면, 사적으로 소유하는 자원의 배분이 정의로운지는 특정한 형태의 시장 과정에서부터 나타나는 배분의 가능성에 달려 있다. 이를 논증하기 위해 드워킨은 난파선의 표류자들이 경매를 통해 섬의 자원을 배분함으로써 서로 질투할 이유가 없어지는 것을 예로

들었다. 그러고 나서 그는 다음과 같은 질문을 던진다. 생산, 투자, 교역, 질병, 무능력, 능력의 차이 등이 일단 섬의 경제를 복잡하게 만들고 표류자의 전망이 야망만큼이나 운의 차이에 따라 형성되고 난 뒤에도 그의 시장 정향적인 접근법이 적절할 것인가(Clayton et al. 2004a, 7)? 그래서 이를 둘러싼 논란이 위에서처럼 전개되었다.

(2) 센

센Amartya Sen도 롤스의 이론에 대한 대안을 제시했다. 센은 롤스가 일의적 선으로 안녕에 대한 지표로 삼는다는 점, 보통이 아니거나 광범한 필요를 요하는 사람들의 어려운 입장을 무시한다는 점을 지적한다. 그는 개인의 삶이 얼마나 잘되고 있는지를 그 사람이 가진 자원이나 그 사람이 이끌어낼 수 있는 복지가 아니라 그 사람이 '기능할 수 있는 능력 capability to function'으로 측정할 것을 제안한다. 즉 재화를 소유하는 것보다도 능력을 확장하는 데 초점을 둘 것을 제안한다.

사람이 능력을 가져서 어떠한 기능을 한다는 것은 사람이 할 수 있거나 될 수 있는 바, 예를 들면 영양, 건강, 적절한 수명, 자기 존중 등을 얻는 것을 의미한다. 어떠한 사람의 능력은 기능의 다른 대안인데, 그 사람은 자원과 기회로써 이들 기능을 달성한다. 그러므로 능력은 어떠한 기능을 달성하는 자유가 된다(Wolff 2011, 619).《자유로서의 발전Development as Freedom》(2001)에서 센은 능력을 확장시키는 것을 넘어서서, 획득할 수 있는 모든 능력은 자유를 예시하는 것으로 봐야 한다고 주장했다.

가끔 복지나 자원에 대한 어떠한 이론보다 안녕에 대한 다원적인 이 견해가 좀 더 실재적인 설명으로 여겨진다. 이 설명에는 그 자체 내에 책임과 관련한 특별한 이론이 있다. 어떤 사람이 기능을 달성할 능력이 있는데도 그렇게 하지 않는다면, 그는 자신의 처지에 책임을 져야 하며 정의에 호소하여 타인의 도움을 얻으려고 해서는 안 된다. 자유와 책임에 대한 이러한 개념은 평등을 다룬 이론 내에서 많은 사람들에게 매력적으로 다가간다(Wolff 2011, 619~20).

센의 이론은 개발 경제에서 매우 중요해졌다. 유엔 같은 조직 내의 정책에 영향을 끼치고, 빈곤에 대하여 소득 측정을 하는 것에서 벗어나 기본적인 기능의 결여를 고려하게 했다(United Nations 2005).

그러나 정치철학자가 볼 때 센의 이론은 두 가지 점에서 수용하기가 어렵다. 첫째, 센은 인간의 기능을 정확하게 열거하지 않는다. 둘째, 다원적인 견해에서는 평등이 의미하는 바를 이해하기가 아주 어렵다. 평등은 서로에 대해 기능을 측정하는 방법을 요구하는 것 같지만 다원주의적 견해의 핵심에서 이것은 일반적으로 가능하지 않다. 첫 번째 문제를 해결하기 위해 누스바움Marta Nussbaum은 본질적인 인간의 기능을 설명하려고 했다. 그러나 그 결과는 두 번째 문제의 어려움을 부가시켰다(Sen 1992, 197: Nussbaum 2000; Wolff 2011, 620 재인용).

그럼에도 프랑크푸르트H. G. Frankfurt와 파핏Derek Parfit의 노력에 힘입어 정치철학자는 센의 접근법을 더 잘 이용할 수 있게 되었다. 능력에 대한 '충분한 상태 견해sufficiency view'는 더 가능성이 있는 접근법으로 대두했다(Anderson 1999; Nussbaum 2006). 여기서 사회 정책의 목표는 각자로 하여금 각 능력에서 충분한 상태의 '문지방/경계 수준threshold level'을 가져다주는 것이다. 그러나 이것도 자원의 제약으로 불가능해질 때는 심각한 어려움이 생긴다. 경합하는 요구들 사이에 우선순위를 결정하는 문제를 어떻게든 보완해야 할 필요가 있으며, 시초의 어려움이 다시 나타나기 때문이다. 그렇다고 해서 전혀 희망이 없지는 않을 것이며, 우선 순위 입장을 수정된 능력 견해와 결합시키는 것이 가능하다는 주장이 있다(Wolff and de-Shalit 2007; Wolff 2011, 620 재인용).

복지 자유주의적인 정의에 대한 계약론적 접근의 고전적인 예는 칸트에게서 찾을 수 있다. 칸트는 시민국가가 자유·평등·독립이 요구하는 비틀 흐즈히는 시인적인 게야에 기초를 두어야 한다고 주장했다. 자유는 타인의 자유를 침해하지 않는 한에서 자신이 적합하다고 생각하는 방식대로 행복을 추구할 자유를 말한다. 칸트가 말하는 권리는 타인이 모든 사람의 평등한 자유를 인정하지 않는 방식으로 내 자유를 침해하는 것을 제한할 수 있는 평등한 권리를 뜻한다. 그리고 시원적인 계약을 자유롭게 합의하자면, 반드시 상정되어야 하는 것이 각자의 독립이다(Sterba 2005, 1178).

칸트에 따르면 시원적 계약은 시민국가의 기초가 되는데, 이것이 사실로서 존재해야 할 필요는 없다. 시민사회의 법이 자유·평등·독립이 요구하는 바에 따라 이루어진 조건에서 사람들이 합의한 것으로 여겨진다고 인정되는 것으로 충분하다. 이러한 시원적인 계약에 부합하는 법은 사회의 모든 구성원에게 자신의 노동·근면·행운으로 얻을 수 있는 지위에 이르게 하는 권리를 부여한다. 그래서 시원적인 계약에서 요구되는 평등은 상당한 양의 경제적인 자유를 배제하지는 않을 것이다. 롤스는 복지 자유적인 정의의 관념에 대한 도덕적인 기초로서 칸트의 가설적 계약이라는 이상을 더욱 발전시켰다. 이 점에 대해서는 앞에서 자세히 살폈기 때문에 더 이상 논하지 않겠다.

그래서 그들은 가치 있다고 생각하는 것, 예를 들어 무지와 가난 또는 불행에서 벗어나게 하는 것을 달성하는 데 필요하다면, 더 많은 정부의 개입과 적극적 자유를 옹호한다. 오늘날 복지 자유주의는 좌익의 견해를 정치적으로 나타내는 데 가끔 쓰이며, 사회민주주의와 가깝다고 여겨진다. 평등한 기회를 증진시킨다는 점에서 복지 자유주의적 견해는 평등주의적인 양상을 드러내는 셈이다(Hellsten 1998, 821).

(3) 롤스

앞에서 살펴본 바와 같이 롤스는《정의론》과《정치적 자유주의》에서 이 견해를 개진했다. 롤스는 공리주의적인 견해에 반대한다. 그는 어떠한 형태의 자연권 논지를 재확립해서, 예를 들면 자유와 평등에 대한 권리처럼 모든 사람들이 절대적이라고 여기는 가치가 있다고 주장한다. 그는 공리주의적으로 비용을 계산하는 방법 대신 더욱 절대적인 형태의 논지를 전개하고자 했다. 그러기 위해 롤스가 어떻게 했는지는 위에서 살펴보았다. 여기에서는 다만 복지 자유주의에 대한 주요한 비판을 거론하고자 한다.

첫째, 롤스의 정의 이론은 지나치게 추상적이라는 점이다. 그가 제시하는 가상의 계약 상황에서 보여주는 것과 같은 합리적인 행위자가 실제에는 없는 것이다. 인간은 자기가 놓인 사회적 환경과 기반(羈絆)에 얽혀 있기 마련이다. 이 점을 무시하고서 불편부당하고 도덕적으로 중립적이 되려고 시도하다 보면, 결국 실제에는 불평등을 증진하게 된다. 그러므로 공정으로서의 정의는 '차이를 구별하지 않는다difference blindness'는 것을 의미함으로써 결국 사람은 모두 비슷하다는 가정으로 끝나게 된다. 실제로 사람은 여러 가지 면에서 다르며, 같은 수준의 복지를 유지하는 데에도 필요한 선의 양이 다르다. 똑같은 양의 선을 가지고 인생의 여정을 시작했다 해도 성, 나이, 타고난 재능 등의 차이 때문에 자유롭게 삶을 영위하는 데서 다른 힘을 갖게 된다. 따라서 일의적 선을 평등하게 갖게 해도 실제로 자유를 향유하는 데에는 결국 불평등이 야기된다.

둘째, 롤스의 정의에 대한 두 원칙을 적용하게 하는 것이 무엇인지를 설명할 수 없다. 원초적 입장에 서지 않은 자들은 원초적 입장이 제시하는 엄중한 제약에 놓인 자들이 어떠한 원칙을 택하는 것이 중요하다고 믿을 이유가 없다. 그래서 그들이 선택한 것이 우리로 하여금 정의의 두 원칙을 채택하는 것을 정당화하는가라는 질문을 던질 수 있다(Hellsten 1998, 822).

이상의 계약론적인 복지 자유주의 정의에 대한 도전을 막는 하나의 방법은 다른 방식으로 옹호하는 것이다. 역사적으로 보아 공리주의가 그러한 대안으로 제시되었다. 공리주의적인 견해에서 복지 자유주의적 정의라는 관념이 요구하는 바는 공리에 대한 고려를 토대로 도출될 수 있다. 말하자면 롤스의 정의의 두 원칙대로 할 경우, 그 결과가 사회 내에서의 전체 행복을 최대화한다는 것이다.

이 점을 스튜어트 밀이 《공리주의》에서 제시했다. 《공리주의》의 5장에서 정의는 어떤 부류의 근본적인 규칙을 의미하는데, 이에 따르는 것이 사회의 효용을 최대화한다고 결론지었다. 그래서 밀은 효용과 정의가 궁극적으로 구별되는 이상이라는 견해를 거부하고, 대신에 정의는 사실상 사회적 공리에서 도출된다고 주장했다(Sterba 2005, 1179).

그럼에도 복지 자유주의적인 정의를 공리주의적으로 정당화하는 것은 심각한 문제가 있다. 이미 살펴본 바와 같이 사회적 효용을 최대화하다 보면, 특정한 개인들에게 부정의를 저지르게 된다. 이렇게 되는 이유는 공리주의가 사회 전체를 하나의 사람으로 보고 서로 별개인 사람들의 욕구와 만족을 그저 한 사람의 욕구와 만족인 것처럼 보기 때문이다. 요컨대, 롤스에 따르면 공리주의는 개인들 사이를 구별하지 않는다(Sterba 2005, 1179).

2. 자유 지상주의

1960년대만 해도 자유 지상주의 또는 신자유주의는 자유주의적인 자본주의의 극단적인 형태를 띤 이론에서 가장자리에 있었다. 나중에 미국이나 영국, 나아가 서구의 다른 복지국가에서 자유 지상주의적인 사고에 대한 관심이 꽤 고조되었다. 그 원인은 첫째, 국가 사회주의의 실패에서, 둘째, 근대 복지주의적인 민주주의에 정치적·경제적인 위기를 가져다준 비(非)마르크스주의적 정치이론의 붕괴에서 찾을 수 있다. 자유 지상주의적인 견해의 특징은 전적으로 개인주의적이라는 점에서 찾을 수 있다(Hellsten 1998, 822). 그래서 자유 지상주의는 고전적 자유주의를 곧바로 물려받았다고 하겠다.

(1) 하이에크: 사회 정의는 범주상의 오류

하이에크Friedrich von Hayek(1899∼1992)는 자유방임주의적인 시장체제를 가장 열렬하게 옹호했으며, 1970년대와 80년대 신우익의 발전에 영향을 끼쳤다.

그는 시장에 간섭하여 시장에 미리 정해진 어떤 배분에 '양식pattern'을 부과하려는 시도를─그 의도가 얼마나 선하든 간에─격렬하게 비판했다(Hayek 1993, 120·126). 그는 부를 평등하게 배분하려는 시도뿐 아니라 시장이 공적에 대해 사실상 보상하려는 노력도 비판했다(Hayek 1993, 119). 수요를 근거로 시장에 공헌한 만큼 경제에 공헌하기 때문에 자유 시장은 경제적인 생산물을 사회의 구성원들에게 올바르게 배분하게 되어 있다. 반면 국가가 빈자와 부자의 생활수준을 평등하게 하려다 보면 개인의 자유와 권리를 희생시키게 된다(Hayek 1960; Hayek 1993, 120·122·124). 요컨대, 사회 정의를 달성하려는 노력은 개인의 자유를 침해하게 된다(Hornsby-Smith 2006, 60~1).

가치를 느끼거나 지니는 주체는 개인일 뿐인데도 '사회에 가치value to society'라는 개념이나 사회에서 자생적으로 생긴 것이 아니라 사회에 부과된 관념에 지나지 않는 사회 정의라는 개념은 기껏해야 종교적인 미신이나 환상에 불과하며, 이를 달성하려다 보면 국가는 중앙집권적 권위를 행사하게 된다. 사회를 의인화해야만 권위의 주체를 상정할 수 있기 때문이다.

사회는 활동하는 인간이 아니라 그 구성원이 규칙을 준수함으로써 나타나는 행동의 질서 있는 구조일 뿐이다(Hayek 1993, 153). 그러므로 배분의 양식을 미리 정하겠다는 어떠한 노력도 그 기준이 무엇이든 간에 중앙집권적 권위를 인정하게 되고 개개의 시민에게서 권력을 앗아가게 되어 있다(Hayek 1993, 123·132~3·136). 예를 들어 사회의 재화를 좀 더 평등하게 배분하려면 부를 빼앗아야 하며, 부를 빼앗기는 사람은 싫어할 것이며, 자유 의지에서 찬성하지 않을 것이다. 그래서 그들의 자유는 침해받고 부를 앗아가는 데 필요한 권력은 점차 전체주의적인 체제에 근접하지 않을 수 없다. 따라서 시장 질서를 유지하면서 사회 정의를 달성하기란 불가능하다(Hayek 1993, 124).

그렇다면 어떻게 해야 하는가? 개인들에게 맡기는 것이다. 국가가 재화의 배분을 강제하지 않는다면, 개인들은 자신들의 지식·기술·운에 맡기는 규칙에 따라 자발적으로 교환하는 질서라고 할 수 있는 '캐털럭시catallaxy,' 즉 '자생적 질서spontaneous order'를 만들 것이다(Hayek 1993, 128·139). 거기에서는 개인들의 두뇌에 담겨 있는 정보와 지혜를 유용한 지식으로 만든다. 그래서 기존의 배분도 어느 누구의 결정이 아니었다는 것을 감안하고, 앞으로도 어느 누가 배분해서 배분의 평등을 달성해야 한다는 생각 없이 배분에 간섭하지 않고 내버려두면, 시장질서에 참여한 사람들의 기술과 노력에 따른 응분과는 무관하게 작동하여 장기적으로 모든 사람이 혜택을 보게 될 것이다. 요컨대, 시장질서에서 배분의 주체가 있을 수 없으며 시장에서의 보상이 정의롭다거나 정의롭지 않다고 말할 수 없기 때문에 사회 정의란 의미가 없다(Hayek 1993, 124~5·128~9·139~41).[65]

마찬가지로 공헌, 응분 또는 필요에 따라 보답을 배분하는 것도 배분하는 권위를 상정해야 한다. 자발적 시장에서는 어떠한 원칙에 따라 배분하는 권위를 상정할 수 없으며, 그렇게 하기 위해 엄밀하게 계산하는 것도 불가능하다(Hayek 1993, 143~4). 기회의 평등도 엄밀하게 달성하려면, 정부가 불평등을 가져다주는 모든 요소와 상황을 통제해야 한다. 그러므로 사회 정의라는 개념은 환상에 불과하다(Hayek 1993, 143). 그

---

65 하이에크도 사회 정의라는 개념이 광범하게 받아들여진다는 점을 인정하지만, 경험적 연구에 따르면 그의 견해에 동의하는 일반인들은 별로 없다(Miller 1999, 90). 그리고 배분의 주체가 명령경제에만 나타날 수 있다는 주장에도 이의가 제기될 수 있다. 인격적인 주체는 없다고 해도 제도와 관행이 다른 배분적 결과를 가져다줄 수 있기 때문이다(Miller 1999, 108).

리고 법에 의한 지배라고 할 때의 법이 개인 간의 정의로운 행동에 대한 일반적인 규칙이 아니라 배분적 정의를 달성하기 위해 권위가 발하는 명령이 된다면, 법의 지배와 사회 정의는 법의 지배 내에서 달성하려는 자유와 양립할 수 없게 된다(Hayek 1993, 144~5).

오늘날 복지국가에서는 사회 정의를 달성하기 위해 국가가 시장에 개입하고 무거경케을 신행한다. 그런데 누가 무어을 가져야 하는 것이 당연하다고 누가 말할 것이며, 그러한 판단을 내리는 데서 우리는 어떤 권위를 신뢰할 것인가? 따라서 시장에서 봉사한 만큼 보답을 받아가도록 맡겨버리는 편이 더 낫다. 개인 행위에 대한 규칙의 체계가 도덕의 전 체계이며, 정의는 이와 관련해 개인 사이에서 논할 수 있을 뿐이다(Hayek 1993, 141).

그런데 그대로 내버려두어서 바라지 않는 결과가 나오면 어떻게 해야 하는가? 하이에크의 답은 개인 행위자가 자유롭게 한 일과 전체적인 분배 결과와는 관계가 없다는 것이다. 국가가 시장에 개입하는 복지국가에서는 "사회는 우리가 불평하게 되고 사회가 만든 기대를 충족시키지 않는다면, 시정해달라고 요구하는 새로운 신이 되었을 뿐이다"(Hayek 1993, 125). 그러나 하이에크에 따르면, 비난받을 사람은 아무도 없다. 정치적 평등, 즉 정치 과정에 참여할 평등한 권력과 능력이 존재하는 한 경제적 불평등은 문제가 안 된다(Hayek 1993, 125).

그런데 사회 정의의 불이행에 책임져야 하는 국가는 명령경제 체제뿐이다. 요컨대, 하이에크에 의하면 자유에 대한 이상은 '실질적인 평등'이나 '공적에 의한 보상'이 아니라 '법 앞의 평등'과 '시장 가치에 의한 보상'을 요구한다. 나아가 양육, 상속, 그리고 교육 등으로 인한 불평등은 자유라는 이상에 따라 인정받는데, 이렇게 인정하는 것이 실제로 사회 전체에 혜택을 주는 경향이 있다고 주장한다(Sterba 2006, 72).

사회 정의라는 개념에서 읽을 수 있는 것은 어떤 사회가 정당하다든가 정의롭다는 것이다. 그런데 사회가 정의롭다는 생각은 사회를 하나의 행위자로 보고 내리는 판단이다. 하이에크에 따르면 정의 또는 부정의는 개인의 행위에 대해 내릴 수 있는 판단이다(Hayek 1993, 118). 그래서 사회를 두고 정의 또는 부정의를 논하는 것은 '범주상의 오류categorical mistake'를 범하는 것이며, 마치 사회를 신처럼 대우하여 개인에게 강압하려고 하는 것과 같다.

시장에서 개인들의 자유로운 상거래에서 발생한 결과에 대해서는 행위자들이 인위적으로 의도한 것이 아니기 때문에 정의 또는 부정의로 평가할 수 없다(Hayek 1993, 118; 스위프트 2012, 40). 게다가 사회 정의를 신봉하는 자는 참다운 도덕적 감정을 파괴하고 특정한 집단의 이익을 위해 일반 이익을 침해하는 결과를 가져다준다(Hayek 1993, 156·157).

하이에크는 사회 정의라는 개념은 정의라는 개념을 오용한 것이라고 주장하며, 반면에 사회주의자는 사회 정의가 도덕적으로 요구되는 바라고 주장한다. 그런데 정의라는 사상은 너무나 복잡하며, 정의에 대해 교환적이며 배분적인 개념은 모두 정의라는 용어를 이해할 수 있게 사용한 것이다. 그렇다면 하이에크의 주장을 받아들이기도 어려우며, 교환적인 정의만 수용하는 것은 정의라는 용어를 잘못 이해한 것이라는 사회주의자의 주장도 받아들이기가 어렵다.

하이에크의 이러한 주장은 사회에 대한 책임을 전적으로 개인들이 지게 하는 것이며, 그래서 그의 주장에 분노를 자아내게 했다. 슈마허E. F. Schumacher는 자유 시장 체제를 '무책임의 제도화institutionalization of irresponsibility'라고 일컬었다. 아무도 통제하지 않는 시장이 적절하게 선출된 재판관이나 대표자들보다 더 믿을 만한 이유가 무엇인가? 이에 대해 하이에크는 정의는 결과나 보상 같은 것으로 여겨져서는 안 되며, 경제적인 게임의 불확실성이 관행의 본질적인 부분이라고 답한다. 기껏해야 규칙을 가능한 한 공정하게 만들고 사기 치지 않게 할 수 있는데, 그렇더라도 '공평한 경쟁의 장level playing field'이 모든 사람에게 평등한 출발을 보장하지는 못한다.

또한 하이에크는 기회의 평등이라는 것도 정부가 개입하는 것이라고 본다. 정부가 개입하다 보면 그 범위가 제한되지 않으며, 결국에는 악몽에 지나지 않게 된다. 그 이유의 하나로 하이에크는 공산주의 경제의 비효율성을 들고 있다. 그에 따르면 경제가 무엇을 어떻게 생산해야만 하는지에 관한 정보는 수백만의 사람들 사이에 분산되어 있으며, 이에 관한 정보를 가진 개인들에게 경제적인 통제를 분산하는 것보다 중앙통제에 정보를 이관하는 것이 훨씬 비효율적이다(Hayek 1993, 143~4·148).

자유 지상주의자는 그들 견해의 지적인 근원으로 하이에크, 특히 그의 《자유의 구성Constitution of Liberty》(1960)을 든다. 20세기 초의 자유 지상주의자들은 하이에크에게 기본적으로 동의하면서 자유를 '어떤 사람이 원하는 바를 하는 것을 다른 사람에게 제약받지 않는 상태'로 정의했다. 이처럼 자유를 개인적인 자율성의 달성보다는 방해가 없는 것으로 본다. 그리고 평등과 우의라는 자유주의의 다른 보완적인 가치를 무시한다(Spragens, Jr. 1998, 22).

자유를 제약이 없는 것으로 정의하는 것은 우리가 살펴본 소극적 자유에 해당한다. 그런데 이 정의는 자유의 범위를 두 가지 방향으로 제한한다. 첫째, 그 근원이 무엇이든 모든 제약을 자유에 대한 제한으로 여기는 것은 아니다. 제약은 다른 사람에게서 생겨야 한다. 예컨대 날씨가 나빠서 백두산에 올라가지 못했다면, 이 점에서 자유를 제약받은 것이 아니다. 다른 사람이 가한 제약 때문에 오르지 못한 것이 아니기 때문이다. 둘째, 제약은 어떤 사람이 원하는 것을 거슬러야 된다. 예를 들어 나는 재즈 듣는 것을 싫어하는데 다른 사람이 재즈 연주를 금했다면, 이것이 설사 내가 들을 수 있는 것을 제약했다고 해도 내 자유를 제약한 것은 아니다. 원래 나는 재즈 듣는 것을 원하지 않았기 때문이다(Sterba 2005, 1177).

하이에크는 자유에 대하여 이렇게 정의를 내리고 각자가 다른 사람과 동등하게 최대의 자유를 가지는 것이 그들의 도덕적·정치적 이상이라고 주장한다. 그리고 이러한 이상을 토대로 더욱 구체적인 몇 가지, 특히 생명에 대한 권리, 언론·출판·집회의 자유에 대한 권리, 그리고 재산에 대한 권리를 주장한다(Sterba 2005, 1177).

이러한 주장을 가장 명쾌하게 제시한 이는 노직이다. 노직의 이론과 롤스의 이론은 극명하게 대비되기 때문에 지금까지 조금씩 비교한 바 있다. 여기에서는 노직의 이론을 비교적 체계적으로 설명함으로써 정의에 대한 자유 지상주의적 관념을 고찰해보기로 하자.

(2) 노직: 권리로서의 정의

롤스와 하버드 대학 동료인 노직Robert Nozick(1938~2002)은《정의론》이 출간된 지 3년 후에《무정부, 국가, 그리고 유토피아Anarchy, State and Utopia》(1974)를 출간했다. 이 책에서 노직의 부분적인 목적은 배분적 정의에 대한 대안을 제시하려는 것이었다.

노직은 롤스가 배분적인 결과, 즉 '최종 상태end-states'를 강조한다는 점을 반박한다. 롤스의 견해에 따르면 배분을 정의롭게 하는 것은 그저 최종적 배분이 보여주는 '양태pattern'이다. 배분이 모든 사람에게 평등한 자유를 부여하고 다른 최종 상태보다는 형편이 좋지 않은 사람을 더 낫게 하면, 그 배분은 롤스에게 정의롭다. 예를 들어 차등 원칙은 배분의 최종 결과를 되도록 평등하게 하자는 데 목적이 있다.

그러나 노직은 이러한 최종 결과 이론에 반대하여 역사적 이론을 제시한다. 어떤 시점에서 배분이 어떤 모습을 띠는가라는 문제가 아니라, 그 배분에 어떻게 이르렀는가라는 과정상의 정의를 중시한다(ASU, 153~5). 이를 보여주기 위해 노직은 정의와 관련해 '자격/자격 부여/권리요구 이론entitlement theory'을 제시한다. 이에 따르면, 배분에 대한 정의는 정의로운 획득과 양도라는 정의로운 과정에 관한 규칙에 따라 결정된다.

그러면 먼저 세 부분으로 구성된 노직의 저서를 개관해보자.

노직은 첫 부분에서 개인들이 홉스적이 아니라 로크적인 자연 상태에 있다고 가정한다. 여기서 '지배적인 보호기관dominant protective agency'이 나타나 특정 영토에서 사실상 힘을 독점하여 '국가와 같은 실체state-like entity'를 이루는 것이 자신들의 이익에 적합하다는 것을 개인들은 알게 된다. 이러한 실체가 적절하게 만들어진다면 개인의 권리를 침해할 이유가 없다. 그러나 지배적인 보호기관은 과세(課稅)의 권리가 없다.

노직은 둘째 부분에서 국가는 보호·정의·방어의 기능을 넘어서는 권력을 행사할 근거가 없다고 주장한다. 그는 롤스가 정의에 대한 '정형화된 이론patterned theory', 즉 구성원의 특성에 기초를 두어서 재산이나 소득을 어떤 방식으로 분배해야 한다는 주장을 펴고 있다고 본다. 이 주장에 대해 노직은 체임벌린Wilt Chamberlin이라는 미국의 유명한 농구 선수의 예를 제시한다(ASU, 161~3). 체임벌린이 참가하는 농구시합에 25센트의 추가요금을 내게 했는데도 많은 사람들이 관전했다면, 농구장에 온 사람들은 자신의 즐거움을 위해 25센트라는 자신의 재산을 자발적으로 이전한 것이다. 이렇게 소유권이 이전된 것을 두고 부당하다고 말할 수 없다. 그러나 롤스가 지향하는 평등주의적인 사회에서 체임벌린이 갖게 된 25센트 중 예를 들어 10센트를 공동 자산으로 삼는다면, 그것은 25센트씩 모아준 개인들의 자유를 침해하는 것이 되며, 또한 그들에게는 자유를 침해하는 것 이상의 의미가 있다. 비유하자면 이것은 체임벌린이 자신의 노력과 행동으로 얻을 수 있는 25센트를 소유하는 것에 대해 타인들이 (부분적으로) 권리가 있다는 것을 인정하는 것이다. 롤스의 원칙은 자기 소유라는 고전적 자유주의자의 개념에서 벗어나 타인에게 체임벌린의 재산에 대한 (부분적인) 재산권이 있다는 개념으로 변화시킨 것이다(ASU, 172n, 1). 그런데 자기 이익을 추구하는 합리적인 사람이라면, 특히 자연권을 가진 합리적인 사람이라면, 그들은 자신의 몫이 타인에게 빼앗기거나 재분배되는 것을 바라지 않을 것이다. 이와 같이 노직은 최종 결과를 목적으로 하는 롤스의 정형화된 이론에 반대한다.

노직에 따르면 정형화하는 것은 롤스 이론 자체와도 어긋난다. 롤스가 공리주의를 반대하는 이유는, 공리주의가 사람들이 서로 분리된 존재라는 것을 무시하고 사회 전체가 마치 한 사람인 것처럼 여기고 사회 전체의 행복을 추구하려 하기 때문이다. 그런데 롤스는 여기에서 벗어나려고 하면서도 그 자신의 이론에서 사람들이 저마다 재능과 특성이 다르며 이들이 분리되어 있는 존재라는 점을 충분히 고려하지 않고 정의의 원칙을 제시한다. 강제함으로써 어떤 배분의 정형을 이루려 하는 것은 결국 개인들 사이의 분리성을 존중하지 않는 것이다.

노직은 롤스가 무지의 장막을 가정하여 원초적 입장을 그렇게 설정한 이상 정의에 대한 최종 결과 원칙을 택하게 되어 있다고 주장한다(ASU,

198~9). 그러면서 노직은 정의에 대한 정형화된 이론에서 생기는 이와 같은 문제를 피하기 위해 '역사적 이론historical theory'을 제시한다(ASU, 232). 그는 로크의 이론을 빌려서 개인이 자신의 재산을 도덕적으로 갖는 것이 아니라, 개인이 재산에 '대한 자격을 부여받기to be entitled to'만 하면 된다고 주장한다.

노직에 따르면 개인은 ① 아무도 수유하지 않은 재산을 처음으로 정당하게 획득하든지, ② 아니면 재산에 대한 최초의 자격을 가진 자에게서 양도받든지 하여 재산에 대한 자격을 얻게 된다. 그런데 인류 역사에는 재산이 부당하게 이전(移轉)된 경우도 있기 때문에 ③ 이를 시정함으로써 재산을 얻는 경우가 있을 수 있다. 즉 노직은 재산을 소유하게 되는 방식으로 최초의 취득, 자발적 이전, 그리고 시정을 들고 있다. 이상과 같은 세 가지 이유에서 노직은 역사적으로 나타난 배분이 정의로운 것으로 간주한다.

노직은 저서의 셋째 부분에서 자유 지상주의적 사회야말로 유토피아적인 사회 질서에 가장 적합하다고 주장한다. 개인과 집단은 여기에서 자신이 원하는 삶을 영위할 수 있기 때문이다. 노직은 이를테면 선(善)들이 계약 당사자들의 집단적인 재산이며 집단의 재량에 따라 배분되어야 한다는 롤스의 견해에 아주 비판적이다. 노직이 볼 때 경제적인 재화는 하늘에서 떨어진(즉 어느 누구의 구체적인 노력 없이 생긴) '만나manna'가 아니라 소유를 주장할 수 있는 것이다. 그래서 그는 롤스의 이론이 재화를 만나처럼 보고 이 만나들을 배분하는 원칙을 정하는 것과 비슷하다고 꼬집는다.[66] 롤스가 무지의 장막에서 자신이 가질 수 있는 특별한 자격에

66 이에 대해 롤스는 만나가 아니라 사회적 협업에 따라 생긴 결과물이므로 원칙을 정해야 한

대한 아무런 지식이 없는 이들로 하여금 모든 것을 하늘에서 떨어진 만나처럼 대하도록 만들었다고 볼 수 있기 때문이다(ASU, 199~201).

노직은 정의에 어긋나지 않게 이미 얻은 것이나 앞으로 얻게 되는 것은 무엇이든 개인이 소유할 자격이 있다고 주장한다. 개인의 재능이 가져다준 산물도 소유의 대상이 된다. 이 견해는 인간은 자신의 육체와 노동에 대해 불가양의 자격이 있다는 의미의 자기 소유권을 갖는다는 로크의 고전적인 자유주의적 견해를 받아들인 것이다. 노직 같은 급진적 개인주의자가 볼 때 롤스가 재능과 능력을 공동의 자산처럼 여기는 것은 부당하다. 재능이 재능을 가진 사람에게 속하지 않는다면 누구에게 속하는가? 또한 재능을 가진 자가 얻게 되는 보상을 부인하는 것은 착취이다(ASU, 140~82).

노직이 보기에 정당한 절차에 따라 얻은 재산에 의해 배분적인 상황이 나타났다면, 그 배분적인 상황은 아무리 불평등하더라도 정의롭다. 그래서 그는 공적인 재화가 효율적으로 배분되어야 한다든가, 기본적인 필요가 충족되어야 한다는 등의 문제에는 관심이 없다. 노직은, 정의는 롤스의 견해처럼 '최종 상태end state'에 달려 있지 않고, 역사적인 과정에서 나타나는 자격 부여의 연쇄에 있다고 주장한다. 바로 이 점에서 자유 지상주의자인 노직은 평등/복지 자유주의자인 롤스를 못마땅하게 여긴다.

노직에 따르면 롤스는 자신의 정의의 두 원칙으로써 무엇이 정의라고 최종 상태를 설정했다. 그렇게 되면 경제적 불평등을 최소화하고, 적극적 자유를 증진시키고, 자유의 값어치가 평등하도록 결국 강제에 의존해야 하는데, 강제하는 것은 정의롭지 못하다는 것이 노직의 주장이다. 정

다고 주장한다.

부가 그렇게 하기 위해 징세, 특히 가진 자에게 더 많이 징세하는 것, 비유하자면 체임벌린이 정부에 억지로 10센트를 내게 하는 것이 바로 강제이다. 강제하는 것은 정부가 빈자를 위해 재능이 있는 사람에게 강제 노역을 시키는 것과 같다. 10센트를 정부에 돌려주게 된 체임벌린뿐만 아니라 체임벌린의 경기를 보기 위해 25센트를 낸 사람들도 빈자가 정부를 통해 강제 노역을 시킨 셈이다.

이렇게 보면 최소 임금제도 정의롭지 않다. 정의는 정당한 소유권과 관련이 있기 때문에 가난한 자를 자선으로 도울 수는 있지만 자선을 국가가 강제할 수는 없다. 요컨대, 노직은 롤스가 강조하는 민주주의적 평등을 받아들이지 않는다.

그렇게 주장할 수 있는 이유는 노직이 권리를 전통적인 공리주의나 모든 유형의 평등주의에서 구체화되는 최종 상태나 '정형화된patterned' 관념으로 보지 않고, 권리를 행동에 대한 '측면 제약side constraint'으로 보기 때문이다. 정형화되었다는 것은 예컨대 부의 분배가 이렇게 되어야 한다고 결정하고 미래를 지향해 정의 이론을 구축했다는 것을 의미한다. 이에 견주어 노직은 권리가 역사적으로 어떤 자격을 갖게 되었는지를 고려해야 한다고 주장하는데, 그렇게 되면 결국 권리는 타인이나 국가가 하는 일에 제약을 가하게 된다는 것을 뜻한다(Pogge 2007, 45).

개인들을 별개의 존재로 보고 각자가 목적을 가진 존재로 인정하며, 개인을 희생시키게 되는 개인 위의 사회적 실체가 없다고 보기 때문에 권리가 개인의 행동에 측면에서 제약을 가하게 된다(ASU, 29~33). 이렇게 보면 측면 제약은 의무론적인 제약이다(Raz 1986, 145). 어떤 배분이 바람직하다고 미리 밝히는 롤스의 원칙은 노직에게는 정형화된 원칙이다. 그러한 정형화된 원칙은 개인의 자발적인 행동에 의해 뒤집어질 수 있다. 재분배를 통해 정형화가 이행되고 유지되는데, 재분배는 개인의 권리를 침해하기 때문이다.

그런데 측면적 제약으로서의 권리는 독특한 것이다. 어떠한 정형이나 결과를 규정하지 않으며 그래서 어떠한 상황에서도 재분배와 권리 침해가 있을 수 없기 때문이다(Shapiro 1986, 160). 노직은 측면적 제약으로서의 권리야말로 유일한 정치적 원칙이라고 주장한다. 이 원칙은 인간을 수단보다는 목적으로 다루기 때문이다(ASU, 30~3). 요컨대, 재분배에 관한 한 롤스는 차등 원칙으로써 복지국가를 대변하는 반면에 노직은 배분이 자발적인 교환과 이전만으로 이루어진다고 보고 재분배 정책을 배제한다.

따라서 노직은 자연적 재능을 공동의 재산으로 삼는 것을 거부한다. 거부하는 것이야말로 개인의 불가침성과 사람들 사이의 차이를 강조하는 것이며(ASU, 228) 이것이 또한 의무론적 자유주의가 취해야 할 시각이기 때문이다.[67] 그런데 도덕적으로 긴급한 개인의 이익이 아니라 자격 부여가 정의 이론에서 그러한 기본적인 역할을 담당해야 하는가라는 근본적인 문제에는 논쟁의 여지가 있다(Clayton et al. 2004a, 7).

하이에크와 노직은 사회의 배분적 정의라는 것이 없어야 한다는 점에서 생각이 같다. 배분하려면 배분하는 주체나 메커니즘이 있어야 하는데, 경제가 발전한 곳에는 그러한 것이 없으며 자유로운 사회에서는 그렇게 하다가는 자유를 침해하게 된다. 그런데 하이에크는 정의를 달성하기 위해 생산과 배분을 결정하는 계산이 불가능하다는 데 초점을 둔다. 반면에

---

67 롤스는 자아와 자아가 소유하는 것을 구분하기 때문에 노직의 반박에 대답할 여지를 남겨두고 있다. 그런데 구분함으로써 자아가 진정한 의미를 갖는가라는 문제가 남아 있다(Sandel 1982, 78~9).

노직은 국가가 배분하기 위해 자원을 탈취할 권리가 없다는 점을 강조한다. 그렇지만 노직은 최소 수혜자가 적절한 삶을 영위하도록 국가가 어떠한 조처를 취해야 한다는 것을 부정하지는 않는다(Ryan 1993a, 13~4).

자유주의에 대한 노직과 같은 견해는 고티에 · 하이에크 · 프리드먼에게서도 찾을 수 있다(Hellsten 1998, 823). 결국 노직이 이상으로 삼는 체제는 자유기업에 의한 자본주의 체제이다. 자유 시장에 가치를 두는 이유는 가장 생산적이며 효율적이어서 개인의 자유를 가장 잘 보호하기 때문이다. 게다가 사기업에 의존하면 권력이 나뉘며 다수의 폭정이나 엘리트의 폭정을 막을 것이다. 자원을 배분하는 결정을 내리는 데 비례적인 대의를 하게끔 하여 사회적 평화를 유지하게 한다. 반대로, 집합적인 행동이나 국가적인 권위에 의존하면 자원 할당이 비효율적 · 온정주의적으로 이루어진다. 또한 무임 승차자가 생겨 개인의 창의력이 저해된다(Spragesn, Jr. 1998, 22). 그리고 자유 시장경제에 완전히 자발적으로 참여해 경제적인 보상을 받는 것이 정의이기 때문이다.

권리에 기초를 두는 이론에 따르면 재산에 대한 자연권은 정치생활에 선행하며, 국가의 산물이 아니다. 그러나 그 권리가 어디에서 연유하는지 설명하지 않는다. 자유 지상주의자에게 자연권은 법적 권리를 뜻하지 않는다. 물론 자연권이 정의로운 사회에서는 법적 권리와 일치할 수도 있다. 그렇지만 자연권이 재산권을 포함하는지는 불분명하다(Hellsten 1998, 823).

정의에 대한 계약론적인 관념은 정의를 상호 관계로 보며, 그래서 사회적 필요와 사회적 선의 생산에 공헌하지 않은 자의 권리는 무시한다. 그렇게 되면 장애인, 노인, 병약자, 그리고 다른 한계집단을 정의의 권역 바깥에 두는 것도 정당해진다. 가장 불리한 자들은 사적인 자선이나 타인의 자비에 의존하도록 내버려둔다(Hellsten 1998, 823). 자유 지상주의는 인간이 자신의 이익만을 생각하는 이기적인 존재라고 보기 때문에 사적인 도덕이나 이타심을 조장하지 않는다. 그 결과, 자유 지상주의적인 정책을 시행하면 사회적 불평등이 광범하게 나타나 빈부의 차이 때문에 사회가 균열되고, 급기야 범죄와 폭력이 횡행할 수도 있다(Hellsten 1998, 824).

자유 지상주의에 관한 노직의 논지는 결정적인 점에서 도덕적인 직관에 의존하고 있다. 자유 지상주의자의 한 부류는 이러한 방식에 반대한다. 대신에 그들은 아리스토텔레스의 철학체계에서 자유 지상주의적인 결론을 도출하려고 한다. 호스퍼스John Hospers, 맥Eric Mack, 머캔Tibor Machan 같은 이들은 미국의 소설가 에인 랜드Ayn Rand의 영향을 많이 받았다. 랜드에 의하면 윤리의 기초는 '합리적인 이기주의rational egoism'이다. 각 개인의 최고 목표는 합리적인 인간으로서 자신의 번영을 추구하는 것이다. 여기서부터 자유 지상주의적인 권리의 체계를 이끌어내고자 한다.

대부분의 자유 지상주의자들은 개인의 권리에 대한 믿음에 바탕을 두고 자신의 견해를 피력하지만, 모두 그런 것은 아니다. 데이비드 프리드먼David Friedman 같은 이들은 경제학과 공공 선택 이론이 주장하는 논지를 강조하여 시장경제를 지지한다. 그렇기 때문에 그들을 고전적 자유주의자와 구별하기가 어렵다. 또한 엄밀한 의미에서 밀턴 프리드먼Milton Friedman과 하이에크처럼 자유 지상주의 운동에 속한다고 여겨지지 않는 자본주의 지지자와 구별하기 어려워졌다.

그렇지만 노직의 자유 지상주의는 현대 철학에서 자연적 자유에 대한 가장 생존력 있는 이론이다. 노직은 특히 롤스를 반박하면서, 정의의 이론은 국가의 간섭에 대항하여 개인의 자유를 보장하게 해야 하며, 실질적으로는 경제적 혜택과 부담을 재분배하는 배분적인 장치를 통해 사회의 정형화를 추진해서는 안 된다고 주장한다. 노직이 보는 것처럼 자율적인 행위자가 자유롭게 선택한 어떠한 경제제도도 정의롭다. 행위자가 다른 이의 권리를 침해하지 않는 한, 자신의 생산적인 노력으로 획득한 경제적인 혜택에 대해 아무런 간섭을 받지 않고 자격을 가지며, 이후에 자발적으로 경제적인 거래를 할 권리가 있다. 이 이론은 순수한 절차적 정의의 극단적인 형태이다(ASU, ch. 7).

(3) 정의에 대한 자유 지상주의의 관념

롤스의 이론은 사람들이 권리가 없는 세상에서 시작한다. 그는 자원을 공동 자산으로 삼고 자원을 할당하는 일은 정의 이론이 결정해야 한다고 본다. 그렇게 하는 데서 대안을 배제하는데, 항상 명백한 것은 아니다. 응분 또는 도덕적 공적에 의한 배분은 배제한다(TJ, 310ff.). 아리스토텔레스가 선호했던 자연적 귀족주의는 명백하게 배제한다. 자연권과 능력을 가지고 이 세상에 임하게 되었다는 사상을 시발점에서 배제할 정도로 반박하는 것은 아니다. 그러나 노직은 자신에 대해 자연적으로 소유하고 있다는 것을 정의 이론의 기초로서 택한다.

그런데 노직의 이론에서 이 출발점이 배분적 정의에 대한 어떠한 이론을 가져다주는지 아닌지가 전적으로 명확하지는 않다. 어떤 면에서는 가져다주어야 한다. 사람들은 자격이 있는 것들을 가져야 한다. 타인의 자격을 허락 없이 취한 이는 돌려주어야 한다. 어떤 것에 대하여 자격이 없는 사람들은 정당한 방법으로만 획득할 수 있는데, 합법적인 소유자에게서 양도받거나 교환하는 것이다. 국가는 정당한 방법으로 획득하도록 보장하고 소유권이 침해되지 않는 것을 보장하기 위해 존재한다(Ryan 1993a, 14).

그러나 이 이론은 결과로 나타나는 배분의 형태와 관련해서는 아무 말이 없다. 배분적 정의라는 것이 어떤 배분보다 다른 배분이 낫다는 것을 밝히는 것이라면, 노직은 배분적 정의에 관한 어떠한 이론도 제시하지 않는다. 정당한 절차를 통해 나타나는 어떠한 배분도 좋은 것이며, 그렇지 않은 배분은 정의롭지 못한 것이다. 저마다 자신과 자신의 소유에 대해 주권적이라면, 소유자가 동의하지 않는 방식으로 배분할 자격을 가진 사람이나 제도가 있을 수 없다. 그러므로 어떠한 원칙에 의해 작동되어야 한다는 것을 사람들이나 제도에 권고하는 이론이 있을 필요가 없다(Ryan 1993a, 14).

그렇다면 자유 지상주의자들이 정의에 대해 주장하는 바의 핵심은 무엇인가? 그들이 말하는 생명에 대한 권리는 생명을 보전하기 위해 필요한 재화와 자원을 받을 권리가 아니다. 그저 살해당하지 않을 권리이다. 이렇게 이해하면 생명에 대한 권리는 복지 혜택에 대한 권리가 아니다. 실제로 자유 지상주의자의 견해에는 복지권이 없다. 따라서 자유 지상주의자의 재산권도 자신의 복지를 위해 다른 사람에게서 재화와 자원을 받을 권리가 아니다. 시초의 획득이나 자발적인 합의에 따라 재산과 자원을 획득할 권리이다(Sterba 2005, 1177).

이처럼 자유 지상주의는 인간의 자율적인 행동에 가장 높은 가치를 부여한다. 이 능력을 행사하는 데서 개인들이 최대한의 기회를 얻으려면 사회가 개인에게 금하거나 요구하는 것이 최소화되어야 한다. 그래서 강압을 최소화하여 자유를 최대화하는 것이 자유 지상주의의 궁극적인 목적이다(Barcalow 2004, 132).

그래서 사회, 국가 또는 어떠한 형태의 집합체가 권리를 보장하고 의무를 부과하겠다는 사상을 배격한다. 사회적 집합체는 개인의 자발적인 군집이라는 점에서 정당한 것이지, 대부분 또는 모든 개인의 생활을 더 낮게 한다는 점에서 정당한 것이 아니다. 따라서 자유 지상주의는 반(半)무정부주의적이다. 이미 존재하고 있는 권리, 특히 재산권을 옹호하는 데 필요한 권력만을 가진 최소한의 국가를 옹호하기 때문이다.

그 핵심은 자유방임주의적인 경제의 옹호와 정부 개입에 대한 강한 불신에 있다. 정부가 개입하면 개인의 자유가 제약받기 때문이다. 그래서 소극적 자유를 증진시키며, 정치적인 자유와 시장의 자유가 사회에서 가장 중요한지 아닌지를 감시한다. 그러므로 제한적인 법, 과세, 복지, 국가의 경제 통제 등은 배제되거나 최소화되어야 한다. 그들의 시각에서 볼 때 인간에게는 불가양의 자연권이 있으며, 그중에서 재산권이 가장 중요하다. 이 권리는 집단의 이익 때문에 무시될 수 없다.

또한 복지국가처럼 권리 사이에 균형을 잡기 위해 국가가 개입해서도 안 되며, 타인의 재산권을 침해하면서 굶주리는 자에게 복지 혜택을 주어서도 안 된다(Hellsten 1998, 822~3). 무엇보다도 권리가 가장 중요하기 때문에 권리를 침해하는 것은 도덕적으로 부당하다고 본다. 권리를 이렇게 정의함으로써 자유 지상주의자들은 정부가 제한된 역할만 하기를 기대한다. 정부는 강제하는 행동을 막고 처벌하는 것에 역할을 국한해야 한다. 강제하는 행동은 자유 지상주의자의 견해에서 볼 때 유일하게 잘못된 행위이기 때문이다(Sterba 2005, 1177).

자유 지상주의자들은 사람들이 기본적인 영양과 건강을 유지하기 위해 재화와 자원을 충분히 가지는 것이 좋다는 것을 부정하지는 않는다.

그러나 정부가 이를 제공해야 한다고 믿지는 않는다. 필요한 자에게 복지를 제공하고 건강을 돌보는 것은 정의가 담당해야 할 일이 아니라 사적인 자선이 해야 할 일이다. 사적인 자선에 의존해야만 어느 누구도 강제당하지 않기 때문이다. 말하자면 정부가 담당할 의무를 져서 강제하게 되는 정의의 영역이 아니다. 그래서 정부가 그러한 것을 제공하지 않았다고 해서 나무랄 수도 없으며 처벌할 수도 없다(Sterba 2005, 1177; Barcalow 2004, 133).

이처럼 자유 지상주의자들은 자유라는 이상(理想)에서 생명과 재산에 대한 권리가 도출된다고 주장한다. 이에 대해 비판자들은 자유라는 이상이 왜 복지권을 배제하고 생명권과 재산권만 요구하는지 항의한다. 비판자들은 빈자가 기본적으로 필요한 재화와 자원을 획득할 자유를 부자가 앗아가는 것을 재산권이 정당화하는 것으로 여길 수 있다. 그렇다면 자유 지상주의자가 자유를 앗아가는 것을 정당화하면서도 자유라는 이상에 호소한다고 말할 수 있는가? 부자는 사치스러운 생활을 영위할 자유를 유지하기 위해 빈자에게서 앗아가는 것이 정당하다고—잉여가치설이 합당하다면—말할 수 없다.

빈자들이 자신들의 기본적인 필요를 충족하는 데 요구되는 것을 부자의 잉여소유물에서 빼앗아올 때 간섭받지 않을 자유가 있다고 주장한다고 가정해보자. 반면 부자는 사치스러운 생활을 위해 자신의 잉여소유물을 이용하는 데 간섭받지 않을 자유가 있다고 주장한다고 가정해보자. 중립적인 시각에서 평가할 때, 빈자의 자유가 부자의 자유에 우선해야 하는가? 만약 그렇다면 자유 지상주의자들은 복지권과, 그리고 가능하면 기회 평등에 대한 권리도 자유에 대한 이상에 근거를 두어야 한다(Sterba 2005, 1177).

그렇기 때문에 자유 지상주의자는 배분적인 문제와 관련해서는 사회주의적 평등주의자에게서 가장 멀리 떨어져 있다. 개인주의자는 개인이 한 일과 사회에 공헌한 것에 대한 보상이 마땅히 달라야 한다고 주장한다. 다른 한편, 중요한 일을 효율적으로 하게 하는 동기를 부여하기 위해 그 일에 더 높은 임금을 주어야만 한다. 그렇기 때문에 자유 지상주의에는 공리주의적인 양상이 나타난다. 불평등 때문에 드는 비용보다 불평등이 사회에 가져다주는 전반적인 혜택이 더 크면, 불평등은 정당하다고 간주하기 때문이다. 개인들 사이의 불평등은 받아들여져야 하며, 모든 사람은 자신의 삶에 스스로 책임을 져야 한다(Hellsten 1998, 823).

(4) 노직과 롤스

앞에서 부분적으로는 설명했지만, 노직과 롤스는 어떤 차이가 있는지를 좀 더 자세히 살펴보자.

롤스는 복지국가 자유주의자로, 반면에 노직은 자유 지상주의적인 보수주의자로 구분할 수 있을 것이다. 그러나 양자가 공리주의에 반대하고 개인의 자유를 더욱 확실하게 보장하기 위해 권리에 근거를 두는 윤리를 제시하며, 노직이 권리를 설명하는 데 로크에게 의존하긴 하지만 양자가 인간을 목적으로 대하라는 칸트의 준칙에 호소하며, 사회를 구성하는 개인들 위에 어떠한 사회적 실체가 있다는 것을 부인한다는 점에서는 공통점이 있다(Sandel 1982, 66~7). 그런데 양자의 차이와 함께 롤스가 노직의 이론을 포함해 자유 지상주의자의 이론을 거부하는 이유를 고찰해보자. 그 이유가 롤스의《정의론》에 묵시적으로 기술되어 있지만, 나중의 저술에서는 더욱 명확하게 나타난다.

우리는 우리의 자연적인 능력에 대한 권리, 그리고 어떤 공정한 사회적 과정에 참여함으로써 자격을 얻게 되는 어느 것에 대해서도 권리가 있다. 이 문제는 이 과정에 특정화를 부여한다(KCE, 98).

〔자발적인 시장 조건은〕 시장체계의 구조와 소득과 부의 선행하는 배분이 공정하지 않으면, 일반적으로 공정하지 않다. 기존의 부는 적절하게 획득되었음이 분명하다. …… 정의의 두 원칙은 기본 구조 내에서 자격이 어떻게 획득되는가를 통제한다(BSS, Secs, II, VI).

롤스가 자유 지상주의를 거부하는 일차적인 이유는 준칙에 기반을 두고 만들어진 이론을 거부하는 것과 같다. 기본 구조를 감시하는 더 높은 원칙이 없다면, 사회적·역사적·자연적인 우연성에서 부정의가 대두할 것이기 때문이다. 부정의가 대두한다는 것은 상호 대등성이 없다는 것을 의미한다. 그래서 롤스는 자유 지상주의에 상호 대등성이 없다는 이유에서 자유 지상주의를 거부한다(LP, 49).

바로 이 점에서 자유 지상주의에 견주어 롤스의 이론은 응분이라는 개념에―물론 롤스가 응분을 배제하고 결과적으로 응분을 구성하게 되는 근거는 다르지만―기초를 두는 배분적 정의라는 전통적인 설명에 가장 근접한다. 사회적 불평등 탓에 고통받는 이들과 마찬가지로 이 불평등으로 이득을 보는 이들도 이 상황에 적합하지 않다. 공정은 불평등을 축소해서 보상할 것을 요구하기 때문이다. 이러한 불평등으로 인한 이득을 축소하기 위해 롤스는 기본적인 평등한 자유, 공정한 기회, 그리고 차등 원칙이라는 더 큰 체계를 제시했다(Beauchamp 1980, 145).

반면에《무정부, 국가, 그리고 유토피아》에서 노직은 롤스의 견해를 다음과 같이 반박한다.

만약 '만나manna'처럼 하늘에서 물건이 떨어졌으며, 만나의 어떤 일부에 대해 어느 누구도 특별한 자격이 없으며, 그리고 어떤 특정한 배분에 모두가 동의하지 않으며, 만나가 하나도 떨어지지 않으며, 그리고 어떻게든 그 양이 배분에 따라 달라진다면, 특별히 큰 몫을 위해 위협하거나 보류해둘 수 없게 된 사람은 배분에 대한 차등 원칙에 동의할 것이라고 주장하고 있는 그것입니다. 그러나 이것이 사람들이 생산한 것을 어떻게 배분해야 하는 것을 생각하는 데 적절한 모형인가(ASU, 198)?

이와 같은 주장에 대해 롤스는 노직이 기본 구조가 담당하는 역할을 무시한다는 점이 문제라고 본다. 획득, 확보, 이전, 그리고 시정이 어떻게 사회제도에 의해 감시되는지 노직은 고려하지 않는다는 것이다. 롤스는 이 점이 노직에게서 기이한 점이라고 간주한다. 노직의 이론에서 통제와 제도상의 기본적 구조라는 문제는 그저 무시되었다. 반면에 노직은 어떤 사람이 어떤 것에 자격을 얻게 되는 이유를 롤스가 무시한다고 비난한다. 노직은 롤스가 사람이 어떤 것을 생산했다는 의미 있는 이유까지도 무시한다고 보기 때문이다. 반면에 롤스는 노직이 사회적 재화를 개인의 노력이라는 배경적인 역사와 무관한 만나 같은 것으로 잘못 생각하고 있다고 비난하는 셈이다(Beauchamp 1980, 146). 롤스는 사회 분업에 의한 협업을 통한 사회적 생산은 분명히 인간의 노력의 결과이며, 여기에서 사회 정의 문제가 대두한다는 데 초점을 둔다.

그러나 롤스가 역사적인 측면을 고려하지 않은 것은 아니다. 기본 구조에 대한 그의 이론은 기본 구조를 정의의 주제로 삼게 된 그러한 배경을 설명하고자 하는 것이기 때문이다. 노직이 개인의 생산성과 노력 같은 역사적인 고려가 정의로운 사회적 결과를 결정하는 데 적실성이 있다고 주장한 것은 아주 정확하다. 롤스가 이를 부정하는 것은 결코 아니다. 그러나 롤스가 주장하는 바는 그러한 역사적인 고려는 유일한 고려 사항이 아니며, 그 결과를 가져오는 기본 구조가 정의롭지 않다면 역사적인 고려는 적절하지 못하다는 점이다. 이러한 이유에서 롤스는 노직의 이론 같은 순수한 절차적인 이론은 정의로운 기본 구조에 관한 이론이라는 틀 내에서 기능을 담당하는 경우에만 타당하다고 주장한다(Beauchamp 1980, 146).

예를 들어 어느 유언자가 자기 재산을 정당하게 소유하고 있으며 다른 사람에게 재산을 물려주려고 한다면, 유언자는 그렇게 할 권리가 있다고 노직은 주장한다. 그런데 롤스는 상속이 역할을 하는 더욱 큰 틀이 그렇게 하게끔 하는 것이 정의롭다고 인정한다면, 이러한 주장에 동의할 것이다.

그러나 만약 어떤 개인이 타인보다 훨씬 많은 부를 가지고 있으며 이것이 순전히 증여물이기 때문에 그 재산을 소유할 응분의 자격이 없다고 여겨지면, 이러한 유산 제도에 따른 결과는 불평등이라는 정의롭지 못한 상황을 가져오게 된다. 이런 상황에서는 협동적인 체제에서 최소 수혜자가 보상을 받는 것이 당연해진다. 그래서 역사적인 우연성은 일반적으로 비중이 없는 것이 아니라 모든 상황에서 결정적인 비중을 차지하지는 않는다. 어떤 경우에는 아무 비중도 없을 수 있다(Beauchamp 1980, 146). 롤스가 주장하는 바는 바로 이것이다.

앞에서 살펴본 것처럼 생산성, 공헌, 자격 같은 개념은 기저에 흐르는 시장 메커니즘 같은 사회적 힘을 토대로 의미를 얻게 된다. 누구의 공헌과 자격이 적당하게 또는 부적당하게 평가되었는지를 결정하기 전에 이들 메커니즘은 적절하게 통제되어야 한다. 정의가 기본 구조에 어떻게 새겨질 수 있는지에 대한 이론만이 답을 제시하는데, 롤스는 이 목적에 맞도록 자신의 전체 이론을 구성했다. 롤스가 만약 기본 구조가 정의로운 결과를 결정한다는 것을 보여주는 데 성공하면, 노직은 롤스에게 반박할 것이 없어진다.

더욱이 롤스의 이론은 순수한 절차적 정의라는 개념을 구체화하고 있나, 그가 기본 구조 기계기 정이롭다면, 기본 구조에서 생기는 소득과 부의 어떠한 배분도 정의롭다고 보기 때문이다(TJ 85, 87f.). 사회적·경제적인 선의 어떠한 배분이 정의롭다거나 정의롭지 않은 것을 결정할 수 있는 독립적인 준칙이나 원칙도 있을 수 없다. 노직은 자신의 것과 같은 역사적인 과정 이론과 롤스의 이론이 예가 될 수 있는, 배분적 정의에 의해 통제되는 최종 상태 이론을 구분한다.

그러나 이 구분은 롤스의 핵심을 오해한 데서 생겼다. 노직은 통제되지 않는 과정을 찬성하는 것이며, 반면 롤스는 원초적 입장에서 사회의 기본 구조에 대한 정의의 원칙을 합의하는 데 이르기까지 통제된 과정에 찬성한다. 바로 여기에서 차이가 생겼다. 그리고 롤스는 사회에 대해 최종 상태의 비전을—노직의 생각과는 달리—제시하지 않았다.

그렇게 볼 수 있는 이유는 다음과 같다. 정의의 두 원칙을 포함한 다른 대안들 가운데 정의의 두 원칙이 선택되면, 그 이후 이 원칙에 따라 배분이 일어날 때 그 결과를 알 수 없다. 그것은 정의에 대한 역사적 관념에 따라 일어나는 배분의 결과를 알 수 없는 것과 같다. 따라서 롤스는 자신이 특정한 배분의 양태를 선호했다고 볼 수 없다고 주장할 수 있다(Pogge 2007, 178~9).

롤스는 사회 정의를 논의하는 데서 그 초점을 사회의 기본 구조에 두었다. 기본 제도의 부담을 공정하게 나누려면 정의에 대한 규범이 개인에게도 적용된다. 그렇지만 개인에게 적용되는 사회 정의에 대한 개인의 의무는 정의로운 기본 구조에 대한 설명에서 도출된다. 롤스가 사회 정의의 '위치site'를 이렇게 잡은 것은 무엇을 의미하는가?

정의가 각 개인의 행위를 규율하는 일반적인 원칙으로서 충분하다는 주장은 개인주의적 가정이라고 볼 수 있다. 노직의 자유 지상주의적 정의의 관념이 이에 해당한다. 그런데 롤스는 개인주의적 가정을 거부한다. 기본 구조에 초점을 둠으로써 개인의 결정을 위한 원칙이 사회 정의를 규정짓기에는 불충분하다는 것만을 주장하는 것이 아니다. 제도를 고안하는 것과 관련되는 모든 형태의 고려들은 일상생활에서 개인의 결정을 통제해야 한다는 '일원적monistic' 가정이 있다. 롤스는 이 가정도 거부한다.

그렇다면 롤스는 개인들 사이에 적용되는 도덕과 개인과 제도 사이에 적용되는 도덕이 다를 수 있으며 달라야 한다고 주장할 수 있는 길을 열어준 셈이다. 즉 '도덕의 분업moral division of labor'의 여지가 생기는 것이다(Cohen 2004). 사회 정의라는 개념이 생성된 역사를 거슬러 올라가보면, 이렇게 될 소지가 다분했다고 볼 수 있다.

(5) 자유 지상주의와 복지 자유주의

크게 보아 롤스를 복지 자유주의자로, 노직을 자유 지상주의자로 묶을 수 있다는 전제에서 양자의 차이를 고려해보자. 복지 자유주의자는 자유 지상주의자를 다음과 같이 반박한다.

① 자유 지상주의 정책은 복지권을 정의롭지 못하게 침해하는데, 반면에 복지 자유주의자는 사람들에게 복지권이 있어야 한다고 주장한다. 이

주장의 핵심은 그것이 얼마나 강력한가라는 데 있다.

② 복지 자유주의자는 자유 지상주의가 어떤 이들의 적극적 자유를 제한하거나 소극적 자유의 값어치가 아주 불평등한 것을 보장한다고 비판한다. 이에 대해 자유 지상주의자는 정부가 보호하려고 해야만 하는 적극적 자유에 대한 정당한 개념이 있을 수 없다고 주장한다. 또한 모든 사람이 자유는 평등한 값어치가 있어야 한다는 평등주의적인 이상을 지지하지도 않는다(Barcalow 2004, 134).

③ 자유 지상주의자는 복지 자유주의가 모든 자유를 평등하게 중요시하지 않는다는 점을 비판하기도 한다. 자유 지상주의에 따르면 복지 자유주의자들에게는 자유 가운데 많은 것은 다른 것만큼 중요하지 않으며, 사람들은 그 자유에 대해 반드시 권리를 가지는 것도 아니다. 이러한 비판에 대해 복지 자유주의자는 복지 자유주의 정책에 따라 어떤 자유가 침해되는지를 자유 지상주의자에게 되묻는다.

복지 자유주의자는 사상, 양심, 종교, 표현과 언론, 집회, 결사, 거주 이전, 직업의 선택 같은 기본적인 자유가 침해되지 않는다고 주장한다. 그리고 생명, 육체적 안전, 정치적 참여에 대한 권리, 그리고 부당하게 차별받지 않을 권리와 같은 기본적인 권리가 침해되지 않는다고 주장한다. 복지 자유주의자에 따르면, 인정하거나 지지하지 않는 것을 위해 세금을 내야만 하는 것에서 벗어나야 하는 자유가 문제가 된다.

이 점과 관련해 복지 자유주의자는 부자에게 세금을 부과하는 것이 부자로 하여금 정부를 위해 강제 노역을 하게 하는 것과 동일하다는 것을 부인한다. 정부가 납세자에게 가지는 권력보다 고용주가 피고용인에게 가지는 권력이 더 많다. 예컨대 고용주는 피고용인에게 무슨 일을 하라, 언제 작업장에 도착하라, 언제 떠나라는 등의 명령을 내린다. 복지 자유주의자에 따르면, 자유주의자는 복지를 위해 더 납세하지 않을 자유가 권리를 향유하는 사람들의 기본적 자유를 고려해야 하는 것 만큼 중요하다고 생각하지 않는다. 복지 자유주의적 사회적 프로그램에 의해 침해받은 유일한 자유가 납세하지 않을 자유라면, 복지 자유주의자는 그것이 자유주의에 대한 강력한 반대라고 생각하지 않는다(Barcalow 2004, 134).

그런데 복지 자유주의자는 이렇게 방어만 하는 것이 아니라 자유 지상주의자에게 다음과 같은 반론도 제기한다.

① 자유 지상주의 정책은 사람들에게 강제를 하며 소극적 자유를 제한하는데, 이 점을 자유 지상주의는 간과하고 있다. 자유 지상주의는 국가가 사유재산을 보호해주기를 원한다. 실제로 이것은 자유 시장경제에서 순전히 자발적인 거래로부터 얻을 수 없는 것인데, 자유 지상주의는 빈자가 생존을 위해 필요로 하는 것을 빈자가 취할 수 있는 자유를 거부한다. 결국 자유 지상주의적인 국가는 빈자가 얻는 것을 금하며, 권력을 이용해서 얻지 못하게 한다. 이것이 바로 강압이다.[68] 이런 국가에서는 굶주리는 사람이 빵 한 조각도 취하지 못하도록 힘으로 강제한다. 그렇다면 과연 자유 지상주의의 이상이 강압을 최소화하고 자유를 최대화하는가? 수많은 자유가 부정되는데, 부정되는 자유의 대부분이 부자에게는 아무런 가치가 없더라도 빈자에게는 아주 가치 있는 것이다(Barcalow

---

68 빵 한 조각도 갖지 못하는 사람들은 어쩔 수 없이 노동을 하게 된다. 노동을 한다는 것은 자본에 종속되는 것인데, 오늘날 자본은 지구의 자원을 훼손하고 생태 위기를 초래한다는 측면이 있다. 그런데 노동을 하든지 하지 않든지를 불문하고 모든 사람에게 '기본 소득basic income'을 지급해 노동하지 않는 사람이 최소한의 생활 수준을 유지하게 해주면, 노동하지 않으려는 사람들이 나타나 사회 전체의 효율이 떨어진다고 비판할 수 있다. 반면 기본소득에만 만족하는 사람들은 쓸데없이 자본에 종속되지 않을 것이다. 게다가 그들은 사회를 위해 자원봉사활동을 할 수도 있다.

2004, 134).

② 복지 자유주의자는 자유 시장에서 어떻게 자발적인 거래가 이루어지는가라는 의문을 자유 지상주의자에게 제기한다. 아사 직전일 때 빵한 조각을 위해 10시간 노동을 해야 한다면, 노동을 하지 않을 수도 있는 대안이 있겠는가? 어쩔 수 없이 노동을 해야만 하는 상황에서 노동하게 된 것을 두고 완전히 자발적인 선택이라고 말할 수는 없다(Barcalow 2004, 134).

③ 미국과 같은 민주주의 국가에 사는 사람이 사회적 프로그램을 위해 납세하기로 했다면, 이는 민주주의적으로 결정을 내린 것이다. 모든 시민들이 민주적인 과정에서 이루어진 결정을 수용하기로 자발적으로 동의한 뒤에 내린 결정이다. 그러므로 납세 결정이 비자발적이라는 자유 지상주의의 주장은 민주적인 결정 과정이 없는 경우에만 그럴듯하다 (Barcalow 2004, 135).

이상과 같이 복지 자유주의자들은 자유 지상주의에 대해 자신을 옹호하면서 공격을 가한다.

(6) 재산 소유 민주주의

롤스는 같은 자유주의자 내에서도 자유 지상주의와는 다르다는 점에서 복지 자유주의자로 구분할 수 있다. 그렇다고 해서 롤스가 오늘날 볼 수 있는 자유민주주의적인 복지국가를 지향하는 것은 아니다. 그는 이를 넘어서고자 한다.

롤스는 사회 질서를 다음과 같이 다섯 가지로 구분한다. 즉 ① 자유방임적인 자본주의, ② 복지국가 자본주의, ③ 경제를 중앙에서 통제하는 국가 사회주의, ④ 재산 소유 민주주의, 그리고 ⑤ 자유주의적(또는 민주주의적) 사회주의이다(JFR, 136). 그렇다면 과연 어느 체제가 정의의 두 원칙과 부합하는가?

① 자유방임적 자본주의는 공정한 기회의 평등을 보장하지 않을 뿐 아니라, 기본적 필요를 무시하고 기본적인 정치적 자유의 공정한 값어치를 인정하지 않으며 차등 원칙을 인정하지 않는다. 따라서 적합하지 않다. ② 미국과 다른 풍요로운 자본주의적 복지국가에서도 자유의 값어치가 평등하지 않고 공정한 기회가 보장되지 않는다는 점에서 정의의 두 원칙과 어긋난다. 그리고 차등 원칙이 현실적으로 지지받지 못한다(JFR, 133). ③ 국가 사회주의는 제1원칙, 특히 정치적 자유와 직업 선택의 자유를 보장하지 않기 때문에 적합하지 않다. 이런 점에서 롤스의 기준에 적합한 체제는 ④와 ⑤이다.

복지국가 자본주의와 '재산 소유 민주주의property-owning democracy'는 어떻게 다른가? 두 체제가 생산수단의 사적 소유를 옹호한다는 점에서는 같다. 그러나 자본주의에서는 경제력이 집중되어 엘리트 집단이 정치 과정을 통제한다. 반면 재산 소유 민주주의에서는 재산이 더욱 광범하게 배분된다. 이를 위해 롤스는 고율의 누진적인 상속세 부과가 본질적이라고 본다. 그리고 소득세 대신에 부가가치세 같은 소비세를 부과할 것을 제의한다(TJ, 246~7). 그렇게 하면 저축률이 높아져서 가족의 부가 계승되지 못하게 하는 효과가 있을 것이다(Pogge 2007, 133). 재산 소유 민주주의에서는 재산이 더욱 광범하게 배분되어 있기 때문에 자본주의 체제처럼 복지 혜택에만 의존하는 계층이 줄어들 것이다. 그렇게 되면 자본주의에서만큼 복지 프로그램을 확대·강화하지 않아도—물론 필요하면 프로그램을 마련해야겠지만—자신의 소득으로 자신의 필요를 충족하게 되는 이들이 많아질 것이다.

여기서 결정적인 역할을 하는 것이 교육제도이다. 모든 사람이 교육받아서 경제적·사회적인 삶에 완전히, 그리고 평등하게 참여하고, 자신의 존재뿐 아니라 평등한 시민으로 여겨지고 대우받는다는 것에 확신을 품고 참여하게 되는 동기를 부여받는다. 그런 체제에서는 복지비를 그렇게 많이 지출할 필요가 없을 것이다(Pogge 2007, 133~4).

롤스는 자유주의적 사회주의에 대해서는 간략하게 기술할 뿐이다. 기업에서 함께 노동하는 생산 단위의 구성원들은 그 단위를 다 같이 민주적으로 운영해야 한다. 그러면 경제는 서로 경쟁하는 자율적인 생산 단위로 이루어진다. 다른 측면에서 자유주의적 사회주의 체제는 재산 소유민주주의와 비슷할 것이다(Pogge 2007, 134).

지금까지 살펴본 것처럼 롤스가 지향하는 체제는 엄밀하게 말하면 우리가 상정하는 선진 자본주의적 복지국가와는 차이가 있다.

제11장

공동체주의 이론

공동체주의자들은 헤겔과 아리스토텔레스, 그리고 교부철학자들의 영향을 받았다. 그중에서 매킨타이어는 우측에, 로베르토 웅거Roberto Unger, 벤저민 바버Benjamin Barber는 좌측에 있으며, 왈저·테일러·샌델은 롤스와 크게 다르지 않으면서 자유주의에 대한 대안을 제시한다고 볼 수 있다(Pogge 2007, 185).《평등, 자유, 권리》에서 일본인의 책임을 논하면서 자유주의에서는 공동체에 대한 감각이 결여될 수도 있다는 점을 이미 살펴보았다. 그런데 이에 대하여 자유주의자들의 견해가 모두 똑같은 것은 아니다.

공동체주의자는 국가가 구성원들 사이에서 도덕적 합의를 이끌어낼 수 있기 위해 같은 세계관을 가지게끔 적극적으로 노력해야 한다고 주장한다. 그러나 앞서 살펴본 것처럼 근대의 자유주의자는 이러한 의미의 정치적인 실체가 있을 수 있다거나 있어야 한다고 주장하지 않는다. 이렇게 대비된다는 것은 도덕적 개인주의와 도덕적 '집단주의collectivism'의 차이를 뜻한다고 볼 수 있겠다. 도덕적 집단주의자에게 도덕은 그 자체의 힘으로 개인에게 작동하는 사회적 목표에 있다(Bosanquet 2000, 79). 개인들은 사회의 표현이기 때문에 도덕은 개인의 삶에서 사회적 목표를 표현한다.

보즌켓은 수정주의적인 자유주의적 집단주의자인데, 이 사상에서는 도덕의 사회적 목표와 사회적 선에 초점을 둔다. 반면 도덕에 대한 개인주의적 관념은 개인들에게 선한 것만을 강조한다. 그래서 보즌켓은 도덕적 집단주의자로서 개인의 삶은 사회의 일반 의지를 표현하며, 극단적인 경우 사회의 선을 위해 희생될 수 있다고 본다. 이에 비해 롤스와 같은 개인주의자는 "각각의 인간은 전체 사회의 복지조차도 능가할 수 없는 정의에 근거를 두는 불침해성을 가지고 있다"고 주장한다(TJ, 3). 말하자면 같은 자유주의자라도 보즌켓처럼 도덕적 집단주의를 수용하려는 이가 있는가 하면, 롤스처럼 거부하는 이가 있다.

그런데 1980년대부터 사회를 집단주의적으로 분석하는 것에 대한 관심이 새롭게 일어났다. 즉 집단주의라는 용어 대신에 공동체주의라는 용어가 나타났다(Gaus 2000, 69). 개인주의적 자유주의자인 롤스는 정치적 자유주의를 논하면서 살펴본 것처럼 공유된 세계관 대신에 공동체를 공유된 포괄적인 종교적·철학적·도덕적 교의에 의해 다스려지는 관점을 취했다. 그에 따르면 근대의 자유주의 사회는 상당할 정도의 다원주의로, 말하자면 포괄적인 종교적·철학적·도덕적 교의에 대해 개인들이 상당한 의견의 불일치를 보고 있기 때문에 일반적으로 공동체가 아니다.

민주주의적 사회는 공동체가 아니며 될 수 없다고 믿는데, 공동체는 같은 포괄적인 또는 부분적으로 포괄적인 교의를 확인하는 것으로 통합된 일단의 사람들을 뜻한다. 자유로운 제도를 둔 사회라는 특징을 띠는 상당할 정도의 다원주의라는 사실은 이것을 불가능하게 한다. 이것은 시민들이 세상에 대해 상당하게 포괄적인 종교적 그리고 철학적 관념, 그리고 인간 생활에서 추구되어야 하는 도덕적 그리고 미학적 가치에 대한 견해에서 심각하고 조화시킬 수 없는 차이가 있다는 사실을 가리킨다(JFR, 3).

롤스는 사람들이 이성을 자유롭게 사용하면 포괄적인 세계관에 대해 의견의 일치를 볼 수 없게 된다고 주장한다. 인간의 삶을 의미 있고 값어치 있게 하는 것이 무엇이며, 중요한 것이 무엇이며, 가치를 부여해야 하는 것이 무엇이며, 실체에 대한 본질과 내용에서 진실된 바, 믿을 만한 탐구 방법이 무엇인가 등에 대해 다른 결론을 내리게 되어 있다. 이치에 맞는 세계관이 하나밖에 없는 것이 아니라 똑같이 이치에 맞는 세계관이 많다(Barcalow 2004, 198). 그래서《정치적 자유주의》를 논하면서 살펴본 것처럼 세계관 또는 포괄적인 교의를 포기하게 할 수도 없기 때문에 다원주의를 인정하면서 중첩하는 합의를 도출하는 방법에 의존할 수밖에 없다.

그렇다면 공동체의 가치 또는 세계관을 그대로 수용할 수는 없다. 예를 들어 노예해방을 선언하기 전에 미국의 남부인들이 모두 노예제도가 정당하다고만 생각해야 하는가? 노예제도가 부당하다고 생각하는 남부인들도 있었을 수 있다. 남부인들의 이러한 비판적인 태도가 남부라는 공동체의 정체성과 존속 그 자체를 위협한다고 생각하는 공동체주의자들도 있다. 전통과 신념을 대대적으로 버린다는 것은 공동체를 파괴할 수 있기 때문이다.

그렇다면 반대로, 개인의 이성이 거짓과 진실을 구별할 수 있을 정도로 신뢰할 만한가? 이와 같은 질문을 제기하는 공동체주의자도 있다. 공동체주의자에 따르면 어떤 이가 공동체의 문화적 전통에 의심을 품으면, 이것은 개인의 이성으로 수많은 사람들의 집합적인 지혜에 견주어 맞붙자는 것이다. 집합적 지혜라는 것은 몇 세기를 통해 축적된 것이다. 한 사람의 삶이 유한하다는 것이 명백하다면, 무엇을 믿고 어떻게 살아야 하는지를 결정하는 데서 공동체의 집단적인 지식과 지혜에 의존하고 의존해야만 한다고 공동체주의자들은 강조한다. 물론 자신의 문화에 의아심을 품으려면 그 문화에서 한 발짝 벗어나야 한다. 그러나 이것이 가능한지에 공동체주의자는 의문을 제기한다(Barcalow 2004, 200).

어떤 공동체주의자는 판단하는 데에는 판단할 시각이 필요하다고 지적한다. 공동체주의자들은 판단하는 개인은 자신이 판단하는 대상으로 삼는 공동체의 의해 형성되었으며, 그 공동체의 신념과 전통에서 자신을 완전하게 해방시킬 수 없다는 것을 강조한다. 그러나 근대의 많은 자유주의자들은 사회제도·관습·관행·전통·신념 등이 타당한지 옳은지 그른지를 평가하는 것은 개인이 속하는 문명을 초월하고 문화적으로 특정하지 않은, 진리·타당성·도덕에 대한 객관적이며 보편적인 기준을 적용하는 것을 전제로 한다(Barcalow 2004, 200).

매킨타이어가 생각하듯 근대의 자유주의 사회에 따르면, 구체적인 근대적 자아는 우리가 판단을 내릴 수 있는 대상에 대해 설정된 한계가 없다. 자아는 어떤 입장을 선택하는 것을 포함하여 모든 것을 판단할 수 있다(MacIntyre 1981, 32). 예를 들면 유교 문명권에 산다고 해도 유교 문명의 시각에서 판단하기로 선택할 수도 있으며 유교적인 아닌 시각에서 판단하는 것을 선택할 수도 있다. 그러나 무엇에 대해 언질을 주었다고 해도, 무엇이 잘못되었다는 것을 알게 되면 의문을 던질 수 있다. 위에서 예를 든 것처럼 인종을 차별하는 미국의 남부에 살고 있다고 해도 어떤 남부인들은 인종차별을 판단하는 데 진리와 타당성에 대한 불편부당하고 객관적이며 보편적인 기준이나 원칙을 적용할 수 있다(Barcalow 2004, 201).

공동체주의자의 시각에서 롤스가 정의의 두 원칙을 정하는 과정에 대해 다음과 같이 비판할 수 있다. 자아는 사회적으로 형성된다는 공동체주의자의 관념에서 보면, 정의의 두 원칙을 정당화하는 롤스의 절차적 과정은 비판받게 된다. 롤스에 따르면 자신에 대한 세세한 정보는 봉쇄된 채로 무지의 장막에서 정의의 원칙을 선택하게 된다. 그러나 공동체주의자에게는 그렇게 가정하는 것이 무의미하다. 그렇게 되면 자아라는 것이 없는 것으로 간주되기 때문에 무엇을 결정할 수가 없다. 모든 것이 감추어지면 정체성을 확인할 수 있는 아무것도 남지 않게 된다. 그저 인간이라는 것만 알고서는 판단을 내릴 수 없는 것이다(Mulhall et al. 2003, 460~1; Barcalow 2004, 202).

게다가 우리는 모든 것에 대해 질문할 수가 없다. 우리가 무엇에 대해 언질을 주었기 때문에, 언질을 준 것이 우리 자신을 만드는 것이다. 그러한 언질을 포기한다는 것은 공동체주의자에 따르면 자신의 정체성을 완전히 변경시켜야 하는 것이다(Barcalow 2004, 202). 예를 들어 도덕적인 관점에서 이웃을 자신처럼 사랑해야 한다고 믿는 사람이 있다고 가정해 보자. 그것을 의문시하고 그것이 진실인지 거짓인지를 결정하기 위해 이성을 이용하려고 한다면, 그 사람은 믿지도 않는 중립적인 입장을 가정하려고 노력해야 한다. 그렇다면 그 사람은 그것을 더 이상 믿지 않으며, 자신은 똑같은 사람이 아니라고 주장할 것이다. 어떤 의미에서는 자신의 정체성에 결정적인 것은 의문시할 수 없으며, 의문시해서도 안 된다. 그래서 이웃을 사랑해야 한다는 도덕적 요구는 자신의 정체성에 결정적인 것이므로 믿지 않는 것을 선택할 수 없으며, 이를 의문시할 수 없고 의문시해서도 안 된다(Barcalow 2004, 203).

그리고 공동체주의자는 다음과 같이 반문한다. 일련의 서로 다른 세계관들을 준비하고 있다가 어느 세계관에 따라 살 것인지를 결정하는 사람이 어디에 있겠는가? 그런데 롤스는 원초적 입장에서 모든 사람들이 여러 가지 정의 이론들 가운데 어느 하나를 선택하도록 준비되어 있다고 가정한다.

그러나 대부분의 사람들은 가지고 있는 세계관을 물려받은 것이지 자유롭게 선택하는 것이 아니다. 인간의 사회적 세상은 사소한 규범에 지배되는 관행 이상의 것을 제시한다. 달성하거나 달성해야 할 값어치가 있는 것이 무엇인지 결정하게 하는 권위적인 도덕적 지평을 설정한다(Bell 1993, 37). 선택한 것이 아니라 물려받은 것이라는 사실 때문에 이에 대해 질문하지 않는 것이 비이성적이거나 합당하지 않은 것이 아니며 권위가 떨어지는 것도 아니다. 오히려 선택이 왜 그렇게 중요한가라고 반문할 수 있다(Bell 1993, 40).

공동체주의자는 왜 이러한 견해를 택하게 되었는가? 그리스도교 공동체는 자신의 삶에 대해 개인이 무제한 통제한다는 윤리를 거부한다(Bell 1993, 43). 그리스도교의 관점에서는 신이 금하거나 요구하는 것을 자유롭게 거부할 수 없기 때문이다(Barcalow 2004, 203).

그러나 자유주의자들은 의문을 제기할 수도 없으며 제기해서도 안 되는 어떠한 '언질commitment'이 있다는 생각을 받아들이지 않는다. 예를 들어 인종차별주의나 남녀 차별주의가 어떤 사람의 정체성에 근본적이라면 어떻게 해야 하는가? 자유주의자들은 이에 대해서는 의문을 제기하고 궁극적으로 거부하는 것이 가능하고 바람직하다고 생각한다. 나아가 이를 신봉하는 사람이 더 이상 신봉하지 않아서 같은 사람으로 남지 않게 되더라도 거부되어야 한다고 생각한다.

벨Daniel Bell에 따르면,

> 많은 자유주의 이론가는 공동체주의적 방법론이 보수적인 함의가 있으며 도덕적 상대주의를 인정한다는 이유에서 그 방법론을 거부했다. 만약 정의로운 것이 공동체의 가장 깊숙한 이해로써 정의된다면, 관행이나 관행을 정당화하는 것이 아무리 싫어도 내가 속한 공동체에서 인정된 것이나 다른 공동체에서 인정된 것을 결코 비판할 수 없다는 것을 의미하는가(Bell 1993, 11)?

자유주의자들이 우려하는 바는 공동체의 구성원은 노예제 같은 사회적 관행을 비판하지 못하게 되리라는 점이다. 그러나 이에 대해 공동체주의자는 다음과 같이 답한다.

> 자유주의자는 공동체의 관행에 관계되는 것에 대해 공동체의 공유된 견해에서 유리되는 것이 도덕적 자유, 사회적 경제적, 그리고 정치적 현상 유지라는 속박에서 해방되는 데 필요한 조건이라고 믿는다. 이러한 시각에 따르면, 필요하다면 그 언질을 합리적으로 평가하고 비판하기 위해 공동체의 공유된 견해에서 자신을 유리시킬 수 있어야 한다(Bell 1993, 64).

그런데 사회적 비판에는 두 가지 접근법이 있다.

우리는 …… 어떠한 공동체를 넘어서는 실재라는 명분으로 모든 인간에게 적용될 수 있는 객관적이며 보편적인 입장에 따라 항의할 수 있어야 한다. 이 견해에서 우리는 어떠한 합리적인 사람에 의해 부인될 수 없으며 모두 사회적 문화적 특수성과는 무관한 원칙에 호소해야 한다. …… 둘째 접근법은 공동체 자체의 자아상에 충실하지 않은 공동체의 양상들에 반대하여 공동체 그 자체의 권위라는 명분으로 항의하는 것이다. 이 견해에서 비판적인 기준은 외적이며 비인격적인 입장이 아니라 특정한 집단 사람들의 공유된 견해에서 도출된다(Bell 1993, 64~5).

요컨대, 자유주의자는 공동체의 도덕을 넘어서서 호소할 법정이 없는지 반문할 것이다. 공동체주의자는 이 반문에 대해 없다는 사실에 자유주의자가 왜 그렇게 당황해하는지를 반문할 것이다(Bell 1993, 65). 공동체주의자가 보기에는 사람이 살고 있는 공동체를 벗어나는 견해는 있을 수 없기 때문이다.

그러나 공동체의 '자아상self-image' 또는 '공유된 견해'란 무엇인가? 이 것은 공동체 내의 합의를 전제로 하는데, 자유주의자가 볼 때는 그 합의가 없을 수도 있다. 미국이 내란 이전에 하나의 공동체였다면, 노예제에 대한 공유된 견해는 무엇인가? 남부인은 북부인과 견해가 달랐다. 미국이 남과 북이라는 두 개의 공동체로 나뉘었다면 문제가 있다. 흑인 노예는 백인 노예 소유자와 견해를 같이하지 않았다. 그렇다면 남부는 두 공동체, 즉 노예제를 지지하는 백인의 공동체와 지지하지 않는 흑인의 공동체로 이루어져 있었다. 그러나 노예제가 정의롭지 못하다고 생각한 남부의 백인들도 틀림없이 있었을 것이다. 따라서 남부는 적어도 세 가지 공동체로 나뉘어 있었을 것이다(Barcalow 2004, 204).

만약 남부의 백인사회가 노예제를 지지하고 노예제와 다른 공유된 견해 사이에 갈등이 없었다면, 공동체주의자는 남부의 백인들에게 노예제를 의심하지 말아야 한다고 주장하는 것 같다. 남부의 백인은 자기가 몸담은 사회의 기본적인 신념과 가치가 아닌 다른 관점으로 자신의 사회를 판단할 수 없다. 자유주의가 수긍하지 않는 것이 바로 이 점이다(Barcalow 2004, 204).

정의에 대한 공동체주의적인 관념은 아리스토텔레스의 도덕이론에 근거를 둔다. 이미 살펴본 것처럼 그는 《니코마코스 윤리학》에서 다양한 형태의 정의를 다룬다. 아리스토텔레스는 먼저 덕성 전체로서의 정의와 덕성의 특정한 부분으로서의 정의를 구분한다. 전자의 의미에서 정의는 법에 합당한 것으로 이해되며, 정의로운 사람은 도덕적인 인간과 동등하다. 후자의 의미에서 정의는 평등하거나 공정한 것으로 이해되며, 정의로운 사람은 적절한 몫만 가져가는 사람이다.

아리스토텔레스는 덕성의 부분으로서 정의에 초점을 맞추는데, 이것을 배분적 정의, 시정적 정의, 그리고 교환적 정의 등으로 세분한다. 그는 이러한 다양한 형태의 정의가 평등을 달성하는 것과 연관된다고 보았다. 배분적 정의는 평등한 것 사이의 평등이며, 시정적 정의는 범죄와 처벌 사이의 평등이며, 교환적 정의는 교환된 재화 사이의 평등이다. 또한 그는 정의에 자연적이며 관습적인 측면이 있다고 주장했다. 정의의 양면적인 특성은 아리스토텔레스가 형평을 논할 때 나타난다. 형평은 자연적인 기준인데, 관습적인 기준인 법적 정의를 시정하는 것으로 간주된다(Sterba 2005, 1179).

아리스토텔레스의 구분은 어떤 특정한 정의의 관념과 연관되지 않는다는 점에 유념해야 한다. 예를 들면 정의는 형식적인 평등을 요구한다면서 평등을 다른 방식으로 규정한다. 어떤 사람에게 당연한 것/응분을 주는 것이 정의라는 이상은 아리스토텔레스에 기원을 두고 있지만, 다양한 해석을 내릴 수 있다. 그의 응분이라는 개념은 필요를 충족시켜야 한다는 것과 부합할 수도 있으며, 배분된 재화의 평등한 몫을 모든 사람이 가지는 것이 당연하다는 주장과도 부합할 수 있다. 따라서 아리스토텔레스의 논지는 정의에 대한 특정한 관념에 언질을 주지 않고도 정의라는 개념 내에서 구분을 명료하게 하는 데 도움이 된다(Sterba 2005, 1179).

공동체주의자들은 공동체주의적인 정의가 특별히 요구하는 바를 논의하기보다는 다른 개념을 공격함으로써 공동체주의를 옹호했다. 그들은 공격의 초점을 복지 자유주의적인 정의 관념에 두었다(Sterba 2005, 1179~80). 그런데 1980년대에 정의에 대한 관념을 두고 자유주의와 공동체주의 사이에 논쟁이 벌어졌다. 배분적 정의를 문제로 삼은 것이 아니라, 위에서 논한 것처럼 인간의 선에 대한 비전의 역할과 개인의 정체성이 어떻게 형성되는가라는 문제를 중심으로 논쟁이 잇달았다(Alejandro 2005, 1186).

공동체주의자는 개인의 자아관과 가치관이 사회적 맥락을 통해 형성되기 때문에 개인의 가치관은 공동체의 생활과 불가분의 관계가 있으며, 사회를 운영하는 정의의 원칙을 사회 속에서 찾을 수 있다고 생각한다(장동진 2001, 166, 171). 왈저·샌델·매킨타이어 등이 두드러졌는데, 그들은 롤스가 우연한 특질이 없어진 자아가 정의에 대해 보편적으로 맹목적인 합의에 도달할 것이라고 기대되는 상황을 고안한 것에 도전했다. 이 문제와 관련해서는 공동체주의자가 이겼다. 그래서 롤스는 그의 가정에 우연성의 실질적인 요소를 도입함으로써 원초적인 계약의 당사자들이 민주적인 시민의 대표자라는 것을 인정했다. 정의로운 질서를 유지하기 위한 실질적인 가치의 몫을 나눌 필요가 있다는 문제에 대해서도 공동체주의자들의 관점이 유력했다(Alejandro 2005, 1186).

공동체주의자들은 인간의 선에 대한 관념이 정의에 대한 비전에 지침이 되어야 한다고 주장했다. 그러나 현대 사회에서는 전술한 것처럼 인간의 선에 대해 다양하고 서로 대립되는 견해를 서로 수용하거나 국가의 권력을 통하여 우위를 차지하려고 경쟁하게 되어 있는 것이 사실이다. 자유주의자가 보기에 공동체주의자는 이 사실을 다룰 만큼 이론적으로 갖추어지지 못했다. 그렇다고 해서 롤스와 찰스 라모어Charles Larmore 등의 자유주의자가 개진한 정의관이 더 낫다는 뜻은 아니다.

롤스와 라모어의 이론에서는 '정의의 원칙에 대한 합의가 중요한 주자(走者)the agreement on principles of justice has an important rider'로서 지침이 된다. 합의는 인간의 선에 대한 분별력 있는 관념을 취할 수 있는 사람들에게만 관련된다. 합당한 정의관은 정의의 두 원칙을 수용하는 관념이다. 공동체주의는 특정한 사회의 지배적인 견해와 일치하지 않는, 인간의 어떠한 선에 대한 관념을 배제한다. 반면 현대의 자유주의는 정치적 정의가 합당하다고 증명하지 않은 포괄적인 견해는 배제한다. 그러나 자유주의자는 서로 갈등하는 사상의 맥락에서는 인간의 선이라는 관념에 대한 합의보다 정의의 원칙에 대한 정치적 합의가 더 가능하다고 주장한다. 이 주장을 공격할 수는 없다(Alejandro 2005, 1186).

그러면 이제 현대의 대표적인 공동체주의자라고 할 수 있는 매킨타이어와 왈저, 샌델이 주장하는 바가 무엇이며, 그들의 주장이 롤스의 정의 이론과 상충하는 바를 논의하고자 한다.

1. 매킨타이어: 관행에 근거를 두는 덕성으로서의 정의

알래스데어 매킨타이어Alasdair MacIntyre(1929~)는《정의와 윤리》,
《평등, 자유, 권리》에서 여러 차례 언급한 바 있다. 이제까지 언급한 것을
정의와 연관해서 요약해보자.

① 인간의 행복은 덕성과 분리될 수 없으며, 올바른 이성에 따라 행동
을 할 때 덕성이 나타난다(MacIntyre 1966, 59; MacIntyre 1981, 50, 140,
143). 그리고 덕성은 인간의 선한 생활에 결정적인 요소이다(MacIntyre
1981, 172). 그런데 근대에 이르러 사회는 개인들의 이익을 총합해야 한
다고 보고, 개인들이 덕성을 함양하고 실현해야 한다고 보지 않게 되었
다(MacIntyre 1981, 219~20).

② 아리스토텔레스에 따르면 만물에는 목적이 있으며, 그 목적을 달성
하는 것이 그 사물 본연의 모습, 즉 본성을 드러내는 것이다. 그 본질을
드러내는 것이 선한 것이며 선해지는 것이다. 선이라는 것은 인간이 지
향하는(목적으로 하는) 바를 뜻한다. 인간도 특정한 본성을 가지므로 목
적을 가진다. 그래서 인간은 그 본성으로 보아(그 본성에 따라) 목적을 지
향하게끔 되어 있다. 그러므로 인간은 자신의 목적을 달성하기 위해 도
시국가에서 생활하지 않으면 안 되는, 즉 정치적(또는 사회적) 존재가 되
지 않으면 안 된다. 인간을 포함하는 만물이 목적을 가질진대, 모든 활동
·탐구·'관행/실행practice'에도 목적이 있으며 이들은 어떠한 선을 목적
으로 한다(MacIntyre 1981, 139).

③ 공동체는 공동의 기획을 달성하고, 그 기획에 관여하는 모든 이들
에게 공유되는 선으로 인정되는 어떤 선을 가져오기 위해 통합된 사람들
의 사회이다(MacIntyre 1981, 141). 어떤 공동체 구성원들의 공동생활에

는 선과 덕성에 대해 광범위한 동의가 있다(MacIntyre 1981, 146). 그런데 공동의 기획으로서의 정치 공동체라는 개념은 근대의 자유주의적 개인주의 세계와는 이질적이다(MacIntyre 1981, 146~7).

④ 공동체에 의해 개인의 정체성이 형성되었기 때문에 개인의 의도와 신념 등은 공동체와 무관하게 형성되지 않는다(MacIntyre 1981, 115~6·194). 따라서 인간이 선택하고 판단하는 것은 모두 어떤 전통적 사고의 양태라는 맥락에서 일어난다(MacIntyre 1981, 205). 그러므로 우리의 전통에서 전적으로 유리된 새로운 관념들을 만들 수는 없다. 이렇게 보면 공동체에서 도덕과 사회 구조는 사실상 같은 것이 된다.

⑤ 선의 추구를 둘러싼 논쟁, 즉 비판과 창조를 통해 구성되어야만 좋은 전통이 질서를 잡게 된다(MacIntyre 1981, 206). 전통 내에서 세대와 세대를 넘어 선이 추구된다. 개인은 전통이 부여하는 맥락 내에서 자신의 선을 추구한다. 개개인이 전통에 녹아 있는 덕성을 행사하면 '전통tradition'이 지속되며, 그러지 않으면 전통은 무너진다(MacIntyre 1981, 207). 모두가 전통을 지속하기 위해 덕성 있는 행동을 하게 되면 선이 추구된다. 선을 공유한다는 것은 바로 이런 의미이다(MacIntyre 1981, 206).

⑥ 전통이 지속된다는 것은 사회적으로 인정된 특별한 방식의 행동 또는 관행이 지속되는 것이다. 관행이라는 것은 사회적으로 확립된 인간의 협조적인 활동이 일관성 있으면서 복잡하게 나타나는 것이다. 협조적인 활동을 통해 그 활동의 내적인 선이 그러한 활동에 적절하며 그러한 활동을 부분적으로 규정하는 수월성의 기준을 달성하고자 하는 과정에서 실현된다. 그 결과로 수월성을 달성하는 인간의 힘과 목적, 그리고 선에 대한 관념은 체계적으로 확장된다(MacIntyre 1981, 175).

⑦ 그런데 사회에서 관행이 지속된다는 것은 관행에 동참하는 당대인 뿐만 아니라 그 관행의 선행자, 특히 그 관행을 현재에 이르게까지 한 이들과도 관계를 맺는다는 것을 의미한다(MacIntyre 1981, 181). 그런 한에는 현재는 말할 것도 없고 과거와 미래에까지 그 관계를 지속시켜야 한다. 그런데 특정한 관행이 지속되며 재구성되는 전통은 더 큰 사회적 전통에서 분리되어 존재하지 않는다(MacIntyre 1981, 206).

⑧ 덕성과 법 사이에 다른 결정적인 연관이 있다. 정의에 대한 덕성을 가진 자만이 법을 어떻게 적용하는지 알 수 있기 때문이다. 정의롭다는 것은 각자가 '당연히 가져야 하는deserve' 것을 각자에게 주는 것이다. 또한 사회적으로 정의에 대한 덕성이 번성한다는 것을 전제하는 것은 전술한 바와 같이 두 가지 의미이다. 즉 ㉠ 응분에 대한 합리적인 기준이 있으며, ㉡ 그 기준이 무엇이라는 것에 대해 사회적으로 확립된 합의가 있다. 응분에 따라 선과 처벌을 부과하는 것은 상당 부분이 규칙에 의해 통제된다. 공직을 배분하고 범죄 행위에 따라 보복하는 것은 도시국가의 법에 따라 규정된다. 그러나 부분적으로는 법이 일반적이기 때문에 어떻게 법을 적용해야 하며 어떤 정의가 요구되는지가 명료하지 않은 특별한 경우가 항상 있을 수 있다. 그래서 어떠한 공식이 쓰일지 미리 알 수 없는 경우가 있는데, 그럴 경우에는 올바른 이성에 따라 행동해야 한다(NE, 1138b 19).

매킨타이어의 견해는 이상과 같이 요약할 수 있다. 그는 현대에 이르러 우리가 일관성이 없고 도덕적 이해를 공유하지 않으며 상실된 철학적 전통을 회복할 필요가 있다고 보는 것이다(Okin 1989, 42).

롤스와 노직은 원초적 입장처럼 배분적 정의를 두고 서로 대치되는 견해를 취한다고 볼 수 있겠다. 그러나 매킨타이어는 롤스의 공정으로서의 정의와 노직의 자격이론 사이에는 차이보다 더 중요한 유사성이 더 있다고 주장한다. 평범한 사람들이 일상적으로 정의를 논하게 되면, 정의가 요구하는 바에 대한 특정한 견해를 옹호하는 데서 응분이라는 개념을 들먹이게 마련이다. 그런데 롤스나 노직은 응분에 관심이 없으며, 배분적 정의라는 문제에서 응분이 중심적이라는 것을 거부한다.

매킨타이어에 따르면 선에 대한 공유된 관념을 가진 공동체 내에서 응분이라는 개념이 위치를 차지하며, 선에 대한 공유된 관념을 들먹임으로써 정의로운 요구를 평가할 수 있다. 그러한 합의가 없는 상황에서는 응분이라는 개념이 적용될 수 없으며, 그렇게 되면 정의라는 문제를 합리적으로 해결할 수 없게 된다(MacIntyre 1981). 그래서 매킨타이어는 정의에 대한 자유주의적 관념을 거부한다.

매킨타이어의 주장이 의미하는 바는 무엇인가?

첫째, 그에 따르면 정의에 대한 관념은 적절한 사회적 맥락에 두었을 때 의미가 있다. 그렇기 때문에 매킨타이어는 원초적 입장에서 정의의 원칙을 도출하려는 롤스의 방법을 거부한다. 아무도 원초적 입장에 있어 본 적이 없기 때문이다. 매킨타이어가 말하는 사회적 맥락이라는 것은 특히 그가 관행이라고 일컫는 인간 활동의 형태에 의해 제공된다.

둘째, 정의가 요구하는 바는 관행에 따라 다르겠지만, 관통하는 것은 응분이라는 개념이다. 매킨타이어에 따르면 정의는 "어떤 사람에게 마땅한 바를 자신을 포함하여 각기 사람에게 주려 하고, 어느 누구도 각자의 응분과 양립하지 않는 방식으로 대우하지 않으려는 기질"이다(MacIntyre 1988, 39). 그렇기 때문에 그는 정의라는 덕성을 응분이라는 개념—그는 응분을 다르게 해석하지만—과 밀접하게 연결시킨다.

매킨타이어는 어떤 근거에서 관행에 근거를 두는 덕성이 정의이며, 정의라는 덕성이 응분이라는 개념과 연관되어야 한다고 주장하게 되었는가? 그가 아리스토텔레스의 철학에 따라 기술한 《덕성을 넘어서》(1981)와 아퀴나스의 철학에 따라 기술한 《누구의 정의? 무슨 합리성?》(1988)에 의하면, 이전 사회생활의 형태에서는 정의와 부정의에 관한 주장의 진리를 적절하게 평가할 수 있었던 데 반하여 근대의 자유주의적 사회의 과해에서는 정의라는 개념을 적절하게 유지시킬 수 없게 되었다. 그래서 정의라는 용어를 사용하는 것은 이전 사회의 유물에 지나지 않는다. 이전 사회에서와는 달리 현대의 자유주의적인 도덕적·정치적 철학은 서로 다른 정의 이론 사이의 심각한 의견 불일치만 지속적으로 보여줄 뿐이다. 각 이론이 저마다 진리라고 논증할 수 있다고 주장하지만, 이론들 사이의 경쟁이 끝날 수 없다.

매킨타이어에 의하면, 정의라는 덕성을 포함한 덕성들은 관행이라는 인간 활동의 형태에 따라 우선적으로 설명되어야 한다. 어떤 사람의 어떤 특질이 덕성이라는 점을 밝히는 것은 그 특질이 하나 또는 그 이상의 관행을 유지시키고 관행이 증진하고자 하는 선을 달성하는 데 본질적이라는 것을 보여준다.

논의를 진행하면서 매킨타이어는 이 주장에 어떠한 측면에서 제한을 가한다. 관행에 따라 행동함으로써 드러나는 구체적인 덕성들은 잘 짜여져서 덕성이 있는 삶이 응집성이 있는 선한 삶이 되게 해야 한다. 더군다나 사회의 여러 관행들은 서로 조화를 이루어서 선한 생활에 대해 무엇보다도 중요한 관념을 가진 공동체를 형성하게 해야 한다. 이러한 공동체 내에서 특정한 덕성이 규정된다. 이렇게 그는 원래의 설명에 '응집성 coherence'이라는 조건을 부과한다(MacIntyre 1988, ix). 그렇지만 매킨타이어는 근대 사회는 덕성에 내용을 부여할 수 있는 관행이 없기 때문에 덕성이라는 도덕을 유지할 수 없다는 입장을 견지한다.

매킨타이어가 말하는 관행은 무엇인가? 사회적으로 확립된 인간 활동은 응집력이 있고 복잡한 형태를 띤다. 인간이 관행을 통해 수월성이라는 선들의 기준을 달성하려고 노력하는 과정에서 인간 활동에 내적인 선들이 달성되어 수월성이 달성되며 인간의 힘과 관련된 목적과 선에 대한 인간의 관념이 체계적으로 확장된다(MacIntyre 1981, 175). 그러한 관행의 예로 그는 체스나 축구 같은 놀이, 농사나 건축 같은 생산적인 활동, 과학이나 역사 같은 지적인 활동, 회화나 음악 같은 예술적인 활동, 그리고 정치적 공동체를 만든다는 정치 활동을 들고 다른 것들은 배제한다. 그 기준은 내적인 선이라는 개념과 수월성이라는 개념이다.

매킨타이어는 인간의 삶에서 전통과 관행을 중요시하기 때문에 구체적인 공동체와 시간을 넘어서서 정의의 원칙을 수립하려는 롤스의 노력을 부질없는 것으로 간주한다. 그는 우리가 원초적 입장에 있어본 적이 없기 때문에 이해를 공유하는 특정한 사회적 맥락을 고려하지 않고 정의 이론을 수립하려는 롤스의 이론은 힘이 없다고 생각한다(Okin 1989, 72).

관행에 내적인 선은 해당 관행에 참여해야만 달성될 수 있다. 체스 놀이에 참여함으로써 생기는 선은 내적인 선인데, 체스 놀이를 함으로써 자신이 돈을 벌게 되면 이는 외적인 선이다. 돈을 버는 것은 본질적인 것이 아니라 우연한 것이기 때문이다. 덕성의 대표적인 예는 진실을 말하는 것, 용기, 정의 등인데, 이러한 덕성을 이해하려면 이러한 특질이 여러 관행에 내적인 선들을 달성하는 데 어떻게 본질적인 것이 되는지를 검토해야 한다. 예를 들면 속여서 상을 받을 수 있는 것처럼 인간은 정직하지도 않고 용기도 없으면서 외적인 선을 얻을 수는 있다. 그러나 내적인 선을 얻기 위해서는 관련된 규칙에 따라 행동하고 관행을 따르는 타인들과 적절한 관계를 유지해야 한다. 그것은 우리가 어떤 종류의 특질을 갖춰 야만 가능하다.

이러한 관점에서 이해할 때, 정의가 무엇을 의미하는지 알려면 매킨타 이어의 저서《누구의 정의? 무슨 합리성?》에 초점을 맞출 필요가 있다. 여기서 그는 사회 정의와 관련해 전통에 기초를 두는 사고를 옹호하고, 정의와 실천적 합리성을 가장 잘 구체화하는 전통을 찾고자 한다(Mac-Intyre 1988, 389). 그는 본질적으로 이전과 같은 시각을 견지하면서 관행 이라는 용어 대신에 '체계적인 활동의 유형들types of systematic activity'이 라는 용어를 쓰며, 내적인 선 대신에 '수월성이라는 선goods of excellence', 그리고 외적인 선이라는 용어 대신에 '효과성이라는 선goods of effective-ness'이라는 용어를 쓴다(MacIntyre 1998, chs. 3·7).

수월성이라는 선은 게임·예술·과학이나 정치 같은 관행의 수월성에 서 나타나는 선이다. 효과성이라는 선은 부, 사회적 지위, 그리고 권력 같 은 다양한 물질적인 선인데, 어떤 분야에서 성공적으로 수행하면 우연히 얻게 되는 것이다. 정의가 근본적으로 요구하는 바는 수월성이라는 선을 추구함으로써 어떠한 관행에 참여하는 데 사람이 지침을 받아야 한다는 것이다.

그런데 여기에는 두 가지 부차적인 요구가 따른다. 첫째, 수월성을 참 으로 증진시키는 규칙과 관습에 따라 사람의 행동이 통제되어야 한다. 둘째, 보상이 배분될 때 보상은 응분의 근거로 할당되어야 하며, 응분은 관행에 내적인 수월성이라는 기준에 따라 규정되어야 한다. 그러므로 정 의는 두 가지, 즉 참여자의 정의와 평가자·관찰자의 정의로 나뉜다고 말 할 수 있겠다. 그러나 어느 정의도 내적이거나 외적인 정의를 행한 것에 대한 보상은 참으로 마땅하게 가져야 하는 이에게 주어져야 한다.

그래서 매킨타이어는 두 가지 연관된 측면에서 관행을 이해하는 것이 덕성을 이해하는 데 본질적이라고 주장한다. 한편으로는 덕성이 발휘되는 관행들에 친숙하지 않으면 구체적으로 덕성을 갖췄다는 것이 의미하는 바가 무엇인지를 알 수 없다. 정의가 무엇인지를 알려면 게임, 과학적 연구 등등의 관행에서 응분의 기준이 무엇인지를 알아야 한다. 다른 한편, 그러한 관행을 유지하는 데서 정의의 역할을 파악하지 않으면 정의가 왜 덕성인지를 이해할 수 없다. 효과성이라는 선들에만 관심을 두면, 개인에게나 사회 전체에 그러한 선을 달성하는 데서 최대로 유용한 것과 같은 특질에만 가치를 부여하게 된다(Miller 1999, 115).

매킨타이어의 주장에 따르면, 근대의 도덕 철학에서 우리는 이러한 모종의 덕성을 발견하게 된다. 그 좋은 예로 벤저민 프랭클린을 들 수 있는데, 그는 지상에서의 번성과 천국에서의 보답을 달성하는 데서 인간에게 유용한 특질의 목록을 만들었다(MacIntyre 1981, 170~3). 이상과 같이 매킨타이어는 현대 사회를 비판한다.

그런데 매킨타이어는 정의가 관행에 내적으로 구성되는 것이라고 주장하면서 정의를 응분으로 정의한다. 그런데 내적으로 수월성을 발휘한 것을 어떻게 외적인 보답과 연결할 수 있는가(Miller 1999, 122)? 말하자면 관행에 근거를 두는 정의는 관행과 연관하여 응분이 담당하는 결정적인 역할을 잘못 인식한 것 같다. 응분이 관행에 내적으로 규정되는 사상이라면 정의와 연관되기 어렵기 때문이다(Miller 1999, 122~4).

그렇게 될 수밖에 없는 이유는 다음과 같다고 하겠다. 복잡한 사회일수록 다양한 관행을 가지고 있으며, 관행은 수월성에 대한 내적인 기준을 달리하게 마련이다. 기준이 다름에 따라 이해가 달라지는 만큼 응분의 기준에 대한 견해를 같이할 수도 있고 달리할 수도 있다. 아리스토텔레스 시대와 비교하면 오늘날에는 사회적 지위 때문에 어떤 선을 가지는 것이 마땅하다고 생각하지 않는다. 오늘날 '공적/업적merit'이라는 용어는 개인의 칭찬할 만한 특질을 광범하게 지칭하고, 반면에 응분은 개인이 그가 초래한 결과에 책임을 지는 경우에 더욱 구체적으로 사용한다(Miller 1999, 1).

밀러는 매킨타이어의 정의 이론을 다음과 같이 비판한다.《덕성을 넘어서》에서는 자유주의에 대한 대안으로 덕성이라는 도덕을 제시했다. 여기서 매킨타이어는 덕성을 관행을 유지하는 역할로 설명했다.《누구의 정의? 무슨 합리성?》에서는 정의에 대한 아리스토텔레스적인 설명이 아퀴나스의 설명에 합체되거나 아퀴나스의 설명이 이를 대신하게 되었다. 그런데 아퀴나스적인 설명에서는 관행이 중요한 위치를 차지하지 못하고 정의롭다는 것은 자연법이든 실정법이든 법이 인간에게 요구하는 것을 바라는 것, 즉 합법성으로 설명된다. 문제는 아리스토텔레스의 이론이 나온 시대적 배경, 아퀴나스의 이론의 나온 배경과 현대의 배경을 비교해보면, 현대는 아리스토텔레스의 시대보다 아퀴나스 시대에 더 가깝다는 점이다(Miller 1999, 127).

요컨대, ① 덕성을 관행에 근거를 두는 매킨타이어의 입장을 감안하면, 아리스토텔레스에게 더 의존해야 한다. 그럼에도 그는 양자의 차이를 인식하지 않는 것 같다(Miller 1999, 112~3). 그리고 내적인 선과 외적인 선의 차이가 그렇게 선명할 수 있는지에 의문을 품게 한다. 의사로서 수술에 수월성을 발휘해야만 그 의사는 수술이라는 관행에 참여함으로써 내적인 선을 갖출 수 있다. 그런데 그 의사는 내적인 선을 갖출수록 환자를 잘 치료한다는 사회의 목적을 달성하며 부(富)라는 외적인 선도 얻게 된다(Miller 1999, 117~8).

말하자면 ② 관행에 내적인 선을 달성하는 데 필요한 어떤 특질이 항상 덕성을 견지할 수 있는지 의문이 제기된다(Miller 1999, 118~9). 또한 매킨타이어의 주장에 따르면 근대의 시장 사회는 한편으로는 관행에 내적인 선보다는 효과성이라는 외적인 선을 추구하게 만들었다. 다른 한편으로는 물질적 생산성이 높아져서 사람들로 하여금 내적인 선을 추구할 수 있는 시간과 자원을 가져다주었다.

그렇다면 ③ 아리스토텔레스 시대보다는 오히려 현대에 내적인 선을 추구할 여지가 더 많을 것이다. 그럼에도 매킨타이어는 현대에 그럴 여지가 별로 없다고 주장한다(Miller 1999, 120). 그리고 관행에 근거를 두어 정의를 설명하는 것은 내적인 선보다는 사회의 어떤 목적을 달성한다는 외적인 선에 더욱 관여해야 할 것이다.

그렇다면 ④ 관행을 유지하는 덕성으로서 정의 이론을 전개하는 것은 가능하겠지만, 그렇게 하면서 동시에 응분으로서 정의를 규정할 수는 없다(Miller 1999, 130). 매킨타이어가 의존하는 아리스토텔레스와 아퀴나스는 배분적 정의를 사회의 공동 자원을 할당하는 것을 통제하는 기준으로 삼았다고 여겨지기 때문이다. 따라서 정의에 대한 매킨타이어의 개념은 오늘날의 사회에 지침이 되기 어렵다고 하겠다(Miller 1999, 130).

어쨌든 매킨타이어는 하이에크와 그 밖의 자유 지상주의자들과는 다른 근거에서 사회 정의라는 사상을 거부한다. 게다가 그는 사실상 모든 형태의 자유주의는 올바른 행동을 규정하는 규칙을 인간의 선에 대한 관념과 구분하려 한다고 주장한다(MacIntyre 1999). 그러한 규칙이 선에 대한 관념에서 분리되면 올바른 근거를 찾을 수 없기 때문에, 그는 이러한 형태의 자유주의가 실패할 뿐만 아니라 실패해야 한다고 주장한다.

그렇기 때문에 선에 대한 완전한 관념에서 올바른 행동을 지지하는 규칙을 근거로 하는, 정의에 대한 공동체주의적 이론의 어떠한 해석만이 적절할 것이라고 간주한다(Sterba 2005, 1180).

그러나 이 같은 매킨타이어의 주장에 반론을 제기할 수 있다. 대부분의 자유주의는 도덕적인 규칙을 선에 대한 관념에 근거를 두고 있다고 보지 않는가? 좀 더 쉽게 인정할 수 있으며, 공적으로 인정되어야 하는 선을 대부분의 자유주의자들은 선으로 보고 있지 않는가?

예를 들어 롤스가 볼 때 선에 대한 이러한 부분적인 관념이 계약적인 공정이라는 관념이며, 이에 따라 어느 누구도 자신의 타고난 능력이나 사회에서의 시초의 출발점을 당연한 것으로 생각하지 않는다. 자유주의를 이렇게 해석하는 것이 옳다면, 복지 자유주의적 관념과 공동체주의적 관념을 적절히 평가하기 위해 선에 대한 양쪽의 관념과 그 선이 실제로 요구하는 바를 비교·분석하는 작업이 필요할 것이다. 게다가 자유주의적 관념과 공동체주의적 관념이 실제로 요구하는 바를 정해보면, 양자는 아주 비슷해질 것이다(Sterba 2005, 1180).

2. 왈저: 복합적 평등을 통한 정의

롤스의 정의 이론과 이에 반하는 자격/권리 요구 이론이라는 노직의 정의 이론은 정의와 관련하여 전체를 포괄하는 이론을 제시한다. 왈저 Michael Walzer(1935~)는 정의에 대해 공동체주의적인 해석을 제시한 철학자이다. 그에 따르면 사회에는 '삶의 여러 영역spheres of life'이 있는데, 각 영역마다 정의에 대한 다른 기준이 적용된다. 폭정과 불평등은 하나의 영역이 다른 영역을 '흡수coopting'함으로써 생긴 결과이다 (Walzer 1983, ch. 1). 이에 그는 '복합적 평등complex equality'이라는 것을 옹호한다.

왈저는 사회적 재화의 다양성을 가정함으로써 롤스의 이론과는 거리를 두었다(Walzer 1983, xviii). 거리를 두었다는 것은 정의가 각 영역에서 각기의 사회적 선을 평등하게 배분하는 것이 아니라, 각 영역에서 설사 불평등하게 배분되더라도 그 불평등이 다른 영역으로 전환되어서는 안 된다는 것이다. 각각의 사회적 '재화goods'는 그 사회에서 의미가 있으며, 각기 다른 '사회의 여러 영역social spheres'에 놓여 있다고 보기 때문이다.[69] 이것은 무엇을 의미하는가?

왈저는 배분적 정의와 관련하여 다음의 여섯 가지 명제를 제시한다 (Walzer 1983, 7~10). ① 배분적 정의와 관계되는 모든 재화는 사회적 재화이다. ② 사회적 재화를 생각하고, 만들고, 소유하고, 이용하는 방식으로 인해 사람들은 구체적으로 '정체성identity'을 가진다. ③ 모든 도덕적·물질적 세계를 가로질러 통용된다고 생각될 수 있는 일의적인 또는 기본적인 일련의 재화는 없다. ④ 재화의 운동을 결정하는 것은 재화의 의미이다. ⑤ 재화의 사회적 의미는 그 특성상 역사적이다. 따라서 배분도—정의롭든 그렇지 않든—시간에 따라 변한다. ⑥ 사회적 재화의 의

---

69 알다시피 'goods'라는 것은 '좋은 것'이라고 볼 수 있는데, 사람들이 추구하는 모든 것을 가리킨다. 경제학에서는 재화(財貨)라고 번역할 수 있으며, 평상적으로 재산(財産)이라는 의미도 있고, 윤리학에서는 선(善)이라고 지칭한다. 그러나 여기서 왈저는 그러한 도덕적 의미로서가 아니라 배분적 정의를 논하면서 금전·자본·직업·기회·명예 같은 것과 더불어 정치적 권리·정보·자유 등과 같이 비물질적인 것까지 포함하는 것으로 본다. 어쨌든 배분적 정의를 논하면서 관계되는 'goods'를 그는 사회적 'goods'라고 보기 때문에 'goods'를 '선'이라고 번역하기는 곤란할 것 같다.

미가 명확하다면, 배분은 자율적이어야 한다. 그러므로 모든 사회적 재화와 일련의 재화에는 어떤 기준만이 적절하다고 여겨지는 '배분적 영역distributive sphere'이 있다.

그래서 이 같은 재화와의 관계에서 지금까지 역사적으로 세 가지 중요한 주장이 나타났다(Walzer 1983, 13). ① 지배적인 재화는 그것이 무엇이든 재분배되어야 하며, 그것도 평등하게 또는 적어도 더 광범하게 재분배되어야 한다. 즉 '독점monopoly'은 정의롭지 않다. ② 모든 사회적 재화가 자율적으로 배분될 수 있는 방식이 열려야 한다. 즉 '지배domination'는 정의롭지 않다. ③ 어떤 새로운 집단에 의해 독점되는 어떤 새로운 재화가 현재 지배적인 재화를 대신해야 한다. 즉 지배와 독점에 대한 기존 양태는 정의롭지 않다. 이와 같은 세 가지 주장 때문에 사회적 갈등이 일어난다고 본다.

왈저는 롤스 등이 ①을 주장하고, 마르크스는 ③을 매개로 하여 ①을 주장한다고 본다. 반면에 왈저 자신은 ②에 초점을 두고 있다고 주장한다. 어떠한 사회적 재화 x도 어떠한 다른 재화 y를 가진 사람들에게 그들이 그저 y를 소유하고 있다는 것 때문에, 그리고 x의 의미와는 관계없이 y를 가진 사람들에게 배분되어서는 안 된다(Walzer 1983, 20·21). 그렇게 주장하는 이유는 다른 사회적 선/재화가 각기 다른 영역에서 다른 방식으로 서로 독립적으로 배분되게 하여 독점과 지배에서 벗어나게 함으로써 배분의 자율성을 보장하기 위해서이다. 그렇게 되었을 때 사회는 단순한 평등이 아니라(Walzer 1983, 79) '복합적complex' 평등을 이루게 되며, 이것이 정의이다.

복합적 평등이란 무엇인가? 예컨대 시장에서 돈으로 공직(公職)과 성직(聖職)을 매매할 수 있어서는 안 된다. 돈이 불평등하게 분배될 수는 있다. 그러나 돈의 불평등이 건강·교육·정치와 같은 다른 영역에 속하는 재화의 분배에 영향을 끼쳐서는 안 된다(Walzer 1983, 22·295~303). 만약 영향을 끼치게 되면, 다른 영역을 지배하는 것이다. 공직과 성직의 의미를 고려한다면, 이것들은 시장에서와는 다른 기준에서 분배되어야 한다. 마찬가지로, 부자가 반드시 정치권력을 가져야 할 이유가 없다(Walzer 1983, 316).

또한 마찬가지로, 유명 인사라고 해서 응급실에서 먼저 치료받아야 할 이유도 없다. 먼저 치료를 받아야 하는 필요가 증명되어야 한다(Walzer 1992, 25). 뿐만 아니라 권력이 그 영역을 넘어서서 행사되어서는 안 된다(Walzer 1983, 282~4). 필요의 영역은 응분의 영역이 아니므로, 양자가 하나의 기준으로 판단되어서는 안 되기 때문이다. 이러한 영역들은 상이한 분배의 영역에 속하기 때문에 그 경계를 넘지 않아야 한다. 즉 어떤 영역에서의 어떤 사회적 재화는 다른 영역에서 중요성을 띠지 않거나 교환되어서는 안 된다.

다른 영역을 침해하는 것은 다른 영역을 지배하는 것이며, 그런 것이 정의라면 정의는 불평등을 조장하는 것이다. 즉 정의를 위배하는 것이다. 각기 다른 재화의 배분적 영역은 그 나름대로의 배분 원리와 평가 원리가 있는 자율적 영역이기 때문이다. 예를 들어 교육과 같은 재화는 어떻게 배분되어야 하는지를 어떻게 결정할 것인가? 교육이라는 사회적 재화가 우리에게 의미하는 바를 고려해야 한다. 그 의미를 바탕으로 정의로운 배분에 대한 기준을 이끌어내야 한다.

이처럼 모든 재화에는 독자적인 배분의 방식이 있다. 다양한 사회적 재화(선)는 각기 다른 자율적 영역에서 각기 다른 기준에 따라—자유로운 교환, 응분과 필요에 따라—배분이 이루어져야 하기 때문에(Walzer

1983, 21~6) 왈저는 자신의 이론을 복합적 평등이라고 부르는데, 이것은 '단순한 평등simple equality'과는 반대가 된다.

그리고 재화의 사회적 의미는 문화, 역사, 그리고 종교 같은 것에 따라 달라진다. 예를 들면 중세 유럽에서는 영혼을 치료하고 구제하는 일을 공적인 의무로 여겨서 가톨릭교회가 담당했으며, 반면에 신체의 치료와 구제는 사적인 문제라고 생각했다(Walzer 1983, 87~8). 그러나 근대에 이르러서는 그 반대가 되어, 오늘날에는 의료 혜택을 평등하게 공급하는 것이 사회 정의처럼 되었다. 이처럼 영혼의 구제와 신체의 치료에 대한 사회적 의미가 달라졌다.

그렇다면 재화의 의미는 역사적·사회적 의미를 띠며, 정의의 의미는 상대적이다(Walzer 1983, 312). 재화가 사회적 맥락에서 지니는 의미에 따라 정의의 영역이 결정되어야 한다고 주장하며 공동체 자체가 하나의 선이라고 보기 때문에(Walzer 1983, 29~30) 왈저를 공동체주의자라고 볼 수 있다. 따라서 사회계약에서 전제하는 원자론적인 개인이라는 개념을 거부하므로 재화의 배분이라는 문제는 개인의 권리가 아니라 특정한 사회의 성격과 관련해 논의되어야 한다.

전술한 것처럼 재화가 사회적 맥락에서 지니는 의미에 따라 정의의 영역이 결정되어야 하며, 사회적 의미는 역사적일 수밖에 없다. 그렇다면 사회의 구성원은 재화의 의미에 대한 이해를 공유해야 한다. 그래서 왈저는 정의의 원칙은 각 문화가 생명, 자유에 대한 기본적 권리를 벗어나서 사회적 선/재화에 대해 사람들의 '공유된 이해shared understanding'를 바탕으로 해야 한다고 주장한다. 이것은 매킨타이어가 주장하는 과거의 전통이 아니라 현재의 공유된 이해를 뜻하며, 현재는 근본적으로 평등주의적인 이해를 공유한다고 본다. 이는 특정한 문화와 연관 없이 정의를 객관적이며 보편적인 관점에서 고려할 수 없다는 것을 뜻한다(Walzer 1983, xiv).

'사회적 의미social meaning'가 그 특성상 역사적일 수밖에 없는 한, 정의롭거나 정의롭지 않은 배분의 기준은 시대에 따라 달라지게 마련이다(Walzer 1983, xv, 9, 312～3). 그렇다면 공유된 이해와 사회적 의미가 각각의 사회에서 정의에 대한 내적인 기준이 되어야 한다(Walzer 1983, 27, 313). 그렇기 때문에 롤스처럼 원초적 입장에서 정의의 원칙을 도출하려고 해서는 안 된다(Walzer 1983, 5). 왈저는 평범한 사람들의 공동체가 공유된 이해—이것이 비록 잠재적이며, 완전하게 의식화될 필요는 있지만—를 가지고 있으며, 잠재적인 의미를 불러일으키는 것이 사회 비판자가 할 일이라고 본다(Okin 1989, 42). 왈저가 공유된 이해와 '공유된 의미shared meaning'를 강조한다는 점에서 그는 공동체주의적 사상에 근접한다.[70]

왈저가 롤스를 비판하는 이유는 롤스가 단순한 평등을 기준으로 삼기 때문이다. 단순한 평등에서는 차등 원칙을 저해하는 것을 막기 위해 국가가 자주 개입할 필요가 있다. 반면 복잡한 평등에서는 배분적인 영역의 자율이 보장되며 국가가 아니라 개인들이 지역적으로 독점하겠지만, 사회적 갈등은 사회적 · 정치적 스펙트럼(범위)을 넘어서 분산될 것이다. 지역적 독점은 몇몇 사람이 통제할 수 있는 재화를 가리킨다. 예를 들어 의사들은 자신들의 교육 · 경험 · 재능을 통해 그들의 전문 영역을 통제한다.

---

70 여기서 말하는 공유된 의미라는 것은 순간적인 공중의 변덕을 뜻하지 않는다. 예를 들면 전쟁 같은 예외적인 상황에서 일어날 수 있는 일시적 합의가 아니라, 공동체의 도덕을 권위적으로 해석하는 것과 같은 것이다. 그러므로 그 해석은 공동체의 적절한 특성과 연관이 있다(Bell 1993, 63).

그러나 이렇게 독점하는 것이 사람들의 필요를 결정할 힘이 있다는 것을 의미하지는 않는다. 필요는 공동체에 의해 규정되어야 한다. 왈저에 따르면 "평등은 사람들 사이의 복합적 관계인데, 이는 우리가 만들고, 몫을 챙기고, 그리고 나누어 가지는 재화로 매개된다"(Walzer 1983, 18). 정의의 영역을 구분하는 문제는 특정한 사회의 지배적인 도덕에 따라 결정될 것이다.

롤스는 그의 논지가 이상적인 이론에 속한다고 주장하는 반면, 왈저는 그의 이론적인 사고를 뒷받침하기 위해 역사적인 예를 든다(Alejandro 2005, 1186). 왈저에 의하면 과거의 정치의 산물이 현재의 정치라는 관점에서 배분적 정의를 논해야 한다(Walzer 1983, 29).

왈저의 주장은 다음과 같이 요약할 수 있겠다. 다원적 사회에서 사람들은 더 큰 정치공동체 내에서 다양한 공동체와 문명을 이루며 살아간다(Walzer 1983, 223). 사회적 재화에는 각기 다른 배분의 영역이 있다(Walzer 1983, 312). 각자에게 마땅한 것을 주는 것이 정의라고 한다면, 어떤 재화의 배분을 마땅하게 하는 것은 그 재화의 사회적 의미에 따라 결정되어야 한다. 그래서 정의는 사회적 의미에 대해 상대적이다. 그렇다면 그 재화의 의미에 따라 결정되는 영역이 달라야 한다.

그러므로 각 영역은 자율성을 유지해야 한다. 예컨대 정치라는 것은 사회적 활동의 많은 영역 중에서 그저 하나의 영역일 뿐이다. 지배하고 지배받는 것을 교대하는 것이 정치라는 영역에서는 정의일 수 있겠지만, 정의에 대한 더 큰 관념은 한 영역에서는 지배하고 다른 영역에서는 지배받는 것이다. 다른 영역에서의 지배라는 것은 정치권력의 행사가 아니라 배분된 재화 중에서 더 큰 몫을 향유하는 것을 뜻한다.

따라서 영역들이 최대한으로 분화되어야만 복합적인 평등이 일단 달성된다. 영역의 자율성이 보장되면, 사람들은 사회적 재화에 대해 더 많은 몫을 기대할 수 있다. 이와 같이 복합적인 평등을 이룩한 국가에서는 자율성을 띤 각 영역들이 조화를 이룸으로써 다양한 제도들이 통합되고 정의가 달성된다(Walzer 1983, 290·318·320~1).

3. 샌델: 정의와 공동체

이어서 마이클 샌델Michael Sandel(1953~)은《자유주의와 정의의 한계》(1982)에서 롤스의 논지를 재구성하고 심각한 문제에 대해 진단을 내린다.[71] 샌델은 롤스의 원초적 입장이 인간의 본성에 대한 설명, 즉 인간에게 본질적인 것이 무엇인가에 대한 설명이라고 본다. 그리고 샌델에 따르면 롤스는 원초적 입장에서 무지의 장막을 내림으로써 선에 대한 견해와 타인에 대한 '애착attachment'이 우리에게 본질적인 것이 아닌 것으로 만들었다.

우리 자신에 대한 이 관념은 궁극적으로 이해할 수 없는 것이며, 우리는 공정으로서의 정의가 전제로 하는 사람이 아니며, 그런 사람일 수가 없다. 샌델 같은 공동체주의자가 볼 때 롤스는 개인을 사회적으로 만들어진 신념에서 믿기 어려울 정도로 분리시킨다. 내가 어떤 것을 심각하게 믿고 있는 상황에서 만약 내가 믿는 바를 내가 모른다면, 내가 고수하는 것이 왜 문제가 되는가(Vernon 1995, 308)? 공동체주의자들은 롤스에

---

71 샌델은 자세히 분류하면 공화주의자라고 할 수 있는데, 공동체주의와 공화주의는 자유주의보다는 서로 유사성이 있기 때문에 여기에서는 공동체주의로 묶어서 논하겠다.

게 이러한 질문을 던진다.

샌델에 따르면, 분배의 자격을 포상(褒賞)하는 문제는 분배 정의가 아니다(샌델 2010, 223). 물론 롤스는 정의에 대한 이러한 정의(定義)가 상식과 어긋난다는 점을 알고 있다. 롤스는 다음과 같이 언급한다. "소득과 부, 그리고 삶에서 일반적으로 좋은 것들은 도덕적 자격에 따라 분배되어야 한다는 생각이 상식으로 통하는 경향이 있다. 이 경우 정의는 덕성을 기준으로 하는 행운이다. …… 이제 공정을 기준으로 하는 정의는 이러한 생각을 거부한다"(TJ, §48). 그래서 "사회의 기본 구조를 규제하는 정의의 원칙은 …… 도덕적 자격을 언급하지 않고, 분배되는 몫도 그러한 자격에 좌우되는 경향을 보이지 않는다"(RTJ, §48).

이러한 언급에 대해 샌델은 다음과 같이 지적한다. 배분은 "게임의 규칙이 정해졌을 때 생긴 합법적 기대를 충족하는 것과 관련이 있다. 일단 정의의 원칙이 사회 협력의 조건을 정하면, 사람들은 그 규칙에 따라 자기가 벌어들인 이익을 가질 권리가 생긴다. 그러나 조세 제도에 따라 수입의 일부를 내놓아 어려운 사람을 돕는 데 써야 한다면, 자신이 도덕적으로 마땅히 받을 자격이 있는 것을 빼앗긴다고 불평할 수 없다"(샌델 2010, 225).

이와 같은 논박이 나오는 이유는 롤스가 원초적 입장에서 기본 구조가 따라야 하는 정의의 원칙을 정하기 때문이다. 요컨대, 롤스는 무엇보다도 사회의 기본 구조가 정의로워야 한다고 주장했다. 샌델이 보기에 이 주장은 인간에 대한 특별히 형이상학적이거나 인식론적인 관념을 전제로 하는데, 그렇기 때문에 정의에 대한 이론에서 나오는 것이 인간에 대한 이론, 더 정확하게는 도덕적 주체에 대한 이론에서도 나와야 한다. 다시 말하면, 원초적 입장에서 보면 정의의 두 원칙이 보이며, 정의의 두 원칙에서 보면 인간에 대한 이론이 보인다.

　원초적 입장은 도덕 이론뿐 아니라 철학적 인간관도 제시한다(Sandel 1982, 47~8). 샌델에 따르면 이것은 잘못이며 도덕적으로 반박을 받아야 한다. 그러나 롤스에 의하면 사람들은 정의로운 규칙에 따라 타인과 공존하려 하고, 그러기 위해 다른 목표, 야망, 이상, 멤버십, 우의, 그리고 언질을 기꺼이 줄이거나 포기한다. 그런 사람들에게는 포기하는 것이 생각할 수도 없는, 구성적인 언질을 가지고 있지 않다. 그들은 새로운 목표와 이상, 그리고 충성을 찾음으로써 자신을 항상 새롭게 만들어나갈 수 있다.

　말하자면 인간은 구체적인 사회적 맥락에서 삶을 엮어나가며, 그 사회의 정의에 대한 관념에 따라 정의를 구현하려고 한다. 그러므로 정의의 원칙을 추상적인 상황에서 도출하거나, 거기에서 도출한 정의의 원칙을 미리 가정한 인간의 본성과 정합시키려는 사고는 잘못이다. 게다가 사회생활을 하면서 인간이 형성되는 것이기 때문에 인간의 본성이 원초적 입장에서 합의된다고 기대하는 것도 무리이다.

　샌델이 도덕적 주체에 대한 그러한 이미지를 거부하는 것은 나무랄 수 없다. 문제는 롤스가 그러한 이미지를 제시하지 않았다는 데 있다(Pogge 2007, 185).

　롤스는 다음과 같이 답변할 것이다. 정의로운 사회에서 사람들은 다른 사람과 단절하고 사는 것이 아니라 타인에게 언질을 주면서 삶을 영위해 나간다. 사실 사람은 태어나면 어떤 사회에서 특별한 입장을 가지며, 이 입장이 그 사람의 전망에 영향을 끼친다(TJ, 13). 다만 원초적 입장에서 특별한 언질을 할 수 없거나 야망을 드러낼 수 없도록 무지의 장막을 쳤을 뿐이다. 그러나 정의의 두 원칙이 일단 확립되고 나면 사람들은 공인된 정의의 관념에 따라 결정되는 특정한 사회에 애착을 느끼며 살게 된다. 예를 들면 특정한 종교나 이상에 애착을 느끼기 때문에 애착과 정의에 대한 의무 사이에 갈등이 일어날 수도 있으며, 이를 해결하기 위해 정의에 대한 정치적 개념을 바탕으로 하는 정치적 자유주의가 제시되는 것이다.

또한 샌델은 이상적인 사회에서 시민은 공동선에 대해 공유된 관념에 따라 고무되어야 하는데, 롤스의 이상적 사회는 그렇지 않다고 비난한다. 샌델에 따르면 공동선에 대해 공유된 관념이 기본 구조의 정의에 대해 공유된 관념보다는 더욱 풍요로울 것이기 때문이다. 샌델은 이렇게 지적하면서도 공동선의 내용에 대해서는 상술하지 않고 있다. 공동선이 롤스에게 어떤 의미가 있는지 18장에서 다루겠지만, 롤스가 사회 내의 부분적인 공동체를 상정했다면 샌델은 사회의 모든 구성원을 포함하는 공동체를 이상으로 삼는다.

롤스가 보기에 모든 구성원을 포함하는 공동체, 즉 사회와 일치하는 공동체를 만들겠다는 이상은 불가능하다. 다원주의라는 사실을 받아들여야 하는 현실을 감안한다면, 롤스로서는 그러한 공동체를 상정할 수 없다(Pogge 2007, 187). 롤스에 따르면 그러한 공동체를 만들기 위해서는 정부의 억압이 필요한데, 억압하면 자유주의 체제라고 할 수 없다. 반면에 정치적 자유가 공정한 값어치를 가짐으로써 시민들로 하여금 정치에 참여하고 정의를 공적으로 심의하도록 하기 때문에 기존의 자유주의 체제보다 공동체주의적 가치를 신장할 것이라고 본다.

샌델이 볼 때 정의는 쌀쌀맞기 짝이 없는 덕성이다. 서로 모르는 사람들이 모였거나 서로 친해지려고 하지도 않고 도움을 받으려고도 하지 않는 사람들이 갖지 않을 수밖에 없는 덕성이 정의이다. 그렇다면 정의가 정말로 사회제도의 제1덕성이 될 수 있는가? 사회가 정의로만 존속할 수 있는가? 이러한 문제를 제기하는 데서 샌델의 논의가 시작한다고 볼 수 있다.

그렇다면 자유주의적 정의에 대한 마르크스의 비판이 비(非)마르크스주의적 공동체주의에서 나타났다고 볼 수 있겠다. 이 점에서 마르크스주의와 공동체주의는 정의에 대한 자유주의적 이론을 공동의 과녁으로 삼는다. 마르크스주의가 중세에 대한 향수를 불러일으키는 점—그렇다고 모든 공동체주의가 그렇다는 것은 아니다—이 전혀 없다든가 공동체의 물질적인 지지와 그 상실을 고집한다는 점에서는 공동체주의와 다르다. 그렇지만 마르크스주의는 공동체주의적 신조라고 볼 수 있다. 정의에만 의존하면 사회가 불가능하며 참을 수 없을 정도로 황폐할 것이다. 흄이 묘사하듯이 사회가 좀 더 따뜻하고 인간적인 자연적 덕성을 지니는 것이 어떨까? 샌델과 공동체주의자들은 자유주의적인 정의의 관념에 이상과 같은 질문을 던지고 답하려 하는 것이다(Ryan 1993a, 16).

(1) 지역 할당제에 대한 재론

롤스는 개인은 공리주의와는 달리 공통성과는 무관하게 개별적으로 정체성이 인정되어야 하며 올바름이 선에 우선되어야 한다고 주장한다. 그런데 차등 원칙은 시작부터 공동체 이론에 의존하기 때문에 올바름이 선에 우선되어야 한다는 우선성을 부정할 수 있다(Sandel 1982, 134). 롤스의 선에 관한 이론과 공동체에 관한 설명을 살펴보기 위해 지역 할당제를 재론해보자.

《평등, 자유, 권리》의 2장에서 평등을 논하는 가운데 지역 할당제 또는 농어촌 특별전형의 정당성을 논해보았다. 예를 들어 교육 환경이 열악한 산골 출신의 갑돌은 수능에서 89점을 받고 교육 환경이 더 나은 서울 강남 출신의 철수는 91점을 받았는데, 갑돌이 철수보다 점수를 적게 받았지만 갑돌은 법과대학에 합격하고 철수는 불합격하는 경우가 있을 것이다. 갑돌이 이렇게 합격한 것은 지역 할당제 때문이다. 이 제도는 사회적 약자에게 가산점을 주는 일종의 '적극적 차별 시정 조처affirmative action'라고 볼 수 있다.

미국의 대학들도 흑인을 비롯한 소수 인종을 우대하는 입학 할당제를 두고 있다. 미국이 역사적으로 흑인들을 불평등하게 대우한 탓에 그 후손들이 현재 사회적으로 불리한 위치에 놓였으므로 그들이 겪었던 '차별을 시정하기 위한 적극적인 조처affirmative action'라는 차원에서 그런 제도를 마련했다. 말하자면 역사적 부정의를 시정하기 위한 조처라고 하겠다. 그런데 이 적극적인 조처 때문에 바키Bakke라는 백인 학생이 의과대학에 입학하지 못하고 그보다 성적이 꽤 낮은 흑인 학생은 입학한 일이 있었다. 그래서 1974년에 바키는 대학을 상대로 소송을 제기했다. 흑인 학생보다 나은 처지라는 이유로 입학할 수 없다면 평등에 대한 '공적주의적meritocratic' 관념에서는 기회의 평등이 달성되지 않았다고 볼 수 있기 때문이다(Dworkin 1981a, 188).

한국의 지역 할당제를 두고 다음과 같이 생각할 수 있다. 철수는 대학 입시에서 지역을 따지는 것은 부당하며, 차별 때문에 자신이 도덕적으로 당연히 받아야 할 몫을 받지 못하게 됐으므로 권리를 침해당했다고 주장할 것이다. 지역 불균형에서 비롯된 교육 기회의 불평등이라는 잘못을 바로잡기 위해 실시하는 지역 할당제는 옹호될 수도 있지만, 지역 할당제는 인재를 역차별하는 정책이며 지역이 불균형하게 발전된 것은 대학의 책임이 아니기 때문에 지역 할당제를 대학이 실시해야 할 이유가 없다고 주장할 수 있는 것이다.

그러면 지역 할당제의 정당성 여부를 재론하면서 선에 대한 롤스의 이론과 공동체에 대한 그의 설명을 고찰해보자.

드워킨은 차별 시정을 위한 적극적 조처를 옹호했다. 드워킨의 논지가 롤스와 같지는 않지만, 공적·응분 등에 대한 롤스의 견해와 비슷한 면이 많다(Sandel 1982, 135). 드워킨은 흑인이나 다른 소수자가 사회적으로 전략적 직업을 얻게 하는 것이 바람직한 사회적 목표라고 보았다. 그렇기 때문에 법과대학이나 의과대학에서 그들을 위한 적극적 조처를 취하는 것이 효과적인 수단이라고 보고 옹호한다(Dworkin 1977a, 11).

그렇다면 흑인이 법과대학에 입학하게 된 것은 과거의 차별에 대한 보상을 한다든가 어떤 장점에 대한 권리/자격이 있어서가 아니라 국가적인 문제를 해결한다는 사회적 유효성 때문이다. 그런데 드워킨이나 롤스는 일반 복지를 위한 사회 정책도 개인의 권리를 침해해서는 안 된다고 주장한다. 이런 측면에서 보면 흑인 때문에 법과대학에 입학하지 못한 것은 백인의 권리를 침해당한 것이다. 그런데 드워킨은 시정적 조처가 바람직한 사회적 목표와 개인의 중요한 권리 사이의 갈등을 제기한다는 사고는 지적인 혼동이라고 주장한다(Dworkin 1977a, 12).

드워킨은 다음과 같이 논지를 편다. 인종을 고려하는 것은 공정하지 못하다. 어떤 피부 색깔을 띠는 것은 개인으로서 어쩔 수 없는 일이기 때문이다. 어떤 입시생이 지력이 떨어져서 수능 성적이 낮다면, 지력이 낮은 것은 그 입시생으로서는 어쩔 수 없는 일이다. 농구를 못한다고 해서 또는 특정 지역 출신이 아니라고 해서 입학이 불허될 수는 없다. 인종은 다른 요인일 수 있다. 인종차별을 한 역사가 있기 때문이다. 적극적인 조처 때문에 입학하지 못한 백인 입시생이 만약 흑인이었다면, 성적이 조금 더 낮거나 면접을 좀 더 잘했다면 입학되었을 것이다. 이렇게 보면, 백인 입시생의 경우에 인종은 그가 통제할 수 없는 그 밖의 요인과 다른 것이 아니다(Dworkin 1977a, 15).

다음과 같이 생각할 수 있다. 점수가 낮은 흑인은 입학이 허용되고 점수가 높은 백인은 입학이 허용되지 않은 것은 '공적/업적merit'을 근거로 판단되는 권리가 침해된 것이다. 그러나 드워킨의 생각은 다르다. 공적이라고 생각되는 것은 추상적인 것에 의해 결정될 수 없으며, 제도가 제시하는 사회적 목적에 관련된다고 여겨지는 특질에 의존한다. 의과대학과 법과대학의 입학을 결정하는 데서 지력은 많은 특질 중 하나에 속하겠지만 유일한 특질은 아니다. 개인의 다른 속성과 배경이 학업 수행을 평가하는 데 고려되어야 하며, 흑인이라는 점이 당면한 사회적 목적에 연관된다면 이것을 공적으로 여겨야 한다(Dworkin 1977a, 13).

드워킨은 결국 어느 누구도 적극적인 조처에 의해 권리가 침해되지 않는다는 것을 주장하는 셈이다. 어느 누구도 의과대학에 당연하게 입학해야 하는 선행하는 권리가 있는 것이 아니기 때문이다. 타고난 지력, 가정 환경, 사회적·문화적 기회 등은 개인이 어찌할 수 없는 요인, 즉 좋은 운의 문제이다. 그리고 법과대학이든 의과대학이든 특별한 특질이 있는 이에게 입학 허가라는 보상을 해야 할 이유가 없다. 입학 허가는 사회가 요구하게 된 특질에 의존할 뿐, 그 이상은 아니다(Sandel 1982, 137). 이상이 적극적인 조처와 관련해 드워킨이 생각하는 바이다.

드워킨의 논지는 몇 가지 점에서 롤스의 이론과 일치한다. 드워킨에 따르면, 인종과 마찬가지로 입학에 대한 전통적인 기준은 응시자와 관계가 없다. 이것은 운으로 인해 갖게 된 장점은 도덕적 관점에서 임의적이라는 롤스의 주장과 상통한다. 드워킨에 따르면 제도가 규정하고 추구할 수 있는 목적을 고려하지 않는 추상적인 측면의 공적이라는 것은 없다. 그리고 롤스는 공적주의에 반대하여 공적, 덕성, 도덕적 값어치라는 개념은 선행하거나 제도 이전의 도덕적 지위를 갖지 않으며, 그래서 정의로운 제도를 비판할 수 있는 독립적인 관점을 제시하지 않는다고 주장한다. 둘은 이 점에서 비슷하다. 또한 흑인이든 백인이든 누구도 법과대학이나 의과대학에 응당 입학되어야 하는 것이 아니며, 어느 누구도 입학될 선행적인 권리가 없다는 드워킨의 주장은 롤스가 도덕적 응분과 정당한 기대를 구분한 것에 상응한다(Sandel 1982, 137~8).

양자는 더욱 일반적인 의미에서, 즉 공리주의에 반대하여 권리에 기초를 두는 이론을 제시하고 사회적 이익의 계산에 반대하여 개인의 요구를 옹호하려 한다는 점에서 비슷하다.[72] 그런데 사회적 목적, 즉 사회에서의 유효성을 내세워 적극적인 조처를 옹호하는 것으로 보아 과연 그들이 권리를 옹호하고 있는가라는 의문을 제기할 수 있다(Sandel 1982, 138). 샌델이 비판하고자 하는 바는 바로 이것이다.

어쨌든 적극적인 조처와 관련하여 중심적인 것은 ① 흑인과 다른 소수자를 차별하는 것과 ② 그들을 호의적으로 차별하는 것을 구분하는 것이다. 드워킨은 ①은 인종이 다른 인종보다 본질적으로 더 값어치가 있다는 야비한 생각에 부분적으로 의존하며(1a), 반면에 ②는 사회적 목적의 달성이라는 공리주의 개념에 의존한다고 본다. 그런데 롤스는 (1a)가 잘못이라고 보는 점에서는 드워킨과 생각이 같지만, 그 근거가 다르다. 롤

---

72 샌델이 지적하는 바는 공리주의를 극복하겠다는 롤스의 의도가 실현되었는가라는 점이다. 예컨대 타고난 재능을 공동의 자산으로 삼아 사회적 목적에 이용하겠다는 것은 인간을 수단으로 삼지 말라는 칸트의 정언적 명령과도 어긋난다(Sandel 1982, 140~1).

스가 볼 때 (1a)가 잘못인 이유는 흑인의 본질적 값어치를 부정하기 때문이 아니라 백인에게 본질적 값어치를 잘못 귀속시켜서 응분에 대한 근거 없는 주장을 백인에게 귀속시켰다는 점 때문이다.

그렇게 볼 수 있는 이유는 다음과 같다. 롤스가 볼 때 도덕적 값어치라는 개념은 선이라는 개념과 마찬가지로 올바름과 정의라는 개념에 부차적이며, 배분적인 몫을 실질적으로 규정하는 데서 역할을 담당하지 않는다(TJ, 312~3). 사람은 본질적인 공적이나 응분을 가질 수 없는 것처럼 본질적인 값어치도 가질 수 없다. 즉 정의로운 제도가 있기 전에 또는 제도와 무관하게 값어치, 공적, 응분이 있을 수 없다. 롤스에 따르면, 어떤 사람이 타인보다 더 값어치가 있거나 응분을 더 갖지 않는다. 그 이유는 모든 사람이 본질적으로 값어치가 있거나 응분이 있기 때문이 아니라, 어느 누구도 본질적으로 값어치나 응분을 갖지 않기 때문이다. 값어치와 응분에 대해서는 정의로운 제도가 나타난 뒤에야 주장할 수 있다(Sandel 1982, 138~9).

우리는 대학 입시에서 지역 할당제에 대해 자유주의자 시각에서는 반대할 만하며, 또한 지역 할당제에 대해 자유주의자와 공동체주의자의 견해가 서로 다를 수 있다는 것을 《평등, 자유, 권리》에서 살펴보았다. 자유주의자는 권리가 거의 선험적으로 결정되었다고 보는 경향이 있는 반면, 공동체주의자는 구성원들이 심의를 통해 권리가 무엇인지를 결정해갈 수 있다고 보기 때문이다.

그런데 지금까지 살펴본 바에 따르면, 롤스는 지역 할당제에 찬성할 수도 있다. 롤스도 자유주의자인데 어떻게 상반된 견해를 취할 수 있는가? 자유주의자는 초기에 법적인 기회의 평등을 강조했다. 이에 반해 롤스는 기회의 평등뿐 아니라 더 나아가서 공정한 기회의 평등과 차등 원칙으로 평등하게 함으로써 자유, 특히 정치적 자유의 값어치를 평등하게 보장하려 하기 때문이다. 요컨대 타고난 재능과 능력을 공동의 자산으로 보기 때문이다. 더욱이 롤스는 선에 대한 올바름의 우선성을 주장하는 의무론적 자유주의자이며, 응분은 제도가 확립된 이후에 요구할 수 있다고 보기 때문이다. 같은 자유주의자라도 롤스의 견해는 이처럼 다를 수 있다.

(2) 정부의 중립과 선에 대한 관념

역사적으로 자유주의는 선한 삶에 대해 정부는 중립적이어야 하며 공동선을 이해하는 방법에 대해 조심스러워야 한다고 주장했다. 이 주장에는 두 가지 의미가 있다. 첫째, 정부는 도덕적 이상 또는 선에 대한 관념의 진리나 거짓을 모르는 것으로 해야 한다. 즉 선에 대한 어떤 관념의 타당성, 설득력 또는 진리, 그리고 다른 어떤 관념의 거짓됨, 타당하지 않음 등이 정부가 행동하는 이유가 되어서는 안 된다는 점이다. 이와 연관해서 둘째, 선과 관련해 사람들이 다른 관념을 가진 것에 대해 정부는 중립적이어야 한다. 즉 사람들이 선에 대한 자신의 관념에 따라 살아가는 기회를 증진하거나 방해하는 행동을 해서도 안 된다(Raz 1986, 108).[73]

이처럼 중립적인 태도를 취하는 이유는 선에 대한 특별한 관념을 부과하는 것은 강압적이 될 수 있기 때문이다. 신정(神政), 공산주의 체제, 파시스트 체제를 자유민주주의와 견주어보면, 자유민주주의가 선에 대해

---

73 두 가지 주장의 차이점, 그리고 다른 형태의 반완전주의의 가능성과 관련한 자세한 논의는 Raz(1986, 110~62)를 참조하라.

그들과는 다른 이상을 추구하는 것이 아니라 어떠한 이상도 추구하지 않는다는 점에서 차이가 난다. 사회에 어떠한 도덕적 특성을 부과하고자 하면, 정부가 강압적이 되어 자유를 침해하기 때문이다. 그래서 정부는 스스로 제약을 받아야 한다(Raz 1986, 108·110).

이를 보장하기 위해서 예를 들면 드워킨은 자유주의가 개성에 관한 어떤 특별한 이론에 의존하지 않으며(Dworkin 1978, 142) 롤스는 인간의 동기에 관한 특별한 이론을 전제하지 않는다고 주장한다(TJ, 129). 게다가 그는 인간이 자신의 목적을 선택할 수 있는 조건, 즉 자유롭고 평등하고 이성적인 존재로 존속할 수 있는 조건이 중요하지 어떠한 목적 그 자체가 주어지는 것이 인간에게 중요하지는 않다고 주장한다(TJ, 561). 그렇다면 드워킨이 주장하듯이 선한 삶에 대한 관념을 시민에게 부과하지 않도록 해야 한다는 의미에서 각자가 선한 삶을 추구하는 것에 대해 정부는 중립적이어야 한다(Dworkin 1978, 143).

시민은 자신이 설정한 선한 삶에 대한 견해를 자유롭게 추구할 수 있다. 말하자면 자신을 행복하게 만드는 것에 대한 자신의 비전에 따라 행복을 자유롭게 추구할 수 있어야 한다. 증진되어야 하는 공동선에 대해서도 공동선은 선한 삶에 대한 하나의 관념에 의존하지 않는 방식으로 개념화되어야 한다. 이것은 공동선에 대한 최소한의 관점으로, 모든 사람이 어떤 특정한 방식으로 살아야 한다고 요구해서는 안 된다. 부당하게 타인을 해치거나 타인의 권리를 위반하지 않는 한, 공동선은 선한 삶에 대한 자신의 비전을 자유롭게 추구할 때 가장 효과적으로 증진된다는 것이 자유주의자들의 일반적인 생각이다. 그러므로 정부는 선에 대한 다른 관념에 중립적이어야 한다(Barcalow 2004, 206).

대부분의 공동체주의자는 근대의 자유주의자가 국가가 선을 강제하는 것을 두려워한 나머지 그 반대의 극단으로 너무 가버렸다고 생각한다. 어떤 사람이 아주 재능이 많은데도 다른 일로 허송세월을 하더라도 국가는 간섭하지 않아야 하며 그가 살아가는 방식을 비판해서는 안 된다고 자유주의자는 주장하게 되었다. 또한 자유주의자들은 정부도 그가 살아가는 방식을 바꾸려 하지 않아야 하며 그의 삶의 방식을 바꾸려 하는 이들로부터 그를 보호해야 한다는 주장까지 한다.

그러나 비정부적인 제도나 조직이 그들의 관점에 따를 것을 개인들에게 요구하는 것을 막지는 않는다. 정부와 무관한 조직이 여러 집단적인 발언권을 행사하는 것을 정부가 막아서는 안 되기 때문이다. 게다가 정부는 사람들의 삶의 방식을 바꾸기 위해 강제하지 않지만, 교육이나 설득은 할 수 있다. 예를 들어 정부가 금연을 권장하는 광고를 하거나 담배 가격을 올릴 수는 있다. 금연 광고를 하고 담배 가격을 올린다고 해서 자유주의적인 중립성을 침해하는 것은 아니다(Barcalow 2004, 207).

도덕적 교육은 어떠한가? 사람들에게 어떤 도덕적 원칙이나 품성상의 특질을 주입해야 하는가? 이것은 자유주의적 중립성을 침해하는가? 자유주의자는 침해한다고 생각한다. 이에 반해 공동체주의자는 자유주의의 중립성을 거부한다. 에치오니Amitai Etzioni(1929~)는 공동체주의에서 공적인 도덕적 판단의 역할을 중시한다. 공동체는 구성원의 도덕적 품성을 배양해야 한다. 예를 들면 관용, 정의에 대한 감각, 그리고 자신의 의무를 다하려는 욕구 등을 증진시켜야 한다. 그러나 이러한 도덕적 교육을 하는 데서 정부가 유일하고 최선의 기관인가? 에치오니 같은 공동체주의자는 그렇게 생각하지 않는다. 그에 따르면 형법보다는 사회적 압력이 공동체의 구성원으로 하여금 무례한 행동을 삼가게 하는 데 충분하다(Etzioni 1998, 42).

어쨌든 공동체주의자는 중립성과 관련해 자유주의자와 견해를 달리한다. 요약하면, 공동체주의자는 부분이 전체와 연관되는 것처럼 인간은 사회와 관계를 맺게 마련이기 때문에 사회는 하나의 통합된 실체이며, 그 구성원에게 어떠한 형태의 도덕적 정체성을 부여해야 한다고 주장한다(Haldane 1996, 71). 선에 대한 국가의 중립 여부를 두고 자유주의자와 공동체주의자 사이에 이상과 같은 논박이 오갔다.

4. 공동체주의와 자유 지상주의

현대의 공동체주의자들은 서구의 문명이 지나친 개인주의에 감염되어 있다고 믿는데, 그 원인을 자유주의의 탓으로 돌린다. 에치오니는 이것을 '급진적 개인주의radical individualism'라고 일컬으며(Etzioni 1993, 11 · 15), 영국의 탬Henry Benedict Tam(1959~)은 '시장 개인주의market individualism'라고 일컫는다. 무엇이라고 부르건 간에 여기에는 몇 가지 양상이 드러난다(Tam 1998).

첫째, 공적이든 사적이든 가능한 한 많은 결정을 자본주의 경제체제의 자유 시장의 작동에 맡겨버린다. 둘째, 시장 개인주의는 이기심을 덕성으로 받든다. 모든 사람들이 하나같이 자기 이익만 추구하면, 모든 것이 가장 잘되는 것으로 여겨진다. 신기하게도 전적으로 자기 이익을 추구하는 행위가 모든 사람에게 혜택을 주고 공동체의 건강을 가장 잘 보호하는 것을 시장이 보장한다. 시장 개인주의는 자유 지상주의로 표현할 수 있다. 자유 지상주의자는 배분을 시장에 맡기고 정부가 배분에 관여할 바가 없다고 주장한다.

그러나 공동체 내에서 공동의 목표를 세우고 공동의 과업을 수행하는 데서는 공동체의 구성원 각자를 각각의 로빈슨 크루소로 간주할 수 없으며, 공존하고 협업하는 과정에서의 상호 대등성을 강조하지 않을 수 없다(Spragens 1998, 32). 그래서 공동체주의에서는 인간을 도덕적으로 평등하게 하기 위해, 동료에 대한 동정을 표현하기 위해, 나아가 인간이 더욱 장기적인 안목에서 자신에 대한 '합리적 타산prudence'이 필요하다는 점에서 재분배 조처가 필요하다(Spragens 1998. 32~3).

탬은 시장 개인주의와 그 결점을 공동체주의적인 관점에서 다음과 같이 설명한다.

다른 이들보다 더 많은 경제적 자원을 통제하는 인간들은 협상하는 데 특권적인 위치에서 모든 사람에게 의제를 설정할 수 있다. 그들은 정부에 있는 이들에게 실질적인 사적 기부를 할 수 있으며, 그들은 미디어를 통제함으로써 공공여론을 왜곡할 수 있으며, 그들은 그들이 제공하는 고용·투자·구매에 의존하는 모든 이들을 취소하겠다고 위협함으로써 복속시킬 수 있다. 다른 이들은 그들의 요구에 순응하거나 아니면 자신과 가족을 보살피는 데 필요한 소득이 없어지는 위험을 감수해야 한다. 그래서 두려움과 불안에 사람들은 더 큰 스트레스를 받으며 더 오랜 시간 동안 노동하는데, 그럼으로써 자식들은 과로하는 부모에 의해 방치되고, 가족이 붕괴되고, 타인의 안녕에 대한 책임감이 줄어든다. …… 이기심이 도덕적 교의가 된다. 개인들은 매번 자신의 이익을 앞세우도록, 그리고 시민적인 질서가 의미하는 바와 무관하게 자신이 선택하는 자유를 요구하도록 부추김을 받는다. 감염된 세포처럼 타인의 필요보다 자신의 필요를 앞세우는 '에토스ethos'는 사회생활의 모든 측면으로 확산되며 기꺼이 서로를 돕겠다는 구성원의 마음가짐에 의존하는 공동체의 능력은 내부에서부터 점차 사라진다(Tam 1998, 3~4).

개인주의에 사로잡힌 사람들은 타인에게 빚진 바가 전혀 없다고 생각하며 타인에게서 기대하는 바도 없다. 자신이 항상 홀로 서 있다고 생각하는 버릇을 습득하며 자신의 운명이 모두 자신의 수중에 있다고 쉽게 상상한다(Tocqueville 1994, 99). 더군다나 자기 자신을 독립적이라고 생각하여 자신의 힘을 뻔뻔스러울 정도로 신뢰하고 언젠가는 타인의 도움을 청하게 될 것이라고 생각하지도 않는다. 자신 외에는 어느 누구도 배려하지 않는다는 것도 거리낌 없이 보여준다(Tocqueville 1994, 100).

시장 개인주의는 개인주의의 한 형태인데, 개인주의는 변화무쌍한 개념이다. 공동체주의라고 해서 모든 형태의 개인주의에 반대하는 것은 아니다. 그들이 보기에 극단적인 형태의 개인주의에 반대한다.[74] 이것을 공동체주의자들은 자유주의라고 본다. 이 자유주의는 우리가 지금까지 논한 자유 지상주의에 해당한다고 볼 수 있다.

대부분의 공동체주의자들은 근대 개인주의에서 두 가지 핵심 사상을 받아들인다. 첫째, 모든 개인은 값어치 또는 가치가 있다. 둘째, 모든 개인은 평등한 가치가 있다. 반면 근대의 개인주의는 집단이 모든 가치를 가지며 개별 구성원은 가치가 없다는 관념에 반대한다. 공동체주의적 관념에 따르면, 집단과 개인 사이에 갈등이 있을 때는 아무리 집단의 이익이 사소하고 개인의 이익이 대단한 것이라고 해도 늘 집단이 우선하고

---

74 롤스는 정치적 자유주의를 개인주의적 정치적 관념으로 보는 것은 잘못이라고 주장한다. 정치적 자유주의의 목적은 결사적이든 개인적이든 자유에서의 다양한 이익을 보호하는 것이라는 이유에서이다(LP, 166).

개인은 희생된다(Barcalow 2004, 205).

이와 반대로 집단에 모든 가치가 있고 개인은 아무 가치도 없다는 것을 부정하고 그 반대의 주장을 하게 되면, 개인주의는 극단적이 된다. 개인의 이익, 특히 자유에 관련한 이익은 집단의 어떠한 집합적인 이익보다도 우선한다. 그러한 극단적인 반작용은 개인이 존속하고 번성하기 위해서라도 건강한 집단 내에서 살아야 할 필요가 있다는 점을 간과하는 것이다. 사실은 개인과 집단이 모두 가치가 있다. 그래서 개인과 집단의 필요 사이에 균형이 이루어져야 한다.

(1) 정의에 대한 공동체주의적 관념

공동체주의자는 특정한 시대에 특정한 공동체에서 살아가는 실제 사람들이 생각하는 바와 유리시켜 정의 이론을 수립하는 것은 적실성이 없거나 실패하게 마련이라고 생각한다(MacIntyre 1981; MacIntyre 1988 ; Sandel 1982; Taylor 1979, esp. 111~69). 그래서 공동체주의자는 사람들이 깊이 공유하는 이해에 따라 사회를 구조화하고자 한다. 이렇게 구조화한다는 것은 실질적인 비용을 유발하지 않고 개인들이 참으로 하기를 원하는 바를 할 수 있게 하는 구조를 만드는 것이다. 그렇게 되면 개인들이 선택을 제한하도록 설득하는 것이 가능해진다(Bell 1993, 141). 이렇게 하여 공동체와 유리된 정의 이론을 수립하는 대신에 전통, 공동체에 잠재적이거나 깊이 근거를 두는 가치 또는 우리가 공유하는 의미와 이해를 조합한 것을 해석함으로써 정의 이론을 수립할 수 있게 된다(Okin 1989, 42).

따라서 공동체는 가치와 목표를 공유해야 한다(Bellah 1998, 16). 개인은 공동체 내에서, 그리고 공동체를 통해 실현될 수 있다. 개인은 타인과 유리된 진공상태에서만 또는 시장과 국가라는 맥락으로 구성되는 세상에서만 존재하지 않는다. 강하고 건강하고 도덕적으로 활력 있는 공동체에서 강하고 건강하고 활력 있는 개인들이 나올 수 있다. 공동체 내에서 개인들은 연대감을 느끼는데, 개인들은 서로 관계를 맺음으로써 공동체의 가치와 목표에 대한 언질을 공유할 수 있다(Bellah 1998, 18).

그렇다면 공동체주의는 선에 대해 어떠한 관념을 가지고 있는가? 공동체의 구성원은 공동체에 대한 역사와 정체성을 공유함으로써 그 공동체에 소속되는 것을 경험한다. 소속되는 것을 경험하는 것은 모든 구성원의 도덕적 평등을 요구하며 도덕적 유대를 가져다준다. 그래서 소속되는 것이 정의의 버팀목이 된다(Selznick 1998b, 64~5).

이렇게 볼 때 공동체주의자의 정의에 대한 관념은 한마디로 상호 대등성이라고 표현할 수 있겠다. 즉 공동체의 구성원은 다른 모든 구성원에게 뭔가를 빚지고 있으며, 공동체는 구성원 각기에 대하여 뭔가를 빚지고 있다(Etzioni 1998, xxxiv). 개인의 삶은 좋든 싫든 간에 여러 측면에서 타인과 관계를 맺으며, 삶의 결과에 대해 서로 책임을 져야 한다(Selznick 1998b, 62). 그래서 구성원들 각각에게, 그리고 구성원과 공동체 전체 사이에 서로 빚지고 있다는 사실에 응하여 공동체 내의 개인들이 책임을 지는 것이 정의라고 본다(Etzioni 1998, xxxiv).

구성원은 자신과 자기 가족에게 필요한 것을 공급할 책임이 있으며, 공동체는 이러한 본질적인 과업을 수행하는 데 기여해야 한다. 또한 개인은 자신을 부양해야 하며 타인의 물질적·도덕적 안녕을 위해 책임을 진다. 그렇다고 해서 개인에게 영웅적인 자기희생을 요구하는 것은 아니다. 어느 누구도 타인의 운명의 영향을 받지 않는 섬〔島〕이 아니라는 것을 항상 인식하고 있어야 한다(Etzioni 1998, xxxiv). 여기서 공동으로 또는 집합적으로 책임을 진다는 것은 혜택을 덜 받은 이들이나 사회적 약자가 되기 쉬운 이들을 배려할 의무가 있다는 것을 뜻한다(Selznick 1998b, 62).

따라서 공동체주의는 권리보다는 책임을 강조한다. 공동체는 구성원 각자를 자연적·인공적 재난에서 보호해야 할 책임이 있다. 스스로 해결할 수 없는 이들에게 기본적인 필요를 보장하고, 개인이 공동체에 기여하는 바를 적절하게 인정하고, 자유롭게 교환하고 선택함으로써 개인이 자신의 삶을 규정할 수 있는 영역을 보장해야 한다(Etzioni 1998, xxxiv).

그렇다고 공동체주의가 자기 이익을 합리적으로 추구하는 것을 배제하는 것은 아니다. 오히려 공동체의 문제를 결정하는 데 참여함으로써 단기적인 이익에서 벗어나 더욱 신중하고 장기적인 안목에서 합리성이 요구하는 바를 찾게 된다(Selznick 1998b, 66). 모두가 참여함으로써 정의(正義)에 대해 공통으로 수용할 수 있는 정의(定義)를 찾을 수 있게 된다(Etzioni 1998, xxvii).

그래서 공동체주의자는 사회적인 행위와 연관되는 문제에서 자신이 생각한 선에 대한 관념에 따르도록 내버려두어야 한다는 생각을 거부하며, 어떤 행위는 찬양해야 하지만 반사회적인 행위는 저지되어야 한다고 생각한다(Etzioni 1998, xii). 이 점이 자유주의, 특히 자유 지상주의와 다른 점이다. 이상과 같이 보면, 모든 개인들이 평등하게 도덕적 존엄성을 지녔다는 것을 인정하고 개인적인 결정에 따라 자신을 타인과 구별하는 것에 부합하게 하는 것이 공동체주의적인 사회 정의이다(Etzioni 1998, xxxiv).

(2) 공동체주의, 자유주의, 그리고 자유 지상주의

그런데 탬은 공동체주의가 시장 개인주의와 권위주의를 모두 반대한다는 점을 지적한다. 시장 개인주의에서는 공동체가 개개의 구성원을 통제하는 데 충분하지 않다. 반면 권위주의 체제에서는 통제가 지나치며 구성원 중 소수가 타인이 준수해야 할 규칙을 설정한다. 또한 권위주의의 경우 적용하는 규칙이 사람들에 따라 다를 때가 많다.

그러나 탬이 말하는 '총괄적인 공동체inclusive community'는 어느 극단으로도 가지 않는다(Tam 1998, 3~6·23~4·268). 총괄적인 공동체에서는 첫째, 진리라고 수용되는 것에 대한 어떠한 주장도 협조적인 탐구라는 조건 아래에서만 타당해질 수 있다. 둘째, 협조적인 탐구자들의 공동체에 의해 타당해지는 공통 가치는 그 공동체의 모든 구성원이 지게 되는 책임의 기초를 형성해야 한다. 셋째, 사회의 각 수준에서 권력관계는 권력관계의 영향을 받는 모든 이들이 해당 권력이 행사되는 방식을 결정하는 데 평등한 시민으로 참석할 수 있어야 한다. 총괄적인 공동체는 이상의 세 가지 원칙, 즉 협조적인 탐구, 상호 책임, 그리고 시민의 참여를 근간으로 삼는다(Tam 1998, 12~8).

총괄적인 공동체에서 사람들은 지배자가 주장한다고 해서 그 요구를 수용해서는 안 된다. 세상이 존재하는 방식 또는 세상이 존재해야 하는 방식에 대한 주장은 공공정책에 대한 지침으로 받아들여져야 하는데, 이것은 모든 사람이 토론에 기여하는 실질적인 기회를 얻고 주장의 수용 여부를 집단으로 결정하는 협조적인 탐구에 따라 타당해져야 한다(Tam 1998, 13~4).

권리와 의무를 규정하는 규칙을 집단적으로 결정하고, 그 규칙은 모든 사람에게 평등하게 적용되어야 한다. 권력은 모든 사람에 의해 공유되어야 하며 책임을 물을 수 없는 몇 사람의 수중에 집중되어서는 안 된다. 총괄적인 공동체에서 권력은 민주주의적으로 행사된다. 말하자면 해당 권력이 행사되는 방식을 결정하는 데서 특정한 권력 구조의 영향을 받는 모든 이들은 평등한 시민으로서 참여할 수 있다. 그렇게 하려면 서구 민주주의의 특색이라고 할 수 있는 다당제적인 경쟁을 넘어서는 민주화가 이루어져야 한다(Tam 1998, 16~7).

공동체주의는 자유주의자와 자유 지상주의자에 견주어 사회적 가치를 보전하기 위해 개인의 자유를 제한하기가 쉽다. 그들은 방종에 반대하고 '질서가 잡힌 자유ordered freedom'를 선호한다. 공동체주의자에 따르면, 가치 있는 자유란 어떤 순간에 사람들이 하고 싶은 바를 무엇이든 하는 자유가 아니다. 결국 어떤 시점에 하고 싶은 것은 충동, 변덕, 잘못되거나 비합리적인 신념, 습관, 편견, 심리적 강박이나 중독, 왜곡된 가치에 근거를 둘 수 있다. 하고 싶을 때 하고 싶은 바를 하는 자유는 영구적이고 진정하며 타당한 욕구를 반영하지 않는다. 그러므로 공동체주의자에 따르면 가치가 없는 것이다. 반면에 질서가 잡힌 자유는 좀 더 제한된다. 셀즈닉Philip Selznick에 따르면, 우리는 개인의 안녕과 성장에 기여하면서 건강한 심의민주주의에 기여하는 방식으로 행동하는 자유가 질서 있는 자유라고 생각할 수 있다(Selznick 1998a, 6~7).

강제되지 않은 커뮤니케이션은 …… 지적이고 정동적이며 도덕적인 성장에 중요하며 언론의 자유는 자치만큼이나 과학, 교육, 그리고 전문적인 협의를 포함하는 많은 목적에 가치가 있다. …… 그러나 자유 언론에 광범하게 언질을 주어도 어느 정도까지, 어떠한 형식으로, 그리고 어떠한 제한으로 자유 언론이 다른 가치와 목적에 대한 관계를 포함하는 적절한 기준에 따라 통제되어야 하는가에 초점을 맞춘 탐구로 대체될 수 없다. 모든 맥락에서 경계는 설정되고 배제되는 것을 고려해야 한다. …… 공적인 토론이라는 더 넓은 영역에서 우리는 또한 물을 수 있다. 대로에서 구걸하는 이들에 의해 사용되는 단어, 좌절당한 자동차 운전자에 의한 언어적인 남용, 그리고 자기표현의 한 형태로서의 음란한 노출에마저도 언론의 자유가 보장되어야 하는가(Selznick 1998a, 8∼9)?

근대 문명에서 자유에 대한 일차적인 제한은 밀의 위해 원칙이었다. 그런데 셀즈닉에 따르면 이 원칙은 개인에게서의 위해만을 인정하고 적용함으로써 도덕적인 퇴락을 경시하는 경향이 있다. 그러나 도덕적인 환경의 퇴락은 미묘하며 아마 장기적일 테지만, 공동체의 정체성과 품성(비판과 변화를 수용해야 하는)뿐 아니라 사회적 질서의 초보적인 조건에도 결정적일 수 있다(Selznick 1998a, 10).

발전할 수 있는 문화에 참여하는 것이 개인의 안정과 사회적 기율에 불가결한 근원이다. 문화의 상실은 광범한 불안을 안겨주고 사회적 통제를 약화시킨다. 문화의 파괴가 가져다주는 위험을 무시해서는 안 된다. 문화의 파괴는 어린이를 돌보고, 직업을 얻고, 자신의 파괴적인 만족에 저항하는 능력을 포함해 동기의 결여를 야기하게 마련이기 때문이다(Selznick 1998a, 10).

근대 사회는 젊은이들에게 초보적인 문명인으로서의 예의를 가르치려고 하지 않는다. 그런데 대중문화는 오히려 무례를 가르치려고 하는 듯하다. 무례한 행동이 확산되면 사회적 결속은 무너질 것이다. 그렇다고 해서 셀즈닉 같은 공동체주의자들이 무례를 법에 대비시키려고 하지는 않는다. 오히려 공동체가 무례한 행동을 부정적으로 본다는 것을 공적으로 표현할 필요가 있다고 생각한다. 나아가 부모가 자식들에게 예의 바르게 행동할 것을 가르쳐야 한다고 본다. 법적 권리가 있는 것이라고 해서 무엇이든 해서는 안 되며, 자기 기율과 타인에 대한 존경이 덕성이라는 것을 젊은이에게 가르쳐야 한다(Barcalow 2004, 209).

그렇지만 이것이 사회적 압력이 법을 대체할 수 있다든가 법이 공동체의 공유된 도덕을 반영하지 않아야 한다는 것을 뜻하지는 않는다. 사회의 형법은 사회의 도덕을 분명히 반영한다. 자유라는 이름으로 규제하는 것을 반대하는 것이 오히려 잘못이다(Spragens 1998, 38). 어린이를 학대하거나 방치하는 것, 강간, 환경오염, 안전하지 않고 전염이 되는 약을 판매하는 것 등과 같은 아주 잘못된 행위를 막기 위해 형법을 사용하는 것은 정당하다(Barcalow 2004, 209).

위에서 살펴본 것처럼 가정이 도덕교육에 일익을 담당하는데, 공동체주의자는 가정을 사적인 곳이 아니라 공적인 곳으로 본다. 가정은 시민을 훈육하는 곳이다. 개인은 가족에 의해 형성되며, 바르게 성장할 수도 있고 비뚤어지게 성장할 수도 있다. 그래서 갤스턴William Galston(1946~)에 따르면 지적·육체적·도덕적·정서적으로 준비된 어린이를 양육하여 그들이 법을 준수하고 독립적인 공동체 구성원으로서의 위치를 차지함으로써 자신과 가족을 부양하고 시민으로서 의무를 다하게 하는 것을 사회 정책의 목표로 삼아야 한다(Galston 1998, 150).

가정 내에서의 결정도 전적으로 사적인 것이 아니라 공적으로 영향을 끼치는 바가 많다. 기율, 야망, 기꺼이 법을 준수하고 타인을 존중하겠다는 마음가짐 같은 특질을 주입하는 일차적인 책임이 가족에게 있다. 이 책임은 학교 같은 보조적인 기관에 의해 효과적으로 행해질 수 없다

(Galston 1998, 151). 가정이 이렇게 중요하기 때문에 공동체주의적인 사회 정책은 가정을 번성하게 할 수 있는 조건을 만들고 유지하는 것에 초점을 둔다(Barcalow 2004, 209~10).

이상과 같이 공동체주의자들이 자유주의에 가하는 반론을 스위프트 Adam Swift는 다음과 같이 요약한다. 그러면 그 내용을 살펴보고, 이에 대해 자유주의자가 펼칠 수 있는 반론을 고려해보자.

① 자유주의자들은 인간이 이기적이거나 자기중심적이라고 가정한다.

② 자유주의자들은 최소 국가를 옹호한다.

③ 자유주의자는 의무나 책임보다는 권리를 강조한다.

④ 자유주의자들은 가치를 주관적이거나 상대적이라고 믿는다.

⑤ 자유주의자들은 개인이 사회적으로 구성되는 방식을 무시한다.

⑥ 자유주의자들은 공동의 관계, 공유된 가치, 공동의 정체의식이 갖는 중요성을 인식하지 못한다.

⑦ 자유주의자들은 국가가 중립적일 수 있고 중립적이어야 한다는 잘못된 생각을 하고 있다(스위프트 2011, 204).

지금까지 이러한 반론을 조금씩 다루어온 셈인데, 이를 최종적으로 정리해보자.

① 자유주의의 근간이 되는 개인주의를 이기주의와 동일한 것으로 보고, 개인이 자신의 이익을 무한정 추구하지 말고 공동체에서의 유대도 생각해야 한다는 발상에서 이러한 반론이 나타난 것으로 보인다. 자유주의는 도덕적 이론의 하나로서 개인으로 하여금 자신의 이익을 무절제하게 추구하도록 내버려두지 않는다(스위프트 2011, 205~6). 자유주의에는 개인들의 이기주의를 제한하는 법과 규칙이 있다. 국가 기관 차원에서는 삼권분립이라는 제도로 견제와 균형을 통해 이기적이 될 수 없게

하고 있다. 더욱이 자유주의는 개인들이 자신의 삶을 스스로 꾸려가는 자유를 보장하는 도덕적 교의이다. 따라서 공동체주의자들의 주장처럼 자유주의적 개인주의를 포기해야 도덕을 논할 수 있는 것은 아니다(스위프트 2011, 206~7).

② 초기 자유주의 시대나 노직의 자유 지상주의에서는 최소 국가를 옹호했지만, 실제 복지국가와 롤스의 복지 자유주의는 옹호하지 않는다.

③ 자유주의에서 의무보다는 권리를 강조하는 경향이 권리에 기초를 두는 이론과 실제로 미국에서 소송이 많이 제기된다는 사실에서 나타난다는 것을《평등, 자유, 권리》5장 5절의 〈권리에 대한 비판〉항에서 지적한 바 있다. 그런데 위의 책에서 호펠드의 권리형태 분석과《정의에 대하여》14장에서 하무향에 견주어 논한 것에서 알 수 있는 것처럼 정치생활에서 가장 중요한 권리는 의무와 상응하는 권리이다. 이처럼 자유주의 국가에서 타인과 공존해야만 한다는 점을 감안한다면, 자유주의가 권리만 강조한다고 주장하기는 어렵다. 게다가 권리를 강조하는 것이 책임을 무시하는 것이라고 볼 수도 없다.

④ 자유주의는 개인의 자유와 자율성을 중시하기 때문에 어떤 삶의 방식이 가치 있다고 국가가 강제하지 않는다. 개개인이 선에 대한 관념을 가질 수 있다는 점에서 가치가 주관적이라고 볼 수도 있으며, 그 선을 어느 누구도 강제할 수 없기 때문에 서로 인정하지 않을 수 없다는 점에서 상대적일 수는 있다.

그러나 정의의 원칙을 정하고 모두가 따르기로 정했다면, 그 정의의 원칙에 포함된 가치를 모두 객관적으로 인정하는 것이 되며 국가는 그 가치를 부과할 수 있다. 헌법이 보장하는 기본권을 지키는 것도 하나의 가치이며, 롤스처럼 사회적인 일의적 선들을 가치라고 합의할 수도 있다. 공동체주의자는 가치가 사회적 의미를 지녀야 한다고 주장한다. 그렇다면 사회마다 다른 가치를 숭상하게 될 텐데, 그렇게 하는 것이 오히려 가치 상대주의를 조장한다고 볼 수 있다(스위프트 2011, 217).

⑤ 자유주의는 개인이 마치 사회와 유리될 수 있으며 사회가 개인들의 합의에 따라 구성된 것처럼 간주한다. 그런데 실제의 인간은 사회 속에서 태어나 성장한다는 점에서 개인보다 사회적 맥락이 우선한다(스위프트 2011, 219). 만약 사회적 맥락이 우선이라고 생각하여 사회적 맥락에 따라서만 삶을 영위한다면, 개인은 선택할 수 없으며 사회를 개선조차 할 수 없게 된다. 사회계약론에서 개인들을 사회에서 유리시켜 보는 이유는 그렇게 함으로써 인간에게 진실로 필요한 것이 무엇인지 스스로 판단해보고, 진실로 필요한 것을 보장하기 위해 사회가 어떠한 원칙으로 제도를 갖추어야 하는지 생각해보기 위해서이다.

자유주의자들이 자아가 사회적으로 구성된다는 것을 인정하지 않는 것은 아니다. 오히려 인정하기 때문에 자유주의는 개인들의 가치관이나 신념이 형성되는 조건에 더 관심을 기울이게 된다. 그렇기 때문에 자유주의자들은 사회화와 교육에 관심을 쏟는다(스위프트 2011, 221~2). 또한 킴리카는 개인의 자율성은 문화구조 내에서 개인이 성장함으로써 형성되기 때문에 자율성이 사회와 유리되어야만 성장한다는 주장은 근거가 없다고 밝힌다(Kymlicka 1989)

⑥ 자유주의는 사회를 개인들의 이익을 추구하기 위한 수단 또는 협동적인 시도로 보기 때문에 사회적 유대나 관계가 저하된다는 비난을 받는다. 그러나 그런 비난을 받을 이유가 없다. 첫째, 국가는 자유롭고 평등한 사람들이 서로 필요한 일을 하게 하고, 필요한 것을 하게끔 도와주는 수단이다. 그렇기 때문에 자유주의는 사람들이 사적인 개인으로서

가 아니라 시민으로서 서로 어떻게 대우하는 것이 좋은지 답을 준다. 따라서 설사 국가를 도구적으로 인식한다고 해도 자유주의는 국가 내에서 삶을 영위할 수 있는 틀을 제공하고, 사람들로 하여금 공통의 가치를 추구하게 한다. 삶을 영위하면서 공통의 가치를 추구할 수 있다는 것은 공동체의 구성원으로서 공유된 관행에 따라 공동체적인 활동을 할 수 있다는 것이다. 요컨대, 시민들이 공동체주의적인 삶을 영위하고 자신의 특수한 목적을 달성하려는 것을 국가는 방해하지 않는다(스위프트 2011, 223~4).

국가는 기본권이나 사회적인 일의적 선을 활용하여 공동체주의적 가치를 구현할 수 있다. 게다가 정치공동체에서 개개의 시민들은 저마다 자유롭고 평등한 시민들이며, 공동의 목적을 추구하며, 자신들을 정의롭게 대우해줄 수 있는 제도를 창출하고 유지하고자 한다. 그렇다면 자유주의에서도 공유된 정체성을 인정한다(스위프트 2011, 226)는 점에서는 일치한다. 게다가 자유주의적 정의 그 자체가 하나의 공동선이 될 수도 있다. 예를 들면 롤스의 정의의 두 원칙을 공유하고 다양한 협업을 통해 공동의 목적을 달성할 수 있다(스위프트 2011, 224).

㉠ 자유주의 국가는 개인들로 하여금 자기 방식으로 자신의 가치를 자유롭게 추구할 수 있는 공정한 틀을 제공하면 된다. 가치에 대한 국가의 의지를 개인들에게 부과하지 않는 것이다. 그런 의미에서 지금까지 국가의 중립성을 논의해왔다. 중립성은 어떻게 하면 유지할 수 있는가? 중립성이라는 개념을 명확히 하기 위하여 ㉠ 가치관을 선택하고 추구할 수 있는 개인들의 능력, ㉡ 개인들이 선택하고 추구할 수 있는 가치관을 구분할 필요가 있다(스위프트 2011, 227).

중립적인 자유주의자들은 ㉠에 대해서는 중립적이지 않지만 ㉡에 대해서는 중립적이다. ⊙에 큰 관심이 있기 때문에 ⊙에 대한 중립성을 중요하게 여길 수도 있다(스위프트 2011, 227). 이것은 자유주의가 자유 의지를 가진 주체로서의 인간에 대해서는 어떤 특정한 이론에 의존한다는 것으로 해석할 수 있겠다. 욕구의 객체로서의 인간이 아니라 욕구의 주체로서의 인간에 대해, 그리고 그러한 주체가 구성되는 바에 대해서는 이론을 취할 수 있다(Sandel 1982, 10).

예컨대 롤스는 선에 대한 엷은 이론에 의존하여 각자가 사회적인 일의적 선을 활용해 자신의 선을 추구할 수 있게 한다. 그는 일의적 선을 인정하지만, 포괄적 교의를 강제하지는 않는다. 중첩적 합의에 따라 각자 공통의 근거에 설 수 있게 됨으로써 정치적 자유주의가 견지될 수 있다. 중첩하는 합의라는 공동의 근거에서 롤스의 정치적 자유주의가 수립되기 때문에 공동체주의적이라고 볼 수 있다(스위프트 2011, 234).

그런데 롤스는 포괄적 교의가 정의의 두 원칙과 관련된 국가의 행동에 영향을 끼치는 경우를 제외하고 어떤 포괄적 교의에 유리한 국가의 행동을 정당화하기도 한다. 예컨대 시민들이 찬성한다면, 미술관·박물관·국립공원을 보조할 수 있다.[75]

중요한 것은 중립성을 고려하지 않는 자유주의가 있다는 점이다. 국가가 시민들로 하여금 가치 있는 삶을 살게 하고 가치 없는 삶을 살지 않게 할 수 있다는 주장이 있다. 설사 자신이 선택한 삶이라고 해도 삶의 내용에 가치가 있어야 하며, 시민들이 어떤 내용을 담은 삶을 선택하는 것을 국가가 도울 필요가 있다. 이것이 조지프 라즈Joseph Raz 등이 주장하는 완전주의적 자유주의이다. 라즈 이전에 칸트와 밀 같은 이들도 정치

---

75 1971년에는 이 견해를 바꾸었다.

적 자유주의는 포괄적인 도덕적 관념에서 도출되어야 한다고 주장했다 (Nagel 2003, 74).

롤스의 구성주의라는 방법론을 논하면서 살펴본 것처럼 완전주의는 인간이 이성으로 파악할 수 있는 객관적인 선, 나아가 가치의 객관적인 질서가 있다는 것을 전제로 한다. 롤스는 원초적 입장에서 어느 누구도 자신의 선에 대한 관념, 즉 도덕적 이상에 대해 알지 못한다고 가정했다. 따라서 그는 완전주의를 부적절하고 불필요한 것으로 여겨 거부하고 구성주의를 택한 셈이다(TJ, 327~8).

그런데 라즈에 따르면 자유주의 국가는 중립적일 필요가 없으며, 국가가 사람들이 어떻게 살아야 하는지 판단을 내리고 그 판단에 입각해서 행동할 수 있어야 한다. 그렇다고 해서 강제하자는 것은 아니다. 이를테면 예술을 보조하거나 이성(異性) 결혼을 장려하는 것, 그리고 도박에 과세하는 것은 강제하는 것이 아니라 권유하는 것이다(스위프트 2011, 231). 그렇지만 완전주의적인 자유주의는 중립적 자유주의보다는 덜 개인주의적이며 더 공동체주의적이라고 볼 수 있다. 요컨대, 완전주의적 자유주의는 중립적 국가와 나아가 롤스의 정치적 자유주의를 넘어서서 공동체주의적인 면을 드러낸다고 볼 수 있다(스위프트 2011, 234~5).[76]

이상과 같이 자유주의에 대한 반론에 대한 반론이 있다. 이로써 반론과 재반론의 쟁점을 정확하게 판단할 필요가 있다.

---

76 그렇다고 롤스에게 공동체주의 또는 사회민주주의적인 측면이 없다는 것은 아니다. 롤스를 공동체주의적 자유주의라고도 볼 수 있기 때문이다(Mulhall et al. 2003, 461).

(3) 롤스, 공동체주의, 그리고 공화주의

위에서 공동체주의가 정의에 대해 어떤 관념을 갖고 있으며, 그러한 관념을 갖게 된 근거가 무엇이며, 공동체주의가 자유주의, 나아가서는 자유 지상주의와 어떤 차이가 있는지 살펴보았다. 공동체주의와 공화주의는 다르지만 비슷한 측면도 있기 때문에, 롤스의 정의에 관한 이론이 공동체주의 또는 공화주의적 관념과 어떻게 차이가 나는지를 다루어보자.

롤스는《정의론》에서 정의에 관한 일련의 자유주의적 원칙을 도출하려고 했다. 그는 이 정의의 원칙들에 대해 다양한 입장에 있는 사람들이 동의하리라고 기대했다. 또한 이 원칙들이 자유와 평등에 대한 어떤 원칙들을 확립할 수 있을 것이라고 기대했다.

그러나 합리적인 사람이라면 선한 생활에 대한 견해가 다를 수 있다는 점을 인정하고, 특정한 생활방식이나 도덕적인 '시각perspective'을 선호해서는 안 된다. 개인적인 권리는 독립적으로 도출되고 정당화되며 정치를 통해 추구될 수 있는 목표와 선을 제한한다. 국가는 더욱 실질적인 목표를 증진시키려 하기보다는 개인이 선에 대한 자신의 관념을 추구하고 수정할 수 있는 공정한 절차를 보장하려고 노력해야 한다. 롤스가 주장하는 바는 이렇게 요약할 수 있겠다.

그러나 롤스에 대한 공동체주의적 비판자들에 따르면, 자유주의자들이 생각하는 것처럼 단호하게 실질적인 목표에서 절차를 구별할 수 없다. 요컨대, 자유주의자들이 공정한 절차를 중시해야 한다는 것 자체가 인간의 선에 대한 특수한 관념에 의존하는 것이다. 자율이라는 근본적인 가치나 정의라는 좀 더 복잡한 설명으로 표현되는지와 관계없이 특수한 관념에 의존하는 것이다.

롤스 비판자들은 독립적인 개인이라는 관념에 의문을 던진다. 그들의 견해에 따르면 개인은 사회적 역할과 계획에 '안주(安住)하고embed' 있는데, 이것들은 개인의 목표, 정체성, 그리고 선한 생활에 대한 관념에서 중심적이다. 개인은 이러한 관계로부터 자신을 의미 있게 분리할 수 없거나, 그렇게 해본들 자신을 파멸시키는 결과를 가져올 뿐이다(Sandel 1982; Walzer 1983; MacIntyre 1984; Honohan 2002, 9).

이러한 논의의 와중에 쌍방은 자신의 논지를 수정하게 되었다. 자유주의는 공동체주의의 어떤 견해를 부정하지 않았다고 주장함으로써 그 견해를 취하기도 했다. 그러나 자유주의자는 근대의 다원적인 사회 구성원들 사이에서 공유하는 어떠한 실질적인 공동선이 있을 수 있다는 견해는 거부한다(Honohan 2002, 9~10). 롤스도 같은 견해를 취하면서 공동체주의는 사회적 규범을 공유할 수 있다는 것을 강조한다.

그러나 롤스는 《정치적 자유주의》에서 명확하게 보여주는 것처럼 다원주의라는 사실을 인정한다. 게다가 정치적인 것에 초점을 두는 롤스의 합당성과 공동체주의적 관점은 다르다. 그러므로 롤스로서는 공동체주의를 수용하지 않는다(O'Neill 2003, 353). 따라서 그는 공동체주의자의 비판 때문에 자신의 이론을 《정치적 자유주의》에서 수정하게 되었다고 주장하지는 않는다(PL, xvii). 이미 살펴본 것처럼 롤스는 안정과 정당성에 대한 논지를 명확하게 하기 위해 자신의 이론을 수정했다.

자유주의가 공동체주의적 관점을 수용하지 않는 이유는 벌써 논했지만, 다음과 같이 정리할 수 있겠다. 자유주의는 시민으로 하여금 자신의 선을 추구하게 하는 데 주안점을 둔다(Selznick 1998a, 8). 그러므로 도덕적 다원주의를 옹호하지 않을 수 없다. 그런데 자유주의가 도덕적 다원주의를 옹호하는 한에서는 가치의 갈등을 전제로 하기 때문에 정치적인 권위는 문제가 되지 않는 영역으로 국한될 수밖에 없으며, 개인이 자신의 선을 추구할 수 있는 영역을 제공하려고 할 뿐이다.

이러한 상황에서 자유주의가 말하는 공동선이라는 것은 공동체주의자가 보기에 개인의 의지를 타인에게 부과하는 것을 정당화할 뿐이다(Selznick 1998a, 11). 그런데 롤스 같은 자유주의자들처럼 근본적인 가치를 언급하고 논의하는 것을 회피만 할 수 있겠는가? 정치는 어차피 근본적인 가치와 분리될 수 없는 것이 아닌가? 공동체주의자들은 이러한 반문을 제기한다.

롤스는 실질적인 공동선이 있을 수 없다는 견해를 취하고, 그래서 전술한 것처럼 정치적 자유주의에 대한 사상을 개진했다. 이것은 자유에 대한 특별한 설명이 개인에 대한 특별한 관념이 아니라 다양한 사회에서 관용이 필요하다는 데 근거를 둔다는 것을 뜻한다(PL, 10·58~62·154).

선한 생활에 대한 견해가 서로 아주 다른 사람들은 정치적 원칙과 제도에 합의할 수 있다. 그런데 이 원칙과 제도는 독립적인 것이 아니라 중첩적인 포괄적 교의나 근본적 신념에 기초를 둔다. 이것은 자유라는 가치에 우선성을 두는 포괄적인 자유주의가 아니라 사람들이 주장할 수 있는 관계의 깊이를 인정한다. 그렇기는 하지만 공적인 것과 사적인 것을 엄밀하게 구분한다. 정치의 요체는 개인이 자신의 계획을 추구할 수 있게 하는 것이다. 자유주의적 국가에서 시민들은 다양한 견해를 가지고 있으며, 모든 사람이 이해하고 관여할 수 있는 공적 이성에 기초를 두는 논쟁만 정치적 토론에 부칠 수 있다(Honohan 2002, 10).

이에 대해 공동체주의는 다른 견해를 취한다. 자유주의에서는 공동체의 공동선이 무엇이며, 좋은 시민이 되는 것이 무엇인지와 무관하게 개인의 자유와 권리가 결정된다. 반면에 공동체주의에서는 자유주의처럼 원자론적인 개인관으로부터 자유와 권리가 도출되는 것이 아니다. 다른 가치, 특히 공동체가 추구해야 하는 가치·목적과 관련하여 자유와 권리의 내용과 한계가 결정된다(Selznick 1998a, 8).

그런데 공동체주의자들은 정치가 실질적인 선과 개인의 목표에 본질적인 사회적 관계를 북돋우는 데 더욱 관심을 기울여야 한다고 주장하지만, 공동체의 정확한 본질과 이 주장의 정치적인 함의는 불분명하고 논쟁의 표적이 되어왔다. 그러나 어떤 이들은 더욱 명료하게 정치적으로 응용될 수 있는 바를 개진했다.

예를 들면 왈저는 구성원들 사이에 공유되는 기존의 이해를 명료하게 하는 것이 정치라고 설명했다(Walzer 1983). 다른 한편 샌델은 미국의 정치는 원래, 그리고 그 후에도 자유와 시민적 덕성을 추구하는 공화주의적인 정치였다는 점에서 미국의 역사를 해석했다. 샌델은 자유와 덕성이 공동선을 지향했는데, 이를 개인의 이익과 권력을 중시하는 정치가 압도했다고 본다(Sandel 1996). 다른 공동체주의자는 공동선을 증진하는 데서 정부에 어떤 주요한 역할을 할당하는 결론을 내리기를 거부했다(MacIntyre 1999).

스스로 결정을 내리는 시민들 사이에 정치적으로 규정되는 공동선이라는 공화주의적인 이념이 다시 한 번 흥미를 불러온 것이 바로 이 맥락이었다. 그전에는 정치에 더 많은 참여가 있어야 한다는 자유주의의 주장은 특별히 공화주의적이라고 내걸지 않고 개진되었다(Pateman 1970; Barber 1984).

공화주의적 이론의 기초는 인간의 상호 의존성을 이해하는 데 있다. 많은 자유주의자들이 개인은 사회적 관계와 공동체의 관행에 의존한다는 것을 인정했기 때문에 그러한 상호 의존성을 인식한다는 것이 오늘날 자유주의자를 공화주의자와 근본적으로 구별하는 것이 아니다. 특히 공화주의자는 라즈 같은 자유주의자와 공통점이 많다.

라즈는 자율을 정치적 가치에서 중심적인 것으로 보며, 전술한 것처럼 '완전주의적인 자유주의자perfectionist liberals'로 일컬어지기도 한다. 완전주의적 자유주의자는 자유주의가 어느 특정한 정치적 가치를 증진한다고 보지 않는 중립적 자유주의자와는 구분된다. 공화주의자와 자유주의자들 사이에 의견의 불일치가 있는 곳에 정치적으로 함축하는 바가 있다. 라즈는 자율의 사회적 기초를 강조하지만 잠재적으로 분열적이며 억압적인 정치적 수단을 통해 자율을 증진하는 데에는 너무나 많은 위험이 도사리고 있다는 것을 인정했다(Raz 1986, 427~9). 킴리카가 기술하듯이 이들 관점은 "사회적 명제가 아니라 국가의 적절한 역할에 대해, 그리고 개인이 사회에 의존하는 것이 아니라 사회가 국가에 의존하는 바에 대해 의견의 일치를 보지 못하는 것이다"(Kymlicka 1990, 230).

롤스에 따르면, 고전적 공화주의는 사적인 생활을 보장하는 시민적 자유를 포함한 기본적 자유와 권리를 보장받기 위해서는 시민들이 상당할 정도의 정치적 덕성을 깃춰야 한다고 주장한다. 롤스는 덕성을 가진 시민들의 광범한 정치적 참여는 고전적 공화주의가 포괄적인 교의를 전제로 하지 않기 때문에 공정으로서의 정의가 구현되는 정치적 자유주의와 근본적으로 배치될 것이 없다고 생각한다(Rawls 1988, 272). 즉 자신이 자유주의를 개정했기 때문에 시민적 공화주의의 해석과 양립할 수 있다고 본다.

반면에 '시민적 인문주의civic humanism'는 정치적 생활에 참여함으로써 인간의 본질을 구현할 수 있으며, 정치 참여가 기본적 자유의 보호에 필요하다거나 선의 한 형태라기보다는 특별히 선한 생활이 있는 것으로 본다. 이것은 시민적 인문주의는 참여가 인간생활을 완전하게 실현하거나 궁극적인 목적이라고 간주한다는 것을 의미한다(Honohan 2002, 11). 그래서 시민적 인민주의가 정도 이상으로 포괄적 교의에 의존한다고 여겨지는 한에는 근본적으로 배치된다(Rawls 1988, 272~3). 롤스가 이렇게 보는 이유는 개체적으로 다양한 목적을 추구하는 시민들이 권리와 자유를 보호하는 데서 정치생활은 도구적으로 가치가 있다는 점을 더 중시하기 때문이다(PL, 205~6).

그러나 수단적인 가치와 궁극적인 가치 사이에는 더 복잡한 문제가 걸려 있다. 시민적 공화주의자의 논지는 이 시각을 넘어서서 정치적으로 규정되는 공동선이라는 문제를 다루고자 한다. 평등한 자들의 공화주의적인 공동체에는 시민의 선도 정치적으로 규정되는 공동선이 포함된다. 정치적인 활동은 인간생활에서 유일하고 궁극적이지는 않더라도 본질적으로 가치가 있을 수 있다. 공동선에 대한 관심이 근본적으로, 그리고 그 자체로 자유와 갈등을 일으키지는 않는 것이다.

롤스가 구분한 것만으로 답이 나오지 않는 많은 문제가 또한 있다. 그것은 자유, 시민적 덕성, 그리고 인정의 본질과 그들 사이의 관계에 관한 문제이다. 그래서 지금 공화주의에 관한 다양한 표현이 있으며, 광범한 접근법이 채택되어야 한다(Honohan 2002, 11).

자유주의와 사회주의를 포함해 많은 이론을 감안한다면, 시민적 공화주의의 중심적 개념과 논지, 그리고 목적과 관련해 많은 해석을 내릴 수 있다. 중심적인 가치에 대한 정의를 두고 논쟁이 있었다. 그러나 단순히 공화주의는 시민적 덕성을, 반면에 자유주의자는 자유를 신봉한다고 대비시킬 수 없다. 이에 대해서는 합의가 이루어졌다. 자유에 대한 이러한 설명은 그 자체가 내적으로 논쟁거리가 됐지만 시민적 덕성, 참여, 인정을 포함하는 '핵심 사상군cluster of core ideas'의 하나로 볼 수 있다. 그런데 덕성·참여·인정은 각각 당대의 중심적인 문제에 비추어 각기 다른 시대에 논의의 초점이 되었다.[77]

(4) 종합부동산세에 대한 재론

정의, 나아가 사회 정의를 논하기 위해서《정의에 대하여》는 종합부동산세라는 세제의 정당성 여부를 논하는 것으로 시작했다. 이 문제에 대해 자유주의자, 자유 지상주의자, 나아가서는 공화주의자 또는 공동체주의자 사이에 견해가 다르다는 것까지 이미 살펴보았다(자유 지상주의자로는 노직을, 자유주의자로는 롤스를 염두에 두었다). 이제는 견해가 다른 근거를 고려해볼 수 있게 되었다.

노직은 취득의 원칙, 이전의 원칙, 시정의 원칙이라는 세 원칙을 천명했다. 그에 따르면 최초 취득 과정에서 다른 사람에게 해를 주지 않았거나 취득한 소유물을 자발적으로 교환했다면 소유는 정당하다. 물론 그렇지 못할 때는 시정의 원칙이 적용된다는 것을 밝혔다. 시정의 원칙을 적용할 이유가 없는 한 토지에 대한 초과이익이 국가에 환수되어야 할 이유가 없다. 이처럼 노직은 자기 소유권을 존중했으며, 이렇게 하는 것이 공정하다고 본다.

그렇다면 롤스의 입장은 어떠한가? 우선 그의 기본적인 권리의 목록에 사유재산이 포함되지 않는 점에 유의할 필요가 있다(RTJ, 242: PL, 298·

---

77 브루거Bill Brugger의《정치사상에서의 공화주의 이론Republican Theory in Political Thought》도 단일 사상이라기보다는 사상군(群)에 기초를 두었다고 본다. 그는 인민주권과 역사의 형성에 관한 사상이 핵심 주제라고 본다(Brugger 1999; Honohan 2002, 290 note 2).

338). 롤스는 사람들이 재산을 소유할 자유가 있는 것을 분명히 인정하지만, 재산권에 언론의 자유와 같은 지위를 부여하지는 않는다. 재산권에 대한 두 가지 더 넓은 관념, 즉 생산수단과 자연자원을 소유하고 취득하고 이전하는 권리, 그리고 생산수단과 자연자원을 통제하는 데 참여하는 평등한 권리는 도덕적 힘을 행사하는 데 필요한 것으로 여기지 않기 때문에 사회 상황과 역사적인 전통에 관한 정보가 알려진 나중 단계에 사회적으로 소유하게 된다. 요컨대, 네이글이 명확하게 요약하듯이 롤스에게서 재산권은 경제적 정의라는 제도의 기초가 아니라 결과이다(Nagel 2003, 68).[78]

롤스는 왜 그렇게 생각하는가? 응분이라는 제도 이전의 어떤 관념 때문에 자기 노동의 산물에 반드시 자격이 있다고 생각하지 않는다는 것이 부분적인 이유가 될 수 있다. 노동의 결과에 대해 물론 자격은 있지만, 그 결과는 노동한 이들뿐만 아니라 가장 불리한 사람에게도 혜택이 돌아가게 한 일련의 정의로운 규칙에서만 자격이 부여된다(RTJ, 88~9). 상속받은 불능이나 무능을 감내해야 한다는 것이 당연하지 않다고 생각한다면, 마찬가지로 자연적인 이점이나 재능도 당연히 수용해야 하는 것이 아니다. 이러한 것들은 도덕적 견지에서 볼 때 임의적이다(RTJ, 74·104).

요컨대, 롤스는 자신의 재능에 의한 결과도 응분에 해당한다고 여기지 않았다. 게다가 그는 차등 원칙을 정의의 원칙으로 내걸었다. 그것이 공

---

78 정의의 원칙이 전체로서의 기본 구조에 적용되는 것이지 기본 구조의 한 부분에 적용되는 것이 아니라는 점을 상기할 필요가 있다. 그래서 롤스는 자유방임적 자본주의와 복지국가 자본주의에 의해 생성되는 불평등은 문제가 있다고 생각한다. 그는 '재산을 소유하는 민주주의 property-owning democracy'라는 개념을 대안으로 제시하는데, 여기서 생산적인 재산의 소유는 광범하며 부의 집중은 최소화된다. 그러나 세세하게 묘사하지는 않는다(JFR, §41).

정하다고 생각했기 때문인데 그래서 자유 지상주의자의 재산권에 대한 관념과는 견해가 다른 셈이다(Ivison 2008, 113). 이처럼 노직과 롤스는 공정이라는 개념에 대해 견해를 달리한다. 그러므로 자신의 재능으로 타인보다 성공한 사람은 성공한 부분 중에서 일정한 몫을 사회에 내놓아야 한다. 더구나 토지를 불로소득의 원천으로 보는 한에서는 더욱 그러할 것이다.

이렇게 보면 종합부동산세가 단순히 누진세일 경우에는 롤스의 입장에서 인정할 수도 있을 것이다. 요컨대, 반드시 종합부동산세라는 명목이 아니더라도 재능 있는 이들이 정의의 두 원칙에 따라 종합부동산세에 해당하는 만큼 자신의 생산물을 사회에 환원할 수도 있다. 그런데 문제의 핵심은 종합부동산세가 이중과세라는 점에 있다. 또한 아무리 누진세라고 해도 누진율이 어느 정도인가 하는 문제는 남아 있다. 요컨대, 공동의 자산으로 삼아야 하는 것의 양을 정하는 문제—이론적으로는 앞에서 살펴본 〈그림 1〉에서처럼 D점이겠지만—가 현실적으로 남아 있는 것이다.

그렇다면 공동체주의자들은 종합부동산세에 어떤 입장을 취할 것인가? 그들은 다음과 같은 입장을 취할 것이다. ① 종합부동산세를 통해 사회적 위화감을 줄이는 것이 공동선이거나 공동선에 이르는 길이라는 점에 합의하면, 종합부동산세를 실시할 수 있다. ② 종합부동산세를 신설하는 것이 공동체의 목적에 부합하는지 여부를 결정하기 위한 토론에 구성원들이 참여하는 것은 의무이다. 의무만이 아니라 권리로서 중시한다(Bellah 1998, 19). ③ 자유주의자는 지나친 종합부동산세는 개인의 재산권을 지나치게 침해하는 것이기 때문에 부과할 수 없다고 미리 간주할 것이다. 그러나 공동체주의자는 권리와 공동선의 내용을 구성원들이 정할 수 있다고 본다.

자유와 권리를 추상적으로 나열하고 이를 보장하려는 것보다 구체적인 상황에서 어떤 자유와 권리를 가지는 것이 옳은지를 공동체가 결정하는 것이 더욱 중요하다. 종합부동산세를 부과하는 것이 옳은지 그른지는 재산권의 (절대적) 옹호라는 원칙이 변하는 것처럼 이미 정해진 것, 즉 고정된 것이 아니다. 그러므로 종합부동산세 부과 여부는 구체적인 상황에서 공동체가 추구하고자 하는 목적을 설정하는 데 달려 있다(Selznick 1998a, 7).

그렇다면 공화주의자는 어떤 입장을 취하겠는가? 그들은 공동체주의자와 비슷한 견해를 취할 것이다. 공화주의자는 부동산으로 인한 불로소득을 막는 것이 개인의 선보다 공동선을 증진하는 길이라고 간주할 것이다. 더욱이 공화주의자는 공동선이 정해져 있다고 보지도 않는다. 따라서 합의만 한다면, 종합부동산세라는 세제를 택할 수 있다고 볼 것이다. 종합부동산세라는 세제를 두지 않는 것이 자유의 증진, 덕성의 추구, 행복의 증진에 해롭다고 생각된다면, 공동체주의자는 종합부동산세를 강력하게 주장할 것이다. 공화주의자와 공동체주의자는 종합부동산 세제에 대해 비슷한 견해를 취할 것이다. 더 철저한 공화주의자는 헌법에 재산 소유의 상한선을 정하자고 주장할는지도 모른다.

이상과 같이 보면, 자유 지상주의자가—시정의 원칙이 적용되어야 하지 않는 한—종합부동산세에 가장 반대할 것이며, 경우에 따라 다르겠지만 공화주의자나 공동체주의자가 가장 찬성할 것이며, 그 중간에 롤스 같은 자유주의자가 있다고 하겠다. 그런데 롤스가 종합부동산세를 인정한다고 해도 자유 지상주의자, 공화주의자, 공동체주의자와는 다른 근거에서 인정할 것이다. 그는 전통적인 응분의 관념을 인정하지 않는 차등 원칙을 기본 구조가 수용하기 때문에 그 결과로 종합부동산세 같은 것을 부과하는 효과를 보게 된다고 주장할 것이다.

자유 지상주의, 공화주의, 공동체주의가 종합부동산세에 대해 어떤 견해를 취하는지도 중요하겠지만, 종합부동산세를 부과할 경우 어느 정도 과세하는 것이 정당한지가 문제이다. 헌법으로 재산 소유의 상한선을 정하거나 소득이나 재산에 대해 지나치게 과세하면, 결국 사회 전체의 효율이 저하될 것이다. 현실적으로 부유세를 지나치게 부과하면, 부자는 소득원을 얼른 자산으로 바꿔버리거나 세율이 낮은 외국으로 재산을 옮길 것이다. 그렇게 되면 빈자에게는 '여적효과(餘滴效果)/적하효과(滴下效果)/낙수효과(落水效果)trickle down effect'마저 없어질 것이다.[79]

따라서 그렇게까지 하여 평등으로써 달성하고자 하는 목적이 무엇인가라는 문제가 제기된다. 평등 그 자체를 목적으로 삼을 것인가? 아니면 평등보다 더 중요한 가치를 위한 것으로 봐야 할 것인가? 여기서 본질적인 문제는 자유와 평등, 또는 성장과 복지 사이의 조화를 어떻게 이룰 것인가이다. 복지 없이는 성장도 없지만, 복지만으로 성장하지도 못한다. 다시 말해 성장 없이 복지도 없지만, 복지 없이 성장도 있을 수 없다(김병

---

79 여적효과가 현실적으로 나타나지 않을 수 있다는 지적이 있다(김병준 2012, 47~58). 현 프란치스코 교황도 같은 견해이다(Chua-Eoan 2013, 37). 그리고 신자유주의에 의한 세계 질서를 반대하는 이유 가운데 하나는 국내외로 여적효과가 없거나 적다는 인식 때문이라고 볼 수 있다(Hornsby-Smith 2006, 25·219·232). 차등 원칙은 여적효과보다는 아래로부터 오는 혜택을 최대화하려는 것으로 볼 수 있다(Daniel 2003, 251). 그런데 만약 여적효과가 없는 것이 거의 영구적인 사실이라면, 쇄상결합은 더욱 적실성이 있다. 쇄상결합이란 어떠한 이득이 최소 수혜자의 기대치를 향상시키는 결과를 가져다주는 경우, 그 사이에 있는 모든 지위의 사람들의 기대치를 증가시킨다는 의미이기 때문이다. 게다가 18세기 이후 2012년까지 자본 수익률이 경제 성장률을 상회한다는 주장이 제기되었다(Piketty 2014). 그렇다고 해서 여적효과가 아주 없어졌다고 주장하기는 어렵겠지만, 빈부의 격차를 줄이기 위한 정치적 노력이 더욱 절실하다고 하겠다.

준 2012, 75). 그러므로 현실적으로는 어떤 정책을 펴느냐에 따라 양자의 균형이 잡힌다고 하겠다. 롤스도 결국 어떻게 하면 평등을 저해하지 않으면서 효율을 극대화할 것인가 하는 문제를 다루었다.

| 제12장 |

여성주의 이론

앞에서 살펴본 것처럼 가정이 도덕교육의 일익을 담당해 시민을 훈육하기 때문에 공동체주의자는 가정을 중시한다. 반면에 일반적으로는 사회에서와는 달리 가정에서 정의를 행하는 것이 중요한 목적이라고 생각하지 않았다. 가족 내에는 정의보다 더 중요한 애정이라는 가치가 깔려 있어야 한다고 생각했기 때문이다. 시민사회에서는 어쩔 수 없이 애정이 아니라 엄중한 정의를 찾아야만 했기 때문에 시민사회와 국가 생활에서 정의를 찾게 된 것뿐이다(Ryan 1993a, 1).

그런데 이제까지 가정 내에서 큰 역할을 담당해온 여성들은 가정과 사회에 기여한 바에 견주어 적절한 대우를 받지 못한 것이 사실이다. 여성은 남성과 성(性)이 다르다는 이유에서 '억압oppression'받거나 '예속subordination'되어왔다. 여성들은 이러한 사회적 부정의를 오랜 기간 감내하지 않을 수 없었다. 동서를 불문하고 역사적으로 가부장의 '가독권(家督權)

power of the paterfamilias'이 행사되는 상황에서 여성의 사회적·경제적·법적인 지위는 남성보다 열등했으며, 여성은 남성에게 종속된 위치에서 불평등한 대우를 받아왔다. 그래서 여성주의자는 여성들이 여성이라는 이유만으로 다양한 억압을 받아왔다고 믿는다.

억압의 원인과 억압을 벗어나는 해결책에 대한 견해가 다양하기 때문에 '여성주의feminism'에도 여러 줄기가 있다. 그러나 '여성주의자feminist'는 일반적으로 남녀가 대우받아야 하는 방식과 남녀가 가져야 하는 권리·책임에 관련되는 모든 방식에서 남녀는 평등해야 한다는 견해를 취한다(Barcalow 2004, 256).

1. 여성주의

여성의 해방을 최초로 옹호한 남성 중 한 사람이 스튜어트 밀이다. 그는 《여성의 예속The Subjection of Women》(1869)에서 여성의 예속은 정당화되지 않으며, 여성이 육체적으로 남성보다 약하기 때문이며 나중에 법으로 승인된 것이라고 주장했다. 그리고 여성들 스스로 남성에게 예속되는 것이 자연스럽고 옳다고 믿으면서 성장했기 때문이다. 밀에 따르면, 여성에게 남성과 같은 기회를 부정하는 법적인 제약은 철폐되어야 한다. 그래야만 인류에게 더 많은 행복이 보장되기 때문이다. 그러나 밀은 과거에 여성을 차별한 것 때문에 법적인 제약을 제거하는 것 이상의 조처를 취해야 한다고 고려하지는 않는다. 즉 '적극적인 조력positive assistance' 또한 요구될 수도 있다는 점을 고려하지 않는다(Sterba 2005, 1180).

여기서 여성들이 받은 불평등한 대우를 모두 열거할 수는 없다. 미국을 예로 들면, 남북전쟁 이후 흑인 남성은 투표권을 얻었지만 백인 여성이 투표권을 얻은 것은 1920년이었다. 그렇다고 그동안에 미국 여성이 미국 국민으로 인정되지 않은 것은 아니다. 이렇게 미국 국민이면서도 여성에 대한 투표권 인정이 지연된 이유는 투표권이 시민권과 반드시 일치되어야 한다는 생각이 없었기 때문이다(Barcalow 2004, 259). 또한 남성 중심의 노동조합은 여성을 조합원으로 두려고 하지 않았다. 말하자면 똑같이 억압받았다고도 볼 수 있는 흑인 남성 노동자들조차 여성을 차별대우하는 것이 당연하다고 보았다. 같은 일을 하고도 남성 임금의 반에 해당하는 임금을 받는 관행이 지켜졌다.

여성이 차별대우를 받은 이유는 여성이 남성보다 열등하다는 생각 때문이었다. 여성에게 고등교육의 기회를 부여하지 않으려고 한 이유는 여성이 너무 생각이 많아지면 출산 능력이 저하된다고 여겼기 때문이다. 그리고 여성 자신들 사이에서도 교육을 너무 많이 받으면 결혼에 장애가 된다는 통념이 팽배했다(Barcalow 2004, 260·263).

그렇다면 여성은 어떠한 과정을 거쳐서 해방되었는가? 한 가지 예를 들면, 서양에서도 여성은 재산을 소유하고 처분할 법적 권리가 오랫동안 인정되지 않았다. 여성에게 법적 권리를 부여하면 가정을 중심으로 하는 혈연집단이 재산을 남성 중심으로 승계시켜 보전하기가 어렵기 때문이다.

영국에서 이 전통을 깨뜨리도록 부추긴 것은 교회였다. 여성에게 법적 권리를 부여함으로써 교회는 과부와 같은 여성에게서 재산을 기증받을 수 있었기 때문이다. 이렇게 하여 서양에서는 가부장제도가 동양보다 일찍 해체될 수 있었으며, 가정 내에서의 개인주의가 동양보다 일찍 배태될 수 있었다. 여기서 말하고자 하는 바는 교회가 여성의 권리 그 자체를 신장하기 위해 여성의 법적 권리를 보장하라고 주장한 것이 아니라는 점이다(Fukuyama 2011, 233).

이와 비슷한 양상을 현대에도 찾을 수 있다. 여성을 열등한 위치에 머물게 하는 것은 자유, 평등, 우의라는 이상과 모순된다. 이 모순을 그대로 반영한 법도 모순된다고 하겠다. 그러나 그 모순을 극복해서 여성을 '해방emancipation/liberation'하는 것이 옳다는 고매한 이상 때문에만 여성이 점차 억압에서 벗어난 것은 아니다.

여성이 억압에서 벗어나게 되는 데 실제로 큰 역할을 한 것은―물론 여성주의자들의 노력도 컸지만―전쟁이었다고 볼 수 있다. 현대의 전쟁은 왕들의 전쟁이 아니라 국민국가들 사이의 전쟁이었기 때문에 여성을 포함한 모든 국민이 전쟁에 총동원되는 전면전 양상을 띠게 되었다. 이에 국가는 부국강병을 통한 국민국가의 형성과 유지를 위해서라도 국가의 존속에 기여한 여성과 노동자를 국민의 구성원으로 평등하게 대우하지 않을 수 없었다(Barcalow 2004, 256). 인간의 역사에서 전쟁이 국가를 만들고 국가가 전쟁을 만든 측면도 있다는 점을 인정하지 않을 수 없다(Fukuyama 2011, 94). 이렇게 하여 여성들은 여러 측면에서 해방되었으며, 여성 해방이라는 문제는 오늘날 국가를 경계로 삼지 않고 전 세계적이고 도덕적인 차원에서 제기되고 있다.

여성 해방을 논하면서 흔히 여성과 가정을 결부시킨다. 여성은 가정을 지키는 사람이었으며 오늘날 대부분의 여성도 그러하기 때문에, 여성을 논하면서 가정과 결부시키지 않을 수 없다. 그렇다면 가정은 정의를 논하는 데 어떠한 문제를 제기하는가?

가정은 문화를 전승하는 역할을 한다. 따라서 가정은 정의에 대한 감각이나 선에 대한 관념을 후대에 전승하는 데서도 큰 역할을 한다고 봐야 한다. 그렇다면 자유주의 사회는 가정을 구성하는 데 상당한 자유를 사람들에게 부여해야 한다.

그런데 가정은 가장 비자발적이면서도 사회제도에 광범하게 영향을 끼치며 또한 가정은 성적 위계제, 평등한 기회의 부정, 그리고 성적 폭력과 성적 수치가 나타나기 가장 쉬운 곳으로 악명이 높다. 가정이 정의로운 사회를 만드는 데 큰 역할을 할 수 있음에도 정의롭지 않을 수 있는 영역이 가정이며, 더욱이 대부분의 자유주의자들은 가정을 사적 영역으로 간주하는 데 문제가 있다(Nussbaum 2003, 500). 그래서 가정이 문제가 되며, 여성해방과 가정을 연결하게 되는 것이다.

그렇다면 여성주의자의 주장과 롤스의 정의 이론 사이에는 아무 갈등이 없는가? 여성주의자들 중에는 자본주의적 경제체제와 자유주의적 대의민주주의를 벗어나야만 여성이 완전히 해방될 수 있다고 주장하는 사람도 있다(Barcalow 2004, 267). 그런 시각에서 보면 자본주의와 자유주의를 견지하는 롤스의 이론은 여성의 완전한 해방을 저해하는 것이 된다. 여기서는 이러한 과격한 주장을 펴는 여성주의자의 견해까지 롤스의 이론과 연관해서 논할 수는 없다.

물론 롤스의 정의 이론과 여성주의와 관련해서 논할 수 있는 것이 많겠지만, 여기서는 누스바움이 지적하는 것 가운데 두 가지 문제만 논하고자 한다. 여성주의자들은 ① 윤리생활과 정치생활에서 '정동emotion'의 역할에 대하여 롤스가 충분히 관심을 기울이지 않고, ② 가정에서의 정의 문제를 제대로 다루지 않는다는 점을 지적한다.

여성주의자들은 롤스가 도덕적 합리성에 대한 칸트적인 접근법에 의존하다 보니 정동(情動)에 근거를 두는 판단은 경시한다고 주장한다(Nussbaum 2003, 489~90). 그러나 이러한 주장과 달리 롤스는 증오, 질투, 자만, 역겨움, 무관심, 사랑, 동정, 공포 같은 감정이 정의를 수립하고 유지하는 데서의 역할을 논한다. 그런데 한 가지 예를 들면, 원초적 입장에서 당사자들은 합리적으로 타산적인 인간이며 공유된 목적보다 자신의 목적을 추구하는 것으로 묘사된다. 그렇기는 하지만 차등 원칙을 보더라도 자비라는 감정이 포함되었다는 것을 인정해야 한다(TJ, 105). 게다가 당사자들은 더 높은 질서에 대한 관심을 대변하며 평등한 존경을 규범으로 삼는다는 점을 감안해야 한다(PL, 106).

롤스가 정치적 안정의 근거로서 정동에 관심을 충분히 기울이지 않는다는 비판도 있다. 그러나 그렇게만 볼 수 없는 측면이 있다. 롤스는 어린아이들은 부모가 사랑하고 자신을 이롭게 하려고 한다는 것을 인정하면서 사랑을 느끼며(TJ, 463), 좀 더 자라서는 타인의 처지에서 사물을 보려는 감정을 품게 되며(TJ, 468), 질서가 잘 잡힌 사회에서 정의에 대한 감각은 인류에 대한 사랑과 연속된다(TJ, 476)는 점을 밝히고 있다. 이러한 감정이나 정동은 롤스가 안정을 설명하는 데 큰 역할을 한다(Nussbaum 2003, 497).

그리고 롤스가 이성에 근거를 두는 도덕적 감정을 안정의 근거로 삼아 의존한다는 비난이 있다. 그러나 롤스가 논하는 '배경적 문화background culture'에는 상징, 설화, 그리고 기억에 근거를 두는 바도 포함된다고 봐야 한다(Nussbaum 2003, 498~9). 또한 루소가 정치적 참여를 통해 감정적 유대를 신장시키려고 한 것처럼 롤스도 정치적 안정과 정당성을 확보하기 위해 이 점을 감안했다고 봐야 한다.

2. 오킨: 공정으로서의 정의는 누구를 위한 것인가?

수전 오킨Susan Moller Okin(1946~)은《정의, 성, 그리고 가족Justice, Gender and Family》(1989)에서 성으로부터 해방된 사회라는 여성주의의 이상을 옹호했다. 이러한 사회에서는 기본적인 권리와 의무가 생물적인 성속 구기로 의여 부여되기 않는다. 따지고 부면 정의의 관념은 권리와 의무를 부여하는 데 궁극적인 근거를 제시한다. 그렇기 때문에 성이 해방된 사회라는 이상을 여성주의 정의라고 할 수 있다(Sterba 2005, 1180).

오킨은 여성주의자의 입장에서 왈저·매킨타이어·노직 등의 정의 이론에 대한 다양한 설명을 비판한다. 먼저 왈저가 주장하는 공유된 이해라는 것이 성으로 구조화된 사회가 당연한 것처럼 설득된 것으로 간주된다면 그것이 무슨 이해이며, 마찬가지로 매킨타이어가 강조하는 전통이라는 것은 누구의 전통인가라고 반문한다(Okin 1989, ch. 3). 전통과 공유된 이해는 남성이 여성을 지배한다는 문제를 해결할 수 없기 때문이다(Okin 1989, 72). 여성을 무시해온 전통에서 매킨타이어가 말하는 정의와 합리라는 것에 여성을 평등하게 대우하는 정의가 구체화되어 있다고 볼 수 있는가(Okin 1989, 45~6)? 정의로운 것이 사람들이 설득된 것에 의존한다면, 전통과 공유된 이해는 여성을 배려한다고 볼 수 없다(Okin 1989, 65). 나아가 오킨은 인간이 자신의 신체를 소유할 수 있는 주권자라면 자식을 만들어낸 여성은 자식을 소유해야 하는데, 여성의 이러한 측면을 노직이 얼마나 배려하는지 반문한다(Okin 1989, 76~88). 말하자면 여성만이 출산을 한다고 보면, 인간은 출생 시에는 여성의 생산물이라고 봐야 하는 것 아닌가?

그런 연후에 오킨은 롤스가 원초적 입장에서의 당사자들을 개인이 아니라 가정의 가장(家長)을 대변하는 것으로 가정하고 있지만, 가정 내에서 불평등한 대우가 어떻게 일어나고 있는지는 논의하지 않는다는 점을 지적한다(Okin 1989, 89, 92. 94). 그래서 오킨은 롤스에게 공정으로서의 정의가 과연 누구를 위한 것인가라는 질문을 던지면서 가정에서의 정의가 사회 정의에 핵심 역할을 담당해야 한다고 주장한다(Okin 1989, ch. 5).

이런 지적에도 불구하고 롤스가 인정하듯이 가정에서 정의에 대한 감각을 키우는 것이 정의롭고 질서가 잘 잡힌 사회에 결정적인 역할을 한다. 또한 오킨은 롤스가 가정 내에서의 불평등과 성차별에 따른 위계제 등을 자세히 논하지 않은 것은 그의 이론에서 심각한 간극이라고 보면서도 그의 견해를 무시하지는 않는다. 오히려 그녀는 원초적 입장이라는 고안이 성으로 나누어진 사회에 대한 비판을 명확하게 하는 강력한 수단이라고 생각한다(Okin 1989, 72 · 100 · 108~9).

원초적 입장에서 당사자들이 성차(性差)에 대해서는 무지하다는 언급이 애초에는 없었지만, 롤스는 성 차이는 도덕적으로 무관하다는 것을 밝히고 있다. 이렇게 당사자들이 원초적 입장에서 진실로 자신의 성을 모른다면, 오킨의 견해에 따르면 기본 구조에서 성 차이가 드러나지 않는 사회를 고안해야 한다(Okin 1989, 91). 성 차이가 선에 대한 사람들의 관념에는 중요한 사실로 남아 있을 수 있지만 이것이 정치적으로 부각되어서는 안 된다고 주장하는 것이다. 그래서 가사를 맡아온 주부는 예를 들어 남편의 수입에 대해 절반을─반드시 이혼하는 경우가 아니라 해도─요구할 수 있도록 국가가 인정해야 한다.

나아가 오킨은 롤스의 복지 자유주의적 정의관이 성이 해방된 사회를 지지하는지를 고려한다. 그녀는 원초적 입장과 같은 유형의 사고를 가족 구조에는 적용하지 않는다는 점을 지적하면서 복지 자유주의적 정의관이 과연 여성주의적 정의를 지지하는지에 회의적인 견해를 표명했다. 오킨의 주장에 따르면, 성별로 구조화된 사회에서는 남성 철학자뿐만 아니라—특히 서구의 철학자 중에는 남성 독신이 많다—이데올로기를 만들고 유지시키는 이들이 여성의 시각에서 사물을 보는 데 요구되는 동정적인 상상을 가질 수 없다(Okin 1989, 66~7). 그러므로 원초적 입장과 같은 유형의 사고는 성이 해방된 사회에서만 달성될 수 있다고 그녀는 주장한다.

그런데 가족 내에서의 불평등이 사회 질서에서의 불평등을 강화한다. 그리고 여성주의는 사회주의가 가족 내에서의 권력 관계가 불평등하다는 사실을 강조하지 않는다고 비판한다. 그렇기는 하지만 사적인 것이 공적인 것이라고 보게 되면, 오킨 같은 여성주의자와 사회주의자는 권력의 평등을 정의로 생각한다는 점에서 공통점이 있다(Okin 1089, 111). 이 때문에 여성주의자들 중에는 반(反)자유주의적인 성향을 띠는 이들이 많다(Gaus 2000, 220).

이러한 비판에 대해 롤스는 어떠한 입장을 취하는가? 롤스는 가정이 기본 구조의 한 부분이라는 것을 강조함으로써 사적 영역과 공적 영역의 구분을 처음부터 부인했다. 그리하여 가정도 정의의 원칙이 적용되는 제도라고 보았다(TJ, 7). 그리고 질서가 잘 잡힌 사회에서 기본 구조는 어떠한 형태의 가정을—반드시 일부일처제가 아니라고 해도—포함한다고 밝힌다(TJ, 462~3).

롤스는 일부일처제가 기본 구조의 부분이라고 주장하며(TJ, 7) 가정에서 어린이를 불평등하게 다루는 것이 기회 평등을 완전하게 적용하는 데 장애가 되며, 기회를 평등하게 만들도록 노력하는 것 자체가 가정을 행복하게 한다는 것을 인정한다(TJ, 74). 그런데 롤스는 가정을 기본 구조로 삼는 과격한 생각을 하면서도, 성 위계제 같은 문제는《정의론》에서 더 이상 다루지 않는다. 롤스는 원초적 입장에서 성차별은 인종차별만큼이나 정의롭지 않다고 본다는 점은 암시했지만, 당사자들이 자기가 어떤 성에 속하는지 모르는 것으로 하는지도 처음에는 명확하게 밝히지 않다가 1975년에 이를 명확하게 했다(FG, 537). 그러나 롤스는 가정 내의 배분에는 별로 의문을 제기하지 않고, 원초적 입장에서 당사자들을 가장과 가정의 수탁자로 보고 가정이 특정한 위계제로 이루어진 것을 당연하다고 보았다. 그렇기 때문에 여성주의자들은 정의 이론이 과연 여성을 위한 이론이 될 수 있는지 의심하게 된 것이다(Nussbaum 2003, 501).

롤스는 노예제라는 불평등한 제도가 문제가 된 것처럼 여성에 대한 불평등과 억압이 문제가 되는 것과 가정에서의 정의가 누락된 점을 인정했다(PL, xxii·xxxii). 그런 다음 더 이상 논하지는 않지만, 자신의 원칙이 성 불평등이라는 문제를 궁극적으로 다룰 수 있다고 주장한다(PL, 258). 말하자면《정치적 자유주의》에서 그는 성에 근거를 둔 체계적인 위계제를 종식시켜 평등하게 하고자 하지만, 그러기 위해 어떻게 할 것인지는 별로 논하지 않는다.

그런데 롤스는 가정이 기본 구조의 부분이기 때문에 가정에서 여성의 평등한 권리와 어린이의 기본적 권리는 양도될 수 없으며 보호받지만(CP, 599), 정의의 두 원칙은 가정의 내적 생활에 직접적으로 적용되지 않는다고 주장한다(CP, 595·596). 그렇다고 해서 어린이가 가정에서 자발적이며, 부정의에서 연유하지 않고 부정의가 되지 않는 한 어린이가 자유주의 원칙에 따라서만 양육되어야 한다는 것은 아니며(CP, 599), 가정은 연장자가 어떤 도덕적·사회적 권리를 가진 친밀한 소규모 집단으로 간주한다(CP, 596).

요컨대, 롤스는 오킨 같은 여성주의자의 반론을 부정할 수 없다는 것을 인정하면서 해명하고 경우에 따라서는 자신의 이론을 수정하기도 했지만, 자유주의가 정의 이론에 접근하는 방법을 무효로 할 수 없으며, 자유주의 이론이 다른 어떠한 이론보다 여성주의의 관심사에 잘 대답한다고 주장한다(Nussbaum 2003, 488).

제13장

사회주의 이론

　도덕과 정의에 대한 마르크스의 견해와 관련해서는 이미 여러 번 논했다. 어떤 이들은 마르크스가 정치적·경제적 제도에 대해 도덕적 평가를 내리지 않았다고 주장하기도 한다. 그러나 도덕적인 관점에서 평가했다는 견해를 취해보자. 사회체제를 도덕적으로 평가하는 데서 마르크스가 어떠한 원칙에 호소했는가?

1. 정의에 대한 마르크스의 견해

　〈고타 강령 비판〉(1875)에서 마르크스는 '각자의 능력에서 각자의 필요로'라는 원칙을 천명했는데(Tucker 1978, 531), 이것을 정의의 원칙이라고 할 수 있다. 마르크스는 이것을 권리에 대한 부르주아의 관념과 대비시켰다. 그는 부르주아의 권리에 대한 관념을 어떻게 보았는가?

시민적·정치적 권리에 대한 비판은 〈유대인 문제On the Jewish Question〉(1843)에서 집중적으로 나타난다. 거기에서 마르크스는 독일에는 아직 시민이 없기 때문에 정치적으로 해방되지 않았으며 인간으로서도 해방되지 않았다고 규정한다(Tucker 1978, 27). 정치적 해방과 인간의 해방은 연관되어야 하며, 당시 유럽 사회에서 정치적 해방은 인간 해방의 완결되고 절대적인 형태가 아니었다(Tucker 1978, 30, 32).

정치공동체에서 '공동체적인 존재communal being'로서의 인간과 시민사회에서 사적인 개인으로서의 인간은 분리되어 있으며, 전자를 후자의 수단으로 삼아서 인간은 공동체로부터 분리되어 있다. 그런데 각자가 주권자로서 해방되려면 인간은 인간으로서 해방, 즉 참다운 해방을 지향해야 한다(Tucker 1978, 42~4). 그렇게 하려면 시민사회의 이기적 존재로서의 인간과 국가에서의 추상적 존재로서의 인간 사이의 구분이 종식되어 '유적 존재species being'가 되어야 한다(Tucker 1978, 46).

마르크스는 인간 해방에 대해 이런 관점을 취하면서 ① 평등·자유·안전·재산에 대하여 시민사회의 구성원으로서 가지는 '인간의 권리rights of man'와 ② '시민의 권리rights of citizen'를 구분한다. 시민의 권리는 정치적 참여의 권리, 특히 투표권이다(Tucker 1978, 39~40). 인간의 권리는 ① 표현, 사상, 그리고 신념, 특히 종교적 신념의 자유에 대한 권리, ② 법 앞의 평등에 대한 권리, ③ 사유재산에 대한 권리, ④ 안전에 대한 권리(인격의 자유에 대한 권리-생명의 보호), 그리고 자유에 대한 권리이다(Tucker 1978, 43~4).

마르크스가 이러한 범주의 자유를 나열하는 이유는 그가 정치적 해방이라고 일컫는 것이 부르주아 사회로 제한되는 것을 비판하기 위해서이다. 인간의 권리와 시민의 권리를 가짐으로써 개인은 정치적으로 해방된다. 근대의 자유주의 국가는 개인에게 정치적 해방을 보장하려고 한다. 그런데 〈유대인 문제〉에서 핵심은 정치적 해방이 인간 해방에 미치지 못한다는 점을 지적하는 것이다. 마르크스는 국가가 사라진 뒤 공산주의 사회에서만 포괄적인 자유를 누릴 수 있다고 믿는다(Tucker 1978, 44).

마르크스가 근대 자유주의 국가에서의 정치적 해방을 비판하고 실제 헌법에 규정된 권리를 참조하는 것을 감안한다면, 그가 시민의 권리를 논할 때는 법적 권리, 즉 강제적으로 지탱되는 규칙 체계에서 규정된 권리를 의미한다. 예컨대 사유재산에 대한 (법적) 권리는 재화를 이용하고 사고 팔 수 있는 권리인데, 이것은 강제적으로 지탱된다. 소극적으로 기술하면, 재화를 이용하고 사고팔 때 타인에게 간섭받지 않을 자유를 강제적으로 보장하는 것이다(Buchanan 1982, 61).

따라서 근대 자유주의 국가에서 시민의 권리와 다른 인간의 권리라는 것은 시민사회 구성원의 권리에 불과하다. 그런데 그 시민사회의 구성원은 타인 및 공동체와 유리된 이기적인 인간이다(Tucker 1978, 45~6). 말하자면 부르주아 사회에서 구성원들은 상대방을 상호 의존적인 존재라기보다는 고립된 단자(單子)로서 분리되고 독립적인 것으로 본다.

그런데 마르크스는 자본주의 국가에서 인간의 권리라는 것이 역사적으로 한정되어 있는 까닭에 이데올로기적인 성격을 띠는데도 마치 모든 시대를 관통할 수 있는, 보편적인 인간의 권리라고 보는 것을 비판한다(Buchanan 1982, 61~3). 보편적인 권리라고 본다는 것은 자유주의자가 자연권이라는 교의에 의존하여 자유주의 국가의 권리를 모든 인간이 시대와 장소와는 무관하게 통용되어야 하는 권리로 본다는 뜻이다. 예를 들면 사유재산에 대한 권리는 사회와는 무관하게 타인을 배려하지 않고 독단적으로 소유물을 향유하고 처분할 수 있는 권리이다(Tucker 1978, 46). 이 권리는 타인의 간섭을 막는 데 주안점을 두며, 타인의 복지에 대한 책임으로부터 벗어나게 한다는 점에서 인간을 공동체로부터 유리시킨다.

그렇다면 마르크스는 다른 종류의 재산권을 제시하려고 하는가? 제시하게 된다면, 다른 종류의 재산권은 공동체와의 협업의 결과에 대한 몫을 인정하거나 이에 덧붙여 생산수단을 통제하는 데서 한몫하게 하는 것이 될 것이다. 그러나 마르크스는 재산에 대하여 결점이 있는 자본주의의 권리를 대신하여 재산에 대한 공산주의 권리로 대체하는 것을 옹호하지도 않았다. 그는 재산에 대한 공산주의 권리를 공식화하지도 않았으며, 공산주의에서 재산에 대한 권리가 있을 것이라고도 말하지도 않았다. 다만 권리와 정의에 관한 논의가 쓸모없는 언어적인 어리석은 짓이며 이데올로기적인 난센스라고 일컬었다. 마르크스는 공산주의 사회에서는 갈등의 근원이 줄어들기 때문에 사회적 생산물의 몫을 향유하게 하거나 생산수단에 대한 통제의 몫을 가지는 자유를 보장하는 권리체계가 필요 없을 것이라고 믿었다(Buchanan 1982, 63).

그러면 마르크스는 재산권이 아닌 인간의 다른 권리에 대해서는 어떤 입장을 취했는가? 예를 들어 법 앞의 평등에 대한 권리, 그리고 언론 자유에 대한 권리와 관련해서는 재산권에 대해서만큼 비판의 강도가 높은 것 같지는 않다. 그는 인간 사이의 갈등의 근원이 줄어들면 권리에 대한 주장이 줄어들 것이라는 의미에서 부르주아 사회의 인간의 권리 전반을 비판한다(Buchanan 1982, 64).

마르크스는 〈유대인 문제〉에서 시민의 권리, 즉 정치적 참여에 대한 권리에는 두 가지 제약이 따른다고 말한다. 첫째, 종교와 부, 교육, 그리고 다른 요소의 차이를 사적인 생활로 귀속해버림으로써 법적·제도적 체제에 영향을 끼치지 않도록 해야 한다. 둘째, 그렇게 되더라도 법적이거나 불법적인 비공식적 영향력이 넘쳐나게 마련이다. 공무원에게 뇌물을 제공하거나 선거 과정과 법정에서의 부패가 불법적인 영향이다. 그렇게 하여 영향을 행사하게 되면 국가는 시민사회의 계급적 이익의 갈등을 넘어설 수 없다.

정치적 해방은 이기적이며 독립적인 개인을 도덕적 인격으로─즉 자기 이익보다 공동선을 염두에 두는 도덕적 행위자로─바꾸는 것을 목적으로 삼아야 한다(Tucker 1978, 46). 그렇게 할 수 없는 사회에서 인간의 권리와 시민의 권리는 가치가 없다. 또한 국가가 인간과 시민의 권리에 대한 법적 체제를 포함하고 있는 한 국가는 소멸되어야 한다.

그렇다고 공산주의에서 권리가 보장되지 않는다는 것은 아니다. 다만 궁극적으로는 국가가 나서서 이들 권리를 법적으로 보장할 필요가 없다는 것이다. 다시 말하면 법적으로 보장할 필요가 있는 이유는 계급 갈등이 있기 때문인데, 공산주의 사회에서는 국가가 소멸하여 계급 갈등이 없어질 것이기 때문에 국가가 나서서 보장할 이유가 없다(Buchanan 1982, 66~7).

정의를 논하면서 부르주아 사회에서의 권리에 대한 마르크스의 관념을 결부시키는 이유는 마르크스가 권리라는 개념과 정의를 항상 결부시켰으며, 권리라는 개념은 부르주아 사회와 연관되어 있다고 보기 때문이다. 이상과 같은 부르주아의 권리 관념에 따르면, 생산수단을 가진 자는 잉여가치를 자기 것으로 삼을 뿐만 아니라 생산수단을 소유하고 통제할 권리가 있다. 자본가들은 자신은 노동하지 않으면서 자신의 자본에서 생긴 이익과 재산에서 생긴 이자와 배당금에서 수입을 앗아가는 사람들의 계급인데, 이들은 타인의 노동에 의존하여 잘살고 있다. 그러므로 사회는 그들에게서 얻을 것이 아무것도 없다.

자본가는 다른 경제학자들이 말하는 '유한계급leasure class'이다. 노동하지 않기 때문에 기여하는 바가 하나도 없으면서 거의 모든 것을 가져간다. 그들이 필요로 하는 것은 충족되고, 실제로 그들이 욕구하는 바는 아무리 하잘것없는 것이라도 만족된다. 그런데 권리에 대한 부르주아의 관념에 따르면, 여기에 하등의 부정의도 없다(Barcalow 2004, 239).

그런데 잉여가치를 부르주아가 착취하는 것을 부정의로 본다는 것은 달리 말해 노동자가 당연히 가져야 할 몫을 갖지 못하게 되었다는 주장이다. 이렇게 보면 마르크스는 자본주의의 부정의에 대한 이론을 일단 제시했다고 볼 수 있다. 그는 응분/공적에 근거를 두는 자본주의를 비판했다(Gaus 2000, 215). 부르주아적 권리는 또한 '자유권liberty rights'를 강조한다. 사상과 표현의 자유, 사고 팔 자유 같은 경제적 자유 등이라는 것을 〈공산당 선언〉에서 예시하고 있다(Tucker 1978, 486).

그러나 당대의 부르주아는 노동자들에게 생존권이나 정치적 참여권이 있어야 한다는 것을 부정했다. 노동자들이 하루에 12시간 또는 그 이상 노동하고서도 기본적 필요를 충족시킬 수 없는데도 부르주아는 부정의가 있다고 생각하지 않았다. 게다가 재산에 따라 투표권을 제한해도 부당하다고 생각하지 않았다(Barcalow 2004, 239). 자본주의의 이러한 부정의가 당연하다고 여겨지는 이유는 결국 부르주아와 노동자의 권력 사이에 불평등이 내재하기 때문이다(Gaus 2000, 211 · 215).

부르주아적 정의에 대한 대안으로 마르크스는 두 가지를 제시한다. 〈고타 강령 비판〉에서 공산주의 사회의 첫 단계—나중에 마르크스는 이를 사회주의라고 일컬었다—에서 배분의 원칙은 '노동의 수익proceeds of labour'에 따른다. 이것은 '각자의 생산에 따르는 것to each according to his products'이다. 이것은 각각의 생산자가 사회에 준 것을 사회로부터 돌려받는 것을 의미한다(Tucker 1978, 528~9). 생산수단을 대체하고, 보험에 들고, 노동할 수 없는 자에게 보조하고, 교육을 포함하여 공적인 봉사에 들어가는 비용을 공제하게 된다(Tucker 1978, 529). 그러므로 생산자는 그가 '공헌contribution'한 바와 동등한 사회적 생산물의 몫을 돌려받는 것은 아니지만, 공제하고 난 뒤 그의 몫은 공헌한 바에 비례한다(Buchanan 1982, 22). 말하자면 부르주아 사회에서 인정된 잉여생산물에 대한 자본가들의 착취는 없어진다.

마르크스는 부르주아가 잉여가치를 착취하는 것은 '각자에게 공헌에 따라each according to his contribution' 배분한다는 원칙이 지켜지지 않은 것으로 본다. 이렇게 비판하고 난 다음 마르크스는 공헌에 따른 배분이라는 원칙이 준수되는 사회를 세밀하게 기술하기보다는 능력, 나아가 필요에 따른 원칙이 준수되는 이상적인 사회를 기술한다.

'각자에게 능력에 따라from each according to his ability'라는 원칙에 따른다는 것은 노동할 능력이 있는 모든 사람은 노동하고, 우리 모두가 필요로 하는 재화와 용역을 생산하는 데 기여할 의무가 있다는 것을 뜻한다. 타인의 노동에 의존해서 살아가는 유한계급이 있어서는 안 된다. 그러나 사람들이 똑같은 방식으로 기여할 필요는 없다. 배관공으로 능력이 있는 자는 그 능력으로, 예술가로서의 능력이 있는 자는 그 능력으로 기여하면 된다(Barcalow 2004, 239). 같은 배관공으로 노동하더라도 체력 때문에 하루 네 시간밖에 노동하지 못한다면, 그것으로 충분하다. 자기 능력껏 기여하는 것으로 충분한 것이다(Barcalow 2004, 240).

너무 어리거나 늙어서, 신체적인 결함이 있어서 노동을 할 수 없으면,

노동할 의무도 없다. 그러나 부르주아의 관념에 따르면 노동하지 않는 자는 아무것도 받을 권리가 없다. 물론 그런 사람들을 자선으로 해결할 수는 있다. 그렇지만 부르주아 사회에서 빈자가 자선을 받을 권리가 있는 것이 아니다. 그런데 자선을 받지 못하는 것은 그 사람의 운이 나쁜 것일 수도 있다. 그러나 실직하여 굶주린다고 해도 정의롭지 않은 것은 아니다. 굶주린 자의 권리 중에서 어떠한 권리도 침해당하지 않았다고 보기 때문이다(Barcalow 2004, 240).

그런데 공산주의의 더 높은 단계에서는 "능력에 따라 각자에게서 필요에 따라 각자에게로from each according to his ability, to each according to his needs"라는 배분의 원칙이 나타난다(Tucker 1978, 531). 마르크스는 높은 단계, 즉 나중 단계가 아니라 첫 단계의 배분 원칙을 배분적 정의의 원칙으로 삼고 있다. 두 번째 단계에서 조화와 생산성이 크게 증진되어 두 번째 원칙이 만족되면, 정의의 원칙이 쇠퇴한다(Buchanan 1982, 23). 정의의 원칙은 희소성 있는 사회의 처방적인 원칙인데, 생산성이 높아져서 기본적 필요뿐 아니라 인간이 필요로 하는 것이 충족되는 공산주의 사회가 되면—즉 공산주의의 더 높은 단계에 이르면—배분의 원칙이 필요 없어진다(Buchanan 1982, 23~4).

정의에 대한 마르크스의 관념에서 두 번째인 '각자에게 필요에 따라 to each according to his needs'라는 원칙은 두 가지로 해석할 수 있다. 하나는 자신의 최대의 능력으로 생산에 기여하는지 여부와는 무관하게 모든 사람은 자신의 필요가 충족되어야 한다는 해석이다. 다른 하나는 자신의 최대 능력껏 생산에 기여한다면, 모든 사람은 자신의 필요가 충족되어야 한다는 해석이다. 그러나 어느 쪽 해석이 타당한지는 명확하지 않다 (Barcalow 2004, 240).

마르크스는 왜 필요에 따라 배분하는 것을 강조하는가? 자본주의에서처럼 교환하여 사유재산을 축적하게 하기 위해서가 아니라 사용을 위해 생산하고 필요에 따라 배분할 때 자아실현이 가능해진다고 보기 때문이다. 자아를 실현함으로써 인간은 진정한 자유를 누릴 수 있다. 그렇게 하기 위해 인간을 소외시키는 시장과 사유재산은 거부되어야 한다(스위프트 2011, 117).

사회가 모든 사람의 필요를 충족할 능력이 있다면, 생산에 기여하거나 기여할 수 없는 사람들의 필요가 충족되지 않는 것은 정의롭지 않다. 마르크스가 주장하는 바는 바로 이것이라고 하겠다. 물론 무엇이 필요한지는 명확하지 않다. 그러나 의식주를 해결하고 병을 치료하는 것은 모두가 필요로 한다. 마르크스는 그 이상의 것은 사회에 따라, 그리고 시대에 따라 달라지며, 사회가 결정할 것이라고 생각한다(Barcalow 2004, 240).

마르크스는《자본론》에서도 경제적·정치적 제도에 적용하는 도덕적 원칙을 다루고 있다. 그는 자본주의를 대신하게 될 "더 높은 형태의 사회"에서는 "모든 개인들의 완전하고 자유로운 발전이 지배적인 원칙을 형성한다"고 언급한다(Marx 1976, 739). 자본주의에서 자신을 완전하고 자유롭게 발전시킬 수 있는 이들은 몇몇 개인, 즉 특권층에 지나지 않는다. 그들은 자신의 잠재력을 달성시킬 자원을 가지고 있다.

다른 한편, 대다수 인민에게는 그럴 기회가 없다. 일거리가 생기면, 비록 의미 없는 일이라도 장시간 매달려서 살아남으려고 온갖 노력을 해야만 한다. 대다수는 영양상태가 좋지 않으며, 건강하지도 않고, 고등교육이나 훈련을 접할 기회도 없다. 그 결과 잠재력을 드러낼 수 없다. 사실 그들의 생활조건은 육체적으로나 지적으로나 심리적으로나 모든 면에서 자신의 성장을 저해한다. 마르크스 시대에 특권층에 속한 이들은 잠재력을 실현할 기회가 있는 데 반해 노동계급은 고용되기도 하고 실직하기도 하면서 그럴 기회를 얻지 못했다. 오늘날에도 빈자는 상류계층이나 중산층보다 그런 기회가 훨씬 적다고 봐야 한다(Barcalow 2004, 240).

계발되지 않은 잠재력이란 전문가가 된다거나 인류에 역사적으로 기여할 수 있는 정도의 잠재력을 말하는 게 아니다. 범법자가 아니라 공동체에 쓰임을 될 수 있는 구성인, 또는 게으르고 부패한 부모가 아니라 책임을 지는 부모가 될 수 있는 잠재력을 의미한다. 감정적으로도 성숙해서 서로 사랑하고 사랑받고, 남을 존중하고, 스스로를 존중하고, 자신의 값어치를 느끼고, 자기통제와 연민 같은 덕성을 갖추는 것을 의미한다.

자본주의는 많은 개인들의 잠재력을 사장시키기 때문에 더 낮은 형태의 사회이다. 더 높은 형태의 사회는 잠재력을 사장시키지 않으며, 개인의 잠재력을 자유롭고 완전하게 발휘할 수 있는 조건을 제공한다. 계급으로 나뉘지 않아서 이익의 갈등이 사라질 것이기 때문이다(Barcalow 2004, 241).

계급으로 나뉘지 않아서 이익의 갈등이 없다는 것이 권리, 나아가 정의와 무슨 관계가 있는가? 마르크스는 사회가 정의와 권리에 대한 어떤 관념을 가지고 있으며, 이 관념을 구체화하는 사법적 제도보다는 사회의 기본적인 생산력과 생산과정을 분석하는 것이 그 사회를 전체로서 이해하는 관건이라고 파악한다. 생산력과 생산과정이 사회의 실재적 기초이며, 이를 기반으로 법적·제도적인 상부구조가 대두하며, 이것이 그 사회의 사회적·정치적·지적인 생활 과정을 결정하기 때문이다(Tucker 1978, 4). 공산주의가 자본주의보다 근본적으로 우수한 이유는 배분에 있다기보다는 생산과정에 있다. 또한 공산주의에서는 롤스가 말하는 배분적 정의의 여건이 더 이상 존재하지 않거나 줄어들기 때문이다. 더욱이 공산주의가 생산을 민주적으로 통제하는 것이 훨씬 효율적이며 조화를 이룬다는 이점이 있다. 물론 그렇다고 해서 공산주의 사회에서 희소성과 갈등이 아주 없어진다는 것은 아니다(Buchanan 1982, 57).

그렇다면 공산주의보다 높은 단계에서는 '각자에게 능력에 따라'에서 '각자에게 필요에 따라'라는 배분의 원칙을 달성할 수 있겠는가? 게다가 이것이 정의와 권리를 논하는 것은 언어적으로 쓸모없는 어리석은 짓이며 이데올로기적으로 난센스라는 주장과 어떻게 양립할 수 있는가? 뷰캐넌의 주장에 따르면, 이것을 공산주의의 배분 원칙이라고 봐서는 안 되며, 공산주의 사회에서 사실상 그렇게 될 것이라고 기술한 것으로 봐야 한다(Buchanan 1982, 58).

2. 롤스에 대한 마르크스주의자의 비판

이상으로 정의에 대한 마르크스주의적인 관념을 살펴본 셈이다. 그렇다면 마르크스주의자들은 롤스의《정의론》을 어떻게 비판할 것인가? 뷰캐넌은 다음과 같은 점을 지적하고 비판할 것이라고 예상한다(Buchanan 1982, 122~61). 이러한 지적과 비판에 대해 롤스의 시각에서 재반박이 있을 수 있으므로 자세히 논하지 않고, 비판과 반박을 간략하게 기술하고자 한다. 그렇더라도 마르크스주의자들이 정의를 논하면서 무엇에 초점을 두는지는 알 수 있을 것이다.

① 롤스는 생산을 무시하고 분배에 초점을 둔다. 이것은 분배가 생산에 의존한다는 사실을 간과하는 것이다. 울프R. P. Wolff가 지적하듯이 참다운 근원을 무시하고 있다(Wolff 1977, 210). 마르크스는 〈고타 강령 비

판)에서 어떠한 배분도 생산조건을 배분한 결과에 지나지 않으며, 게다가 생산조건을 배분한 결과는 생산양식의 양상이라고 밝히고 있다. 이렇게 보면 롤스의 이론은 순수한 배분에 대한 이론이기 때문에 정의의 원칙을 올바른 방식으로 찾았다고 할 수 없다.

② 사회계급의 존재는 인간 사회의 영구적인 양상이라고 잘못 가정하고 있다. 맥퍼슨은 삶의 전망에 영향을 끼치는 제도적 불평등은 어떤 사회에서도 불가피하다고 명백하게 가정한다. 여기서 불평등은 소득이나 부에 따른 계급 간의 불평등을 가리킨다(Macpherson 1973, 87).

③ 마르크스주의자들은 반성적 평형이라는 방법으로 하나의 정의의 원칙을 확립할 수 없다고 본다. 다른 문화, 다른 시대에 사는 사람은 정의에 대한 판단이 다를 것이며, 원칙을 선택하는 조건을 다르게 생각할 것이다. 그리고 아무리 숙고하고 수정해도 그 차이는 남아 있을 것이라고 생각한다. 또한 같은 시대, 같은 사회에 살아도 계급의식이 다르면, 정의에 대한 다른 이론을 제시할 것이다(Buchanan 1982, 132).

마르크스주의자가 비판하는 바는 롤스가 가장 기본적인 숙고된 도덕적 판단조차도 계급에 상대적이라는 것을 인정하지 않는다는 점이다. 만약 프롤레타리아트와 부르주아가 각자 반성적 평형에 도달하는 과정을 거쳐서 정의에 대한 일관된 이론에 이른다면, 각자가 제시한 이론은 서로 다르며 양립할 수 없을 것이다. 사람이 숙고된 도덕적 판단을 토대로 그 판단과 일련의 도덕적 원칙을 부합시키려는 것은 그 사람의 계급의식에 따라 결정되기 때문이다(Buchanan 1982, 122).

④ 롤스는 부지불식간에 인간의 본성과 관련해 자유주의적인 부르주아적 관념 또는 개인주의적인 공리주의적 관념을—즉 역사적으로 편협한 관념을—가정한다. 그런데 이에 따르면 인간은 창조적이거나 사

회적인 본성을 가진 존재가 아니라 그저 유용성의 소비자일 뿐이다 (Macpherson 1974, 38). 이러한 비판에 대해서는 롤스가 원초적 입장의 당사자는 자율적 인간, 즉 목적을 자율적으로 선택하는 인간이라고 가정하며 롤스의 다원주의는 개인으로서의 개인주의 이상을 포함한다는 점에서 반박할 수 있다(Buchanan 1982, 139~41).

⑤ 롤스는 선에 대한 엷은 이론, 또는 도덕적으로 중립적인 이론에만 의존한다고 주장하면서도 사실상 부와 같은 일의적 가치에 초점을 둠으로써 인간의 선에 대한 실질적인 관념을 제시한다. 그럼으로써 공동체와 연대라는 마르크스주의적인 덕성을 부각시키는 선에 대한 관념을 독단적으로 배제했다(Buchanan 1982, 122). 그러나 이에 대해 롤스는 부를 개인적인 것으로만 보지 않으며, 종교와 표현의 자유 같은 것은 공동체의 존속과 밀접한 관계가 있으며, 또한 전술한 것처럼 계약 당사자는 자신의 삶의 목적을 자율적으로 선택하는 인간이라고 상정한다는 점을 들어 반박할 수 있다(Buchanan 1982, 142~4).

⑥ 비원시적인 사회를 제외하고는 거의 모든 사회가 계급으로 분열되어 있다는 것은 계약 당사자가 알고 있어야 하는 일반적인 지식이다. 그럼에도 롤스의 가설적 계약론적인 접근법은 계급 갈등을 무시한다. 더구나 그의 접근법은 계급으로 분열된 사회에서는 존재하지 않는 공동 이익을 가정한다. 그런데 계급 갈등의 존재를 알고 자신이 유리한 계급에 속한다는 것을 알게 되면, 롤스의 원초적 입장에서 어떠한 합의도—특히 차등 원칙에 대해서도—할 수 없게 된다(Buchanan 1982, 122, 145). 그런데 이러한 비판에 대해 롤스는 계급 갈등을 알고 있더라도 어느 계급에 속한다는 것을 모르는 이상, 차등 원칙을 택하게 되리라고 답할 것이다(Buchanan 1982, 146).

⑦ 롤스의 이론에는 현재 사회에서 롤스의 질서가 잘 잡힌 사회로 넘어가는 과정을 다루는 이론이 없다. 그래서 그의 이론은 유토피아적이다. 특히 그는 정의에 대한 감각이 어떻게 사회 변동에 효과적인 동기가 되는지를 설명하지 않는다(Wolff 1977, 204~5). 물론 롤스는 개인의 도덕적 감각에 의존하고 물질적인 이익의 영향과 계급 이익을 소홀히 한다는 점에서 이상적이라고 볼 수 있다. 그러나 공산주의로 전환하는 과정에 대한 마르크스의 설명도 결점이 있으며, 그렇지 않다고 해도 정의의 두 원칙과 우선성의 원칙을 질서가 잘 잡힌 사회에 대한 원칙 그 자체라는 것을 들어 반박할 수 있을 것이다(Buchanan 1982, 149).

롤스가 반박하는 바는 다음과 같이 풀이할 수 있겠다. 롤스는 개인이 정의에 대한 감각이 있다고 가정한다. 그러나 마르크스는 그렇게 가정하지 않는데, 그 이유는 다음과 같다. 자본주의가 발전하면 모순이 심화하는데, 이것이 프롤레타리아트에게도 명확해진다. 그들이 일단 계급전쟁에 관한 기본 사실을 알게 되면—그것을 모르고 허위의식에 싸여 있는 프롤레타리아트에게는 그 사실을 일깨워주면 된다—개개의 프롤레타리아트의 개인 이익과 계급 이익을 위해 자본주의를 전복해야 한다는 것을 깨닫게 된다.

혁명을 하게 되는 이유는 정의의 원칙이나 도덕적 원칙 때문이 아니다. 자신이나 계급 이익 때문에 혁명적 활동을 하게 될 뿐이다. 지금까지 혁명에서 소수는 다수를 뒤엎기 위해 다른 세력의 지지를 얻을 필요가 있었다. 그래서 소수는 소수의 이익을 보편적인 권리인 것처럼, 특별한 이익을 공동선인 것처럼 꾸며댔다. 그러나 일단 프롤레타리아트가 거대한 다수가 되어 혁명을 하게 되면, 권리와 정의에 대해 그런 핑계를 댈 필요가 없다. 말하자면 정의 등을 들먹일 필요가 없다.

마르크스는 노동자에게 투표권을 부여해야 한다고 주장하면서 정의에 대한 감각에 호소하지 않았다. 계급의 적을 무너뜨리려면 정치적으로 지배해야 한다는 점에서 전략적 차원에 호소했다(Buchanan 1982, 74, 87). 〈고타 강령 비판〉에서는 정의에 호소하지 않는 다른 이유를 제시한다. 정의에 호소하는 것은 불필요할 뿐만 아니라 다양한 사회적 분파가 그 자신의 정의와 권리에 관한 다른 개념을 가지고 있기 때문에 분열적이며 혼동스럽다(Tucker 1978, 528).

⑧ 롤스의 이론은 자유주의 이론에 있는 특징적인 실수를 저지르고 있다. 사회·경제적인 불평등이 평등한 권리가 행사될 수 있는 효과성에서 불평등을 가져온다는 문제를 적절하게 인식하지 않고 시민적·정치적 권리에 우선성을 부여한다(Buchanan 1982, 122). 마르크스주의자들은 자유주의자들에게 항상 이 문제를 제기해왔다. 차등 원칙이 인정하는 사회·경제적 불평등은 최대한의 평등한 자유의 원칙과 양립할 수 없을 것이기 때문이다. 그래서 노먼 대니얼은 이 간극을 메우기 위해 롤스가 자유와 자유의 값어치를 구분해서 소개한다고 본다(Daniel 1975, 259). 롤스가 그렇게 하는 이유는 불평등한 부와 권력이 자유 그 자체의 불평등을 야기하지 않도록 하기 위해서이다.

⑨ 롤스는 자신이 정의에 대한 보편적인 원칙이라고 생각하는 것을 제시한다(TJ, 251~7, 587). 그러나 기초와 상부구조의 관계에 대한 마르크스의 분석에 따르면, 모든 시대와 모든 사회에 일관되는 보편적 정의의 원칙은 있을 수 없다. 정의에 관한 어떤 원칙은 어떤 생산양식에서 대두하며 생산양식에 적용될 뿐이다(Buchanan 1982, 122).

⑩ 정의가 사회 제도의 첫 번째 덕성이라고 롤스는 진술한다. 이렇게 진술하는 것은 정의 이론에 대한 바로 그 필요성이 생산 양식에 있어서

심오하면서도 궁극적으로 제거될 수 없는 결점을 드러낸다는 사실을 그가 이해하지 못하고 있다는 점을 알려준다. 정의의 여건은 인간 조건에서 피할 수 없는 양상이라고 롤스는 가정한다. 정의의 문제는 정의의 여건의 주관적이며, 객관적인 구성요소를 제거하는 새로운 생산 양식으로의 이행을 통하여 해결될 수는 없지만, 그러한 문제 자체가 해체될 뿐이라는 점을 롤스는 이해하지 못한다(Buchanan 1982, 122).

이상과 같이 마르크스주의자가 롤스에게 반론을 제기할 수 있지만 마르크스와 롤스 사이에 유사성이 전혀 없는 것은 아니다. 첫째, 롤스는 개인의 신념과 가치는 사회적 틀에 의존한다는 마르크스의 명제를 받아들이면서 정의에 대한 이론은 이 점을 고려해야 한다고 주장한다(TJ, 55). 둘째, 롤스는 노직이 제시한 정의에 대한 역사적인 원칙(ASU, 150~62)을 비판한다(TJ, 53).

노동자와 자본가 사이의 계약이 노동자에게 강제되지 않을 수밖에 없다는 점을 감안한다면, 아무리 자유와 평등을 강조하여 평등한 자들의 합의에 따른 계약이라고 주장하더라도 자본주의 사회의 임금과 노동의 관계, 그리고 이에 근거를 두는 사회적 관계를 정당화할 수는 없다(Buchanan 1982, 54). 설사 노동자 자신이 임금과 노동의 관계를 정의롭다고 생각한다 해도 이는 노동자 자신이 허위의식에서 벗어나지 못하고 있다는 것을 보여줄 뿐이다(Buchanan 1982, 55). 이 점에서 롤스의 주장은 마르크스의 주장과 맥을 같이한다. 자유로운 개인의 거래가 축적되면, 사회체제가 개인의 자율적인 삶의 기회를 크게 제약할 수도 있기 때문이다.

롤스를 비판하는 이들은 그를 단순히 자유주의자로 여기는 경향이 있다. 그런데 어떤 측면에서는 롤스가 마르크스의 기본적인 주제를 수용한다는 점을 감안해야 한다(Buchanan 1982, 160~1). 어쨌든 이상과 같은 지적 또는 비판과 반박을 예상할 수 있다.

초기의 사회주의들은 인간의 평등을 강조했다. 그래서 사회 정의와 민주주의에 대한 관념도 평등주의적일 수밖에 없다. 반면 자유주의에서는 자유를 강조하는 만큼 평등은 부차적이 된다(Gaus 2000, 49~50). 그러나 현대에 들어 사회주의자들은 자유와 평등이 서로 보완적이라는 견해를 표명하게 되었다. 즉 자유와 평등은 반대되는 이상이 아니라 실제로는 일치한다(Norman 1987, 133).

그런데 부르주아 사회에서 정의롭지 못한 까닭은 권력관계가 불평등했기 때문이다. 그렇다면 인간이 자유로우려면 형식적인 평등만이 아니라 경제적 평등을 통해 실질적으로 평등해져야 한다. 즉 자유는 평등, 특히 권력의 평등을 요구한다(Nielsen 1985, 201). 권력을 평등화하는 것은 정치적인 평등이다. 정치적 권력에서 실질적으로 평등해지고, 나아가 사회의 영역에서도 권력을 평등하게 행사함으로써 모든 이들이 집단적인 결정에 평등하게 참여하여 권력을 민주적으로 통제할 수 있어야만 진정한 의미에서 자유롭고 평등한 사회를 기약할 수 있다.

사회 정의라는 용어를 사회주의적인 정의관과 밀접하게 연관시키는 경향이 있다. 그러나 지금까지 살펴본 바와 같이 사회주의가 사회 정의라는 용어를 수사적으로 통제한 역사가 있었던 것은 사실이지만,―사회주의적 정의라는 관념이 있다고 해도―사회 정의에 대한 다양한 관념 가운데 하나가 사회주의적 관념일 뿐이다(Baker 1987, 5). 심지어는 마르크스가 정의에 대한 이론을 가졌는지 의심하기도 한다(Gaus 2000, 211~18). 그 이유는 사회주의에서 정의가 아니라 평등이 핵심 사상이라고 볼 수 있기 때문이다. 사회주의자들이 정의에 관한 이론을 인정하는 한, 이 이론들은 전형적으로 수정주의적 자유주의 이론의 발전이거나 확장이다. 오늘날 많은 사회주의자들은 롤스의 평등주의적 양상을 더 강조하고 그가 불평등을 허용하는 방식을 비판하지만, 롤스의 이론을 받아들이는 경향이 특히 두드러진다(Nielsen 1985; Gaus 2000, 210 재인용).

이상으로 제2부에서는 정의에 대한 각 이론이 무엇이며, 각 이론에서 특히 자유주의·평등주의·공리주의의 문제점이 무엇인지 살펴보았다. 하나의 기준, 예를 들면 마르크스의 필요, 롤스의 권리 또는 노직의 자격이라는 기준만으로 배분을 결정하기에는 현실적으로 많은 어려움이 있다. 이것은 배분의 세 가지 원칙, 즉 권리·응분·필요만으로는 자유·평등·효율의 조화로써 구성되는 정의를 달성하기 어려운 것과 마찬가지이다.

지금까지 살펴본 정의의 관념들 중에서 어느 것이 옳은가? 매킨타이어는《덕성을 넘어서*After Virtue*》(1981)에서 이러한 관념들은 서로 통약(通約)할 수 없기 때문에 어느 것이 '정확하다correct'고 판가름할 합리적인 방법이 없다고 주장했다. 많은 철학자들이 이 견해를 반박했으며, 매킨타이어조차도《도덕적인 탐구에서의 세 가지 경합적인 해석*Three Versions of Moral Enquiry*》(1990)에서 여기에 많은 제한을 가하여 정의의 관념들 사이에 논의가 가능하다고 주장했다(Sterba 2005, 1180).

만약 자유 지상주의적 정의에서 자유라는 이상이 복지 자유주의적 정의관에서 요구하는 것처럼 복지와 평등한 기회에 대해 같은 권리를 요구한다는 것이 밝혀지고, 또한 복지 자유주의에 대한 공동체주의자들의 비판이 반박될 수 있다면, 실제적인 차원에서 복지 자유주의 정의와 사회주의 정의, 그리고 여성주의 정의 사이에 나타나는 차이는 조정될 수 있다(Sterba 2005, 1180). 정의를 둘러싼 논쟁을 합리적으로 해결하려면 각기 다른 정의관이 실제로 요구하는 바에서 공유하는 것을 이해하고 이에 따라 행동해야 한다고 하겠다(Sterba 2005, 1181).

그러나 실제로 정의 관념들이 조정된다고 해도 그러한 조정이 문화를 넘어서 타당하지는 않을 것이다. 왜냐하면 이상의 논의는 주로 서양의 철학적 전통에서 나왔기 때문이다. 비서구의 정의 관념과 도덕을 충분히 논하지 않고 반박하기는 어렵겠지만, 서양의 수학이 그러한 것처럼 정의 관념을 둘러싼 논의도 다른 문화권에까지 타당성이 있을 것이다.

여기에서 논한 정의 관념은 자유 지상주의처럼 가장 적게 요구하는 것부터 사회주의처럼 가장 많이 요구하는 것에 이르기까지 범역이 넓다. 이기주의는 자유 지상주의보다 적게 요구하지만 도덕적인 법칙이 아니다. 이기주의는 도덕을 거부하기 때문이다. 순수한 이타주의는 사회주의 정의보다는 그 이상의 것을 요구한다. 그러나 어느 정의 관념도 순수한 이타주의가 요구하는 것만큼 희생을 요구하지 않는다. 순수한 이타주의는 정의와 도덕이 요구하는 바를 초월한다. 자유 지상주의 정의와 사회주의 정의, 그리고 그 사이에 있는 정의 관념들이 실제로 조정된다면, 이상의 논지는 서구만이 아니라 다른 문화권에도 유용하다고 하겠다(Sterba 2005, 1181).

제3부

공동선

롤스가 공동선은 달리 언급하지 않았다는 점은 앞에서 지적했다.[80] 롤스는 개인이 각자 자신의 선을 추구하여 인생에서 자신이 목적한 바를 달성할 수 있도록 기대하는 데 평등을 제공할 뿐이다. 이렇게 보면 자유주의에는 공동선이 없고 다원적이며 서로 경합하는 선들만이 있으며, 정치적 공동체는 개인이 자신의 선을 선택할 자율을 보장하는 틀을 제공할 뿐이라는 점에서 자유주의를 비판할 수 있다(Selznick 1998, 17).

그렇다면 자유주의는—나중에 논하겠지만 수정주의적 자유주의, 즉

---

80 그렇지 않다는 견해도 있다. 공동체를 통해야만 개인은 존속하며, 성숙·발전할 수 있기 때문에 공동체주의자는 공동선의 관점에서 개인의 가치관과 삶의 형태에 국가가 일정한 조처를 취할 수 있다는 시각을 견지한다. 반면에 자유 지상주의자인 노직은 개인의 존재나 자유를 절대적인 것으로 간주한다. 이 둘에 견주어 롤스는 절충적인 견해를 취한다. 롤스가 절충적인 견해를 취한다고 보는 이유는 그가 일단 개인의 우선성을 부여하고, 이에 대한 제약범위로서 공동선과 공동체의 존재이유를 인정하기 때문이다(장동진 2001, 29).

신자유주의는 명확하게 공동선을 논한다—개인들이 자신의 선을 추구하는 기회와 자유를 부여하는 것이지 개인들에게서 실질적인 가치에 대한 합의를 도출하려고 하지는 않는다. 따라서 선을 추구하도록 개인에게 맡기고, 선의 내용이나 공동선에 대해서는 걱정할 필요가 없을 것이다 (Bellah 1998, 17). 말하자면 인간의 동료성이 기약하는 바를 회복하거나 인간의 발전과 창조력, 그리고 책임성을 가장 잘 일깨우는 공동체가 무엇인지를 탐색할 필요가—자유주의, 적어도 고전적 자유주의에는—없다(Selznick 1998a, 11).

요컨대, 자유주의자는 사회생활에서 빠뜨릴 수 없는 관념의 하나인 공동선을 애써 다룰 필요가 없다고 여겼다고 볼 수도 있다. 특정한 선을 선택하는 것을 걱정할 필요가 있을 뿐이다. 그래서 롤스는 《정의론》에서 일의적인 사회적 선을 여러 가지 제시하고 이를 향유할 수 있는 기회를 평등하게 할 뿐이다. 또한 그는 《정치적 자유주의》에서 자유주의 국가가 가톨릭이나 개신교 또는 다른 종교를 증진시키려고 노력할 수 없는 것과 마찬가지로 인간의 수월성을 증진시키려고 노력할 수 없다고 주장한다. 자유주의는 공동체가 할 수 있는 바와 하지 않아야 하는 바에 대하여 판단을 내려야 한다. 개개인의 기본권을 침해하는 일은 하지 말아야 하는 바이다. 그렇기 때문에 민주주의에서 공동체 문제와 관련해 집단적인 판단을 내릴 때 기본권을 침해하지 말아야 한다(Selznick 1998a, 11·12).

기본권을 보장하는 것, 즉 롤스의 경우에는 사회적인 일의적 선을 가능한 한 평등하게 보장되게 하는 것이 개인으로 하여금 자신의 선을 추구하게 하는 것이며, 만약 공동선이라는 것이 있다면, 자기의 선을 추구하게 함으로써 공동선이 추구될 것이라고 생각할 것이다. 더욱이 기본권의 근원이 자연권에서 연유하며 자연권은 계약으로 보전하기로 약속했다고 보면, 개인이 선을 추구하는 데 불가결하기 때문에 더더욱 파기할 수 없다. 그래서 예를 들어 종합부동산세의 실시가 지나치게 재산권을 침해하는 것이라면, 자유주의자는 종합부동산세의 부과는 부당하다고 볼 것이다.

그렇다면 공동체주의자는 다음과 같이 반문할 것이다. 선택하는 데 서 기준은 무엇인가? 이익과 선이 경합하기 때문에 그것이 오히려 공동체를 더 낮게 만들지는 않는지 집합적으로 결정해야 하는 것 아닌가 (Selznick 1998a, 11)? 공동체의 구성원 모두가 공동선이 무엇인지를 결정해야 하며, 이것은 특별 이익을 포기하는 것이 아니라 특별 이익을 초월해 특별 이익을 더욱 포괄적인 이익에 묶어주는 방법을 찾음으로써 결정하는 것이다(Selznick 1998a, 12).

요컨대, 공동체주의자는 구체적인 상황에서 공동체가 추구해야 하는 가치와 공동선의 내용을 정하고, 그것을 정하기 위해 참여하고 결정하는 것을 중시한다. 공동체주의자는 참여하는 것을 의무만이 아니라 권리로서 중시한다(Bellah 1998, 19). 이처럼 계약적인 결사체에 의해 공동체가 할 수 있는 바가 제약받는다고 생각하지 않는다. 어떻게 하면 좋은 공동체를 만들지 논의하고 결정함으로써 공통의 가치와 목표를 둔 공동체가 된다(Bellah 1998, 16). 그러므로 공동선의 추구는 중요하다고 공동체주의자는 주장한다.

공동선에 대해서는 이상과 같은 상반된 견해가 있는데, 공동선이 무엇인가라는 문제에서 가장 중요한 것은 결국 선이며, 나아가 선과 올바름은 어떤 차이가 나며 사회생활에서 이러한 것들을 어떻게 추구해야 하는가라는 문제로 귀결된다고 하겠다. 지금까지 이 문제는 이 책뿐만 아니라 이전의《정치와 윤리》,《평등, 자유, 권리》, 그리고《정의에 대하여》를 관류하는 주제였다.

'선the good'은 인간이 행동을 통해 달성해야 하는 도덕적으로 긍정적인 목표로 여겨진다. 그에 견주어 '올바른 것the right'은 우리가 선을 추구하는 것을 제약하는 일련의 규칙이나 도덕적인 규범이라고 볼 수 있다. 둘은 이렇게 구별된다. 물론 결과론자들은 선을 우선적인 것으로 보고, 최고의 선이 가져다주는 것을 올바른 것으로 간주한다. 반면에 의무론자들은 '올바른 것'을 우선적인 것으로 보고, 올바른 것을 선과는 무관하게 정의한다. 그래서 최고의 선을 가져다주는 행위라 해도 그 행위가 살인이나 도둑질이나 거짓말을 금하는 근본적인 도덕적 규칙에 위반되는 것이면 금한다(Montmarquet 2005, 954).

이 점은 풍랑을 만난 배라는 예로써 다음과 같이 설명할 수 있다. 스님을 살해하는 것이 그릇되었다고 말할 수 있는 '도덕적 제약moral constraint'이 있어야 한다. 자유주의에 따르면 무엇에 대해 도덕적인 제약을 가할 수 있는지는 권리의 내용에 의해 결정된다. 스님에게도 생존권이 있기 때문에 스님을 바다에 빠뜨릴 수 없다. 그래서 노직은 권리가 개인이나 사회의 목표를 달성하는 데 측면적 제약이 된다고 주장한다(ASU, 29). 자유주의자들이 권리에 부여하는 의미가 이렇게 다르며, 측면적 제약이라는 개념이 공리주의자와 의무론자를 가른다고 볼 수 있다. 이러한 문제점을 인식하고 공동선에 대한 논의에 임해야 한다.

지금까지 정의, 특히 사회 정의란 무엇이며, 정의에 관한 이론이 어떤 방식으로 구성되었는지를 고찰해보았다. 그렇다면, 정의는 공동선과 다른가? 공동선은 무엇인가? 정의를 통해 공동선에 이를 수 있는가? 이러한 문제에 천착해볼 필요가 있다.

이 문제에는 다음과 같은 순서로 접근할 필요가 있겠다. ①《정치와 윤리》,《평등, 자유, 권리》에서 언급된 공동선의 내용을 중심으로 공동선에 대한 관념의 역사, ② 공동선에 대한 자유주의와 특히 공화주의 사이의 관념의 차이, ③ 이 차이에 따라 다르게 강조하는 권리와 공동선, ④ 공동선의 내용, 그리고 ⑤ 끝으로 불편부당·공정·정의·공동선이라는 개념의 차이를 고찰해보자.

| 제14장 |

공동선에 대한 관념

아테네의 시민들은 모두가 평등하고 동등하게 법의 제정에 참여했다. 시민들은 지배자의 역할과 피지배자의 역할을 교대로 담당했으며 공적인 시민으로서 공동선을 실현하고자 노력했다. 공동선을 시민들의 전체적인 선과 일치시키면서 도시국가의 선이 무엇인지 아는 자만이 통치의 의무를 맡아야 한다고 주장했다.

1. 플라톤

이것은 플라톤이 도시공동체의 선은 개인의 선에 우선하다고 보았기 때문이다. 플라톤은 개인이 본질적으로 정의로운 정치공동체내에서 생활하는 경우에만 가치가 있고 존엄하다(*Republic*, 464c~465c)고 본다.

개개인이 자신의 품성에 가장 적합한 일에 전념해 도시국가에 가장 큰 이득이 돌아오게 하고 자신에게도 혜택이 돌아오게 하여 공동선을 달성하는 것이 정의이며, 이를 부정하는 것이 부정의이다(*Republic*, 433a, 433b, 434c).

이렇게 보면 도시국가를 구성하는 각 계층의 사람들이 지혜, 용기, 절제를 덕성으로 삼고 이 세 가지가 조화를 이룬 상태를 정의라고 할 수 있다. 말하자면 각 계층 사이에서 통일되고 조화를 이루는 원칙이 정의이다(Forkosch 1978, 653). 그러므로 플라톤에게 공동선이란 전 공동체가 덕성 있는 생활을 하는 것이다. 이처럼 정의라는 이념은 초월적이며 영구적인 조화로운 통합이다. 이것이 인간과 제도에는 완전하게 구체화되지 않을 수도 있다. 그렇지만 인간은 이러한 영구적이며 온전하고 절대적인 이념을 도덕적 행위에 적용하려고 노력해야 한다.

2. 아리스토텔레스

아리스토텔레스가 주장한 대로 인간이 정치적 동물이라면, 공동의 일을 달성하는 것을 고려해야 하며 공동체를 만드는 데 관련되는 바가 무엇인지 고려해야 한다. 그런데 그 공동체는 공동의 일에 종사하는 이들이 공유하는 선으로 인정되는 선을 마련해주어야 한다. 공동체가 선을 마련하려면 정치적 결사는 시민의 덕성을 배양하는 것을 최고의 목적으로 삼아야 한다.

덕성을 계발하여 공동선을 증진하게 하고 자치에 참여하게 하는 것이 정치의 목적이다. 그렇게 하려면 시민들이 인격을 형성하게 하는 삶의 방식을 공유해야 한다. 그래서 선한 삶이 도시국가의 목적이 되며, 이 목적을 위해 여러 가지 사회제도가 존재한다(*Politics*, 1280a~b).

정치적인 관계는 공동체 구성원으로서의 자유인들이 서로 다스리고 다스림을 받는 관계이다. 즉 자유인은 정치적 객체이면서 주체, 즉 주권자이다. 그러한 존재가 되려면 단순한 정치적 객체가 되는 입장에서 벗어나 자유인으로서 사회에서 덕성을 행사하고 선을 달성해야 한다. 폴리스의 시민으로서 인간이 갖추어야만 하는 '덕성 또는 기량(수월성)'이 정의이다. 덕성을 갖춘다는 것은 시민들이 법에 따라 생활하려 하고, 모든 인간과 사물 사이에 평등을 달성하려 하는 상태이다.

그러므로 이 정의는 타자의 이익, 공동의 이익과 연관된다(NE, 1129b 17~19). 따라서 사회로부터 분리될 수 있는, 즉 특정한 문화와 사회를 전제로 하지 않고 정치적 동물로서 인간이 공리나 쾌락을 추구할 수 있다고 가정하는 것은 무리이다. 인간이 사회에서 삶을 영위하게 하는 것이 정의이다. 그래서 "정의는 국가에서 인간을 결속시키는 것이며," 정의를 관장하는 것은 정치사회에서 질서를 유지시키는 원칙이다(*Politics*, 1253a 37~9),

모든 학문과 예술에서 추구하는 목적은 하나의 선이다. 그런데 최대의 선은 정치학이 다루는 선인데, 선은 정의, 환언하면 '공동 이익common interest'이다(*Politics*, 1282b 15~19). 지배와 피지배를 교대하는 이유는 지배하는 동안 지배자가 공동 이익을 증진시켜야만 그가 다시 피지배자가 될 때 지배자가 된 사람이 사익을 추구하지 않을 것이라고 생각되기 때문이다(*Politics*, 1279a 8~13). 공동 이익을 염두에 두는 국가는 정의에 대한 엄격한 원칙에 따라 구성되기 때문이다. 아리스토텔레스는 공동 이익 또는 '공동선common good'이라는 개념을 옳은 헌법과 그릇된 헌법을 구분하는 기초로 사용했다(*Politics*, 1279a 16~21).

아리스토텔레스는 또한 정치학이 추구하는 선은 다른 말로 하면 공동 이익이라고 밝히고 있다(*Politics*, 1278b~1279b 10 · 1282b 14~5). 그리고《윤리학》에서 그 본성에 의해 나타나는 것이 공동선이라는 정의를 제시했다(NE, 1094a~1099b). 인간과 인간사회에서 공동선은 자연적이기 때문에 개이과 공동체의 활동은 공동으로 규정하는 목적, 즉 선을 공유해야 한다.

아리스토텔레스는 플라톤처럼 사회란 자연적이고 덕성은 생활에 필요한 방식이라고 보았다. 플라톤이 개인을 사회에 종속시킨 데 견주어 아리스토텔레스는 선한 생활을 하는 데서 정의로운 사회보다도 인간의 이성이 지니는 자율과 개인의 덕성에 더 의존했다. 다시 말하면, 플라톤과 비교할 때 아리스토텔레스는 개인이 우선이며, 공동체는 개인이 인간으로서 목적을 달성하는 데 도움이 된다는 의미에서 공동체를 강조한 측면이 있다. 그러나 아리스토텔레스는 공동체에서 인간은 자신이 선하다고 생각하는 것을 추구하며, 각 공동체는 어떤 선에 대한 견해를 토대로 설립되었을 뿐만 아니라 특히 정치 공동체는 최고선을 지향한다는 점을 분명히 밝혔다(*Politics*, 1252a 1~6).

3. 아퀴나스

아우구스티누스는《신국(神國)*De Civitate Dei*》에서 "이성적인 존재가 애착을 느끼는 대상에 대해 합의하여 동료 의식으로 통합된 합리적인 존재의 모임"이 도덕적 공동체라고 한다(Augustine 1960, bk. xix, ch. 26;

Haldane 1996, 61 재인용). 중세에 이르러 토마스 아퀴나스는《군주 통치론De regimine principum》에서 "사회의 '동료 의식fellowship'은 인간에게 자연적이며 필요한데, 사회 내에서 통치의 어떤 원칙이 있어야만 한다는 것이 똑같이 필연적으로 따른다고 주장한다. 많은 사람들이 각자 자신의 이익에만 전념해서 살아간다면, 그 사람들 중 한 사람이 '공동선bonum commune/common good'을 보살피지 않으면, 그런 공동체는 분명히 허물어질 것이다"라고 주장했다(Aquinas 1959, 3; Haldane 1996, 59 재인용).

이처럼 아퀴나스는 아리스토텔레스를 따라 인간을 사회적·정치적 동물이면서도 자연적으로는 자신을 보존하려는 성향을 가진 존재라고 보았다. 요컨대, 인간은 '사회적으로 구성social constitution'되어 있기 때문에 단순한 인간이라는 동물의 지위에서 발전하여 사회적 관계의 '망network'에서 살게끔 되어 있다(Haldane 1996, 70).

그래서 인간이라는 이성적 피조물이 영구적인 법에 참여하는 것이 자연법이다. 인간은 이성을 통해 영구한 법에 참여할 수 있으며, 자신의 자연적 선을 지향하는 행동을 시작할 수 있다. 그러나 이렇게 행동할 수 있는 자유는 인간이 자연적으로 정향된 법을 이해하고 따르는 능력이다. 여기서 선한 것과 올바른 것은 거의 일치한다. 개개인들이 올바르게 행동하는 것이 최선을 다하는 것이 되며, 이것은 공동선을 달성하는 것이된다.

그리고 아퀴나스는 법과 정치를 정의하는 데서 공동선이 중요하다는 것을 무엇보다 강조했다. 그에 따르면 인간이 인간다운 생활을 영위하기 위해서는 물질적인 재화가 충분해야 한다. 지나친 불평등은 정의에 대한 인간의 감각을 저해하기 때문에 불만을 안겨준다. 그래서 국가는 공동선이라는 이익을 증진시켜야 한다(Hornsby-Smith 2006, 55). 아우구스티

누스는《신국》에서 '법/올바른 것*lex*'은 공동선을 달성하기 위해 이성이 정하는 것이며, 이것은 공동체를 통치하는 자에 의해 공표된다고 밝힌다 (*Summa Theologiae* (a), 1. 2. q. 90, a. 4; Docet 2005, 304 재인용).

또한 정의는 공동선을 지향하게 되어 있다(*Summa Theologiae* (b), 2.2, q. 58, a. 5; Docet 2005, 308 재인용). 그래서《군주 통치론》에서는 "법에서 가장 우선적이고 중요한 목적은 공동선에 서열을 부여하는 것이다"라고 말한다. 법을 확립한다는 것은 전 공동체나 이를 대표하는 사람들의 임무이다. '세속적인 행복*beatitudo huius vitae*'을 획득함으로써 공동선은 이루어지며, 세속적인 행복은 더 높은 다른 세속적인 목적을 추구하는 것과 양립할 수 있다. 국가는 이를 달성하기 위한 수단이며 달성하는 것을 보장한다.

왜 그렇게 보았는가? 아퀴나스에 따르면, "불완전한 것이 완전한 것으로 배열되어 있는 것처럼 각 부분은 전체로 배열되어 있으므로 법은 질서가 사회의 행복에 적절하게 관계하는 것에 필요하다. …… 그러므로 법이 대부분 공동선으로 배열되어 있는 한, 특정한 일에 대한 다른 어떠한 준칙은 그것이 공동선으로 배열되어 있는 것을 제외하고는 법의 본질을 결하고 있음이 당연하다. 그러므로 모든 법은 공동선으로 배열되어야 한다"(Aquinas 1959, q. 90, a. 2, 132 · 134; Haldane 1996, 59 재인용).

위의 언급에서 첫째, 전체에 대한 부분의 관계처럼 인간은 사회와 관계가 있다는 것과, 둘째, 모든 법은 공동선의 확립과 유지를 지향한다는 점을 알 수 있다. 첫째 요소는 오늘날의 공동체주의자의 주장, 즉 사회는 통합된 실체로서 구성원에게 도덕적 정체성을 부여한다는 주장과 비슷하다. 그렇다고 해서 아퀴나스가 개인이 완전한 '실체*substance*'가 아니라고 주장하는 것은 아니다. 인간은 전체이며 동시에 부분이다. 자아로서 전체이며 사회적 자아로서는 부분이다(Haldane 1996, 71). 이 문제는 결국 자아가 사회에 의해 형성되는가 아니면 사회가 자아에 의해 형성되는가라는 문제로 귀결된다고 하겠는데, 서로가 서로를 결정한다고 봐야 한다(Haldane 1996, 71).

어쨌든 아퀴나스에 따르면, 공동선이 없는 국가를 생각할 수 없으므로 국가와 공동선은 일치한다. 이렇게 가톨릭이 권력을 정당화하는 기본적인 가치로서 공동선을 강조함으로써 그리스도교 정치사상에 고전적인 개념을 접목할 수 있었다.

4. 마키아벨리

근세에 이르면 선에 대한 관념이 달라진다. 마키아벨리는 정치생활의 변전과 부패라는 위협에 대처하려면 특정한 정치제도가 필요하다고 보았다. 이 제도는 바로 공화정인데, 공화정에서는 권력이 인민에게 있고 정치적 안정은 질서가 잘 잡혀 있을 때 달성된다. 공화정은 공동선을 더 잘 보살필 수 있고, 자유 보장을 가장 본질적인 것으로 삼는다는 장점이 있다(Machiavelli 1974, 115 · 274~5).

그런데 시민들은 공동선을 앞세우는 덕성 있는 행동을 함으로써 자유를 보장받는다. 따라서 공화정에서 시민들은 자유를 위해 결단력 있는 행동을 할 수 있어야 한다. 결단력 있는 행동을 할 수 있어야 한다고 보는 이유는 공화정은 정치 이전에 존재하는 시민들 간의 공통점보다는 비지배로서의 자유 등과 같은 정치적 원칙을 인정하고 확립하는 것에 대한 공통적인 지지를 중시하기 때문이다(Honohan 2002, 275). 그리고 덕성은 공동선의 증진을 위한 활동에서 나타나며, 개개인이 이러한 덕성을 갖추어야만 공화정의 안전이 보장된다. 이 같은 공화정에서 인민은 공동선을 위해서라면 귀족보다 더 기꺼이 자신의 선을 희생하려고 한다(Machiavelli 1974, 257).

5. 홉스

마키아벨리와 함께 근대 정치사상의 시조라고 여겨지는 홉스는 개인의 자기 보전을 우선시했다. 따라서 그에게는 무질서가 모든 사람에게 공동의 악이었다. 인간이 자연 상태에서 코먼웰스로 진입하는 계약을 하게 되는 동기는 무엇인가? 계약하게 되는 이면에는 코먼웰스에 있는 것이 자연 상태에 있는 것보다 더 나으리라는 기대가 내재한다고 볼 수 있다(Barcalow 2004, 148). 그렇다면 코먼웰스에서 보장하는 자유와 권리는 질서와 평화라는 공동선을 보장하는 데 긴요하다.

이렇게 보면 공동선이란 개인으로 하여금 자기 보전을 가능하게 하여 행복을 추구할 수 있게 보장하는 조건이라고 하겠다. 이로써 자유주의자에게 공동선은 사익을 보호하고 실현하는 데 필요한 수단이나 도구라는 의미가 강해졌다(김비환 2005, 317). 어쨌든 전술한 것처럼 근대 이후 자유주의자들은 개인의 자유와 권리를 우선시하기 때문에 공익이나 공동선을 앞세우지 않는 측면이 있다. 그러나 자유주의자들은 자유와 권리의 보장이 공동선에 이르게 하는 조건이라고 본 셈이다.

이상에서 보는 바와 같이 플라톤, 아리스토텔레스, 아퀴나스의 전통에서만 공동선이라는 개념을 찾을 수 있는 것은 아니다. 개인주의적 사고를 지녔던 홉스만 해도 법을 선한 것으로 만드는 세 가지 요건을 들면서, 그중 하나로 공동선을 거론했다. 다른 두 가지는 법이 필요하다는 것과 법이 명백해야 한다는 것이다.

홉스는 무엇보다도 주권자의 선을 염두에 두면서 '인민의 선the good of the people'을 들먹였다. 주권자와 인민의 선은 분리될 수 없다. 나약한 주권자가 있으면 나약한 시민이 있을 뿐이며, 나약한 인민이 있으면 주권자는 인민에게 권력을 자의적으로 행사하려고 한다. 그러므로 주권자의 선과 인민의 선은 다 같이 필요하다. 일반적으로 홉스가 절대적인 권력을 극단적으로 옹호했다고 보고 있다. 그러나 홉스가 선이라는 개념을 언급한다는 사실로써 절대적인 권력에 단서를 붙였다는 것을 알 수 있으며, 뿐만 아니라 주권자의 선과 인민의 선, 즉 공동선에 호소했다는 것은 그 자체로서 중요하다(*Leviathan*, ch. 30).

6. 로크와 흄

로크는 정당한 권력을 설명하면서 공동선, 공적 선, 일반적 선, 그리고 인민의 선이라는 용어를 썼다(Spragens 1998, 24). 그는 《시민정부 제2론》의 몇몇 구절에서 '공중 선public good' '사회의 선the good of the society'과 '공동선common good'을 명백하게 언급했다(ST, §§3, 131, 134). 그러면서도 〈관용론Letters Concerning Toleration〉에서는 국가가 개인의 권리와 이익을 전적으로 옹호하는 조직이라고 보았다.

다만 공동선과 개인의 권리를 조화시키기가 어렵다는 점이 문제였다. 혹자는 이를 두고 로크에게서 나타나는 여러 가지 모순 가운데 하나라고 하고, 혹자는 '자유주의적 오류liberal fallacy'의 한 예라고 일컬었다. 이익의 갈등을 그대로 내버려두어도 일종의 자연적 조화 때문에 갈등이 해결될 것이라는 믿음이 자유주의적 오류이다. 어쨌든 전술한 것처럼 로크가 공중 선, 사회의 선, 그리고 공동선이라는 개념에 경의를 표한다는 것이 우리에게 중요하다.

흄도 로크와 비슷한 방식으로 사회관습이 공중의 이익을 증진하기 때문에 도덕적인 지지를 받는다고 주장했다(Hume 1981, bk. 3, part 2, sect 2). 이로써 로크와 흄의 시대만 해도 공동선이라는 개념이 정치이론에서 깊은 뿌리를 내리고 있었다는 것을 알 수 있다. '공익(公益)utilitas publica'이라는 개념은 사실 13세기부터 일반화되었다.

7. 벤담

그러나 더 중요한 것은, 이름은 다르지만 자연권을 들먹여서 권리를 추상적으로 옹호하는 것을 전적으로 반대하는 정치이론에서도 이 개념이 일익을 담당하고 있었다는 점이다. 벤담은 정부가 취하는 모든 조처는 공리라는 원칙, 즉 공동체의 행복에 기여할 수 있는 능력이라는 척도에서 측정될 수 있을 뿐만 아니라 측정되어야 한다고 했다. 사실 공동체의 이익이라는 것은 공동체 구성원의 이익을 합친 것에 불과하다.

벤담은 자유주의적 오류에 빠지지 않고 개인주의적 가정에서 급진적인 추론을 내린다. 최대 다수의 최대 행복이라는 원칙이 정부의 올바르고 정당화될 수 있는 목적이라는 주장이 가져올 수 있는 결과를 벤담은 잘 알고 있었다. 이 교의는 위험하기 짝이 없다. 몇몇 사람의 최대 행복을 증진하는 정부가 있다면, 이는 지극히 위험한 교의임에 틀림없다(Bentham 1961, ch. 1).

그럼에도 우리가 간과할 수 없는 것은 공리주의자들조차도 보편적인 공동선을 추구할 수 없는 경우에는 최대 다수의 최대 행복을 추구해서라도 공동선에 접근하려고 노력했다는 점이다. 스튜어트 밀도《대의 정부에 대한 고찰》에서 좋은 사회는 사적인 '계획projects'의 연결에 지나지 않을 수 있다는 관념을 거부했다(Spragens 1998, 24). 이렇게 보면 개인주의와 자유주의가 꽃을 피울 때도 공동선은 정치이론에서 그런대로 자리를 차지하고 있었던 셈이다.

8. 해링턴

마키아벨리의 영향을 받은 해링턴에 따르면, 인민들이 지배자의 독단적 의지에 복속하지 않고 법에 의해 지배자의 권력에서 벗어날 때 자유롭다. 공화국의 법은 공동선을 표현하기 때문에 코먼웰스의 자유와 개인의 자유는 일치한다. 그러나 법이 있다고 해서 그 법이 반드시 시민들을 독단적 지배에서 보호하는 것은 아니다. 그래서 시민들은 법을 만드는 데 어떻게든 참여해야 한다. 그리고 그렇게 참여하는 한, 시민은 자유롭다(Harrington 1992, 19·20).

다른 한편, 공화정이 유지되려면 제도가 정비되어야 할 뿐만 아니라 시민들이 공화정 유지에 필요한 덕성을 갖춰야 한다. 제도 그 자체가 덕성을 고취하기도 한다. 그러면 덕성은 어떻게 해서 나타나는가? 인간의 특정한 정념과 이성 사이에는 자연적인 긴장이 있게 마련이다. 이성이 정념을 제압할 때 덕성이 우러난다. 요컨대, 이성이 참다운 이익을 찾을 때 덕성과 연관되며, 이로써 덕성은 공동선과 부합하게 된다(Honohan 2002, 71).

공화주의자들은 이처럼 덕성을 강조했지만, 자유주의 체제가 공고해지고 상업과 산업이 발전하면서 사정은 달라졌다. 근대 산업사회에 들어서서 개인은 자신의 이익을 추구하게 되었다. 이익을 추구하는 행동을 규제하는 것은 그들이 덕성을 갖췄기 때문이 아니라 법과 제도로 행동을 통제하게 되었기 때문이다.

9. 루소

이러한 조류에 반기를 든 이가 루소라고 볼 수 있다. 루소에 따르면 일반 의지는 공동선을 증진한다. 그렇게 주장할 수 있는 근거가 무엇인가?

루소는 인간이 사회생활을 하면서도 자신에게만 복종하면서 초기의 자연 상태에서처럼 자유로울 수 있는 방법을 찾고자 했다(SC, I. vi)고 본다. 그 방법이 다름 아닌 사회계약이다. 그렇게 하려면 전체로서의 사회조직에 의해 인간의 개체성이 최대화되어야 한다.

공동체 전체에서 각자가 일반 의지의 최고 지시를 받아 자신의 권리를 양도하며, 양도한 것에 대해서는 더 이상 자기 것이라고 주장할 수 없게 된다(SC, I, vi). 그렇게 되면 전체로서의 공동체는 절대적이 된다. 그렇지만 개개인은 자신의 권리를 견지한다. 개개인들 모두가 양도한 것을 개개인들이 나누어질 수 없는 전체의 구성원으로서 다시 받게 되므로 결국 아무에게도 양도하지 않은 셈이 되며, 개개인은 자신의 권리를 견지하게 된다.

결사체를 형성하는 행위, 즉 결합하는 행위를 통해 계약 당사자인 특별한 인간들은 도덕적이며 집합적인 단체가 된다(SC, I, vii). 그래서 그 구성원들은 통합, 공동의 자아, 하나의 삶과 하나의 의지를 가진다. 이렇게 하여 '사적 인간private man'은 타인과의 결합에 따라 '공공인/공적 인격public person'이 된다.[81]

공공인은 정치체 또는 공화국이라는 이름을 취하는데, 이것들은 소극적인 경우에는 국가라고 불리며 적극적인 경우에는 주권이라고 불린다(SC, I, vi). 그런데 공적 인간이 되었다는 것은 개인이 자신의 성향이나 개별적인 이익을 따르지 않고 도덕적 자유를 갖는 도덕적 존재가 되고, 일반의지의 제약을 받아 법에 따름으로써 자유로워지는 시민적 자유를 얻게 되었다는 것을 의미한다(SC, I, viii).

공적 인간이 됨으로써 사회적·정치적 통합이 이루어지며, 진정한 권리, 즉 시민적 권리가 시작된다. 통합됨으로써 이성이 지배하고, 의무의 감각을 가지고, 인간성의 본질을 갖추게 되는 측면이 있다. 그런데 인간의 특질은 어디까지나 자유에 있다. 공적 인간이 되어 사회의 법에 복종함으로써 인간은 시민적 자유를 누리며 진정한 인간이 된다(SC, I, viii).

전체, 즉 주권자는 모든 개인들로 구성되었기 때문에 구성원들 전체

---

81 '인간/인격/인격자person'라는 용어는 홉스를 통해 로마법에서 왔다. 로마법에서 'persona'는 개인이나 '집단corporate body'에서 권리의 복합체나 이 권리의 소유자를 뜻했다(Green 1999, §29, 19·§44, 33~4). 그래서 사람은 타인에게 자신의 'persona'를 위임할 수 있다. 이러한 의미에서 홉스에게 국가는 '하나의 인격에서의 실재적인 통합real unity in one person'이다. 다중의 모든 개인들에 의해 한 사람 또는 사람들의 구체적인 모임으로 위임된 것이다. 그러므로 한 사람 또는 사람들의 구체적인 모임, 즉 주권자는 정치적으로 말하면 그렇게 하여 하나의 '인격person'에 통합된 전체 다중의 행위이다(Bosanquet 1951, 87~8).

에 반하는 이익을 가질 수 없다. 그리고 한편으로 전체는 한 개인에게 해가 될 수 있는 특정한 행동을 할 수 없다. 전체는 항상 전체로서의 전체 사상에 따라 행동하며, 자신의 개별 이익에 휩싸일 수 없으며, 진정한 공적 관심사에 국한되어 행동해야 한다는 한계를 어길 수 없다. 그러면 국가는 완벽하게 현명하고 선할 것이다. 그렇다고 국가가 악을 행하지 않는다는 보장은 없다. 마치 개인도 악을 행할 수 있는 것처럼 전체도 악을 행하기가 쉽다(SC, I, vii).

개인은 일반 의지에 반하거나 일반 의지와는 다른 개별 의지를 가질 수 있다. 모든 사람들의 숙고가 항상 같은 '올바름/실직(實直)rectitude'을 가져다주는 것이 아니기 때문이다. 그래서 모든 사람의 의지(전체의 의지)와 일반 의지 사이에는 가끔 커다란 차이가 있다. 일반 의지는 항상 공동 이익을 목표로 하는 데 반하여, 모든 사람의 의지는 사적 이익을 목표로 하며 개인들의 의지의 합에 불과하다(SC, II, iii). 또한 일반 의지는 늘 공동선을 목표로 하거나 의지로 결정하지만, 공동선을 달성하는 수단에 대해 오류를 범하기 쉽다. 일반 의지는 항상 올바르지만, 일반 의지를 인도하는 판단은 항상 개명된 것이 아니다(SC, II, vi).

그러므로 일반 의지에 복종하기를 거부하는 이들은 전체 집단의 제약을 받아서 각 개인은 강제되어 자유로워져야 한다. 그래야 한다고 보는 이유는 국가를 구성하는 도덕적 인간이 실재라고 여기기 때문이다. 그래서 사적 인간으로서의 개인으로 하여금 자유롭도록 강제하는 것이 그 개인을 도덕적이 되도록 만드는 조건이 된다(SC, I, vii~viii). 그리고 만장일치에 따라 사회계약을 성립시켰을 때 이미 국가에 의해 강요된다는 것을 암암리에 전제로 하기 때문이다(SC, I, vii).

국가가 적극적인 경우에 도덕적 또는 공적 인간이나 공동의 자아는 주권이라고 불린다. 주권은 일반 의지이며, 일반 의지는 모든 이의 선을 위한 의지일 수밖에 없다. 즉 의지를 일반적인 것으로 만드는 것은 '공동의 이익common interest'이다(SC, II, iv). 그리고 일반 의지는 전체 인민의 모임을 통해서만 행사될 수 있기 때문에 일반 의지를 통해서 만든 법에 복종하는 것은 결국 자신에게 복종하는 것이므로 법은 부정의로울 수 없다(SC, I, vi). 요컨대, 주권이란 일반 의지를 행시하는 데 있다. 그렇기 때문에 국가는 개인에 대하여 힘을 사용할 수 있다.

일반 의지는 전체로서의 사회의 의지이며 모든 개인이 공동선을 목표로 하는 한에서 모든 개인들의 의지이다. 일반 의지는 법이 법이어야 하는 것인 한에서는 법에서 표현되며, 공동의 이익을 위해 올바르게 행동하면 주권은 일반 의지를 행사한다. 국가가 일반 의지를 행사하는 한에서는 그 구성원에게 부정의를 저지를 수 없다. 나의 특별의지와 정치체에서의 나의 모든 동료들의 의지가 일치함으로써 사회적 협업을 하고, 진정한 공동 이익을 위하여 국가가 가하는 제약에 내가 복종함으로써 나는 나 자신에게 복종하게 되는 셈이며, 이로써 실제로 자유도 얻게 된다(Bosanquet 1951, 100).

주권은 사회계약의 당사자인 인민 모두가, 즉 주권자가 갖는 권력이다(SC, I, viii). 그러므로 일반 의지가 무효화되지 않는 한, 주권은 양도할 수 없으며 나누어질 수 없다(SC, II, i and ii; III, xvi). 하나의 인민이 하나의 인민으로 되는 것이 정치체의 본질이며, 그 본질에 따라 그렇게 될 수밖에 없다(Bosanquet 1951, 101). 그렇기 때문에 '힘/권력power'은 위임할 수 있지만, 의지는 위임할 수 없다.

주권은 인민 전체가 행사하는 배타적 권리이며 정부는 주권자에게서 법의 집행권을 위임받아 주권을 대리하여 집행권을 가진다. 말하자면 일반 의지를 발동하는 주권자와 이 의지를 실행하는 정부는 다르다(SC, III, i). 그리고 일반 의지는 언제나 올바르며(SC, II, ch. iii) 파괴될 수 없다(SC, iv, ch. I). 사회계약을 통해 국가를 설립하고자 하는 목적이 자신의 보전과 공동선의 실현에 있기 때문이다.

이렇게 보면, 선이 공동선의 형태를 취하는 한 일반 의지는 모든 인간이 자신을 넘어서서 지니게 되는 선에 대한 충동이라고 할 수 있다. 공동선이 개인의 보전과 일반 복지를 목적으로 하기 때문이다. 또한 공동선은 어느 누구든지 쉽게 파악할 수 있다(SC, IV, I). 그리고 사회계약에 따라 생성되는 주권을 수용하지 않을 이유가 없다.

협약은 사회계약에 기초하여 각 구성원 사이에서 이루어지기 때문에 합법적이며, 모두에게 공통적이기 때문에 공평하며, 전체의 이익을 도모하는 것이기 때문에 유용하며, 공적인 힘과 최고 권력에 의해 보증되기 때문에 확고하다. 이러한 협약을 따르는 것은 자신의 의지를 따르는 셈이기 때문에 따를 수밖에 없다(SC, II, iv). 개인들이 특별/개별적 의지를 추구하지 않고 일반 의지를 추구하는 한에서 일반 의지는 올바를 것이며 우리는 사회가 유기체적으로 통합되어 있다고 볼 수 있다(Bosanquet 1951, 105, 106).

그렇기 때문에 공동선은 타인의 이익뿐 아니라 자신의 이익도 증진시킨다(SC, II, 4, 205). 일반 의지를 형성한다는 것 자체가 공동선을 구현하려는 노력이기 때문에 루소는 공화정에서 파당의 이익이 분출되는 것을 배제하려고 했다. 공공 이익이 지배하는 국가는 설사 군주정이라고 해도 공화정이다(SC, II, vi). 따라서 일반 의지를 통해 공동 이익이 사람들을 결합시키기 때문에 일반 의지는 일반적이다(SC, II, iv, 206). 구성원의 보전과 번영을 달성하는 것이 정치적 결사의 목적이다(SC, I, 4, 186; II, v,

208; SC, III, ix, 256). 그렇다면 결사는 각 구성원의 재산과 생명, 자유를 보장해야 한다(PE, 135, 143).

일반 의지는 정치체에서 전체와 모든 부분들이 항상 이 목적에 전념하게끔 하며, 법의 근원이 되며, 국가 구성원들 서로 간에, 그리고 정치체에 대해 무엇이 정의로우며 정의롭지 않은가에 대한 규칙을 제정한다(PE, 132). 그러므로 일반 의지는 정의에 대한 규칙이다(PE, 132). 일반 의지로 형성되는 공동선은 정당한 힘과 부당한 힘을 구분하는 정의의 근본적인 원칙이기도 하다. 일반 의지가 정의에 대한 규칙이 되려면, 인간으로 하여금 인간으로 존속할 수 있게 하는 인간의 권리에 대한 정치적 원칙을 제시해야 한다. 그래서 일반 의지는 일반적이다.

루소는 주권력의 한계를 논하면서 '주권력sovereign power'과 인간으로서 개인이 가지는 자연적 권리 사이에 갈등이 있을 수 없다고 주장한다. 개인들이 계약을 통해 주권자에게 넘긴 것을 사용하는 것이 공동체에 중요한 개인의 힘, 개인의 선, 그리고 개인의 자유이다. 그러나 주권자만이 그 중요성에 대한 재판관일 수 있으며 주권자는―진정한 주권자는 법이 아니라 일반 의지이며, 신민 전체가 일반 의지를 형성하고 신민 전체에게 적용된다는 점을 감안한다면―신민에게 공동체의 선이 아닌 어떠한 제약을 둘 수 없다(SC, II, iv).

주권력과 자연적 권리 사이에 갈등이 없다는 주장은 다음과 같이 이해할 수도 있다. 풍랑을 만난 배에서 주권자인 선장은 스님에게 하선하라는 명령을 내리지 않을 것이다. 모든 정치체의 목적은 개인의 보전을 목적으로 하며, 이를 어기는 것은 정의와 부합하지 않기 때문이다. 공동선을 지향하게 되어 있는 일반 의지는 하선하라는 명령을 내릴 수 없다. 그래서 루소는《사회계약론》에서 유용성과 정의의 조화를 이룰 수 있는 방법을 찾는 것이 자신의 목적이라고 밝힌다.

10. 헤겔

저술한 것처럼 헤겔은 인륜적 실체인 국가에서 사람들이 공동선에 대한 사상을 취하게 된다고 주장했다. 그런데 개개인들이 그렇게 한다는 보장이 어디에 있는가?

사람들은 분업이라는 사회적 과정에 참여함으로써 재화와 용역의 생산·교환에 따라 서로 연계되어 있다. 그들은 자신의 이익을 직접 목표로 삼지만, 시민사회의 다른 구성원의 이익을 간접적으로 증진한다. 헤겔은 애덤 스미스의 보이지 않는 손이라는 이론을 부분적으로는 받아들인다. 자동적인 과정이 기대한 결과를 가져다주지 않을 경우 공적 권위가 시장의 작동과 사회생활 일반에 개입해야 하기 때문이다.

그런데 시민사회의 기관을 통해 사적 이익을 인정하고 증진시키지만, 그 과정에서 개인들은 공적 이익을 자신의 기본적 이익으로 인정하는 것을 배우고, 보편적인 것이 특수한 것을 부정하더라도 보편적인 것을 증진하려는 의지를 습득하는 것을 배운다. 정치교육의 과정은 시민사회에서 시작하여 정치적 국가에서 지속된다. 국가의 기관과 기관이 작동하는 방식, 특히 신분제 의회와 그 선거, 토론의 공공성, 언론과 공중여론의 자유, 법의 합리화(즉 법전화) 등은 시민들로 하여금 정책과 입법의 인륜적 기초에 통찰력을 갖게 하고 그래서 시민들이 지금 올바르고 필요하다고 생각하는 것에 자발적으로 복속하는 기회를 부여한다.

그 결과로 시민들은 정책과 입법이 올바르고 필요하다는 것을 광범하게 확신하고 개인을 희생하고 제약하는 것을 기꺼이 받아들이게 된다. 물론 그 반대의 결과도 가능하다. 즉 정책이 입법을 인정하지 않고 부당하다고 거부하고 실제로 저항할 수 있게 된다. 프랑스 대혁명에서 나타난 바와 같이 극단적인 경우에는 사회와 정부의 전체 조직이 비난을 받고 전복될 수도 있다(Pelczynski 1971, 17).

다른 한편으로 시민적인 질서와는 달리 정치적인 질서는 주로 의식적으로, 그리고 신중하게 나타난다. 이 목적을 달성하기 위해 규칙과 제도를 채택하며, 국가의 통합과 결집을 증진하는 것을 의무로 삼는 이들은 규칙과 제도를 다룬다(Hegel 1958, §270, 164~74). 사람들이 자발적인 애국심이나 정치적 감정을 품고 있기 때문에 이들 규칙과 제도의 효과가 재차 강화된다.

애국심이나 정치적 감정은 단순한 신뢰에서 교육받은 통찰력에 이르기까지 다양하게 나타날 수 있다. 이들 감정과 사상과 태도는 평범한 시민, 그리고 특히 국가의 권력을 상당하게 분담하고 있는 이들로 하여금 자신의 사적 이익을 공적 선으로 일치시키게 한다. 그리하여 단일한 자아로서의 국가의 통합을 꾀한다(Hegel 1958, §§276~8, 179~81). 그러므로 시민사회의 영역과 국가의 영역에서 공적인 권위의 의식적이며 신중한 행동과 사적인 개인의 자발적인 감정과 활동이 합쳐져서 통합을 증진한다(Pelczynski 1971, 12). 말하자면 개인들은 국가 생활을 통해 공동선에 대한 관념을 습득하게 된다.

왜 그렇게 된다고 헤겔은 가정하는가? 삶은 부분들로써 만들어진 전체이다. 보편적인 것은 특별한 것들에 연결된다(Bosanquet 1951, 271). 이것을 올바르게 인식하는 개인들이 자신의 의지로써 자신을 스스로 자유로운 존재로 만들 때 정의와 공동선이 구현된다. 이러한 맥락에서 권리 또는 법은 가장 광범한 의미에서 실제 세계의 의지 전체를 표명하는 것이라고 볼 수 있다. 즉 자유의 모든 조건의 실제적인 통일체이며 제2의 본성으로서 그 자체로부터 생산되는 정신의 세계, 즉 실현된 자유의 영역이다(Bosanquet 1951, 240). 인간이 자유롭기 위해서는 의지가 작용해야 한다.

헤겔에 따르면, 개인들은 공동선을 고려한다는 조건에서만 자신의 행복과 안녕을 정당하게 추구할 수 있다. 갈등이 일어나는 경우 개인들은 자신의 법적 권리에 의한 요구보다는 모든 사람의 복지 쪽으로 호의를 보여야 한다. 이 맥락에서 헤겔이 말하는 선은 복지와 권리에 대한 개인의 모든 요구가 서로 균형이 맞아야 한다는 근본적인 규범으로 정의될 수 있다. 이 근본적인 규범이 행동의 준칙으로 인정되고 채택되면 개인주의적 접근은 포기되고, 인간의 공동체가 행동의 궁극적인 목적으로 천명된다(Ilting 1971, 100).

이 근본적인 규범에 복속하는 이들은 자유롭다고 말할 수 있다. 그 이유는 무엇인가? 적어도 행동이 외부의 의지에 의존하지 않기 때문이다. 자유에 대한 요구를 이러한 방식으로 달성함으로써 다른 목적을 실현하는 수단으로 여겨질 수 없는 행동의 목적을 달성하게 될 것이다. 그래서 절대적인 목적이 되는 것이다. 모든 사람에게 공통이 되는 행동의 궁극적 목적이라는 이 관념은 선이라는 관념에 대한 플라톤과 아리스토텔레스적 교의의 본질적인 의미를 되찾는 것이다(Ilting 1971, 100). 헤겔의 인류적 생활이라는 관념의 내용은 고대 도시국가의 모델에서 도출되었다.

11. 수정주의적 자유주의

고전적 자유주의와 수정주의적 자유주의는 같은 자유주의의 갈래이지만, 그 내용이 다르다는 것을 이미 살펴보았다. 공동체주의자들은 자유주의가 공동선을 논하지 않는다고 비판한다. 그러나 그들의 주장을 모두 수긍할 수 없는 점이 있다.

로크 같은 이들은 사적 이익에 반대되는 개념으로 '공적 이익public interest'를 거론했다. 공적 이익이 공동선과 어떻게 연관되는지, 어떻게 연관되어야 하는지는 자세히 논하지 않은 것 같지만, 로크도 사적 이익만을 염두에 두었다고 말할 수는 없다. 애덤 스미스만 해도 개인이 도덕적인 바탕 위에 이익을 추구하는 경제 질서를 묘사했지 사적 이익만이 무자비하게 난무하는 질서를 이상적인 것으로 보지는 않은 듯하다. 그리고 자유주의가 계약론에 의존하는 바가 많다는 점을 인정한다면, 공동 이익을 염두에 두었다는 것을 인정하지 않을 수 없을 것이다.

계약론 자체가 공동 이익을 전제로 한다는 것은 다음과 같이 주장할 수 있다. 홉스와 로크는 자연 상태에서 벗어나는 것이 모든 이들에게 '공동 이익common interest'를 가져다준다고 보았다(Lessnoff 1990, 15). 게다가 자연 상태에서 약탈로써 생존을 영위하다가 예컨대 서로 재산권을 인정하게 되었다면, 이것은 적어도 '공적 선public good'이라고 일컬을 수 있다(Buchanan 1990, 177~8). 이렇게 보면 자유주의가 의존하는 계약론은 모든 인간에게 도덕적 의무를 부과함으로써 이기주의에 제약을 가하고자 하는 것이다.

모든 사람이 자유롭게 계약에 참여함으로써 계약은 모든 사람에게 이득이 된다고 가정한다. 그리고 계약을 준수한다는 것은 타인의 이익을 해치지 않을 의무를 지는 것이다. 따라서 모든 사람의 이익을 위하는 정치질서를 받아들이기로 의무를 지는 것은 이기주의가 아니라 모든 사람의 이익을 평등하게 보장하려는 보편적인 개인주의이다(Lessnoff 1990, 17). 예를 들어 모든 사람이 수용할 수 있는 권리를 평등하게 인정하는 의무를 지는 것은 결과적으로 모두에게 이익이 된다.

그러므로 자유주의가 '모든 사람의 이익interests of all' 또는 공동 이익을 증진시키려고 한다는 점은 부인할 수 없을 것이다. 초기의 자유주의 국가가 아무리 개인들 사이의 계약의 준수를 이행하도록 하는 데에, 즉 보호적인 일에 일차적인 임무를 두었다고 해도 '공적인 재화/선public goods'를 준비하고 이에 따르는 비용을 분담하게 하는 논의를 하지 않을 수 없었을 것이다(Buchanan 1990, 180).

이렇게 보면, 자유주의가 사적 이익만을 추구하게 하고 공적 이익이나 공동 이익을 저버렸다고 주장할 수 없을 것이다. 문제는 초기 자유주의에서 논하는 공적인 이익 또는 공적 선이 개인적인 선과 어떻게 연관되며 그 연관된 것이 공동선이라고 할 수 있는 것과 어떤 관계가 있는가라는 점이다. 이 점에 대해서는 불분명한 것 같다. 그래서 고전적 자유주의에서는 공동선에 대한 관념이 상대적으로 희박하다고 주장할 수는 있다. 그러나 수정주의적 자유주의에 대해서는 그렇게 주장하기가 어렵다. 여기서는 수정주의적 자유주의자, 즉 '새로운 자유주의자new liberalist'를 대표하는 세 사상가 보즌켓·그린·홉하우스의 사상을 공동선을 중심으로 논하고자 한다.

수정주의적 자유주의자들의 견해를 살펴보기 전에 부르주아 사회에 대한 헤겔의 견해를 고려해보자. 헤겔이 수정주의적 자유주의에 큰 영향을 끼쳤기 때문이다. 그는 국가, 그리고 국가에 대한 시민의 의무는 개인들의 자기 이익으로 환원될 수 없다고 본다. 계약은 경제 영역에 적합한 개념이지 정치적 영역에 적합하지 않다. 계약은 국가의 위대함과 장엄함, 그리고 개인에게 부과할 자격이 있는 의무를 바르게 나타내지 않기 때문이다(Hegel 1958, §§72~75, 57~9).

동료 시민들 사이의 관계는 자신의 이익을 냉혹하게 계산하는 계약자들 사이의 관계 이상이 되어야 한다. 말하자면 일종의 공동체가 되어야 한다. 그렇다면 사회계약이론은 사회가 일종의 공동체처럼 되어야 한다는 것을 암묵적으로 부인하는가? 반드시 그렇지는 않다. 사회계약이론이 국가의 본질을 전체적으로 묘사하려고 한다면, 아마 그럴 수도 있을 것이다. 그러나 사회계약이론이 단순히 어떤 구체적인 정치적 권리와 의무를 만들어내려는 고안물로 쓰였다면, 국가에는 그 이상의 것이 있다는 점을 부정하려는 것은 아니다(Lessnoff 1990, 16).

(1) 보즌켓

보즌켓Bernard Bosanquet(1848~1923)은 헤겔의 사상을 자유주의적 형태로 영국에 도입했다. 영국의 경험주의와 자연주의를 배격하고 역사에 대한 헤겔의 형이상학적 관념에 근거를 두고 윤리와 정치에 대한 관점을 전개했다.

《국가에 대한 철학적 이론The Philosophical Theory of the State》(1899)에서 보즌켓은 사회가 전체로서의 실재의 모든 것을 포괄하는 구체적인 보편성을 띤다는 것을 보여주고자 한다. 즉 사회 자체가 하나의 구체적인 보편성을 가진다. 그렇게 하는 데서 보즌켓은 그런보다도 헤겔주의가 의미하는 바를 더욱 엄격하게 따랐지만, 형이상학과 정치에서 헤겔을 해석하는 데서는 견해가 달랐다. 보즌켓이 생각하기에는 그린이 국가의 기능을 심하게 제한했다. 또한 보즌켓은 사회를 이해하는 데서 사회학과 심리학이 기여하는 바를 그린보다 더 인정했다(Bosanquet 1951, ch. ii).

그런데 1918년에 홉하우스는 보즌켓의 저서가 권위주의적인 국가를 옹호한다는 이유에서 비판했다(Hobhouse 1964). 보즌켓은 개인은 목적이며 사회는 이를 위한 수단이라는 견해를 받아들이지는 않지만(Bosanquet 1951, xxxiii), 국가의 간섭이 개인의 도덕과 자유를 저해하는 측면이 있다는 것은 인정한다(Bosanquet 1951, 58~9).

보즌켓에 따르면 헤겔은 그의 《법철학》에서 근대국가를 유기체론적으로 또는 선에 대한 공유된 이해를 중심으로 하는 통합된 전체로 보았다. 따라서 보즌켓은 개인의 정체성은 사회적으로 구성되며, 그런 한에서 타인은 개인의 자아실현에 단순히 외적인 제약이 되는 것이 아니라고 보았다. 모든 사람이 번성하도록 사회관계를 얼마나 잘 맺느냐에 따라 사회는 자유로워지기 때문이다(Weinstein 2007, 6).

보즌켓은 헤겔과 마찬가지로 국가는 윤리적 개념이며, 그리고 단순히 물질적인 실재보다는 의식의 수준에서 존재한다고 본다. 그렇다면 이에 맞추어 국민국가 내에서 개인과 제도의 활동을 일관성 있게 조정해야 할 필요가 있다. 다른 한편 개인을 원자로 보지 않고 '위대한 개체성great individuality'으로 봄으로써 개인은 윤리적 자유와 사회적 통합을 이룰 수 있다고 본다(Bosanquet 1951, xxxiii · 74 · ch. iv · 292~3).

① 바로 여기에서 개인의 선과 공동선의 관계라는 문제가 대두된다(Bosanquet 1951, ch. v). 인간의 행동은 의지를 표현한다. 그러나 어떤 순간에 개인이 의지로 결정하고자 하는 것은 개인에게 해롭거나 다른 욕구와 일치하지 않을 수 있다. 그래서 인간의 이러한 행동은 인간의 필요

를 가장 완전하게, 그리고 일관성 있게 완성시키는 목적이라는 관점에서 비판받게 되고 시정될 필요가 있다.

이에 보즌켓은 인간이 느끼는 순간적 욕구인 '실제적actual' 의지와, 인간을 만족시키고 인간이 참으로 원하는 '실재적real' 의지를 구분한다 (Bosanquet 1951, 111). 국가가 법으로써 개인의 실재적 의지를 다시 강화함으로써 도덕적으로 국가는 정당화된다. 때문에 개인의 이익과 국가의 이익을 이제까지 대비시켜온 것은 잘못이다. 개인과 국가의 참다운 이익은 일치된다. 그러한 의미에서 개인은 자유롭도록 강제된다. 그러므로 오히려 개인의 실재적 이익과 국가의 실재적 이익을 일치시키려고 노력해야 하며, 또 그렇게 할 수 있다.

② 권위와 국가는 개인의 동의나 사회계약에 근거를 두지 않는다. 오히려 인간의 삶이 자연적으로 발전한 결과에, 그리고 보즌켓이 실재적 의지 또는 일반 의지라고 부르는 것으로 표현된 것에 근거를 둔다. 일반 의지는 국가에서 각 개인의 실재적 의지를 표현하는 것이다. 그런데 국가가 일반 의지를 표현하며 각각의 제도 또한 일반 의지를 표현하는 것으로 여겨진다면, 국가는 어떠한 구체적인 보편이다. 일반 의지는 국가 주권의 근원이 되며, 그렇기 때문에 사회적 결정의 최종 조정자이며 권위자이다. 그렇다면 설사 국가가 개인의 동기 부여에 직접적으로는 영향을 줄 수 없다고 해도 개인의 의도에는 영향을 줄 수 있다. 따라서 국가는 법으로써 개인으로 하여금 어떤 방식으로 행동하게 유도할 수 있다.

③ 이상에서 보는 것처럼 보즌켓은 실제적 의지와 실재적 의지를 구분했다. 실재적 의지가 개인의 참다운 의지이며, 이를 통해 개인은 자신의 잠재력을 실현할 수 있다. 그런데 개인의 참다운 의지는 국가 내에서 타인과의 협조를 통해서만 달성될 수 있다. 인간이 더 나은 생활을 하려면

자신을 순전히 생물학적으로 결정하는 일시적 욕구나 원(願)하는 것이 가하는 제약에서 벗어나 우리가 일시적이 아니라 항상 원하는 것에 따라 수정되어야 한다. 그리고 타인이 원하는 바와 조화를 이루어야 한다(Bosanquet 1951, 59). 그리하여 모든 사람에게 공통이 되는 선의지를 표현해야 한다(Bosanquet 1951, 239·243~4).

그런데 선의지는 어느 한 개인에 의해 실현되는 것이 아니다. 어느 한 개인이 인류 전체의 업적을 달성할 수 없으며, 타인의 자제와 지원 없이는 개인이 자신의 잠재력을 달성할 수 없기 때문이다. 요컨대, 인간은 사회적 존재이며 사회적 질서 내에서 사는 존재이다(Bosanquet 1951, 190). 그렇기 때문에 모든 사회의 구성원들이 자신을 실현하는 데 필요한 복합적인 선들을 존중하고 유지하는 것이 우리의 도덕적·정치적 의무이다.

④ 일반 의지는 지각이 있는 존재가 자신을 넘어서서 확장되는 어떠한 선을 지향하고자 하는 없앨 수 없는 충동이다. 이 선은 인간의 개성이 존재하고 영속하는 것에 다름이 아니다. 이것을 보즌켓은 영혼의 수월성과 개인의 완전한 실현에 일치시켰다. 이처럼 보즌켓은 공동선을 달성하는 데 개인의 책임이 중요하다는 것을 강조했다. 이 점에서 그는 그린과 견해가 같다. 국가가 일반 의지와 공동선을 반영하는 한에서 국가의 권위는 정당하며 국가의 행동은 도덕적으로 정당화된다(Bosanquet 1951, 14). 보즌켓은 실재적 또는 일반 의지와 공동선의 관계를 이렇게 본다.

⑤ 그래서 보즌켓은 일반 의지에 대한 루소의 개념을 받아들이지만, 이를 직접 민주주의가 가능한 도시국가에 한정하지 않고 국민국가에 적용하려고 한다. 그러다 보니 각 개인들이 집단적인 결정에 직접 참여하는 것을 보장할 수 없게 된다. 게다가 국가와 집행부의 차이가 흐려진다

(Bosanquet 1951, 108~15·262). 대신에 보즌켓은 통합에 대한 집단적인 감정으로서 내셔널리즘이라는 감정에 의존한다(Bosanquet 1951, lix~lxi). 국가는 이상적으로는 이러한 통합이라는 감정을 표현해야 한다. 그러나 실제로 국가의 행위자나 기관은 이러한 이상에 미치지 못할 수 있다. 특히 개인을 도덕적으로 완성시키는 일을 국가가 다 할 수는 없다.

⑥ 국가는 개인의 실재적 의지인 일반 의지를 반영한다. 따라서 일반 의지를 행사하는 것이 주권이다(Bosanquet 1951, 216). 그렇다면 국가는 개인으로 하여금 자신의 선을 위해 어떤 활동을 하도록 요구한다. 말하자면 개인에게 자유롭도록 강제한다(Bosanquet 1951, 65). 강제되게하는 것은 개인으로 하여금 참다운 의지를 지니게 하기 위한 것이며, 이것이 자치의 근본이다(Bosanquet 1951, 217·311). 그리고 개인과 상대방의 관계는 인정이라는 특별한 형태를 띠며 개인의 지위는 '인정recognition'을 매개로 존재하게 된다.

상대방에게 서로 이러한 심성을 가질 때 불편부당한 통합이 이루어져서 공동선에 이르게 된다(Bosanquet 1951, xv·196·200~1). 말하자면 공동선을 통해 사회에서 개인의 지위나 기능이 규정되며, 개인은 지위에 따른 의무를 성실하게 수행함으로써 윤리적인 존재가 된다. 즉 국가 내에서 자신이 담당하는 봉사를 토대로 개인은 자신의 정체성을 가질 수 있다. 따라서 개인이 선과 정의에 대한 굳은 의지를 가지고 선한 생활을 영위할 수 있도록 하기 위해 국가는 간접적으로라도 외적인 여건을 조성해야 한다(Bosanquet 1951, xxxvi~xxxvii·lxii).

모든 국가의 행동은 권리의 체계에서 구현되며 국가의 행동은 공적 이익과 관련하여 결정된다(Bosanquet 1951, 216). 참다운 권리는 이성의 지배, 의무감, 그리고 인간성의 본질에 의한 사회적 통합과 더불어 시작한다(Bosanquet 1951, 93). 더군다나 개인은 사회적 존재이며, 인정을 매개로 지위가 인정되고, 공적 이익과 연관되지 않는 권리체계가 없기 때문에 개인의 권리는 절대적이지도 불가양하지도 않다(Bosanquet 1951, 216).

권리는 공동체 내에서의 기능과 위치를 반영한다. 그러한 권리가 도덕적일 뿐만 아니라 법적인 무게를 가지기 위해 국가에 의해 법에서 인정되어야 한다. 엄밀하게 말하면, 국가에 반하는 권리는 있을 수 없다. 그럼에도 불구하고 사회 제도가 근본적으로 부패한 곳에서는 반란을 일으킬 권리는 없다고 해도 저항할 의무는 있을 수 있다(Bosanquet 1951, 199).

⑦ 그렇다고 해서 보즌켓이 자유를 무시한 것은 아니다. 보즌켓이 볼 때 개인이 간섭받지 않고 가만히 내버려지는 것만큼이나 개인은 의미 있는 기회를 통해 힘을 부여받는다. 즉 소극적이거나 법적 자유만큼이나 적극적이거나 정치적 자유를 통해 자유는 존재한다(Weinstein 2007, 6). 적극적으로 자유로워짐으로써 법적인 안전을 보장받을 수 있다. 자유는 권리의 체제와 일치하는데, 권리는 우리의 자아를 실현하는 것을 보장한다(Weinstein 2007, 6).

또한 자유는 인간으로 하여금 자기 자신이 되게 하는 조건이다. 개인의 자유는 제약이 없는 데 있는 것이 아니라, 개인에게 해로운 행동을 하게 할 수도 있는 충동과 그릇된 바람을 시정하는 데 있다. 이러한 방식으로 자유로움으로써 인간은 본질을 달성할 수 있으며 인간으로서 특질을 드러낼 수 있다. 그렇다면 자유는 인간 내부에 있는 어떤 것을 통제하려는 지속적인 노력과 연관되는 조건이 되어야 한다(Bosanquet 1951, 118). 인간의 본질과 특질은 자유에 있으며, 인간은 도덕적으로 발전해야 하며, 국가는 도덕적 발전에 기여해야 한다.

그런데 전술한 바와 같이 개인의 실재적 이익과 국가의 실재적 이익을 조화시켜야 한다는 점에서 개인은 자유롭도록 강제될 수도 있다. 말하자면 자기 자신에 대해 스스로 결정하는 데 선택을 할 수 있도록 이성적으로 자신을 통제하고, 나아가서는 적극적 자유를 가짐으로써 인간은 타인의 도구가 되지 않는다(Bosanquet 1951, 128~36).

국가와 법이 강제하고 제약을 가한다고 해도 자유를 위한 물질적인 조건을 마련하고 사회제도가 기능을 하고 개인의 도덕적 품성을 갖추게 한다는 점에서 국가는 적극적이어야 한다(Bosanquet 1951, 304). 따라서 법과 자유가 양립하지 못할 이유가 없다. 이렇게 보면 보즌켓이 관념론적인 가정에서 집단주의적 견해를 취한다는 홉하우스의 비판을 벗어날 여지가 있다.

⑧ 그러나 국가의 역할은 일차적으로 소극적이다. 개인이 도덕적 품성을 가지려고 하는 노력, 즉 발전하고자 하는 것을 '방해하는 것을 방해하는 것hinder to hindrances'이다(Bosanquet 1951, 178). 그렇다고 해서 보즌켓이 소극적인 역할만을 논하는 것은 아니다. 보즌켓은 적극적 자유를 강조한 것처럼 국가가 사회적 안녕을 위해 적극적인 역할을 담당해야 한다고 생각하며, 노동자의 소유권에 우호적이었다. 물질적인 장애를 의지로 극복해야 개인이 도덕적으로 개선될 수 있기 때문에 일차적으로는 가능한 한 '자조self-help'를 격려해야 한다.

빈곤은 주로 빈자가 도덕적 의지력이 결여된 데에서 연유하기 때문에 국가가 보조하는 것보다 빈자 스스로 자신을 개선하고 사회가 협조하는 것이 더 나은 처방이다. 나아가 보즌켓은 당시의 빈민법에 의한 보조나 빈자에게 법적으로 자선을 베푸는 것보다는 국가의 교육이 인간을 완성하는 데 필요한 공동선이라고 보았다(Bosanquet 1951, 185~6). 요컨대,

보즌켓의 철학은 이상과 같은 실천적인 함의를 띠게 되어 근대의 복지국가를 탄생시키는 데 커다란 영향력을 행사했다.

⑨ 이상과 같은 이론을 전개하는 데서 보즌켓은 이기주의적 심리학으로 인간의 행위를 가정할 수 없다고 본다. 우리 개개인들은 서로에게 사회의 구성원이다. 사회 집단은 결사가 아니라 공동체이다. 그래서 보즌켓은 국제적 제도가 인간의 협조를 증진시키는 데 한계가 있다는 점을 인정한다. 그러나 국민국가는 국제적 조직이 가질 수 없는 최종적인 결정을 내릴 권위가 있다.

(2) 그린

그린Thomas Hill Green(1836~82)은 고전적 자유주의를 공동선 자유주의 또는 이상주의적 자유주의로 변모시켰다. 그는 고전적 자유주의자들이 취했던 경험주의와 공리주의, 자유방임주의를 공격했다. 공동선에 대한 그린의 이론은 고전적 자유주의와 차이를 염두에 두면서 다음과 같이 정리할 수 있겠다.

《윤리학 서설Prolegomena to Ethics》(1883)에서 그린은 개인적 선, 공동선, 그리고 '참다운/진정한/절대적true' 선을 차례로 다룬다. 개인적 선이 함축하는 바를 완전히 이해하게 되면, 개인적인 선이 공동선이 된다. 즉 공동선은 개인적 선을 근거로 구축되며, 공동선은 논리적으로 절대적 선과 연결된다(Milne 1986, 63).

그린은 개인적 선을 어떻게 다루는가? 도덕적 행위는 완전을 향한 욕구와 공동선을 향한 욕구에 의해 동기를 부여받는다. 도덕적 행동은 단순히 본능에 의해 결정되는 것이 아니라, 얻으려고 하는 선과 피하려고 하는 악이라는 개념에 의해 결정된다. 그리고 도덕적 행동은 개인적 성격과 상황에 따라 결정된다. 어떤 행동의 도덕적 특질은 행동의 동기에 의해 판단될 수 있다. 그린이 볼 때 어떤 행동의 결과는 도덕적 특질을 결정하는 데 부차적이기 때문이다.

그린은 '욕구desire'와 '의지will'를 구분한다. 욕구는 어떤 것을 바라는 것, 또는 어떤 것의 실현을 바라는 것이다(Green 1884, §137). 즉 욕구는 목적을 실현하려는 경향이다(Vincent 1986a, 12). 욕구는 개인이 느끼는 정동적인 충동이며 개인의 존재의 필수불가결한 부분을 이룬다. 그런데 어떤 것을 향한 욕구는 다른 것을 향한 욕구와 조화를 이룰 수도 있고 갈등을 빚을 수도 있다(Green 1884, §138). 양립하는 욕구들은 도덕적인 목적이나 행동을 촉진할 수 있다. 반면에 양립할 수 없는 욕구는 도덕적인 목적이나 행동을 저해할 수 있다. 그린에 의하면, 의지에 따른 행동이 반드시 경합하는 욕구의 대상 사이에서 선택하는 행동은 아니다(Green 1884, §153 · §6, 7~9).

인간은 욕구하는 데서 자신의 존재를 '인간person'으로, 그리고 자의식적인 것으로 인식하게 되어 있다. 그런데 많은 것을 동시에 욕구할 수 없기 때문에 선택하게 되어 있다. 선택하는 데에는 의지가 끼어든다(Green 1884, §138, 143~4). 그러므로 의지에 따른 행동은 어떤 것을 실현하기 위한 행동의 방향으로 정의될 수 있다. 그런데 의지에 따른 행동은 어떤 것을 향한 욕구에 순종할 수도 있고 저항할 수도 있다(Green 1884, §147, 151~2).

인간이 선택함으로써, 즉 의지가 관련된 사물을 얻는 것이 자기만족의 근원이 됨으로써 사물과의 관계가 바뀐다(Green 1884, §88, 93~4). 생각이 없는 의지는 의지가 아니다. 생각해서 의지로 결정하는 것이 인간의 자유이다(Green 1884, §151, 156~7). 의지로 결정함으로써만 개인은 자신의 선에 대한 개념을 실현하고자 하기 때문이다(Green 1884, §102, 105~6). 말하자면 개인은 개인적인 선을 추구하려는 동기에서 행동하게 된다(Milne 1986, 63). 그런데 의지로 결정하는 것이 자유로우려면 욕구가 개인에게 외적인 것이 아니라 개인의 본질에서 부분이 되어야 한다(Green 1884, §153, 158)

개인의 본질에서 부분이 되어야 한다는 것은 무엇을 의미하는가? 의지로 결정하고자 하는 사물이 자신의 존재에 대항하는 것이 되면, 그 의지는 자유롭다고 말할 수 없다. 의지는 외적인 의식을 구체화하는 한에서 자유롭다. 즉 도덕적 능력을 완전히 실현하는 것을 의지로써 선택해야 한다. 외적인 의식 자체도 덕성과 악의 근원으로 볼 수 있기 때문이다.

예를 들어 외적인 의식이 인간으로 하여금 그 자체로서의 쾌락을 추구하게 하면, 악의 근원이 된다. 인간은 자의식을 가지고 자신을 실현하는 존재로서 자신의 '참다운true' 의지를 외적으로 표현해야 하기 때문이다. 즉 자기 능력을 발휘해서 '자아를 실현self-realization'하는 것은 인간의 삶에서 최고의 가치가 되어야 한다. 다른 말로 하면, 참다운 자유 의지는 정의상 참다운 선한 의지여야 한다(Green 1884, §173, 181).

그러므로 도덕적 자아실현은 무조건적으로 선하다. 도덕적으로 자아를 실현하는 것은 외적으로나 내적으로나 자유로움으로써 완전하게 자유롭다는 것을 의미한다. 그러한 자유는 값어치가 있는 어떤 것을 하게 하는 적극적인 힘, 즉 능력을 의미하며 실제로 그렇게 하는 것이다(Weinstein 2007, 9).

그린에 따르면 선한 의지/선의지의 대상은 '악한bad' 의지의 대상과는 다르다(Green 1884, §154). 인간이 선한 의지의 대상을 얻으면 쾌락이 생긴다. 반면에 악한 의지의 대상을 얻으면 고통이 생긴다. 선한 의지나 악한 의지는 선하거나 악한 의도적인 행동에 의해 표현된다. 그린이 선한 의지를 논하는 까닭은 공리주의를 거부하고 선한 의지/선의지가 단순히 선한 도덕적 목적을 가져다주는 수단으로서가 아니라 그 자체로서 하나의 목적이라는 칸트의 윤리이론을 수용하기 때문이다(Green 1884, § 215, 228).[82] 칸트의 이론을 받아들이는 이유는 욕구의 대상을 얻으면 쾌락을 얻을 수도 있지만 그 쾌락이 항상 욕구의 대상은 아니기 때문이다. 말하자면 선을 행하는 데서 그 부산물로 쾌락이 따른다면, 그것으로 충분한 것이다. 반대로 쾌락을 위해 인간이 선한 행위를 포기할 수는 없다(Green 1884, §179).

인간의 참된 선은 공동선과 연결된다. 그리고 참으로 공통적인 유일한 선은 공동선이다(Green 1884, §244). 선한 행동으로써 자기완성을 하는 것은 사회에서만 가능하다. 자기완성은 공동의 노력으로 얻을 수 있기 때문이다. 왜 그렇게 보는가? 인간은 분리된 존재가 아니라 아주 복잡한 사회적·정치적 관계에 서로 구체적으로 얽혀 있기 때문이다(Green 1884, §183, 192~3).

그리고 인간은 전술한 것처럼 쾌락을 직접적으로 추구하지 않는다. 오히려 선에 대한 자신의 관념을 실현하고자 한다. 자의식을 가진 존재로서 인간은 그러한 관념에다 선에 대한 보편적 개념을 합체화한다(Green 1884, §364, 407). 바로 여기에서 인간은 타인과 선에 대한 관념을 공유하

---

82 그린의 수정주의적 자유주의, 즉 신자유주의는 언제나 곧바로, 그리고 전통적으로 공리주의적인 것은 아니지만 근본적으로 결과론적이다. 즉 신자유주의는 일반적으로 생각하는 것보다 공리주의를 더 많이 동화시키고 있다는 지적이 있다(Weinstein 2007, 4, ch. 2). 사실 그린은 공리주의에 어떤 실천적인 가치가 있다는 것을 인정했다.

게 된다. 즉 각자의 개인적 선은 사적 인간으로서뿐만 아니라 사회의 구성원으로서도 그 자신에게 선해야 한다.

그런데 사회 구성원으로서 개인에게 선한 것은 '사회적social' 선, 즉 공동선일 수밖에 없다. 개인적인 선이 더욱 광범한 사회적 선, 즉 공동선의 부분이기 때문이다(Milne 1986, 64, 69). 그렇기 때문에 인간은 개인의 성향이나 이익을 희생시키더라도 어떤 의무를 지는 것을 인정하게 된다. 선을 공유하기 때문에 제도와 관행이 생기고 사회적인 판단과 열망이 생기며 이런 것들을 바탕으로 인간의 삶이 개선된다. 따라서 개성의 발전은 사회에 의존한다(Green 1884, §183, §190). 이렇게 해서 개인적 선은 공동선이 될 수 있다(Milne 1986, 64). 또한 상대방이 그 자체로서 목적이라는 것을 인정하는 것이 사회의 기초가 된다(Green 1884, §273, 293).

그리고 도덕적 품성을 지닌 인간을 달성시키는 것이 정치와 윤리의 목적이다. 그렇다면 개인을 추상적인 존재로 보는 기존의 자유 방임주의적 국가는 이러한 인간을 만들어내는 데 부적합하다(Green 1884, §184). 이런 면에서 볼 때 그린은 국가를 생명체처럼 유기체적인 존재로 파악한다는 것을 알 수 있다(Green 1999, §125, 94).

그래서 욕구의 대상은 공동선이나 '참다운true' 선을 위한 어떤 것이어야 한다. 그런데 공동선은 그저 특정한 개인이나 사회의 특정한 계급을 위한 것이 아니라 많은 사람들에게 선한 어떤 것이다. 반면에 절대적 선은 어떠한 조건에서도 선한 어떤 것이다. 개인적인 선이 욕구를 만족시키려면 절대적 선을 추구해야 한다. 그래서 절대적 선은 모든 도덕적 행위자에 의해 선한 의지에 따라 획득되는 무조건적인 선이다(Green 1884, §198). 참다운 선은 완전한 만족을 가져다주는데, 그럼으로써 인간은 자아를 완전하게 실현한다(Vincent 1986a, 13).

이렇게 보면 선한 의지/선의지는 도덕적 의무를 다하려는 욕구를 증진시킨다. 그린에 따르면 도덕적 이상은 욕구의 특정한 대상을 초월하는 그 무엇이다. 도덕적 이상은 인간 정신의 완성을 대상으로 삼는다. 그러므로 완전에 대한 선한 의지가 도덕적 이상의 실천적인 의식이다(Green 1884, §382, 427). 따라서 절대적 선은 한정된 인간이 아니라 모든 인류의 결사에 적용된다(Milne 1986, 65).

선이 인간으로 하여금 합리적이며 자신에게 만족하게 만들기 때문에 인간은 선을 추구해야 한다. 말하자면 인간에게는 절대적 선을 추구할 잠재력이 있다. 그러면 우리는 인간을 궁극적으로 완전하게 하는 것, 즉 절대적 선이 무엇이라는 것을 어떻게 아는가? 궁극적인 선의 본질을 모른다면 어떤 행동이 선인지 어떻게 결정하는가?

그린에 따르면 인간은 제한적으로 지각하고 경험하기 때문에 영구적인 의식을 한정적으로 구체화할 뿐이다. 그렇기 때문에 우리의 행동을 선하게 하기 위해 궁극적인 선의 본질을 알아야 하는 것이 아니다. 그렇지만 도덕적 행위의 목적인 궁극적인 선의 본질을 완전하게 규정할 수 없을지라도 우리는 역사적 단계를 거치면서 우리의 행위를 개선할 수는 있다. 이러한 관점은 마치 헤겔이 '절대적인 정신absolute spirit'에 근접해 가는 인간을 묘사한 것에 비유할 수 있다(Milne 1986, 66).

선이라는 개념은 쾌락이라는 개념과 같지 않다. 선한 것을 행하려다 보면 어떤 경우에는 쾌락을 추구하기보다는 고통을 감수해야 할 때가 있다(Green 1884, §205, 216~7). 그렇다면 쾌락이 본질적으로 선하지 않다고 주장할 수 있다 해도 쾌락이 본질적으로 선하다면, 쾌락을 포기하는 것이 덕성을 가지는가? 쾌락을 포기하는 것이 선을 향한 욕구에서 일어나지 않는다면, 쾌락의 포기는 그 자체로서 덕성이 아니다. 그렇지만 덕성은 선하고자 하는 의지에 기초를 둔다(Green 1884, §252, 272). 공동선에 헌신하는 것은 쾌락을 경험하는 것과 양립할 수 있다. 그러나 쾌락이 항상 도덕적 행동의 목적이 되는 것은 아니다.

쾌락이 유일하게 가능한 욕구의 목적이라는 이론은 도덕적인 행동이 쾌락을 야기하기 때문에 도덕적 행동이 선하다는 것을 의미한다. 이렇게 되면 도덕적 행동은 그 자체로서 선하기 때문이 아니라 쾌락을 가져다 주기 때문에 오로지 선한 것이다. 가장 좋은 행동은 고통의 총량을 최소로 하고 쾌락의 총량을 최대로 하는 행동이다. 그러나 그린은 이 이론을 거부한다. 선은 본질적으로 '바람직한 것/욕구될 만한desirable' 것인데, 그린은 공동선이 도덕적 행동의 목적이라고 생각하기 때문이다(Green 1884, §366, 410~1).

선을 얻는 데서 쾌락을 기대할 수 있다는 것이 선이 바람직하다/욕구될 만하다는 유일한 이유는 아니다. 선은 그저 쾌락의 한 형태나 욕구의 만족이 아니라 인간의 도덕적 능력을 완전하게 실현하는 것이기 때문이다. 말하자면 도덕적 능력은 욕구의 추구를 욕구의 객관적이며 마땅한 대상이 될 수 있는 것, 즉 진정한/절대적 선에서 개인적인 선을 추구함으로써 나타난다. 그리하여 최고의 도덕적 선은 선을 위한 행동에서 나타나는 품성, 즉 덕성의 속성이다(Green 1999, 5). 이러한 품성을 갖춤으로써 인간은 자신을 통제하고 타인에게 같은 영향을 끼칠 수 있다(Vincent 1986a, 10).

인간 정신을 완전하게 하는 데서 절대적이거나 궁극적인 선이 드러난다. 인간 정신이라는 개념은 '영구적/영원한 정신eternal spirit/마음mind'에 대한 의식에 의해서 완전해진다(Green 1884, §67, 72~8·§78, 82~3·§192). 그린이 영구적 의식을 강조하는 것은 경험주의를 수용하지 않는다는 것을 의미한다. 경험주의를 배격하는 이유는, 배격해야만 행동에 적절한 목적을 결정할 수 있는 존재로 인간을 볼 수 있기 때문이다. 영구적 정신은 그 자체와 모든 정신적 존재를 의식하는 것이다. 그래서 절대적 또는 궁극적 선은 영구적인 마음에 의해 실현된다. 이 영구적 마음 또는 정신은 인간 정신의 이상에 실재를 부여한다.

헤겔에 따르면, 역사는 절대정신을 실현하는 과정이다. 이 원칙은 그린으로 하여금 역사와 인간의 행위에 대한 목적론적 관점을 견지하게 했다(Green 1884, §354, 395). 그렇기는 하지만 그린은 정치에서 국가의 역할을 찬양하는 헤겔의 이론을 받아들이지 않았다. 국가가 개인의 지위와 가치를 떨어뜨리는 경향이 있기 때문이다. 오히려 그린은 개인의 지위와 가치를 역전시켰다.

그린이 볼 때 국가는 어떤 면에서는 개인들이 도덕적인 자기완성을 실현하는 도구로 존재한다. 개인은 자유롭게 공동선에 의지함으로써 도덕적 자기완성을 달성할 수 있다. 국가는 개인이 권리를 유지·확장하고, 개인과 계급 갈등을 조화시켜야 하며, 모든 이들이 마음에 선을 품고 자유로워지는 것을 방해하는 것들을 방해해야 한다. 이러한 것이 바로 국가가 공헌하는 바이다.

이상과 같이《윤리학 서설》에서 그린은 공동선이라는 사상을 중심 주제로 삼으면서 보편적인 윤리의 근거가 되는 '영구적인eternal' 의식을 설명하고 옹호한다. 그런데 현실의 법 등은 영구적인 의식이라는 논리적 구조와 모순되기 때문에 불완전하다. 이를 벗어나는 하나의 방법은 타인과의 관계에서 공동선을 인정하는 것이다(Green 1884, §199). 그래야만 사회는 강제를 하지 않고 결합될 수 있다. 그럼으로써 개인은 이성을 통해 순전히 사적인 것을 추구하지 않고 공동선에 봉사하는 어떤 것을 추구하게 된다.

《정치적 의무의 원칙에 대한 강의Lectures on the Principles of Political Obligation》(1879~80)에서 그린은 법이 개인을 도덕적으로 만들 수 없는 이상, 법과 제도는 개인이 자신의 이성과 의지를 행사하여 도덕적인 존재가 되는 데 필요한 여건을 유지시켜야 한다고 주장한다(Green 1999, §17, 15). 그럼으로써 그린은 공동체의 주장과 개인이 주장을 조화시키려고 한다.

그래서 그는 자연권에 근거를 두어 (소극적) 권리만 강조하고 의무를 무시하며 국가의 모든 행동을 개인의 자유를 부당하게 제약하는 것으로 여기는 자유주의 이론을 싫어한다(Green 1884, §244, 203; 1999, §31, 21~2). 자연권이라는 모순된 것에 근거를 두는 자유주의는 개인이 도덕적 생활을 영위하게끔 하는 조건을 증진시키려는 국가의 적극적인 활동을 막기 때문이다(Green 1999, §18, 13~4 · §188, 136~7).

그리고 공동선이 자신의 이상적인 선이라고 서로 인정하는 사람들 사이에서만 윤리적 의미에서 권리가 있을 수 있다(Green 1999, §25, 18~9). 그래야만 개인은 권리를 통해 도덕적인 능력을 발전시킬 수 있다. 달리 말하면, 능력을 실현시키기 때문에 권리는 정당화된다(Green 1999, §29, 20). 권리는 공동선에 기여하는 것으로 요구되고 인정되는 '권력/힘power'이다(Green 1999, §99, 74~5).[83] 권리가 사회적 선, 즉 '공동체의 선good of the community'에 자유롭게 기여하는 능력을 가짐으로써 생명과 자유에 대한 권리, 즉 '자유로운 삶free life'에 대한 권리가 인정된다

---

83 그런데 호펠드의 분류에 따르면, 여기서 힘/권력이라는 것은 '권능power' 권리에 해당하며, 권능권리는 권리의 관념들 가운데 하나에 지나지 않는다는 점이 지적될 수 있다(Milne 1986, 74).

(Green 1999, §156, 117 · §208, 157).

말하자면 권리는 공동체에서 연유하며, 서로 인정하기 때문에 권리는 존재하며, 권리는 공동선에 의존한다(Green 1999, §134, 100; §136, 102; Milne 1986, 62). 이것은 공동선이 없다면 사람들은 자신에게 복종을 요구하는 권위를 인정하지 않을 것이라는 의미에서 공동선에 대한 관심이 정치사회의 근거가 된다는 뜻이다(Green 1999, §98, 74). 그리고 서로 인정해야 권리가 인정된다는 주장은 개인적인 선을 올바르게 이해하면 공동선이 된다는 주장과 일맥상통하는 셈이다(Milne 1986, 70). 권리와 의무가 도덕적으로 정당화되는 이유는 모든 구성원들이 진정한 선을 추구할 수 있게 하는 데 필요하기 때문이다.

국가는 시민들이 진정한 시티즌십에 대한 습관을 지니도록, 즉 공동선에 기여할 수 있는 권리에 대한 능력을 지닐 수 있도록 조처를 취해야 한다. 국가는 제한되지만 적극적인 행동, 예를 들면 공중건강이나 교육을 통해 개인으로 하여금 도덕적인 자아를 실현할 수 있는 여건을 국가가 마련해야 한다. 그래야만 권리를 자발적으로 행사할 자유를 얻게 된다(Green 1999, §209, 159 · §210, 160). 이러한 일을 사회에서 자발적으로 하기 전까지는 국가가 해야 한다. 자발적인 행동에 맡기는 점에서는 국가의 간섭이 아니라 자신에 의존하게 하는 측면을 그린에게서 찾을 수 있다(Vincent 1986a, 15).

어쨌든 국가는 개인으로 하여금 자아를 실현할 수 있는 수단을 갖추게 해야 한다. 재산의 편중이 자아를 실현하지 못하게 한다면, 재산은 그야말로 도둑이라고 할 수 있다(Green 1999, §221, 169). 말하자면 국가는 개인으로 하여금 자신의 양식에 따라 행동할 수 있는 최선의 기회를 가져다줄 수 있는 사회적 · 정치적 · 경제적 환경을 조성하고 보호해야 한다. 국가는 자력으로 자원을 가질 수 없는 사람들에게만 재화를 배분해야 한다. 즉 국가는 재산권에 간섭할 수 있는데, 그렇게 해야 시민들이 품성을 발휘할 수 있기 때문이다. 이렇게 보면 그린은 '도덕화된moralized' 자본주의를 지지하며, 이것이 그의 자유 사상에서 핵심이라고 하겠다(Vincent 1986a, 2).

그렇다고 해서 재산이 평등하게 배분되어야 한다는 것을 의미하지는 않는다. 불평등이 타인의 힘을 방해하지 않는 한, 정당화되기 때문이다. 그리고 사람마다 자아실현을 위해 필요한 수단의 종류와 양이 다르며 사회적 선에 기여하는 바가 다를 것이기 때문이다(Green 1999, §223, 170). 달리 말해, 결과적으로 자원이 불평등하게 배분되었다고 해도 각기 다른 사람들의 재능이 최대한으로 실현될 것이기 때문에 도덕적으로 옹호된다. 그린이 이렇게 주장하는 데에는 지구상의 부(富)가 증대할 것이라는 가정이 깔려 있다(Green 1999, §227, 173~4). 그렇기는 하지만 부의 소유는 사회 전체의 안녕에 기여함으로써 정당화된다(Green 1999, §228, 175).

사회가 존재하는 이유는 집단적 목적과 관련해 공유하는 관념이 있기 때문인데, 도덕적 행위자로서 개인이 존재하는 이유도 바로 여기에 있다. 그린은 주로 도덕적 권리, 즉 순전히 법적인 이유에서가 아니라 윤리적 근거에서 정당화되고 인정되는 권리에 관심을 두고 있다. 물론 도덕적 권리는 법적 권리와는 다르며, 법 이전에 도덕적 권리가 존재한다. 그래서 그는 권리가 도덕에 상대적인 것이지 도덕이 법에 상대적이라고 보지는 않는다. 즉 앞에서 말한 것처럼 권리를 사회의 도덕적 완성을 위한 조건이라고 보기 때문에 권리는 보장된다(Green 1999, §186, 141).

바로 이러한 이유에서 그린은 덕성을 강조한다. 덕성은 사회적 선에 적극적으로 기여하는 기질이다(Green 1999, §248, 189). 덕성을 가지는 것은 도덕적 '의무duty'이기 때문에 상대방의 자유로운 삶의 권리를 침해하지 않아야 하는 '책무obligation'와는 다르다. 그러나 덕성이 목적인(目的因)으로서 사회적 안녕을 지향하는 이상(Green 1999, §248, 190), 도덕적 의무를 인정하는 것과 법이나 권위적 관습으로 의무를 확립하는 것은 다른 과정이 아니기 때문에 인간이 개명된 양식을 갖추기 위해 덕성은 권장되어야 한다(Green 1999, §250, 191).

물론 도덕적 권리는 법적 권리에서 표현된다. 그래서 영구적인 의식을 유지하려면 권리를 옹호해야 한다. 사회는 각자 목적을 가진 도덕적 행위자들로 구성된다. 그러므로 인간은 도덕적 목적을 가진 행위자라는 것을 서로 인정해야 한다. 따라서 그린에 의하면, 권리의 본질적인 부분은 이성적인 일관성이다. 즉 칸트의 정언명령에 부합해야 한다.

수정주의적 자유주의에서는 타인과 더불어 자신이 발전할 수 있다고 보는데, 이 개념이 그린의 공동선이라는 개념에 결정적이다. 그린에 따르면 인간에게 참으로 유일하게 공통적인 선은 공동선이며, 인간의 참된 선은 공동선에 연결된다. 선한 행동으로써 자기완성에 이르는 것은 사회에서만 가능하며, 자기완성은 공동의 노력을 토대로 얻을 수 있다. 따라서 인간은 타인을 단순히 더 나은 상태에 대한 수단만이 아니라 자신과 더불어 더 나은 상태를 공유하는 존재라고 생각하지 않고서는 자신이 더 나은 상태에 있다거나 더 나은 상태로 가는 중이라고 생각할 수 없다(Green 1884, §183, 192~3). 이렇게 하여 타인과 더불어 자신의 발전을 꾀한다는 생각이 수정주의적 자유주의의 중심이 되었다.

(3) 홉하우스

홉하우스Leonard Trelawny Hobhouse(1864~1929)도 도덕적 자아실현은 무조건 선하다고 생각한다. 왜 그렇게 생각하는가? 감정과 행동, 경험 사이에서 일종의 조화가 이루어질 때 인간에게 선이 나타난다(Hobhouse 1922, 14~5). 감정과 구분되는 이성이 사회적 행동의 기초가 되는 것이라고 보기보다는 오히려 사회적 행동의 기초에 나타나는 감정의 체제를 타당한 것으로 받아들여야 한다(Hobhouse 1922, 16). 이러한 감정 체제가 표현하는 근본적인 원칙, 즉 나는 내 이웃을 나 자신처럼 고려해야 한다는 것을 이성이 정당화하고 이 원칙에 근거하여 올바름과 그름을 판단해야 한다(Hobhouse 1922, 16).

그런데 선한 것은 궁극적으로 모든 개인들이 향유할 수 있는 것이어야 한다(Hobhouse 1922, 16). 그리고 개인의 발전은 공동체의 발전과 직결된다(Hobhouse 1922, 92~3). 그렇게 되려면 사적인 선과 공동선이 조화를 이루어야 한다. 공동선에 봉사하면서 자신의 선에도 봉사하면 조화는 달성되는 셈이다. 이처럼 서로 관계를 맺는 모든 사람이 공유하는 삶의 체제에 선이 있다. 이것을 '조화의 원칙principle of harmony'이라고 한다.

'조화의 체제system of harmony'를 보편화하는 것이 정의에서 근본적이다. 조화는 모든 사람에게 확장되어야 하며, 선한 의지를 지닌 모든 사람을 포함해야 한다. 이로부터 좋은 봉사는 협조와 상호 대등성, 그리고 사적인 선과 공적 선의 조화를 필요로 한다. 보답은 이러한 기능을 담당한다. 반면에 악한 의지는 그 자체로 조화에서 배제된다.

정의는 인간관계에 올바른 질서를 부여한다(Hobhouse 1922, 104). 따라서 사람들과 사람들에게 할당된 사물들 사이에 비례의 평등이 이루어지면 정의가 이루어진 것이다(Hobhouse 1922, 108). 그렇기 때문에 합리적 선은 모든 사람이 자신의 사회적 개성이 가진 능력에 비례하여 공유하는 선이다. 이것이 공동선에서의 비례적 평등이라는 근본적인 원칙이다. 평등해야만 조화를 이룰 수 있기 때문이다(Hobhouse 1922, 121). 즉 비례적 평등이라는 원칙은 사회 정의를 규율하는 관념이다(Hobhouse 1922, 133).

이처럼 정의는 공동선에 기초를 두는 어떤 규칙을 불편부당하게 적용하는 것이다(Hobhouse 1922, 118). 그러므로 도덕적 판단이 보편적이라는 것이 정의에 대한 근본적인 원칙이다(Hobhouse 1922, 119). 그리고 정의는 최대의 선을 가져다주는 할당/배분이며, 최대의 선은 모든 인간을 가장 완전하게 발전시키는 데 있다(Hobhouse 1922, 127).

이를 위해 무엇이 필요한가? 도덕적·사회적·정치적 자유는 이성적인 존재의 재산이다(Hobhouse 1922, 47). 자유는 내적인 요소와 외부로부터의 제약의 부재로 결정되는데, 자유는 조화가 있는 한에서 있을 수 있다(Hobhouse 1922, 49~50). 그러므로 조화의 원칙에서 권리가 직접적으로 추론된다(Hobhouse 1922, 34). 그리고 인간이 자아 결정을 함으로써 도덕적 자유를 향유한다(Hobhouse 1922, 56). 그렇다면 사회적 자유는 어떠한 양상을 띠어야 하는가?

홉하우스는 사회를 유기체적인 것으로 파악한다(Hobhouse 1964, 67). 국가와 사회는 개개인들이 도덕성을 발전시킬 수 있는 여건을 조성할 필요가 있다(Hobhouse 1964, 76). 그러므로 개인과 국가 또는 사회의 관계를 대척되는 것으로 볼 필요가 없다(Hobhouse 1964, 86). 개인과 사회는 사회 조직의 도구로서의 국가를 통해 완성될 수 있다(Hobhouse 1964, 6). 개인과 사회적 필요가 서로 조화를 이루어야만 사회가 작동한다

(Hobhouse 1964, 35). 또한 그래야만 개성이 완전하게 발전할 수 있으며 사회는 조화를 이루게 된다. 조화라는 관념을 길잡이로 삼으려면 개인의 권리를 공동선으로 규정해야 하며, 공동선은 모든 개인의 복지로 생각해야 한다(Hobhouse 1964, 108~9). 조직된 사회에서 자유는 일단의 권리를 확립함으로써 가능해진다. 그리고 제도는 그 자체가 자유로워야 한다(Hobhouse 1922, 60).

집합적인 전체로서의 공동체와 밀접하게 상호 작용하는 개인들이 공동체의 모든 구성원들이다. 그들의 본성이 절대적으로 조화롭다면 절대적으로 자유로울 것이다. 이것은 개인에게서 모든 요소가 조화를 이루면 내적으로 자유로울 수 있는 것에 비유할 수 있다. 말하자면 사회의 내적인 생활이 조화로운 것에 비례하여 사회는 자유롭다(Hobhouse 1922, 60). 따라서 자유는 정신적 경험의 근거가 되며 정신적 진리의 보호자이다(Hobhouse 1922, 102).

권리는 자유이면서 제약이 된다. 각자의 권리는 권리가 봉사하는 공동의 복지의 어떤 요소에 따라 규정되며, 이 요소들 가운데 정신적인 발전을 요구하는 것이 본질적이다(Hobhouse 1922, 95). 요컨대, 공동선은 인간의 정신적 본질에 의존하며 자유는 이 본질이 발전하는 조건이다(Hobhouse 1922, 86). 그렇기 때문에 각자의 자유는 공동선이라는 원칙에서 모든 이들의 권리에 의해 제한을 받아야 한다(Hobhouse 1922, 64). 이 점에서 자유를 향유하는 권리는 제약이 된다. 달리 말하면 자유는 사회적 유대의 정신적 본질과 공동선의 합리적 특성에 의존한다. 개성의 완성을 벗어나서는 지속적인 선이 있을 수 없기 때문이다(Hobhouse 1922, 70).

이상과 같이 내적으로나 외적으로 조화를 통해 인간은 자아를 실현하게 된다. 그런데 자아를 실현하는 것은 외적으로나 내적으로 자유로움으로써 도덕적으로 완전히 자유롭다는 것을 의미한다. 도덕적으로 자아를 실현하는 것은 사회적으로 자유로운 것만큼이나 도덕적으로 자유로운 것을 뜻한다(Weinstein 2007, 9).

개인의 자아실현을 벗어나면서 지속적인 선을 달성할 수 없다고 보면, 유기체적인 사회에서 개인의 권리와 의무는 공동선에 의해 규정된다(Hobhouse 1964, 68). 권리와 의무는 사회적 복지 또는 조화로운 삶의 조건이다(Hobhouse 1922, 35). 그렇다면 개성을 완성시키는 것은 공동선을 구성하는 요소이며, 권리와 의무는 공동선을 구성한다.

따라서 공동선과 부합하지 않는 권리와 의무는 있을 수 없다. 말하자면 권리와 의무는 전체로서의 삶에 기여하는 바에 따라 결정된다. 그렇게 해야만 권리와 의무는 도덕적 타당성을 얻는다(Hobhouse 1922, 36~7, 41, 44). 그렇게 되는 한 개인의 선과 공동선은 갈등을 일으킬 이유가 없다(Hobhouse 1964, 68). 그러므로 공동선을 위해 일반 의지를 형성하고 부과한다고 해도 이를 개인의 자유를 침해한다고 간주할 수는 없다(Hobhouse 1964, 81).

공동선이라는 관념은 공동의 의지를 통해서만 완전하게 달성될 수 있다(Hobhouse 1964, 72). 적어도 위해의 원칙에만 비추어보더라도 사회적 자유는 제약에 근거를 둔다(Hobhouse 1964, 74~6). 그런데 공동선은 독립적으로 결정되는 개인의 선들의 총합도 아니며, 그렇다고 개인들의 선에 반대되는 다른 종류의 선도 아니다. 개인의 선들을 각각 구성하는 요소들의 조화이다(Hobhouse 1922, 25n). 그리고 행동과 제도는 다수에 부합하기 때문에 선한 것이 아니라, 관계되는 모든 사람에게 공유되는 선에 가장 근접하기 때문에 선하다(Hobhouse 1922, 122).

권리가 안녕의 참다운 조건에 기초를 둔다면, 권리를 안전하게 향유할 수 있게 해야 한다(Hobhouse 1922, 62). 스튜어트 밀은 자신에게 관계되는 행동과 타인에게 관계되는 행동을 구분한다. 그러나 아무리 자신에게 관계되는 행동이라고 해도 타인에게 전혀 영향을 주지 않는 행동이 있다고 주장하기 어렵다. 공동선이라는 원칙에 따르면 순수하게 자신에게만 관계되는 행동은 없으며, 만약 있다면 그것은 공동 관심사가 아니다. 그저 개인 자신에게만 영향을 끼친다고 해도 그 행동 때문에 공동체가 개선되든지 나빠지든지 할 것이다.

이상과 같이 생각하면, 일방적인 개인주의와 일방적인 '집합주의collectivism'는 모두 배격되어야 한다(Hobhouse 1922, 22~6). 권리를 개인 몸의 부분에 속한다고 여기는 자연권이라는 교의는 공동선을 고려하지 않게 되며 사회적 기반(羈絆)을 의미하는 의무에서 멀어지게 된다(Hobhouse 1922, 26, 30). 그리하여 권리가 사회적 삶 속에서 인정되는 것이 아닌 듯이 여겨졌다(Hobhouse 1922, 33). 그렇지만 권리는 사회적 복지에 선행하는 조건이 아니라 사회적 복지의 요소이며, 사회적 복지에서 그 권위가 도출된다(Hobhouse 1922, 26, 33~4).

재산이 있어야만 자유를 향유하고 재산이 자신에게 의존할 수 있게 하는 경제적 기초라면, 재산을 소유하는 것은 개인에게 바람직하다(Hobhouse 1922, 180). 그리고 재산은 한편으로는 자유이면서 다른 한편으로는 힘/권력이 된다(Hobhouse 1922, 183).

다른 한편, 평등한 필요를 평등하게 만족시키는 것이 배분적 정의이다. 그렇게 만족시키는 것이 각자로 하여금 사회에서 담당하는 기능을 적절하게 수행하게 하는 힘/권력을 부여하는 것이며 이로써 공동선이 달성된다(Hobhouse 1922, 125, 143). 그렇기 때문에 평등이 필요하다.

그러나 사회적 구별은 공동의 유용성에만 근거를 둘 수 있다(Hobhouse 1964, 70). 역으로 말하면, 평등은 '공동의 유효성common utility'에 의해 제한을 받는다는 점을 지적하는 것이다(Hobhouse 1964, 36).

인간의 능력을 조화롭게 완성하는 것이 행복한 삶의 실체이며 그것을 실현하는 조건을 찾아야 한다. 법과 관습, 제도는 어떤 종류의 사회적 삶을 유지할 뿐만 아니라 조화로운 삶을 유지하고 증진해야 한다(Hobhouse 1922, 20). 조화로운 성장이라는 원천과 더불어 정신적인 삶을 사랑하는 데서 사회적 이상을 찾을 수 있다. 그러나 성장에는 조건이 따르며 정신적인 삶에는 원칙이 있다. 양자와 관련하여 양자의 합을 사회 정의라고 부를 수 있다(Hobhouse 1922, 3).

사회 정의와 공동선을 달성하기 위해 국가는 그 기능을 두 가지 방향으로 확대해야 한다. 첫째는 개인의 권리를 특히 경제적 영역에서 더 잘 보호하는 것이다. 둘째는 공동의 목적을 위해 공적인 자원을 조직하는 것, 예컨대 교육에 힘쓰고 경제적 부담과 이익을 분담하는 것이다. 첫째 기능을 통해 국가는 자유를 더 잘 규정하게 된다. 그리고 둘째 기능에서 개인에게 벌금을 부과하거나 어떤 계급의 이익을 위해 다른 계급에게 과세해서는 안 된다. 공동의 노력에서 생긴 부는 공동의 목적을 위해 사용해야 한다. 국가의 통제와 개인의 자유를 갈등 관계로만 봐서는 안 된다(Hobhouse 1922, 88~9). 국가가 기능을 확대하면 오히려 정신적 성장의 조건이 잘 갖추어져 자유가 신장된다(Hobhouse 1922, 90).

국가는 개인의 자유라는 원칙과 갈등을 일으키지 않고 개인의 자유를 효과적으로 실현시킬 수 있도록 적극적인 활동을 해야 한다(Hobhouse 1964, 71). 그래서 예를 들면 국가는 빈자들을 위해 적극적인 조처를 취해야 한다(Hobhouse 1964, 83). 그렇게 할 수 있는 근거의 하나로, 재산

을 사회적인 것으로 볼 수 있다는 점을 들 수 있다(Hobhouse 1964, 98~
9). 재산권은 사회에 의하여 인정될 뿐만 아니라 가치와 생산에서 사회
적 요소를 지니고 있기 때문이다. 따라서 경제적 어려움 때문에 고통받
는 것을 막는 것이 공동선의 한 요소가 된다(Hobhouse 1964, 105). 이렇
게 하려면 사회적 봉사와 보답을 일치시키는 응분이라는 경제적 정의가
아니 다른 원칙, 즉 임의적인 필요를 충족시킨다는 원칙을 적용해야 한
다(Hobhouse 1964, 106~8).

　이러한 원칙을 적용할 수 있는 힘을 모두가 갖기 위해서라도 민주주의
가 이루어져야 한다. 가장 단순한 의미로 민주주의는 공동의 삶에 평등
한 자유를 가지는 것이다(Hobhouse 1922, 218). 민주주의가 작동하려면
공동체에 대한 어떠한 감각이 있어야 한다(Hobhouse 1922, 229). 즉 민
주주의의 공동선은 공동의 의지에 기초를 두고 있어야 한다(Hobhouse
1964, 116). 홉하우스는 이상과 같이 자신의 사상을 개진했다.

　지금까지 살펴본 바를 토대로 다음과 같이 결론을 내릴 수 있다. 신자
유주의자가 볼 때 권리는 각자에게 번성할 수 있는 기회를 부여함으로
써 간접적으로 자아실현을 증진하게 한다. 도덕적으로 각자 번성하는 만
큼 각자는 타인의 권리를 존중함으로써 공동선을 증진한다. 그래서 홉하
우스는 공동선이 모든 개인적 권리의 기초라고 보았는데, 권리의 근거를
공동선에 둔다는 점이 고전적 자유주의와는 다르다.

　적극적 자유와 권리의 옹호에 대해서는 보즌켓, 그린, 홉하우스 사이
에 편차가 있을 수 있다. 그러나 고전적 자유주의보다 강조하는 것은 사
실이다. 인간의 자아실현에 필요하며 자아실현이 공동선을 가져다주기
때문이다. 그린은 사유재산이 평등한 기회를 뒤엎지 않는 한에서만 정
당하다고 봤지만(Weinstein 2007, 10), 노동자가 소유하는 것은 옹호했

다. 그렇기 때문에 수정주의적 자유주의자, 즉 신자유주의자들은 고전적 자유주의와는 근거를 달리하면서 기회의 평등과 권리를 강력하게 옹호했다. 그러므로 신자유주의자는 사회복지와 복지를 증진시키는 국가의 역할을 중심적인 것으로 만듦으로써 영국의 자유주의를 변모시켰다(Weinstein 2007, 10).

그린은 근대의 복지국가를 탄생시키는 데 큰 영향력을 행사했다. 그래서 홉하우스는 비자유주의적인 사회주의만큼이나 개인주의가 사회주의와 조화를 이루는 '자유주의적 사회주의Liberal Socialism'가 가능할 수 있다는 주장까지 내놓았다(Hobhouse 1964, 54 · 87 · ch. viii). 여기서 좀 더 강조되어야 할 것은, 자유주의라고 해서 반드시 공동선을 염두에 두지 않은 것은 아니라는 점이다.

| 제15장 |

권리와 공동선

공화주의에도 여러 갈래가 있지만, 자유를 시민의 공동선과 다시 결합하는 데서는 시민적 공화주의자들이 의견을 같이한다. 근대 이전에는 사회가 인간의 선에 대한 비전을 공유하는 통합된 공동체이며, 이 공동체 내에서 개개인은 덕성을 실현하게 된다고 여겨졌다. 그러나 근대에 들어 사회는 개인들의 이익을 총합해야 한다고 보면서 개인들이 덕성을 함양하고 실현해야 한다고 보지는 않게 되었다(MacIntyre 1981, 219~20). 이러한 경향은 근대에 와서 시티즌십이 덕성이나 진정한 본성의 실현보다는 권리·재산·계약으로 파악된다는 주장과 맥락을 같이한다(Ivison 2008, 82). 그러나 근대 자유주의의 병폐를 지켜본 오늘날의 공화주의자들은 덕성을 부활시켜 공동선을 달성하는 것을 목적으로 삼고 있다.

1. 자유주의와 공화주의

공화주의는 비지배로서의 자유를 강조한다. 시민은 외부의 지배와 내부의 폭군(또는 참주)의 지배에서 벗어나 어떤 의미에서의 자치를 하게 되면, 자유롭다고 본다. 이 자유는 법과 제도를 통해 더욱 안전하게 확립된다. 자유는 자치에 참여하는 것과 공동선에 대한 관심과 연관된다 (Honohan 2002, 1). 자치는 예속적인 지위에서 벗어나게 하고, 공동선을 달성하는 것은 공동체의 유지에 긴요하기 때문이다. 자율은 자신이 원하는 목표에 따라 행동하는 문제이며, 어떤 방식으로 행동하도록 강제됨으로써 '자율적이 되도록 강제forced to be autonomous'되어서는 안 된다.

그러므로 집단적 자치에 참여하는 것으로서의 자유라는 사상에서는 정치적 평등이 중심적이지 않을 수 없다(Honohan 2002, 190). 독립적일 수 있으며 스스로 방향을 설정하는 개인의 능력이 공유되는 상태에서는 자유가 공동선이 된다. 다른 사람이 자유를 향유하지 않으면 어느 누구도 자유를 향유할 수 없기 때문이다(Pettit 1997, 72). 공화주의가 비지배로서의 자유를 강조하는 이유가 바로 여기에 있다. 자유는 간섭에서 벗어난다는 소극적인 자유가 아니라 정치적 자율로 이해되어야 하기 때문이다.

인간이 타인이나 다른 집단의 종속적 지배에서 벗어나려면 무엇이 필요한가? 첫째, 사람에 의한 지배가 아닌 법에 의한 지배, 즉 '법치rule of law'가 필요하다(김경희 2009, 11). 지배자가 예속적 지배를 하려 드는 것은 자신의 사욕을 챙기기 위해서이다. 그래서 법의 지배는 공동선을 지향한다. 그리고 공동선은 공동체의 구성원이 노력해야만 얻을 수 있다. 그 때문에 이를 얻고자 하는 시민들의 적극적인 참여가 필요하다. 그리고 이러한 참여를 통해서 시민적 덕성이 함양된다.

자유를 포함하는 공동선을 달성하려면 모든 시민이 동등한 위치에서 입법과 정책 결정 과정에 평등하게 참여할 수 있어야 한다. 이를 위해 요구되는 것이 시민적 덕성이다. 인민이 평등한 참여를 통해 자기 이익만을 지키려 한다면 공동체는 와해될 수밖에 없다. 공화주의자들은 재산, 특히 토지의 균분을 주장하는데, 시민들 사이에 정치적인 평등이 이루어져 모든 시민이 평등하게 참여할 수 있어야 하기 때문이다.

따라서 공동선에 대한 합의가 이루어져야 하며, 공동선을 지키는 데서 시민의 덕성이 발휘되어야 한다. 시민적 덕성이야말로 공동선에 대한 언질이다. 그래서 덕성을 계발해야 한다(Honohan 2002, 5). 덕성은 어떻게 계발하는가? 공화주의적 영웅들의 경우, 공동선을 위해 사익을 기꺼이 희생했기 때문에 가능했다(Canovan 1995, 1059)

공동선을 탐구하고 추구하는 것을 중요시하는 공화주의는 권력에 의한 자유의 제한을 다른 시각에서 바라본다. 다른 시각이란 무엇인가?

① 자유주의자와 공화주의자는 권리의 근거에 대한 견해가 각각 다르다. 자유주의자는 자연권에서 연유하는 권리를 인정하며 그 권리를 향유하는 자유, 나아가 정치적 자유 또는 정치적 권리를 인정한다. 공화주의자로서 마키아벨리와 해링턴은 권리를 들먹이지 않고도 정치적 자유에 관한 이론을 제시했다. 그러나 적어도 루소 이후로 권리는 공화주의적 시티즌십에서 자리를 차지하게 되었다. 이렇게 하여 자유주의와 공화주의는 모두 권리를 인정하게 되었다.

그러나 권리를 인정하는 근거가 다르다. 자유주의 또는 자유민주주의에서 기본적·시민적·정치적 자유는 자명한 진리이기 때문에 정당화가 필요하다고 보지 않는다(Bell 1993, 229). 이에 견주어 공화주의에서 개인적 권리는 개인이 타고나는 것이 아니라 사회적으로 인정받음으로써 얻는 것이다(Honohan 2002, 207). 말하자면 공화주의적 이론에서 권리는 개인의 자연적 속성이라기보다는 정치적으로 구성되고 보호받는다(Sandel 1996, 290).[84] 개인이 권리를 가져야만 타인의 지배를 받지 않고 공적 영역에 접근할 수 있기 때문이다(Cohen 1996). 바꾸어 말하면, 권리의 체계를 유지하는 것 자체가 공동선으로 여겨질 수 있기 때문에 권리를 인정한다(Raz 1995). 말하자면 권리를 보장하면 시민들이 자유로워지며 공적 영역에 평등하게 접근할 수 있기 때문에, 즉 평등한 시티즌십의 근거가 되기 때문에 권리를 보장한다(Cohen 1996).

이처럼 권리는 자유주의에서는 사적 근거에 따라 보장되고, 공화주의에서는 평등한 시티즌십의 근거로서 정당화된다(Sandel 1996, 290). 그래서 공화주의에서 권리는 공동선에 비추어 균형이 잡혀야 하며, 공동선과 구분되고, 공동선에 잠재적으로 반대되는 원칙으로 인정되었다(Etzioni 1995; Honohan 2002, 207 재인용).

② 권리에 대한 근거가 다르기 때문에 다음과 같은 차이가 생긴다. 자유주의자들은 권리가 사회와 무관하게 독립적으로 도출되고 정당화된다고 여겨지는 만큼 개인의 권리가 철두철미하게 보호되어야 한다고 본다. 또한 권리의 보호를 강조하기 때문에 정치를 통해 추구될 수 있는 선이 제약되어야 한다고 본다(Honohan 2002, 206). 그러나 공화주의자들은 공동선을 달성하기 위한 평등한 시티즌십 때문에 권리를 보장한다. 따라서 정부의 목적이 지배를 방지하고 자율을 증진하고 왜곡된 선호를

---

84 그러나 수정주의적 자유주의는 권리가 사회적으로 인정받아야 한다고 주장한다. 그러한 측면에서는 신자유주의를 공동체주의 또는 공화주의의 시각에서 해석할 여지가 있다(Weinstein 2007).

극복하고 공동선을 증진하는 데 있는 이상 이러한 목적에 부합하여 권리를 인정하게 되는 것이며, 선에 대해 정부가 간섭할 수 있는 정당한 근거를 갖는다(Honohan 2002, 195).

③ 이상의 차이 때문에 자유주의자는 개인의 권리를 움직일 수 없는 것으로 여기고 권리 주장의 타당성에 관한 논의를 사전에 차단한다. 반면 공화주의자와 공동체주의자는 바로 이 점을 비판한다. 비지배를 중시하는 공화주의자는 국가 이외의 다른 다양한 위협에 대항하여 권리를 옹호할 필요가 있다. 여기서 특히 문제가 되는 권리는 공동선이라는 이름으로 행동하는 정부의 권력을 제한하는 시민의 권리이다.

권리는 자연권을 근거로 단순히 응용될 수 있는 것이 아니라 맥락에 따라 해석되어야 한다. 어떤 권리를 행사할 경우 그 권리가 평등한 자로서 상호 작용하는 시민들의 능력을 저해하게 된다면, 이러한 일견적 권리는 물론 제한될 수 있다. 그러나 자유주의는 정부에 대한 제약으로서 권리를 으뜸 패로 내걸기도 한다. 반면에 공화주의자는 권리를 맥락에 따라 해석하고 인정해야 한다고 본다. 그래서 실제로 이러한 공화주의적 권리는 자유주의와 달리 가치 중립적이지 않다(Honohan 2002, 209).

④ 사회적·경제적·문화적 권리를 정당화하는 근거도 다르다. 사회주의자들이 이러한 권리를 중시하는 이유는 이러한 권리가 있어야만 시민들이 소극적 권리, 즉 시민적·정치적 권리를 더욱 확실하게 보장받을 수 있다고 생각하기 때문이다. 반면에 공화주의자들은—공동선을 달성하기 위해—정치적 평등과 자유에 대한 물질적 전제 조건으로서 이러한 권리를 제시한다. 그러면 이 점을 논해보자.

자유를 보장받으려면 어떤 사회·경제적 조건이 갖추어져야 하는가? 앞에서 말한 것처럼 비간섭보다는 비지배와 정치적 자율이 더 엄격해야만 이 조건을 갖출 수 있다. 그런데 시민들이 활동적이며 독립된 시민으로서 행동할 수 있으려면 그저 사회적 자본이나 시민적 덕성뿐만 아니라 물질적 기초도 필요하다. 지나친 경제적 불평등은 정치적 평등과 자유를 달성하는 데서 심각한 장애가 되기 때문이다(Honohan 2002, 191).

사회주의 전통에서는 때로 정치적 평등을 위한 물질적 조건이 적극적 자유 그 자체와 동일시되었다. 반면에 공화주의자들은 경제적 불평등을 줄이는 것이 자치를 위한 평등한 기회의 조건이 된다고 이해했다. 독립적일 수 있는 자만이 정치에 참여해야 하기 때문이다. 물론 공화주의자들은 부를 향한 욕구가 부패를 가져올 수 있다는 점에 관심을 기울였다. 그러면서도 빈곤과 경제적 불평등이 정치적 평등과 독립에 끼칠 영향에도 우려를 나타냈다. 그들은 재산 소유를 자연권이나 절대권으로 보지 않고 독립을 보장하는 하나의 방식, 즉 수단적 가치로 보았다. 또한 재산을 무제한으로 축적할 수 있는 권리가 있다고도 보지 않았다(Honohan 2002, 191). 공동선의 달성에 필요하기 때문에 재산을 인정한 것이다.

⑤ 자유주의와 달리 공화주의는 권리보다는 의무에 중점을 둔다. 공화주의에 따르면 시민은 공동선에 관심을 두고 공동선을 실현하는 데 개인적으로 책임을 져야 한다. 자신의 사적 이익에 지나치게 관심을 쏟는 것은 개인 차원에서는 부패이며, 좀 더 일반적으로는 정치 체제의 본질적 취약성이다(Honohan 2002, 147).

상호 의존적인 시민의 자유는 공동선에 대한 적극적인 언질을 통해서 신장된다. 물론 자유주의자들도 시민에게 의무가 있다는 것을 인정한다(Honohan 2002, 206). 그들은 시민이 법에 복종하고 세금을 내는 것으로 의무를 다했다고 본다. 그러나 공화주의자가 보기에 자유주의에서는 공동선보다는 자신의 이익을 염두에 두고, 예컨대 투표를 함으로써 권리를 행사한다. 그래서 공화주의자가 볼 때 자유주의자들은 공동선을 달성하기 위해 시민적 덕성이 광범하게 요구된다는 사고를 받아들이지 않는다(Honohan 2002, 147~9). 이것은 시티즌십이 덕성이나 진정한 본성의 실현보다는 권리·재산·계약으로 파악된다는 근대의 자유주의적 사고와 닿아 있다(Ivison 2008, 82).

결국 자유주의에서는 권리를 지나치게 주장한 나머지 공동체나 우의 같은 가치에 반대되는 이기심과 경쟁을 조장해 사회를 분열시키게 된다(Flathman 1989, 175). 반면 공화주의에서는 개인적인 이익과 공동선이 일치할 때만 공동선을 옹호하는 것이 아니라 때로는 개인적인 손해도 받아들여야 한다는 견해를 취한다. 그래서 공화주의자는 개인을 희생시킬 수 있는 덕성을 요구한다.

⑥ 시민이 적극적인 역할을 담당하고 권리에 대한 주장을 억제하고 제도를 지지하면, 장기적인 안목에서 시민의 이익을 실현할 수 있다. 이러한 견해는 마키아벨리가 표명했는데, 이를 시민적 덕성에 대한 도구적 해석이라고 일컬을 수 있다(Skinner 1990). 시민적인 덕성이 공동선을 유지하기 위해 필요하다고 보면, 이 견해는 더욱 명확하게 공화주의적인 견해이다. 정치의 목적을 더 넓은 관점에서 보고 개인적 선만큼이나 공동선을 고려하는데, 이러한 자치적인 시민은 더욱 완전한 자유를 누린다(Honohan 2002, 147·149).

⑦ 이상과 같은 차이가 있기 때문에 정치를 통해 시민들이 다루게 되는 내용에서 차이가 난다.

㉠ 자유주의자에게 공동선이란 무엇인가? 간단한 예를 들어 생명·자유·재산에 대한 자유 또는 권리를 모든 사람이 평등하게 가지게 되면, 그것이 공동선이 된다. 개개인은 이러한 공동선을 이용해 자신에게 선하

다고 생각되는 삶을 계획하고 꾸려나갈 수 있다. 여기서 중요한 것은, 자유주의에서는 개인에게 선한 생활이 무엇인지를 사회가 결정하지 않는다는 점이다.

사회나 국가는 개인에게 선한 생활 그 자체를 강제할 수 없으며, 개인의 선한 생활에 대해 중립을 지킨다(Honohan 2002, 226). 이처럼 도구적 의미를 지닌 공동선의 내용은 자연권에서 대체로 정해진 것으로 간주된다. 이에 반해 공화주의는 공동선 그 자체를 결정해서 정의에 대한 공적인 원칙을 정하는 것이 정치의 주요한 부분이라고 생각한다. 그 점이 자유주의와 다르다.

ⓛ 공화주의에서는 공동선의 내용을 규정하고 공동선을 실현하는 데 더 많은 노력을 기울인다. 그래서 공화주의 정치에서는 자유주의에서와는 달리 의사 결정 행위 그 자체보다는 심의하고 숙고해 공동선의 내용을 결정하는 것이 더 중시된다(Honohan 2002, 219~26).

이상과 같은 공화주의적 태도에서 중요한 것은 공동선이 기존의 공유된 관념으로 미리 결정되는 것만은 아니라는 점이다. 공동선이 무엇인지를 결정하는 단순한 방법은 없다. 그러나 정치에서 실현되는 공동선의 본질과 내용을 관계 당사자들이 심의하고 숙고할 필요가 있다(Honohan 2002, 213). 그래서 광범한 심의와 검토와 숙고, 그리고 재고의 결과로서 공동선의 내용이 결정되어야 한다. 즉 공동선은 참여의 과정을 거쳐서 잠정적으로 구체화된다(Honohan 2002, 205).

사회적 관행을 심의하는 데 시민들이 광범하게 참여하고 각각의 시민에게 견해를 표명할 기회가 주어지면, 그 관행은 더욱 정당하다. 문제는 국가가 중립적이지 않은 것이 아니라, 국가가 시민의 의견이나 있을 수 있는 의견을 고려하지 않는 데 있다(Honohan 2002, 205). 그러므로 시민들은 공동선의 내용을 정하는 과정에도 적극적으로 참여해야 한다.

이상과 같이 자유주의와 공화주의를 대비시키면 그 차이가 확연하게 드러난다. 이렇게 대비된다는 인식은 미국의 건국이념을 둘러싼 논박에도 나타난다.

일반적으로 미국은 로크의 자유주의의 영향을 많이 받았다고 간주된다. 그러나 반드시 그렇게 볼 수만은 없다. 건국할 무렵 미국은 정치 단위가 커지는 것과 부(富)가 부패를 불러오지 않을까를 우려했다. 그렇지만 대규모 공화국에서 집단의 이익들이 상쇄될 것으로 기대했다. 말하자면 미국은 건국 당시 공화주의적 이념을 견지하려고 노력했다. 견제와 균형을 통해 집단의 이익이 공동선으로 전환될 것으로 내다본 것이다(Canovan 1995, 1060).

미국 건국의 아버지들은 공동선이 대의제 민주주의를 통해 대표되어야 한다고 믿었다. 조지 워싱턴은 공동선을 강조했다. 그는 퇴임사에서 파당정치가 가져올 분열의 위험을 경계하고 단일한 국가 이익에 따라 움직여야 한다고 권고했다. 오늘날 미국은 건국 이후 헌법이 사적 이익보다는 공동선에 바탕을 두는 집단적 자치의 틀로서 역사적인 역할을 담당했다고 해석하게 되었다. 이러한 해석은 자유주의의 중립적인 모델에서 벗어나는 것이다(Honohan 2002, 7~8).

요컨대, 역사가들은 자유주의에서뿐만 아니라 공화주의에서도 미국 건국의 이념을 찾으려고 한다. 그 이유는 자유주의는 공동선과 덕성을 강조하는 공화주의와 큰 차이가 나며, 공화주의로써 자유주의 병폐를 막을 수 있다고 생각하기 때문이다. 그러나 지금까지 살펴본 것처럼 새로운 자유주의에서 공화주의 또는 공동체주의적인 요소를 찾을 수 있다면, 자유주의와 공화주의를 지나치게 대비시킬 이유가 없다.

2. 자유주의와 공동체주의

공동체주의와 공화주의는 다르지만, 공화주의를 공동체주의의 한 갈래로 볼 수도 있다. 여기에서는 공동체주의와 자유주의의 차이점을 살펴보자.

① 역사적으로 볼 때 자유주의는 정치와 법이 도덕적·종교적 논란에 휩싸이는 것을 피하기 위해 대두했다. 그래서 자유주의에서는 개개인에게 주어지는 자유와 권리를 근간으로 하면서 개인의 선에 대해서는 논하지 않는다는 원칙이 확립되었다. 자유주의에서 유일한 공동선이 있다면, 그것은 개개인에게 평등한 자유와 권리를 보장하는 것이다. 그 자유와 권리를 바탕으로 개인이 선을 선택하고 실천한다. 이에 반해 공동체주의는 선이나 공동선이 어떤 것이어야 하는지 논하는 것을 정치의 시발점으로 본다. 그렇기 때문에 자유주의와 공동체주의는 의무와 책임에 대해서도 견해를 달리한다. 의무와 책임을 강조한다는 점에서 공동체주의는 공화주의와 일맥상통한다.

② 개인은 고립되지 않고 공동체의 타인과 더불어 살아가면서 자신의 정체성을 획득해야 한다는 견해를 취하기 때문에 의무와 책임을 바라보는 시각이 다르다. 이 점은 공동체주의적 시각에서 일본인의 책임을 논하면서 이미 살펴보았다(이종은 2011, 370~82).

③ 따라서 정의에 대한 원칙을 수립할 때 공리(또는 행복), 권리 또는 자유뿐 아니라 선, 공동선, 덕성, 그리고 책임과 의무까지 고려해야만 정의에 대한 원칙을 수립할 수 있다고 주장한다.

④ 공동체주의자에 따르면 근대 자유주의 사회에는 개별적인 선, 즉 개별적인 삶의 방식, 개별적인 목적, 그리고 개별적인 상황만이 있을 뿐

인데, 모든 구성원이 아니라 일부 구성원만이 공동선에 가치를 부여하고 공동선을 추구한다. 그래서 모든 사람이 공유하는 선이라는 의미의 공동선은 없다.

그런데 공동체가 상실됨으로써 갈등의 여지가 더 많아지고 세상은 더 냉혹해지고 개인들은 더욱 외로워진다. 각 개인은 자신의 이익이라고 생각되는 것만 추구하기 때문에 모든 구성원이 다 함께 추구하는 공동선이라는 개념은 상실됐다(Barcalow 2004, 197~8). 이에 공동체주의자들은 덕성을 함양하고 공동선을 증진시켜야 자유주의의 병폐를 막을 수 있다고 생각한다(MacIntyre 1981, 251~4).

덕성은 왜 필요한가? 저마다 자신의 선을 추구하기 위해서 행하는 모든 정치적인 행위에는 도덕적인 억제가 있어야 한다. 도덕적인 억제 없이 자기 보전이라는 개인의 선을 추구하게 되면 공동선과 조화를 이룰 수 없을 뿐만 아니라, 다수가 동의하는 행위 그 자체도 집단적인 폭력의 행사에 지나지 않을 수 있기 때문이다. 이처럼 공동체주의가 덕성을 강조하는 이유도 공화주의와 비슷하다고 하겠다.

⑤ 권리와 자유에 대해 서로 견해가 다르다. 자유주의의 입장에서는 자연권이 인간을 도덕적 존재로 만드는 권리라고 보는데, 자연권은 인간과 분리될 수 없는 권리이다. 그래서 자연권은 양도할 수 없는 권리이며, 침해할 수도 파기할 수도 없는 권리라고 주장된다. 그렇다면 도덕적 견지에서 자연권은 항상 완전하게 존중받아야 한다. 또한 양도할 수 없다는 것은 그 권리를 가진 사람조차 자신의 불가양의 권리를 포기할 수 없다는 것을 의미한다.[85]

---

85 범죄자가 정당한 재판을 통해 사형 판결을 받은 경우, 그는 불가양의 권리를 소유하고 있었

따라서 자연권을 가진 사람에게는 자연권을 누릴 권리도 있지만, 자연권을 양도하지 말아야 할 의무도 있다. 예컨대 불치의 병으로 고통받는 환자를—본인이 원하고 가족, 의사와 합의했다고 해도—안락사 시킬 수 있는가 하는 문제가 이 맥락에서 나온다. 환자도 자신의 생명권을 양도할 수 없고, 가족도 그것을 침해할 수 없기 때문이다. 자연권이 불가양의 성격을 띠는 것은 자연권이 인간의 본성에 기초해서 인간의 목적을 달성하기 위해 따라야 하는 이성의 질서이기 때문이다.[86] 그래서 이러한 자연법은 또한 공동선을 꾀한다고 여겨지는데, 공동체주의자들은 이 점을 수긍하지 않는다.

⑥ 또한 자유와 권리를 가졌다고 해서 그 자유와 권리를 무소불위로 사용할 수 있는가라는 문제가 제기되는데, 이에 대해서도 자유주의와 공동체주의는 견해를 달리한다. 공동체주의자들이 보기에 타인의 어려움이나 미래를 예견하지 못하는 타인의 무지를 이용해 폭리를 취하는 것은 행복이나 자유라는 문제를 떠나 탐욕이 지나친 것으로 여겨지며, 인간으로서의 덕성을 상실한 것이다. 말하자면 인간으로서 하지 말아야 할 짓을 한 것이다.

이러한 '악덕vice'을 처벌함으로써 공동선을 달성하게 하고 공동선을 위해 다 같이 희생을 감수하는 덕성을 모두가 지녀야 한다. 요컨대, 선한 사회를 만드는 데 필요한 마음가짐, 기질 또는 인격을 모두가 갖추어야 한다(샌델 2010, 18~9). 이렇게 보면 애초부터 부동산 투기로 폭리를 얻

지만 그 권리를 정당하게 행사할 가능성을 박탈당한 것이라고 볼 수 있다. 마리탱은 이와 같이 권리의 소유와 행사를 구분했다(Maritain 1951b, 103).

86 그러나 자기 몸을 자신이 소유하며 자기 몸에 대해 자신이 절대적 권리를 갖는다는 자유 지상주의의 시각에서 보면 안락사를 선택하는 것이 가능할 수도 있다.

겠다는 태도를 취하는 이들은 과연 인간으로서의 기본적인 덕성을 지녔는지 의심받을 만하다.

공동체주의는 자유주의가 가져온 사회적 병리 현상에 대한 반발로 대두했다. 공동체가 존속하려면 공동선을 염두에 두어야 하며, 시민들은 저마다 공동선을 달성하는 데 필요한 덕성을 갖추어야 한다. 공동체주의 또는 공화주의는 이처럼 권리의 자유를 지나치게 강조함으로써 생겨난 자유주의의 폐단을 치유하고자 부활하게 되었다. 1980년대에 들어서면서 개인의 자율을 강조하는 자유주의는 공동체주의자들로부터 이상과 같은 사회적 병리에 책임이 있다는 비판을 받게 되었다.

공동체주의자들에 따르면 개인이 보람 있는 삶을 영위하기 위해서는 가족, 친구, 공동체가 필요하다. 개인은 고립되지 않고 공동체의 타인과 더불어 살아가면서 자신의 정체성을 획득해야 한다. 즉 개인은 특정한 공동체 안에서 자신을 해석하고, 타자와 대화하고, 공동선을 추구하는 과정에서 정체성을 획득하는 존재가 되어야 한다. 그래서 정의에 대한 원칙을 수립할 때 이제는 공리(또는 행복), 권리 또는 자유뿐만 아니라 선, 공동선, 덕성, 그리고 책임이나 의무까지 고려해야 한다고 주장하는 것이다.

여기서 대표적인 공화주의자라고 할 수 있는 아렌트와 공동체주의자인 테일러의 공동선에 대한 견해를 간략하게나마 살펴볼 필요가 있을 것 같다.

(1) 아렌트

갑돌이 원래 하고 싶지 않은 일을 철수가 하라고 명령해서 하게 되면,

철수는 갑돌에게 권력을 행사한 것이다. 이처럼 오늘날 권력 행사는 일반적으로 비대칭적인 관계라고 여겨진다. 그러나 한나 아렌트Hannah Arendt(1906~75)는 이와는 다른 권력관을 제시한다.

아렌트에 따르면, 비대칭적 관계에 작동하는 힘은 권력이 아니라 폭력이다. 그런데 미국 독립혁명, 파리 코뮌, 헝가리 민중봉기에서 자신들의 자유로운 질서를 새롭게 만들어내려고 한 사람들은 전체로서 권력을 행사했다. 그들은 일체의 강제 없이 말로 설득함으로써 결합되었으며 자발적으로 행동했다. 아렌트가 이러한 권력관을 취하게 된 이유는 고대 공화정에 공감하기 때문이다. 그녀는 평등한 시민에 의한 의논을 기본으로 하는 정치를 오늘날에 부흥시키고자 한다.

정치는 공공성을 회복할 필요가 있다. 그리스의 폴리스에서 자유롭고 평등한 시민들은 가정에서 노동을 통해 생존에 필요한 것을 해결하고 난 다음, 말과 활동을 통해 공동의 문제를 논의하고 결정했다(Arendt 1958, 30~1). 거기에서 정치는 지배와 피지배의 관계가 아니라 사적 이해를 벗어나 선한 생활을 위한 공적 공간에서 대등한 입장에서 펼치는 인간의 공적 활동이었다.

공적 활동을 자유롭게 교환하는 세계야말로 선한 생활의 조건이 된다. 그러므로 공적 활동은 사적 생활에서 맛볼 수 없는 즐거움을 안겨준다는 의미에서 그 자체로—예를 들면 서로 논의하는 것 자체도—가치가 있으며, 인간은 필연에서 해방되어 협력을 통해 전혀 새로운 것을 추구할 수 있다(Arendt 1958, 121). 이를 토대로 각자 특성이 있는 인간들은 자신의 고유한 것을 공통의 세계에 발휘할 수 있으며, 서로 논의함으로써 정치의 실재를 서로가 확인할 수 있게 된다(Arendt 1958, 41 · 50).

정치적인 것은 말과 행위로 자신을 드러내는 것이다. 반면에 정치는 재화의 배분에 관한 것이 아니다. 아렌트가 보기에 재화의 배분은 가정 경제가 확장된 사회의 영역에 속하는 문제이다. 정치는 사회문제를 해결하기 위한 수단이 아니기 때문이다. 근대에 이르러 경제 문제가 정치체의 의제가 된 것은—상대적인 부의 평등이 자유의 전제 조건이 되지만—'정치를 사회적인 것으로 만듦socialization of politics'으로써 그 자체의 목적으로 삼아야 하는 사유와 자치가 도외시되었기 때문이다(Arendt 1958, 34~5; Heller et al. 1988, 98·103). 인간이 사회적 필요에서 벗어나 공화정 같은 정치체에서 공적 문제를 지배자에게만 위임하지 않고 같이 해결하기 위해 자유롭게 공적 활동을 하는 것은 그 자체로서 정치의 목적이 되며, 이로써 유한한 존재인 인간은 더 좋은 세상을 남기기 위해 살아 있는 동안 하는 일을 불멸의 것으로 만들 수 있다. 그래서 그녀가 제시하는 정치는 새로운 지평을 열어주었다.

폴리스나 위에서 예로 든 혁명에서는 사적인 이익 추구를 위한 자유가 아니라 공동의 일에 참가하고 활동하는 공적 자유를 창설하고 공동의 문제를 같이 해결하고자 했다(Arendt 1965, 120~1). 이처럼 힘이 없는 사람들이 한데 뭉쳐 전혀 새로운 일을 시작하는 것에서 인간은 더욱 완전한 자유를 실현할 수 있다. 강제나 타인에 대한 명령이 아니라 이러한 자유가 권력의 요체이다. 모든 평범한 이들이 지배가 없는 공개적인 공간에 모여서 발언하고 공동의 관심사를 논의하고 행위함으로써 서로를 드러내는 관계가 정치의 공간이며 공적 공간이다(김경희 2009, 72).

요컨대, 협력하여 행위함으로써 나타나는 것이 권력이다. 그래서 "권력은 사람들이 같이 행위할 때 사람들 사이에 나타나며, 사람들이 흩어질 때 사라진다"(Arendt 1958, 200). 그리고 지배와 복종의 관계 대신에 대등한 인간을 결합시키는 이러한 권력을 생성시키는 정치는 공동의 관심사에 대한 것이기 때문에 인간은 협력하여 공익에 봉사하게 된다. 정치적 활동을 토대로 무엇이 집단적인 목적인지 상호 작용을 통해 결정하게 된다.

따라서 권력은 같이 행위하는 사람들 사이에 나타나는 공동선이다. 누가 이익을 보면 다른 이가 손해 보게 되어 있다든가 변하지 않는 한정된 것을 두고 서로 다투는 것이 권력이 아니다. 아렌트는 권력을 그렇게 보지 않기 때문에 공동선도 개인들이 물질적·정신적으로 공통의 이해를 가지는 것으로 보거나 공적 영역의 존재와 무관한 것으로 여기지 않는다. 공적 공간에서 공적 활동으로 사람들이 즐거워지고 자유를 향유하는 것이 가치 있는 일이다. 그래서 사람들은 결국 '공적 행복public happiness'을 얻게 된다(Arendt 1965, 122~31).

(2) 테일러

테일러Charles Taylor(1931~)에 따르면 도덕적 문제는 그가 말하는 '강력한 평가strong evaluation'와 관련 있다. 강력한 평가는 올바름과 그름, 더 나은 것과 더 나쁜 것, 고상한 것과 천한 것의 차별을 의미하는데, 우리의 욕구나 성향 또는 선택에 의해 타당해지는 것이 아니다. 강력한 평가는 오히려 이러한 것들과는 무관하며, 이러한 것들을 판단할 수 있는 기준을 제시한다(Taylor 1989, 14, 20, 42, 122, 332, 336, 337, 383).

강력하게 평가되는 선은 우리가 사실상 선호하는 것과는 무관하게 인정해야 하는 더욱 고상한 선이다(Bell 1993, 37). 인간은 강력한 평가로 짜인 도덕적 공간에서 살고 있으며 사회적 세계는 우리가 선택하지 않은 틀을 우리에게 제공하는데, 그 틀은 영위할 가치가 있는 삶이 어떤 것이라는 것을 규정한다. 이렇게 보면 자신의 도덕적 모습을 자유롭게 만들 수 있는 자아가 있다는 자유주의자의 주장을 수용하기가 어렵다(Bell 1993, 44).

그렇기 때문에, 테일러에 따르면 사람들은 사회에서 서로 '인정(認定) recognition'받는 것이 중요하다. 인정을 받아야만 각자가 '정체성identity'을 기길 수 있기 때문이다. 그런데 정체성은 타인과 대화를 나눔으로써 얻을 수 있다. 그리고 정체성이 있어야만 자신이 누구이며, 인간으로의 근본적인 특성이 무엇인지 이해할 수 있다. 인정하지 않거나 잘못 인정하는 것은 사람들에게 해를 끼칠 수 있으며, 이것은 어떤 형태의 억압이될 수 있다.

인정받지 못하면 사람은 자신을 낮게 평가하게 되며, 자신의 존엄성에 적절한 관심을 기울일 수 없어서 궁극적으로 자신에 대한 '진정성(眞正性)authenticity'(자신의 의지가 참으로 자신에게서 연유하게 하는 것을 의미하는데, 진정성을 가짐으로써 스스로 결정하는 자유를 얻는다)을 가질수 없다. 그러므로 적절하게 인정하는 것은 모든 사람이 타인에게 취해야 하는 예의이면서 또한 모든 사람들에게 지극히 필요한 것이다(Taylor 1991, 29~48; Taylor 1994, 25~6).

인정의 중요성은 루소, 칸트, 그리고 헤겔이 지적했다. 인정한다는 것은 인간이 존중받을 값어치를 평등하게 가졌다는 것을 의미하기 때문에 인간의 존엄성을 평등하게 신장하는 정치를 펴야 한다. 그리고 평등을 지지하는 것은 어디까지나 '균형 잡힌 대등성/대칭성balanced reciprocity'이어야 한다(Taylor 1991; Taylor 1994, 47). 이러한 맥락에서도 롤스가 강조하는 자기존중을 이해할 수 있다.

테일러에 따르면, 인간의 자기존중을 보장하기 위해서는 '계몽기획

enlightenment project' 이후 생성된 사회에 대한 원자론적인 이해에서 탈피하고, 자유에 대해 더욱 적극적이며 정치적인 관념을 지녀야 하며, 정치를 표현하는 방식이 달라져야 한다(Taylor 1991, 23). 그럼으로써 개인주의는 도덕적 이상으로서 확립될 수 있다(Taylor 1991, 45).

테일러는 자신이 자유주의적이면서도 공화주의적인 견해를 취한다고 밝힌다. 그런데 그의 자유주의는 중립적이기보다는 완전주의적이다. 평등에 기초한 권리와 부합해 자유와 집단적 자치라는 선을 최대화하려고 하기 때문이다(Taylor 1995, 258). 그에 따르면 현대의 시민적 공화주의는 자유주의의 한 갈래인데, 집단적 자치에서 참여와 개인적 자유만큼이나 공동선의 실현에 가치를 부여하려고 한다. 이에 견주어 자유의 다른 갈래는 자유를 소극적으로 보고, 정치적 참여는 선택적이며 정부는 개인이 추구하는 실질적인 선에 대해 중립적이라고 본다.

두 갈래가 존재한다는 것은 두 가지 원칙, 즉 개인의 자유와 집단적 자치라는 원칙이 공존하면서 긴장을 증가시키는 것을 반영한다. 현대의 자유민주주의에는 공화주의적 차원이 암묵적으로 존재한다. 그러나 자유민주주의에서 개인의 자유는 더욱 광범하게 지지받으며 자치라는 차원은 위협을 받는다(Honohan 2002, 132).

테일러가 중립적 자유주의를 비판하는 근거는 두 가지이다. 첫째, 개인의 발전과 자기표현은 사회적·정치적 맥락에 의존한다. 둘째, 사람들은 자기 발전을 추구하는 데에서 다소 중심적인 목적을 구별한다. 자유는 간섭이 없는 것이 아니라 가장 중요한 목적에 따라 우리 자신을 실현하는 문제이다. 그러므로 정치는 그저 질서 유지와 정의로운 배분을 위한 틀이 아니라 자기를 표현하고 정체성과 가치를 공적으로 인정하는 영역이다(Taylor 1991).

근대의 철학과 사회과학은 개인의 자율과 자유의 근거를 원자론적 가정에 두는데, 여기서는 개인이 역사적·전통적·문화적 권위에서 분리/이탈되는 것으로 간주한다. 그래서 개인이 사회적 관행과 공동체에 관여함으로써 발전하고 번영한다는 점이 간과된다. 관행과 공동체는 개인적 정체성에 도구적인 것이 아니라 오히려 정체성 자체를 구성하는 것이다(Taylor 1985a).

인간은 물질적 자원만큼이나 인간들 사이의 인정을 필요로 한다. 그래서 사회에서는 개인의 정체성에 대한 상호 주관적인 인정이 중요하다. 이를 부인하면 개인이 심리적 손상을 입을 뿐만 아니라 부정의가 초래된다. 정체성은 늘 타인과의 대화나 사회의 관행에 가로놓인 공통의 이해를 통해 부분적으로 정의된다(Taylor 1985, 209). 아렌트도 이 점에서는 마찬가지 시각인데, 정체성은 대화로써 형성되는 것이지 일방적으로 규정되는 것이 아니다.

다문화주의를 수용하지 않을 수 없는 현실을 감안한다면, 자신의 문화를 바탕으로 하면서 대화를 통해 서로 인정을 해야 한다. 그러나 테일러가 주장하는 '인정의 정치학politics of recognition'은 각각의 문화 유형이 고유성과 차이가 있다는 점을 인정하는 것이지, 모든 문화의 가치가 동일하다는 것을 인정하는 것이 아니다(송재룡 2009, 96). 어쨌든 인정의 정치학은 사회·경제적 불평등을 완화하려는 '재분배의 정치politics of redistribution'에서 진일보하여 문화적 지배, 불인정이라는 부정의를 시정하려는 것으로 볼 수 있다.

위에서 우리는 자유주의가 공화주의와 공동체주의와 권리와 공동선을 두고 견해를 달리하는 바를 살펴보았다. 여기서 약간 우회하여—이상의 차이에 따라 어떻게 공동선을 추구해야 할 것인가라는 논의는 일단 접어두고―공동선이 어떤 내용을 담아야 하는지 알아보자.

지금까지 살펴본 바와 같이 자유주의와 공화주의 또는 공동체주의는 개인과 국가 사이의 관계를 설정하는 방식이 다르다. 이 점에서는 자유주의와 사회주의의 차이가 더 크다고 하겠다. 크게 보면, 국가와 사회의 관계에 대해 자유주의자들은 국가와 사회의 분리를 주장하고, 사회주의자들은 국가와 사회의 통합을 주장한다. 이와 같은 주장의 근저에는 저마다 자신의 체제가 공동선을 증진하는 데 더욱 우수하다는 논지가 깔려 있다. 자유주의는 자유의 평등화, 사회주의는 평등을 통한 자유의 확보가 공동선의 증진에 적절한 방식이라고 정당화하고자 한다.

그렇다면 국가를 둘러싼 어떠한 논의도 결국 공동선에 관한 논의가 된다고 볼 수 있다. 따라서 우리는 국가의 구성원이 공동선을 추구하는 조건, 국가가 공동선을 추구하는 방식과 공동선의 내용을 논의하지 않을 수 없다.

제16장

공동선을 추구하는 방식과 그 내용[87]

국가와 사회 내에서 살아가면서 규칙을 지켜 게임을 한다는 것, 즉 형식도 중요하지만 어떤 게임을 할 것인가 하는 게임의 내용도 이에 못지 않게 중요하다. 다시 말하면 국가가 하는 활동의 내용도 중요하다. 그래서 권력은 자유와 권리를 지켜주는 방식과 절차에 따라 행사되어야 할 뿐만 아니라, 자유와 권리를 옹호하려는 목적에서 행사되어야 한다. 그렇다면 무엇 때문에 자유와 권리를 옹호하느냐라는 문제가 생긴다. 그리하여 공동선이라는 기준이 권력을 행사하는 목적이라는 측면에서 권력을 정당화하는 기준으로 나타난다.

그런데 공동선이나 정의의 원칙에 관한 한, 순전히 형식적으로 접근해서는 곤란하다는 것을 느끼게 된다. 권력이 정당화되려면 최종 목표로

---

87 이 장의 내용은 까치 출판사의 허락을 받아 이종은 1994, 163~84를 수정·보완한 것이다.

삼아야 하는 것이 공동선이다. 법이 정의로우려면 법체계가 기본적인 정의의 원칙에 부합해야 한다.

그런데 질서라는 가치를 논의할 때도 질서를 곧 정의로 보는 것은 부적절하다. 질서는 그 자체가 좋은 것일 수 있다. 그러나 어떤 질서여야 하는지가 더욱 중요하다. 마찬가지로 정의는 앞에서 살펴본 것처럼 저마다 자신의 몫을 다하는 것이라고 말하는 것으로는 충분하지 않다. 각자의 몫이 무엇을 뜻하는지 규정하는 것이 더 중요하기 때문이다.

이제까지 정의의 실질적인 기준을 한 번에 확립하거나 진리 또는 진실로 정의로운 법을 찾으려는 노력으로 자연법에서 실정법의 내용과 가치를 도출하려 했다. 마찬가지로 국가가 실제로 하고 있는 활동의 범위를 결정해야겠다는 필요성에서 공동선의 구체적인 개념을 한 번에 설정하려는 노력이 나타났다. 이렇게 보면 법이론에서 자연법의 역할은 정치사상에서 공동선의 역할과 정확히 일치한다. 이것은 공동선이 인간의 사회적 성격뿐만 아니라 인간이 서로 의존하고 상호성을 가진다고 반영한다는 점을 뜻한다(Hornsby-Smith 2006, 12).

1. 추구하는 방식

공동선은 어떻게 달성할 것인가? 공동선에 접근하는 방법은 세 가지로 나눠볼 수 있다. 그런데 이 세 가지 방법은 공동선에 대해 각기 다른 결론을 내리고 있다.

① 먼저, 개인이 추구하고자 하는 가치를 부인하지 않고 공동선을 확보할 수 있다는 생각이다. 이 생각은 근대 자유주의 국가라는 개념에서

기본적인 가정이다. 로크와 공리주의자뿐만 아니라 오늘날의 자유주의자도 개인의 선, 즉 사익과 공동선을 조화시키려고 했다. 이 어려운 과업이 실제 정치에서는 타협이라는 수단을 통해 이루어진다. 개인의 선과 공동선에 대해 어떻게 해서든 우선순위를 결정해야 한다. 윤리적인 국가나 전체주의적 국가는 전체를 이루는 부분에 대해 전체가 절대적인 우위를 치지한다는 것은 밤아들이다 그러한 국가를 택하지 않는 이상 서열을 정하는 데서 공동체의 이익은 개인 이익의 총합으로 여겨져야 한다. 개인의 이익을 무시하면서 공공의 이익을 논의할 수 없다는 벤담의 견해는 이를 반영하는 셈이다. 따라서 각 개인이 주장하는 바는 그 자체로서 조심스럽게 가늠되어야 한다. 즉 국가가 공동선을 추구한다는 것은 정치적 결정이 구성원 전원의 이익을 불편부당하게 돌봐야 한다는 것을 의미한다(Benn et al. 1980, 273). 그러므로 공동선을 논의하는 데는 평등이 전제된다.

이것은 또한 자유민주주의가 공동선에 접근하는 방식이기도 하다. 정부는 경제 영역에서 자유방임주의를 택함으로써 사익과 공익의 자연적 조화를 달성시키고, 형법 영역에서는 입법으로써 이익을 인공적으로 조화시킨다. 이런 방식을 택하는 데에는 자신의 이익에 대한 최선의 판단자는 바로 자신이며 공공 이익은 개별 이익의 합이라는 생각이 깔려 있다(Hagopian 1985, 21~2). 그리고 애덤 스미스가 생각한 것처럼 경쟁 체제에서 공동체의 이익은 가장 잘 구현된다고 보았다. 사익과 공익은 보이지 않는 손에 의해 조화를 이룰 수 있기 때문이다(Smith 1976, bk. I, chs. i, ii). 시장은 개인의 이기심을 공적인 혜택으로 전환시키는 곳이다.

공동선을 이렇게 규정하는 것이 중세의 정치이론에 나타나지 않았던 것은 아니다. 아퀴나스에 따르면 공동선은 개인에게 목적으로서 가치가 있으며, 시민이 공동선에 적응함으로써 시민은 선할 수 있다. 이로써 국가 내에서 개인은 전체의 한 부분으로 통합되어야 한다는 아리스토텔레스의 개념이 안고 있는 위험에서 벗어나 개인의 개성이 지니는 가치를 보호할 수 있게 되었다.

즉 인간에게는 어떠한 이유에서도 공동체의 이익에 종속되어서는 안 되는 부분이 있다. 아무리 공동선을 목적으로 한다고 해도 인간이 그 목적의 단순한 수단으로 전락해서는 안 된다는 것이 그리스도교에 담긴 정신이다. 이런 관점에서 보면 근대 자유주의 국가이론은 그리스도교의 전통을 이어받고 지속시킨 셈이 된다.

② 공동선이라는 개념은 선을 정확하게 서술하자는 주장을 뜻하기도 한다. 공동선이 무엇인지 명확히 하기란 쉬운 일이 아니다. 일찍이 소크라테스는 지배자조차 자신의 이익, 즉 사익이 무엇인지 모를 수 있다는 것을 트라시마쿠스에게 지적했다(Republic, 336b~9b). 지배자가 자신의 이익이 무엇인지도 모른다면, 공익이 무엇인지를 아는 것은 더더욱 어렵다.

그리고 공동선이 무엇이라는 것을 규정하는 주체가 누구여야 한다는 점도 중요한 문제이다. 공동선이 무엇인지를 정하는 것이 권력의 궁극적인 목적이라면 과연 누가 공동선을 규정해야 하며, 국가 내에서 어떤 위치에 있는 사람이 공동선을 증진해야 하는가?

법이론의 영역에서 자연법이라는 개념을 회복시키려는 사람들은 이 문제와 부딪치게 되었다. 자연법은 명확하게 확인되고 규정될 수 있는 명제라는 것이 일단 인정되면, 자연법은 무조건 타당하고 구속력이 있으며 이 자연법을 확인하고 규정하는 책임을 지게 된 사람이 진정한 입법가이며 입법가일 수밖에 없다. 마찬가지로 어떤 전문가에게 공동선을 결정하는 일이 맡겨지고 이들이 내린 결정을 국가의 권력이 보장하고 수행하면, 그 전문가는 진정한 주권자, 즉 궁극적인 권력 담지자가 되는 것이 분명하며 또 그렇게 될 수밖에 없다.

그래서 오늘날의 정치가 전문가에 의한 정부, 즉 '테크노크라시technocracy'로 흘러간다고 염려하지 않을 수 없게 되었다. 전문가들이 국가라는 배의 방향타를 잡고 최종 결정권을 쥐게 되면, 이는 플라톤의 보호자나 루소의 안내자와 비슷하여 결국에는 우리의 생활과 운명을 좌지우지하게 되는 것이 아닐까? 그렇게 되면 일반 이익과 이를 수행하는 것을 결정할 때 우리는 바보들이 하는 소리보다 전문가들의 지혜에 귀 기울이게 된다. 그러나 지혜가 있다는 것이 절대 권력을 쥐게 하는 빌미가 되지는 않는다. 전문가들이 공동선을 규정하고 실행하여 선한 정부를 가져온다고 해도 인간이 정치에서는 적어도 평등하다고 봐야 하므로 우리는 자치와 평등한 참정권이라는 이상을 저버릴 수 없기 때문이다.

그럼에도 '비자유주의적인 민주주의nonliberal democracy'는 자유민주주의의 방식과는 다르게 공동선에 접근했다. 비자유주의적 민주주의도 다수결 원칙, 평등과 참여를 신봉하지만 민주주의를 정당화하는 방식이 다르다. 비자유주의적 민주주의는 개인주의를 거부하거나, 개체성을 자유주의적 민주주의와는 다르게 다시 정의한다.

루소는 개인의 선과 공동선이 분리될 수 없는 공동체에서만 개인이 스스로 만든 법에 복종하는 것이 자유라고 보았다. 그런데 개인에게는 특별/개별 의지가 있기 때문에 사회에서 공동선을 확보하기도 어렵고 개인이 진정한 자유를 누리기도 어렵다. 그래서 개인은 전 공동체의 선을 추구하는 의지, 즉 일반 의지를 갖는다. 시민이 공동선을 찾으려는 진지한 열망에서 집단이 요구하는 결정을 내릴 때, 그 결정이 나타내는 것이 바로 일반 의지이다. 이렇게 하여 일반 의지가 행해지는 공동체에서 인간은 도덕적으로나 정신적으로 자유로울 수 있다.

일반 의지는 전체 의지와 구별된다. 전체 의지는 개인의 선호와 열망을 합친 것인 데 반하여 일반 의지는 공동선에 대한 판단이다. 사적 인간으로서 개인은 개별 의지를 가져서 이익의 갈등을 빚을 수 있지만 공민으로서의 개인은 개별 의지를 저버리고 공동선을 추구할 수 있을 정도로 도덕적인 존재라고 하겠다. 문제는 일반 의지에 복종하기를 거부하는 사람이 있다면 억지로라도 복종하게끔 하는 것이 그를 자유롭게 하는 것이라는 주장에 있다. 그런데 이렇게 '강제로 자유로워진다forced to be free'는 것은 소수의 권리를 인정하지 않고 다수의 폭정을 조장하는 것으로 들리기 쉽다.

③ 공동선을 권력의 정당화에 기본적인 기준으로 삼을 수 있도록 정의하자는 견해가 있다. 이것은 아마 공동선이라는 개념 자체에 대한 가장 심각한 반대이며, 이에 관해서는 설명도 별로 없었을 것이다. 특정한 시간과 장소에서 공동선이 무엇인지를 규정하는 것은 어려움은 따르지만 꽤 정확하게 규정하고, 공동선에 대해 정확한 명제를 설정할 수 있다고 가정해보자. 그러면 권력을 가진 사람은 이 명제를 명령으로 바꿀 의무가 있으며, 명령을 받은 사람은 명령에 복종할 의무가 있다. 이는 정확히 무엇을 의미하는가?

문제는 사실에 대한 판단에서 가치에 대한 판단으로, 즉 서술적인 명제에서 규범적인 명제로 도출하는 것이 논리적으로는 불가능하다는 데 있다. 특정한 장소와 시간에서 공동선을 구성한다고 여겨지는 것을 정확하고 자세하게 결정할 수 있다고 해도 이것이 실제로 있는 상황을 서술하는 것, 즉 어떤 특정한 목적을 달성하거나 하지 않게 하는 조건을 서술하는 것 외에 다른 것이 될 수는 없을 것이다. 그렇다면 문제가 해결된 것이 아니고 미루어두는 셈이 된다.

그것은 우선 국가가 추구하는 부, 권력, 영광이나 그 밖의 많은 목적 중에서 택하는 것이다. 그런 다음 이 선들을 공동선으로 바꾸는 데 필요한 행태, 제도, 계획을 나열할 뿐이다. 그렇다면 말할 것도 없이 여러 가지 상황을 상상일 수 있다. 평화를 애호하는 국가는 무역을 번성하게 하여 물질적인 풍요를 얻는 데서 공동선을 찾게 된다. 반면에 호전적인 국가는 식량보다 무기에 우선을 둘 것이다. 그러나 어느 경우건 공동선을 기술한다는 것은 이미 결정된 선택을 지적하고 그 선택을 기초로 실제 상황을 평가하는 것을 의미한다. 그것은 실제 상황에서 특별한 조건, 즉 가치조건을 덧붙이는 것을 의미한다. 실제 상황이라는 것은 결국 우리의 선호에 의존한다.

여기에서도 공동선과 자연법을 대비시키는 것이 도움이 된다. 자연법을 실정법의 명제처럼 거의 정확하게 확인되고 규정될 수 있는 명제로 본다는 것은 자연법을 사실적인 어떤 것으로 보는 것이다. 이것은 두 개의 법체계가 서로 대치되기보다는 존속을 유지한다는 것을 뜻한다. 이 표현이 정확하다면, 자연법은 실증주의자의 공격에서 살아남을 수 있다. 즉 자연법이 사실이 아니라 가치를 지칭하는 것이고, 어떤 주어진 것이라기보다는 주어진 것에 특정한 조건을 부여하는 것이라면, 자연법은 오늘날에도 의의를 지닐 수 있을 것이다.

따라서 자연법은 아직까지 기존 법에서 부여되거나 부정된 자격과 그 명령에 복종하거나 명령을 무시하는 의무를 지적하는 편리한 용어가 될 수도 있다. 그러나 이 조건은 중요하며, 어떤 의미에서는 법의 존속에 결정적이라고 하겠다. 왜냐하면 법을 이행해야 한다는 의무는 준수하게 하는 능력에 있는 것이 아니라 선한 시민이 이를 받아들이고 복종하게 되는 가능성에 있기 때문이다.

공동선과 관련해서도 똑같이 이야기할 수 있다. 전문가가 있다는 것이 최종적인 것이 아니라, 선한 시민이 공동선을 인정한다는 사실이 진정한 증거가 된다. 법의 의무를 가늠하는 데서 자연법이 기준이 되듯 공동선은 국가의 권위를 가늠하는 기준이 된다. 국가가 추구하는 목적에 대한 합의가 크면 클수록 권위는 건전해진다. 바로 이 점에서 우리는 루소의 말을 상기할 필요가 있다. 그는 유일하게 정당한 정부는 공공 이익이 다스리는 정부, 즉 공화제가 모든 이의 관심사로 느껴지는 정부라고 주장했다(SC, II, vi). 공동선이란 결국 국가가 얽어주는 유대와 충성심을 지닌 결속에 불과할는지도 모른다.

지금까지 우리는 공동선에 접근하는 세 가지 방법을 논의했다. 이상과 같이 세 가지 방법이 있다는 것은 그만큼 공동선을 규정하기가 어렵다는 것을 의미한다. 규정하기 어려운 이유는 공동선이 정적(靜的)인 것이 아니기 때문이다. 인간이 창조할 수 있는 것이 무엇이며 가능한 것이 무엇인지를 인간이 어떻게 이해하느냐에 따라 공동선의 개념이 변하기 때문이다(Raskin 1986, 27). 이것은 마치 정의에 대한 관념이 시대의 변천에 따라 달라지는 것과 같다고 하겠다.

공동선에 접근하는 방식에서 논의한 바와 같이 영국의 자유주의자들은 사적 이익이 합쳐지면 공동선이 된다고 생각했다. 그러나 이러한 관점은 모든 사람이 같은 사회·경제적 계급, 즉 부르주아 계급에 속하는 경우에는 타당하다. 공리주의도 계급을 뛰어넘어 이익의 갈등을 해결하지는 못했다. 자본가와 노동자, 지주와 소작농의 사적인 이익이 합쳐져서 어떻게 공동선이 되는지를 설명할 수 없었다. 영국이 국내에서 계급 갈등을 드러내지 않고 해외에서 팽창할 수 있었을 시기에만 영국의 공리주의가 맞아떨어졌는지 모른다(Raskin 1986, 38).

영국의 자유주의와 공리주의의 공동선 개념에 반대한 이들이 루소와 마르크스였던 셈이다. 특히 마르크스주의자들은 자본주의와 공동선 사이에 내재하는 모순을 직시했다(그러나 마르크스 이전에 이미 토마스 아퀴나스가 이 부분을 세밀히보았며). 마르크스는 이윤이란 결국 몇 사람의 손에 돌아가기 때문에 사회 전체의 이익에 반한다고 보았다. 그래서 토니는 그를 마지막 교부철학자라고 일컬었다(Tawney 1978). 마르크스는 리카도 대신에 개인보다 집단에 가치를 둔 아퀴나스를 따른 셈이다. 마르크스주의자들은 자본주의 사회에서 선하고 정의롭다는 것은 지배계급의 사적 이익에 따라 결정되므로 자본주의 사회에서 공동선은 추구될 수 없다고 주장했다. 이는 플라톤의 《국가론》에서 트라시마코스가 지적한 바이기도 한다.

이상에서 보는 바처럼 크게 볼 때 공동선을 추구하는 방식과 공동선의 내용에 대해 자유주의와 사회주의는 서로 견해가 다르다. 어떤 체제건 그 나름대로 공동선을 추구하는 방식이 스스로 옳다고 생각하기 때문에 자신의 체제가 다른 체제보다 도덕적으로 정당성이 있다고 생각한다.

2. 공동선의 내용

그러나 우리는 공동선이란 사익과 공익이 조화를 이루는 어디쯤에 있다고 생각할 수 있다. 회페도 공동선은 어떤 것이 오직 "한 집단 전체를 위해서만 좋은" 것으로 충분하지 않고, "모든 개인을 위해서 좋은" 것이어야 한다고 주장한다(회폐 2004, 39). 이는 다른 말로 표현하면, 자본주의와 사회주의의 중간 어디쯤에 공동선이 있다는 뜻이다.

사회주의 국가에서는 국가를 사회와 일치시키고 정부가 생활의 모든 측면을 관장한다. 그리하여 개인이 자유를 누릴 수 있는 여지가 없다. 반면에 자유주의를 근간으로 하는 자본주의는 개인의 자율과 자유를 보호하고 향상시키는 것을 일차적인 목표로 삼는다. 그 결과 자유, 특히 재산 축적의 자유만이 강조되어 자본주의의 병폐가 드러났다.

그렇다고 해서 개인의 자율이 중요하지 않다는 뜻은 아니다. 그러나 자율은 공동체라는 맥락에서 의미가 있다. 또한 자유도 선한 사회를 달성하기 위한 수단이라고 볼 수 있다. 물론 자유에 본래적인 가치가 없다는 것은 아니다. 자유를 제약의 부재라고만 생각할 것이 아니라 선한 것을 할 자유를 더욱 중시하는 것이 공동선을 이루는 지름길이다(Williams 1987, 4~5). 이러한 시각에서 공동선의 추구를 위해 자유가 향유되어야 한다. 그러므로 우리는 공동선이 사익과 공익, 자유주의와 사회주의의 중간 어디에 있다고 주장할 수 있다.

한편 자유주의의 시각에서 볼 때 공동선에 대한 논의는 근대국가, 특히 자유민주주의 국가에서 국가가 행사하는 권력이 지향하는 목적이라는 측면에서 정당성의 원칙이 있는가라는 문제로 요약할 수 있다. 정당성의 원칙은 권력을 권위로 바꾸는 데 없어서는 안 되는 조건이다.

흔히 정치인들은 공동선을 위해 노력한다고 자찬하며, 법은 공동선에 공헌하는 것으로 여겨지고 있다. 또한 경제적 관행도 공동선을 증진한다고 생각된다. 그래서 공동선은 편의상 적어도 세 영역, 즉 정치적 공동선, 법적 공동선, 경제적 공동선으로 나눌 수 있다. 자유민주주의에서 각 영역은 '개인의 필요 충족individual need-fulfillment'과 '공적 통합과 질서public unification and order'의 상호성을 포함하고 있다. 세 영역과 관련하여 이를 다음과 같은 도식으로 표현할 수 있다.

〈표2 공동선〉

	개인의 필요 충족	공적 통합과 질서
공동선의 정치적 측면	어떤 제도화된 방식으로 정치체의 모든 개인의 투입이 있어야 하고 이를 인정해야 한다. 지배자들은 피치자의 희망을 경청하고 고려해야 한다. 피치자가 실제로 자신의 지배자일 경우에 최적 상태, 즉 순수 민주주의가 행해진다.	피치자가 바라는 바를 반영하고 피치자와 일치할 수 있는 공무원에 의해 국가와 지방 차원에서 공공질서, 권위, 복지와 보호가 유지되어야만 한다.
공동선의 법적 측면	개인의 권리는 다른 사람의 욕구와 부당하게 갈등을 일으키지 않는 필요와 욕구에 기초를 두면서 법적으로 인정되어야 한다.	민법과 형법은 공공질서를 유지할 만큼 광범해야 한다. 그러나 과도한 입법, 법의 중복과 시대에 뒤처진 법은 피해야 한다.
공동선의 경제적 측면	자유 시장에서 자본주의적 경쟁. 이윤 최대화에 대한 합당한 기회 보장. 산업과 창의력을 보장하는 합당한 동기 유발.	교역을 제한하는 트러스트, 가격 결정, 불공정한 사업 관행, 환경 오염을 막고, 사적인 노력으로 해결할 수 없을 경우에 최소한의 생활수준을 유지하도록 정부가 가하는 규제.

출처: Kainz 1988, 104

이상에서 보는 것처럼 정치적 영역에서 공동선은 무정부 상태와 전체주의라는 극단을 피하고 피치자의 최대한 참여를 이끌어내 질서 있는 정부를 만드는 데 있다. 법적인 영역에서 공동선은 개인의 처지에서 소송을 지나치게 하는 것과 정부 쪽이 지나치게 입법하는 것 사이 어디쯤에 있다. 경제적인 영역에서 공동선은 잔인한 자유방임적 자본주의와 경제 전체에 대한 국가의 독점적 통제 사이의 어디쯤에 있다고 하겠다.

하이에크는 사회 정의를 빌미로 특정 집단의 이익을 옹호하는 것은 일반 이익을 침해하는 것이라고 주장하며(Hayek 1993, 154), 애덤 스미스는 국가가 재산 분배에 간여할 바가 아니라고 생각했고, 마르크스는 자본주의 국가는 재산을 잘못 배분하는 도구라고 생각했다(Regan 1986, 37). 국가가 간여하지 않아 약자가 기아선상에서 허덕이는 것도 곤란하고, 이를 시정하겠다고 국가가 모든 재산을 통제하는 것도 곤란하다. 재산이란 인간이 인간답게 사는 데, 또는 인간이 도덕적인 품성을 갖추고 사는 데 필요하기 때문이다.

자본주의 사회의 구성원들은 자유민주주의야말로 모든 영역에서 공동선을 보장할 수 있는 유일한 정부형태라고 생각하기 쉽다. 민주주의가 인간을 '신민subject'에서 '시민citizen'으로 바꾼다고 생각하기 때문이다. 그러나 공동선에 접근하는 방식을 다루면서도 암시했지만, 수정을 좀 가한다면 사회주의 헌법도 공동선을 달성하는 데서 자유민주주의와 같거나 능가할 만한 형태라는 점을 생각해볼 필요가 있다(Kainz 1984, 95n).

사회주의는 생산과 교환의 수단을 공유한다. 사회주의자들은 경제적 민주주의 없이는 정치적 민주주의를 이룰 수 없으며, 생산수단을 공유함으로써 인간에 의한 인간의 착취를 끝내고 경제적 평등을 달성할 수 있다고 믿기 때문이다. 자본의 사유가 부와 지위와 권력에 거대한 불평등을 가져오기 때문에 공유가 정당화된다. 자본의 사유에서 나타나는 거대한 불평등은 인간이 원래 지니고 있는 차이 이상의 불평등을 나타내기 때문에 이것은 부당한 사회적 불평등이다. 이 부당한 사회적 불평등에 의존하는 자본주의 사회에서는 부르주아와 프롤레타리아가 공동의 이익을 가질 수 없다. 그래서 사회주의자들은 공동체를 '참다운 도덕적 존재real moral existence'로 만듦으로써 공동선이 증진된다고 생각한다(Hagopian 1985, 34~5).

요컨대, 자본주의에서는 국가와 사회를 분리하고 국가가 추구하는 공익과 사회에서 개인이나 집단이 추구하는 사익이 서로 조화를 이룰 수 있다고 본다. 그러나 사회주의는 이를 거부한다. 자본주의에서는 공동선이 추구될 수 없으며 공동선은 공산주의에서만 추구될 수 있다는 것이 마르크스의 믿음이었다(West 1987, 31).

마르크스에 따르면 공산주의에서 사회적인 결정을 내리는 것은 공동선을—모호하게 사회 전체의 선이 아니라—목적으로 한다. 그런데 거기에서 공동선은 개인의 선에 반하는 것이 아니다. 공산주의적 사회질서를 유지하는 권위체가 개인들의 모든 주관적인 필요를 충족함으로써 이익이라든가 자유와 관련해 개인과 집단 사이에 완전한 조화를 이루기 때문이다(Kelsen 1960, 16). 소외가 없는 공산주의 사회에서 공동선은—사회적 복지를 최대화하는 것이 자율과 구분된다면—사회적 복지의 최대화가 아니다. 의식주 같은 기본적인 욕구가 충족되어 어떤 수준의 복지에 이르면, 인간은 자신에게 적합한 자유를 누릴 수 있는 필요한 조건을 갖추는 것이다(Buchanan 1982, 166).

마르크스는 공산주의 사회에서 각자의 발전이 모든 이들의 발전 조건이 된다고 본다. 그런데 마르크스가 이익의 조화가 이루어진다고 보는지 아니면 이익의 일치가 이루어진다고 보는지는 명확하지 않다(Buchanan 1982, 166). 어쨌든 그가 공산주의에서만 공동선의 달성이 가능하다고 보는 이유는 국가에 의한 사회의 통합, 즉 공익에 의한 사익의 통합, 즉 사적인 선보다 '집합선/집단선collective good'의 우선이 공동선을 증진할 수 있다고 보기 때문이다. 계급으로 분열된 부르주아 사회에서는 공동선을 달성할 수 없다.

우리는 공동선이 무정부 상태와 전체주의, 자유방임주의와 명령경제, 그리고 개인주의와 집단주의라는 양극단의 어디쯤에 있다고 잠정적으로 생각하지 않을 수 없다. 우리는 왜 이렇게 생각했고 생각하지 않을 수 없게 되었는가?

현대 사회는 효용을 중시하는 '조직적인 것의 영역realm of the organizational', 자유와 권리를 중시하는 '개인적인 것의 영역realm of the personal'으로 양분된다. 전자에서는 추구해야 하는 목적이 이미 주어지며, 따라서 주어진 목적의 내용과 타당성을 개인이 이성적으로 검토하고 판단하기 어렵다. 후자에서는 가치를 논의하고 판단하는 것이 가능하다. 그러나 개인이 사회생활에서 맡는 역할과 관련하여 문제를 사회에서 이성적으로 해결하고 개인이 그 가치를 내면화하기는 어렵다.

현대 사회가 안고 있는 이러한 양면성은 개인의 자유와 집단의 계획 및 통제 사이에 나타나는 갈등이라고도 하겠다. 개인의 행동은 통제될 수 없다고 개인의 자유와 권리를 극단적으로 옹호하는가 하면, 무정부 상태를 막고 효용을 높이기 위해 집단의 통제를 옹호하기도 한다. 따라서 현대의 정치는 양극단을 오고 간다고 하겠다(MacIntyre 1981, 33, 64, 68, 71~2). 어느 극단적인 주장도 공동선을 달성할 수 없을 것이다. 그래서 공동선은 양극단 사이의 어디쯤에 있다고 할 수 있는데, 자본주의의 자유와 생산성, 그리고 사회주의의 평등한 배분이라는 장점을 인정하는 가운데 공동선이 이룩될 것이다(Regan 1986, 129~34).

공동선이 양극단의 어디에 있다는 것은 '사익private interest' 또는 '개인의 이익individual interest'과 '공적 이익public interest'을 조화시키는 과정에서 나타난다는 것을 뜻한다고 하겠다(Sherover 1989, 8). 예를 들면 공동선은 자본주의의 개인적인 선과 사회주의의 집단적인 선에 우선한다(Williams et al. 1987, 12). 강자의 이익을 증진하는 것이 공동선을 증진하는 것이 아니며, 강자와 약자의 이익을 조화시키는 데에서 공동선을 찾을 수 있다. 아리스토텔레스가 지적한 바와 같이 선이란 모든 사람이 공평하게 추구하는 것이어야 하기 때문이다.

극단적인 자유방임적 자본주의에서는 자신의 이익을 추구하기 위해 타인을 수단으로 삼는 경향이 있으며, 반면에 사회주의는 인간을 단순히 전체의 단위로 삼는 경향이 있다(Regan 1986, 67). 그러므로 양자는 사익과 공익의 조화 위에 공동선을 추구하는 데 적합하지 않다(McInery 1987, 79). 따라서 개인주의와 집단주의라는 양극단을 피하는 데서 공동선을 추구할 수 있다.

공동선을 증진하겠다고 개인의 자유를 억압할 수는 없다. 오히려 개인이 타인의 선을 침해하지 않고 자신의 선을 추구해 개인의 자유를 최대화함으로써 공동선은 증진된다. 자유로운 사회에서 개인은 서로에게 이익이 되게끔 자신의 선을 추구하며 공동선을 증진시킨다(Sherover 1989, 90). 한편 자유라고 해서 방종을 뜻하는 것은 아니다. 정의와 공공질서에 대한 책임을 인정하는 사람들이 누리는 자유는 진정한 자유이다. 이러한 자유를 바탕으로 공동선은 증진된다(Houck 1987, 18).

다시 말하면, 자본주의는 공동선이 우선되어야 한다는 점을 인정해야 한다. 공동선을 우선에 두어야 한다는 것은 사회주의에도 해당한다. 다수의 이익을 무시하고 소수의 최대 행복을 추구하게 해서도 안 된다. 이와 마찬가지로 소수로 하여금 인간으로 존재하지 못하도록 집단의 선이나 최대 다수의 최대 행복을 추구하게 하는 것도 공동선이라고 할 수 없다(McInery 1987, 80).

그렇다고 해서 '개인의 선/개별적인 선individual good'을 무시하며 공동선을 이룰 수는 없다. 개인의 선을 존중하는 가운데 공동선을 추구해야 한다. 어떻게 보면 공동선이란 그 자체로서 선한 것이라기보다는 개인의 선을 실현하는 데 필요한 수단이라고도 하겠다(Wogaman 1987, 91). 즉 공동선은 사회가 달성하고자 하는 목적이기도 하지만 궁극적으로는 개인의 선에 기여한다(Curran 1987, 112). 그래서 수정주의적 자유주의자는 선한 의지에 따른 행동일 때는 개인의 선이 공동선과 일치한다고 주장했다. 그리고 루소는 일반 의지를 따르는 것이 곧 공동선을 추구하는 것이라고 보았다.

개인의 선과 공동선이 어떻게 갈등을 일으키며, 양자의 조화가 왜 어려운지는 재론할 필요가 있다. 이 문제는 개인의 선과 공동선의 본질, 그리고 그것을 추구하는 방식과 밀접한 관계가 있을 뿐 아니라, 공동선을 추구한다고 여겨지는 국가의 권력 행사 방식의 윤리적 기초와도 무관하지 않다.

풍랑을 만난 배의 예를 다시 살펴보자. 아홉 명이 스님을 강제로 배에서 내리게 한다는 예는 극단적인 가정이지만, 소수와 다수 간의 이익의 갈등을 여실히 드러내고 공동선이 무엇이며 어떻게 추구되어야 하는지 생각하게 한다.

만약 존 스튜어트 밀조차 풍랑을 만난 배에서 스님을 희생시키는 것을 공리주의가 정당화할 수 있으며, 스님 한 명을 희생시키고 아홉 명이 살아남는 것은 공동선을 극대화하기 위한 것이라고 주장한다면, 공리주의의 공동선은 개인의 선과 집단의 선과 일치되는 것이라는 정의(定義)와 부합하지 않는 셈이다. 칸트 같은 의무론자의 시각에서는 엄격한 불편부당함이 전제되어야 정의가 달성될 수 있다. 다른 사람과 마찬가지로 스님의 자유가 똑같이 보장되어야 하기 때문이다.

스님을 둘러싼 논의는 소수의 이익과 다수의 이익 사이의 갈등, 양자의 조화, 나아가서는 이익의 추구가 인간의 선과 직결되는지를 생각해보게 한다. 살아남게 된 아홉 명이라는 다수가 소수인 스님의 생명을 앗아가면서 자신의 이익을 추구할 수 있는가? 그리고 수단과 방법을 가리지 않고 자신의 이익을 추구하는 것이 과연 인간을 선하게 만드는가? 이익의 추구는 선—개인적인 선이든 공동선이든—과 어떤 관계가 있는가? 아울러 공동선은 무엇이며 어떻게 추구되어야 하는가?

만약 개인이나 집단이 자신의 이익을 위해 수단과 방법을 가리지 않고 무슨 일이든 추구하도록 내버려둔다면, 그런 사회는 폭력이 지배하는 사회일 뿐 결코 권력이 지배하는 사회는 아니다. 권력은 누가 행사하든 정당한 목적을 위해 정당하게 행사되어야 하기 때문이다.

전체의 공리를 증진하기 위해서라면 개인이나 다른 집단의 권리 또는 자유를 희생시켜도 공동선을 추구할 수 있다는 논리가 도출될 수도 있다. 그렇기 때문에 공동선은 공리주의적인 방식으로만 추구되기는 어렵다. 게다가 민주주의 사회는 평등한 개인들로 구성되기 때문에 어느 누구도 희생을 받아들이지 않을 것이다. 전술한 것처럼, 공동선은 평등한 개인들의 자유로운 동의에 따라 추구되어야 하기 때문이다. 또한 아리스토텔레스가 언급한 것처럼 모든 사람이 정당하게 추구하는 것이 선이기 때문이다.

오늘 내가 다행히도 강자인 다수에 속한 까닭에 소수의 자유와 권리를 희생시켜 내 이익을 추구할 수 있다고 기뻐할는지 모른다. 그러나 훗날 내가 소수가 되어 희생당할 때도 기뻐하고 있을 수 있는가? 전혀 그럴 수 없을 것이다. 그렇기 때문에 우리는 "타인이 너에게 하기를 원하는 대로 타인을 대하라"는 황금률을 사생활의 윤리 규범으로 삼는다. 이는 국가가 권력을 행사하여 공동선을 추구하는 경우에도 해당하는 윤리 규범이다.

그리고 서양 사상에서는 자연권이라는 개념이 면면히 이어져왔다. 정치사회가 구성되기 전, 즉 자연 상태에도 있었다고 여겨지는 자연권은 정치사회에서 당연히 보장되어야 한다는 사상이다. 자연권이 보장되어야만 인간이 인간으로서 본래적인 가치를 발휘할 수 있다. 그렇다면 자연권은 마땅히 어느 누구에게나 보편적으로 보장되어야 한다.

여기에서 칸트가 보편이라는 개념에 기여한 바를 고려하지 않을 수 없다. 그는 가언명령에 지나지 않는 공리주의를 거부하고 정언명령만이 도덕적 보편성을 띤다고 주장했다. 그리하여 칸트는 어느 누구에게나 적용될 수 있는 도덕적 법칙을 제시했다. 이 규칙에 따르면, 어느 누구도 타인을 수단으로만 대할 수 없다. 풍랑을 만난 배의 사례에 비유하면, 타인의 생명을 수단으로 삼는 행위는 부도덕한 행동이다. 인간을 수단으로 삼을 수 없는 이유는 인간의 가치와 존엄을 유지하는 것이 당연한 의무이기 때문이다. 당연히 지켜야 할 의무를 다함으로써 각자는 자유롭고 평등한 존재가 될 수 있다. 이렇게 칸트는 공리주의와는 대치되는 의무론이라는 윤리이론을 개인의 사생활뿐 아니라 국가의 행위에 제시했다.

이러한 윤리이론으로서의 의무론이 자연권론과 결합하면 자연권론적인 의무론이 된다고 하겠다. 즉 자연권은 인간에게 보편적으로 보장되어야 할 권리이며, 이 권리는 개인뿐만 아니라 국가가 서로 보장하는 것이 당연하다는 견해가 생길 수 있을 것이다. 그렇다면 이를 이행하는 것은 당연한 의무이며, 당연한 의무를 다하는 것은 그야말로 도덕적 행위가 된다. 이렇게 하여 자연권은 개인과 국가가 서로 보장해야 하는 권리가

되었으며, 이를 보장하는 것이 개인과 국가의 당연한 의무가 되었다.[88]

이러한 견지에서 자연권이 실정법에서 기본권으로 확립되었다고 할수 있다. 이로써 기본권을 보장하는 것이 국가의 당연한 의무가 되었다. 이제 국가는 공리의 증진이라는 목적을 위해 각 개인에게 보편적으로 보장된 기본권을 침해할 수 없게 되었다. 그렇다면 논리적으로 생각할 때 사유주의의 입장에서는 기본권을 보편적으로 보장한 뒤에 최대 다수의 최대 행복이라는 공리의 최대화에 힘쓰는 것이 국가가 공동선을 추구하는 방식이 된다. 물론 기본권을 우선적으로 보장한다는 것은 국가가 추구해야 하는 공동선의 내용이 무엇인지 부분적으로 밝히는 셈이다. 무엇이 기본권이라는 것을 명시하고 국가가 기본권을 보장하는 것을 의무로 알고 있기 때문이다.

기본권을 보장해야 한다는 점에서는 자유주의 국가와 비자유주의 국가에 별 차이가 없다고 할 수 있다. 그러나 현실에서 국가가 시민적 · 정치적 권리를 중심으로 하는 기본권을 보장한 다음 공리를 증진시키는지는 별개의 문제라고 하겠다. 그리고 자유주의 국가와 사회주의 국가의 큰 차이는 기본권의 내용과 기본권에서의 우선순위에 있다. 기본권은 크게 시민적 · 정치적 기본권과 경제적 · 사회적 기본권으로 나뉘는데, 자유주의 국가는 전자에, 사회주의국가는 후자에 우선순위를 둔다. 이는 단순한 선후의 문제가 아니라 이데올로기상의 큰 문제라고 볼 수 있다.

어쨌든 자유주의 국가는 공리보다는 기본권을 우선시한다. 즉 기본권을 보편적으로 보장한 다음에 최대 다수의 최대 행복을 증진하는 방식

---

88 마르크스주의자들이 마르크스주의의 본질상 인권을 신봉하는지를 둘러싼 논의는 Lukes (1991, ch. 9, 10)와 Regan(1986, 4~5)을 참조하라.

으로 공동선을 추구한다. 그리고 오늘날 자유주의 국가는 대체로 기본권 중에서도 시민적·정치적 기본권을 먼저 보장하고, 경제적·사회적 기본 권은 나중에 보장하는 방식을 택하고 있다. 그렇게 하는 것이 정의이며, 공동선을 추구하는 최선의 방식이라고 생각하기 때문이다. 뿐만 아니라 이러한 생각 자체가 자유주의 이데올로기의 근간을 이루고 있다. 그것이 개인의 선을 침해하지 않으면서 공동의 선을 추구할 수 있다고 믿기 때문이다.

그런데 적어도 자유민주주의가 인정하는 기본권을 보장하면서 개별적인 선과 조화를 이루는 가운데 공동선을 추구해야 한다는 것은 무엇을 의미하는가?

① 사회주의자들의 집단적 선은 자유민주주의자들의 개인적인 선을 무시하고는 공동선을 달성할 수 없다. 공동선이란 공동체 구성원의 선이기도 해야 하기 때문이다. 그러므로 공동선은 구성원의 권리를 인정하고, 최대한의 자유와 권리가 공동선의 중요한 부분이 되어야 한다(Regan 1986, 68).

② 그러나 사회 구성원의 선을 취합한다고 해서 그것이 인간의 선이나 공동선이 되는 것은 아니다. 공동선이란 공동체 전체의 선이어야 한다 (Regan 1986, 68).

③ 특히 초기의 자유주의와 사회주의가 모두 공동선의 증진에 적합하지 않다는 것을 의미한다. 애덤 스미스는 기업가로 하여금 개인의 선을 추구하게 하면 모든 구성원의 부가 증진된다고 보았다. 마르크스는 스미스의 기업가 대신에 노동자를 들어앉힌 셈이다. 보편 계급으로서 노동자들이 집단적인 선을 추구하다 보면 국가가 필요 없을 정도로 공동선이 증진된다고 보았다.

단적으로 표현하면, 양자는 경제적인 선을 인간의 선으로 간주했다. 그런데 경제적인 정의보다 정의가 더 포괄적이며, 정의보다 도덕적 덕성이 훨씬 포괄적이다(Regan 1986, 68). 인간은 경제적·정치적 동물 이상의 존재이다. 어떤 측면에서 보면 사회의 공동선은 자크 마리탱이 지적한 것처럼 인간의 정신적인 선을 추구해야 한다. 그렇기 때문에 인간의 도덕적 덕성을 갖춘 인간 사회란 단순히 개인주의적인 것도 집단적인 것도 아니다. 따라서 사회를 초월하여 개인이 가지는 어떤 것, 예를 들면 기본권이 보장되어야 한다. 한편 개인은 사회라는 전체의 부분이므로 공동선에 기여해야 한다(Maritain 1966, 47~89). 요컨대, 공동선이란 인간의 도덕적 덕성을 상정해야만 달성할 수 있는데, 자유주의와 사회주의는 이것까지는 상정하지 않으므로 모두 부적절하다고 하겠다.

그런데 사회주의 체제가 종식된 현 시점에서 자유민주주의 체제가 공동선을 구가하는 데 가장 적합하다는 주장도 있다. 그 이유를 환경문제 해결에 빗대어 다음과 같이 제시한다.

우리에게 도덕적으로 요구되지만 당장의 혜택이나 장기적인 보상을 기대할 수 없는 의무가 있다. 자연환경에 대한 책임이 바로 이것이다. 공유 목초지를 아무도 돌보지 않아 황폐하게 만드는 것처럼 전 지구적인 자원이라고 볼 수 있는 청정한 공기와 어족 자원 등을 돌보지 않는 경우가 많다(Fukuyama 2011, 65). 산업화에서 비롯된 공해 탓에 환경이 파괴된 책임은 아무도 지려고 하지 않는다(Fukuyama 1992, 114). 이처럼 우리 자신만이 아니라 미래 세대를 위해 자연환경을 보전할 책임이 있는데도 그 책임을 질 주체가 명확하지 않은 경우가 있다.

이런 문제에 대해서는 우리 모두가 책임을 져야 한다. 환경에는 자연환경뿐 아니라 도덕적 환경, 사회적 환경, 그리고 정치적 환경도 있는데,

좋은 환경이 공동선이 되는 것이 틀림없을 것이다. 따라서 우리는 자연환경처럼 공유하게 되는 것에 책임을 져야만 한다(Etzioni 1993, 10~1). 그러므로 국가는 어떻게 해서든지 공해 문제를 해결해야 한다. 공해 문제를 해결하는 것도 공동선을 증진하는 하나의 방법이라고 할 수 있다.

그리고 복잡한 근대 사회에서 동의를 바탕으로 갈등을 해결하는 체제로 가장 적합한 것이 자유민주주의이다(Fukuyama 1992, 117). 요컨대, 후쿠야마Francis Fukuyama는 자유민주주의 체제가 공동선의 증진에 적합하다고 본다. 그가 왜 현시점에서 자유민주주의를 가장 적합한 체제로 보는지는 이 책의 끝에 논하겠지만, 모두가 그의 견해에 동의하지는 않는다. 공동체주의자는 자유민주주의가 적합하지 않다고 생각할 것이며, 자유민주주의라고 해도 심의민주주의적인 색채가 가미되어야 해결할 수 있다고 보는 이들도 있을 것이다.

그런데 자유민주주의가 공동선을 제시하고 공동선에 관한 문제를 해결할 수 있으려면, 자유민주주의에 대한 공화주의와 공동체주의의 비판을 수용하고 실제 정치에서 많은 변모를 겪어야 할 것이다. 그러나 아무리 그렇게 하더라도 자유민주주의가 권리를 정의의 근간으로 삼고 권리는 자연권에서 연유하기 때문에 권리의 내용이 거의 정해져 있다고 본다면, 자유민주주의는 공화주의와 공동체주의의 공격을 받을 여지를 많이 남겨두는 셈이다.

이상과 같이 보면 공동선이 과연 무엇인지, 그리고 공동선을 구현하는 데 가장 적합한 체제가 무엇인지 규정하기가 매우 어려워진다. 공동선의 구체적인 내용은 공동선의 본질로 보아 시대와 장소에 따라 변하기 때문이다(Curran 1987, 117, 127).

이처럼 공동선에 접근하는 방식도 다르고 공동선에 이르게 하는 제도도 각각 다르다. 뿐만 아니라 어느 제도가 가장 적합한지도 단정적으로 규정하기 어렵다. 더군다나 공동선이 무엇이라고 적확하게 꼬집어서 정의하기도 어려운 면이 있다. 그러나 분명한 것은, 정의로운 사회는 공동선에 그만큼 가깝다는 점이다. 다시 말해 공동선은 정의를 근저에 두고 있다.

국가에 의해 행사되는 법적 권력은 국가가 정의나 공동선을 달성했을 때만 정당성을 확보하여 권위가 된다.[89] 그런데 정의나 공동선은 윤리적 근거를 갖게 마련이다. 이 윤리적 근거가 바로 공리주의와 의무론이다. 국가의 정책이 최대 다수에게 최대의 불행을 가져오는 것보다 최대 다수에게 최대의 행복을 가져오는 것이 윤리적으로 더욱 정당한 것은 틀림없는 사실이다. 그리고 국가가 마땅히 하지 않기로 약속한 것을 하는 것보다 마땅히 하겠다고 약속한 것을 하는 것이 윤리적으로 더욱 정당하다. 그래서 공리주의와 의무론은 정의와 공동선을 논의하는 데 윤리적인 근거가 된다. 앞서 살펴본 것처럼 공동선은 개인의 자유와 권리를 침해하지 않으면서 최대 다수의 최대 행복이라는 효용을 추구함으로써 나타난다고 하겠다.

이처럼 정의나 공동선이라고 생각되는 것은 반드시 윤리적 근거가 있어야 한다. 그런데 문제는 공리주의와 의무론이 갈등을 일으킬 수 있다는 점에 있다.

정치체가 공동선을 추구하기 위해 권력을 행사할 때 우리는 그 권력을 정당하게 행사한다고 하며, 그 권위가 도덕적이라고 한다. 그런데 문제

---

89 공동선이 법을 정당화한다는 견해가 있는데, 이것은 토마스 아퀴나스에게서 연유한다고 하겠다(Rahner 1963).

의 초점은 도덕적인 요건을 어떻게 충족시켜야만 그 권위체가 공동선을 추구했다고 말할 수 있느냐에 있다. 풍랑을 만난 배를 예로 든 것처럼 아홉 명이라는 다수의 이익을 증진시키기 위해 한 명이라는 소수를 희생시키는 것을 공익 증진, 나아가 공동선의 증진이라고 강변할 수 있느냐는 뜻이다. 즉 공리주의라는 도덕적 요건만을 충족하고 자연권론적인 의무론이라는 도덕적 요건을 충족하지 못했을 때도 권위체가 공동선을 추구했다고 말할 수 있는가?

그러한 경우 공동선을 추구했다고 말할 수 없다는 것을 민주주의 국가의 헌법은 밝히고 있다. 자연권론적인 기본권 조항이 바로 그 답을 제시한다. 아무리 다수의 이익을 증진한다고 해도 소수에 속하든 다수에 속하든 어떠한 개인이라도 인간으로서 기본적으로 가지고 있는 기본권만은 침해할 수 없다는 것을 헌법이 밝히고 있다. 이것은 각 개인의 기본권을 보장한 뒤에 공익을 증진하는 것이 정의 또는 공동선의 추구에 근접한다는 것을 천명하는 셈이다.

정치철학의 과제는 두 가지 윤리적인 요건을 어떻게 충족시켜서 정의 또는 공동선을 확보하는 것에 있다고 해도 과언이 아니다. 정의나 공동선은 정치적 권위와 관련이 깊다. 어느 누구도 공동선을 도외시하고는 권위를 행사하는 권리를 주장할 수 없기 때문이다. 요컨대, 권위체가 공동선을 증진하기 때문에 권위를 가질 수 있다. 즉 공동선은 권위의 근거이다. 다른 한편 권위체는 공동선의 증진을 목적으로 한다. 이런 측면에서 공동선은 권위의 근거이면서도 권위의 목적이기도 하다(Udoidem 1988, ch. 5).

지금까지 이 책 14장에서는 자유주의와 수정주의적 자유주의, 자유주의와 공화주의 또는 공동체주의의 차이를 염두에 두고 공동선에 대한 관념이 변천하는 바를 살펴보았다. 그 과정에서 공동선에 대한 관념이 근대 이전과 이후가 달라진다는 점, 자유주의와 공화주의에서 공동선에 대한 시각이 다르다는 점이 두드러지게 드러났다. 그 차이는 개인과 국가의 관계를 설정하는 데서 개인의 권리를 중심에 두는 자유주의와, 공동체의 공동선 달성에 중심을 두는 공화주의 또는 공동체주의자들 사이의 견해 차이라고 하겠다.

그래서 그 차이가 무엇을 의미하며, 실제 생활에서 어떻게 차이가 나는지를 15장에서 살펴보았다. 요컨대, 개인의 권리가 지나치게 강조되거나 무시되면 개인이 국가와 적절한 관계를 맺을 수 없다. 그런데 공동선에 대한 견해 차이는 자유주의자와 공화주의자 사이에서만 드러나는 것은 아니다. 자유주의에서 볼 때는 오히려 사회주의와의 차이가 더 크다고 말할 수 있겠다.

공동선에 대한 관념의 차이는 결국 공동선을 추구하는 방식과 그 내용의 차이로 드러나게 된다. 그래서 이 책의 16장에서는 사회주의와 자유주의의 차이를 염두에 두고, 개인과 국가 사이의 합리적인 조화라는 문제에 초점을 맞춰 공동선을 추구하는 방식과 그 내용이 무엇이어야 하는지 살펴보았다. 그러면서도 어떤 체제에서 공동선을 달성하려고 해도 공리주의와 의무론이라는 윤리적인 요구를 충족시키지 않으면 안 된다는 점도 명확히 했다.

그 이유는 공동선을 추구하는 권위체가 윤리적인 정당성이 있어야만 권력을 권위로 정당하게 전환할 수 있기 때문이다. 말하자면 법적 권력은 정당성을 갖춰야만 권위가 된다. 바꿔 말하면, 정당성은 권력을 권위로 바꾸는 데 없어서는 안 되는 조건이다. 아리스토텔레스는 도시국가가 존립하기 위해서는 물질적으로 자급자족이 되고 정의의 감각이 있어야만 한다고 주장했다. 정의가 없으면 정치 생활 자체가 곤란해진다. 그러므로 국가는 정의나 공동선을 달성했을 때에 존속할 수 있다.

그런데 권리를 우선적으로 주장하든 공동선을 우선적으로 주장하든, 아니면 선을 추구하는 자유주의적 방식을 택하든 사회주의적 방식을 택하든, 나아가 공동선의 내용을 무엇으로 하든, 모든 것은 윤리적인 정당성을 갖추어야 한다. 바로 공리주의와 의무론의 요건을 충족시켜야 하는 것이다. 문제는 공리주의든 의무론이든 궁극적으로 공동선과 연관되는 인간의 선을 무엇으로 삼느냐 하는 데서 결국 달라진다는 점이다. 그렇다면 이 모든 것을 감안하여 공동선을 어떻게 정할 것인가라는 문제가 남아 있는 셈이다.

다른 한편으로 자급자족을 해야 도시국가가 존속한다는 아리스토텔레스의 주장은 사회가 존속하려면 효율성이 있어야 한다는 것을 의미한다. 그래서 지금까지 본 것처럼 평등과 효율 사이에서 균형을 잡아야 한다. 자유를 보장하면 효율은 높아지지만 평등하지 못하게 되고, 평등을 강조하면 자유가 침식되면서 효율이 떨어질 수 있다. 자급자족을 못하면 사회 존립의 정당성을 상실하는 것이다. 그러므로 자유와 평등의 조화라는 문제가 정당성의 확보와 연관되기 마련이다.

오늘날의 시장경제를 주축으로 하는 복지 민주주의 국가의 실정에 비추어보면, 자유주의와 시장경제는 효율을 중시하는 반면 민주주의와 복지라는 이념은 평등을 강조한다. 양자는 갈등을 일으키게 된다. 갈등을 일으킨다는 것은 자유민주주의 국가는 정의의 세 가지 구성요소 가운데 자유와 평등 사이의 갈등이라는 문제를 본원적으로 안고 있다는 것을 의미한다.

대중의 표를 얻어야만 권력을 장악하고 유지할 수 있는 것이 민주주의 체제이다. 대중의 표를 얻기 위해 복지정책을 과도하게 실시함으로써 국가는 부채를 짊어지게 되고, 부채 해결은 다음 세대에게 미룬 채 국가의 장기적인 이익을 염두에 두지 않고 정권을 장악하는 데만 급급한 정치인의 의지와 당대의 안락만을 취하려는 대중 때문에 부채는 더욱더 쌓여 가기마 아나 이를 두고 국가의 빈폐(혹은 정부의 신패)라고 한다. 게다가 때로는 빈자의 세금으로 부자에게 더 많은 혜택을 주는 정책을 펴는 경우가 있다.

이러한 이유들 때문에 정의 또는 공동선의 실현이 어려워지며, 정의와 공동선의 내용에 대한 합의조차도 어려운 것이 현실이라고 하겠다.

제17장

공정, 정의, 공동선

지금까지 '선the good' '올바름the right' '정의justice' '공정fairness' '공동선
the common good'이라는 용어를 사용해왔지만, 이 용어들의 정확한 의미
와 그 용어들 사이의 관계를 명확하게 밝히지 않았다. 여기서는 이들 용
어의 의미와 그 관계를 밝히려는 시도를 해보자. 그것을 밝히는 것이야
말로 하나의 사상 체계를 구성하는 것이라고도 볼 수 있기 때문이다. 쾌
락, 선, 도덕적 선, 그리고 올바름이 각기 무엇이며, 그들 사이의 관계가
무엇인지 밝히는 것이 시지윅·무어·로스 같은 윤리학자들의 주된 과제
였다고 해도 과언이 아니다(Sidgwick 1874; Moore 1902; Ross 1930).

그렇기 때문에 윤리에 근거를 두려는 정치이론을 확립하는 것도 지난
한 과제이다. 완벽하게 해결하지 못한다고 해도 문제의 소재가 어디에
있는지 밝히는 것이 앞으로의 연구 방향을 설정하게 된다는 의미를 지닐
것이다. 키케로의 《의무론》에 따르면, 정의는 사회를 결집시키고 사람들

로 하여금 공동선을 추구하도록 허용하는 덕성이다. 정의와 공동선의 관계를 키케로처럼 볼 수 있는 것인가? 명확한 것은, 국가의 정당성은 국가가 정의를 행하는 데서 찾을 수 있다는 것이다. 다른 말로 하면, 국가가 정당성을 얻기 위해서는 국가는 정의로워야 한다. 그래서 정의는 법이 요구할 수 있는 바에 한계를 정한다. 말하자면 법은 무엇이나 요구해서는 안 된다(Ryan 1993a, 1).

1. 불편부당성과 공정

도덕적 원칙의 중요한 양상 가운데 하나가 '불편부당성(不偏不黨性)im-partiality'이다. 불편부당을 도덕적 원칙으로 삼는다는 것은 그 원칙이 불편부당한 관점에서 '정당화justification'되며 정당화될 수 있다는 것을 의미한다(Barcalow 2004, 10).

예를 들어 어떤 교수의 직계 자녀가 응시하는 대학 논술고사에 그 교수가 시험관이 되는 것은 '편파성partiality'이 있을 가능성이 크다. 한국과 일본 사이의 축구 시합에는 한국인이나 일본인보다는 프랑스인 심판관을 두는 것이 편파성 의혹을 애초에 줄여줄 것이다. 정의를 심판하는 자리에서는 친구라고 해서 호의를 베풀어서는 안 되기 때문이다(Godwin 1949, 108). 이렇게 하는 것은 "아무도 자신의 일에서 재판관이 될 수 없다"는 절차상의 정의를 따르는 것이다(회페 2004, 73). 마찬가지로 케이크를 자른 이가 케이크의 마지막 몫을 가져가게 하는 것도 절차상의 정의에 해당한다.

불편부당하다는 것은 어떤 이들의 이익에 대해 호의적으로나 적대적으로 기울어지는 것이 없는 것, 즉 편견이 없는 것, '편중되지 않은 것not biased'을 의미한다. 도덕적 관점에서 사물을 판단할 때는 불편부당하려고 노력해야 한다. 즉 편견을 보이지 않는 방식으로 행동해야 한다. 같은 상황에서 같은 행위에 같은 기준을 적용해야 하며, 판단하는 데 '편견bias'이 섞여들지 않게 해야 한다. 마찬가지로 불편부당한 관점에서 판단해야 한다(Barcalow 2004, 11).

인류의 역사에서 인간은 인종, 종교, 문화, 성, 계급, 국적, 부족적 연계 등으로 자신과 타인을 구분하고 타인을 불평등하게 대우해왔다. 불편부당한 관점에서 행동하려면 우리와 타인을 구분하는 태도를 극복해야 한다. 인간들 사이에 어떤 차이가 있으며, 그 차이가 도덕적인 관점에서 적실성이 있는지를 결정해야 한다. 오늘날에 와서는 인간들 사이의 공통점이 차이점보다 더 근본적이라고 생각하게 되었다. 우리에게 속한다는 이유만으로 호의적인 편견을 품는 것은 정당화될 수 없다. 불편부당하려면 모든 인간의 이익이 평등하다고 간주되어야 한다(Barcalow 2004, 11). 그래서 권리와 자유의 평등이 강조된다.

그렇다고 모든 것을 불편부당이라는 관점에서만 볼 수는 없다. 자기 아들과 아들의 친구가 물에 빠졌는데, 한 아이밖에 구할 능력이 없는 경우에 자기 아들을 구했다고 해서 비난받지는 않을 것이다. 불편부당이 도덕적 관점의 한 양상이라면, 어떤 경우에 불편부당이 적절한지를 구별해야 한다. 반면에 어떤 형태의 편견은 허용될 수 없다(Barcalow 2004, 11). 인종적인 이유에서 취업 기회에 차별을 두면, 이는 부당하다고 여길 것이다. 그러나 위의 경우 자기 아들을 먼저 구한 것을 두고 부당하다고 여기지는 않을 것이다(Barcalow 2004, 12). 그러나 풍랑을 만난 배에서 스님의 행복을 무시한 것은 편견이 끼어들었기 때문에 불편부당하지 않다. 누구의 공리를 증진해야 하는가라는 문제에서 스님을 희생시키고 아홉 명의 공리를 증진해야 한다는 주장은 정당화될 수 없기 때문이다.

이 문제를 다시 논의해보자. 존 스튜어트 밀의 공리주의에 대해서는 《정치와 윤리》의 2장 2절, 《정의에 대하여》의 12장 6절 4항에서 이미 논했다. 그는 공리주의를 정의와 조화시키려고 했지만 성공하지 못했다고 볼 수 있나 그 이유를 오트프리트 회페Otfried Höffe는 다음과 같이 설명한다.

그는 ① 일차적 정의의 규준들을 ② 행위의 규칙, ③ 개별 사례들과 구분한다. 그러면서도 그는 첫째 단계만을 공리주의 원리의 지배 아래 두고, 평등의 규준이 적용되는 둘째 단계와 불편부당의 규준이 적용되는 셋째 단계가 정의의 성격을 띤다는 것은 받아들이지 않는다(회페 2004, 56).

그렇다면 공리주의는 의무론자가 정의에 필수적이라고 생각하는 불편부당함이 결여하고 있는 것이다. 나아가 다음과 같이 생각해볼 수 있다. 처자식이 없는 스님이 그런 경우에 배에서 내리는 것이 옳다는 규칙을 제정하고 실행한 다음, 나중에 자신이 스님과 비슷한 처지에 놓였을 때는 거부하는 것도—경우에 따라서는—불편부당하지 않다고 하겠다. 자신에게 이익이 될 때만 도덕의 원칙을 인정하겠다는 것은 도덕이 없는 것과 같다(JF, 173). 물론 풍랑을 만난 배라는 예는 살해당하지 않을 권리가 절대적인 권리라는 점을 시사한다. 즉 살해당할 수도 있다는 규칙은 불편부당이라는 문제를 거론하기 이전에 절대로 정할 수 없다. 불편부당한 규칙을 정했으면, 그 규칙이 자신에게 불이익이 되더라도 준수해야 한다. 정의의 여신이 두 눈을 가린 것도 불편부당하려는 중립적인 태도를 보여주려는 것이다. "중립적이라는 것은 …… 관계되는 다양한 당사자들을 같은 정도로 돕거나 방해하는 데 최선을 다하는 것이다"(Montefiore 1975, 5). 그런데 중립적으로 행동한다는 것이 공정하지 않게 행동하게 되는 경우도 있다(Montefiore 1975, 7).

어쨌든 중요한 것은 불편부당하려는 태도가 정치이론에서 어떤 형태로 나타나며, 이를 어떻게 정당화하거나 평가해야 하는가라는 문제이다. 위에서 살펴본 것처럼 근세에 들어 개인주의에 입각하여 선에 대한 완전주의, 정초주의 또는 객관적 관념에 벗어나 반완전주의, 반정초주의 또는 주관적 관념을 수용함으로써 자유주의 국가는 중립성을 유지하고 시민들이 자신의 선을 추구할 수 있는 자유를 허용하게 되었다. 그래서 노직은 정부가 시민들 사이에서 빈틈없이 중립적이어야 한다고 주장한다(ASU, 33). 중립성이라는 원칙을 지키기 위해 정부가 스스로 자제해야 할 것이―선장의 예에서처럼 공리 증진을 위해 기본적인 권리를 침해하지 않는 일 등이― 있다.

롤스의 공정으로서의 정의가 불편부당으로서의 정의에서 가장 대표적인 예라고 볼 수 있다. 평등을 지향하기 때문이다(Barry 1995, x·7~8). 롤스가 원초적 입장에서 무지의 장막을 친 것도―정의의 여신이 눈을 가린 것처럼―결국 익명성을 보장하여 불편부당하게 모든 사람을 평등하게 고려한다는 도덕적 보편성을 보여줌으로써 정의의 두 원칙이 공정한 상황에서 도출되게 한 것이다(Pogge 2007, 47~8). 정의나 공동선은 공정을 바탕으로 하지 않으면 안 되는 것이 분명하다. 그러나 공정한 것이 무엇인가에 따라 공정한 것의 내용이 달라질 수 있다.

롤스에 따르면 무지의 장막에서, 특히 자신의 선에 대한 관념조차 모르는 원초적 입장에서 오로지 합리성에 입각하여 선택하게 된 원칙은 중립적인 원칙이다. 그리고 합리적으로 선택된 이 원칙은 호의적인 사회적·경제적 조건을 향유하는 사회를 통제하게 된다.

그런데 선에 대한 이상을 추구할 평등한 능력이 평등한 자유의 원칙에 의존하는 한에는 그 평등한 능력으로 하여금 선에 대한 이상을 추구하게 한다는 점에서 중립성을 벗어난다. 나머지에 대해서는 차등 원칙이, 최소 수혜자가 혜택을 받는 한에서 일의적 선의 평등한 배분을 벗어나게 한다. 그리고 차등 원칙이 사회적인 일의적 선에 관한 것이지 자연적인 일의적 선에 관한 것이 아니라는 점을 감안한다면, 롤스는 자연적 재능에 기인하는 선을 증진시키는 능력에서의 불평등을 제한된 범위에서만 시정한다(Raz 1986, 117∼8).

그런데 노직이 주장하는 국가는 그 정치적 조직, 재산과 계약법 등에서 보면, 선에 대한 어떠한 관념을 이행하기를 원하는 셈이다. 그래서 그의 국가는 중립적이 아니라고 주장할 수 있다. 그런데 이 주장에 대해 노직은 다음과 같이 답한다. 강간을 금하게 하는 것이 비중립적인가? 금한다면, 잠재적인 강간자는 불평할 것이다. 그러나 강간을 금하는 데에는 독립적인 이유가 있다. 그럼에도 금해야만 하는 것을 금하게 하여 사람들로 하여금 다르게 혜택 받게 했다고 해서 강제하는 것이 비중립적이라고 주장해서는 곤란한 것이다(ASU, 272∼3). 즉 노직에 따르면, 독립적인 이유가 타당하면 중립성은 침해된 것이 아니다(Raz 1986, 116).[90] 그렇기는 하지만 베리는 지나치게 개인주의적인 가정에 의존하는 롤스의 정의 이론이 공정으로서의 정의, 불편부당으로서의 정의와 양립할 수 있는지 의문을 제기한다(Barry 1995, xi).

---

90 이 문제에 관한 자세한 논의는 Raz(1986, ch. 6)를 참조하라.

이상과 같이 보면, 넓은 의미에서 정의는 절대적이든 비교적이든 모든 배분적인 고려를 포함한다. 이러한 의미에서 정의는 '편의expedience'와 대비된다. 공정과 '형평equity'은 가장 넓은 의미에서 통상 어떤 비교적인 배분적인 고려가 적절하다는 것을 지적하는 데 쓰인다(Barry 1990, 96). 형평이라는 원칙은 평등한 것은 평등하게, 불평등한 것은 불평등하게 다루어져야 한다는 것이다(Barry 1990, 152). 그래서 형평은 법적 정의를 세련하게 하는 것으로 작동할 수 있다(NE, 1137a 32~1138a 3). 법적 정의는 어떠한 사건을 다루는 규칙이 적절하게 적용되면 충족된 것이다. 그러나 형평은 더 나은 구분을 한다(Barry 1990, 153).

2. 공동선

영어에서 '공동선the common good'이라는 말은 'common weal'이나 'common wealth'와 개념적인 유사성이 있다. 그리고 공동선은 많은 사람이 같이 나누어 가지는 어떤 혜택을 지칭하는 것이 분명하다. '공통 또는 공동common'이라는 말에는 단순하고 자연적이고 평상적이라는 의미가 있다. 또한 쉽게 접근하여 얻을 수 있는 것이라는 의미가 있다(Udoi-dem 1988, 89).

그래서 공동선이라고 하면, 단순하고 자연적이고 평상적이면서도 쉽게 접근하여 얻을 수 있는 선이라는 의미가 있다. 그리고 모든 사람에게 바람직하고 모든 사람이 접근하여 얻을 수 있으면 그 선은 '공통적com-mon'이라고 하겠다. 모든 인간이 그 본성에서 추구하는 선이라면 그 선은 공통적인 것이 틀림없고, 그리고 모두가 공통적으로 추구하는 것이라면 그 선은 '공동선(共同善)the common good'이라고 하겠다. 그러므로 공동선은 적절한 의미에서 모든 사람에게 이익이 되는 어떠한 일반적 조건이다. 그러나 이러한 공통적인 의미를 벗어나면, 쓰이는 맥락에 따라 여러 가지로 특정한 의미를 함축한다.[91] 따라서 공동선을 명확히 정의하기가 어렵다.

그런데 그러한 선이란 무엇이며, 개인이 추구하는 선과 모두 같이 추구하는 공동선의 갈등을 어떻게 조화시키는가? 그리고 공동선이 무엇이라고 규정할 수 있는 권위를 누가 누구에게서 어떻게 부여받았는가? 이러한 문제들이 공동선이라는 개념에 얽혀 있으며, 공동선이라는 말은 '공중/공공 이익public interest' '공중/공공 선public good' '공동 이익common interest' '일반 이익general interest' 같은 말과 식별하기가 어려워졌다.

그렇다면 공동선은 무엇인가? 공동선은 개인이나 집단으로서 모두 공통적으로 바라는 것이며, 인간이 인간이라는 속성 때문에 그 본성에 따라 바라는 것이라고 하겠다. 자크 마리탱은 인간 본성의 가장 원초적이고 일반적인 목적은 존재를 보전하는 것이라고 주장한다(Evans et al. 1976, 31). 그러므로 모든 인간이 바라는 공동선은 인간의 존재를 보전하는 것이라고 생각할 수 있다.

이러한 유의 공동선은 윤리적으로 선한 것이며 인간이 최대한으로 발전하는 데 바탕이 된다(Evans et al. 1976, 83). 또한 모든 사람의 공동노력으로 추구되어야 하고 다 같이 향유되어야 한다. 그래서 아퀴나스에 따르면 법은 "공동체의 관리자에 의해 공동선을 목적으로 하고 또 공포된 이성의 질서에 불과하다lex est quadam rationis ordinatis ad bonum commune

---

91 St Thomas Aquinas, *Summa Theologica*, I a. 2ae 9 xxxi, art. 2: xc, 2~4; xciii, 1: 2a 2ae.

ab eo qui curam communitatis habet, promulgata"고 주장한다(김철수 1983, 92).

공동선과 연관되는 용어를 어떻게 구별하여 사용할 것인가? 무엇보다 'public good'과 'common good'을 구별해 번역하기가 어렵다. '공(公)'에는 '공변될〔公〕' '공평할〔無私〕' '한 가지〔共〕'라는 의미가 있다(양주동 외 1966, 157). 그리고 '公'이라는 글자에서 마늘모 변(厶)은 사사롭다는 의미이고, '八'은 '나누다〔別〕' 또는 '서로 등지다'라는 의미이다. 그래서 공(公)은 사(私)를 등지고 평분(平分)한다는 의미와 정(正)이라는 의미도 있다(諸橋 1968, 26, 27). 이에 견주어 '공(共)'에는 '함께(同)' '모두' '합쳐서' '하나로 하는' '공변될〔公〕'이라는 의미가 있다(양주동 외 1966, 165; 諸橋 1968, 27, 80). 이렇게 보면 '公'은 'public'에, '共'은 '같이'라는 의미에서 'common'에 가깝다고 하겠다.

그런데 '公'이라는 글자의 "옛 모양은 무엇인가 닫힌 것을 여는 모양으로, 이것은 옛날에 신을 모시고 일족의 사람들이 모이는 광장을 표시한다. 여기에 모셔지는 사람, 즉 일족의 장(長)인 높은 사람을 의미하게 되었다고 한다". 반면에 '共'은 "열십자〔十〕 두 개가 합쳐진 글자 모양대로, 스무 명의 사람이 모두 손을 바친다는 뜻에서 '함께하다'라는 뜻을 나타낸다(諸橋 1968, 81). '公'이 통합된 전체의 의미가 강조되어 위에서 조절하는 상위의 의미가 강하다면, '共'은 구성원 각각의 개별성이 강조되는 개념이라고 할 수 있다"(김경희 2009, 89쪽).

이처럼 '공(公)public'은 'private(사적인)'에 대해 전체성을 드러내고, 'common'은 전체의 근간을 이루는 구성원의 개별을 강조한다고 볼 수 있다. 따라서 'public'은 公에, 'common'은 共에 더 가깝지만, 'common good'이라는 말에는 'public'과 'common'이 모두 들어 있기 때문에

'common good'을 흔히 공공선(公共善)으로 번역하기도 한다.

그러나 'common good'을 그렇게 번역하면 'public good(公的 善/公衆의 善)'을 번역하기가 어려워진다. 우리말에서 '공공(公共)' 또는 '공중(公衆)'은 의미상 'public'에 더 가깝고, '공동(共同)'은 "둘 이상이 일을 같이 한다거나 둘 이상의 사람이 같은 자격으로 모이는 결합'이라는 의미가 있기(諸橋 1968, 83) 때문에 'common'에 가깝다. 'public good(公的 善)'이라는 말에는 '사적 선(私的 善)private good' 또는 '사적 이익(私的 利益)private interest'을 도외시한 선이라는 의미가 있는 반면 'common good'에는 사적 선과 공적 선을 감안한 선이라는 의미가 있으며, 'public'이라는 말에 '같이〔共〕'라는 의미도 있어서 'common good'을 공공선이라고 번역할 경우 'common good'이 'public good'과 혼동될 여지가 있고, '공동'이라는 우리말에 둘 이상의 사람이 같은 자격으로 모이는 결합'이라는 의미가 있기 때문에 둘 이상의 사람이 모였을 때 사적 선과 공적 선의 조화를 고려한 선이라는 의미에서 'common good'을 일반적으로 쓰는 '공동선(共同善)'으로 번역한다. 그리고 'private good'은 '사적 선', 'public good'은 '공적 선'으로, 'general good'은 '일반적 선/일반선'으로 번역하기로 한다.

다음과 같이 생각하면 훨씬 쉽게 구분할 수 있다. 영국에서는 몇 가구가 공동으로 출자해 같이 사용하는 정원을 흔히 볼 수 있다. 개개의 가구는 사유재산인 데 반하여 같이 쓰는 정원은 '공유(共有)common' 정원이다. 이 정원은 그 몇 가구만 이용할 수 있다. 이 경우 '공유common'라는 말은 한 사람이 아니라 여러 사람이 이용하지만 이용할 수 있는 사람이 한정되어 있을 때 쓴다.

서양의 중세에는 마을 사람들이 숲에 돼지를 방목하여 도토리를 먹게 하거나 돌, 꿀 등을 채취할 권리가 있었다. 이런 땅을 많은 사람이 동등하게 사용하는 개방된 땅이라는 의미에서 '공유지(共有地)commons'라고 했다. 참고로, 'commons'라는 말에는 공유지라는 의미뿐 아니라 낮은 지위로 열악한 조건에서 사는 사람들, 즉 평민 또는 서민, 즉 'commoners'라는 의미도 있다(정남영 2012).

그런데 이 공유지를 그 마을(장원) 사람들 처지에서는 '공공재(公共財) public goods'라고도 볼 수 있다. 그러나 같이 이용하지 못하는 다른 마을 사람들의 입장에서는 이용할 수 있는 마을 사람들의 공유지(共有地)에 불과하다. 말하자면 이용할 수 있는 마을 사람들에게는 공유지이지만, 이용할 수 없는 다른 마을 사람들이 볼 때는 이용할 수 있는 마을 사람들의 사유지와 다를 바가 없다.

그렇지만 예를 들어 어떤 마을에서 그 마을 사람들의 편의를 위해서 만든 도로를 외부인도 자유로이 이용하게 되면, 이 도로는 타인을 배제하고 마을 사람들만 이용할 수 있는 공유(共有) 정원 또는 공유지(共有地)와는 다르다. 외부인들도 자유롭게 이용하게 되면 이 도로는 자연히 공공재(公共財)가 된다. 물론 대저택 내에 있는 개인 소유의 도로는 '사유재private goods'이다. 그런데 지방 자치단체나 국가가 정원을 만들어서—예를 들어 서울의 사직공원처럼—누구라도 이용할 수 있고 이용하도록 허용하면, 그 정원은 당연히 '공원(公園)public garden'이라는 공공시설물(公共施設物) 또는 '공공재public goods'가 된다.

예컨대 중국에서 공중화장실을 뜻하는 공공측소(公共厠所)와 버스를 뜻하는 공공기차(公共汽車)라는 용어에서 공공이라는 단어에는 여러 사람이 함께 이용한다는 의미, 즉 공유(公有)가 아니라 공동(共同)으로 이용한다는 의미 또는 개념이 담겨 있다. 반면에 '私家车' '私车' '私人车' 등

은 우리의 자가용을 의미한다. 이처럼 공공(公共)은 같이(共) 한다는 것을 의미한다.[92]

이와 연관해서 보면, '공적 이익public interest'이라는 말은 사람들이 '공중the public'의 구성원으로서 공동으로 가진 이익을 의미한다(Barry 1990, 190). 그러므로 공중의 구성원에게 가해지는 제한, 즉 그 성격과 규모에 따라서 공적 이익이 미치는 범위가 달라진다(Barry 1990, 192). 그런데 장원의 공유지나 사직공원을 이용하는 이들은 같이 이용할 수 있다는 점에서 '공동의 이익common interest'을 가진다고 말할 수 있다.

'공적 이익public interest'과 '공적 선public good'은 어떻게 다른가? 외적을 막기 위해 준비하고 완전고용과 경제성장에 호의적인 조건을 유지하는 것은 공적 이익의 예라고 하겠다(Barry 1990. 214). '공중the public'의 구성원으로서 모든 사람의 이익이 된다는 의미에서 공적 이익이 되는 것이다(Barry 1990, 224). 공적 이익은 일반적인 욕구 만족의 수단이 달려 있는 맥락에서 제한되는 반면, 공적 선은 더욱 광범하게 쓰일 수 있다. 과학·문학·예술·학문 등이 공적 선의 요소라고 볼 수 있을 만큼 범위가 넓은 셈이다(Barry 1990, 202).

---

92 한 문제(漢文帝)의 어가(御駕) 행렬 때 어떤 사람이 다리 밑에서 뛰쳐나와 말을 놀라게 했다. 법을 관장하는 직책을 맡고 있던 장석지(張釋之)는 한 사람이 단독으로 통행 금지를 위반했으니 벌금형에 해당한다고 문제에게 아뢰었다. 그러자 문제는 말이 놀라서 황제인 자신이 다쳤다면 자신에게 큰일이 났을 테니 벌금형은 미흡하다고 주장했다. 그러자 장석지는 "법이란 모름지기 천자가 천하와 '함께 같이(公共, 즉 共同)' 지켜야 하는 바입니다. 지금의 법이 이러한데(벌금형이라는 명백한 규정이 있는데 천자가 일방적으로) 다시 고치려고 하면, 이 법은 백성에게 믿어지지(진실하지) 않을 것입니다(法者, 天子所與天下公共也. 今法如此而更重之, 是法不信于民也)"라고 진언했다. 이에 문제는 그의 말을 따랐다(司馬遷《史記》〈張釋之·馮唐列傳〉, 542~3). 여기에서 보는 것처럼 공공(公共)에는 공동(共同)이라는 의미가 있으며, 공(公)에는 공평(公平)하다는 의미가 있다(諸橋 1968, 26·29).

'공적public'이라는 것은 '사적private'인 것이나 '특별한special' 것과 대비된다. 반면에 '일반 복지general welfare'라고 할 때는 일반적인 것과 대비되는 것이 모호하다. 그러나 '일반'은 국가를, 예컨대 구체적인 집단이나 특정한 국민들이 아니라 국민 전체를 지칭한다고 하겠다(Barry 1990, 224). 다양한 이익이 드러났을 때, 공적 이익은 어떻게 만들어내는가? 관계되는 모든 이익을 총합함으로써 만들어낼 수 있을 것이다. 그래서 공적 이익은 일반적인 집합적 원칙과 일치된다(Barry 1990, 229).

'공동의 이익common interest'과 '공동의 선/공동선common good'은 어떻게 쓰이는가? 이 차이는 '이익interest'과 '선good'의 차이를 그대로 반영하는가? 그 차이는 두 가지로 볼 수 있겠다.

첫째, 한 집단 구성원들의 공동 이익은 다른 사람을 희생시키고 구성원에게 혜택을 주는 데 있다고 볼 수 있다. 고용주의 공동 이익은 피고용인과 연관해서 나타나며 그 반대도 마찬가지이다. 다른 한편, 공동선은 한 집단의 구성원과 그 집단 바깥의 구성원들 사이의 관계보다는 집단 내의 관계를 논할 때 거의 전적으로 쓰이는 것 같다(Barry 1990, 203).

둘째, 동기 부여와 억제가 행태를 수정하는 것과 고정되는 것을 정당화하기 위해서가 아니라 희귀한 자원을 특별하게 할당하는 것을 정당화하기 위해 공동선에 호소한다. 예를 들면 노동을 격려하기 위해 보답하거나 범법 행위를 억누르기 위해 처벌하는 것을 두고 공적 이익을 위한 것이라고 말하지 공동선을 위한 것이라고 말하지 않는다. 공적 이익은 특히 행정관들이 내거는 개념이라고 하겠다.

바꿔 말하면, 어떤 제도나 정치적 행동을 옹호할 때 공적 이익을 들먹인다. 반면 어떤 사람들의 이익에 반하는 어떤 일을 하도록 사람들에게 호소할 때 전형적으로 공동선이라는 말을 쓴다(Barry 1990, 203). 그래서 공적 이익이 되는 것으로서 동기 부여가 더 많이 쓰이며, 추가 급여를 주지 않고 더 많이 노동하도록 호소할 때는 공동선이라는 말을 쓴다(Barry 1990, 204). 이처럼 공동선은 개인의 희생을 수반하여 추구되는 경우가 많다.

그런데 이익의 자연적인 '일치identity'가 이루어지는 상황도 있을 수 있나. 예컨대 배가 바다 내에서 열 명이 각기 배에 든 물을 퍼내거나 노를 저어야만 개개인도 살아남을 수 있고 열 명 모두 살아남을 수 있다면, 물을 퍼내거나 노를 젓는 데서 개인의 선과 공동선이 일치한다. 그러나 대부분의 경우 개인의 이익이나 개인이 속한 집단의 이익은 개인이나 집단을 넘어서는 전체의 이익과 일치하지 않는다. 그럴 경우 개인은 자신의 이익을 어떤 이유에서 희생하고 공동선을 추구하게 되는가? 이타심에서 추구하는 수도 있고, 모두가 자신의 선에 공정하게 기여해야 한다는 신념에 기초하여 추구하는 수도 있다. 예를 들어 겨울철에 이웃이 자기 집 앞의 눈을 치우면, 나도 내 집 앞의 눈을 치우는 것이 공정하다(Barry 1990, 204~5). 말하자면 타인이 하는 만큼은 해야 된다는 생각에서 하게 되어 결과적으로 공동선에 기여하게 된다.

그런데 '공동선common good'이라는 말에는 위에서 언급한 것처럼 ① 'public'과 'common'이 모두 들어 있기 때문에 사적 선과 공적 선을 감안한 선이라는 의미가 있다. 또한 ② 둘 이상의 사람이 모였을 때 사적 선과 공적 선의 조화를 고려한 선이라는 의미가 있다. 근대국가에서 국가와 사회를 분리하고 개인과 국가 사이의 관계를 길항의 관계로 파악했을 때, 공동선은 국가와 사회 또는 개인과 국가 사이에 있는 선, 또는 양자의 선을 모두 고려한 선이라는 의미가 있다. 그렇기 때문에 공동선이라는 말의 의미를 파악하기가 어렵다고 하겠다.

(1) 공적 선과 공동선

'public good(공적 선)'이나 'common good(공동선)'이 개인이나 어떤 집단의 사익과는 다른 것이 분명하다. 중세에 이를 때까지 공익이라는 용어보다는 공동선이라는 용어가 선호되었다(김비환 2005, 301). 근세 이후에는 이익이라고 하면 개인의 이익을 염두에 두게 되었다. 근세 이전에는 개인의 선이 개인이나 가정이 아니라 공동체 내에서 달성될 수 있으며 인간은 공동체적인 존재로 여겨졌기 때문이다. 오늘날 공익은 공동선의 일부를 구성한다고 봐야 하며(김비환 2005, 448), 권리를 통해 달성할 수 있는 이익은 사익이라고 볼 수 있다. 그렇게 보면 '공동선common good'은—수정주의적 자유주의에서 명확하게 드러나듯이—사익과 공익의 조화를 바탕으로 달성할 수 있을 것이다.

그러나 권리가 평등하게 보장되었을 때, 특히 권리가 인간의 본성을 발전시키는 것이라고 보면, 권리를 증진하는 것에는 사익뿐 아니라 공익도 포함된다고 볼 수 있다. 그렇다면 권리 그 자체는 공익적인 성격이 강하다고 봐야 한다. 문제는 무엇을 권리로 삼는가, 나아가 권리 중에서 무엇을 우선시하는가라고 볼 수 있다.

(2) 공동선이라는 개념

오늘날에는 공동선이라고 하면 집단주의적이거나 억압적인 잠재력이 있다고 보고 저항감을 느끼기도 한다(Honohan 2002, 147·149). 그래서 오히려 '공공 정신public spirit'이 더 친근하게 느껴지고, '시민성civility'이라는 용어가 더 쉽게 받아들여진다. '시민적인 덕성civic virtue'이라고 하면 프랑스혁명기 자코뱅파의 엄격함이나 19세기 도시에서 거리를 잘 가꾸고 공원을 산뜻하게 정돈하는 것을 떠올리게 된다(Honohan 2002, 147·149). 그래서 공동선이라는 개념은 오늘날 그렇게 인기 있는 개념이 아니다(Honohan 2002, 150).

공동선이 의미하는 바가 무엇인지 명확하게 정리하면, 적어도 다음과 같은 의미가 있다(Honohan 2002, 151).

① 사회 집단의 '집체적corporate' 선을 의미한다. 역사적으로는 조직적이거나 집체적인 어떤 전체가 단일한 목적을 지향하는 경우 단일한 선을 가지는 것을 가끔 의미했다. 인간의 본성에 근거를 두는 아리스토텔레스의 목적론적인 관념과 루소의 집단적으로 결정되는 관념, 즉 일반 의지를 국가의 이익이나 문화적이며 인종적인 집단의 공유된 가치에 대한 공동체적인 가치에 포함하기도 한다. 이러한 의미의 공동선은 개인의 자유와 자기 결정에 본질적으로 적대적이라고 비판받았는데, 그 비판은 정당하다고 하겠다(Honohan 2002, 151).

② 개별적 선의 집합이라는 의미가 있다. 그래서 공동선이라는 용어의 유일하게 정당한 의미는 '개인의 선individual goods'의 총합으로서 단순히 '집합적인 선aggregate goods'이라는 것이 제안되었다. 그러나 이를 근거로 어떤 이들의 혜택이 다른 이들의 손실로 상쇄가 된다면, 우리는 공동선을 논할 수 없다. 선이 공유된다는 의미가 없기 때문이다. 이런 의미에서는 영국의 마거릿 대처 수상이 말한 것처럼 공동선이라는 것은 없으며, 개인이나 가족 등의 선만이 있을 뿐이다(Honohan 2002, 151).

그리고 공동선을 이해하는 다른 방식이 있는데, 이는 정치와 관련될 수 있다. 무페Chantal Mouffe가 말하듯이 "공통의 공적인 관심 없이 개인들의 집합과 하나의 공동선을 중심으로 조직된 전근대적인 공동체 사이의 선택이 유일한 선택이 아니다"(Mouffe 1992, 231 ; Honohan 2002, 151 재인용). 만약 유일한 공동선이나 사회의 목표가 없다면, 협조를 통해서만 해를 피하고 달성될 수 있는 공동선이 있다(Honohan 2002, 151).

③ 개인적 선들을 위한 조건을 '모은ensemble' 것이라는 의미가 있다(Honohan 2002, 151). 공동선을 더욱 복잡하게 이해하는 것은 공동선을 개인의 충족을 위한 조건의 '모음ensemble'으로 보는 것이다. 로크에서 롤스에 이르는 자유주의자들이 공동선을 이러한 의미로 인정했다. 예를 들어 롤스는 적절한 의미에서 모든 사람의 이익이 되는 어떤 일반적인 조건이 공동선이라고 보았다(TJ, 246).

이러한 의미에서는 공동선은 모든 사람이 혜택을 보는 선이며, '공동악common bads'은 그로 인해 모든 사람이 고통받게 되는 악을 의미한다(Honohan 2002, 152). 세상이 평화롭거나 교통의 흐름이 개선되면 모두 혜택을 받게 될 것이며, 탄산가스가 많이 배출되면 모두 고통을 받을 것이다. 그러나 혜택을 받거나 고통을 받게 되는 것은 각각의 개인들인데, 그들에게는 각기 자신의 목적과 우선순위가 있다. 이 범주에 속하는 것은 보통 '공공선(공공재)public goods'이라고 불리는데, 공공이라고 하는 이유는 중앙에서 공급해야 하며, 일단 공급되면 혜택받는 이를 배제할 수 없기 때문이다. 가로등이나 도로와 같은 것이 좋은 예이다.

어쨌든 그러한 공동선이 모든 이에게 혜택을 준다면, 그것은 다양한 목적을 가진 '개인에게 도구적으로 이용individualist-instrumental use'된다. 이것이 오늘날 도구적인 공화주의자들이 제시하는 공동선의 중요한 의미이다. 그들의 주장에 따르면 이들 선은 정치적 제도만으로는 효과적으로 실현될 수 없다. 이들 선을 지지하겠다는 시민들의 강력한 언질이 필요하다.

정치적 참여와 시민적인 덕성은 다양한 개인적 선이나 생활계획을 실현하는 데 본질적으로 가치 있는 활동은 아니라 해도 필요한 전제조건이된다(Skinner 1990). 이것은 공동선을 우선시한다고 말할 수 있지만, 장기적인 이익을 추구하는 것, 즉 개인의 이익을 실현하는 데서 장래에 대해 더 많이 대비하는 것이라고도 말할 수 있다. 그들은 이렇게 시민적 덕성을 도구적으로 설명한다(Honohan 2002, 152).

공동선에 관한 이러한 예들조차 전적으로 개인의 배분 문제로서 중시되지 않을 수 있으며, 개인들 사이에 즉각적으로 배분되지 않을 수 있다. 가능성을 열어두고 공통의 위험을 최소화하는 문제일 수도 있다. 그예로 청정한 공기와 물, 지속 가능한 성장 등을 들 수 있겠다. 미래 세대의 존속을 고려하면, 이러한 것들에 더 큰 중요성을 부여해야 한다. 그러한 위험에 함께 노출된 사람들은 아렌트가 말하는 '공통의 세계common world'에 살아가며, 그래서 적어도 '참조의 틀a frame of reference'을 공유하는 것으로 여겨진다. 이 차원에서는 공유된 선보다는 공통의 관심을 논하는 것이 더 적절할 것이다. 그래서 공동선에 대한 다른 의미를 찾게된다.

④ 사회나 집단의 구성원으로서 각 '인격person'에 선한 것이라는 의미가 있다. 간주관적(間主觀的)인 실천적 의미의 공동선이 있는데, 상당할정도로 별개이며 본질적으로 사회적인 사람들이 집단의 구성원으로서혜택을 본다. 사회에서 하나의 단일한 목표로서 이해되는 공동선을 논할수는 없겠지만, 타인과의 상호 작용에서만 실현될 수 있는 공동선이 있다(Honohan 2002, 152). 공화주의적 전통은 물질적·도덕적·심리적·존재론적 차원에서 시민의 상호 의존을 강조한다. 인간은 타인과 상호 작용하는 관행의 범위 내에서 삶을 영위하며, 관행은 어떠한 선을 공적으

로 인정한다(Honohan 2002, 153).

자율이라는 이상을 실현하기 위해서는 집단적 선이나 공동선이 요구된다. 테일러가 볼 때 자유는 사회적 관행에 관여하는 데 의존하며, 사람들은 사회적 관행을 통해 자신의 능력을 행사하고 타인과 연관된다. 이러한 관행은 개인들의 행동을 통해 나타나며, 관행이 개인들에게 부여하는 자아실현의 기회에 따라 그 가치가 나타난다. 개인의 자아실현은 전적으로 도구적으로만 이해될 수 없는 방식으로 공동선에 의존하며 '공동악common bads'의 제한을 받는다. 이를테면 공통의 언어를 사용하는 집단이 있어야만 의사소통이 가능하다. 이와 같은 방식으로 공동선은 '줄일 수 없는 사회적 선irreducibly social goods'이다(Honohan 2002, 153).

그러나 의식적으로 가치를 공유한다고 해서 그러한 공동선이 존재하게 되는 것은 아니다. 사람들은 모국어를 깊이 사려하지 않고도 사용하는 경향이 있다. 그러나 모국어가 소멸될 것이라는 위협을 받아 언어의 보전이나 부흥운동을 시작하면, 그때부터 모국어는 의식적으로 공유되는 가치가 된다. 그러므로 공동선에 대한 사상이 공유된 가치로 직접 바뀌는 것은 아니다(Honohan 2002, 153).

그런데 개인에게 배분되는 선으로 분해되지 않으면서도 도구적으로 이해될 수 없는 공동선이 있다. 이 선은 전적으로 전체의 재산도 아니며, 어떤 조직적인 실체의 목표에 따라 결정되지도 않는다. 그러므로 이러한 맥락에서 단일한 공동선을 논하는 것보다는 공동선들을 논하는 것이 더 적절할 것이다(Honohan 2002, 154).

(3) 일반적 선, 집합적 선, 그리고 공동선

오늘날에는 일반적 선이나 '집합적/집단적collective' 선을 아퀴나스가 말하는 공동선과 비슷한 것으로 이해하는 경향이 있지만, 같은 것이 아니다(Haldane 1996, 71). 부분이 모여서 전체를 이루는 것은 어떤 잠재력을 가진 각각의 부분들이 모여서 전체를 실현하는 것이라고 볼 수도 있다. 그렇다면 개인의 잠재력 중에서 어떤 것이 사회에서 실현된다고 볼 수 있다. 다른 한편으로 사회제도는 개인들이 자연적으로 지니고 있는 본질적인 힘에 행사됨으로써 그 잠재력이 실현된다고 볼 수 있겠다. 따라서 개인과 사회의 관계는 쌍방향이라고 봐야 한다. 그래서 개인과 사회가 함께 개인과 사회를 만드는 것이다(Haldane 1996, 71).

아퀴나스의 시각에서 보면 ① 모든 법은 전체로서의 사회의 안녕을 적절한 목표로 삼아야 한다. 이것은 급진적인 반개인주의적인 견해로 보인다. 그런데 ② 사회를 개인의 '집합aggregate'으로 보고 그래서 공동선을 배분적인 개념으로 다루어야 한다는 주장으로써 반개인주의적인 시각을 급진적으로 완화할 수 있다. 여기서 배분적인 개념은 '각각과 모든 구성원의 선the good of each and every member'과 같다(Haldane 1996, 71). 다른 한편 ③ 어떤 선은 공통적으로 소유하고 있지만, 개인의 목적에 대한 사회적 수단이다. 이 견해에 따르면 법은 예컨대 시민적 질서와 공공 건강을 증진해야 한다. 이러한 것들이 각 개인이 혜택을 볼 수 있는 조건이기 때문이다(Haldane 1996, 72).

그러나 이상의 견해는 그럴듯하지 않다. 어느 것도 '공동선bonum commune'과 공동선이 'bonum honestum'(완전을 참으로 구성하는 것)이라는 아퀴나스의 주장을 심각하게 고려하지 않기 때문이다. 여기서 마리탱이 아퀴나스의 개념을 어떻게 해석하는지 살펴보자(Haldane 1996, 72).

"정치사회의 공동선을 형성하는 것은 공적인 필수품만이 아니다. ……
국가의 건전한 재정 상태와 군사력; 일단의 정의로운 법과 선한 관습과
현명한 제도가 있어서 국가의 구조를 제공하는 것; 위대한 역사적 기억이
남기는 유산, 그 상징과 영광, 살아 있는 전통과 문화적 보고. 공동선은 이
모든 것을 포함하며 그 외에 어떤 것이 있다. …… 이 모든 것의 전체적인
합 그 자체인데, 그 합은 병렬적인 단위들을 그저 모은 것과는 전혀 다르
다. ……

그것은 모든 시민적 양식, 정치적 덕성, 그리고 올바름과 자유에 대한
감각, 물질적 부유 그리고 정신적 풍요, 무의식적으로 작동하는 세습된
지혜, 도덕적 청렴, 정의, 우의, 행복, 구성원 개인의 삶에서 덕성과 영웅
주의 등의 합이거나 사회학적 통합이다(Maritain 1941, 52~3; Haldane
1996, 72 재인용).

마리탱은 사회적·개인적 요소들이 통합되어 합쳐진 것들의 '소통 가
능성communicability'을 강조한다. 소통 가능성은 이해가 수렴되어 그저
기능을 한다는 '속성의 공유commonality'라는 개념과는 대비된다. 오히려
공동선은 본질적으로 공유된다. 그렇기 때문에 공동선은 배분적으로 취
해지면서 다수에게 선이 되는 것이라기보다는 집합적으로 취해지는 다
수에게 선이 된다(Haldane 1996, 72).

이 (공동)선이 '완전을 참으로 구성하는 것bonum honestum'이라는 아퀴
나스의 주장은 그 자체에서 완전하게 하는 목적이며 인간의 운명에 대한
그리스도교적인 관점과 양립할 수 없다고 여겨질 수 있다. 인간의 운명

은 보통 개인주의적으로 다루어지기 때문이다. 그러나 아퀴나스의 삼위일체적인 신학은 종말론적으로라도 개인의 선은 인격 공동체에서의 삶에 참여하는 데 있다는 사고를 인정한다(Haldane 1996, 72).

(4) 자유주의와 공화주의

그렇다면 공동선을 어떻게 달성할 수 있는가? 이에 대해 자유주의자와 공화주의자의 견해는 어떻게 다른가?

개인주의에 따르면 사회는 개인들로 환원될 수 있다. 이 이론에 따르면 공적인 것은 특정한 개인에게 즉각적인 관계가 없다. 그러나 개개인들에 대한 구분 없이 공동체 구성원들이나 어느 구성원에게 직접적으로 관여할 수 있다. 반면에 사적인 것은 특정한 사람이나 집단에 부여될 수 있다. 그래서 기본적인 자유주의적 개인주의 사회에서 사적인 것이라는 사상은 특정하고 지정될 수 있는 개인에게 초점을 둔다. 반면에 공적인 것은 일반적인 부류에 초점을 두며, 그 부류에서 어느 누구나 각자를 지칭할 수 있다. 예를 들어 도서관은 지역주민 누구에게나 개방되어 있는 반면에 개인의 집은 특정한 개인에게만 개방된다. 공적인 것과 사적인 것에 대한 이러한 관념들은 단순히 개인들로만 이루어진 세상에서 완전한 의미가 있다(Gaus 2000, 37).

벤담이 지적하듯이 순전히 개인주의적으로 사회를 보는 것은 '공중/공적 이익public interest'과 같은 다른 사상에서는 그 의미가 작다. 공적 이익이라는 것은 개인 이익들의 합에 불과하기 때문이다. 각자의 이익이 신성한 것이며, 그렇지 않은 어느 누구의 이익도 신성하지 않다(Bentham 1976; Gaus 2000, 37 재인용). 철저하게 개인주의적인 세계에서 공적 이익의 유일한 의미는 각자의 이익일 것이다. 그런데 공적인 것을 마치 거대한 인간의 한 부류로 간주하는 경우, 공적 이익은 각자의 이익이 아니라 공동체의 이익이다. 그럼에도 벤담이 지적하는 것처럼 자유주의는 가끔 공적 이익이나 공적 선에 호소한다(Gaus 2000, 37).

전술한 바와 같이 자유주의는 정부가 선한 삶에 대해 중립적이어야 하며 공동선을 이해하는 방법에 대해 조심스러워야 한다고 주장한다. 그래서 시민들에게 부여한 평등한 자유와 권리가 공동선이라고 본다. 선한 삶에 대한 어떤 관념을 시민들에게 부과하지 않아야 한다는 사고가 자유주의에 깔려 있기 때문이다. 자유와 권리가 평등하게 부여되고 부당하게 타인을 해치거나 위반하지 않는 한에서는 선한 삶에 대한 자신의 비전을 자유롭게 추구할 때 공동선이 가장 효과적으로 증진된다는 것이 자유주의자들의 일반적인 생각이다. 그러므로 정부는 선에 대한 다른 관념에 중립적이어야 한다(Barcalow 2004, 206).

자유주의자와 공화주의자는 18세기 이후 대의제를 옹호하는 쪽과 직접 참여를 옹호하는 쪽으로 나누어졌다고 볼 수 있다. 참여의 방식과 참여해서 결정하고자 하는 내용에 대해 양자의 견해는 다르다.

자유주의는 간접 참여, 즉 대의제를 택하게 되었다. 슘페터에 따르면 민주주의란 인민의 의사를 수행하기 위해 회합하는 대표들의 선출을 통해 인민이 스스로 문제를 결정함으로써 공동선을 실현하는 정치적 결정에 도달하려는 제도적 장치이다(Schumpeter 1942, 250). 반면 공화주의자는 대의제보다는 직접 참여를 강조하는데, 그 이유는 두 가지이다. 참여함으로써 개인이 자신의 목적을 추구하는 것을 보호할 수 있으며, 참여는 사회적 선을 결정하고 실현하는 수단이기도 하지만 참여 자체가 선하다고 보기 때문이다(Honohan 2002, 214).

참여 그 자체가 선한다는 것은 다음을 의미한다. 공화정에서는 정치적 활동 그 자체가 정체성의 한 부분을 이룬다. 공동생활의 조건을 심의하는 데 참여하는 것이 정치적 활동이며, 정치적으로 자율적인 시민이 됨으로써 시민적이거나 정치적인 정체성을 얻게 된다(Honohan 2002, 258). 그렇기 때문에 참여 자체가 선한 것이다. 바꾸어 말하면, 공화주의 적인 시티즌십은 시대가 없으며 그리고 방향을 선정하는 정치적 공동체의 구성원이라는 것을 뜻하는데, 시티즌십은 다른 개인적이며 집합적인 선을 달성하는 수단으로서 선이기도 하지만 그 자체로서 시티즌십이라는 선이 된다(Honohan 2002, 154).

스스로 방향을 설정한다는 것은 참여를 통해 집단적인 자기결정을 한다는 뜻인데, 이것은 공동선이 무엇인지 결정한다는 것을 의미한다. 공화주의에서는 참여를 통한 공동선의 결정을 중시한다. 참여를 통해 공동선을 결정하게 된다는 점에서 자유주의와는 다르다. 공화주의는 공동선이라는 것이 개인의 권리에 근거하여 미리 주어진 것이 아니라, 공동체가 삶을 어떻게 영위할 것인지―즉 어떤 가치를 공동선으로 삼을 것인지―논의하여 결정함으로써 생성된다고 보기 때문이다.

참여하여 공동선의 내용을 결정한다는 것은 자유민주주의에서 어떤 의미가 있는가? 현대사회에서 완전한 합의가 현실적으로 가능하거나 바람직하다고 볼 수 있는가? 여기에는 공동체주의자도 부정적으로 대답할 것이다. 그러나 공동체주의자의 시각에서는 전원 일치에 따른 합의를 할 수 없다는 이유 때문에 공동체를 만들려는 노력을 포기할 수 없다.

공동체가 공유하는 가치와 목표가 절차뿐만 아니라 내용에 대해서도 어떤 합의를 할 수 있는 것이라면, 전면적 합의나 논쟁할 수 없는 합의가 반드시 도출되어야 하는 것은 아니다(Bellah 1998, 16). 공유하는 가치와 목표가 무엇이며 이를 어떻게 실현할 것인가를 두고 논쟁이 있어야 좋은 공동체가 되는 것이다. 침묵으로 합의한다고 해서 공동체가 되지는 않는다(Bellah 1998, 16). 그러므로 자유민주주의 체제는 공동선의 내용이 이미 결정되었다거나 공동선을 추구할 수 있는 여건이 조성된 것으로 충분하다는 태도를 불식하고 심의를 북돋우는 체제로 우선 변모해야 한다.

　자유민주주의의 입장에서는 왜 그렇게 해야 하는가? 롤스 같은 자유주의자들이 생각하듯이 도덕적으로 중립적인 국가라는 것도 환상이며, 아우구스티누스가 의미하는 것처럼 도덕적인 언질을 광범하게 부여하는 국가도 불가능하다. 그래서 오늘날의 공동체주의자들이 주장하듯 개인에게 환원할 수 없는 공동선에 의한 국가가 성립될 수 있는 조건을 갖추는 것이 현대에는 불가능할 것이다. 이러한 상황에서는 동료 의식에 의해 공동체가 도덕적으로 발전하는 것을 기대하는 것으로 만족해야 할 것이기 때문이다(Haldane 1996, 60~1).

　오늘날에는 민주주의를 자유민주주의와 공화민주주의로 나누어서 비교하기도 한다. 공화민주주의에서는 시민들에게 자유를 평등하게 행사할 수 있는 여건을 마련함으로써, 즉 정치적 자유를 체험할 수 있는 공간을 마련함으로써 참여와 심의를 통해 시민들의 마음속에 공공선에 대한 믿음을 각인시킬 수가 있다(김경희 2013, 333 · 343). 또한 공동선에 합의할 규칙과 절차를 만들어나갈 수 있으며, 나아가 사회 통합을 실현할 가능성이 높아진다(이동수 2013, 351 · 375). 요컨대 공화민주주의는 자유민주주의와는 달리 사적 이해관계를 실현하기보다는 공동선을 실현하는 데 주안점을 둔다. 이 점에서 공화민주주의는 자유민주주의와 구별될 수 있다.

| 제18장 |

롤스의
선, 정의, 공동선, 올바름

    롤스가 원초적 입장에서 설정한 무지의 장막이 보여주고자 하는 바는 정의는 불편부당이라는 점이다. 원초적 입장에서는 어떤 사람을 타인에 대하여 선호할 수 없다. 그러므로 무지의 장막 아래에서 이루어진 합의는 공정하다(Gaus 2000, 202).

    롤스는 선을 신중한 합리성이라는 이상적인 조건에서 사람들이 선택하게 되는 삶의 계획으로써 정의한다(TJ, §64). 모든 사람은 반성적으로 숙고하여 찾게 되는 일의적인 목적과 언질을 가지고 있는데, 합리적 선택의 원칙으로 목적과 언질을 그 중요성에 따라 배열해서 자신에게 적합한 삶의 계획을 설정한다(TJ, §63). 이상적으로 신중한 조건에서는 정보가 완전히 주어지며, 선택지에 대해 여러 가지로 상상하여 선택하게 된다. 이 조건에서 사람이 선택하게 되는 삶의 계획은 그에게 가장 합리적이며 그의 객관적인 선을 규정한다(TJ, §64).

사람의 선에 대한 이러한 형식적인 설명에 내용을 부여하기 위해 이 책의 4장에서 언급한 것처럼 롤스는 심리학적인 법칙, 즉 아리스토텔레스의 원칙에 의존한다(TJ, §65). 즉 "다른 것이 동일하다면, 인간들은 그들의 실현된 능력(그들의 내적이거나 훈련된 능력)의 행사를 향유하며 이렇게 향유하는 것은 능력이 실현되면 될수록 또는 그 복잡성이 더 커질수록 더욱 커진다"(TJ, 426).

요컨대 아리스토텔레스의 원칙이란, 적절한 조건이 주어지면 인간은 자신의 더 높은 능력에 종사하는 삶의 방식을 선호한다는 심리학적인 원칙이다. 이 원칙에 따르면 인간은 즐거운 감각과 육체적인 필요와 그 안락에 대한 욕구만으로 행동하는 것이 아니다. 오히려 가능하다면 인간은 좀 더 복잡하고 힘드는 활동을 하기를 원한다. 만약 그렇다면, 일반적으로 이성적인 사람들은 기회가 주어진다면 자신의 성숙한 능력을 실현하고 훈련하며, '더 높은 활동'(스튜어트 밀의 용어로)을 구체화하려고 할 것이다(TJ, 428). 그러지 않으면 사는 것이 단조롭고 지겨워진다.

그런데 롤스에게 선이라는 것은 일반적인 선이 아니라 개인 자신의 선을 뜻한다. 개인은 자신의 선을 항상 수정하고 변경시킬 능력이 있다. 시민들의 포괄적 교의는 자신의 선이라는 개념과 밀접하게 연관되어 있다. 그러나 시민이라는 개념은 평등한 부분을 포함하고 있다. 이것은 타인과 관계가 있으며, 이것은 정의라는 감각을 지니는 데 본질적이다(Dreben 2003, 341). 그렇기 때문에 롤스는 개인의 선이 정의와 어떻게 연관되는지를 다룬다.

전술한 바와 같이 롤스는 질서가 잘 잡힌 사회에서는 사람들이 정의에 대한 감각을 지니기 때문에 개인의 선과 정의가 부합한다는 일치논증을 제시했다(TJ, 350). 이 논증은 다음과 같이 다시 설명할 수 있겠다. 질서가 잘 잡힌 사회에서 공정으로서의 정의가 규정하는 대로 정의의 감각을 행사하고 전개하며 이 덕성을 선에 대한 개인의 관념에 구체화하는 것은 합리적인가? 말하자면 숙고된 합리성이라는 관점에서 사람들이 정의에 불편부당한 관점을 확고부동하게 택하게 되어 있으며, 원초적 입장에서 선택되는 원칙에 따라 행동하게 되는 삶의 계획을 선택하는 것이 합리적인가?

롤스는 공정으로서의 정의가 인간의 선과 일치한다는 것을 어떻게 증명하고 있는가? 그는 두 가지 논지를 펼치는데, 이 점은 《정의론》 제2부와 제3부를 다룬 이 책의 4장에서 이미 꽤 논했다. 첫 번째 논증은 공동체에서 참여라는 선에 호소하고 사회적 통합들 중 통합으로서의 정의로운 사회라는 관념을 전개시켰다(TJ, §79). 이 논증과 두 번째 일치논증은 아리스토텔레스의 원칙과, 그리고 특히 두 번째에서 공정으로서의 정의에 대한 칸트적인 해석에 호소한다(TJ, §40). 칸트적인 해석에서 롤스는 자율에 대한 칸트의 개념에 특정한 내용을 부여하려고 한다. 그는 원초적 입장을 자율과 정언명령에 대한 칸트적인 관념을 절차적으로 해석한 것이라고 보기 때문이다(TJ, 256).

롤스는 인간의 본성을 자유롭고 평등한 합리적 존재로 보는 것으로 인해 인간이 자율적일 수 있다고 간주한다(TJ, 252). 인간의 본성을 이렇게 상정했기 때문에 인간은 정의에 대한 감각을 지니고 선에 대한 관념, 즉 두 가지 도덕적 힘을 가질 수 있다. 이 도덕적 힘은 사실상 정의에 적용되는 실천적 이성에 대한 능력이다. 자유로우며 자치하는 행위자가 선에 대한 관념을 바탕으로 행동에 책임을 지고 사회생활에 참여하는 데서 두 가지 힘은 본질적이다. 이렇게 보면 원초적 입장이라는 조건은 자유롭고 평등한 합리적 존재라는 관념에 대한 절차적 해석이라는 칸트적인 해석으로 간주할 수 있다.

원초적 입장은 인간에 대한 이 관념을 모형화한 것이다. 원초적 입장이 도덕적 힘을 모형화한 것으로 간주되면, 원초적 입장에서 선택된 원칙은 자유롭고 평등한 합리적 인간으로서의 인간 본성에서 연유하며, 인간 자신을 부여하는 원칙이라고 해석된다. 그렇다면 이 원칙에 의거해 행동하는 것은 칸트적인 의미에서 자율적으로 행동하는 것이다. 요컨대, 자율적으로 행동하는 것은 자유롭고 평등한 합리적 존재로서의 인간 본성을 표현하는 원칙을 위해 행동하는 것이다.

이상과 같은 주장을 배경으로 롤스는 질서가 잘 잡힌 사회의 구성원들이 자유롭고 평등한 합리적 존재로서의 본성을 실현하는 것은 합리적이며, 그래서 그들의 선의 일부가 된다고 주장한다. 롤스가 아리스토텔레스의 원칙에 의존하는 이유는 도덕적 힘을 발전시키고 행사하는 것은 모든 사람에게 좋은 것이라고 주장하기 위해서이다. 이상과 같이 정의가 선과 일치하게 된다고 주장한다.

이러한 주장은 어떻게 가능한가? 롤스에 따르면, 선이 개인에 대한 것은 정의로운 것이 사회에 대한 것과 같다. 각자가 합리적으로 숙고해서 자신의 선을 이루는 것, 즉 자신이 추구하는 것이 합리적인 목적의 체제를 결정해야 하는 것처럼 사람들의 집단은 그들 사이에 정의롭거나 정의롭지 않은 것으로 여겨지는 것을 한 번으로 결정해야 한다.

그런데 롤스의 이러한 입장은 정의로운 법이 요구하는 바를 하는 것은 각자의 선에 도구적이라는 홉스의 견해와는 다르다. 오히려 정의에 따라 행동하는 것이 본질적이며 최고로 통제적인 선이다. 도덕적이며 합리적으로 자율적인 존재로서의 인간 본성을 각자가 실현하게 하기 때문이다 (Freeman 2003a, 27). 이상의 주장처럼 선과 정의가 일치한다면, 앞서 밝힌 바와 같이 이것은 결코 사소한 주장이 아니다.

그렇다면 선에 대한 롤스의 관념은 중립적인가? 중립성 여부와 공동 선과의 관계를 살펴보자. 롤스에 따르면, 무지의 장막에서 내려지고 특히 자신의 선에 대한 관념조차 모르는 원초적 입장에서 오로지 합리성에 입각하여 선택하게 된 원칙은 중립적이다. 그리고 합리적으로 선택된 이 원칙은 호의적인 사회 · 경제적 조건을 향유하는 사회를 통제하게 된다고 믿는다.

그런데 선에 대한 이상(理想)을 추구할 평등한 능력이 평등한 자유의 원칙에 의존하는 한에서는 그 평등한 능력으로 하여금 선에 대한 이상을 추구하게 한다는 점에서 중립성을 벗어난다. 나머지에 대해서는 차등 원칙이 최소 수혜자가 혜택을 받는 한에서 일의적 선의 평등한 배분을 벗어나게 한다. 그리고 전술한 것처럼 차등 원칙이 사회적인 일의적 선에 대한 것이지 자연적인 일의적 선에 대한 것이 아니라는 것을 감안한다면, 롤스는 자연적 재능에 기인하는 선을 증진시키는 능력에서의 불평등을 제한된 범위에서만 시정한다(Raz 1986, 117~8).

그런데 네이글에 따르면, 롤스의 이론은 선에 대한 다른 관념에 중립적이려고 하지만 실제로는 그렇지 않다. 당사자들 사이에 합의를 요구하는 어떠한 가설적 선택 상황은 선택의 근거를 강력히 제한하게 마련이며, 이 제한은 선에 대한 어떠한 관념으로써만 정당화될 수 있기 때문이다(Nagel 1975, 9). 요컨대, 네이글에 따르면 선에 대한 어떤 관념이라는 관점을 두지 않고서는 원초적 입장에서 선택 조건을 정당화할 수 없다.

이어서 그러한 선택으로부터 불가피하게 나타나는 결과는 중립적이 아니다. 원초적 입장이 자유주의적 개인주의적 관점을 전제로 하기 때문이다(Nagel 1975, 10). 그리고 일의적 선이 개인주의적 관념에 더 적합하다는 것이 중립적이라고 보지 않게 되는 다른 이유가 될 수 있다(Nagel 1975, 9). 중립성이라는 문제도 정도의 문제이겠지만, 선에 대한 어떠한 관념이라도 선택할 수 있는 평등한 기회를 부여하고 그 선을 실현할 수 있는 기대를 평등하게 보장해야만 중립성이 포괄적으로 달성되었다고 할 수 있다(Raz 1986, 124).

그렇다면 자유주의자에 속한다고 여겨지는 롤스의 견해는 무엇이겠는가? 롤스는 다수의 이익을 강조하는 공리주의를 배격하고 개인의 권리를 중심으로 하는 정의 이론을 제시했다. 그리고 롤스는 자신의 정의의 두 원칙이 자유, 평등, 그리고 공동선에 기여하는 봉사에 대한 보답이라는 세 가지 관념의 복합체라고 주장한다(JF, 165; CP, "Justice as Reciprocity", 193). 게다가 차등 원칙이 불평등을 정당화하지만 최소 수혜자의 입장을 나아지게 하므로 우의라는 감정을 제도화했다고 볼 수 있다. 요컨대, 차등 원칙으로 정당화된 불평등은 우의와 조화를 이룰 수 있다(스위프트 2012, 169~70).

정의의 두 원칙이 자유, 평등, 그리고 공동선에 기여하는 봉사에 대한 보답이라는 세 가지 관념의 복합체라는 주장은 롤스 자신이 공익과 사익을 조화시켰다고 생각한다는 것을 뜻한다. 정의의 두 원칙으로 개인의 자유와 권리를 보장했으며, 예컨대 스님을 희생시키는 일이 없게 했으며, 차등 원칙으로 실질적인 자유의 가치를 평등하게 하여 적극적 자유를 향유하게 했다.

모든 사람에게 타당하다고 여겨지는 권리를 평등하게 향유하는 것이 반드시 공동선에 어긋나는 것은 아니다. 최대한의 자유를 평등하게 가지는 것 자체가 공동선이거나 각자의 선을 추구해 공동선을 달성할 수 있는 여건을 마련하는 것이라고도 볼 수 있다. 스님을 희생시킴으로써 공동선을 달성할 수는 없으며, 공익을 위한다는 명분으로 개인의 자유와 권리를 희생시키는 것이 공동선이라고 볼 수는 없다는 것이 분명하기 때문이다. 이렇게 하여 정의의 두 원칙은 자유, 평등, 그리고 공동선에 기여하는 봉사에 대한 보답이라는 세 가지 관념의 복합체라고 보기 때문에 (JF, 165), 롤스는 개인의 자유와 권리만이 공동선의 증진에 기여한다고 생가할 수 있다.

그러나 롤스의 이러한 주장과는 다른 견해가 있다. 그 논지는 다음과 같다.

롤스의 정치적 자유주의에서는 공동선이 자리를 잡지 못한다. 롤스는 "나는 이들 종교적이며 철학적인 교의가 무엇이든 간에 그것들 모두가 어떠한 방식으로 공동선을 증진한다고 이해될 수 있는 정의에 대한 어떠한 관념을 포함하는, 올바름과 선에 대한 어떠한 관념을 담고 있다는 것을 가정한다"고 말한다(PL, 109). 이처럼 롤스는 공정으로서의 정의에 대비되는 견해를 부각하는 데서 공동선이라는 관념을 언급할 뿐이다.

또한 롤스는 '공통/공동의 이익common interest'에 대하여 "어느 특정한 이들에게 불이익이 되게 할 수도 없으며, 그렇다고 특별히 이익이 되게 할 수도 없다. 공통의 이익에 호소해야 한다. 그런데 공통의 이익은 효율이라는 원칙 이상의 것이다. 그래서 최소 수혜자의 관점을 취하여 그들의 전망이 평등한 자유와 균등과 부합하도록 해야 한다"(TJ, 319)고만 언급할 뿐이다. 올바름이라는 개념을 모든 사람이 공유한다는 것만 지적하고, 요컨대 공동선에 대한 언급이 별로 없다. 다만 롤스는 적절한 의미에서 똑같이/평등하게 모든 사람의 이익이 되는 조건을 공동선이라고 생각한다(TJ, 246).

말하자면 롤스는 원초적 입장에서 정의의 두 원칙을 택하고 그 원칙에 따라 살아가게 되는 것이 바로 공동선이라고 보는 듯하다. 그래서 개인의 이익에 반하는 공동선이 있을 수 있다는 점을 염두에 두지 않기 때문에 공동체주의자들이 그를 잘못된 개인주의자라고 비판하는 것이다. 롤스는 우리가 추구하고 권리의 체계가 보호하려고 하는 선들 중에서 어떠한 것이든 모두 공통으로 소유하는 선이라고 밝힐 뿐이다. 공동선이 롤스의 이론에서 자리를 차지하지 못하는 이유는 삶을 형성하는 가치에 대해 중립적이려고 하기 때문이다(Haldane 1996, 73).

그리하여 롤스의 이론은 기껏해야 평가에서 수렴되는 것을 나열하고 찬양하는 데 그친다. 운이 좋아서 일치하는 데서 중첩하는 합의를 확립하고 확장하는 가능성을 찾는 것이다. 그러나 자유롭고 평등한 인간으로서의 시민이라는 인식은 개인주의적이다. 그래서 정의에 대한 정치적 관념에서 통제되는 질서에 참여해 선을 얻는다고 해도 그 선은 '사적인private' 선이다. 통제된 질서가 '공적 선public good'이라는 설명에서 이러한 점이 가끔 간과되었다.

그런데 바로 여기에서 우리가 깨달아야 할 것이 있다. '공적 선public good'은 공동선이 아니라는 점이다(Haldane 1996, 73). 롤스는 정치적으로 올바른 것, 즉 정의에 대해 올바른 것을 선에 대해 뚜렷하게 설명함으로써 도출하지 않고 확보하려 한다. 홀데인John Haldane의 주장에 따르면, 이것은 롤스가 추구한 올바름이라는 개념이 공통적으로 추구하는 개념이지만 그가 공동선에 대한 어떠한 이론도 의식적으로 회피한다는 것에서 알 수 있다(Haldane 1996, 69). 요컨대, 홀데인은 롤스에게 공동선에 대한 개념이 없음을 지적한다.

그러나 다음과 같이 다르게 볼 수도 있다. 예를 들어 일의적 선을 공유하고 정의의 두 원칙에 모두가 합의하여 정의로 삼는다면, 그 정의를 모두 공유하고 다양한 협업을 통해 공동의 목적을 달성할 수 있다. 이렇게 보면 자유주의적 정의 그 자체가 하나의 공동선일 수도 있다. 즉 자유주의 국가는 정의로운 사회가 가치라는 공동선을 증진하는 공동체라고 볼수도 있다(스위프트 2011, 224·235).

문제의 핵심은 일의적 선이나 정의의 원칙이 담고 있는 선들은 결국 개인의 시각에서 고안되고 만들어졌다는 점이다. 즉 선의 내용이 개인주의적이다. 자유주의가 그렇게 될 수밖에 없는 이유는 개인으로 하여금 자신의 정당한 몫의 선을 토대로 자신이 선택한 삶을 자유롭게 추구할 수 있는 개인들의 권리를 보장해주자는 데 주안점이 있기 때문이다. 이기적인 자기만족을 추구하는 이기주의가 아니라 모든 개인의 자유와 자율성을 존중한다는 의미에서의 개인주의야말로 곧 공동선이 된다(스위프트 2012, 225). 게다가 롤스의 이론이 공동체주의와 아주 먼 것이 아니라고 볼 수도 있다. 공동체주의자와 롤스는 모두 공동체의 공유된 이해를 해석하고자 하는데, 다만—다른 측면에서 논란이 있겠지만—공동체주의자와 롤스 중 어느 쪽이 공유된 이해를 더 잘 설명하는지가 관건이다(Bell 1993, 11).

그렇다면 왜 이상과 같은 상반된 견해가 나올 수 있는가? 공동선에 대한 정의를 내리기가 어렵고 그에 따라 공동선을 추구하는 것이 어려운 이유 중 가장 근본적인 이유가 '선한 것the good'과 '올바른 것the right'을 구분하기 어려운 데 있다고 하겠다. 좀 더 정확하게 말하면, 선한 것과 올바른 것의 관계를 규정하는 관념이 다양하기 때문이다. 여기서는 4부작에 관통하는 이 문제를 롤스가 어떻게 다루는지 살펴보자.

윤리에서 두 가지 주요한 개념은 올바름과 선이라는 개념이다. 그래서 도덕철학 영역의 대부분에 걸쳐서 선과 올바름이라는 개념이 논의된다.

이것은 인간 생활에서 기본적인 현상을 개념화한 것이다. 선은 인간이 욕구와 지망을 품은 의도적 또는 목표 추구적인 존재라는 것을 개념화한 것이며, 올바름은 사람들이 집단에서 그들의 삶을 영위하는 것, 어떤 형태의 기구 및 습관이나 규칙·제도를 수반하는 규정을 필요로 한다는 것을 개념화한 것이다. 범위에서 이를 필적하는 다른 개념은 성격의 여러 형태를 개념화하는 것으로서의 덕이라는 개념뿐일 수 있다(Edel 1978, 173).

그런데 올바름이라는 개념과 선이라는 개념에서 도덕적으로 값어치가 있는 인간이라는 개념이 도출된다. 선과 올바름에서 두 가지 주요한 틀은 각각 목표 추구적인 틀과 법률적인 틀이라고 할 수 있다. 이 두 가지는 도덕적 영역에서 보완적이 아니라 도덕이라는 과제를 수행하기 위해 도덕적 영역을 읽는 데서 서로 다른 방식이다(Edel 1978, 173).

목표 추구적인 틀은 인간생활에서 욕구 또는 욕구의 구조를 전제로 한다. 선은 이를 추구하는 데서 목적의 위치에 따라, 또는 목적의 기본적인 성격에 따라 정의된다. 그래서 선을 아는 것은 이를 달성하기 위한 적절한 수단을 파악하는 데 도움을 준다. 그런데 선을 달성하는 행위의 여러 규칙은 어떤 올바름을 결정한다. 그리고 그러한 도덕규범을 지지하는 인격적 특성이 덕으로 간주된다.

선한 삶이라는 개념은 인간의 이상으로서 생각되며, 틀을 지배하며, 행위 또는 정책을 정당화하는 종국점을 제시한다. 다른 전형적인 윤리적 개념—올바름과 덕—은 명확하게 종속된다. 그와 같은 모델은 인간의 기본적인 목표라든가 노력의 방향을 이해하기 위해 인간 본성을 신뢰하는 대부분의 윤리학설 내에서 볼 수 있다(Edel 1978, 173). 다른 한편 법률적 틀은 윤리를 인간에게 부과된 법칙이나 규칙의 체계로 보는데, 이것은 '도덕법칙'을 구성한다.

목적 추구적인 틀과 법률적인 틀이 있다는 것을 염두에 두고 우리는 공리주의와 의무론의 갈등을 고려해볼 수 있다. 윤리이론은 올바름이라는 개념과 선이라는 개념을 정의하고 그 사이를 연결시키는 바에 따라 그 구조가 결정된다. 구조가 결정된다는 것은 무엇을 의미하는가?《정치와 윤리》에서 살펴본 것처럼 공리주의자의 선은 올바름과 배치될 수도 있기 때문에, 공리주의가 비도덕적인 것에서 도덕적으로 옳은 것을 이끌어냈다는 비판을 받는다. 반면에 의무론은 올바른 것에서 선한 것을 이끌어냈기 때문에 정언명령이라고 주장한다. 쾌락 또는 행복을 도덕의 기초로 여기다가 칸트의 정언명법에 따라 의무를 도덕의 기초로 정의하게 되었다. 도덕의 기초가 달라졌다는 것은 올바름과 선을 연결시키는 바에 따라 윤리이론이 달라졌다는 것을 뜻한다.

목적론적 이론에 따르면 선은 올바름과 무관하게 정의되며, 올바른 것은 선을 최대화하는 것으로 정의된다(TJ, 24). 이것은 두 가지를 의미한다. 첫째, 목적론적 이론은 어느 것이 선인가에 대한 우리의 숙고된 판단을 상식에 따라 직관적으로 구별되는 서로 다른 부류의 판단으로 설명하며, 올바름은 선을 최대화하는 것이라는 가설을 제안한다. 둘째, 목적론적 이론은 올바른 것에 대해 참조하지 않고 '선성(善性)goodness'을 판단하게 한다(TJ, 25). 고전적인 형태에서 효용의 원칙은 (합리적) '욕구/원망(願望)desire'의 만족으로 정의된다(TJ, 25). 그런데 롤스는 올바름이라는 개념이 선에 대한 개념에 우선해야 한다고 주장한다(TJ, 31). 롤스가 칸트적으로 해석할 수 있는 사회계약론에 의존하는 이유가 바로 여기에 있다(TJ, 32).[93]

롤스에 따르면 도덕적 선성의 개념을 구축하기 위해서는 올바름과 정의의 원칙이 소개되어야 한다. 어떤 사람이 선하다는 평을 들으려면 덕성에 대한 이론에 의존하고, 그러므로 올바름에 대한 원칙을 전제로 해야 한다. 합리성으로서의 선성이 도덕적 가치라는 개념을 지니기 위해 사람들이 필요한 관점을 채택했을 때, 사람들이 원하는 것이 합리적인 속성의 덕성이어야 한다(TJ, 404). 요약하건대, 롤스의 이론은 선에 대하여 올바름에 우선성을 두는 반면 공리주의는 올바름에 대하여 선에 우선성을 둔다. 우선성을 어디에 두느냐에 따라 현대의 정치이론이 달라진다(Kymlicka 1988, 173).[94]

롤스에 따르면 원초적 입장에서 집단적으로 선택하는 것이 정의의 원칙이다. 정의의 원칙은 다른 말로 하면 올바름의 원칙이라고 부를 수 있다. 올바름이나 정의라고 여겨지는 것은 우리가 개별적으로 자유롭게 선택하는 대상이 아니다. 무지의 장막이 걷힌 뒤에 정의의 원칙이 유효해

---

93 그런데 이에 대하여 다른 견해가 있다. 라모어에 따르면, 선에 대해 올바름이 우선한다는 것은 칸트의 윤리에만 국한되는 것이 아니다. 이것은 공리주의라는 전통을 형성해왔다(Larmore 1996, 12). 근대 윤리에서 가장 두드러지는 요소는 정언적·도덕적 의무에 모두가 복속해야 한다는 개념이다. 그러나 그러한 도덕적인 면모가, 특히 종교적인 세계관이 쇠퇴하고 있다는 점을 감안한다면, 우리에게 진실로 권위적일 수 있는가에 대한 회의가 항상 있었다(Larmore 1996, 3). 오늘날의 영·미 도덕에서 가장 두드러진 현상은 근대 윤리에서 의무 중심적인 지배적인 '가닥strand', 즉 칸트주의와 공리주의에 불만을 품고 덕성에 대한 고대와 중세의 이론으로 회귀하고 싶어 한다는 점이다(Larmore 1996, 3). 그래서 덕성 윤리, 그것도 고대의 덕성 윤리로의 회귀를 갈망하게 만들었다(Larmore 1996, 11). 그 이유는 우리의 도덕적 생활 전체를 정언적 의무로써 이해할 수는 없기 때문이다. 그러한 한 우리는 고대 윤리의 근원에서 배울 것이 많다. 선에 대한 우리의 관점이 무엇이든 간에 우리 모두를 구속하는 핵심적인 도덕의 중요성을 간과한다면 근대의 형성적인 경험의 한 가지를 접할 수 없게 된다. 이것은 우리의 삶의 꼴에서 빠뜨릴 수 없는 부분이다(Larmore 1996, 12).

94 킴리카에 따르면, 공리주의가 올바른 것을 선의 최대화라고 보지 않고 의무론적이라고 해석할 수 있음에도 불구하고 롤스·고든Scott Gordon·노직은 공리주의를 잘못 이해했다. 따라서 양자 사이의 우선성 문제가 아니라 인간의 본질적인 이해가 무엇이며 이를 배분하는 원칙에 관한 문제라고 주장한다(Kymlicka 1988).

지기 때문이다. 그리고 정의의 원칙은 개별 행위자에 대한 것이 아니라 우선적으로 기본 구조에 대한 것이다. 그러므로 정의의 두 원칙은 이전에, 즉 원초적 입장에서 도출되기 때문에 그 후에 우리가 개별적으로 좋아하든 싫어하든 관계없이 적용된다.

그런데 개인은 실제 생활에서 선을 자발적으로 선택할 수 있다. 말하자면 인간은 자신의 삶을 자유롭게 계획하고, 즉 인생의 목적을 정하고 이를 실행해나간다(TJ, 447). 이것이 인간의 삶이라고 볼 수 있으며, 이 삶의 계획은 합리적이어야 한다. 그런데 합리적인 삶을 영위하겠다는 목적을 달성하기 위해 인간이 필요로 하는 것이 있다. 합리적인 삶의 계획을 가진 사람이 원하는 속성을 담고 있는 대상이 선이다(TJ, 399). 풍랑을 만난 배에서 다수라고 하여 스님을 살상하겠다든가 누가 지구를 파멸시키겠다는 것을 목적으로 자신의 선을 계획할 수는 없다. 물론 올바름과 일치되는 합리적인 욕구를 선으로 추구할 수 있다.

어쨌든 인간의 선은 합리적인 계획에서 주요한 위치를 차지하는 목적이나 활동이며, 합리적인 삶의 계획을 성공적으로 실행하는 것이다(TJ, 432·433). 이렇게 보면 선은 합리적인 삶의 계획에 의해서 결정된다(TJ, 438·424). 다시 말하면, 어떤 사람에게 아주 호의적인 상황에서 가장 합리적인 인생 계획에 의해 그 사람의 선이 결정된다(TJ, 395). 그러나 선을 선택하는 것은 정의의 원칙이 근거를 두는 올바름의 원칙에 따라 제약을 받는다. 올바름이 선에 우선한다는 것이 의미하는 바가 바로 이것이다. 정의의 원칙이 모든 삶의 계획과 양립할 수 있는 것은 아니지만, 양립될 수 없는 것은 거부된다(TJ, 31·396·398·565).

그래서 롤스는 다음과 같이 말한다. 정의는 사회 제도의 많은 덕성 가운데 하나만 대변한다고 여겨져야 한다. 제도는 정의롭지 않으면서 시대에 뒤떨어지고, 비효율적이며, 타락할 수도 있기 때문이다. 그런데 정의는 선한 사회에 대하여 모든 것을 포함하는 비전과 혼동하지 말아야 하며 올바름이라는 개념과 같은 것으로 생각해서도 안 된다. 정의는 선한 사회에 대한 관념 가운데 단지 한 부분일 뿐이며 올바름의 한 종(種)일 뿐이다. 정의의 평상적인 의미는 임의적으로 구분하는 것을 막고 관행의 구조 내에서 적절한 몫을, 그리고 경합하는 주장들 사이에서 적절한 균형을 확립하는 것이다(CP, "Justice as Reciprocity", 191).

시지윅에 따르면, 인간의 선은 삶의 계획에 의해 결정되며, 삶의 계획은 미래를 정확하게 예측하고 적절하게 실현될 경우 합리적으로 완전히 숙고하여 택하게 된다(TJ, 421). 합리성은 '선성goodness'에서 주요한 요소이다(TJ, 434). 선의 예로 자유, 기회, 평등, 선한 사람인 것, 정의, 일의적 선, 최종 목적, 도덕적 덕성, 정의의 원칙에 따라 기꺼이 행동하는 것, 정의로운 사회의 집합적인 행동, 그리고 자신의 가치에 대한 감각 등을 들 수 있다(TJ, 398). 비도덕적 가치로는 우정과 애정, 지식의 추구, 그리고 미의 향유 등을 들 수 있다(TJ, 434). 그렇다면 두 가지 도덕적 힘을 행사하는 것과 정의로운 민주적 제도를 유지하는 것(Rawls 1988, 270, 271), 정의에 대한 감각/정의감도 선인가(TJ, 398)?

정의에 관한 이론은 선에 관한 이론을 전제로 한다(TJ, 260). 선에 대한 관념을 포함하는 모든 것이 정의에 대한 관념에 종속되어야 한다. 정의를 향한 욕망이 궁극적인 선이기 때문이다. 그렇다면 롤스는 정의의 두 원칙을 제안하고 수용하게 하면서 선에 대한 어떤 이론을 전제로 하는가? 목적론과 공리주의의 차이에서 암시한 것처럼 선에 관해서는 두 가지 이론이 있는데, 이 둘을 구분해야 한다. 그 이유는 공정으로서의 정의에서는 올바름이라는 개념이 선이라는 개념에 우선하기 때문이다(TJ,

396).

목적론적인 이론과는 달리 공정으로서의 정의에서는 어떤 것이 올바름이라는 원칙과 일치하는 생활방식에 적합해야만 선한 것이다. 그렇게 되려면 선에 대한 개념에 의존해야 한다. 당사자의 동기에 대한 가정이 원초적 입장에서 필요하기 때문이다. 이 가정은 올바름이라는 개념이 우선적인 위치를 차지하는 것을 위태롭게 해서는 안 된다. 그래서 정의의 원칙을 설명하는 데서 선에 관한 이론은 그저 본질적인 것에만 국한시켰다.

롤스는 선에 대한 이러한 설명을 엷은 이론이라고 불렀는데, 그 이유는 정의의 원칙에 도달하는 데 요구되는 일의적 선에 대한 전제를 확보하기 위해서이다. 일의적 선은 선에 관한 엷은 이론으로 설명될 수 있다. 합리적인 선을 계획하고 실행하는 데 일반적으로 반드시 필요하기 때문에 누구나 일의적 선을 얻는 것이 합리적이다. 원초적 입장에서 합리적인 당사자들은 선에 대한 이 관념을 수용할 것이라고 여겨지며, 그래서 더 많은 자유와 기회, 그들의 목적을 달성하는 데 필요한 더욱 광범한 수단을 원하는 것을 당연하게 여긴다(TJ, 433). 일단 엷은 이론이 설정되고 일의적 선을 설명한 다음 '선에 대한 완전한 이론full theory of the good'을 전개하는 데 정의의 원칙을 이용했다(TJ, 396).

그렇다면 선에 관한 이론은 어떤 역할을 했는가? 첫째, 사회의 최소 수혜자를 규정하는 데 쓰였다. 차등 원칙은 이렇게 할 수 있다는 것을 가정한다. 선에 관한 이론이 복지에 대한 '기수적 측정cardinal measure'을 규정할 필요는 없다. 최소 수혜자가 얼마나 불리한지는 알 필요가 없다. 최소 수혜자 집단을 정하고 나면, '서열적인 선호ordinal preference'를 고려해서 기본 구조를 배열하는 것을 결정하면 된다(TJ, §15). 최대한의 자유를 누리고 부와 소득의 몫이 더 많아지는 것이 '선good'한 것이라는 점에는 의심의 여지가 없다. 또한 일의적 선들 중에서 가장 중요한 것은 '자기 존중self-respect'과 자신의 값어치를 확신하는 것이다(TJ, §29).

그리고 롤스는 다양한 반대에 직면하여 '선성goodness'에 대한 어떤 관점을 공정으로서의 정의를 옹호하는 데 이용했다. 무지의 장막이 쳐진 상태에서는 합리적인 합의를 할 수 없다는 반대 의견이 있다. 그러나 이 반대 의견에 대해 롤스는, 제한된 정보가 주어졌지만 당사자들은 선이 어떤 구조인지 알고 있기 때문에 합리적인 결정을 내릴 수 있으며, 선에 대한 얇은 이론이 당사자들로 하여금 자유와 자기 존중을 확보하게 하며, 자신의 목적을 달성하기 위해 다른 일의적 선도 적은 것보다 많은 것을 원한다는 점 등을 들어서 반박한다(TJ, 397).

어쨌든 롤스의 원초적 입장은 올바름이라는 개념이 선이라는 개념에 우선하며, 정의의 원칙은 이것을 요구한다고 본다(TJ, 31). 우선한다고 해서 선에 대한 개념을 기피해야 한다는 것은 아니다(Rawls 1988, 271). 그래서 원초적 입장에서 일단 정의의 두 원칙이 채택되면, 선에 대한 관념에 제한이 가해진다. 이 제한은 정의의 두 원칙과 두 원칙 사이의 우선성 원칙이 시사하는 바대로 정의가 효율에 우선하며 사회·경제적 이익에 자유가 우선한다는 것, 그리고 평등한 자유의 보장이 우선한다는 것 등이다(TJ, 68, 261). 그리고 정의의 두 원칙은 개인이 올바름에 대해 가지는 관념의 한 부분으로 여겨야 한다(TJ, 335).

또한 완전한 이론에서 합리적인 계획은 정의의 원칙과 부합해야 하므로 인간의 선도 마찬가지로 제약을 받는다(TJ, 425). 비유하자면, 타인을 살상하고 지구를 파멸시키는 것을 인생의 목적으로 삼을 수는 없으며 이런 활동을 하는 것을 선으로 간주할 수 없다. 요컨대, 정의의 원칙은 허용될 수 있는 삶의 방식에 제한을 가한다(Rawls 1988, 251).

그렇다면 선, 올바름, 그리고 정의는 어떤 관계에 있는가? 롤스에 따르면 올바름과 선은 보완적이다. 올바름의 우선성이 보완적이라는 것을 부정하지 않는다(Rawls 1988, 273). 그리고 적어도 질서가 잘 잡힌 사회라는 상황에서는 정의와 선성이 합치한다(TJ, 395). 질서가 잘 잡힌 사회에서 선에 대한 시민의 관념은 공적으로 인정된 올바름이라는 원칙에 따르며, 다양한 일의적 선에 대한 적절한 위치를 포함하고 있기 때문이다(TJ, 395~6).

그런데 선에 관한 더욱 '포괄적인 이론comprehensive theory'이 필요하다. 자비로운 행동과 '의무 이상으로 하는 행동supererogatory act'은 그런 이론에 따라 정의된다. 인간의 도덕적 값어치도 마찬가지이다(TJ, 398).

글을 맺으며

인간의 역사를 살펴보면 국가와 법의 기원은 권력이다. 국가와 법은 합의나 계약에 의존하지 않았다. 새로운 국가를 세우거나 법률을 새로 만드는 것은 폭력 사용이 포함된 권력 갈등의 결과이다. 권력을 가진 집단과 권력을 가지려고 하는 집단 사이에서 벌어진 투쟁의 결과로 아테네와 로마에서 법이 제정되었다. 그리고 근대국가로서의 터키도 이슬람 사회에 대항하여 근대화 세력이 독재를 할 수 있었기 때문에 생겨났다. 이렇게 보면 정치권력이 법을 파괴하는 것이 아니라 오히려 강력한 사회적 집단이 자신의 주장을 법으로 변형시킨다. 힘이 올바름이 되는 것이다 (Rottleuthner 2005, 54~5, 146).

《정치와 윤리》의 첫머리에서 "뱀이 이브를 속이고, 카인이 아벨을 죽이고도 주님에게 그가 어디 있는지 모른다고 거짓말을 한 이후로 인간 세상에는 사기와 폭력이 횡행했으며 이에 따른 보복도 뒤따랐다. 정치사상은 이 문제를 해결하기 위한 인간의 노력이라고 하겠다"라는 말로 정의에 대한 논의를 시작했다. 정의로운 사회를 만들려면 무엇보다 먼저 사기와 폭력을 배제해야 한다.

인간 사회에 사기와 폭력이 횡행한 탓에 보복도 뒤따랐다. 국가와 같은 정치질서가 나타나 사기와 폭력을 막고 처벌할 수 없었던 사회, 즉 부족적 형태의 사회에서 인간은 친척에게 충성을 바쳤다. 호메로스 시대에는 정의가 대체로 개인적인 복수를 의미했다. 그래서 그들 사이의 정의는 응보에서 시작했다(Fukuyama 2011, 15). 이렇게 보면 당시 개인들 사이의 정의는 오늘날의 국제관계와 비슷했다.

그러다가 어떤 행위에 대해 어느 정도의 응보가 당연한지를 생각하게 되었다. 살인을 저질렀을 때 피해자의 친척에게 치러야 하는 '살인배상금wergeld'이라는 것이 생겼는데(Fukuyama 2011, 254~5), 이것은 갈등이 격화되는 것을 막기 위해서 생긴 제도라고 하겠다. 요컨대, 오늘날에는 배분적 정의를 주로 생각하게 되었지만, 원래 정의라는 관념은 이미 밝힌 바와 같이 처벌, 그것도 복수가 따르는 처벌과 연관되었기 때문에 응보적 정의에서 시작했다. 그 후에 예수가 왼뺨을 때리거든 오른뺨을 내놓으라고 가르침으로써 응보적 정의를 종식시키고자 했다.

그렇더라도 응보적 정의가 역사의 뒷전에 밀려나게 된 이유와 처벌의 본질과 정당화, 그리고 응보와 처벌의 관계는 오늘날에도 논해야 한다. 처벌이 정당화되는 이유와 관련해서는 공리주의적 견해, 의무론적 견해, 또는 교육적인 견해가 있을 것이다.

정치철학은 인간을 사기와 폭력에서 벗어나게 하고 권력의 정당성을 확립하지 않으면 안 된다. 그래서 정치이론은 정치적 도덕에 관여하지 않을 수 없다. 정치이론은 크게 두 부분, 즉 정치적 도덕과 정치제도에 관한 이론으로 나뉜다. 정치적 도덕은 정치적 행동으로 인도해야 하는 원칙을 제시한다. 그 원칙을 근거로 삼아 제도에 관한 이론은 어떤 제도가 왜 수립되어야 하는지에 대한 논지를 구성한다. 또한 정치적 도덕은 그러한 정치제도가 지향해야 하는 행동에 한계와 목표를 설정한다(Raz 1986, 3).

정치이론에서 도덕과 제도의 관계는 롤스가 정의의 두 원칙에서 출발하여 제도의 모습을 정하는 과정을 음미해보면 쉽게 알 수 있다. 정치적 도덕이 원칙으로서 제도에 정착되려면 법으로 전환되어야 한다. 이때 정치적 도덕은 법으로 전환되어야 하는 주장의 근거를 제시한다. 법은 결국 사기와 폭력을 막는 데에 그 목적이 있다. 그래서 예컨대 노직은 최소한의 국가를 이상으로 삼고 그 근거를 제시했다. 국가가 최소한의 것 이외의 일을 하면, 그것은 사기와 폭력에 해당한다고 생각하기 때문이다(ASU, 26~30·32). 노직에 따르면 정치철학은 인간이 타인을 이용할 수 없게 하는 방식에만 관여한다(ASU, 6·32).

반면에 롤스가 인간이 원초적 입장이라는 공정한 상태에서 결정을 내리도록 설정한 것은 결국 사기와 폭력이 없으며, 또한 없기 때문에 보복이 뒤따르지 않는 상황을 가정한 것이다. 그리하여 그는 그 나름대로 정의의 두 원칙을 제시하고 지키게 함으로써 사기와 폭력에서 벗어날 수 있다고 생각했다. 물론 정의의 두 원칙 자체도 롤스는 공정하며 정의롭다고 주장한다.

인간을 자유롭고 평등하게 해야 한다는 것은 결국 인간으로 하여금 사기와 폭력에서 벗어나게 하여 자율적인 존재로 만들자는 데 그 목적이 있다. 민주주의도 이를 지향한다고 하겠다. 정치적 민주주의가 지향하는 것은 정치적 평등, 즉 구체적으로 1인 1표이며, 경제적 민주주의가 지향하는 바는 경제적 평등이다. 개개인을 경제적으로 평등하게 함으로써 타인에게 정치적으로 지배받지 않게 하겠다는 것이 민주주의의 이상이라고 하겠다.

그런데 오늘날의 민주주의가 비롯된 지적인 기원의 하나였던 공화주의가 지향한 이상이 비지배와 자율이라는 점을 감안하면, 민주주의는 인간을 자율적인 존재로 만드는 것을 목적으로 한다.[95] 이 점에서 민주주의는 도덕적인 정당성이 있다. 자율적인 인간은 자신이 선택하고 행한 일에 책임을 질 수 있기 때문이다. 도덕적 정당성의 근거를 갖추게 하려고 공리주의와 의무론의 조화라는 문제를 줄곧 논의했다.

민주주의 사회에서는 인간이 자율성을 가져 도덕적인 존재가 되게 하면서 사회뿐만 아니라 사회 내에서의 개인들이 존속하고 번영해야 한다. 그렇다면 어떠한 정의의 원칙을 보장해야 존속과 번영이 가능한가? 이 문제를 다루어온 셈이다.

지금까지 공리주의와 의무론이라는 윤리이론이 정의에 관한 원칙에서 어떤 의미가 있는지를 살펴보았다. 정의에 관한 이론은 정치사회를 조직하는 기본 원리가 된다. 말하자면 헌법의 바탕이 되는 기본 원칙이라고 하겠다. 그렇다면 오늘날 자유주의 국가 내에서—비단 자유주의 국가에 한정되는 문제는 아니지만—공리주의와 의무론의 차이, 나아가 양자의 조화를 꾀하려고 하는 정의의 원칙이 정치생활에서 의미하는 바는 무엇인가?

현대 국가는 시장과 민주주의를 중요한 제도로 채택하고 있다. 둘의 관계를 둘러싸고 논란이 많은데, 일반적으로 경제적인 시장과 정치적 민

---

95 대한민국이 민주공화국이 된 연원은 이동수 편(2013)에서 참조할 수 있다.

주주의는 긴장관계에 있다고 볼 수 있다. 전자는 효율을 증진하는 반면 후자는 평등(민주화)을 증진하는 것으로, 또는 전자는 자유를 증진하는 반면 후자는 평등을 증진하는 것으로 보이기 때문이다. 그래서 복지국가는 정책을 통해 양자를 조화시키려고 한다. 그렇다면 그렇게 볼 수 있는 근거는 무엇이며, 이를 극복하는 하나의 방편으로 롤스의《정의론》이 의미하는 바가 무엇인지를 고찰해보았다.

우리는 공리주의와 칸트의 의무론의 내용, 계약론을 살펴보았다. 이어서 평등, 자유, 권리라는 개념을 살펴보았다. 그레이John Gray에 따르면 자유주의 사상은 자연권 사상에 기초하여 형성된 '자연권적인 자유주의 natural rights liberalism', 칸트의 자율성이라는 개념과 그의 도덕철학에 기초를 두고 형성된 '칸트적 자유주의Kantian liberalism', 그리고 벤담과 밀의 공리주의를 근간으로 한 '공리주의적 자유주의utilitarian liberalism'로 나뉜다(Gray 1986, ch. 6; 김비환 2005, 26).

칸트적인 자유주의는 절대 의무를 바탕으로 구성된 자유주의이며, 의무론적 자유주의라고도 한다. 그리고 공리의 원칙에서 개인의 자유와 권리의 체계를 도출하는 자유주의가 공리주의적 자유주의인데, 이는 사회적 유용성을 자유와 권리의 토대로 삼는다(김비환 2005, 27). 그러나 자유주의에 대한 견해를 반드시 세 가지로 분류해야 할 이유는 없다. 칸트적인 자유주의, 즉 의무론적 자유주의와 공리주의적인 자유주의로 분류할 수 있다.《정치와 윤리》에서 다룬 계약론,《평등, 자유, 권리》에서 다룬 자연권 사상에서 연유하는 자연권적인 자유주의는 의무론적 자유주의에 포함될 수 있기 때문이다.

의무론적 자유주의와 공리주의적 자유주의로 분류하는 것은 이 책의 의도와도 부합한다. 여기서 시장과 민주주의의 관계에 대한 다양한 이론을 소개하지는 않겠다. 다만 같은 자유주의라고 해도 시장에 우선을 두는 자유주의와 민주주의에 우선을 두는 자유주의는 견해가 상반된다고 하겠다(김비환 2005, 4장·6장). 이것은 다른 말로 하면 자유에 우선을 두어야 하는가, 아니면 평등에 우선을 두어야 하는가에 대한 문제라고 볼 수 있다.

그런데 이상과 같은 자유주의에 대한 상반된 견해와 관련해서 롤스는 시장과 민주주의의 관계 문제를 어떻게 풀려고 했는가? 그는 평등주의적·복지주의적 자유주의자로, 시장과 민주주의라는 제도들 또는 원리들 사이의 균형을 찾으려 한다. 스튜어트 밀은 《자유론》에서 하나의 체계에서 개인의 권리를 보전하고 공리적인 효율을 최대화할 수 있다고 주장했다. 이 점에서 롤스는 노직에 견주어보면 권리와 효율을 결합하려고 노력한 셈이다(Shapiro 1986, 261~2).

이에 비해 노직을 포함한 자유 지상주의적인 뉴 라이트들은 시장관계를 넘어서 그것을 수정하는 일련의 여러 권리가 시티즌십이라고 본다. 그들은 국가는 법의 지배와 통화를 유지하는 기능에 전념하면 된다고 본다(Shute 1993, 서언). 시티즌십을 향유한다는 것은 1인 1표라는 정치적 권리가 보여주는 것처럼 모든 국민이 다른 권리에서도 가능한 한 평등해져야 한다는 것을 의미한다. 시티즌십을 향유함으로써 시장에서 나타날 수 있는 불평등을 완화하는 역할을 국가가 담당하게 된다. 이것이 복지국가의 임무라고 하겠다. 말하자면 국가는 시장에서 개인의 자유로운 활동 때문에 생긴 불평등의 차이를 줄여주어야 한다. 이렇게 보면 복지국가의 목표는 자유와 평등, 효율(또는 그로 인한 불평등)과 평등, 그리고 권리들 사이의 조화를 달성하는 것이라고 하겠다.

그런데 불평등을 어떻게 없앨 수 있는가? 불평등을 없애는 방법은 두 가지로 생각할 수 있다. 하나는 개인들 사이의 차이를 없애는 것이다. 다른 하나는 모든 차이를 사회적 지위와 무관하게 만드는 것이다. 전자는 공산주의가 택하는 방식이며, 자유민주주의는 대체로 후자의 방식을 택한다(Shapiro 1986, 261~2).

자유민주주의(또는 사회민주주의)를 택하지 않을 수밖에 없는 상황에서 그것을 지향하는 국가의 노력에 유념할 점이 있다. 민주주의를 다수의 지배라고 정의할 경우 다수의 결정이면 모두가 정당한가라는 의문이 생기게 되는데, 그렇지 않다. 다수의 표를 얻어서 선거에 승리했다고 해도, 선거법을 위반했다는 사실이 밝혀지면 당선은 취소된다. 이 점을 고려한다면, 다수의 결정보다는 법의 지배가 우선이라고 봐야 한다.

민주주의에서는 다수가 결정한다고 해도 법의 지배에 종속되어야 한다. 그렇기 때문에 의회에서 아무리 다수가 결정하더라도 개인의 기본권, 나아가서는 인권을 침해할 수 없다. 이에 관한 사례는 참여정부가 종합부동산세를—그 정도가 지나쳤다는 것을 인정한다면—결정한 것에서 찾을 수 있다. 진리는 다수결로 결정할 수 없다. 자유주의에서 기본권이란 사회생활에서의 최소한의 진리라고 인정된 것이라고 볼 수 있다. 따라서 기본권을 침해하지 않는 한—기본권의 근거가 어디에 있든지 간에—다수결로 정해야 한다는 것이 법의 지배를 인정하는 민주주의라고 하겠다.

그러므로 의회는 기본권을 침해하지 않아야 한다는 법의 지배를 받으면서 그 밖의 사항에 대해 다수로 결정할 수 있을 뿐이다. 그렇기 때문에 법의 지배를 받는 민주적인 의회 제도가 있어야 하며, 이러한 의회 제도 없이 강력한 복지제도를 확립하는 것은 자칫 권위주의로 흐를 여지가 있다. 칸트가 "법은 자유의 일반 원칙에 따라 각자가 타인과 더불어 자유롭게 살 수 있는 여러 조건을 모은 것이다"라고 했을 때, 그 조건의 한 가지가 기본권을 침해하지 않는 것이라고 생각할 수 있다.

정치권력은 기본권 또는 인권을 적대시해서는 안 된다. 정치의 목적이 인권을 보장하는 것이어야 하기 때문이다. 그렇기 때문에 권력이 인권을 제한할 수는 없으며, 반대로 인권이 권력에 대항하는 무기가 되는 상황이 도래해서도 안 된다. 권력이 인권을 보장하기 위해 노력할 때 정치는 도덕적인 정당성을 얻는다고 하겠다.

민주주의에서 아무리 다수가 법을 만들고 그 법을 집행하더라도, 즉 다수의 지배라고 해도 법에는 정당성이 확립되어야 한다. 정당성은 정치의 목적을 무엇으로 봐야 하는가, 말하자면 인간에게 지극히 필요한 것을 무엇으로 보고 이를 보장해야 하는가라는 문제와 연관된다. 지금까지 정치와 윤리를 논하고, 평등·자유·권리라는 선을 논한 이유가 바로 여기에 있다.

결과적으로 의무론적인 요건과 공리주의적인 요건을 조화시키면서 자유와 평등이라는 선을 조화시켜야만, 즉 어떤 형태의 정의가 확립되도록 해야만 법의 지배 그 자체도 정당성을 얻게 된다. 말하자면 법이 정당성을 갖기 위해서는 법의 지배에서 법의 내용이 무엇인가라는 것이 문제가 되지 않을 수 없다. 이는 아무리 다수가 결정하는 것이 민주주의적인 제도라고 해도 법의 내용에 기본권 보장이 필수적으로 들어가야 한다는 것을 의미한다. 기본권이 들어가야 한다는 것은 어떤 내용을 담은 법이 어떤 형태의 정의를 반영해야 한다는 것을 의미한다.

헌법을 객관적인 질서에 대한 하나의 규범으로 여긴다면, 이 책에서 논한 것은 이 규범을 어떻게 찾을 것이며 어떻게 정해야 하는가, 즉 무엇을 근거로 법을 만들 것인가라는 논의라고 볼 수 있다. 달리 말해 법의 내용에 어떤 내용이 함축되어야 하며, 어떤 내용이 함축되는 것이 정의로운지를 다루어야 한다.

권력이 법의 내용을 정하고 법이 정의를 실현하고자 하는 것이라고 보면, 정치이론은 정치권력의 정당성에 관한 것이라고 볼 수 있다. 그러한 한 정치이론은 기존의 정치권력을 옹호하거나 전복시키는 데서 이데올로기적인 기능을 수행하기 않을 수 없다(Neumann 1973, 266). 정치이론이 진리에 관여하고 인간의 역사는 자유의 신장으로 발전했다고 본다면, 정치이론에서는 정치적 자유를 보장하는 것이 진리이다. 그러나 어떠한 정치체제도 실제로는 정치적 자유를 완전하게 실현할 수 없기 때문에 정치이론은 이에 대해 비판적일 수밖에 없다(Neumann 1973. 269).

최근 한국 사회에서는 정의에 대한 관심이 더욱 고조되고 있다. 그 원인을 어디에서 찾을 수 있을 것인가? "산업화가 급격히 추진되면서 전래의 규범체계가 가치판단의 척도로서의 기능을 제대로 수행하지 못하게 될수록 '정의'에 대한 호소가 점증"하게 되었기 때문이라고 볼 수 있다(차하순 1983, 2, 특히 각주 3; 박홍기 1985, 41 재인용). 이 대답이 정확하다면, 전래의 규범체계에서 무엇이 문제였는지 생각해보지 않을 수 없다.

① 전통적인 한국인의 삶에서 공동선에 대한 관념이 희박했다는 점을 들 수 있겠다. 흔히 우리는 자신이나 자기 패거리에서는 인정(人情)을 찾고 다른 사람이나 패거리가 한 일에는 엄격한 정의의 잣대를 들이대어 따지려 하는 습성이 있다. 혈연·지연·학연에 얽매여 근대국가의 시민으로서 미성숙함을 보여주었으며(김비환 2005, 511), 이러한 인연을 통해 저마다 자신의 생존을 보장받으려다 보니 그 집단과 감정적인 유대를 공고히 하지 않을 수 없었다. 그래서 같은 일을 두고도 다른 집단이 하면 그르다고 단정하고, 자신의 집단이 행하면 잘못된 면을 애써 외면하거나

옹호하는 태도를 보이지 않을 수 없었을 것이다.

이러한 습성이 오늘날까지 면면히 이어져서 공과 사를 제대로 구분하지 못하게 되었다.[96] 이러한 전근대적인 연고주의적 습성은 베버가 말한 전근대적 '가산(家産)주의patrimonialism'라고 할 수 있다. 그래서 이에 연유하는 지역 이기주의와 집단 이기주의로 인해 대중의 정치문화는 정실주의와 연고주의를 벗어나지 못하고 권력의 행사가 공공선을 띠지 못한 채 사유화되어, 정치는 지역주의·가신주의·패거리정치를 벗어나지 못하게 되었다(임혁백 2011, 24~5·108·175). 그러한 폐단을 아직까지 벗어나지 못하고 지역주의 정치가 팽배해 있다는 것은 극단적으로 말해 대한민국이 근대국가체제에 올바르게 진입하지 못했으며, 진입하기도 전에 '재가산주의화repatrimonialization'한 것이라고도 볼 수 있겠다.

근대국가체제로 들어서려면 국가의 정체성이 확립되어야 한다. 예컨대 프랑스혁명 당시인 1789년 11월 발랑스 가까이에 모인 1,200명의 국민 방위군들은 네이션과 법률·국왕에 대해 충성의 맹세를 하고, 더 이상 랑그도크 사람, 도피네 사람, 그리고 프로방스 사람이 아니라 프랑스인이라는 것을 선언했다. 이로써 프랑스인이라는 민족이 '국민적 정체성national identity'을 지니게 되었다.

그러나 불행하게도 한국인들에게는 자신과 국가를 일체화할 수 있는 역사적 계기에 대한 집단적인 기억이 없다. 지금껏 지역주의·가신주의·패거리정치를 벗어나지 못했다는 것은 바꾸어 말하면 '국가적 정체성national identity'과 '지역적 정체성sub-national group identity' 사이의 긴장이 여전히

---

96 한국에 관한 내용은 아니지만, 일본과 중국에서 공과 사의 관계가 어떠하며 그 차이가 역사적으로 어떤 의미가 있는지에 대해서는 유조(2013)를 참조할 만하다.

남아 있다는 것을 뜻한다(후앙 2013, 230). 조금 과장되게 표현하면, 아직까지 국민국가를 건설하는 과정에 있다고도 할 수 있겠다(송창주 2013, 258).

② 그 원인은 한국이 국가 수준의 제도를 재빨리 수용하지 못했다는 데 있다고도 볼 수 있다. 인류는 혈족에 의존하여 부족적으로 조직된 제 로에서 서기에 경치긴 것를 하립해었다. 그런데 유럽만이 이를 재빨리 확립할 수 있었다. 보편성을 강조한 그리스도교가 사회적 결집의 근거로서 '혈족관계kinship'를 해체하는 데 기여했고, 개인주의가 근대국가나 자본주의에 앞서 존재했으며, 정치권력이 집중되기 전에 법의 지배가 행해지고 있었기 때문이다(Fukuyama 2011, 21~2·78·81).

이러한 경로를 겪지 않은 대한민국 국민은 그래서 국가 차원에서 헌법이 표방하는 자유민주주의라는 이념을 내면화하기가 어려웠다. 헌법의 이념이 표방하는 정의와는 별도의 정의가 존재하게 되고, 정의를 집단이나 지역마다 다르게 받아들인 것으로 보인다. 물론 이렇게 된 까닭은 대한민국이 독립한 이후 자유민주주의를 표방하면서도 자유민주주의의 원칙대로 권력을 행사하지 않았던 역사 때문이라고도 볼 수 있다.

③ 이러한 습성을 갖게 된 것도 결국 법을 일률적으로 적용하기 어려운 풍토, 그리고 어떻게 보면 법보다도 예를 숭상한 데에서 연유하는 듯하다. 유교의 가르침에는 "아버지가 설사 양을 훔쳤더라도 자식이 이에 대한 증인이 되어서는 안 되며, 아버지를 숨겨주는 행위 속에 오히려 정직이 있다"는 주장이 나온다. 이것은 국가에 대한 책무보다 부모에 대한 의무를 우선시해왔다는 것을 의미한다. 물론 개인을 국가와 직접적으로 연관시키는 법가(法家) 사상이 중국에서 유교 사상과 갈등을 빚지 않았던 것은 아니다(Fukuyama 2011, 116·119). 그러나 조선에서는 의병활

동을 하다가도 부모의 3년상을 치르는 것이 올바른 것으로 여겨졌다. 아무튼 이처럼 중국과 한국에서는 전통적으로 국가보다 가족에게 더 애착을 가졌으며, 대체로 가족에 대한 의무를 더 중시했다.[97]

그러나 서구는 그렇지 않은 측면이 있다. 절대적인 존재에 대한 믿음을 보여주기 위해 아브라함은 자기 아들인 이삭을 죽이려고 했다. 그리고 고드윈은 불난 집에 갇혀 있는 청소부인 어머니와 대주교 중 한 사람만 구할 수 있는 경우에는 사회에 더 많은 선을 가져다주는 대주교를 구하는 것이 정의라고 주장했다(Godwin 1976). 공동체의 이익 또는 인류의 보편적인 행복을 가져다준 사람에게 보답이 있어야 한다는 원칙에 충실하고자 하기 때문이다(Gowin 1949, 6~7·144). 그리고 파벨 모로조프 Pavel Morozov는 자기 부모를 스탈린의 경찰에 넘긴 일로 소련의 모범적인 어린이라고 기림을 받았다(Fukuyama 1992, 24). 이와 같이 서구에서는 일상적인 삶을 평등이나 정의라는 추상적인 원칙을 고수하는 데 종속시키는 측면이 강하다.

서양에서 법을 일률적으로 평등하게 적용해야 한다고 생각한 것은 평등이라는 추상적인 가치를 위해 구체적인 상황을 고려하지 않은 것이다. 유교는 구체적인 상황을 고려해서 윤리적인 행위를 해야 한다고 가르쳐왔다. 게다가 법가 사상은 법이 일률적으로 적용되어야 한다는 의미에서 '법의 지배rule of law'를 천명한 것이 아니다. 지배자는 예외일 수 있기 때문이다. 오히려 법에 의해 확립된 처벌이 모든 성원에게 불편부당하게 적용되어야 한다는 측면이 강했다(Fukuyama 2011, 122). 법을 일률적으로 적용하는 것은 한국인에게는 불편하기 짝이 없는 것이며, 인간으로서

---

97 이에 관해서는 이상익(2004, 9장)을 참조하라.

할 일이 아니라고 생각되었다. 그래서 서구의 법이 동양에 이식되었을 때 실질적으로 적용되기가 어려웠다.

④ 근대화와 산업화를 거치면서 유교적 가치규범이 지배하는 전통적인 농경사회가 무너지게 되었다. 유교적 가치규범은 자기 이익에 바탕을 두는, 서구와 같은 계약사회를 모형으로 하는 것이 아니었다. 더욱이 조선 사회는 오늘날과 같은 국민적 사회national society'가 아니라 폐쇄적이며 제한적인 사회를 모형으로 삼고 있었다. 그 사회에 내에서 친척이나 지인들 각각에 대해 적절하게 처신해야 할 다양한 규범을 가르쳤다(Etzioni 1993, 31). 그러나 새로운 사회에서는 전래의 가치규범 대신에 계약사회를 바탕으로 하는 헌법의 정신에 맞는 새로운 규범이 필요해졌다. 따라서 국민적 사회를 전제로 모든 사람에게 보편타당하게 적용될 수 있는 정의를 호소하지 않으면 안 되었다. 그래서 정의에 관한 논의가 필요해졌다고 볼 수 있다.

⑤ 그런데 해방 이후로 유교적 규범에 내포된 온정주의적 태도와 서구의 자유민주주의적인 가치규범이 혼재해왔다고 볼 수 있겠다(김비환 2005, 460·469). 이것은 경제 영역에서는 자유주의, 전통적인 사회 영역에서는 유교주의, 그리고 정치 영역에서는 자유주의와 유교주의가 혼재해 나타난 것에서 볼 수 있다(김비환 2005, 520). 이러한 혼란에서 벗어나려는 사고방식이나 태도가 일어나기 시작하면서 한국사회에서 정의에 대한 관심이 높아졌다고 할 수 있을 것이다.

아무튼 어떤 이유에서건 우리나라에서 정의나 공동선에 대한 합의가 없다는 것은 무엇을 의미하는가? 지금까지 우리는 정의 이론이 어떠한 역사적 근거에서 그러한 내용으로 구성되었는지를 주로 살펴보았다. 정의가 정치사회에서 무슨 소용에 닿는지는 별로 고려하지 않았는데, 이제이 점을 고찰해보자. 왜 우리는 정의를 논하게 되는가?

아리스토텔레스는 도시공동체가 유지되려면 물질적인 자급자족이 이루어져야 하며 정의의 감각이 팽배해야 한다고 주장했다. 아무리 물질적인 자급자족이 이루어진다고 해도 정의가 없으면 소외를 느끼는 사람이 많아지며, 소외가 있으면 사회는 와해되기 쉽다. 조선조 말기처럼 관리의 가렴주구가 극심하여 정의라는 것을 찾아보기 어려워지면, 소외되는 백성(국민)이 많아져 결국 민심이 이반하게 마련이다. 따라서 소외의 극복이 사회의 커다란 과제이며, 정의의 과제라고 하겠다.

그렇다면 정의는 어디에 소용이 닿는가? 자신에게 당연한 것을 받지 못했을 때 인간은 소외를 느끼게 마련인데, 이 소외는 정의를 통해 극복할 수 있다. 소외를 극복하고 정부가 정의로워질수록 권력이 정당성을 주장할 수 있게 된다(Barcalow 2004, 54). 또한 반대로 정부가 정의로울수록 국민 스스로가 정부에 대한 복종을 정당하게 여기게 된다. 즉 도덕적으로 아무 거리낌 없이 복종할 수 있게 되는 것이다. 공리주의와 의무론의 갈등을 논의한 이유도 바로 여기에 있다.

앞서 말한 것처럼 정의가 없으면 정치사회가 존속하기 어려워진다. 플라톤의 《국가론》에서 소크라테스는 도적 무리에서조차 약탈품을 공정하게 나누기 위해서라도 어떠한 정의의 원칙이 있어야 한다고 갈파했다. 중세의 아우구스티누스는 "정의가 없다면, 왕국은 대도적단이 아니고 무엇이겠는가"라고 반문했다. 이 말은 곧 도적단도 작은 왕국이 아닌가라고 묻는 것이다. 두목의 명령에 의해 지배되는 도적단도 인간의 소집단이며, 동료와의 협정에 묶여 노획물을 일정한 원칙에 따라 나누는 것이다(《신국》 제4권, 제4장). 도적의 무리도 이러할진대, 국가에서 정의는 더더욱 필수 불가결하다. 그래서 일찍이 아리스토텔레스는 정의가 정치생활에서의 첫 번째 덕성이라고 칭찬했다. 정의에 대한 관념에 실제적인 합의가 없는 공동체는 정치적 공동체에 필요한 기초를 결여한 것이라고 생각했기 때문이다(MacIntyre 1981, 227).

오늘날에는 아리스토텔레스와 같은 의미에서 덕성을 논하지는 않지만, 정의가 사회에 긴요하다는 것은 부인할 수 없다. 그래서 급기야 칸트는 정의는 싫/싸, 이기민 이루어거아만 한다고 주장했다 권력이 정의롭게 행사되어야 권력은 정당성을 확보할 수 있기 때문이다(Fukuyama 1992, 16). 정치이론은 권력이 정당성을 획득하기 위해서는 법이 어떠한 정의를 담고 있어야 하는지를 다룬다.

정의 이론이 어디에 쓰임새가 있어야 하는가는 사실에 대한 문제이기도 하지만 결국은 정치체제가 지향해야 하는 바에 대한 문제, 즉 가치의 문제이기도 하다. 그래서 정치이론은 정부가 어떻게 기능하는지를 다루는 것이 아니라, 정부의 목적에 대한 체계적인 사고를 다루는(Plamenatz 1960, 37) 규범적인 학문이다. 즉 설명하기보다는 평가하는 것이 목적으로, 이 점에서 도덕이론이나 윤리이론과 닮은 면이 있다. 특히 정부 또는 국가에 대해 평가하려고 한다는 점이 일반 규범적 학문과 차이가 난다. 정치이론은 정부의 적절한 목적이 무엇인지 찾아서 사회를 어떻게 조직하는 것이 가장 좋은지를 결정할 수 있어야 한다(Pettit 1991a, 1).

그렇다면 정치이론은 세 가지 문제를 다루게 된다. ① 인간에게 바람직한 것이 무엇인지를 다루어야 한다. 그렇게 하려면 정치제도를 평가하는 데 적실성이 있는 가치가 무엇인지를 연구하게 된다. ② 우리가 어떤 사회계약을 하여 제도를 선택하게 된다면, 어떤 제도를 선택하게 될 것 같은지를 다루어야 한다. 말하자면 적절한 제도가 무엇인지를 다룬다. ③ 일단 선택했다면, 오래 지속될 수 있는 제도가 무엇인지를 다루어야 한다. 현실에서 실행할 수 있는 제도가 무엇인지를 다루게 되는 것이다 (Pettit 1991a, 2).

① 바람직한 것을 연구하는 것은 정치제도에서 찾아야만 하는 속성을 분석하고 평가하는 작업이다. 인간에게 바람직한 것이 무엇인지 알기 위해 우리는 선에 대하여 논했다. 그리고 자유, 평등, 공리, 행복과 같은 가치는 정치제도에 있어야 될 만한 속성이자 가치이다. 그래서 우리는 이것들도 논했다.

가치 있는 속성들을 다루는 데서는 두 가지 의문이 제기된다. 첫째, 그 속성이 실현되려면 무엇이 요구되는가? 이것은 분석에 관한 문제이다. 예컨대 우리는 자유와 평등이라는 가치를 여러 측면에서 분석했다. 둘째, 어떤 가치를 왜 옹호하거나 반대하는가? 특히 다른 가치와 비교했을 때 어떤 가치를 왜 옹호하거나 반대하는가라는 문제를 다루어야 하는데, 이것은 평가에 관한 문제라고 하겠다. 그래서 우리는 다음과 같은 문제들을 살펴보았다. 자유나 평등이라는 가치가 왜 옹호되어야 하는가? 평등이라는 가치가 왜 중요한가? 중요하다면, 다른 가치, 즉 자유와 효용을 도외시하면서까지 중요한 것으로 봐야 하는가? 평균적인 행복의 수준은 낮더라도 평등한 사회가 좋은가, 아니면 불평등하더라도 전체적으로 행복이 조금 더 신장된 사회가 좋은가? 요컨대, 평등과 자유, 평등과 공리의 균형점을 어디에서 찾아야 할 것인가(Pettit 1991a, 2)?

국가가 자유라는 가치를 옹호한다는 것은 어떤 의미인가? 예를 들어 파시스트 정당이 등장해 기존의 법 테두리 내에서 합법적인 운동을 펼치는데, 그 운동이 결국 자유를 해칠 것이 예견된다면 이를 막아야 하는가 아니면 내버려두어야 하는가? 파시스트들의 합법적인 활동을 방조함으로써 자유를 옹호하되, 국가는 파시스트 운동을 억압함으로써 긴 안목에서 자유를 옹호해야 하는가? 어떤 균형점을 모색하는 문제는 평등이나 행복 같은 가치에도 똑같이 적용될 것이다(Pettit 1991a, 3).

국가는 인정된 모든 가치를 증진해야 하는 목표로 봐야 하는가, 아니면 국가가 극단으로 가서 어떤 가치를 제약으로 다루어야 하는가? 요컨대, 다른 가치들은 적게 증진시키더라도 어떤 가치는 존중해야 하는가? 전자의 입장을 취하는 이를 결과주의자 또는 목적론자라고 하며, 반면에 후자의 입장을 취하는 이를 비결과주의자 또는 의무론자라고 한다(Pettit 1991a, 4).

정치제도와 관련되는 대부분의 가치는 두 시각에서 평가할 수 있다. 자유는 비결과주의자들이 호감을 느끼는 가치로 가끔 여겨진다. 그러나 자유주의 국가가 미래의 더 많은 자유를 위해 전술한 파시스트 운동을 억압했다고 해서 일관성이 없는 것은 아니다. 공리와 행복은 결과론자들이 추구하는 목표이다. 이를 목표로 삼는 국가가 미래의 더 많은 행복을 위해 행복의 수준을 축소시킨다고 해서 일관성이 없다고 말할 수는 없다(Pettit 1991a, 4).

지금까지 살펴본 것처럼 비결과주의자는 풍랑을 만난 배에서 스님의 생명권이 충족되어야 한다고 주장한다. 이 경우 생명권은 하나의 제약으로 작동하게 된다. 경제발전이나 행복의 증진이라는 다른 가치가 저해되더라도 존중되어야 하는 어떤 권리가—생명권만이 아니라—있는 것이다. 권리에 대한 이러한 관점은 앞서 살펴본 것처럼 노직과 드워킨이 옹호하고 있다. 그렇다면 국가는 이러한 권리를 항상 존중해야만 하는가? 경우에 따라서는 그렇지 않을 수도 있다는 것을 문지방 문제를 논하면서 고찰해보았다.

어쨌든 정치이론은 국가가 옹호하기로 하는 바람직한 가치를 연구하는 것이라고 볼 수 있다. 그런데 그 연구에는 분석적인 것과 평가적인 것이 있다. 그 가치가 무엇인지 분석해야 하며, 다른 가치와 연관하여 옹호하기로 한 가치를 평가하는 것이다. 문제의 핵심은 어떤 가치가 제약으로 간주되어야 하는가 아니면 결과주의자의 견해대로 모든 가치를 목표로 삼아야 하는가에 달려 있다(Pettit 1991a, 4).

② 무엇이 바람직한 것인가에 대해서는 정치이론가들 사이에 합의된 바가 없다. 이것은 이상향을 제시한 이론가가 많았다는 점에서도 알 수 있다. 그렇긴 하지만 크게 두 부류로 나누어볼 수 있다. 하나는 자연권 전통으로, 국가가 몇 가지 기본적인 권리를 얼마나 존중하느냐에 따라 정치제도를 평가한다. 고전적 자유주의자, 자유 지상주의자, 그리고 좀 더 엄밀하게 말하면 의무론적인 자유 지상주의자들이 이에 속한다. 다른 하나는 공리주의적 전통으로, 국가가 공리나 행복을 얼마나 증진시키느냐에 따라 정치제도를 평가한다. 바람직한 것을 모색하는 정치철학자는 보통 양극단으로 가는 것은 원하지 않고 그 중간 어디쯤의—마치 공동선의 내용이 그러한 것처럼—불명확한 영역에서 번민하기 마련이다. 자유와 평등 같은 가치를 다양하게 결합시키고 가치들이 얼마나 제약이나 목표가 되어야 하는지를 확신하지 못하며, 다른 가치와 비교하여 얼마나 중시되어야 하는지도 확신하지 못한다(Pettit 1991a, 5).

바람직한 것에 관한 연구가 그러하기 때문에 이론가들은 적절한 제도 연구에 더 중점을 두게 되었다. 여러 가치를 분석하고 평가하는 데 직접적으로 초점을 둠으로써 합의에 도달할 수 없게 되어 정치적인 논증을 하는 데 비간접적인 전략을 모색하게 되었다. 우리가 실제에서 취하는 견해에 따라 정치제도에서 가치 있는 것이 무엇인지를 묻지 않고, 사회계약을 할 수 있는 입장에 놓이면 어떤 제도를 택하게 될지를 묻는 것이다(Pettit 1991a, 5).

사회계약으로 국가가 성립되었다면, 국가는 계약의 내용을 준수하는 한에서 정당성을 확보하게 된다. 현대에 와서는 국가의 정당성 확보라는 관점이 아니라 국가가 이상적으로 택해야 하는 형태가 무엇인지를 알기 위해 사회계약이라는 고안물을 이용한다. 최소한의 국가를 택해야 하는가 아니면 복지 증진을 책임지는 공리주의적인 형태의 국가를 택해야 하는가? 사회계약이라는 고안물을 이 방식으로 사용한 이로는—그전에 하샤니가 있었지만—알다시피 롤스가 두드러진다(Pettit 1991a, 5). 롤스가 원초적 입장에서 제시하는 계약론적인 절차에는, 그 입장에서 선택하는 것은 무엇을 택하든 공정하며, 공정한 이상 정의롭다는 가정이 깔려 있다.

그렇다면 앞으로 정의로운 정치질서가 나타날 것인가? 또한 그 정치질서가 지향해야 하는 바는 무엇인가? 이 문제는 지금까지 정치질서가 걸어온 길과 무관하지 않을 것이다. 정치질서라는 것은 결국 개인과 집단, 사회 또는 국가와의 관계에서 설정되므로, 여기에 초점을 두고 논의를 전개해야 할 것이다.

후쿠야마의 《역사의 종언과 최후의 인간》에 따르면 역사는 자유의 방향으로 진행하며, 정치에서 인간이 오랜 기간에 걸쳐 실험한 결과 마지막으로 자유민주주의가 그 해결책으로 제시되었다. 이미 헤겔은 《역사철학》 서문에서 "세계의 역사는 자유에 대한 의식의 진보에 다름 아니다. 진보의 본성이 가지는 필연에 따라 발전하게 되는 진보이다"라고 주장했다. 즉 헤겔은 자유의 진보를 역사에서 필연적이라고 보았다. 그렇다면 보편적인 역사학자가 독자에게 들려주어야 하는 것은 진보적인 계몽에 관한 이야기이다.

후쿠야마는 그 이야기를 알렉상드르 코제브Alexandre Kojève가 가장 명확하게 설명했다고 생각한다(Fukuyama 1992, 65~7). 역사에서 일관성이 있고 진화적인 과정, 인간사회의 전반적인 발전에 어떤 의미 있는 양식을 찾는다면, 역사를 '보편사universal history'의 관점에서 이해할 수 있겠다(Fukuyama 1992, 55). 코제브에 따르면 자유를 향해 행진하는 역사는 프랑스혁명과 나폴레옹의 대두로, 말하자면 1806년에 끝났다. 나폴레옹이 가산주의적인 프러시아 군대를 패배시키고 자유와 평등이라는 원칙을 가져다준 예나Jena 전투가 1806년에 벌어졌으며, 그해에 헤겔의 《정신현상학》이 완성되었다. 그 무렵 인류는 이상적인 국가는 자유공화국이며, 공화국에서 각 시민은 다른 시민을 평등하다고 인정한다는 것을 발견했다. 이로써 역사 진보의 원동력이었던 주인과 노예 사이의—서로를 인정하지 않고 서로에게 인정받지 못하던—오랜 투쟁이 끝났다.[98]

그렇다면 헤겔은 왜 근대의 '헌정적/입헌적 국가constitutional state', 즉 오늘날 우리가 자유민주주의라고 일컫는 국가에서 인간의 자유가 구체화된다고 보았는가(Fukuyama 1992, 60)? 그 이유는 다음과 같다.

로마는 모든 인간의 보편적인 법적 평등을 보장했지만 인간의 권리와 내적인 존엄성은 인정하지 않았다. 이 모순 때문에 로마는 붕괴했다. 그후 유대·그리스도교가 인간의 도덕적 자유를 기초로 인간의 보편적인

---

98 코제브는 인정을 주인과 노예 사이의 투쟁, 나아가서는 강제와 동일시하여 갈등이 마치 인정의 최종 단계인 것처럼 봤다는 점에서 헤겔의 인정이라는 개념을 왜곡한다는 지적을 받는다. 헤겔에 따르면 "개인이 서로를 자유로운 존재로서 존중하고 상호 협력함으로써 다른 개인의 특징과 자유를 인정"해야 하며, 인정을 통해 개인은 자아발전을 할 수 있으며, 그렇게 함으로써 인류적 삶이 가능해진다(김용찬 2012, 91·93·94·105~11). 이상과 같은 지적이 있지만, 후쿠야마가 코제브를 인용해 자신의 논지를 전개한 것은 코제브의 왜곡 여부와 관계가 없는 것 같다.

평등을 확립함으로써 인간이 존엄성을 가진다는 것이 인정되었다. 그런데 그리스도교 세계는 다른 모순에 직면하게 된다. 중세의 도시에는 나중에 자본주의적 경제 질서를 배태하게 되는 상인과 무역업자들이 활동하고 있었는데, 그들이 경제적인 효율성을 보여줌에 따라 그들의 경제적인 활동에 도덕적인 제약을 가하는 것은 불합리하다는 점이 드러나게 된 것이나(Fukuyama 1992, 61~2) 이 모순으로 인해 중세 사회가 무너졌다.

그 후 자유주의 국가가 들어설 즈음 헤겔은 역사가 종언을 고했다고 보았다. 헤겔이 예나 전투 후에 역사가 종언되었다고 한 것은 자유와 평등이라는 이념이 곧바로 실현되었다는 것이 아니라, 자유와 평등이라는 근대 자유국가의 원칙이 발견되어 선진국에서 수행되기 시작했으며—프러시아는 예나 전투 이후 근대화를 시작했다—자유주의를 능가할 만한 정치사회 조직의 원칙은 없다고 생각하게 되었다는 것을 의미한다(Fukuyama 1992, 64; Fukuyama 2011, 420).

그런데 마르크스는 헤겔이 자유주의 국가에서 부르주아와 프롤레타리아트 사이의 모순을 해결하지 못했기 때문에 자유주의 국가가 보편적인 자유를 대변하지 않는다고 보았다. 예를 들어 헤겔은 관료를 모든 이들의 이익을 대변하는 보편계급이라고 보았던 반면, 마르크스는 그들이 부르주아의 이익을 대변한다고 보았다. 요컨대, 마르크스는 부르주아 사회에서 자유가 보편화되지 못했다고 보았다(Fukuyama 1992, 64·65). 그런데 그 후의 역사는 사회주의 국가를 실험했으며, 그 실험은 20세기에 실패로 판명되었다.

그렇다면 인간을 자유롭게 할 수 있는 체제는 오늘날 자유민주주의밖에 없다. 물론 지금도 지구상의 많은 인류가 독재에 시달리고 있지만, 역사는 이상과 같이 자유주의의 이념적 승리를 향해서 가고 있다고 개략적으로 설명할 수 있을 것이다. 후쿠야마가 주장하고자 하는 바는 존 던 John Dunn의 지적처럼 "앞으로 당분간은 민주주의 외에 다른 정당한 근거가 나타날 것 같지 않다"는 것이라고 봐야 하겠다(Dunn 2004b, 15).

그러면 종국적으로 자유민주주의가 승리했다는 것은 인정 투쟁이 끝났다는 것과 어떤 연관이 있는가? 인정이란 타인이 존엄성이나 값어치 또는 지위라고 이해되는 바를 가지고 있다는 것을 인식하는 것이다(Fukuyama 2011, 441). 인정을 향한 인간의 욕구는 물질적인 자원을 향한 욕구와는 근본적으로 다르다. 예를 들면, 죽을 것이 확실한 전쟁에도 참가하여 자신을 인정받고 싶어 하는 것이 인간이다. 이처럼 인간에게는 누구나 인정받고 싶어 하는 욕구가 있다. 그 대상은 자신의 값어치이거나 자기가 믿는 신이거나 자신이 따르는 법, 관습 또는 삶의 방식일 수도 있다.

그런데 자유민주주의 체제에서 자유와 평등을 구가하게 되었다는 것은 노예, 노동자, 여성, 소수 인종, 토착민, 동성애자처럼 이제까지 인정받지 못했던 집단이 인간으로서의 값어치를 서로 인정하고 인정받게 되었다는 것을 뜻한다. 물론 인정받음으로써 경제적인 이득도 얻게 되었지만, 이를 계기로 인간으로서 각자의 존엄성을 확보하게 된 것이 더 큰 의의가 있다. 그래서 현대 정치에서는 많은 부분이 인정에 대한 요구로 점철되었다고 해도 과언이 아닐 것이다.

그런데 역사적으로 정치제도가 발전함에 따라 인정은 개인들에서 제도로 이전되었다. 제도는 행위의 규칙이나 양식이라고 볼 수 있는데, 영국의 군주제나 자유민주주의 체제처럼 시간을 두고 존속하는 것이다. 예를 들어 자유민주주의 체제를 인정하는 것은 그 체제가 표방하는 자유와 평등이라는 정의의 근간을 인정하는 것이다. 반대로 말하면, 어떤 체제가 개인의 값어치를 인정할 경우 이것은 정당성의 기초가 되며, 정당성을 가진 체제는 정치적인 권위를 행사할 수 있다. 자유민주주의 체제를 인정하는 것은 그 체제의 권위와 여기에서 도출되는 정당성을 인정하는 것이다.

물론 민주주의만이 정당하다고 여겨진 유일한 정부 형태는 아니다. 그렇지만 역사를 인정을 위한 투쟁이라고 보면, 더 많은 사람들이 인정받게 된—인간이라는 것만으로도 값어치를 가진 존재로 인정받게 된—체제가 자유민주주의 체제이다(Fukuyama 2011, 41~3·441). 그렇기 때문에 헤겔은 프랑스혁명과 나폴레옹의 대두로 자유를 향한 역사는 끝났다고 본 것이다. 이것은 인정을 위한 투쟁의 역사가 시작되어 자유민주주의 체제로 발전하는 계기가 마련되었다는 것을 의미한다.

코제브에 따르면 프랑스혁명에서 대두한 자유와 평등이라는 원칙은 그 후 근대의 '보편적이며 동질적인universal and homogeneous' 국가에서 구체화되었다. 이 국가는 인류의 이데올로기적 진화의 종착점이며, 더 이상 진보하는 것은 불가능하다. 공산주의가 자유민주주의보다 더 높은 단계도 아니며, 모든 이들에게 자유와 평등을 확산시키는 보편화하는 역사의 같은 단계에 속한다. 이로써 자유민주주의 체제가 모든 사람을 완전하게 만족시키게 되었다(Fukuyama 1992, 66·139). 그래서 역사는 종언을 고하게 되며, 이에 따라 나타나는 인간이 최후의 인간이다.

이렇게 보는 근거는 무엇인가? 전술한 것처럼 헤겔에 따르면 역사는 인간들이 상대방에게 '인정recognition/Anerkennung'받고자 하는 투쟁의 역사이다(Hegel 1949, 231). 그런데 자유민주주의 체제에서 인간은 평등한 권리를 갖게 됨으로써 같은 인간으로서 타인에게 인정받게 되었다. 즉 자신의 값어치와 정체성을 인정받게 되었다(Fukuyama 1992, 제3부·

135·146).

요컨대, 프랑스혁명의 여파로 나타나서 정치적 참여와 민주적인 권리를 보장하게 된 자유민주주의에서는 자유와 평등이라는 그리스도교의 이상을 현세에서 실현하게 되었으며, 상호적이며 평등한 근거에서 서로 인정받게 되었기 때문에—존엄성 또는 자기 존중이 서로 인정받았기 때문에—인민이 평등하게 주권에 참여함으로써 주인과 노예 사이의 구분이 없어지고 권리가 국가와 시민들 사이에, 시민과 시민 사이에 평등하게 인정되어 결국 역사는 종언을 고하며, 인간은 최후의 인간이라는 모습을 얻게 된다(Fukuyama 1992, 152·177·190·199·203·206). 인간으로 대우받지 못해 존엄성이 없는 노예에게 인정받아본들 이것은 주인 처지에서는 진정한 인정이라고 볼 수 없다. 그러다가 이제 모두 인정받게 된 상황에서 주인과 노예 사이의 구분이 없어지고 대등한 관계에서 서로 인정하게 되었다(Fukuyama 2011, 324·445). 그런데 롤스의 정의 이론에서 공정과 존중이라는 개념에는 상호인정이라는 개념이 관통하고 있다. 이렇게 보면 롤스에게 정의로운 사회는 상호 인정의 문제라고 하겠다(Larmore 2003, 391).

후쿠야마는 《정치질서의 기원The Origins of Political Order》(2011)이라는 새로운 책에서 자유를 향해 행진하는 역사라는 논지에 의혹을 제기하면서,《역사의 종언과 최후의 인간》에서 제기한 중심적인 가정을 포기한다. 그렇지만 후쿠야마는 정치적 역사가 자유주의의 진보와 확산에 관한 이야기라는 시각을 견지한다. 새 책에서 그는 근대 자유민주주의의 세 가지 기둥, 즉 강력한 국가, 법의 지배, 그리고 '문책할 수 있는accountable' 정부라는 발전을 사회의 범역을 넘어서 검토한다. 이런 시각에서 보면, 영국에서는 이 세 가지 차원의 발전이 제도화되어 있는 셈이다.

'진화evolution'에 대한 설명은 이념의 영역, 특히 진화 그 자체에 대한 이념에서 찾아야 한다(Fukuyama 2011, 446). 그런데 후쿠야마는 정치 지침을 얻는 데서 헤겔이 아니라 찰스 다윈Charles Darwin에게 의존한다. 이 점은《정치질서의 기원》제2장에 나타나는데, 그는 자연 상태에 대한 홉스적인 견해를 거부한다. 그런데 거부하는 근거가 다르다.

홉스에 따르면 사회는 비명횡사에 대한 인간의 공포에 근거를 둔다. 헤겔은 동료들을 지배함으로써 동료에게서 인정을 얻고자 하는 인간의 필요에서 사회가 대두한다고 보았다. 후쿠야마는《역사의 종언과 최후의 인간》에서 홉스를 헤겔에 대비시켰다. 그러나《정치질서의 기원》에서는 홉스 대신 '다윈적Darwinian'인 근거에 의존하여, 인간은 원자화된 개인들로 구성된 적이 없다는 견해를 취하게 된다. 즉 인간은 가장 원시적 상태에서도 소규모의 친족적인 무리를 이루고 살았다는 것이다.

인간의 사교성은 역사적 또는 문화적으로 얻은 것이 아니라 인간의 본성에 깔려 있는 어떤 것이다(Fukuyama 2011, 2장). 다른 모든 동물과 마찬가지로 인간이 생물적으로 불가피한 것은 자신의 유전자를 보전하는 것이다. 그리하여 인간은 '포괄적 적응성inclusive fitness' '종족 선택kin selection' '상호 이타심'이라는 전략을 발달시켰다. 인간은 유전자에 대한 충성심이 강하며 그 충성심이 민족이나 국가와 같은 더욱 커다란 집단에 대한 충성심보다 더 깊고 더 오래 지속된다(Fukuyama 2011, 43).

그런데 후쿠야마는 홉스가 그릇되었다는 것을 증명하기 위해 다윈을 이용했다. 그러나 그 결과는 다른 수준에서 홉스를 확인하는 셈이 되어 버렸다. 모든 개인의 모든 개인에 대한 전쟁은 없을 수 있다. 그러나 자연 상태에서 모든 대가족들에 대한 대가족들의 전쟁이 있었다고 봐야 한다. 이러한 현상은 동물에게서도 찾을 수 있다. 인간은 부족생활을 하고 국가라는 단위로 생활하게 되는데, 국가라는 단위라는 것도 결국 한 부족이 다른 부족에 대해 우위를 차지하는 하나의 방식이라고 볼 수 있다. 후쿠야마는 다윈 쪽으로 우회했지만 끝내 홉스적인 결론을 내리게 되었다. 대가족들에 대한 대가족들의 전쟁이라고 하면, 결국 대가족에 속하는 개인들 사이의 전쟁으로 볼 수 있기 때문이다.

인류가 자원을 두고 다투게 되어 최적자가 결국 존속하게 될 것이다. 인류 사이에 빚어진 가장 초기의 갈등은 다윈적이다. 그러나 국가들 사이의 경쟁은 후쿠야마가 이해하는 것처럼 더욱 느슨하고 비유에 준하는 의미에서 다윈적이다. 그러나 후쿠야마는 "정치체제는 생물적인 진화에 대체로 비교할 수 있는 방식으로 진화한다"고 가정한다(Fukuyama 2011, 446).

진화에 관한 다윈의 이론은 아주 단순한 두 가지 원칙에 근거를 둔다. '변이와 도태variation and selection'이다. 유기체 사이의 변이는 유전자 조합이 멋대로 일어나다 보니 생겼다. 특정한 환경에 더 적합한 변이는 재생산에 더욱 성공함으로써 적합하지 않은 종을 희생시키고 유전자를 더 많이 전파할 수 있다. 긴 역사적 관점에서 본다면, 정치적 발전은 똑같은 일반적 '양태pattern'를 따른다. 그런데 인간 집단에 따라 정치조직의 형태가 달랐으며, 더욱 성공적인 형태, 즉 더 큰 군사력과 경제력을 창출할 수 있었던 정치조직이 성공적이지 못한 정치조직을 대체했다(Fukuyama 2011, 22~3).

'재생산reproduction'과 '적합성fitness'이라는 개념을 국가에 적용하는 데에는 근본적인 어려움이 있지만, 다윈적인 세계관이 너무나 강력하게 보이기 때문에 후쿠야마는 이러한 분석이 그럴듯하다고 보았다. 다만 군사력과 경제력을 행사하는 능력은 정치체의 장기적인 존속과 상관관계가 분명하지 않다. 몽골은 페르시아와 모스크바, 그리고 중국에 걸쳐 자기 나라보다 훨씬 세련된 국가를 파괴했지만 몇 세대를 지나면서 사라져 버렸다.

정치사에 대한 지침으로서 다윈주의와 관련하여 더 심각한 두 가지 문제가 나타난다. 인간사에 진화적인 모형을 적용하려는 거의 모든 사상가들과 마찬가지로 후쿠야마는 진화를 더 낮은 형태에서 더 높은 형태가 대두하는 것으로 생각하지 않을 수 없다. 이 점이 첫 번째 문제이다.

엄격한 문화적 상대주의는 진화론이 암시하는 바와 어긋난다. 진화론은 다른 수준의 사회적 조직과 하나의 수준이 다른 수준에 의해 교체되는 이유를 찾아야 할 필요가 있기 때문이다. 그러나 다윈주의의 핵심은 '수준들levels'이라든가 '교체supersession' 같은 것이 없다는 원칙이다. 다윈은 방주(榜注)에서 "더 높다든가 더 낮다는 단어를 쓰지 말라"고 탄원한 바 있다. 인간은 생물학적 의미에서 바퀴벌레보다 더 높은 존재가 아니다. 같은 방식으로 인간의 생존전략으로만 여겨진다면, 인간의 어떤 정치체가 다른 것보다 더 높거나 더 낮은 것이 아니다. 그저 순간적으로 다소 성공적일 뿐이다.

그래서 후쿠야마의 다원적인 정치이론은 이전의 헤겔적인 이론과 같은 신뢰를 자유민주주의에 가져다줄 수 없게 되었다. 역사가 진화적이라면, 역사는 방향이나 목적지가 있을 수 없다. 인간이 생물의 종점이 아닌 것처럼 자유민주주의가 역사의 종점일 수 없다. 요컨대, 자유민주주의 체제의 확립으로 역사가 종언되고 최후의 인간이 나타났다고 주장하기 어렵다.

만약 이 결론을 받아들이기 어렵다면, 그것은 인간에 대한 지침으로서 다윈주의와 연관된 두 번째 문제 때문이다. 재생산하고자 하는 인간의 충동은 인간이 부과하는 도덕적 · 지적인 가치에 따라 때로는 경쟁이 된다. 진실성, '충실fidelity' 또는 경건성이 번식하고자 하는 본능이나 생존 본능에 우선할 수 있는 상황을 생각해볼 수 있다. 순교(殉敎)하는 것처럼 독신도 인간의 제도이다.

니체는 다윈에게 위대한 적대자였다. 생존에 대해 강조하는 바가 다윈과는 달랐기 때문이다. 니체는 인간에게 승리에 대한 주관적인 경험이 실제 생존투쟁의 성공보다도 더 중요하다는 것을 인간이 권력을 향한 의지를 가졌다는 점에서 관찰했다. "보전본능을 유기체에서의 주요한 충동이라고 단정하기 전에 생리학자는 다시 생각해야 한다. 생명체는 무엇보다도 생명체의 힘을 방출하려고 한다." 그리고 힘의 방출은 생명의 보전에 해로운 형태를 취할 수 있다.

니체의 사상을 정치에 적용하면, 인간은 '사상idea'이라는 명분으로 자신의 번식에서의 적합성을 희생할 수 있다. 국가나 종교에 충성하는 것은 생물학적으로 비이성적인 인간 행태를 보여주는 고전적인 예이다. 그러나 만약 그렇다면, 정치질서를 생물적인 충동의 표현이라고 볼 수 있는가? 후쿠야마는 이 어려움을 잘 알고 있다. 그래서 그는 역사를 그저 물질적으로만 이해할 수 없다고 여러 차례 주장하고 있다. 후쿠야마에 따르면 '사상ideas'은 정치질서에 매우 중요하다. 그는 사상이 이익을 어떻게, 왜 억누르는지를 사례 연구를 통해 보여주고 있다.

인간이 자신과 자신의 직접적인 친족에게 혜택을 주려고 한다는 것은 생물적인 공리(公理)라고 볼 수 있다. 국가가 그러한 충성심을 선점하려면 정당성을 확보해야 한다. 중국의 천명사상도 결국 정당성을 해석하는 하나의 방식이라고 할 수 있다. 요컨대, 인간이 물질적인 이익만을 추구하는 존재가 아니라 다른 측면에서도 인정받고 싶어 하는 존재라는 것을 인정해야 정치질서가 정당성을 확보할 수 있다.

오늘날 자유민주주주의 체제에 부정의나 심각한 사회적 문제가 없는 것은 아니다. 그러나 이러한 문제들이 나타나는 이유는 자유민주주의가 표방하는 자유와 평등이라는 원칙 자체 때문이 아니라 이 원칙들을 불완전하게 수행했기 때문이다. 자유민주주의 체제에 결함이 있다고 해서 이러한 결함 때문에 사회주의 체제가 붕괴하듯 붕괴할 것이라고 봐서는 안 된다(Fukuyama 1992, xi · xxi). 사회주의도 어떤 측면에서는 자유와 평등을 달성하기 위한 이데올로기인데, 자유민주주의와는 다른 방식을 택했다는 점이 차이라고 볼 수 있다. 그런데 사회주의 체제는 비효율성 등의 이유로 정당성을 상실하여 붕괴하고 말았다.

자유와 평등이라는 원칙 아래 모든 사람이 자유와 평등에 대한 권리를 평등하게 누리면서 정의를 달성할 때, 개개인들은 인간으로서 인정받게 된다. 자유에 대한 권리를 우선해야 하는가 아니면 평등에 대한 권리를 우선해야 하는가 하는 문제는 결국 개인이 개체로서 존엄성 있는 존재로 인정받게 하는 데서 어느 권리가 우선되어야 하는가라는 문제로 귀결될 수 있다.

어쨌든 이와 같이 인류의 보편사는 헤겔이 주장한 것처럼 인정을 위한 투쟁의 역사라고 보면(Fukuyama 1992, xvi), 자유민주주의야말로 이 투쟁의 결과를 가져다주었다고 볼 수 있다. 이러한 관점에서 롤스의 정의 이론이 개개인들의 '자기 평가self-esteem'를 강조한 것은—이로써 서로가 인정받게 되었으므로—의미가 있다.

북한, 즉 조선민주주의인민공화국은 민주주의라는 용어를 쓰고 있지만 그것은 민주주의가 팽배해 있는 21세기의 지구촌에서 아주 색다르다. 북한은 전제적이고, 억압적이며, 고립되고 가난을 벗어나지 못하는 체제이다. 인권이 보장되지 않는 상황에 비추어보면, 북한에서는 법에 의한 지배가 이루어지지도 않고 정부, 즉 당(黨)이 하는 일이 인민에게 문책(問責)받지도 않는다.

그래서 북한을 인민의 사상과 행동을 통제하는 '경찰국가police state'라고 해야 할지, 권력을 세습하는 것으로 보아 김씨 왕조라고 불러야 할지, 주체사상으로 인민을 정신무장 시키고 '개인숭배personality cult'를 생활화하는 것으로 보아 신정(神政)이라고 해야 할지 모를 지경이 되었다. 게다가 인민을 기아선상에 허덕이게 하고 있다는 점을 고려한다면, 북한은 근대국가로서의 최소한의 기능조차 담당하지 못하고 있다고 볼 수 있다.

자기 이익과 정당성은 정치질서의 초석이 된다(Fukuyama 2011, 16). 센에 따르면, 민주주의를 실시하면 기근을 막을 수 있다. 그러나 독재적으로 지배하는 북한과 아프리카의 수단은 기근을 막지 못하고 있다(Sen 2001, 16·188). 사회주의적 인권을 펼치기는커녕 부국강병을 위해 인권을 무시했던 구소련처럼 세습체제를 구축해나가는 북한의 인권 상황은 시민적·정치적 권리 측면에서뿐만 아니라 사회적·경제적·문화적 권리 측면에서도 참담할 정도이다(김비환 2010b, 15; 오영달 2010, 264~6).

이러한 상황은 한말에 우리가 직면했던 불평등이라는 대내적 모순을 북한이 다른 형태로 심화시키고 있는 셈이라고 할 수도 있다. 그러므로 롤스가 《만민법》에서 전개하는 구분에 따르면(LP, 4) 북한은 품위 있는 위계제 사회라고도 할 수 없으며, 기껏해야 세 번째 범주에 속한다고 봐야 한다. 그 범주에는 호의적이지 않은 조건에 부담을 지는 사회, 자비로운 절대주의 또는 불법국가가 있다. 어떤 면에서는 북한은 불법국가에 속한다고 볼 수도 있다. 요컨대, 국제사회의 일원이 될 수 있는 품위 있는 국가가 아니다. 그런데 롤스는 무감각한 정권에 대해서는 인민의 복지와 관련해 무조건 원조를 하기보다는 인권을 강조하는 것이 변화를 가져다 줄 것이라고 기대했다(LP, 108~9).

이처럼 자유와 권리를 보장하지 않는 정치질서는 역사의 수레바퀴에 압살당하든지 수레바퀴에서 튕겨나가게 될 것이다. "인권의 역사는 자유와 평등이 확대되는 인류 역사 과정과 정확히 일치하며, 인권의 역사가 바로 인류 진보의 역사"이기 때문이다(조효제 2005, 9).

북한이 사회주의 이념에 따라 평등이라는 이상을 구현하려고 노력하고 있다고도 볼 수 없지만, 어떠한 체제든 평등이라는 이념을 성실하게 구현하려고 한다 해도 평등 이념이 자유와 같은 다른 원칙에 따라 제재받지 않으면—실제로는 평등을 구현하지도 않았지만—어디까지 갈 수 있는지를 북한은 보여주고 있다. 하나의 이념만을 관철하려고 하면, 자기모순에 빠지게 된다(Dunn 2004a, 143~4).

그래서 우리는 정의라는 것이 복잡한 개념이라는 것을 살펴보았다. 또한 정의는 권리를 수용하고 권리의 내용을 추가함으로써 그 관념이 변해왔다. 따라서 권리는 정의의 세 가지 원칙 중에서 가장 중요하며, 정의는 세 가지 원칙과 세 가지 요소를 어떻게 결합하는가라는 문제를 제기한다. 인류 역사는 결국 권리, 나아가서는 인권을 인정하고 수용하는 것과 더불어 진보해왔다고 볼 수 있다. 더 많은 사람들에게 권리를 보장하고 정의롭게 하여 인간의 행복을 증진하고자 하는 것을 두고 우리는 진보라고 부를 수 있다. 그렇다고 해서 오늘날의 민주주의 체제가 항상 정의로운 것은 아니다. 정의라는 사상과 민주주의라는 사상은 아주 불안정하게 적합할 뿐이다(Dunn 2004a, 149). 지금까지 살펴본 것은 어떤 내용을 담은 정의의 관념을 통해 정치질서를 어떻게 하면 안정되게 만들 것인가라는 점이었다.

정의의 관념은 왜 변해왔는가? 기존의 정의의 관념이 부당하다고 생각하기 때문에 새로운 정의 관념을 필요로 할 수도 있다. 그렇다면 기존의 정의 관념이 정당하다고 생각될 경우 이 관념을 고수하고만 있을 것인가? 그렇지 않다.

인간은 정의로운 명분에 대항하여 투쟁하기도 한다. 투쟁 그 자체를 위해 투쟁하는 측면이 인간에게 있다. 투쟁이 없는 세상은 지겨운 세상이며, 지겨운 세상을 벗어나기 위해서라도 인간은 투쟁한다. 아무리 평온한 세상을 만나도 투쟁하게 되는 속성이 인간에게 있다(Fukuyama 1992, 330). 자유와 평등이라는 이념이 모든 사람에게로 확장되지 않으면, 자유민주주의 체제가 모든 장소에서 모든 사람을 만족시킬 수는 없다. 이렇게 보면 새로운 정의의 관념을 제기하려는 노력이 배태될 수 있다(Fukuyama 1992, 334). 인간은 타인보다 자신이 우월하다는 것을 인정받으려는 성향이 있기 때문이다.

그렇다면 자유민주주의가 정치질서에 대한 인류 역사의 마지막 종착점인가? 다시 말해 지금의 자유민주주의가 어느 체제보다도 보편적인 인정을 보장함으로써 정당성을 확보했다고 해도 앞으로 자유민주주의 체제가 지속적으로 성공할 수 있을 것인가?

민주주의는 지난 200년 동안 자유, 권리, 인권과 나아가서는 물질적 번영과 더불어 그 역사를 만들어왔다(Dunn 2004b, 24). 따라서 민주주의는 자유주의의 변용 또는 발전이라고 볼 수 있으며, 또한 기존의 권리에 새로운 권리가 덧붙여진 과정이라고도 볼 수 있다. 그렇기 때문에 오늘날 자유민주주의가 정당성을 확보한 정치질서라고 여겨지지만, 앞으로 하기 나름으로 정당성을 상실할 수도 있다. 필요할 때는 강력한 국가의 행동이 있어야 하며, 그러면서도 민주주의적인 정당성의 기초이며 사적 부분의 성장을 촉진하는 개인의 자유를 보장해야 한다.

이 둘의 균형을 이룰 때에야 정당성을 확보할 수 있게 된다(Fukuyama 2011, 481~2). 균형을 이루어야 한다는 것은 바로 정당성을 확보할 수 있는 정의의 관념대로 정치질서를 확립해야 한다는 것을 의미한다. 그런데 정의의 관념이라는 것은 시대에 따라 변하기 마련이다. 이렇게 본다면 민주주의 이후 어떤 정치질서가 들어서게 될는지는 아무도 알 수 없다(Dunn 2004b, 138).

그렇다고 해서 마냥 기다리고 있을 수만은 없다. 현재 자유민주주의가 택하고 있는 대의민주주의에는 문제점이 많다. 이에 대한 개선책으로 이미 '참여민주주의participatory democracy'가 논의되기도 했다. 이제는 대중이 SNS를 이용하여 즉흥적으로 거리로 쏟아져나오고 있다. 의회민주주의는 점차 뒷전으로 밀려나고 있다.

대중은 과연 얼마나 알고서 목소리를 내고 있는가? 이러한 우려에서 한국에서 논의되기 시작한 것이 '심의민주주의deliberative democracy'이다(김병준 2012, 272~6). 요컨대, 1990년대쯤부터 한국에서는 투표보다 토론에 초점을 두는 이론이 전개되었다. 이성적 토론에 중심을 두면, 다원주의라는 타당한 현실을 수용하면서 가능한 합의를 이끌어내기 위해 공적 이성의 역할을 강조하지 않을 수 없다(장동진 2012, 9·13).

심의민주주의는 어떤 사안에 대하여 심의의 필요성을 강조한다. 그러므로 찬반을 쉽게 물을 수 있는 전자민주주의만으로써는 심의민주주의의 성과를 달성할 수 없다. 자유민주주의가 심의민주주의와 결부되어야 한다고 주장하는 것은 결국 정의가 무엇인지에 합의하기 위해 심의가 필요하다는 것을 의미한다. 이것은 다른 말로 하면 자유민주주의의 결점을 공화민주주의로 극복해야 한다는 것을 의미한다. 또한 심의민주주의가 필요하다는 것은 민주주의 사회에서도 정의는 실현하기가 어렵다는 것을 반증하는 것이다.

정의는 과연 실현 가능한 것인가? 강자의 이익이 정의라는 트라시마코스의 주장은 정의에 대한 회의감을 나타낸다. 이런 시각은 니체에게서도 발견할 수 있다. 그에 따르면 "정의가 행해지고 유지되는 곳마다 더욱 강력한 권력이 더욱 약한 열위자(劣位者)들이 분별없이 드러내는 원한의 격정을 통제하는 수단을 찾으려는 의도를 가진 것을 보게 된다"(Nietzsche 1956, 207). 말하자면 정의는 저급하고 소심한 사람들이 서로를 정의롭게 대하는 데 적합한 것이지 영웅적인 행위를 하려는 이들에게는 적합하지 않다(스위프트 2011, 39).

이렇게 보면 인간 사회에서 정의는 실현되기 어렵다. 그러나 인간은 자신에 대해 신뢰가 있는 행동, 나아가서는 자신에게 이익이 되는 행동을 하면서도 공정하다거나 정의로운 행동을 하려는 경향이 있다. 이것은 정의의 감각에 대한 능력을 지녔다는 데에서도 알 수 있다.

이 능력은 인간이 가진 언어 능력과 연관되어왔다. 아리스토텔레스에 따르면 인간은 동물과 달리 언어능력을 타고났는데, 언어 능력으로써 선과 악, 정의와 부정의에 대한 지각을 가진다. 홉스도 정의감에 대한 능력이 인간에게 특이한 것이며 그 능력은 언어와 연관된다고 생각했다. 아리스토텔레스는 인간에게 정의감에 대한 능력이 있기 때문에 인간이 규범과 기준을 실질적으로 공유하는 것을 가능하게 한다고 본다. 반면에 홉스는 기준에 대하여 의견이 불일치함으로써 갈등이 생기는 것에 초점을 두는 셈이다. 이런 차이가 있지만, 인간에게는 정의감에 대한 능력이 두드러지며, 이것이 인간에게 마찬가지로 두드러진 언어능력과 연관되며, 이 능력이 인간 사회의 모든 속성 중 가장 근본적이라고 보는 점에서는 같다(Johnston 2011, 14). 인간의 속성이 그러하다면, 칸트가 말한 것처럼 "정의가 지배하고, 이로 인해 세상의 악인들은 모두 멸망"하는 세상이 오기를 기대할 수 있을 것이다.

한스 폰 아헨, 〈정의의 승리〉(1598)

참고문헌

그리피스, W. E.,《은자의 나라 한국》, 신복룡 옮김(집문당, 1999).

김경희,《공화주의》(책세상, 2009).

_____ , 〈민주화와 공화민주주의〉, 이동수 편,《공화와 민주의 나라》(인간사랑, 2013), 322~347쪽.

김병준,《99%를 위한 대통령은 없다》(개마고원, 2012).

김비환,《포스트모던 시대의 정치와 문화》(박영사, 2005).

_____ , 〈현대 인권 담론의 쟁점과 전망〉, 김비환 외,《인권의 정치사상》(이학사, 2010), 13~71쪽.

_____ ,《플라톤과 아리스토텔레스의 정치철학과 변증법적인 법치주의》(성균관대학교출판부, 2011).

김용찬,《근대적 자아의 이해 : 홉스와 헤겔》(서울대학교출판부, 2012).

헤시오도스,《신통기, 노동과 나날》, 김원익 옮김(민음사, 2003).

조지, 헨리,《진보와 빈곤》, 김윤상 옮김(비봉출판사, 1997).

김철,《한국법학의 반성》(한국학술정보, 2009).

김철수,《법과 사회 정의》(서울대학교출판부, 1983).

박홍기, 〈소득분배와 사회 정의〉, 《정신문화연구》 24호(정신문화연구원, 1985), 41
～56쪽.

샌델, 마이클, 《정의란 무엇인가》, 이창신 옮김(김영사, 2010).

송재룡, 2009. 〈다문화주의와 인정의 정치학, 그리고 그 너머 : 찰스 테일러를 중심으
로〉, 《사회이론》 2009년 봄/여름 통권 제35호(2009), 79～105쪽.

송창주, 〈박정희 정권 하에서의 한국의 정체성 개발〉, 이동수 편, 《공화와 민주의 나
라》(인간사랑, 2013), 257～295쪽.

스위프트, 애덤, 《정치의 생각》, 김비환 옮김(개마고원, 2011).

오영달, 〈인권과 민주주의에 대한 로크와 루소 사상의 비교와 북한 인권〉, 김비환 외,
《인권의 정치사상》(이학사, 2010), 241～270쪽.

미조구치 유치, 《한 단어 사전, 공사》, 고희탁 옮김(푸른역사, 2013).

유홍림, 《현대 정치사상 연구》(인간사랑, 2003).

이도형, 《망국과 흥국》(한국학술정보, 2012).

이동수(편), 《공화와 민주의 나라》(인간사랑, 2013).

이동수, 〈민주화 이후 공화 민주주의의 재발견〉, 이동수 편, 《공화와 민주의 나라》(인
간사랑, 2013), 348～381쪽.

이범석, 《철기 이범석 자전 : 우등불 후편》(외길사, 1991).

이상익, 《유교전통과 자유민주주의》(심산출판사, 2004).

이종은, 《정치와 윤리—정치 권력의 도덕적 정당성에 대한 탐구》(책세상, 2010).

_____, 《평등, 자유, 권리—사회 정의의 기초를 묻다》(책세상, 2011).

_____, 〈롤스와 응분〉, 《한국정치연구》 22-1호(서울대학교 한국정치연구소, 2013),
237～257쪽.

_____, 《정의에 대하여—국가와 사회를 어떻게 조직할 것인가》(책세상, 2014a).

_____, 〈롤스의 계약론과 그 비판적 담론 : 원초적 입장을 중심으로〉, 《정치사상연
구》 20-2호(한국정치사상학회, 2014b), 9～35쪽.

임혁백, 《1987년 이후의 한국 민주주의》(고려대학교출판부, 2011).

장동진, 《심의 민주주의 : 공적 이성과 공동선》(박영사, 2012).

라인보우, 피터, 《마그나카르타 선언》, 정남영 옮김(갈무리, 2012).

조긍호·강정인, 《사회계약론 : 흡스, 로크, 루소를 중심으로》(서강대학교출판부,
2012).

이샤이, 미셸린, 《세계인권사상사》, 조효제 옮김(길, 2005).

최연혁,《우리가 만나야 할 미래》(쌤앤파커스, 2012).

최정운,《한국인의 탄생》(미지북스, 2013).

이노우에 가쿠고로 외,《서울에 남겨둔 꿈》, 한상일 옮김(건국대학교출판부, 1993).

한상일,《1910 일본의 한국병탄》(기파랑, 2010).

회페, 오트프리트,《정의》, 박종대 옮김(이제이북스, 2004).

후앙, 샤오밍,〈제도적 틀의 구비를 통해서 본 한국의 근대국가 건립〉, 이동수 편,《공
화와 민주의 나라》(인간사랑, 2013), 225~256쪽.

諸橋轍次,《大漢和辭典》全 13卷(縮寫版 第二刷)(東京 : 大修館書店, 1968).

Alejandro, Roberto, "Justice in American Thought", Horowitz, Maryanne Cline
(ed.), *New Dictionary of the History of Ideas*, vol. 3(New York : Charles Scrib-
ner's Sons, 2005), 1181~1187.

Arendt, Hannah, *The Human Condition*(Chicago&London : The University of Chi-
cago Press, 1958).

_____, *On Revolution*(New York : Viking Press, 1965).

Aquinas, Thomas, *De regimine principum I*(1266/1959).

Aristotle, *The Basic Works of Aristotle*, Richard Mckeon (ed.)(New York : Random
House, 1941).

Arneson, Richard J., "Equality and Egalitarianism", Ruth Chadwick (ed.), *The En-
cyclopedia of Applied Ethics*, vol.2(San Diego : Academic Press, 1998), 115~
125.

Augustine, *De Civitate Dei*(London : Loeb., 1960).

Baker, John, *Arguing for Equality*(London : Verso, 1987).

Barber, B. *Strong Democracy*(Berkely and London : University of California Press,
1984).

Barcalow, Emmett, *Justice, Equality, and Rights : An Introduction to Social and Political
Philosophy*(London : Wadsworth, 2004).

Barry, Brian M., *Political Argument*(London : Routledge and Kegan Paul, 1965).

_____, *Theories of Justice*(Berkeley : University of California University Press,
1989).

_____, _Political Argument : A Reissue with A New Introduction_(Berkeley : University of California Press, 1990.

_____, _Justice as Impartiality_(Oxford : Oxford University Press, 1995).

Beauchamp, Tom L., "Distributive Justice and the Difference Principle", Blocker, H. Gene and Elizabeth H. Smith (ed.), _John Rawls' Theory of Social Justice : An Introduction_(Athens : Ohio State University Press, 1980), 132~161.

Bell, Daniel, "On Meritocracy and Equality", _The Public Interest_, No. 29(1972).

_____, _Communitarianism and Its Critics_, with an appendix by Will Kymlicka (Oxford/New York : Oxford University Press, 1993).

Bellah, Robert N., "Community Properly Understood : A Defense of Democratic Communitarianism", Etzioni (ed.)(1998), 15~19.

Benn, Stanley I. and R. S. Peters, _Social Principles and the Democratic State_ (London : George Allen & Unwin., 1980).

Bentham, Jeremy, _Anarchical Fallacies_(1796).

_____, _The Theory of Legislation_(New York : Oceana, 1976).

_____, "An Introduction to the Principles of Morals and Legislation", Jeremy Bentham · John Stuart Mill, _The Lltilitarians_(Garden City, New York : Dolphin Books, Doubleday & Co., 1961), 5~398.

Blocker, H. Gene and Elizabeth H. Smith (ed.), _John Rawls' Theory of Social Justice : An Introduction_(Athens : Ohio State University Press, 1980).

Berman, Harold J., _Law and Revolution : The Formation of the Western Legal Tradition_(Cambridge, Mass. : Harvard University Press, 1983).

Bosanquet, Bernard, _The philosophical Theory of the state_(London : Macmillan and co. limited, 1951).

Bowie, Norman, "Equal Basic Liberty for All", Blocker(1980), 110~131.

Brugger, B., _Republican Theory in Political Thought : Virtuous or Virtual?_(Basingstoke and New York : Macmillan, 1999).

_____, _Marx and Justice : The Radical Critique of Liberalism_(Totowa, New Jersey : Rowman & Allanheld, 1982).

Buchanan, Allen, "A Critical Introduction to Rawls' Theory of Justice", Blocker, H. Gene and Elizabeth H. Smith (ed.), _John Rawls' Theory of Social Justice : An

Introduction(Athens : Ohio State University Press, 1980), 5~41.

Buchanan, Allen, *Marx and Justice : The Radical Critique of Liberalism*(Totowa, N.J. : Rowman & Littlefield, 1982).

Buchanan, James, "Constitutional Contract and Continuing Contract", Lessnoff, Michael (ed.), *Social Contract Theory*(New York : New York University Press, 1990), 165~187 ; Extracts from chapters 4 and 5 of his *The limits of Liberty*(University of Chicago Press, 1975).

Canovan, Margaret, "Republicanism", Seymour Martin Lipset(1995), vol. III, 1058 ~1061.

Chappell, Timothy, "Theories of Ethics, Overview", Chadwick (ed.)(1998), vol. 4, 323~334.

Clayton, Matthew and Andrew Williams (eds.), *Social Justice*(Oxford : Blackwell, 2004).

Cohen, Joshua (ed.), *For Love of Country*(Boston : Beacon Press, 1996).

_____, "For a Democratic Society", Samuel Freeman (ed.)(Cambridge : Cambridge University Press, 2003), 86~138.

Cohen, G. A., "The Market : On the Site of Distributive Justice", Clayton et al.(2004), 218~240.

Cohen, Joshua, "For a Democratic Society", Samuel Freeman (ed.)(Cambridge : Cambridge University Press, 2003), 86~138.

Coleman, James S., 1990. "The Balance between Rights Individually Held and Rights Collectively Held", Lessnoff, Michael (ed.), *Social Contract Theory* (New York : New York University Press, 1990), 188~199; originally from *Arizona Law Review*, 19(1977), 180~192.

_____, "Inequality, sociology, and moral philosophy", in his *Individual Interest and Collective Action : Selected Essays* digital version(Cambridge : Cambridge University Press, 2009a), 319~347.

_____, "Individual rights and the state", in his *Individual Interest and Collective Action : Selected Essays* digital version(Cambridge : Cambridge University Press, 2009b), 348~364.

_____, "Rawls, Nozick, and educational equality", in his *Individual Interest and*

Collective Action : Selected Essays digital version(Cambridge : Cambridge University Press, 2009c), 365~374.

Cooney, William, "Rights Theory", Ruth Chadwick (ed.), *The Encyclopedia of Applied Ethics*, vol. 3(San Diego : Academic Press, 1998), 875~884.

Corrado, Gail, "Rawls, Games and Economic Theory", Blocker, H. Gene and Elizabeth H. Smith (ed.), *John Rawls' Theory of Social Justice : An Introduction*(Athens : Ohio State University Press, 1980), 71~109.

Crisp, Roger, *Reasons and the Good*(Oxford : Clarendon Press, 2006).

Dahl, Robert, *On Democracy*(New Haven : Yale University Press, 1998).

Daniel, Norman (ed.), *Reading Rawls : Critical Studies on Rawls' A Theory of Justice*(New York : Basic Books Inc., 1975).

_____, "Equal Liberty and Equal Worth of Liberty", in his edited(1975), 253~281.

_____, *Just Health Care*(Cambridge : Cambridge University Press, 1985).

_____, "Rawls' Complex Egalitarianism", Samuel Freeman (ed.)(2003), 241~276.

DePaul, Michael R., "Reflective Equilibrium", Borchert, Donald M. (ed), *The Encyclopedia of Philosophy* 2nd ed., vol. 8(Farmington Hills, MI : Thomson Gale, 2006), 290~295.

Docet, Sanctus Thoma, "Chapter 13—What Is Right, What Is Just, *Ratio* as Type", Pattaro(2005), 295~331.

Dreben, Burton, "On Rawls and Political Liberalism", Samuel Freeman(2003), 316~346.

Dunn, John., *Democracy : A History*(New York : Atlantic Monthly Press, 2004a).

_____, *Setting the People Free : The Story of Democracy*(London : Atlantic Books, 2004b).

Dworkin, Ronald, "Justice and Hypothetical Agreement", from "The Original Position", *University of Chicago Review*, vol. 40, no. 3(Spring, 1973), 500~33.

_____, 1977a. "Why Bakke has no case", *New York Review of Books*(November 10), 11~15.

_____, *Taking Rights Seriously*Cambridge : Cambridge University Press, 1977b).

_____, "Liberalism", Stuart Hampshire (ed.), *Public and Private Morality*(Cambridge : Cambridge University Press, 1978), 113~143.

_____, "What Is Equality? Part 1 : Equality of Welfare", *Philosophy and Public Affairs* 10 : 3(1981a), 185~246.

_____, "What Is Equality? Part 2 : Equality of Resources", *Philosophy and Public Affairs* 10 : 4(1981b), 283~345.

Elster, Jon, "The Market and the Forum", Pettit(1991), 193~215.

Etzioni, Amitai, *The Spirit of Community; The Reinvention of American Society*(New York : Simon and Schuster, 1993).

_____, (ed.), *The Essential Communitarian Reader*(Lanham·Boulder, New York, Oxford : Rowman & Littlefield Publishers Inc., 1998).

_____, "A Moral Awakening Without Puritanism", in his edited(1998), 41~54.

Evans, Joseph H. and Leo R. Ward, *The Social and Political Philosophy of Jacques Maritain*(University of Notre Dame Press, 1976).

Flathman, Richard E., *Concepts in Social and Political Philosophy*(New York : Macmillan Publishing Inc./London : Collier Macmillan Publisher, 1973).

_____, *Toward a Liberalism*(Ithaca and London : Cornell University Press, 1989).

Forkosch, Morris D., "Justice", Phillip P. Wiener(1978), vol. II, 652~659.

Freeman, Samuel (ed.), *John Rawls : Collected Papers*(Cambridge, Mass. : Harvard University Press, 1999).

Freeman, Samuel (ed.), *The Cambridge Companion to Rawls*(Cambridge, Mass. : Cambridge University Press, 2003).

_____, "Introduction", in his edited(2003a), 1~61.

_____, "Congruence and the Good of Justice", in his edited(2003b), 277~315.

Frohlich, Norman and Joe A. Oppenheimer, *Choosing Justice : An Experimental Approach to Ethical Theory*(Berkeley : University of California, 1992).

_____, and Cheryl L.. Eavey, "Laboratory Results on Rawls's Distributive Justice", *British Journal of Political Science*, 17(1987), 1~21.

_____, and Cheryl L. Eavey, "Choices of Principles of Distributive Justice in Experimental Group", *American Journal of Political Science*, 31(1987), 606~636.

Fuchs, Alan, "John Rawls", Borchert, Donald M. (ed.), *The Encyclopedia of Philosophy* 2nd ed. vol. 8 (Farmington Hills, MI : Thomson Gale, 2006), 257~260.

Fukuyama, Francis, *The End of History and the Last Man* (New York : Perennial, 1992).

_____ , *The Origins of Political Order : From Prehuman Times to the French Revolution* (New York : Farrar, Straus and Giroux, 2011).

Gallie, W. B., "Essentially Contested Concepts", Max Black (ed.), *The Importance of Language* (Englewood Cliffs, N. J. : Prentice-Hall, 1962), 121~140.

Grcic, Joseph, "Liberalism (addendum)", Borchert, Donald M. (ed.), *The Encyclopedia of Philosophy* 2nd (ed). vol. 5 (Farmington Hills, MI : Thomson Gale, 2006), 323~326.

Galston, William, "A Liberal Defense of Equality of Opportunity", Louis P. Pojman, Robert Westmoreland (eds.), *Equality : Selected Readings* (Oxford : Oxford University Press, 1997), 170~182.

Galston, William, "A Liberal-Democratic Case for the Two-Parent Family", Etzioni (1998).

Gaus, Gerald F., *Political Concepts and Political Theories* (Boulder, CO. : Westview Press, 2000).

Gauthier, David, "The Social Contract as Ideology", *Philosophy & Public Affairs* 6 (1977), 130~164.

_____ , *Morals by Agreement* (Oxford : Clarendon, 1986).

_____ , "Justice as Social Choice", Lessnoff, Michael (ed.), *Social Contract Theory* (New York : New York University Press, 1990), 200~213 ; originally form David Gauthier, "Justice as Social Choice", David Copp and David Immerman (eds.), *Morality, Reason and Truth* (Totowa, N. J. : Rowman & Allanheld, 1985), 251~269.

Godwin, William, *Godwin's Political Justice; A reprint of the Essay on Property from the Original Edition* (London : George Allen & Unwin, Ltd., 1949).

_____ , *Enquiry Concerning Political Justice* (1793), Isaac Kranmick (ed.) (Harmondsworth, U. K. : Penguin, 1976).

Grotius, Hugo, *On the Law of War and Peace*, edited and annotated by Stephen C.

Neff(Cambridge : Cambridge University Press, 2012).

Green, T. H., *Prolegomena to Ethics*(1883) 2nd ed., A. C. Bradley (ed.)(Oxford : Clarendon Press, 1884).

_____, *Lectures on the Principles of Political Obligation*(1879~80)(Kitchener, Ontario : Batoche Books, 1999).

Gutmann, Amy, *Identity in Democracy*(Princeton : Princeton University Press, 2003), 264.

Hagopian, Mark N., *Ideals and Ideologies of Modern Politics*(London : Longman, 1985).

Haldane, John, "The Individual, the State, and the Common Good", *Social Philosophy and Policy*, vol. 13, issue 1(Winter, 1996), 59~79.

_____, *The Intrinsic Worth of Persons*, Daniel Farnham (ed.) (Cambridge : Cambridge University Press, 2007).

Hart, H. L. A., *The Concept of Law*(London : Oxford University Press, 1973).

_____, "Are There Any Natural Rights", J. Waldron(1984), 77~90.

Harsanyi, John C., "Can the Maximin Principle Serve as a Basic for Morality? : A Critique of John Ralws's Theory", *American Political Science Review*, Vol. LXIX, No.2(June, 1975), 594~606.

_____, "Morality and Theory of Rational Behavior", Amartya Sen and Bernard Williams (ed.), *Utilitarianism and Beyond*(Cambridge : Cambridge University Press, 1982).

Hayek, F. von., *The Constitution of Liberty*(London : Routledge and Kegan Paul, 1960).

_____, *Law, Legislation, and Liberty*, vol. II. The Mirage of Social Justice by Hayek(London : Routledge, 1982).

_____, "'Social' or Distributive Justice", Hayek (ed.)(1993), 117~158 : originally from Hayek(1982).

Heller, Agnes and Ference Fehér, *The Postmodern Political Condition*(New York : Columbia University Press, 1988).

Hellsten, Sirrku, "Theories of Distributive Justice", Ruth Chadwick (ed.) (1998), vol. I, 815~828.

Herbert Spiegelberg, "A Defense of Human Equality", *Philosophical Review*, 53(March, 1944), 101~124.

Heywood, Andrew, *Key Concepts in Politics*(Hampshire, U.K./New York : Palgrave Macmillan, 2000).

Hobhouse, L. T., *The Elements of Social Justice*(New York : Henry Holt and Co., 1922).

_____, *Liberalism*(New York : Oxford University Press, 1964).

Honohan, Iseult, *Civic Republicanism*(London, New York : Routledge, 2002).

Hornsby-Smith, Michael P., *An Introduction to Catholic Social Thought*(Cambridge : Cambridge University Press, 2006).

Horowitz, Maryanne Cline (ed.), *New Dictionary of the History of Ideas*, 6 vols.(New York : Charles Scribner's Sons, 2005).

Houck, John W., "The Notion of the Common Good", Oliver F. Williams et al. (ed.)(1987).

von Humboldt, Wilhelm, *The Limits of State Action*, J. W. Burrow (ed.)(Cambridge : Cambridge University Press, 1969)

Hume, David, *Treatise on Human Nature*(1978/1739), L.A. Selby-Bigges, P. H. Nidditch (ed.)(Oxford : Clarendon Press, 1981).

_____, *Enquiries concerning Human Understanding and Concerning the Principles of Morals*(1777) L. A. Selby-Bigge (intro.), revised and notes by P. H. Nidditch, 12th impression(Oxford : Clarendon Press, 1992).

Ilting, K.-H, "The structure of Hegel's *Philosophy of Right*", Pelczynski(1971), 90~110.

Isbister, John, *Capitalism and Justice : Envisioning Social and Economic Fairness*(Bloomfield, CT : Kumarian Press Inc., 2001).

Ivison, Duncan, *Rights*(Stockfield : Acumen Publishing Limited, 2008).

Johnston, David, *A Brief History of Justice*(UK : Wiley-Blackwell, 2011).

Kainz, Howard P., *Democracy : East and West*(London : Macmillan, 1984).

Kant, Immauel, *The Metaphysics of Morals*(1797), Mary Gregor(trans.)(New York : Harper & Torchbooks, 1991).

Katzner, Louis I., "The Original Position and the Veil of Ignorance", Blocker et al.

(ed.)(1980), 42~70.

Kelly, Paul, "Contractarian Ethics", Chadwick (ed.), vol. 1(1998), 631~643.

Kelsen, Hans, *What is Justice*(Berkeley and Los Angeles : University of California University, 1960).

Kenicks, Christopher et al., *Inequality : A Reassessment of the Effect of Family and Schooling in America*(New York : Basic Book, 1972).

Klosko, George, "State of Nature", Horowitz (ed.), vol. 5(2005), 2257~2259.

Kymlicka, Will, "Rawls on Teleology and Deontology", *Philosophy & Public Affairs*, vol. 17, No.3(Summer 1988), 173~190.

_____, *Liberalism, Community and Culture*(Oxford : Clarendon Press, 1989).

_____, *Contemporary Political Philosophy : an Introduction*(Oxford : Oxford University Press, 1990).

Larmore, Charles, *The Morals of Modernity*(Cambridge : Cambridge University Press, 1996).

_____, "Public Reason", Freeman(2003), 368~393.

Lane, Melissa, "Social Contract", Maryanne Cline Horowitz (ed.)(2005), 2220~2221.

Lehning, Percy B., "Right constraints?", David Gauthier and Robert Sugden (eds.), *Rationality, Justice and the Social Contract : Themes from Morals by Agreement*(Ann Arbor : The University of Michigan Press, 1993), 95~115.

Lessnoff, Michael (ed.), *Social Contract Theory*(New York : New York University Press, 1990).

Locke, John, *Second Treatise of Government*, C. B. Macpherson(ed. and intro.)(Cambridge : Cambridge University Press, 1980).

Loizou, Andros, "Theories of Justice : Rawls", Ruth Chadwick (ed.), *The Encyclopedia of Applied Ethics*, vol. 4(San Diego : Academic Press, 1998), 347~363.

Lukes, Steven, *Moral Conflicts and Politics*(Oxford : Clarendon Press, 1991).

Machiavelli, Niccolo, *The Prince*, G. Bull (ed.)(Harmondsworth : Penguin, 1974 [1932]).

MacIntyre, Alaisdair, *A Short History of Ethics*(New York : Macmillan Publishing Co. Inc., 1966).

_____, "Justice, Tradition, and Desert", *After Virtue : A Study in Moral Theory* (Notre Dame : University of Notre Dame Press, 1981).

_____, *After Virtue : A Study in Moral Theory*, 2nd ed.(Notre Dame : University of Notre Dame Press, 1981/1984).

_____, *Whose Rationality? Which Rationality?*(Notre Dame, Indiana : University of Notre Dame Press, 1988).

_____, *Dependent Rational Animals*(London : Duckworth, 1999).

Macpherson, C. B., *Democratic Theory : Essays in Retrieval*(London and New York : Clarendon Press, 1973).

_____, *The Real World of Democracy*(1966), 10th impression(Toronto : Canadian Broadcasting corporation, 1974).

Marshall, T. H., *Citizenship and Social Class*(Cambridge, England : Cambridge University Press, 1950).

_____, *Capital*, vol. 1. Ben Fowkes (trans.)(Harmondsworth, England : Penguin, 1976).

Michelman, Frank, "Constitutional Welfare Rights, and *A Theory of Justice*", Norman Daniel (ed.), *Reading Rawls : Critical Studies of A Theory of Justice*(New York : Basic Books, 1976).

Miller, David, *Social Justice*(Oxford : Oxford University Press, 1976).

_____, *Principles of Social Justice*(Cambridge, Mass. : Harvard University Press, 1999).

Milne, A. J. M., "The Common Good and Rights in T. H. Green's Ethical and Political Theory", Vincent(1986), 62~75.

Montefiore, Alan (ed.), *Neutrality and Impartiality : The Universality and Political Commitment*(London : Cambridge University Press, 1975).

Montmarquet, James A., "Good", *New Dictionary of the History of Ideas*, Vol. 3, ed. by Maryanne Cline Horowitz(New York : Charles Scribner's Sons, 2005), 952~955.

Mulhall, Stephen and Adam Swift, "Rawls and Communitarianism", Freeman (ed.)(2003), 460~487.

Nagel, Thomas, "Internal Difficulties with Justice as Fairness", from "Rawls on

Justice", *Philosophical Review*, 82(1973).

_____, "Rawls on Justice", Daniel (ed.)(1975), 1~16.

_____, "Rawls and Liberalism", Freeman (ed.)(2003), 62~85.

Neumann, Franz, "The Concept of Political Freedom", Flathman(1973), 266~ 294.

Nielsen, Kai, *Equality and Liberty : A Defense of Radical Egalitarianism*(Totowa, N J : Rowman and Allenheld, 1985).

Nietzsche, Friedrich, *The Birth of Tragedy and the Genealogy of Morals*, trans. by F. Golffing(New York : Doubleday Anchor, 1956).

Nozick, Robert, *Anarchy, State and Utopia*(New York : Basic ; Oxford : Blackwell, 1974).

Nussbaum, Martha, *Women and Human Development : The Capabilities Approach*(Cambridge : Cambridge University Press, 2000).

_____, "Rawls and Feminism", Freeman (ed.)(2003), 488~520.

_____, *Frontiers of Justice : Disability, Nationality, Species Membership*(Harvard University Press, 2005).

_____, *Frontiers of Justice; Disability, Nationality, Species Membership*(Cambridge, Mass. : The Belknap Press of Harvard University Press, 2006).

Okin, Susan Moller, *Justice, Gender, and the Family*(New York : Basic Books, 1989).

_____, "Constructivism in Rawls and Kant", Freeman (ed.)(2003), 347~367.

Pateman, Carol, *Participation and Democratic Theory*(Cambridge : Cambridge University Press, 1970).

Pattaro, Enrico, *The Law and the Right*, Enrico Pattaro (ed.), *A Treatise of Legal Philosophy and General Jurisprudence*, vol. 1(Berlin/Heidelberg/New York : Springer Dordrecht, 2005).

Pettit, Philip, *Contemporary Political Theory*(New York : Macmillan Publishing Co., 1991).

Piketty, Thomas, *Capital in the Twenty-First Century*, trans. by Arthur Goldhammer(Cambridge, Massachusetts/London, England : The Belknap Press of Harvard University Press, 2014).

Pitkin, Hannah, "Obligation and Consent-II", Flathman(1973), 201~219.

Pojman, P. Louis and Owen Mcleod (eds.), *What do we deserve? A Reader on Justice and Desert*(Oxford : Oxford University Press, 1999).

Louis P. Pojman and Robert Westmoreland (eds.), *Equality : Selected Reading* (Oxford : Oxford University Press, 1997).

Pogge, Thomas, "An Egalitarian Law of Peoples", *Philosophy and Public Affairs*, 23(1994), 195~224.

_____, *John Rawls : His Life and Theory of Justice*, trans. by Michelle Kosch (Oxford : Oxford University Press, 2007).

Pufendorf, Samuel, *On the duty of Man and Citizen*, James Tully (ed.), Michael Silverthorne (trans.)(1673)(Cambridge : Cambridge University Press, 1991).

Rahner, Karl., "The Dignity and Freedom of Man", *Theological Investigations* (Baltimore : Helicon Press, 1963), 235~264.

Raskin, Marcus, G., *The Common Good : Its Politics, Policies and Philosophy* (London : Routledge & Kegan Paul, 1986).

Rawls, John, "Outline of a Decision Procedure for Ethics", *Philosophical Review*, 60(1951), 177~197.

_____, "Two Concepts of Rules", *Philosophical Review*, LXIV(1955), 3~32.

_____, "Justice as Fairness", *Philosophical Review* 67(2)(April 1958), 164~194.

_____, *A Theory of Justice*(Cambridge, Mass. : The Belknap Press of Harvard University Press/Oxford : Oxford University Press, 1971).

_____, "The Justification of Civil Disobedience", Flathman(1973), 219~229.

_____, "Fairness to Goodness", *Philosophical Review*(October, 1975), 536~554.

_____, "A Kantian Conception of Equality" *Cambridge Review*(1975), 94~99.

_____, "The Basic Structure as Subject", *American Philosophical Quarterly*, 14(1977), 159~165.

_____, "A well-ordered society", Laslett et al. (ed.)(1979), 6~20.

_____, "Kantian Constructivism in Moral Theory : The Dewey Lectures 1980", *The Journal of Philosophy*, vol. LXXVII, No. 9(September, 1980), 515~572.

_____, "Social Unity and Primary Goods", Sen et al.(1982), 159~185.

_____, "Justice as Fairness : Political not Metaphysical", *Philosophy and Public Af-*

fairs, Vol. 14, No. 3(Summer, 1985), 223~251.

_____, "The Priority of Right and Ideas of the Good", *Philosophy & Public Affairs*, Vol. 17, No. 4(Autumn, 1988), 251~276.

_____, *Political Liberalism*(New York : Columbia University Press, 1993).

_____, *A Theory of Justice*, 2nd rev. edn.(Cambridge, MA : Harvard University Press, 1999).

_____, *The Law of Peoples*(Cambridge, M.A. : Harvard University Press, 1999).

_____, *Collected Papers*, Samuel Freeman(ed.)(Cambridge, M.A. : Harvard University Press, 1999).

_____, *The Law of Peoples : with "The Idea of Public Reason Revisited "* (Cambridge, Massachusetts : Harvard University Press, 1999).

_____, "The Idea of Public Reason Revisited", Freeman (ed.)(1999a), 573~615.

_____, *Lectures on the History of Moral Philosophy*, B. Herman (ed.)(Cambridge, M.A. : Harvard University Press, 2000).

_____, *Justice as Fairness : A Restatement*, E. Kelly (ed.)(Cambridge, MA : The Belknap Press of Harvard University Press, 2001).

Raz, Joseph, *The Morality of Freedom*(Oxford : Clarendon Press, 1986).

_____, "Rights and politic", *Indiana Law Journal* 71, 1(1995), 27~44.

Reader, Soran (ed.), *The Philosophy of Need*(Cambridge : Cambridge University Press, 2005).

Regan, Richard J., *The Moral Dimensions of Politics*(Oxford : Oxford University Press, 1986).

Reiss, Hans S. (ed.), *Kant's Political Writings*, H. B. Nisbet(trans.)(Cambridge : Cambridge University Press, 1970).

Rottleuthner, Hubert, *Foundations of Law*, Enrico Pattaro (ed.), *A Treatise of Legal Philosophy and General Jurisprudence*, vol. 2(Berlin/Heidelberg/New York : Springer Dordrecht, 2005).

Rousseau, Jean-Jacques, *A Discourse in Political Economy*, Rousseau(1973), 127~168.

_____, *Social Contract*, Rousseau(1973), 179~309.

Ryan, Alan (ed.), *Justice*(Oxford : Oxford University Press, 1993).

_____, "Introduction", in his ed. *Justice*(1993a), 1~17.

Sandel, Michael, *Liberalism and the Limits of Justice*(Cambridge : Cambridge University Press, 1982).

_____, *Democracy's Discontent*(Cambridge : M. A. : Harvard University Press, 1996).

Scanlon, Thomas M., "Contractualism and Utilitarianism", Sen and Williams (1982).

Schaar, John H., "Equality of Opportunity and the Just Society", Blocker, *op cit.* (1980), 162~184.

Scheffler, Samuel, "Rawls and Utilitarianism", Freeman (ed.)(2003), 426~459.

Searle, John R., *Speech Acts : An Essays in the Philosophy of Language*(Cambridge : Cambridge University Press, 1969).

Selznick, Philip, "Foundations of Communitarian Liberalism", Etzion (ed.) (1998a), 3~13.

_____, 1998b. "Social Justice : A Communitarian Perspective", Etzion (ed.)(1998), 61~71.

Sen, Amartya, "Equality of What?", Sterling MaMurrin (ed.), *Liberty, Equality and the Law*(Cambridge : Cambridge University Press, 1987), 137~162.

_____, *Inequality Reexamined*(Cambridge, Mass. : Harvard University Press, 1992).

_____, *Development as Freedom*, paperback(Oxford : Oxford University Press, 2001).

Sen, Amartya and William Bernard (ed.), *Utilitarianism and Beyond*(Cambridge : Cambridge University Press, 1982).

Shapiro, Ian, *The Evolution of Rights in Liberal Theory*(Cambridge : Cambridge University Press, 1986).

Sherover, Charles M., *Time, Freedom, and the Common Good : An Essay in Public Philosophy*(Albany, New York : State University of New York Press, 1989).

Smart, J. J. C., "An Outline of a System of Utilitarian Ethics", Smart et al. (ed.) (1973).

Solomon, Robert C. and Mark C. Murphy (ed.), *What is Justice? Classic and Contemporary Readings*, 2nd. ed.(New York/Oxford : Oxford University Press,

2000).

Spragens, Jr. Thomas A., "The Limits of Libertarianism", Etzinoi(1998), 21~40.

Sugden, Robert, "The contractarian enterprise", David Gauthier and Robert Sugden (eds.), *Rationality, Justice and the Social Contract : Themes from Morals by Agreement*(Ann Arbor : The University of Michigan Press, 1993a), 1~23.

_____, "Rationality and impartiality : Is the contractarian enterprise possible", David Gauthier and Robert Sugden (eds.), *Rationality, Justice and the Social Contract : Themes from Morals by Agreement*(Ann Arbor : The University of Michigan Press, 1993b), 157~175.

Szabo, Imre, "Historical Foundations of Human Rights and Subsequent Developments", Karel Vasak (ed.), *The International Dimension of Human Rights*, 2 vols.(Westport, Connecticut : Greenwood Press/Paris, France : UNESCO, 1982), 11~40.

Tam, Henry, *Communitarianism : A New Agenda for Politics and Citizenship*(Washington Square, N.Y. : New York University Press, 1998).

Tawney, Richard H., *History and Society*(London : Routledge & Kegan Paul, 1978).

Taylor, Charles, *Hegel and Modern Society*(Cambridge : Cambridge University Press, 1979).

_____, "What's Wrong with Negative Liberty?", *Philosophical Papers 2 : Philosophy and the Human Sciences*(Cambridge, U.K. : Cambridge University Press, 1985).

_____, *Human Agency and Language : Philosophical Paper 1*(Cambridge : Cambridge University Press, 1985a).

_____, *Sources of the Self : The Making of the Modern Identity*(Cambridge : Cambridge University Press, 1989).

_____, *The Ethics of Authenticity*(Cambridge, Mass. and London, England : Harvard University Press, 1991).

_____, "The Politics of Recognition", in his *Multiculturalism : Examining the Politics of Recognition*, Amy Gutman (ed.)(Princeton, New Jersey : Princeton University Press, 1994), 25~74.

Tucker, Robert C. (ed.), *The Marx-Engels Reader*, 2nd ed.(New York : W. W. Norton, 1978).

Udoidem, S. Iniobong, *Authority and the Common Good in Social and Political Philosophy*(New York : University Press of America, 1988).

Vernon, Richard, "Contractarianism", Lipset (ed.), vol. Ⅰ (1995), 306~308.

Waldron, Jeremy (ed.), *Theories of Rights*(Oxford : Oxford University Press, 1984).

Walzer, Michael, *Spheres of Justice : A Defense of Pluralism and Equality*(New York : Basic Books, Inc., 1983).

_____, *Just and Unjust War : A Moral Argument with Historical Illustrations, with Preface to the Second Edition*(New York : Basic Books, Inc., 1992)

Weinstein, D., *Utilitarianism and the New Liberalism*(Cambridge : Cambridge University Press, 2007).

Welch, D. Don., "Social Ethic, Overview", Ruth Chadwick (ed.), *The Encyclopedia of Applied Ethics*, vol. 4(San Diego : Academic Press, 1998), 143~151.

Wellman, Carl, "Rights", Borchert (ed.), vol. 8(2006), 468~476.

Williams, Oliver F., "To Enhance the Common Good", Oliver F. Williams et al. (ed.)(1987), 4~5.

William, Oliver F. and John W. Houck (ed.), *The Common Good and U.S. Capitalism*(New York : University Press of America, 1987).

Wogaman, J. Philip, "The Common Good and Economic Life : A Protestant Perspective", Oliver F. Williams et al. (ed.)(1987).

Wolff, Jonathan, "Equality", Klosko (ed.)(2011), 611~623.

Wolff, Robert Paul, *Understanding Rawls*(New Jersey : Princeton, 1977).

543~555, 559, 609
맥, 에릭 518
머캔, 티보 518
메네니우스, 아그리파 28
모로조프, 파벨 790
미셸먼, 프랭크 74
밀, 존 스튜어트 37, 46, 51, 85~86, 153,
159, 241, 293, 342, 433, 462, 483, 503,
583, 589, 604, 650, 685, 724, 739, 762,
783~784

ㅂ
바버, 벤저민 534
배리, 브라이언 70, 215, 382
베이츠, 찰스 460
벤, S. I. 342
벤담, 제러미 37, 46, 144, 158, 483, 649,
711, 757~758, 783
보즌켓, 버나드 535, 661~669, 687
뷰캐넌, 제임스 M. 187, 206, 223, 405, 412,
624
브루거, 빌 597

ㅅ
샌델, 마이클 99, 157, 194~195, 322, 372~
374, 534, 543~544, 562~566, 570,
594, 700
설 234
센, 아마르티아 423, 499~500, 808
셀즈닉, 필립 582~583
셰플러, 새뮤얼 374
슈마허, E. F. 508

스마트, J. J. C. 382
스미스, 애덤 46, 185, 213, 304, 411, 657,
660, 711, 720, 728
스위프트, 애덤 36, 159, 508, 585~590,
622, 766, 769, 812
스캔런, 토머스 M. 214~215
스피겔버그, 허버트 356~357
시모니데스 382
시지윅, 헨리 37, 85, 144, 159, 247, 392,
736, 774

ㅇ
아렌트, 한나 701~704, 707, 753
아르키메데스 92, 230
아리스토텔레스 16, 18~19, 46, 97, 113,
149, 152~153, 155~156, 158, 245,
261, 339, 355, 377~378, 391, 395,
420~421, 468, 478, 518~519, 534,
542~543, 545, 549, 553~554, 641~
644, 647, 659, 712, 723, 725, 733~734,
751, 762~764, 792~793, 812
아퀴나스, 토마스 549, 553~554, 643~647,
711, 717, 731, 743, 755~757
에치오니, 아미타이 574~575
엥겔스, 프리드리히 480
영, 아이리스 매리언 476
오킨, 수전 몰러 609~611, 613
오펜하이머, J. A. 204, 211
왈저, 마이클 534, 543~544, 555~557,
559~561, 594, 609
울프, R. P. 624
웅거, 로베르토 534

사회 정의란 무엇인가

현대 정의 이론과 공동선 탐구

초판 1쇄 발행 2015년 6월 5일
초판 3쇄 발행 2021년 2월 15일

지은이 이종은
옮긴이 김정현

펴낸이 김현태
펴낸곳 책세상
등록 1975. 5. 21. 제1-517호
주소 서울시 마포구 잔다리로 62-1, 3층(04031)
전화 02-704-1250(영업) 02-3273-1334(편집)
팩스 02-719-1258
이메일 editor@chaeksesang.com
광고·제휴 문의 creator@chaeksesang.com
홈페이지 chaeksesang.com
페이스북 /chaeksesang   **트위터** @chaeksesang
인스타그램 @chaeksesang   **네이버포스트** bkworldpub

ISBN 978-89-7013-928-9 93340

이 도서의 국립중앙도서관 출판예정도서목록(CIP)은 서지정보유통지원시스템 홈페이지
(http://seoji.nl.go.kr)와 국가자료종합목록 구축시스템(http://kolis-net.nl.go.kr)에서
이용하실 수 있습니다.(CIP제어번호: CIP2015014375)